불교수행 첫 걸음 · 개정판

禪定과 智慧

수행입문

원환선
남회근 공저
송찬문 번역

마하연

定慧初修

袁煥仙　南懷瑾　合著

ⓐ南懷瑾文化事業有限公司 1983

Korean translation copyright © Mahayon Publishing Co., 2014
Korean edition is published by arrangement with
Nan Huai Jin Culture Foundatian.

선정과 지혜 수행입문

초판 1쇄 2014년 3월 20일   초판 2쇄 2014년 10월 10일
초판 3쇄 2018년 6월 1일   개정판 1쇄 2024년 6월 15일

지은이 남회근 | 옮긴이 송찬문 | 펴낸이 송찬문 | 펴낸곳 마하연 |
등록일 2010년 2월 3일 | 등록번호 제 311-2010-000006 호 | 주소 10266 경기도
고양시 덕양구 통일로 966번길 84-4 | 전화번호 010-3360-0751
이메일 youmasong@naver.com
다음카페 홍남서원 http: //cafe.daum.net/youmawon

ISBN 979-11-85844-18-3   03220

책값은 뒤표지에 있습니다. 잘못된 책은 바꿔 드립니다

역자의 말 2

개명판을 내면서

이 책은 원래 『불교수행입문 강의』라는 이름으로 2011년 11월 1일 초판 1쇄를 발행하였습니다.

그러나 그 전에 이미 남회근 선생의 저작 중 『불교수행법 강의』라는 책이 출판되어 있어서 비슷한 내용의 책으로 오해하였기 때문인지 그동안 독자들의 관심을 별로 끌지 못했습니다.

사실 이 책은 불교수행 입문서로서 『불교수행법 강의』를 이해하기 위해서 먼저 읽어야 할 중요한 저작입니다. 그럼에도 책 이름 때문에 앞으로도 그렇게 오해할 것 같아 이번에 책 이름을 원서명인 『정혜초수(定慧初修)』에 맞추어 『선정과 지혜 수행입문』으로 바꾸었습니다. 당시 제가 병 요양 중에 서둘러 원고를 정리 편집 하느라 다듬기가 미흡하였던바 이번에 몇 군데 오탈자를 바로잡고 가능한 한 전반적으로 한자를 줄이는 등 편집상 상당히 손질을 하였습니다. 아울러 내용을 보충하기 위하여 부록으로, 37조도품 관련 아함 경전을 뽑아 전재하였고, 남회근 선생이 귀의한 스승이기도 하였던 중국 근대 선종의 허운(虛雲)대사의 간략한 전기를 『생과 사 그 비밀을 말한다』의 부록에서 옮겨 실음으로써 수행자의 귀감으로 참고하게 하였습니다. 나머지 내용은 예전 그대로입니다.

2014년 2월 15일 와부읍 심적재에서
송찬문 씁니다

역자의 말 1

천릿길도 한 걸음부터

기이하고 기이하구나! 대지의 중생이 모두 여래의 지혜와 덕상 (德相)이 있건만 망상과 집착 때문에 증득(證得)할 수 없구나. 만약 망상을 떠날 수 있다면 일체지(一切智)·자연지(自然智)가 곧 현현 (顯現)할 수 있다.

奇哉, 奇哉, 大地衆生, 皆具如來智慧德相, 但因妄想執著, 不能證得, 若離妄想, 一切智 自然智, 卽得顯現.

『화엄경』은 석가모니가 보리수 아래서 정각(正覺)을 이룬 후 첫 마디를 위와 같이 말씀했다고 기록하고 있습니다. 이 말씀은 부처 님의 모든 가르침의 출발점이자 귀결점입니다.

불교의 목적은 이고득락(離苦得樂)에 있습니다. 즉, 생사윤회의 괴로움을 떠나 열반의 즐거움을 얻는 데 있습니다. 위의 첫마디 말 씀을 불학(佛學)의 총강(總綱)인 고집멸도(苦集滅道) 4성제(四聖諦)로 풀이해 보면, 중생의 생사윤회의 괴로움은 고성제요, 괴로움의 원 인인 망상과 집착은 집성제요, 괴로움이 소멸되고 여래의 지혜와 덕상을 성취한 열반의 즐거움은 멸성제요, 괴로움의 원인인 망상과 집착을 떠나기 위한 8만4천 수행 법문은 바로 도성제입니다. 또 그 모든 수행 법문을 총괄 요약하면 8정도(八正道)요, 이를 다시 요약하면 계정혜(戒定慧) 3학(三學)이 됩니다.

계정혜는 불법의 총강입니다. 또 불법의 대의는 세 마디입니다. "어떤 악행도 하지 말라, 많은 선행을 하라, 스스로 자기의 마음을 정화(淨化)하라[諸惡莫作, 衆善奉行, 自淨其意]."

따라서 수행(修行)이란 신체[身]의·언어[口]의·심리[意]의 행위를 바로잡는 것[修正]입니다. 그 중에서도 중점이 심리행위를 바로잡아 정화시키는 데 있습니다. 왜냐하면 언어행위와 신체행위는 심리행위에서 비롯되기 때문입니다.

종통(宗通)과 설통(說通)을 겸비한 일대의 종사(宗師) 남회근(南懷瑾) 선생은 말합니다.

"무엇을 수행이라고 할까요? 자기가 지혜·학문·수양으로써 탐욕·성냄·어리석음·교만·의심·정확하지 못한 견해를 바르게 고치는 것입니다. 이것이 수행 길입니다. 불보살이나 하느님이나 귀신에게 도움을 구하는 것이 아닙니다."

"수행은 자기의 심리상태로부터 닦기 시작해야 하고, 자기의 생각을 바르게 고쳐야 합니다. 자기의 행위를 고치지 않는다면 그런 수행은 쓸모가 없습니다."

"불가의 일체의 수양방법은 모두 '선호념(善護念)' 이라는 세 글자에 지나지 않습니다. 심지어 유가나 도가, 기타 어느 종교든 인류의 일체의 수양방법도 마찬가지입니다.

자기 마음의 생각을 잘 보호하고 살펴보는 것입니다. 마음이 일어나고 생각이 움직일 때, 어떤 경우라도 자신의 생각을 잘 살펴보고 보호하는 것입니다. 예를 들어, 만약 당신이 나쁜 생각으로 그저 닦아 성공해서 신통을 지녀 손 한번 내밀면 은행지폐가 바로 오기를 바라거나, 어떤 젊은이들이 그렇듯이 곧 불보살님을 뵙고 몸 한번 솟구치면 곧 도달하게 되기에 장래에 달나라에 가더라도 자기 자리를 예약할 필요가 없는 그런 신통이나 얻기 바란다든지 하는, 이런 공훈이나 이기주의적 관념으로써 정좌를 배운다면 잘못된 것입니다.

『금강경』을 보면 부처님은 얼마나 평범하셨습니까? 옷 입고, 발씻고, 정좌하고, 정말 평범했습니다. 절대 환상을 하지 않으셨고, 절대 멋대로 하지 않으셨습니다. 종교적인 분위기를 조금도 지니시지 않으셨습니다. 그리고는 우리들에게 수양의 핵심은 바로 '선호념', 생각을 잘 보호하는 것이라고 가르쳐 주셨습니다. 다시 말해 자기의 생각, 심념(心念), 의념(意念)을 잘[善] 돌보아야 합니다.

예를 들어, 오늘날 부처님을 배우는 사람들 중에는 염불하는 사람들이 있는데, 나무아미타불 염불해서 일심불란(一心不亂)의 경지에 도달하는 것도 '선호념'의 한 법문입니다. 우리가 정좌하면서 자신이 허튼 생각을 하지 않도록 돌보는 것도 '선호념'입니다. 일체의 종교적 수양방법은 모두 이 세 글자입니다."

이상의 남회근 선생 말처럼 우리는 수행에 대한 개념을 분명히 해야겠습니다.

우리가 알듯이 석가모니 당시의 인도에는 62견으로 일컬어지는 다양한 사상들이 난립했습니다. 『중아함 3권 13경 도경(度經)』에 의하면, 석가모니는 이를 모두 크게 세 가지 유형으로 분류하여 비판했습니다. 이른바 숙명론(宿命論)·신의론(神意論)·우연론(偶然

論)의 삼종외도설(三種外道說)인데, 오늘날도 여전히 적용할 수 있습니다.

"세상에는 지혜가 있다고 자처하는 세 가지 부류의 사람들이 있다. 일체는 숙명으로 이루어졌다고 하는 주장과, 일체는 존우(尊祐)의 뜻에 의한 것이라는 주장과, 일체는 인(因)도 없고 연(緣)도 없이 이루어졌다는 주장이 그것이다. 그러나 이는 진리가 아니며 옳지 않다. 어째서 그런가. 만약 사람이 행하는 모든 행위가 숙명으로 이루어졌다든가, 존우의 뜻에 의한 것이라든가, 인도 없고 연도 없이 이루어지는 것이라면 사람들은 살생과 도둑질과 사음과 같은 10 가지 악행에서 벗어날 수 없다. 왜냐하면 그것은 숙명적인 것이거나, 존우의 뜻에 의한 것이거나, 인(因)도 없고 연(緣)도 없는 것이기 때문이다. 그러므로 이 세 가지 주장은 진리가 아니며 옳지 않다. 만약 그런 주장들이 진리라면 사람들은 해야 할 일과 하지 않아야 할 일을 모를 것이며 거기서 벗어나는 방법도 모를 것이다." 이어서 부처님은 이렇게 말했다. "내가 스스로 알고 스스로 깨달은 바에 의하면 모든 것은 인과 연이 합하여 일어난다."

이렇듯 석가모니는 진리를 철저하게 깨닫고 연기설(緣起說)을 설하였습니다. "일체의 생명과 물리세계는 인연으로 생기(生起)하기 때문에 그 자성이 본래 공(空)하다. 그 자성이 공하기 때문에 인연으로 생기한다[緣起性空, 性空緣起]. 타력(他力)의 주재자도 없으며 자연히 이루어져 있는 것도 아니다[無主宰, 非自然]." 그는 세상의 모든 종교 미신을 뒤엎어 버린 것이나 다름없었습니다. 대소승 불법의 이론 기초는 3세인과(三世因果)와 6도윤회(六道輪廻) 위에 세워져 있습니다.

요즈음 불교의 바른 견해가 아닌 발언이나 주장들이 많습니다. "염불선으로는 절대 견성하지 못한다. 극락세계는 없다. 화두 타파 견성하면 곧 부처다. 견성한 자는 인과(因果)를 초월한다. 윤회는 없다. 윤회사상은 권선징악을 위한 허구적인 윤리적 장치이다. 『아함경』만이 부처님의 가르침이고 대승불교는 부처님의 가르침이 아니다. 아미타불이나 관세음보살 등은 창작된 불보살이다. 여래장 사상은 불교가 아니다. 여래장은 기독교의 절대자 하나님과 같다. 하나의 진리를 두고 기독교는 '여호와'라 하고, 이슬람은 '알라'라 하며, 또 불교는 '부처'라 한다. 사람은 미생물에서 진화되어 왔다" 등등..., 일일이 열거할 수 없을 정도입니다.

　"장래에... 이 중생들은 부처님이 세상에 계셨던 시기로부터 점점 멀어지면서 바르지 못한 스승들의 설법이 갠지스강의 모래알처럼 많을 것이다[末劫... 此諸衆生, 去佛漸遠, 邪師說法, 如恒河沙]."고 『능엄경』에서 말씀한 꼭 그대로입니다. 정지정견이 아닌, 무지오도(無知誤導) 망자존대(妄自尊大)는 엄중한 결과를 불러옵니다.

　남회근 선생은 진정한 불학개론서로 『대지도론(大智度論 1백권)』·『유가사지론(瑜伽師地論 1백권)』·『마하지관(摩訶止觀 2십권)』·『종경록(宗鏡錄 1백권)』을 추천하고, 특히 수행자는 『능엄경』과 『유가사지론』을 많이 읽고 연구하기를 권합니다.

　선생은 또 말합니다. "많은 사람들이 학문은 고금을 통달하고 입으로는 하는 말마다 모두 도(道)입니다. 마치 혀에 한 떨기 연꽃이 피어난 듯 아름답습니다. 그러나 실제 수증공부는 반 푼어치도 없습니다. 단지 이치만을 말할 수 있다면 설사 바위가 듣고 고개를 끄덕일 정도라 하더라도 쓸모가 없습니다. 단지 자신을 높이고 남을 비난하는 것일 뿐이니 거기에 무슨 불심(佛心)이 있겠습니까?"

이 『불교수행입문강의』는 원환선(袁煥仙) 선생과 그의 제자 남회근 선생의 공저인 『정혜초수(定慧初修)』를 번역한 것입니다. 지관(止觀)과 정(定)과 혜(慧)의 수행에 대한 강의 기록을 모은 것으로, 초학 불자로 하여금 입문의 방편을 알게 해줍니다. 특히 선(禪) 수행자나 정토 수행자에게 정지정견(正知正見)과 진정한 수행 방법을 가리켜 보여 줍니다.

명(明)나라 감산(憨山)대사의 게송은 말합니다.

수행은 쉽지만 스승을 만나기는 어렵나니
밝은 스승 만나지 못하면 결국 부질없다네
스스로 총명하다 여기면 헛수고 하고
맹목적으로 닦는 것도 소용없다네

修行容易遇師難　不遇明師總是閒
自作聰明空費力　盲修瞎練也徒然

저자 분들은 진정한 과래인(過來人: 경험자. 베테랑—역주)으로서, 도(道)에 밝고 경험이 있는 스승들입니다. 출가 재가를 막론하고, 구도의 길을 이미 걸어가고 있거나 앞으로 걸어갈 분들이 이 책을 안내자로 삼아 길을 헤매지 않고 하루 빨리 곧장 무상보리(無上菩提)로 나아가시기를 저는 간절히 바랍니다.

"얻기 쉬운 물건이라고 해서 예사로 여겨 보지 말라."는 격언이 있습니다. 겉으로야 간단해 보이지만 이 한 권의 책이 나오기까지의 이면에는 보이지 않는 연기(緣起)의 그물코들이 헤아릴 수 없을 만큼 얼기설기 얽혀 있습니다.

기록을 보니 초벌 번역을 마친 때가 2003년 8월이었습니다. 몹시 부끄럽게도 저의 삶이 힘들다 보니 일찍이 원고를 정리 출판하지 못했습니다. 뒤늦게나마 2010년 여름에 정리하여 출판할 예정이었으나 뜻밖에 7월초 어느 한의사의 처방약을 먹고 그 약물 부작용으로 큰 병을 얻었습니다. 만사를 놓아버리고 치료한다고 했지만 병세가 날로 악화되었고, 마침내는 생명이 위태로운 지경에 이르렀습니다. 홀로 병마와 사투를 해오다 10월 하순 지리산으로 요양 길에 나섰습니다. 천만다행히도 불보살님의 보이지 않는 가피와 관유당(觀瘉堂) 님, 봉화사(鳳華寺) 원상(圓常) 스님, 김숙영(金淑英) 님, 김재성(金載城) 님, 송효석(宋孝錫) 님 등의 도움으로 건강이 많이 회복되었기에 이제야 원고를 정리하여 출판합니다. 이 분들께 진심으로 감사드리며 그 공덕을 표시하기 위하여 여기에 기록합니다. 아울러 출판 불사를 후원해주신 지선(智禪) 스님께도 감사드리며 서문을 맺습니다.

2011년 9월 11일 중추절
지리산 심적재(深寂齋)에서
송찬문(宋燦文) 삼가 씀

차 례

역자의 말 2 ... *3*

제1강 지관(止觀) 수행과 화두 참구 방법의 요점 ... *17*

계정혜 삼학을 부지런히 닦으라 *17* | 의지가 예사롭게 여김에 빠져 있다 *18* | 마음이 태만함에 빠져 있다 *21* | 계학(戒學) *22* | 정학(定學) *25* | 승묘지관(勝妙止觀) *27* | 수순지관(隨順止觀) *27* | 혼침(昏沈) *28* | 도거(掉擧) *28* | 지관을 닦기 전에 갖추어야 할 기본 사항 *41* | 지관수행 중의 보조 행 *43* | 혼침과 도거를 없애는 올바른 수행법 *46* | 혜학(慧學) *48* | 본체의 작용에 따라 집착을 없애다 *53* | 인연으로부터 깨달음에 들어가다 *53* | 문자에 의지하다 *54* | 화두참구 *54* | 화두법문의 연기 *55* | 화두법문의 뛰어남 *60* | 화두참구법 *61* | 화두참구의 갈림길 *65* | 화두의 선택 *67* | 화두참구를 끝냄 *68*

제2강 선(禪)의 수습과 참선(參禪) 방법 요점 ... *71*

비로자나불 칠지좌법 *73* | 선정 초보 수행의 입문방법 *87* | 안색법문(眼色法門) *89* | 이성법문(耳聲法門) *92* | 비식법문(鼻息法門) *101* | 신촉법문(身觸法門) *102* | 의식법문

(意識法門) *104* | 정(定)과 혜(慧)의 영상(影像) *108* | 무엇이 정(定)인가 *109* | 산란 *110* | 혼침(昏沈) *112* | 참선지월(參禪指月) *120*

제3강 선정쌍수(禪淨雙修) 조화론 ... *151*

염불 입문 방법 *153* | 염불의 성과 *157*

제4강 관무량수불경의 대의 ... *161*

정토삼경의 높고 낮음 *161* | 선(禪)·유식(唯識)·정토(淨土) *165* | 관상(觀想)과 염불 *168* | 대도가 쇠퇴하니 인의 도덕을 제창하다 *172*

제5강 선관(禪觀) 연구 ... *249*

정좌자세-칠지좌법 *249* | 정좌와 칠지좌법(七支坐法) *249* | 칠지좌법의 요점 *250* | 정좌 환경과 주의사항 *251* | 칠지좌법에 대한 전설 *253* | 정좌의 기본지식 *253* | 반드시 생리(生理)와 의학적 이치를 알아야 한다 *254* | 정좌자세의 교묘한 운용 *256* | 올바른 정좌 효과 *256* | 수증과 방법 *257* | 수증(修證)의 중요성 *257* | 수증의 길 *258* | 수행의 핵심 이치 *258* | 불법의 기초 *259* | 선·선종·선학 *259* | 십념법 *260* | 맺는 말 *265* | 육묘법문 *265*

| 수(數): 호흡을 헤아림 *266* | 수(隨): 호흡에 맡겨둠 *269* | 지(止): 숨과 잡념이 멈춤 *270* | 관(觀): 망상미혹을 관찰함 *270* | 환(還): 법신·반야·해탈로의 전환 *271* | 정(淨): 청정법신의 정토 *271* | 한 생각 사이에 육묘법문을 갖추고 있음 *272* | 육묘법문 지관의 인식과 실천 *272* | 지(止)에서 정(定)에 이르고, 정에서 신통을 발하고, 정을 얻어 관을 일으킴에 대한 인식 *274* | 천태종 삼관의 이론과 실천 *278* | 밀종 관상의 이론과 실천 *280* | 결어 *284* | 염신법문에 대한 기본 인식 *286* | 염수·염심·염법·염신 *286* | 색심일원(色心一元)의 수행원리 *289* | 염신법문에 대한 인식 *292* | 티베트 밀교의 염신법문 *292* | 중국 도가의 염신법문 *293* | 불가의 염신법문 *294* | 종합설명 *297* | 결어 *299*

제6강 반야정관(般若正觀) 요약 강의 ... *325*

보현행으로부터 삼마지에 들다 *325* | 진무진법문(盡無盡法門)을 배워야 한다 *328* | 반야심경은 반야법문의 정수 *329* | 어떻게 괴로움을 마칠 것인가 먼저 관상(觀想)을 중시하라 *334* | 조견오온개공(照見五蘊皆空) *337* | 소승불법을 어떻게 선정 수행할 것인가 *339* | 반야가 곧 무상의 주문이다 *340* | 색과 공의 문제 *342* | 색불이공(色不異空) 공불이색(空不異色) *345* | 수상행식(受想行識) 역부여시(亦復如是) *347* | 한 가지 주문을 가르쳐 드리지요 *350* | 공속에서 공을 얘기하는 것 모두 다 빈 말이다 *351* | 5온이 공

하고 나서는 본성에 의지하여 닦기 시작하다 *354* | 법문무량서원학(法門無量誓願學) *356* | 관(觀)과 조(照)는 같은가 다른가 *357* | 반야를 바르게 수행하면 사실과 이치가 반드시 원융하다 *359* | 불법수행은 유심유사(有尋有伺)부터 시작하라 *363* | 6경 바람이 6식 물결에 불어도 따라 구르지 않는다 *365* | 가만 가만 심두로부터 관을 일으키라 *369* | 선종에 나오는 한 이야기 *371* | 고통은 나로부터 오고 나가 있으면 고통이 있다 *374* | 4대가 당신에게 장애가 되지 않는다 *377* | 고통을 받은 만큼 업장이 녹는다 *379* | 착한 생각 악한 생각 모두 달라붙지 못한다 *382* | 생사가 본래 공하니 두려워할 게 없다 *384* | 견성 해탈하여 주관과 객관이 둘 다 사라지다 *387* | 자기를 제도하라 빨리 빨리 자기를 제도하라 *389*

제7강 관음법문 강의 ... *397*

제8강 어떻게 염불해야 일심불란의 경지에 도달할까 ... *437*

일심으로 정토법문에 귀의함 *437* | 몇 사람이나 염불이 일심불란을 얻었을까 *440* | 약사경과 결합시켜 참구해야 한다 *443* | 염불할 때는 온 마음 온 뜻으로 생각하라 *445* | 염불 관련 우스개 이야기 한 토막 *447* | 임종 때 왜 염불이 안 될까 *449* | 자기를 속이고 남을 속이고 남에게 속임을 당하고 *452* | 마음에 오로지 이 한 생각만 걸려 있어야

455 | 곤궁이 극에 달하면 하늘을 부르고 고통이 극에 달하면 부모를 부른다 457 | 완공정(頑空定) 염불법 459 | 정념만 유지하고 망상의 검은 연기는 상관 말라 462 | 생멸이 사라지고 나면 적멸이 즐거움이다 464

제9강 대업왕생(帶業往生)과 소업왕생(消業往生) ... 469

(부록 1) 37조도품 ... 505

(부록 2) 허운대사(虛雲大師) ... 533

저자소개 ... 566

일러두기

1. 이 책의 초판은 대만의 남회근문화사업고분유한공사(南懷瑾文化事業股份有限公司)가 발행한 1994년 11월 대만 3차 인쇄본의 정혜초수(定慧初修)를 완역한 것이었습니다. 이번 개정판은 중국 동방출판사 2017년 6월 1차 인쇄본을 저본으로 한 것입니다.

2. 인명 · 지명 · 책명 등 고유명사는 중국식 발음으로 표기하지 않고 우리식 한자음대로 표기함을 원칙으로 하였습니다.

3. 불교 용어 중 육경(六境) · 육근(六根) · 육식(六識) · 사대(四大) · 사성제(四聖諦) · 오온(五蘊) · 십이처(十二處) · 십팔계(十八界) · 사선(四禪) · 팔정(八定) · 구차제정(九次第定) · 육도(六道) · 육바라밀 · 삼세(三世) 등 숫자 개념의 용어 등은 아라비아 숫자로 표시하여 6경 · 6근 · 6식 · 4대 · 4성제 · 5온 · 12처 · 18계 · 4선 · 8정 · 9차제정 · 6도 · 6바라밀 · 3세 등으로 각각 표기함을 원칙으로 하였습니다.

4. 독자의 이해를 돕기 위해 주석을 달거나 보충하였을 경우에는 '역주' 또는 '역자보충'이라 표시하였습니다. 모르는 용어나 내용은 불교사전이나 관련 서적 등을 참고하고, 특히 남회근 선생의 다른 저작들도 읽어보기 바랍니다. 선생의 저작들은 전체적으로 서로 보완관계에 있기 때문입니다.

제1강

지관(止觀) 수행과 화두 참구 방법의 요점

염정(鹽亭) 노인 원환선(袁煥仙) 선생 저
유마정사총서(維摩精舍叢書) 황엽한담(黃葉閑談) 중에서 발췌

계정혜 삼학을 부지런히 닦으라

신심(信心)을 세우고 밝은 스승에게 귀의하고도 3학(三學)을 버리면 도업(道業)을 어떻게 닦을 것이며 덕행(德行)을 어떻게 증진시키겠습니까? 3학이란 계정혜(戒定慧)입니다. 계학(戒學)이 없으면 덕행이 온전하지 못하고 정학(定學)이 없으면 성불의 대사가 이루어지지 않으며, 혜학(慧學)이 없으면 지혜가 나타나지 않습니다. 덕행은 인(仁)이요, 지혜는 지(智)요, 일[事]을 실행하는 것은 용(勇)입니다. 불가에서는 '계정혜'라고 하고 유가(儒家)에서는 '지인용'이라고

합니다. 동양에도 성인이 출현하였고 서양에도 성인이 출현하셨으며, 이 마음은 같고 그 이치도 같습니다[此心同, 此理同]. 만약 서로 다르다면 성인이 아닙니다. 고덕(古德)이 말하기를 "같은 콧구멍에서 기가 나왔다[同一鼻孔出氣]."고 했습니다.[1] 그러므로 말하기를, "과거·현재·미래의 무량한 시간이 그 시작부터 끝까지 바로 지금의 한 생각을 떠나지 않고, 무량무변한 불국토에서 자기와 타자가 털끝만큼도 사이 뜨지 않는다[十世古今始終不離於當念, 無邊刹境自他不隔於毫端也]."고 했습니다.

그러나 학인이 이에 힘쓰면서도 항상 의문이 많이 일어나므로 이제 두 가지 방면에서 그 잘못된 점을 드러내 보이겠습니다.

첫째, 의지가 예사롭게 여김에 빠져 있다

평소에 스스로 생각하기를, 이 계정혜 3학은 사람마다 행할 수 있고 사람마다 이해하는 것이니 사실 무슨 특이한 점이 없는데 무슨 훌륭한 행이 있을 것인가? 라고 합니다. 백락천(白樂天)처럼 현명한 사람도 조과(鳥窠)선사에게 가르침을 구하면서 말하기를, "세 살 먹은 어린애도 그런 정도의 도리는 알 수 있다."고 했으니 그 나머지 사람들이야 말할 나위가 있겠습니까? 예사로운 눈으로 보기 때문에 가볍게 여긴 나머지 힘써 배우지 않는 것입니다. 그리하여 그 시작을 알 수 없는 옛날부터[無始以來] 돌고 도는 생사윤회의 고해(苦海)에 빠져 있으면서 무수한 겁 동안 벗어나지 못하고 있습니다. 고덕이 이를 풍자하여 말하기를, "산 가까이 살면서도 집에 땔

---

1) 고덕은 도덕이 있고 불법에 정통한 옛 사람. 콧구멍은 근원, 시초, 본래면목을 가리킨다.

감이 없고, 강 가까이 살면서도 집에 물이 없다[近山無柴, 近河無水].”라고 했습니다.

—————————————————

(역자보충) 백락천과 조과선사와의 일화

　백거이(白居易, 772-846)는 중국 중당시대(中唐時代)의 대 문장가이다. 자(字)는 낙천(樂天)이며 시호는 문(文), 호는 취음선생(醉吟先生)·향산거사(香山居士)이다. 그의 시(詩) 가운데서 비파행(琵琶行)과 장한가(長恨歌)가 특히 유명하다. 벼슬살이를 하면서도 부귀권세를 탐하지 않았다.
　그가 항주(杭州) 자사(刺史)로 부임했을 때의 일이다. 항주 근처의 사찰에 도림(道林) 선사라는 이름난 고승이 있었다. 도림선사(741-824)는 소나무 위에 올라가 좌선을 하는 일이 많았다. 선사의 모습은 마치 새가 나무 위에 둥지를 틀고 있는 것과 비슷했다. 그래서 사람들은 도림선사를 새둥지 선사라는 뜻으로 ‘조과선사(鳥窠禪師)’라고 불렀다. 『전등록(傳燈錄)』 제4권 항주조과도림선사(杭州鳥窠道林禪師)에 관한 기록에 다음과 같은 내용이 있다.
　당 헌종(憲宗) 원화(元和, 806~820)년간에 백거이가 항주자사(刺史)에 취임하였다. 곧 산에 들어가 도림 선사를 찾아가 뵙고 (나무 위에 앉아 있는 선사에게) 말했다.
　“선사님 계시는 곳이 매우 위험합니다.”
　선사가 대답했다. “나보다 태수가 더 위험합니다.”
　백거이가 대답했다. “제자는 강산의 한 지방을 지키는 관직에 있는데 무슨 위험이 있겠습니까!”
　그러자 선사가 말했다. “(바로 그대가 관직에 몸담고 있기 때문에 서로들 암투하느라) 땔감나무와 불이 서로 어울려 타듯이[薪火相交] 마음이 멈추지 못하고 있는데[識性不停] 위험하지 않을 수 있겠습니까?"

백거이가 물었다. "무엇이 불법의 대의(大意)입니까?"

선사가 대답했다. "어떤 악행도 하지 말고, 많은 선행을 하는 것입니다."

백거이가 말했다. "세 살 먹은 아이도 그렇게 말할 줄 압니다."

그러자 선사가 대답했다. "세 살 먹은 아이도 그렇게 말할 수는 있습니다. 그러나 팔 십 먹은 노인도 그렇게 실천하지는 못합니다." 백거이는 선사에게 절했다.

도림 선사의 이 말은 칠불통계게(七佛通戒偈)의 일부인데, 그 전문은 다음과 같다. "어떤 악행도 하지 말라, 많은 선행을 하라, 스스로 자기의 마음을 정화하라, 이것이 모든 부처님의 가르침이다[諸惡莫作, 衆善奉行, 自淨其意, 是諸佛教]."

백거이가 지은 양졸(養拙)이라는 시 한 수를 소개한다.

아둔함을 기르리라   養拙

무른 쇠는 명검을 만들지 못하고	鐵柔不爲劍
굽은 나무는 수레 끌채로 쓰지 못하네	木曲不爲轅
지금 내 모습이 또한 이와 같아서	今我亦如此
우매하여 가르침 받기 어렵구나	愚蒙不及門
기꺼이 명리의 유혹을 떨쳐버리고	甘心謝名利
자취를 감춰 시골로 돌아가리라	滅迹歸丘園
초가집에 편안히 살면서	坐臥茅茨中
거문고와 술잔만을 벗하리라	但對琴與樽
몸은 세속에 얽매임 풀어버리고	身去羈鎖累
귀는 세상의 시끄러운 소리 안 듣고	耳辭朝市喧

일 없이 자유롭게 소요하며	逍遙無所爲
때때로 도덕경을 넘겨보리라	時窺五千言
근심하지 않아 천진한 본성을 즐기고	無憂樂性場
욕심을 줄여 심성을 맑히리라	寡慾淸心源
이제야 알겠노라! 아둔해 쓸모없음이	始知不才者
도를 찾을 수 있는 기초임을	可以探道根

————————————————————

둘째, 마음이 태만함에 빠져 있다

당체(當體)[2]가 원만히 성취되어 있어 공덕을 갖추지 않음이 없음을 아직 확실히 깨닫지 못했으면서도 마음을 방만하게 놓아버린 채 한 곳으로 다잡아 수행에 노력하지 않습니다. 그러면서도 말하기를, "이 3학은 성자나 닦아 배우는 법문인데 우리 같은 보통 사람이 어떻게 닦고 배울 수 있겠는가?"라고 하거나, "법이 본래 이와 같은데[法爾如是] 남에게서 배울 필요가 어디 있겠는가?" 라고 합니다. 지황(智隍) 선사처럼 열심히 정진한 사람도 현책(玄策) 선사를 만나기 전에는 오히려 중도(中途)에 지쳐 있었으며, 혜남(慧南) 선사처럼 용맹스러운 사람도 운봉(雲峰) 선사를 알기 전에는 오히려 과구(窠臼)[3]에 떨어져 있었는데 그 나머지 사람들이야 말할 나위가 있겠습니까? 태만히 지내면 마침내 실천하는 용기가 멀리 사라져버립니다. 고덕이 말하기를, "많은 고기들은 용이 되어 갔건만

---

2) 자신에게 있는 그대로의 본성, 즉 불성을 가리킨다.
3) 과는 새집, 구는 절구인데 견식(見識)에 집착한다는 뜻.

두꺼비는 여전히 눈만 불룩 올라있네[幾多鱗甲爲龍去, 蝦蟆依然鼓眼 睛]."라고 했습니다.

이상으로 대략 두 가지 면에서만 말하고 그 나머지 면에 대해서는 더 이상 언급하지 않겠습니다. 다음은 3학을 차례대로 말하여 사람들의 수행을 깨우쳐 드리겠습니다.

1. 계학(戒學)

사미(沙彌) 10계, 비구 250계, 보살 10중(重)48경계(輕戒), 밀교 14계, 우바새·우바이 등 남녀 재가불자의 계, 내지는 8만 가지 세행(細行)을 통틀어 계율이라 합니다. 계율이 없으면 어떻게 도덕을 다 갖출 수 있겠습니까? 도덕이 다 갖추어지지 않으면 행위가 어떻게 고상할 수 있겠습니까? 행위가 고상하고 도덕이 다 갖추어지게 함은 군자의 가장 훌륭한 행입니다. 나그네는 그 시작을 알 수 없는 오랜 세월 동안 아득히 먼 타향에서 떠돌면서 길을 헤매고 집으로 돌아갈 줄 모르고 있습니다. 그런데 삿된 스승의 잘못된 가르침은 넘치고 있습니다. 이제 수레를 고향 길로 되돌리고자 한다면 그 길을 어떻게 알 수 있을까요? 계율이 바로 길의 안내자이니 계율에 따라 수행하면 안전하게 집에 돌아올 것입니다. 그러므로 부처님이 열반한 뒤에는 계율로써 스승을 삼으라고 말씀했습니다. 『영가집(永嘉集)』의 서문에 "계율이 없으면 선정이 없고, 선정이 없으면 지혜가 일어나지 않는다[非戒不禪, 非禪不慧]." 하였습니다.

어떤 사람은 이렇게 말합니다.

담당(湛堂) 준(准) 선사가 양산(梁山) 승(乘) 선사를 뵙자 양산 승 선사가 말하기를, "이 구오(驅烏) 사미가 계율조차 받지 않고 어찌 감히 부처를 배우려 하느냐?" 하자, 담당 준 선사가 두 손을 맞잡고 대답했다. "단장(壇場)이 계율입니까? 삼갈마(三羯磨), 범행(梵行), 아사리(阿闍黎)가 계율입니까?" 그러자 양산 승 선사는 크게 놀랐다고 했다. 또 어떤 사람이 한 고덕에게 계정혜 3학을 묻자, 고덕은 "나한테는 그런 쓸데없는 가구가 없다."고 말했다.

또 숭악(崇嶽)의 원규(元珪) 선사는 계율을 받고 싶어 하는 사람(숭산의 산신-역주)에게 이렇게 대답했다.

"그대가 이미 계율을 받으려 하니 그게 바로 이미 계율을 받은 것이다. 왜냐하면 계율 밖에 계율이 없는데 계율을 구할 필요가 어디 있겠는가!" 그러면서 또 말했다.

"만물에 대하여 무심(無心)하다면, 정욕을 행하더라도 음란하다고 할 수 없다.4) 음란한 사람에게 복을 내리거나 선한 사람에게 재

---

4) 무심(無心)의 개념에 대하여 『대혜보각선사법어(大慧普覺禪師法語)』 제19권 '청정거사(淸淨居士)에게 보임' 중에서 뽑아 참고로 소개한다.

옛 스님이 말했습니다. "소를 찾으려면 발자국을 먼저 찾아야 하고, 도(道)를 배우려면 먼저 무심(無心)하여야 한다. 발자국이 있으면 소도 있듯이, 무심하면 도도 쉽게 찾는다."
무심이란, 마치 흙이나 나무나 기와나 돌처럼 딱딱하게 굳어서 앎이 없는 것[無知]이 아니라, 경계에 접촉하고 인연을 만남에 마음이 안정되어 움직이지 않고, 모든 법에 집착하지 않고 모든 곳에 열려서 걸림이 없고 막힘이 없고, 오염됨이 없으면서 오염됨이 없는 곳에조차도 머물지 않고, 몸과 마음을 꿈이나 환상같이 보면서도 꿈이나 환상이라는 허무한 경계에 머물지 않는 것을 말합니다. 이러한 경계에 이르러야 비로소 참으로 무심하다고 할 만하고, 입으로만 말하는 무심이 아닌 것입니다.

앙을 내리더라도 도둑이 되지 않는다. 무고한 사람을 분별없이 죽이거나, 사건을 오판하거나, 용의자를 석방해버리거나, 형벌을 혼란하게 하더라도 살생이 되지 않는다. 말의 앞뒤가 천리(天理)와 인심에 어긋나더라도 거짓말이 되지 않는다. 술을 마신 후 행위가 흐리멍덩하고 전도(顚倒)되어 있어도 술에 취함이 되지 않는다. 이를 '무심'이라고 한다. 무심하면 계율이 없고, 계율이 없으면 무심이다. 부처도 없고 중생도 없다. 너도 없고 나도 없는데, 어느 것이 계율이 되겠는가[若能無心於萬物, 則羅欲不爲婬, 福淫禍善不爲盜, 濫誤疑混不爲殺, 先後違天不爲妄, 惛荒顚倒不爲醉, 是謂無心也. 無心則無戒, 無戒則無心. 無佛無衆生, 無汝及無我, 孰爲戒哉]?"라고 했다. 그런데 이제 그대의 말은 무슨 도리인가?

제가 말합니다. 이 도리는 언어로도 해석 표현할 수 있는 것이 아니고 의식으로도 상상할 수 있는 것이 아닙니다. 계율이 없으면 덕행이 완성되지 않으며, 배가 없으면 바다를 건널 수 없다는 말을 여러분은 그저 꼭 기억하고 지키면 됩니다. 왜 그럴까요? 이미 덕행을 이루고 바다를 건넌 사람의 입장에서는 어떤 덕행이 계율이 아니며, 어떤 행위가 계율이 아니며, 어떤 일이 계율이 아니겠습니까? 만약 그렇다면 계율을 지닐 것인가? 범할 것인가? 허락할 것인가? 금지할 것인가? 허락하거나 금지하거나 지니거나 범하거나 하는 것은 믿고[信] 발원하고[願] 수행하고[行] 증득한다[證]는 궁극적인 목표에 도달하기 위한 방편[權]에 지나지 않습니다. 방편을 통해 진실[實]5)에 도달하고, 이미 진실에 도달하였다면 무엇을 계율이라 하고 무엇을 아니라고 하겠습니까? 그러나 아직 생사의 바다를 건너지 못한 자는 당연히 계율의 배를 잊어서는 안 됩니다. 수행자

---

5) 진실의 법. 영원히 변치 않는 궁극적인 진실 이법(理法).

여러분! 다음의 5계를 엄격히 지켜야 합니다.

1. 살생하지[殺] 말라.
2. 도둑질하지[盜] 말라.
3. 음행하지[淫] 말라.
4. 거짓말하지[妄] 말라.
5. 술 마시지[酒] 말라.

이 5계중에 어느 한 가지 만이라도 엄격히 지키고 깊이 공부하면 자성본래(自性本來)의 면목을 철저하게 깨닫고 생사의 큰일을 밝힐 수 있거늘 하물며 이 5계를 다 지킨다면 더 말할 나위가 있겠습니까? 다른 나라는 그만 두고라도 중국으로만 말한다면, 당나라 도선(道宣) 율사 등이 우리의 본보기가 됩니다.

2. 정학(定學)

『예기(禮記)』에 "마음이 지성(知性: 아는 기능, 인지 기능—역주)에 머문 뒤에야 안정이 있다[知止而後有定]."고 했고6), 부처님은 사마타(奢摩他)를 말했으며, 천태종에는 대지관(大止觀)과 소지관(小止觀)이 있는 등, 정(定)의 모습[定相]7)은 천차만별이어서 그 명칭이 하나에

---

6) 남회근 선생의 풀이임. 자세한 풀이는 역자가 번역한 『선과 생명의 인지 강의』 중의 「제2일 강의 넷째 시간」에 나오는 『대학(大學)』 원문 경 1장에 대한 역자보충과 그 부록을 참고하기 바란다.
7) 정의 양상. 입정(入定)의 상태.

그치지 않습니다. 그렇지만 정(定)이란 점에서는 다를 바 없습니다. 부처님이 설하신 한량없는 법문들은 모두 지관(止觀)으로 총괄 요약됩니다. 지(止)란 심일경성(心一境性), 즉 마음을 하나의 대상에 집중하거나 마음이 집중되어진 상태라는 의미입니다. 관(觀)이란 결택법혜(抉擇法慧), 즉 법을 사유하고 결단 간택하는 지혜라는 의미입니다. 심경이 여일함[心境如一]은 무분별지(無分別智)[8]에서 오는 것이며, 법을 사유하고 결단 간택함은 유분별지(有分別智)[9]에서 오는 것입니다. 무분별지는 번뇌의 현행생기(現行生起)를 끊어버릴 수 있고, 유분별지는 번뇌의 습기종자(習氣種子)를 다 끊어버릴 수 있습니다. 이 두 가지는 서로 의지하는 것으로 마치 사나운 바람이 낙엽을 쓸어버리는 것과 같습니다. 어느 한 쪽으로만 치우치면 반드시 병폐가 나타납니다. 또 지(止)란 정(定)이요, 관(觀)이란 혜(慧)입니다. 이제 관혜(觀慧)[10]를 정학(定學)에 결합시켜 한 법문으로 함께 세우는 이유는 두 가지 중 어느 하나만 중시한다면 두 가지를 다 잃어버리게 되기 때문입니다. 이른바 지(止)가 없으면 관(觀)이 아니오, 관(觀)이 없으면 지(止)가 아닙니다[無止非觀, 無觀非止]. 또 다른 이유로는 다음 제4절에서 화두참구법 등 네 가지 법을 말하기 위해서입니다. 노란 낙엽은 어린애의 울음을 그치게 하기 위한 장난감에 지나지 않은데 어찌 그것을 실다운 의미로 여기겠습니까[黃葉止啼, 詎實義乎]? 모두 다 수행 길에서 방편이 될 뿐 오묘한 법에 이르는 훌륭한 규범은 아닙니다. 오묘한 법에 이르면 계정혜 3학도 모두 쓸데없는 얘기가 되는데 오히려 지관을 결합시켰느니

---

8) 주관과 객관이라는 상대적 분별 형식을 떠나서 공(空)의 이치를 직관하는 지혜.
9) 주관과 객관이라는 상대적 분별 형식에서 대상을 파악하는 인식능력.
10) 관조의 지혜, 진리를 관찰하는 지혜.

시키지 않았느니 할 것이 있겠습니까? 그렇지만 이 지관 법문을 두 가지로 나누어 풀이하겠습니다.

1. 승묘지관(勝妙止觀)
먼저 지(止)를 얻고 다음에 관(觀)을 일으키는 것입니다.

2. 수순지관(隨順止觀)
수행자의 수행공부와 방편에 따라 고정된 지관의 순서가 없는 것입니다.

지관이니 승묘니 수순이니 하는 갖가지 명칭과 법문은 궁극적으로는 인무아(人無我)와 법무아(法無我)의 도리를 설명하기 위한 것입니다. 만약 당장에 무아(無我)의 경지에 들어갈 수 있다면 무아가 곧 무심(無心)입니다. 무심이면 법이 없고, 법(法)이 없으면 사람(人)이 없어, 전체 대용[大用][11]이 자연히 일어나게 됩니다. 그런 경지에 이르면 지(止)니 관(觀)이니 하는 말이 다 진실과는 어긋난 헛된 것이 되지 않겠습니까? 혹시 그렇게 생각하지 않는 사람이 있어 허벅지를 송곳으로 찌르거나 장좌불와(長坐不臥)함으로써 6진[塵緣][12]을 멀리 떠날 결심을 한다면, 이는 도(道)가 자신에게 있음을 망각한 것 아니겠습니까? 도가 자신에게 있으면서도 큰 장애를 일으키는 잘못은 여러 가지가 있지만 이제 두 가지만을 들어 말하겠습니다.

---

11) 중생을 이끄는 커다란 작용, 위대한 역용(力用), 선법(善法)의 실천 운용.
12) 색(色) · 성(聲) · 향(香) · 미(味) · 촉(觸) · 법(法).

1. 혼침

몸과 마음이 대상경계[所緣境]13)에 대해 감당할 능력이 없는 상태가 혼침(昏沈)입니다. 마음이 무념(無念) 상태에 오래 집중[定]하다 보면 점점 마음이 흐릿해지고 몸은 피로해져 곧 이어 수면 등에 빠져들게 되는데, 정(定)을 닦는 사람이 가장 변별하기 어려운 것이 이런 현상입니다. 대체로 도거(掉擧) 상태는 알기 쉽지만 혼침은 알아차리기 어렵습니다. 옛사람은 이에 대해 두 가지 면으로 나누어 가리켜 보여주었는데, 하나는 거친 것[粗]이요 또 하나는 세밀한 것[細]입니다. 거친 면에 대해서는 논하지 않기로 하고 세밀한 면은 어떤 것일까요? 대상경계에 대해 조금이라도 관조(觀照)가 또렷하지 못한대도 마음에서 독촉 격려하지 않는 상태를 모두 혼침이라고 합니다. 요즈음 수행자들 중에는 사이비(似而非) 청정 경계나 약간의 겉껍데기[光影]를 가지고 무슨 정(定) 무슨 삼매를 얻었다고 인가해주는데 제가 감별해보면 모두 다 혼침에 지나지 않습니다. 성인(聖人)과는 날마다 멀어지면서 아지랑이를 푸른 파도로 잘못 말하니 두렵지 않을 수 없습니다.

2. 도거

눈앞의 경계를 탐내고 과거나 미래를 허망하게 이리저리 생각하면서 마음이 동요되어 전일하지 못한 채 업연(業緣)14)을 따라 산만하고 어지러운 상태가 도거(掉擧)입니다. 마음이 무념 상태에 집중

---

13) '소연경'에서의 연(緣)의 의미는 인식이며 경(境)은 방면이라는 뜻이다. '인식되는 대상 방면'이 온전한 번역이나 줄여서 대상경계라고 번역하기로 한다.
14) 행위의 간접적 조건. 업이나 과보를 성립케 하는 여러 인연. 또는 업으로 맺은 인연.

하여 시간이 오래다 보면 자기도 모르게 마음을 놓아버린 채 자기의 의식을 다스리지 못해서 마침내 어지러운 생각들이 나타납니다. 정(定)을 닦는 수행자는 저마다 이런 병통이 있습니다. 만일 혼침과 도거가 없는 사람이라면 그 누구든 그 즉시 자연히 정(定) 가운데 담담하게 있는 것이니 어찌 이런 번거로움이 있겠습니까? 그런 사람에게는 일체의 지관법문이 군더더기 문자일 것입니다.

이제 수행자가 지관을 초월할 수 없다면 무엇으로 지관 대상경계로 삼아야 할까요? 이에는 고정된 법이 없습니다. 수행자 자신의 취향 선호와 번뇌의 경중에 따라 대치(對治)[15]해야 합니다. 대략 다음 여섯 가지 법이 있습니다.

1) 탐욕[貪]이 무거운 자는 부정법(不淨法)을 대상경계로 삼아 부정관(不淨觀)을 닦아야 합니다.
2) 성냄[瞋]이 무거운 자는 자비법(慈悲法)을 대상경계로 삼아 자비관(慈悲觀)을 닦아야 합니다.
3) 어리석음[癡]이 무거운 자는 연기법(緣起法: 12연기법)을 대상경계로 삼아 연기관(緣起觀)을 닦아야 합니다.
4) 교만함[慢]이 무거운 자는 계차별법(界差別法: 지地·수水·화火·풍風·공空·식識)을 대상경계로 삼아 계분별관(界分別觀)을 닦아야 합니다.
5) 잡념이 무거운 자는 출입식법(出入息法)을 대상경계로 삼아 수식관(數息觀)을 닦아야 합니다.
6) 이상 다섯 가지를 균등하게 나누어 닦는 자는 각각의 대상경

---

15) 번뇌의 미혹을 깨는 것. 반대로 맞게 고침. 격퇴함.

계 관법을 대상경계로 삼아 관을 닦아야 합니다.

지관 법문의 이치를 대략 이해하고 나서는 지관 수행으로부터 착수하되 수행 장소를 얻는 것이 첫째입니다. 옛 현철(賢哲)이 수행 장소를 선택함에 있어서는 인적 물적 환경이 적합하고 사계절이 있는 곳으로서, 산이든 바닷가이든 계곡이든 시장이든 수행자에게 편리하고 도업 정진에 방해되지 않으면 되었으니 마땅히 스스로 유의하기 바랍니다.

수행 장소를 얻고 난 후에는 걷거나 머물거나 앉거나 눕거나 도량 아님이 없습니다. 다만 초학자에게 도움을 주고자 앉는 법을 말하겠습니다. 금강좌(金剛坐), 사자좌(獅子坐), 칠지좌(七支坐) 등 좌법에는 여러 가지 명칭이 있고 그 명칭마다는 많은 공덕이 있습니다. 하지만 당장 우리가 논할 필요가 있는 것이 아니므로, 지금은 다음 아홉 가지 사항을 수행자가 알아야 할 요점으로서 들겠습니다. 고기를 잡고 나서는 통발을 잊고, 토끼를 잡고 나서는 그 그물을 잊어버리듯이 이미 지관 공부가 완성된 자라면 옳으니 그르니 하는 시비가 모두 상관없을 것입니다.

1. 가부좌 또는 반가부좌를 합니다. 병이 있다거나 너무 힘들어 견딜 수 없으면 편한 대로 앉아도 좋습니다.
2. 척추를 마치 동전을 쌓아놓은 것처럼 곧게 폅니다.
3. 어깨를 평평히 하되 느긋하게 풀어 놓아야 합니다.
4. 손은 배꼽으로부터 아래로 손가락 네 개 폭 만큼의 위치에서 선정인(禪定印)을 맺습니다. 즉, 오른손을 왼손 바닥 위에 놓되 반드

시 양쪽 엄지를 가볍게 서로 맞댑니다.

　5. 목은 약간 수그립니다. 목 좌우에는 어새(魚鰓)같은 맥(脈)이 있는데 출입순환하면서 내기(內氣)를 자극시키므로 도거(掉擧)에 빠지기 쉽습니다. 약간 수그려 그 두 맥을 누른 채 움직이지 않으면 자연히 정(定)의 상태에 있게 됩니다.

　6. 입은 자연스럽게 다뭅니다.

　7. 혀는 상악(上顎)에 댑니다.

　8. 눈은 가늘게 떠서 시선을 코 끝 방향으로 하되 대략 멀게는 1m 50cm, 가깝게는 1m 떨어진 곳을 봅니다.

9. 호흡은 자연스럽게 합니다.

　수행이 단계에 오르면 수행의 성과가 날마다 새롭고 달마다 달라집니다. 정진 수행은 물론 다 같은 것이지만 그 업상(業相)의 종류는 많습니다. 선배 성현들은 업상을 아홉 가지로 나누어 보여줌으로써 수행자가 제자리에 머물러 있지 않고 점점 도업을 증진시키도록 했는데 대단히 따를 만합니다. 이제 정(定)의 모습을 보여주겠습니다. 이를 지상(止相)이라고도 하는데 당연히 있는 과정입니다.

　1. 내주(內住): 밖으로의 반연(攀緣)16)을 거두고 안으로의 산란을 떠난 것은 처음으로 마음을 묶어두었기 때문입니다. 염주(念住)라고도 합니다.
　2. 등주(等住): 대상경계에 계속 머물러 있으면서 미세한 속박이 점점 감소하는 것입니다. 속주(續住)라고도 합니다.
　3. 안주(安住): 대상경계를 분명히 기억하지 못하거나 마음이 산만하면 다잡아 거두어들일 수 있기 때문입니다.
　4. 근주(近住): 대상경계를 분명히 기억하지 못함과 마음이 산만함을 다잡아 거두어들인 다음에는 능히 이치대로 안주하기 때문입니다.
　5. 조순(調順): 정(定)이 갖가지 공덕의 즐거움을 낳는 것을 사유하고 번뇌가 낳는 잘못을 자세히 관찰하여 그것을 다스림[調伏]으로써 마음이 산란하지 않기 때문입니다.
　6. 적정(寂定): 거친 심사(尋思)17)와 번뇌에 대해 능히 정념(正念)

---
16) 마음이 대상경계에 의지한다 또는 끄달린다는 뜻.

을 일으켜 끊음으로써 심념이 더 이상 흘러 흩어지도록 하지 않기 때문입니다.

7. 최적정(最寂靜): 심사(尋思)와 번뇌에 대해서도 능히 끊고, 때로 일어나는 대상경계를 분명히 기억하지 못함과 가끔 일어나는 현행 번뇌에 대해서도 능히 대치(對治) 제어하여 다시 일어나지 않도록 하기 때문입니다.

8. 전주일취(專住一趣): 대상경계에 대하여, 항상 지속되도록 노력하는 공부가 있는 단계이기 때문입니다.

9. 등지(等持): 대상경계가 항상 지속되어 노력하는 공부가 없어도 되는 단계이기 때문입니다.

이상의 아홉 가지 단계의 양상들은 정(定)을 닦는 사람이 반드시 거쳐야 할 과정입니다. 등지(等持)의 단계를 얻고 나면 심일경성(心一境性)의 경계입니다. 이때에는 심신이 경안(輕安)합니다. 즉, 심신이 경쾌하고 유연합니다. 이를 지(止)를 얻음이라 합니다. 지(止)란 정(定)입니다. 수행자가 경안을 증득하면 바로 정(定)을 얻은 것입니다. 그런데 이에도 네 가지 특징이 있는데, 배우는 자가 잘 살펴보지 못하고 성과를 좀 얻고서는 더욱 높고 온전한 경계를 추구하지 않을까봐 특히 열어 보이니 그 진위를 검토해보기 바랍니다.

1. 머리와 목이 무거운 듯하지만 뇌가 손상됨은 없습니다.
2. 온몸이 마치 바람 같은 듯하고 내면의 감촉이 묘하면서 즐겁습니다.
3. 몸 내부가 가득 넘치는 것 같습니다.

---

17) 구하는 것. 이것저것이라고 사유하고 고찰하는 것. 사량 분별하는 것.

4. 갖가지 번뇌를 기꺼이 끊고 싶고 또 끊을 수 있습니다.

지(止)를 얻고 난 다음에 다시 관(觀)을 일으키는 것을 묘승관(妙勝觀)이라 합니다. 외도와 비교해 보면 지(止)에 있어서는 같지만 관(觀)에 있어서는 같지 않습니다. 대체로 외도에게 지(止)는 있지만 관(觀)은 없습니다. 관(觀)이 있다 해도 불법에서 말하는 관은 아닙니다.

관(觀)에도 두 가지 문[二門] 여섯 가지 사항[六事]으로 나누어 설명하겠습니다. 두 가지 문이란 하나는 정사택(正思擇)이요, 또 하나는 정극사택(正極思擇)[18]입니다. 그 중에 정사택은 진소유성(盡所有性)을 대상으로 하고, 정극사택은 여소유성(如所有性)[19]을 대상으로 합니다. 이들은 다시 다음의 여섯 가지 사항에 따라 행하여 차례로 사유 관찰합니다.

1. 의(義): 의미
관찰 대상에 대하여 부처님의 가르침에 따라 그 의미를 사유 관찰하는 것을 말합니다.

2. 사(事): 내사와 외사
의미가 가리키는 일체의 사상(事相)을 사유 관찰하는 것을 말합니다.[20]

---

18) 정사택은 바른 관찰 간택, 정극사택은 가장 높고 궁극적인 관찰 간택.
19) 진소유성은 모든 법계의 연기적인 현상의 무한한 차별성을 말한다. 여소유성은 일체 제법에 평등하고 보편적인 공성(空性). 적멸성(寂滅性)을 말하며 불생불멸성(不生不滅性)이라고도 한다.
20) 인연으로 일어난 사상(事相)에는 안과 밖이 다름이 있음을 바르게 사유 관

3. 상(相): 자상과 공상

관찰대상인 사상(事相)에 대하여 그 자상(自相)과 공상(共相)을 사유 관찰하는 것을 말합니다.[21]

4. 품(品): 흑품과 백품

올바름에 따르거나 올바름에 따르지 않아서 얻게 되는 선악의 과보를 사유 관찰하는 것을 말합니다.[22]

5. 시(時): 과거 · 현재 · 미래

과거 · 현재 · 미래에도 결정적으로 그러함을 사유 관찰하는 것을 말합니다.[23]

6. 이(理): 네 가지 도리

관대도리 · 작용도리 · 증성도리 · 법이도리, 이 네 가지로 나누어 사유 관찰하는 것을 말합니다.

찰하는 것이다. 자기의 안 · 이 · 비 · 설 · 신 · 의와 색 · 성 · 향 · 미 · 촉 · 법을 내사(內事)라고 하고, 다른 사람의 안 · 이 · 비 · 설 · 신 · 의와 색 · 성 · 향 · 미 · 촉 · 법을 외사(外事)라고 하는데, 내사와 외사를 바르게 사유 관찰하는 것을 말한다.

21) 일체법에는 자상과 공상 두 가지 상이 있는데, 자상이란 어떤 법이 다른 법과는 다른 모습이고, 공상이란 일체법에 공통되는 모습이다. 이렇게 제법(諸法)의 자상과 공상을 바르게 사유 관찰하는 것을 말한다.

22) 제법의 악(惡)의 종류인 흑품(黑品)과 선(善)의 종류인 백품(白品)을 바르게 사유 관찰하는 것이다. 흑품을 사유 관찰함이란 과실(過失)이 그 원인이고 과환(過患)이 그 과보임을 바르게 사유 관찰하는 것이다. 백품을 사유 관찰함이란 일체의 선법을 행하면 많은 공덕이 있어 자기에게도 이익이 있고 남에게도 이익이 있음을 바르게 사유 관찰하는 것이다.

23) 이와 같은 일은 과거세에도 있었고, 미래세에도 있을 것이며, 지금 현재세에도 있음을 사유 관찰하는 것이다.

1) 관대도리(觀待道理)

상대(相對)도리라고도 합니다. 상대를 통해 자연히 분명해지는 것입니다. 예를 들어 연기가 일어나면 불이 일어났다고 아는 것입니다.[24]

2) 작용도리(作用道理)

인과(因果)도리라고도 합니다. 작용을 통해 자연히 분명해지는 것입니다. 예를 들어 붓과 먹과 사람이 작용하여 글자를 이루는 것입니다.[25]

3) 증성도리(證成道理)

성취(成就)도리라고도 합니다. 증득을 통하여 자연히 분명해지는 것입니다. 예를 들어 차를 마시고 나면 갈증이 풀어지는 것입니다.[26]

4) 법이도리(法爾道理)

법연(法然)도리라고도 합니다. 증득하지 않아도 자연히 분명한

---

[24] 관대도리로써, 언어문자로 표시된 세속제(世俗諦)는 세속제라고 사유 관찰하고, 성인의 경계로서 언어문자를 초월한 출세간의 뛰어난 도리인 승의(勝義)는 승의라고 사유 관찰하며, 제법이 일어나는 인연(因緣)은 인연이라고 사유 관찰한다.

[25] 작용도리로써, 세간의 일체법, 즉 색법(色法)·심법(心法)·유위법(有爲法)·무위법(無爲法)이 가지는 작용을 사유 관찰하고, 이러 이러한 법은 이러 이러한 작용이 있다고 말한다. 예컨대 눈은 볼 수 있음이 그 작용이며, 귀는 들을 수 있으며, 코·혀·몸·의근(意根)은 저마다 그 작용이 있으며 지·수·화·풍(地水火風)도 모두 그 작용이 있다고 사유 관찰하는 것이다.

[26] 증성도리로써 3량(三量)인 치교량(致敎量)—성교량(聖敎量), 비탁량(比度量)—비량(比量), 현증량(現證量)—현량(現量)을 사유 관찰한다. 바르게 사유 관찰하기를, "이러 이러한 의미가 있는데 그러한 도리를 증명하는 부처님의 가르침[치교량]이 있는가? 그 도리는 현실의 증거[현증량]로 그 일이 진실한 것인지를 증명할 수 있는가? 그 도리를 볼 수 없지만 그 일이 옳다는 것을 분별 추리[비탁량]하고 증명할 수 있는가?" 한다. 어떤 일이 도리에 맞는지 맞지 않는지를 이렇게 3량으로써 사유 관찰하는 것이 증성도리이다.

것입니다. 여래가 세상에 출현하든 하지 않든 본래 법계에 존재하는 스스로 그러한 도리입니다. 예를 들어 2+3=5와 같은 것이나, 불이 태울 수 있는 것이나 물이 젖게 하는 것 등입니다.[27]

————————————————

　(역자보충)　이상의 여섯 가지 사항에 의한 관찰을 구체적으로 이해하도록 돕기 위하여 『유가사지론』 「제31권 성문지(聲聞地)」 중에서 한 예를 뽑아 보충합니다.

　어떻게 하는 것을, 아나파나념(阿那波那念: 들숨 날숨에의 의식 집중—역주)을 부지런히 닦는 사람이 여섯 가지 사항의 차별 대상경계를 사유 관찰하는 비파사나라고 하는가?
　① 입출식념(入出息念) 증상정법(增上正法)을 듣고 받아 지니는 증상력

───────────────

27) 법이도리로써, 여실제법성립법성・난사법성・안주법성에 대하여, 응당 믿고 이해하며 범부의 분별심으로 상대적으로 사고해서는 안되며 분별하지 않아야 한다.
　① 여실제법성립법성(如實諸法成立法性): 인연이 갖추어지면 어떤 일이 일어남은 진실로 있는 일인데, 이런 인연법으로부터 제법의 법성이 성립될 수 있으며 제법은 무상(無常)하며 필경에 공(空)하다고 말함이 성립될 수 있다. 이것은 오늘만 있는 것이 아니라 아득히 먼 겁으로부터 줄곧 그러했으며 부처님이 세상에 출현해서야 있는 것이 아니다. 부처님이 세상에 출현하여 우리들에게 일러주어서야 이 도리를 알게 되었다. 하지만 이 도리는 부처님이 세상에 출현해서부터 있게 된 것이 아니라 아득히 오랜 겁 동안 그러했다.
　② 난사법성(難思法性): 법성의 도리는 언어문자를 떠나 있어 사유하기 어렵다.
　③ 안주법성(安住法性): 그러나 중생은 법성의 도리를 이해하지 못하므로 불보살은 큰 지혜로 개념이나 언어를 안립(安立)—건립하여 법성의 도리를 표현했다. 그래서 우리는 학습하고 성도(聖道)를 얻을 수 있다. 그러므로 이러한 도리가 본래 그러하지 그 누가 창조한 것이 아니므로 마땅히 믿고 알아야 하며 범부의 분별심으로 생각하지 않으며 분별하지 않아야 한다.

(增上力)에 의지하는 까닭에, 들숨 날숨을 대상경계로 하여 그에 마음을 묶어 두고, 철저히 이해하고, 잊지 않고 분명히 기억함이 아나파나념의 의미임을 바르게 알 수 있는 것이다. 이렇게 하는 것을 그 의미를 사유 관찰하는 것이라고 한다.

② 또 바르게 사유 관찰하기를, "들숨 날숨이 신체 안에 있다는 것을 분명히 알 수 있다. 들숨 날숨은 신체에 속한 것이므로, 들숨 날숨은 바람이며 바깥에도 바람이 있으므로, 안과 밖이 차이가 있다." 이렇게 하는 것을 그 사상(事相)을 사유 관찰하는 것이라고 한다.

③ 또 바르게 사유 관찰하기를, "들숨에는 두 종류가 있고, 날숨에도 두 종류가 있다. 만약 바람이 코로부터 배꼽 부위에 도달하면 이를 들숨이라 한다. 만약 배꼽 부위로부터 시작하여 코에 도달하면 이를 날숨이라고 한다."고 한다. 다시 바르게 알기를, "이러함은 긴 들숨 날숨이다. 이러함은 짧은 들숨 날숨이다. 이와 같은 숨[息]은 전신에 두루 있다."고 한다. 이렇게 하는 것을 여러 숨들의 자상(自相)을 사유 관찰하는 것이라고 한다.

또 바르게 사유 관찰하기를, "들숨이 사라지고 나면 날숨이 일어난다. 날숨이 사라지고 나면 들숨이 일어난다. 들숨 날숨이 나타남은 명근(命根)에 속한다. 명근이 없으면 들숨 날숨도 없다. 동시에 식(識)이 있는 신체에도 속하여 신체가 없으면 당연히 들숨 날숨이 없다. 이 들숨 날숨 자체와 그것이 의지하는 신체는 모두 무상한[無常] 것이요 영원한 것이 아니며 마침내 언젠가는 늙고 병들어 죽어 끝날 것이다."고 한다. 이를 여러 숨들의 공상(共相)을 사유 관찰하는 것이라고 한다.

④ 또 바르게 사유 관찰하기를, "만약 이와 같이 숨을 들이쉬고 내쉴 때에 마음속으로 청정한 정념(正念)에 머물지 못한다면 갖가지 악한 사량 분별이 그 마음을 요란하게 하여 잘못되어[顚倒] 밝고 고요하게 머물 수가 없다. 만약 정념(正念)이 출현하지 않으면 마음속은 잘못되어 죄과의 흑품(黑品)에 속하게 된다. 이는 번뇌가 있는 경계로서 앞서 자세히 말했던 바와 같다. 번뇌가 있으면 자기에게 상해를 입혀서 타오르는 고뇌가

있고 생로병사 같은 일들이 있게 된다.

만약 위의 흑품과 서로 위배된다면 잘못이 없는 백품(白品)에 속하게 된다. 바로 청정한 계정혜로서 번뇌가 없는 경계이다. 앞에서 자세히 말했듯이 번뇌가 없음이 곧 지혜요 지혜가 나고 자라고 그것이 넓고 크도록 증장시킨다."고 한다. 이와 같이 하는 것을 그 품(品)을 사유 관찰하는 것이라고 한다.

⑤ 또 바르게 사유 관찰하기를, "과거세·미래세·현재세에 들숨 날숨이 계속 출현할 때에 이 들숨 날숨은 심신에 속해있고 심신은 또 들숨 날숨에 속해있어서 서로 속하여 있다." 한다. 이것을 과거·미래·현재 삼시(三時)의 다름을 사유 관찰하는 것이라고 한다.

⑥ 또 바르게 사유 관찰하기를, "이 가운데는 들숨을 지닌 자도 날숨을 지닌 자도 없고 들숨 날숨은 심신에 속하면서 찰나 찰나에 생멸하므로, 진실하며 항상 머물며 파괴되지 않는 심신을 얻을 수 없다. 오직 인(因)과 연(緣)으로부터 생겨난 색수상행식(色受想行識)의 제행(諸行)이 있을 뿐인데 여기에다 가상(假想)을 일으켜 언어적 개념을 세워서 들숨 날숨을 지닌 자가 있다며, 그것은 바로 심신이라거나 혹은 가명아(假名我)라고 말한다." 고 한다. 이렇게 하는 것을 관대도리로써 그 도리를 사유 관찰하는 것이라고 한다.

또 바르게 사유 관찰하기를 "만약 이와 같은 입출식념에서 잘 닦고, 잘 익히며, 잘 많이 닦고 익히면, 산란하는 마음을 끊을 수 있다." 한다.

또 바르게 사유 관찰하기를, "이와 같은 도리에는 치교량(至敎量)이 있고 내증지(內證智)가 있고 비탁법(比度法)이 있다."고 하며,

"성립법성과 난사법성과 안주법성이 있으니, 분별심으로 상대적으로 사고해서는 안 되며, 분별해서는 안 되며, 오직 믿고 이해해야 한다." 고 한다. 이와 같이 하는 것을 작용도리·증성도리·법이도리로써 그 도리를 사유 관찰하는 것이라고 한다.

이상과 같이 하는 것을 아나파나념을 부지런히 닦는 사람이 여섯 가지

사항의 차별 대상경계를 사유 관찰하는 비파사나라고 한다.

지(止)를 얻고 나면, 경안력(輕安力)[28]에 의지해 분별관(分別觀)을 일으킵니다. 관법이 비록 많지만 무아공관(無我空觀)이 가장 뛰어납니다. 왜냐하면 이 무아공관으로써 근본 아집(我執)을 깨트릴 수 있기 때문입니다. 이렇게 분별하여 사유하되, 지(止)에 의지하여 관(觀)을 일으키고, 관에 의지하여 지를 일으킵니다. 어떤 때는 온통 지일 뿐 관이 없고, 어떤 때는 온통 관일 뿐 지가 없습니다. 어떤 때는 관과 지를 모두 잊어버리고, 어떤 때는 관과 지가 모두 작용합니다. 시시때때로 증진 향상시켜 본체는 밝고 고요하여 관(觀)의 객체나 관(觀)의 주체에 일체 묶이지 않으며 내심과 외부경계에서 나타낼 수 없음을 철저하게 이해합니다. 수행자가 이런 과정 중에서 보게 되는 무지개나 번개, 해와 달, 유성(流星), 뛰어난 경계나 나쁜 경계, 빛이나 빛 아닌 것 등과 같은 일체의 경계를 취하지도 버리지도 말며 싫어하지도 좋아하지도 말아서, 모두 다 녹여 자성으로 돌아가게 하십시오. 이런 것을 관과(觀果)라고 합니다.

이상 말한 것은 경론 중 여기저기서 뽑은 내용이지만 수많은 내용 중에서 극히 일부에 지나지 않습니다. 그래도 수행자가 이상 말한 것만을 실천해낼 수 있다면 거의 지관을 말할 수 있을 것입니다. 그런데 위에서 간략히 말하면서 언급하지 못한 내용으로, 지관을 닦기 전에 선행되어야 할 기본사항[資糧], 그리고 지관을 닦을

---

28) 몸과 마음이 경쾌하고 유연한 힘.

때의 보조행[助行], 혼침과 도거를 끊는 방편 등이 있는데 소홀히 해서는 안 됩니다! 이제 편의상 세 방면으로 나누어 대략 설명합니다.

1. 지관을 닦기 전에 갖추어야 할 기본사항

장래를 대비해 준비를 잘하는 것은 선배 현철들이 중시하던 일입니다. 그럼 무엇이 마땅히 갖추어야 할 기본사항일까요? 『시경(詩經)』에 "먼 길을 가기 위해 마른 음식과 곡식을 준비한다[乃裹餱糧]."고 말했고, 유식학에서는 이에 대해 특별히 자량위(資糧位)라는 수행단계로 하나 설정했는데 소홀히 해서는 안 됩니다. 이제 경론에 근거해서 그 네 가지를 설명합니다.

1) 지수순(地隨順): 윗글에서 대략 설명했듯이 수행 장소의 위치가 높고 확 트인 곳 등입니다.

2) 계청정(戒淸淨): 계율은 뗏목과 같습니다. 뗏목을 버리고 어떻게 강을 건너겠습니까?

3) 원리욕(遠離欲): 욕망은 속박과 같습니다. 속박을 멀리 벗어나야 걸어갈 수 있습니다.

4) 세 가지 견해를 결정해야 합니다.

　① 출리견(出離見): 천도(天道)와 인도(人道) 등 6도(六道)에서 행하는 선악의 업들은 유루법(有漏法)이므로 절대 물들거나 집착하지 말아야 합니다.

　② 보리견(菩提見): 깨달음[覺]입니다. 수행자는 불국토를 청정하게 하고 중생을 성취시키기 위해 실천하기 어려운 것을 능히 실천하며 책임을 절대 미루지 말아야 합니다.

③ 공견(空見): 일체법은 인연에 의해 일어납니다.29)

29) 공(空)·유(有)·중도(中道)·진공묘유

　어떤 사물을 현상과 본체 양면에서 바라보는 것이다. 현상 면에서 바라보면 제법(諸法)은 모두 인연으로 생겨나서 각각 다른 현상을 이루어 우리들의 감각기관 앞에 드러나며 일정한 영향을 발생시킨다. 이것을 '유(有)'라고 한다.

　본질 면에서 보면 제법은 인연으로 생겨나기 때문에 인연이 있으면 이루어지고 인연이 사라지면 파괴된다. 그러므로 그것은 본래 무자성(無自性: 독립적으로 존재하는 실체나 자성을 갖추고 있지 않음)이며 그 본성은 공적(空寂)하다. 이것을 '공(空)'이라 한다. 공이란 아무것도 없다는 의미가 아니다. 허깨비[幻]·아지랑이[陽焰]·물속의 달[水中月]·허공(虛空)·메아리[響]·건달바성(健闥婆城)·꿈[夢]·그림자[影]·거울속의 영상[鏡中像]·화(化) 등, 경전에서의 이런 비유들은, 공이란 아무것도 없다는 것이 아니며 일체법 밖에 따로 열반이 있다는 것도 아님을 뜻한다. 대승불교의 중관사상[空宗]과 유식사상[有宗]은 모두 이런 의리(義理)를 이어받은 것이다. 하지만 중관사상은 공(空)을 비교적 강하게 말하고, 유식사상은 유(有)를 비교적 강하게 말한다.

　중도(中道)란 대립하는 두 극단[二邊]을 버리고 치우침이 없는 바른 도(道)라는 의미이다. 치우침이 없다는 것은 사물의 중간이라는 의미가 아니라, 대립과 집착의 두 극단이 버려진 곳에 스스로 나타나게 되는 사고 방식과 삶의 방식을 말한다. 초기 불교에서는 주로 고행과 쾌락의 두 극단을 떠난, 괴롭지도 않고 즐겁지도 않은 중도가 설해지고 그 구체적 실천방법으로서 팔정도를 제시하고 있다.

　용수(龍樹)는 『중론송(中論頌)』에서 연기(緣起)·공(空)·가명(假名)은 중도와 동등하다고 주장한다. 중도는 최고의 진리인 실상(實相)을 가리키기도 한다.

　천태종의 지자(智者) 대사는 중도로써 불성을 말하며, 공과 유에 치우쳐 집착해서는 안 되며, '공과 유가 둘이 아님[空有不二]'을 관찰하여야 한다고 한다. '둘 아님의 이치'를 볼 수 있는 것이 곧 중도의 불성이다. 그리고 중도가 또한 불성이다. 그러므로 중도불성(中道佛性) 혹은 불성중도(佛性中道)라는 하나의 복합개념이 있다. 불성에는 상주성(常住性)이 있으며, 이로 인해 견고하고 광대한 비원(悲願)의 기초가 될 수 있다. 또한 불성에는 능동성이 있는데, 불성은 주체적인 마음이라는 의미이다. 그러므로 움직임을 일으킬 수 있으며 자리리타(自利利他)의 공덕작용을 일으키고 세간을 변화시킬 수 있다. 또한 불성은 제법의 성(性: 본체)으로서 본질상 제법을 갖추고 있다. 중도가 불성과 동등한 바에야, 중도에도 위의 세 가지 함의가 있다. 그리고 중도는 진리이므로 진리도 역시 그러한 함의를 갖는다. 중도 혹은

2. 지관수행 중의 보조 행

다른 산의 돌로써 옥을 다듬으면서도 그 산의 공덕을 찬탄하는데, 지관이란 수승한 행을 닦는 사람이 설마 보조 행의 조건을 소홀히 할 수 있겠습니까? 수행과정 중에서 문제가 발생하면 곧바로 어려움에 부딪치고 중도에 그만두게 되는 것은, 모두 이 때문입니다. 선배 성현들이 이를 가련히 여겨서 특히 다음 여섯 가지 법문을 열어 보였습니다.

1) 잠을 적당히 자라

수면이란 원래 인생의 병환 중 하나로서, 신체가 모두 다 견뎌내기는 어려우므로 잠시 휴식이 필요합니다. 수행자는 수면의 본질을 마땅히 그렇게 사유하고, 반드시 자기의 수면에 대해 사유 결단 선택하고 이치대로 살펴서 설사 수면 중이라도 잊어서는 안 됩니다. 수면시간도 적당히 하되 피로를 회복할 수 있는 정도가 알맞습니다. 너무 짧아도 너무 길어도 문제를 낳습니다. 수면 자세는 길상와법(吉祥臥法)30)이 제일 좋습니다. 왜냐하면 이 자세는 선배 성

중도불성을 통해서 천태종 지자대사의 진리관을 볼 수 있다.

진공묘유(眞空妙有)에서 진공이란 진리 혹은 진여는 일체의 망상 집착을 멀리 떠나 있으면서 늘어나지도 않고 줄어들지도 않는다는 것을 말한다. 그러나 또 다른 일면으로 진여는 상주불변(常住不變)하며 현상세계의 성립의 근거가 된다. 그러므로 진실의 유(有)라는 의미도 있다는 것이 묘유다. 진공묘유는 진여의 입장에서 말한 것이다.

30) 길상와는 불가에서 주장하는 수면 자세로 사자와(獅子臥)라고도 한다. 그림과 같이 오른쪽 측면으로 눕고 오른팔을 굽혀 베게로 하며 왼팔은 수평으로 펴서 넓적다리에 놓는다. 두 다리는 활처럼 약간 구부리고 두 발을 포갠다. 이 자세는 부처님이 휴식할 때와 열반하실 때 취한 상이며 열반상(涅槃象)이라고도 한다.

현들이 이용한 것으로 악몽을 꾸거나 잠을 탐하는 등 여러 가지 병폐들을 없애줄 수 있기 때문입니다.

2) 음식은 적당히 먹으라

질병은 대부분 음식에서 오는 것인데, 음식이 바로 질병이란 것을 알아야 합니다. 수행자는 음식을 먹을 때 마땅히 질병이란 생각, 맛에 탐착하지 않고 욕심을 떠나도록 경계하는 생각, 음식 때문에 자유롭지 못하다는 생각, 음식물이 오기까지 수고한 많은 사람들의 은혜에 보답하겠다는 생각, 도업을 이루기 위하여 몸을 건강하게 하고 병을 치유하는 약이라는 생각을 하면서 자기에게 적당한 양에서 그쳐야 합니다.

3) 6근 문을 엄밀히 보호하라

색·성·향·미·촉 등은 본래 실체가 없어 그 자체가 그대로 공한 것입니다[本自虛寂, 當體卽空]31). 그러므로 허공처럼 본래 물듦[染]이 없는 것인데 사람이 스스로 일을 만드는 것입니다. 만약 밖의 상(相)을 취하지 않는다면 어떻게 안의 마음이 흩어지고 흔들리겠습니까? 이렇게 안과 밖을 고요하게 하여 천군(天君)인 마음이

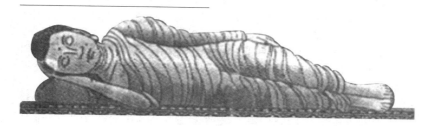

31) 당체즉공(當體卽空)이란 모든 존재 및 현상은 분석 또는 해체 과정을 거칠 것 없이 그냥 그대로 공한 것이라는 것.

고요하고 맑으면[寂然] 유루(有漏: 번뇌―역주)행위가 자연히 멀어집니다.

4) 바르게 알아 머물라
마땅히 해야 할 일로서 자기 능력으로 할 수 있는 일은 도리대로 하되, 서두르지도 말며 핑계대고 책임을 미루지도 말아야 합니다. 하면서도 한다는 생각이 없이 하되 끊임없이 이어가고 빠뜨림이 없이 합니다. 한번 원만히 성취하면 법이 본래 그러합니다. 이를 바르게 알고 머무는 것이라 합니다.

5) 자신의 허물을 드러내어 참회하라
수행공덕이 날마다 새롭게 진보하는 것은 참회가 그 바탕이 됩니다. 자기의 잘못을 스스로 숨기면 개과천선(改過遷善)할 수 없습니다. 자기의 잘못을 숨기면 어찌 군자라 하겠습니까? 개과천선하는 자는 소인이 아닙니다. 장래에 생사의 큰일을 마치고자 하면 오늘 어떻게 잘못을 숨기겠습니까? 잘못을 숨기지 않으면 바로 참회공덕이 높습니다.

6) 가피해주도록 간절히 기도하라
『역경(易經)』에서는 감통(感通)을 중시합니다. 그러므로 간절히 기도하는 방법을 세웁니다. 간절히 기도함을 '감(感)'이라 하고 가피를 '통(通)'이라 합니다. 간절히 기도하면 마침내 통합니다. 사물도 이러한데 하물며 군자가 뛰어난 법문을 수행하면서 이 점을 소홀히 할 수 있겠습니까? 그러므로 밀교에서는 예배를 중시하고 여러 종파에서도 기도를 중시하는 것입니다. 이 법문은 성인도 대단히 중시하는데 하물며 초학자는 더 말할 필요가 있겠습니까?

이상의 여섯 가지 법문은 수행자가 아침저녁으로 닦아서 그 도움을 받으면 반드시 성취하는 바가 있을 것입니다.

3. 혼침과 도거를 없애는 올바른 수행법

지(止)나 관(觀)은 본래부터 사람마다 구족하고 있고 저마다 원만히 이루어져 있는 것으로, 남으로부터 얻어오는 것도 아니요 스승으로부터 전수받는 것도 아니며 수행을 거쳐야 있는 것도 아닙니다. 만일 수행을 거쳐야 있는 것이라면 소승법이요 외도법이요 삿된 법입니다. 어떻게 정법(正法)이요 무위법(無爲法)이요 무상대법(無上大法)이 되겠습니까? 수행자는 수행과정에서 만나는 두 가지 장애인 혼침과 도거에 부림을 당해 심념이 달리거나 아니면 혼침합니다. 그리하여 본래면목에 어둡게 됩니다. 만약 혼침과 도거가 없다면 그 즉시 통달하게 되어 구하지 않아도 이미 증득하게 됩니다. 통달하여 증득하고 나면 혼침과 도거도 본래면목이니, 일체가 어찌 전체 대용(大用)이 아니겠습니까? 그러나 수행자가 아직 통달 증득하지 못했다면 '닦음 없는 도리'를 말할 수 없습니다. 닦는다는 것은 무엇을 닦는다는 것일까요? 혼침과 도거를 없애는 것일 뿐입니다. 여기서 보인 여섯 가지 법문은, 만일 수행자가 즉시에 마음이 허공과 같은 경계를 증득하고, 공견(空見)에도 집착하지 않으며, 응용에 막힘이 없고, 움직이고 고요함에 무심하면서, 범부와 성인이라는 사량분별심[情]이 다하고, 능(能: 주체, 주관—역주)과 소(所: 객체, 객관—역주)의 구별이 다 사라져버린다면, 성상(性相: 본체와 현상—

역주)이 여여(如如: 있는 그대로의 것. 진실의 모습. 진여와 같음—역주)하면서 정(定) 가운데 있지 않은 때가 없습니다. 이런 경계에서는 온갖 법문들이 다 군더더기로서 한 법도 없는데 하물며 여섯 가지가 있겠습니까? 여러분은 이에 유의하고 힘쓰기 바랍니다.

1) 도거할 때에는 지(止)를 닦아야 합니다.

2) 혼침할 때에는 관(觀)을 닦아야 합니다.

3) 지(止)와 관(觀)을 닦아도 혼침과 도거를 없앨 수 없을 때는 일어나 경행(經行)하거나 글을 외우거나 염불하거나 참회를 함으로써 멀리해야 합니다.

4) 도거가 많은 사람은 마땅히 오욕(재물욕ㆍ색욕ㆍ명예욕ㆍ식욕ㆍ수면욕—역주)의 허물을 많이 관찰해야 합니다.

5) 혼침이 많은 사람은 마땅히 정(定)에는 공덕이 있음을 사유해야 합니다.

6) 혼침과 도거가 모두 없는 사람은 마땅히 행사(行舍: 평정. 마음의 평등—역주) 법문을 닦음으로써 공부[功用]를 조금 완화하고, 지(止)는 무슨 법이며 관(觀)은 무슨 행인지, 관의 주체[能觀]와 관의 객체[所觀]는 자기인가 타인인가를 살펴봅니다. 이렇게 하면 자연히 사물마다 진상이 드러납니다.

이상에서 말한 갖가지 법문들은 수행자가 한눈에 간파해버릴 수 있다면, 지(止)든 관(觀)이든 계정혜든 팔만대장경이든 심지어 수승하고 하열한 모든 설법들이 모두 이야기 거리에 지나지 않을 것이니 의연한 대장부가 아니겠습니까! 만약 스스로를 속박해 놓고 오히려 남에게서 해탈을 구한다면, 병이 없으면서 신음하는 격이니 과거 · 현재 · 미래의 모든 부처님들도 그대를 어떻게 할 수 없을 것입니다.

3. 혜학(慧學)

"딱 마음을 쓸 때는 딱 무심히 씁니다. 무심히 딱 쓰기에 항상 쓰면서도 딱 무심입니다[恰恰用心時, 恰恰無心用, 無心恰恰用, 常用恰恰無]." 배운다니 무슨 도를 배운다는 것일까요? 이해한다니 무슨 법을 이해한다는 것일까요? 정말로 배울 바가 있고 이해할 바가 있다고 생각한다면 꼭 잘못 배운 것이요 잘못 이해한 것입니다.

그렇다면 배움도 없고 이해함도 없을까요? 그렇지 않습니다! 그렇지 않습니다! 배움이 있고 이해함이 있는 것도 잘못된 것인데 하물며 배움도 없고 이해함도 없는 것이야 말할 필요가 있겠습니까?

이렇게 있음과 없음 어느 쪽에도 머물지 않는다면 학인은 도대체 어디로부터 이해해야 할까요?

제가 말합니다. "그대가 물질[色]을 눈을 뜨고 보거나 눈을 감고 보거나 그것은 바로 마음이 마음을 보는 것입니다. 마음은 저 홀로 독립적으로 존재하지 못하고 물질이 존재하기 때문에 존재합니다. 그대가 수시로 말을 하되, 사실을 떠나지 않고 이치를 떠나지 않으면서 모두 걸림이 없다면 바로 보리도과입니다. 보리도과란 바로 혜과(慧果)요, 혜과가 바로 불과(佛果)입니다. 이와 같을 수 있다면 곧 점점 무상정등정각(無上正等正覺)으로 나아가게 될 것입니다. 왜 이런 법문을 버려두고 따로 다른 법문을 배우려 하면서 어디로부터 이해해야 하는가라고 말합니까? 그러므로 말하기를 도는 닦아서 얻어지는 것이 아니라고 합니다. 닦아서 얻어지는 것이라면, 닦아서 이루어진 것이 다시 무너져버릴 것이니 성문(聲聞)과 같습니다. 만일 닦지 않아도 도를 이룰 수 있다고 한다면, 이는 범부와 같습니다."

여러분은 이렇게 물을 수 있습니다. "그렇다면 초학자가 수행을 거치지 않고 어떻게 도에 이를 수 있겠습니까? 더더군다나 오늘날 많은 수도자들이 사방에 있는 것은 무슨 까닭입니까?"

제가 말합니다. "자성(自性)은 본래 구족하고 있으니 선악의 일에 얽매이지 않을 수 있다면 수도자라고 할 수 있습니다. 선자성(船子誠) 선사가 말하기를, "몸을 숨기는 곳에서는 종적이 없게 하라, 종적이 없는 곳에서는 몸을 숨기지 말라[藏身處沒蹤跡, 沒蹤跡處莫藏身]."고 했는데 이렇다면 수도자라고 합니다. 불여밀다(不如密多) 존자가 말하기를, "숨을 내쉬면서는 많은 인연들을 따르지 않아 사물에 미혹되지 않고, 숨을 들이쉬면서는 5온 12처 18계 등 현상세계에 머물지 않는다[出息不隨衆緣, 入息不居蘊界]."라 했는데 이렇다면 수도자라고 합니다. 백장(百丈) 선사가 말하기를, "이것을 떠나지 않고 쓰고, 이것을 떠나서 쓴다. 이것을 떠나서 쓰고, 이것을 떠나지 않고 쓴다[卽此用, 離此用.　離此用, 卽此用]."라 했는데 이렇다면 수도자라고 합니다.

그렇게 하지 않고, 선(善)을 취하고 악(惡)을 버림이나, 공(空)을 관하여 정(定)에 들어감이나, 이 모두가 역시 조작함이요 치구함[馳求: 악착같이 구하는 것―역주]에 속합니다. 구하면 구할수록 대도(大道)와는 멀어지고 설사 무수한 겁을 지내더라도 향상일로(向上一

路)32)를 밟아 혜과(慧果)를 증득할 수 없다는 것을 그대가 어떻게 알 수 있겠습니까? 슬프고 슬픈 일입니다!

　육조 혜능조사가 말했습니다. "해탈을 얻으면 곧 반야삼매이다 [若得解脫, 卽是般若三昧]." 반야란 곧 지혜요, 삼매란 곧 정수(正受) 입니다. 이를 떠난다면 모두가 삿됨이요 어리석음으로, 지극히 고명한 수행이 아닙니다. 반야삼매가 곧 무념(無念)인데 무념이란 어떤 것일까요? 일체법을 보아도 마음이 물들어 집착하지 않음이 바로 무념입니다. 그 작용이 모든 곳에 두루 있되 어떤 곳에도 집착하지 않습니다. 다만 본심만 청정하게 하여 6식이 6근을 통해 나오게 하되 6진 경계에 뒤섞이거나 물듦이 없게 합니다. 그리하여 오고 감이 자유롭고 통달 무애함이 무념입니다. 만약 아무것도 생각하지 않은 채 눈감고 어둠 속에 앉아서 항상 사념(思念)을 끊는다면 이는 법박(法縛)이요 변견(邊見)33)입니다. 이는 무념이라 할 수 없고 반야라 할 수 없는데 어떻게 삼매라 할 수 있겠습니까?

　마조(馬祖) 선사가 말하기를, "앞생각[前念], 중간생각[中念], 뒷생각[後念]이 일어나더라도 생각 생각마다 상대(相待)하지 않아서 생각 생각마다 적멸함을 해인(海印) 삼매라고 한다."고 했습니다. 이 법문은 많은 단계를 거칠 필요도 없고 돈점(頓漸)의 구별도 없습니다. 깨달으면 곧 부처의 경지에 오르게 되고 일체를 따로 구할 필요가 없습니다. 상근기니 중근기니 하근기니 계정혜 3학이니, 다학(多學)이니 만행(萬行)이니 일행(一行)이니 하는 것은 모두 방편으로

---

32) 향상(向上)은 향하(向下)에 대한 말로 절대의 부처님의 경지[上]를 체득해야할 수행에 전념[向]하는 것. 깨달음에 이르는 한 줄기의 길. 언어나 사려가 미치지 않는 최상의 경지.

33) 극단을 바르다고 생각하는 견해. 비뚤어진 생각. 상견(常見)과 단견(斷見)을 말한다.

한 말로서, 단지 수행자의 미혹과 깨달음의 상황에 따라 가리켜 보여주는 실천상의 차이에 지나지 않을 뿐입니다. 이제 방편으로 네 가지 법문을 열어 보임으로써 초학자를 이끌어 드리겠습니다. 깨달음으로 들어가는 법문이 모래알처럼 많아 다함이 없다거나, 한 가지 법문을 열어 보이는 것도 이미 군더더기라고 하는 말들은 잠시 상관하지 않겠습니다.

————————————————————

(역자보충) "장신처몰종적, 몰종적처막장신(藏身處沒蹤跡, 沒蹤跡處莫藏身)"은 선자덕성(船子德誠) 선사가 그의 제자 협산(夾山)에게 해준 말인데, 이에 대한 남회근 선생의 풀이를 『불교수행법강의』 제13강에서 뽑아 보충합니다.

협산이 선자덕성 선사로부터 도를 깨닫고 난 뒤에 어디로 갔을까요? 선자덕성 선사가 그에게 일러줍니다. "몸을 숨기는 곳에서는 종적이 없게 하라, 종적이 없는 곳에서는 몸을 숨기지 말라." 이 두 구절에는 아주 많은 내용이 포함되어 있습니다. 공부를 하는 면에서 말하면, '몸을 숨기는 곳에서는 종적이 없게 하라.'함은 신체의 감각이 사라지고 심리적인 잡념도 사라진 3제탁공(三際托空)의 경계로, 그림자조차도 흔적 없이 사라진 경계입니다. 그렇지만 공의 경계에 오래 머물러서는 안 됩니다. 오래 머물면 사람이 게을러집니다. 그러므로 수증(修證) 면에서는 그래도 괜찮지만 행원(行願) 면에서는 그래서는 안 됩니다. 보살계에 의하면 이것은 계율을 범하는 것입니다. 선정에 탐착하여 자비를 일으키지 않고, 사람들과 세상을 구제하는 사업을 하지 않는 것은 보살계를 범하는 것입니다. 그러므로 "종적이 없는 곳에서는 몸을 숨기지 말라."고 했습니다. 그렇게 오래 머물고만 있으면서 중생구제 행을 하지 않아서는 안 된다는 말입니다. 영원히 산속에서 자료한(自了漢: 타인을 교화시키려는 염원이 없는 사람—역주)으로서만 지낼 수는 없습니다. 세상에 나가서 공덕을 쌓고, 중생들을 고난에서 구해주는 사업을 해야 합니다. 그래서 선자덕성은 협산에게 "몸을 숨기는 곳에서는 종적이 없게 하라."고 했습니다. 먼저 암자를 찾아가 몸을 숨기고 사람들이 알지 못하게 하라는 것입니다. 그리하여 공부가 경지에 이르거든, "종적이 없는 곳에서는 몸을 숨기지 말라."고 했습니다.

————————————————

(역자보충) 백장(百丈)선사가 다시 마조(馬祖)선사에게 참문(參問)하려고 모시고 서 있을 때, 마조가 선상(禪床)의 구석에 걸려 있는 불자를 바라보았다. 백장이 말했다. "이것을 떠나지 않고 쓸까요? 아니면 이것을 떠나서 쓸까요[即此用, 離此用]?" 마조가 말했다. "너는 이후에 입을 열어 무엇을 가지고 사람들을 위할 것이냐?" 백장이 불자를 집어 내려서 세웠다. 마조가 말했다. "이것을 떠나지 않고서 쓰느냐? 아니면 이것을 떠나서 쓰느냐[即此用, 離此用]?" 선사가 불자를 제자리에다 걸어 놓았다. 마조가 위엄을 떨치며 큰 소리로 한번 할(喝: 중국어 발음으로는 '허'이지만 우리나라 불교계에서는 일반적으로 '할' 또는 '악'이라고 발음을 표시하고 있다—역주)을 했는데, 백장은 줄곧 3일 동안이나 귀가 먹어버렸다.

師再參, 侍立次. 祖目視繩牀角拂子. 師曰:「即此用, 離此用?」祖曰:「汝向後開兩片皮, 將何為人?」師取拂子豎起. 祖曰:「即此用, 離此用?」師挂拂子 於舊處. 祖振威一喝, 師直得三日耳聾. (五燈會元 권3 百丈懷海禪師語錄)

————————————————

1. 본체의 작용에 따라 집착을 없애다

장경(長慶) 스님이 백장(百丈) 선사께 물었다. "불성의 뜻을 알고 싶습니다." "소를 타고 소를 찾는 것과 아주 흡사하다." "알고 난 다음에는 어떻습니까?" "소를 타고 집으로 돌아가는 것과 같다." "어떻게 보임(保任)³⁴해야 할지 모르겠습니다." "소치는 사람이 막대기를 들고 감시하여 남의 논밭에 들어가지 않게 하는 것과 같다."

長慶叩百丈之室, 曰:"願識佛性義." 丈曰:"大似騎牛覓牛." 慶曰,"識得後如何?"丈曰:"如騎牛人歸家." 慶曰:"未審始終, 如何保任?"丈曰:"如牧牛人執杖視之, 不令犯人禾稼."

이에 장경 스님은 그 뜻을 깨닫고 남은 반생 동안 풍광(風光)을 즐기면서 다시는 밖으로 악착같이 구하지 않았습니다. 이는 본체의 작용에 따라 부단히 집착을 없앤 본보기입니다. 이런 법문은 자칫하면 본체에 멈춰있어 벗어나기 어렵습니다. 고덕이 말하기를, "본체에 나아가 집착을 소멸시키면 그에 멈추어 있어서 득력함이 늦다."고 했습니다.

2. 인연으로부터 깨달음에 들어가다

향엄(香巖) 선사가 기와조각을 던져 푸른 대를 친 것을 계기로 심지(心地: 진심. 불성. 심성—역주)를 발명(發明)³⁵하고, 영원(靈源) 선사

---

34) 보(保)는 지킴, 임(任)은 등에 지다는 뜻. 보호 임지하여 잃어버리지 않는 것. 자신의 것으로 함. 그것으로 완전히 됨.

가 복숭아꽃을 보고 본래면목을 깨달은 것은 인연으로부터 들어간 것입니다. 고덕이 말하기를, "인연을 통해 들어간 자는 득력함이 강하다."고 했는데, 대체로 직접 깨달음에 부합하여서 범부의 의식으로 분별 사량함을 멀리 떠난 것을 말한 것입니다.

3. 문자에 의지하다

문자로 남아있는 선배 성현들의 가르침에 의지하여, 이치대로 알고 아는 그대로 실천하면서 혹은 관(觀)이나 지(止)를 닦되, 계율을 지키고 지성스런 마음으로 합니다. 위대한 학설을 이미 남아 있는 언교(言敎)36)에서 밝히고, 심오한 이치를 아직 드러나지 않은 부분에 대해 충분히 풀이하고 밝힙니다. 『능엄경』을 한 문구 한 문구씩 파고 들어가 연구하여 먼저 깨달음의 규칙을 확립하고 무수한 언교를 독파함으로써 마침내 진리를 완전히 통하게 되는 것입니다. 이런 식의 공부를 문자에 의지함이라고 합니다. 고덕이 말하기를, "문자에 의지함은 득력함이 약하다."고 했는데, 대체로 심오한 이치는 점점 드러나지만 이치에 대한 집착은 완전히 잊어버릴 수 없기 때문입니다.

4. 화두참구

화두참구 법문은 대단히 쉽고 간단하면서 가장 고명하고 지극히 현묘합니다. 뛰어난 수행 중에서도 특별한 수행이요 긴요한 법문

---

35) 꿰뚫어 보다. 깨닫다.
36) 부처님이 말씀하신 가르침, 삼장12부경전.

중에서도 묘한 법문입니다. 언어로써 그 의미를 표현한다면 수보리
라도 찬탄하는 말을 한마디도 하지 못할 것입니다. 언어로써 그 지
혜를 말한다면 지혜 제일인 사리불조차도 밝히지 못할 것입니다.
이 법문은 상중하 세 근기에 적용할 수 있고 과거·현재·미래 3
세에 두루 있는 법문이 됩니다. 수행자가 이 법문을 얻은 것은 마
치 금강보검을 얻는 것이나 마찬가지여서 마구니가 오면 마구니를
베고 부처가 오면 부처를 벨 수 있습니다. 그 아무리 단단한 것이
라 할지라도 꺾어버리지 못할 것이 없습니다. 이암(伊庵) 선사가 말
하기를, "이 법문이야말로 미래세가 다하도록 바뀌지 않는다."고
했는데, 참으로 아는 말입니다! 이에 여섯 가지 방면으로 그 의미
를 대략 밝히겠습니다.

1) 화두법문의 연기

　화두 참구법은 당나라 황벽(黃檗) 선사가 먼저 발명하고 송나라
대혜(大慧) 선사가 제창하여 흥성하기 시작했습니다. 요즈음 선종
사람들이 도에 들어가는 문을 토론하면 화두가 가장 고명하다고
주장하지 않는 사람이 없습니다. 그런데 옛사람이 한 마디 한 구절
에 근기와 이치에 들어맞음으로써 망심을 쉬어버리고 마음을 잊으
며 생사의 대사(大事)를 깨달았던 그런 기풍은, 완전히 사라졌다고
는 할 수 없지만 점점 쇠퇴해졌습니다. 이렇게 된 까닭은, 옛사람
은 순박하고 독실해서 생사의 대사를 깨닫지 못했으면 마치 어버
이 상을 당한 듯이 하면서 먼 이국(異國) 타향까지도 찾아가 법을
위해 헌신하고 간절한 마음으로 법을 구했기 때문입니다. 맹자는
"이것은 집의소생(是集義所生)[37]이다."고 했는데, 집의하여 생겨남

은 화두가 아니면서 화두이기도 한 것입니다. 사실 화두의 의미는 그 속에 담겨 있기 때문입니다. 말법시대 사람들은 마음이 갈수록 천박해지고 집의(集義)도 어려운데다 지성으로 법을 구하는 자도 갈수록 적어지게 되었습니다. 그래서 화두법문이 그런 시대적 환경에 따라 탄생한 것입니다. 아름답고 아름다워라! 천고의 세월이 가도 바뀌지 않을 것이니, 설사 사람이 입이 백 개가 있더라도 어떻게 그 만 분의 일이라도 칭송할 수 있으리요!

―――――――――――――――――

(역자보충) '집의소생(集義所生)'이란 말은 『맹자(孟子)』 「공손추편(公孫丑篇)」에 나오는데, 그 출처 단락에 대한 남회근 선생의 풀이를 요약 번역하여 소개합니다.

공손추가 말했다. "감히 선생님께 묻겠습니다. 선생님의 부동심(不動心)과 고자(告子)의 부동심이 수양 면에서 서로 같은 지요?"

맹자가 대답했다. "고자는 말하기를, '도리에 맞지 않는 말은 마음속에 놓고 그 도리를 탐구하지 말라. 마음속으로 타당하지 않다고 생각되는 일은 의기(意氣) 상에서 애써 구하지 말라. 마음에서 불안하고 미안하게 느낄 때는 절대로 의기를 움직이지 말라.'고 했다.

그런데, '마음에서 불안하고 미안하게 느낄 때는 절대 의기를 움직이지 말라.'고 한 것은 옳다. 하지만 '도리에 맞지 않는 말은 마음속에 놓고 그 도리를 탐구하지 말라.'는 말은 옳지 않다. 도리를 잘 모르겠는 일에 대해서는 해서는 안 됨을 분명히 알면서, 한사코 마음을 움직여 깊이 연구하

――――――――――

37) 호연지기는 일체의 원리를 꿰뚫어 알고 철저하게 실천함이 쌓여서 생겨난다는 의미인데 역자보충을 참고하기 바란다.

여 그 원인을 찾아내야 옳은 것이다.

의지[志]는 기(氣)를 주재(主宰)하고 이끌며 지시하는 사령관이요, 기는 우리 신체 안에 본래 충만한 것이다. 의지가 먼저 이르고, 기가 그 다음에 따라가는 것이다. 그러므로 '그 의지를 틀어쥐고, 그 기를 날뛰지 않게 한다.'고 말한다."

공손추가 말했다. "'의지가 먼저 이르고, 기(氣)가 그 다음에 따라가는 것이다.'고 말씀하시고는, 또 '그 의지를 틀어쥐고, 그 기를 날뛰지 않게 한다.'고 말씀하심은 무슨 뜻입니까?"

맹자가 대답했다. "심리와 생리는 서로 영향을 미친다. 의지가 전일(專一)하면 기(氣)를 움직이게 하고, 기가 전일하면 의지를 움직이게 한다. 이제 저 뛰고 달려가는 것은 기이면서도 역으로는 그 마음을 움직이게 하는 것이다."

공손추가 물었다. "감히 묻겠습니다, 선생님은 의지와 기(氣) 두 가지 중 어느 면에서 수양공부가 비교적 뛰어나십니까?"

맹자가 대답했다. "나는 말과 생각의 도리를 잘 알며[知言], 나는 우리 사람에게 본래 갖추어져 있는 호연지기(浩然之氣)를 잘 기르는 것이다."

공손추가 말했다. "감히 묻겠습니다, 무엇을 호연지기라고 합니까?"

맹자가 대답했다. "뭐라 말로 설명하기 어렵다. 그 호연지기라는 것은 무엇으로 견줄 수 없을 만큼 지극히 크다. 양명(陽明)한 기(氣)로서 지극히 강하다. 동요시킬 수 없고 변경시킬 수 없는 것이며, 빛나면서 생기가 활발한 것 등등으로 표현할 수 있다. 그 바르고 자연스러움으로써 길러서 해를 끼치는 일이 없으면[以直養而無害] 하늘과 땅 사이에 충만하다. 그 기(氣)는 의리[義]와 도(道)와 배합해서 되는 것이니, 이 두 가지가 없으면 길러지지 않고 쇠약하게 된다. 이것은 일체의 의리(원리)를 꿰뚫어 알고 철저하게 실천함이 쌓여서 생겨나는 것이요[是集義所生者], 그렇지 않고, 전해오는 의리로부터 답습하여 억지로 끌어다 붙이기만 해서 얻을 수 있는 것이 아니다[非義襲而取之也]. 마음으로 어딘지 옳지 않다고 느낀다든지 죄악감이나 괴로운 느낌 등이 있는 행위가 있다면 쇠약하게 된다.

나는 그래서 말하기를, 고자는 일찍이 이 도리를 아직 철저히 이해하지 못하였다고 한 것이다. 왜냐하면 그는 기를 마음밖에 있는 것으로 보아 마음과 기를 둘로 나누었기 때문이다. 그는 마음이란 내면의 정신에 속하고 기란 외부의 물질에 속한다고 보았는데, 이는 정확하지 않다. 이 기(氣)는 마음은 있고 형질(形質)이 없는 기로서, 마음과 기는 서로 이어져 있는 것이다.

호연지기를 바르고 자연스러움으로써 기르는 요령은, 반드시 마음속에 어떤 것을 하나 두어 지키는 바가 있으면서[必有事焉], 자기가 일부러 곁에서 붙들어 바로잡아주려 하지 말아야 하며, 언제나 잊지 말아야 하며, 조장하지 말아야 한다.

예컨대, 송나라의 어떤 농부처럼 해서는 안 된다. 송나라의 어떤 농부가 벼의 모를 심어놓은 뒤, 날마다 논에 가서 관찰해보니 아무래도 모가 너무 느리게 자라 잘 자라지 않는다고 느껴져 걱정이 되었다. 그래서 밤에 몰래 논에 가서 모들을 한 포기 한 포기 뽑아 올려주었다. 다음날 아침에 매우 피곤한 모양으로 집에 돌아와서는 집안사람들에게 말했다. '오늘은 너무 피곤하구나! 내가 밤새 내내 모가 좀 자라도록 도와주었다!' 아들이 그 말을 듣고 달려가 보았더니, 모가 모두 말라 시들어 있었다.

사실 천하에 수양 공부하는 사람들 중에는 이렇게 알묘조장(揠苗助長)하지 않는 자가 몇 안 된다. 사람마다 알묘조장하고 있다고 말할 수 있다.

이와는 반대로, 기(氣)를 이렇게 기르는 법을 듣고는 아예 공부를 하지 않겠다고 생각하는 사람이 있다. 공부를 하지 않는 것은, 수양 공부가 무익하다고 여기면서 내버려두고 관심을 갖지 않는 사람들과 똑 같은 결과를 가져온다. 농사를 예로 들어보면, 마치 모를 심어놓은 뒤 김매기를 하지 않는 것과 같다. 또 억지로 그것이 자라도록 조장하는 자는 바로 모를 뽑아 올려준 자이다. 이같이 조장하는 행위는 유익함이 없을 뿐 아니라, 도리어 그것을 해치게 된다."

공손추가 물었다. "어떻게 해야 '말과 생각의 도리를 잘 안다'고 할 수 있습니까?"

맹자께서 말씀하셨다. "한 쪽으로 치우치는 말을 하는 자는 그에게 틀림없이 가려진 바가 있고 잘 알지 못하는 부분이 있음을 알 수 있다. 그러므로 그런 사람의 말을 들어보면 그 생각이 이익이나 관록 또는 다른 문제 등에 가려져 사리를 모른다는 것을 알 수 있다. 바꾸어 말하면 생각에 편견이나 선입견이 있다면 그의 말도 편향적인 것이다.

수다스럽고 지나치고 너무 많은 말을 하는 자는 그가 빠져 있는 바를, 즉 심리가 불건전하다는 것을 알 수 있다. 머리가 건전한 사람이 하는 말은 분명하고 간결하다.

바른 도리[正理]에 의하지 않고 비뚤어진 말을 하는 자는 그가 바른 궤도에서 이탈해 있음을 알 수 있다. 하지만 그 나름대로 삐뚤어진 도리[歪理]가 있다. 세상에는 삐뚤어진 도리가 수 없이 많다. 그러나 바른 도리는 오직 하나일 뿐이다. 바른 궤도에서 이탈함에는 이간질도 포함되는데 이간질을 하는 사람들은 반드시 그 나름대로 삐뚤어진 도리가 하나 있다.

회피하는 말을 하는 자는 이유가 없기에 대꾸할 말이 막혀 다른 말로 핑계를 삼고 있음을 알 수 있다. 자기의 잘못을 인정할 용기가 없기 때문이다. 그렇게 하려면 용기가 필요한데 그런 용기가 없기 때문에 무의식적으로 회피하는 말을 찾아 얼버무려 넘어가려고 한다.

이처럼 말과 심리는 대단히 밀접한 관계를 가지고 있다. 말은 생각이 표현된 형태의 하나요, 행위도 생각이 표현된 형태의 하나이다. 생각은 아직 겉으로 표현되지 않은 언어행위다. 심리 생각이 움직이면 그 행위에 나타나고, 이를 정치에 시행할 수 있다. 그 생각이 틀렸다면 정치적 행위 면에서 유해하게 된다. 이런 유해한 생각행위가 정치를 통해 발휘되었을 경우 문제는 커진다. 그러므로 어떤 법률의 제정이나 어떤 정책상의 조치를, 사전에 잘 생각해 보지 않고 주도면밀하며 신중하게 심사숙고하지 않고, 그저 목전의 문제해결만 돌아보고 장기적인 결과를 고려하지 않는다면, 결국은 문제가 나타나기 마련이다. 그러므로 역대 정치제도를 수시로 개혁하고자 했던 것은, 당초에 심사숙고가 부족했기에 그 결함을 발견하고 다시 개혁을 해야 했기 때문이다.

　이로써 생각과 언어가 중요함을 알 수 있다. 설사 문왕(文王)이나 주공(周公)이나 공자(孔子) 같은 성인들이 오늘 부활하더라도 나의 이런 말에 틀림없이 긍정할 것이다."

曰, "敢問夫子之不動心與告子之不動心, 可得聞與?" "告子曰, '不得於言, 勿求於心, 不得於心, 勿求於氣.' 不得於心, 勿求於氣, 可, 不得於言, 勿求於心, 不可. 夫志, 氣之帥也, 氣, 體之充也. 夫志至焉, 氣次焉, 故曰, '持其志, 無暴其氣.'" "旣曰, '志至焉, 氣次焉.' 又曰, '持其志, 無暴其氣.' 何也. 曰, "志壹, 則動氣, 氣壹, 則動志也, 今夫蹶者趨者, 是氣也, 而反動其心." "敢問夫子惡乎長?" 曰, "我知言, 我善養吾浩然之氣." "敢問何謂浩然之氣?" 曰, "難言也. 其爲氣也, 至大至剛, 以直養而無害, 則塞於天地之間. 其爲氣也, 配義與道, 無是, 餒也. 是集義所生者, 非義襲而取之也. 行有不慊於心, 則餒矣. 我故曰, 告子未嘗知義, 以其外之也. 必有事焉, 而勿正, 心勿忘, 勿助長也. 無若宋人然, 宋人有閔其苗之不長而揠之者, 芒芒然歸, 謂其人曰, '今日病矣! 予助苗長矣!' 其子趨而往視之, 苗則槁矣. 天下之不助苗長者寡矣. 以爲無益而舍之者, 不耘苗者也, 助之長者, 揠苗者也. 非徒無益, 而又害之." "何謂知言?" 曰, "詖辭知其所蔽, 淫辭知其所陷, 邪辭知其所離, 遁辭知其所窮. 生於其心, 害於其政, 發於其政, 害於其事. 聖人復起, 必從吾言矣."

————————————————————

2) 화두법문의 뛰어남

수행자가 즉시에 증득하여 곧바로 부처의 경계에 들어갈 수 있다면 더 말할 필요가 없겠거니와 그렇게 할 수 없다면 공부를 하지 않을 수 있겠습니까? 공부를 말하자면 지관(止觀)을 벗어날 수 없습니다.

이 화두법문은, 지(止)와 관(觀)을 함께 운용하는 것이요, 일체 사물을 타파하고 진공(眞空)으로 돌아감과 지혜로써 사물의 본성을 비추어 봄에 서로 통하는 것입니다. 지(止)를 닦으면 혼침과 도거를 깨뜨릴 수 있고, 관(觀)을 닦으면 본체와 작용이 가지런히 드러납니다. 본체가 드러나 나타나면 신통작용을 다스리기 어려운 결과를 가져오기 쉬울까 염려되니, 부정적인 판단을 이용해 그 반면으로부터 실제를 드러냅니다. 본체가 숨어버리면 드러날 수 없을까 걱정되니, 관조(觀照)를 이용해 진상을 밝힙니다. 혼침하지도 도거하지도 않은 상태가 되어 방일하지도 않고 구속되지도 않으면 도(道)에 들어갈 수 있지 않겠습니까? 이것이 바로 관세음보살이 도에 들어가는 문이요, 모든 보살이 도에 들어가는 지혜요, 삼세제불과 일체의 성현들이 도에 들어가는 문입니다. 다음은 어떻게 참구할 것인지 말하겠습니다.

3) 화두참구법

일체 만법을 비록 법이라고 부르지만 그 본래면목에서는 사실 한 법도 세울 것이 없습니다. 비록 한 법도 세울 것이 없더라도 일체 만법의 인과(因果)의 운전(運轉)에 방애가 되지 않습니다. 그러므로 이제 법에 따라 고덕의 공안을 뽑아서 후학들에게 보여줍니다.

황벽 스님은 말했다. "대장부라면 공안을 하나 살펴보라. 어떤 스님이 조주(趙州) 스님께 물었다. '개도 불성이 있습니까 없습니까?' 조주 스님이 대답했다. '무(無: 없다).' 하루 24시간 가운데 이 '무(無)' 자를 살펴보되 낮에도 참구하고 밤에도 참구한다. 걷거나 서 있거나 앉아 있거나 누워 있거나 참구하고, 옷을 입거나 밥을 먹거나 대소변을 볼 때도 참구하되, 마음 마음마다 서로 돌아보면서 정신을 집중하여 무(無) 자 하나를 지킨다. 날이 가고 달이 가면서 한 덩어리가 되어 홀연히 마음 꽃이 단박에 피어나면 부처님과 조사의 기틀을 깨닫게 된다. 그러면 천하 노화상들의 말에 속지 않게 되고 크게 한 번 웃게 된다. 달마대사가 인도에서 중국으로 왔던 일은 바람 없는데 파도를 일으켰음이요, 석가세존이 영산회상에서 꽃을 들어 보였던 일은 한바탕 실패였다. 이 경지에 이르러서는 무슨 염라대왕이나 노자나 천 분의 성인이 세상에 출현하더라도 그대를 어찌하지 못한다!"

黃檗運曰: 若是丈夫漢, 看個公案. 僧問趙州: 狗子有佛性無？州云: 無. 但二六時中, 看個無字, 晝參夜參, 行住坐臥, 著衣吃飯處, 屙屎放尿處, 心心相顧, 猛著精彩, 守個無字, 日久日深, 打成一片, 忽然心花頓發, 悟佛祖之機, 便不被天下老和尚舌頭瞞, 便會開得大口也. 達摩西來, 無風起浪；世尊拈花, 一場敗闕. 到這裏說什麼閻王老子, 千聖尚不奈你何.

조주 종심 스님이 말했다. "그대가 다만 도리를 참구하되 이삼십 년을 살펴보아도 깨닫지 못하면 노승의 머리를 잘라 가라."

趙州諗曰: 汝但究理, 坐看二三十年, 若不會, 截取老僧頭去.

대혜 종고 스님이 말했다. "마땅히 '생사(生死)' 두 글자를 이마에 붙여 놓고, 차를 마실 때나 밥을 먹을 때나 시끄러운 곳에서나 조용한 곳에서나, 생각 생각마다 꾸준히 하되, 마음속으로는 번민하고 있음을 알고 있으면서도 회피할 길이 없고, 살 수도 없고 그렇다고 죽을 수도 없다. 바로 이런 경계에 이르렀을 때 선악으로 가는 길은 차례로 끊어져버렸다. 이 중요한 고비에서 절대 놓쳐버리지 말고 화두 하나를 꼭 붙들고 계속 살펴보아야 한다. 화두를 살펴볼 때는, 추측하여 생각하고 헤아리지 말며, 주석을 달고 풀이하려 하지 말며, 분명하게 말하려고 하지 말며, 언어문자 상으로 이해하려 하지 말며, 화두를 드는 곳을 향하여 도리를 만들어 이해하려 말며, 공적 가운데로 떨어지지 말며, 깨닫기를 마음으로 기다리지 말며, 대선사들이 말한 곳을 향하여 이해하려 말며, 일없이 지내는 데로 떨어지지 말라. 가고 머물고 앉고 눕고 하는 일상생활 속에서 다만 간절하고 간절하게 자신을 일깨워 준다. 일깨워 주는 것이 익숙해져서, 말로 표현할 수도 마음으로 생각할 수도 없고, 마음속이 안절부절 못하며, 마치 무쇠로 만든 말뚝을 물어뜯듯이 맛이 없을 때, 의지가 절대로 물러나지 말라. 이때가 바로 좋은 소식이 온 것이다.

또 화두 하나를 붙들고, 기쁘거나 화가 나거나 조용한 곳에서나 시끄러운 곳에서도, 자신을 일깨워야 한다. 무엇보다 애를 쓰면서 깨닫기를 기다리면 안 된다. 만약 애를 쓰면서 깨닫기를 기다린다면, 자기 자신이 지금 미혹 속에 있다고 스스로 인정하는 것이나 다름없다. 이렇게 미혹에 집착하면서 깨닫기를 기다린다면, 비록 무량겁을 지나더라도 깨닫지 못한다. 다만 화두를 들 때 잠시 정신을 차리고 무슨 도리인지를 살펴볼 뿐이다.

또 어떤 스님이 조주 스님에게 개도 불성이 있습니까? 하고 물으니, 조주 스님이 '무'라고 답했다. '무'라는 이 한 글자는 바로 생사에 대한 의정(疑情)을 부수어버리는 칼이다. 이 칼자루는 다만 자기의 손아귀에 있을 뿐이니, 다른 사람에게 손을 대게 할 수는 없다. 반드시 자신이 직접 손을 대어야만 한다. 자기의 목숨을 버릴 수 있어야만 비로소 손을 댈 수 있다. 그렇지 않으면 의정을 부숴버릴 수 없는 상황에서 고통스럽게 견디며 지내야 한다. 만약 홀연히 목숨을 버리려 마음만 먹는다면 단번에 의정을 크게 부숴버릴 것이다. 그때에야 비로소 고요한 때가 곧 시끄러운 때이며, 시끄러운 때가 곧 고요한 때라는 것을 믿을 것이다. 그리하여 남에게 물어볼 필요가 없이, 잘못된 스승의 터무니없는 말을 저절로 듣지 않게 된다.

또한 일상생활 24시간 가운데 생사와 불도가 있는 것이라고 집착하지 말며, 생사와 불도가 없는 것이라고 부정하지 말며, 다만 오로지 "개에게도 불성이 있습니까 없습니까?" 조주 스님이 말했다. "없다! 없다!" 한 화두를 살펴본다. 이와 같이 참구하라. 이를 버리고는 법이 없다. 수행인이 이 법을 행하기만 하면 해내지 못할 일이 없다. 이를 보살의 바라밀다 수행, 밤낮 없이 정진하는 최상의 수행, 일체의 욕망을 끊어버리는 수행이라고 부르는데 소홀히 할 수 있겠는가?"

當人當以生死二字, 貼在頭上. 茶裏飯裏, 靜處鬧處, 念念孜孜, 心知煩悶, 回避無門, 求生不得, 求死亦不得. 到這個境界時, 善惡路頭, 相次絶也. 切莫放過, 正好把一個話頭直截看下, 看時不用搏量, 不得注解, 不用分曉, 不得向開口處承當, 不用向擧起處作道理會, 不得墮在空寂處, 不用將心等悟,不得向師家說處領略, 又不得掉在無事甲裏, 行住坐臥時, 但切切提撕, 提撕得熟, 口議心思都不能及, 方寸裏七上八下, 如咬生鐵橛莫滋味時, 千萬莫要退志, 正是好消息到也.

又把一個話頭, 喜怒靜鬧處亦須提撕, 第一不得用意待悟. 若用意待悟, 則謂我至今迷, 執迷待悟, 縱經塵劫亦不能悟. 但舉話頭時, 略抖擻精神, 看是個什麼道理而已.

又僧問趙州: 狗子還有佛性無? 州云: 無. 此一無字, 便是破生死疑情的刀子也. 這刀子把柄只在當人手中, 教別人下手不得, 須是自家下手方親. 若捨得性命, 方肯下手. 反之, 亦須在疑不破處, 捱將下去. 倘驀然自肯, 捨命一下便休, 那時方信靜時便是鬧時底, 鬧時便是靜時底, 不著問人, 自然不受邪師胡說亂道也.

又日用二六時中, 不得執生死佛道是有, 不得撥生死佛道是無, 但只看個狗子還有佛性也無. 州云: 無! 無! 如是參法, 舍是無法. 行人但行是法, 無事不辦, 即名勝行, 上行, 梵行. 可忽乎?

4) 화두참구의 갈림길

고덕 가운데는 화두참구를 통해 깨달아 들어간 사람이 헤아릴 수 없이 많았지만 화두참구의 이치는 이상 몇 가지를 벗어나지 않습니다. 만일 이 한결같은 마음을 바꾸지 않고 곧바로 나아간다면 아무리 단단한 것도 꺾을 수 있으며 깨달음도 틀림없이 기약할 수 있습니다. 그렇다고 화두법문은 온통 좋은 점만 있고 나쁜 점은 하나도 없을까요? 그렇지 않습니다. 전이암(錢伊庵) 스님은 화두의 폐단으로 갈림길이 두 가지가 있다고 했습니다. 이암 스님 같은 조예(造詣)는 물론 일컬을 정도가 못되지만 그가 이 문제를 밝혀낸 점만은 취할 바가 있으니 우리가 그 사람 때문에 그의 말까지 버릴 수는 없습니다. 이제 그의 관점을 말해서 수행자들의 요구를 만족시켜 드리겠습니다.

전이암 스님이 말했습니다. "화두참구의 폐단으로는 두 가지가 있다. 그 하나는 도리를 말하기를 좋아하는 것이요, 다른 하나는 환상을 좇아가기 좋아한다는 것이다. 예를 들어서 '꿈도 없고 생각도 없을 때 주인공은 필경 어느 곳에 안신입명하는가?'라는 화두를 참구하면서 홀연히 마음속으로 이렇게 말한다. '나로 하여금 망상을 끊게 하려는데 불과하지 뭐 별로 기특한 점은 없다.' 그러면서 또 이렇게 말한다. '꿈도 생각도 없는데 주인공이 어디에 있겠어? 더욱이 참구대상이 꿈도 생각도 없는 곳에 있기 때문에 실제 깨달음도 있지 않지.' 이런 부류의 산만한 생각이나 갖가지 망상은 도리를 말하는 폐단 속에 떨어져 있는 것이다. 참구 의정이 긴박하다보면 홀연히 느끼기에 본심이 마치 해가 허공에 걸려 있는 듯하거나, 외로운 등불이 홀로 비추고 있는 듯하거나, 무간(無間)의 경계에 은밀히 들어간 듯하거나, 허공에 충만한 듯하거나, 금빛이 번쩍거리거나, 어두우면서 공적(空寂)한 듯하거나, 대지가 가라앉아버리는 듯하거나, 불보살상들을 보는 것 같다! 이런 일체의 수승(殊勝: 뛰어나다—역주)하거나 수승하지 않은 갖가지 현상은 모두 환상을 좇아가기 좋아하는 폐단에 속하며 결코 확실히 깨달아 들어가는 경계도 아니요 본심도 아니다."

이상 말한 것은 깨달음으로 뚫고 들어가는 문 아닌 것이 없고 도에 들어가는 법문 아닌 것이 없는데, 그 관건은 수행자 자신이 투철히 이해하고 깊이 믿어서 붙들어 쥘 수 있느냐에 달려 있습니다. 한 번 들었으면 곧 믿고, 믿으면 곧 행하고, 행하면 곧 깊이 들어가고, 깊이 들어가면 곧바로 나아가서, 문지방으로 들어가 아랫목에 도달할 수 있어야 비로소 선종 문하의 법손(法孫)이라 불릴 수 있습니다. 그렇지 못하고 그저 갈림길에서 배회하며 망설이면 너무 어리석은 일입니다.

5) 화두의 선택

화두는 어떤 것을 선택하는 것이 제일 좋을까요? 대혜 종고(宗杲) 선사는 '무(無)' 자만 들기를 제일 많이 주장했습니다. 천기(天奇) 서(瑞) 스님은 오로지 누구 '수(誰)' 자를 이용해서 사람들에게 보여 주었고, 이암 스님은 '꿈도 없고 생각도 없을 때 주인공은 필경 어느 곳에 안신입명(安身立命)38)하는가?'라는 화두를 학인이 반드시 참구해야 할 화두로 삼았습니다. 그러면서 이런 화두들은 마치 제8식에다 태아검(太亞劍)39)을 놓아두는 것이라고들 했는데, 저의 뜻은 그렇지 않습니다. 불 무기든 쇠 무기든 모두 도적을 죽일 수 있으니 어떤 화두이든 학인을 격려 분발시킬 수 있습니다. 만약 학인으로 하여금 큰 의정을 격려 분발시킬 수 있는 것이면 바로 번뇌의 도적을 죽이는 날카로운 무기가 됩니다. 그러므로 화두가 사려분별의 길[義路]이 있다거나 없다거나 혹은 절반은 있고 절반은 없다거나 하는 등에 얽매일 필요는 없습니다. 왜냐하면 숭상하고자 해도 숭상할 바가 없고, 하고자 해도 할 바가 없기 때문입니다. 요즈음 총림에서는 "염불하는 자가 누구인가[念佛是誰]?"라는 화두를 학인

---

38) 견성하여 마음을 깨닫고 생사를 초월하여서 마음이 편안해졌음을 말함. 안심입명(安心立命)이라고도 한다.
39) 고대의 명검, 지혜의 칼이라는 의미.

들에게 일률적으로 주어 한결같이 융통성 없이 참구하게 하고 있
는데, 이 역시 우스운 일입니다.

6) 화두참구를 끝냄

어떤 사람이 묻습니다. "화두참구는 어느 때 끝내는 것입니까?"

제가 말합니다. 화두란 깨닫기 전에는 방편(方便)반야가 되고, 깨
닫고 난 후에는 실상(實相)반야가 됩니다. 아직 깨닫기 전에 화두
하나를 참구하는 것 자체가 곧 하나의 화두로서, 참구할 때가 있고
참구하지 않을 때가 있습니다. 온통 한 덩어리가 될[打成一片] 때가
있고 걸어가는 동안에 때때로 끊어지면서 한 덩어리를 이루지 못
할 때가 있습니다. 철저하게 깨닫고 나면 하나의 화두가 일체의 화
두를 포괄하고 일체의 화두가 바로 하나의 화두입니다.

대지와 산과 강, 바람과 구름과 천둥과 비, 사계절과 팔절(八
節)[40], 남과 나와 옳음과 그름, 일체의 삼매, 일체의 경전, 시방세계
의 성인들, 모태에서 태어나거나 알에서 태어나거나 습기에서 태어
나거나 스스로 태어나는 4류중생(四類衆生)이나, 언어·침묵·멈춤
·움직임 등 어느 것 하나 화두 아닌 것이 있겠습니까? 학인이 이
런 경지에 이르면 참구해도 그것이요 참구하지 않아도 그것입니다.
참구하거나 참구하지 않음을 조금이라도 찾는다면 모두 다 희론(戱
論)[41]이요 다투는 말로서 모두 그 실체를 얻을 수 없습니다. 어느
때 참구를 끝내고 도대체 어느 곳으로 돌아가야 하는지는 수행자

---

40) 입춘·춘분·입하·하지·입추·추분·입동·동지.
41) 무의미한 담론이나 말. 불도 수행에 도움이 되지 않는 사상이나 의론. 헛소
리. 장난. 농담.

자신이 스스로 점검하고 잘 생각하십시오!

　계정혜 3학은 나누어서 셋이지만 그 이치에서 말하면 원래 둘이 아닙니다. 3학 중 어느 학이든 본래면목을 철저히 깨달을 수 있고 생사의 큰일을 발명할 수 있습니다. 철저하게 깨닫기 이전에는 3학은 각각 작용을 발휘할 수 있으며 그 이치에는 천차만별이 있습니다. 깨닫고 나서는 한 물건도 없으며 각각의 사물 사이에도 결코 차별이 없습니다. 계(戒)의 입장에서 보면, 지니고 지킬 수 있으면 정(定)에 들 수 있으니 계를 지니고 지킴이 곧 혜(慧)임을 알 수 있습니다. 정의 입장에서 보면, 어떻게 정에 들 것인가가 바로 혜이니 정에 들 수 있음이 곧 계를 지키는 것임을 알 수 있습니다. 혜의 입장에서 보면, 혜를 일으킬 수 있음이 바로 계를 지키는 것이니 항상 혜 속에 있음이 바로 정에 드는 것입니다. 그 덕행을 알고 보면 지(智)·인(仁)·용(勇)이요, 그 본체로 보면 법신·보신·화신의 3신이요, 그 작용으로 보면 계정혜 3학입니다. 이런 것은 모두 서로 다른 상황에 따라 부여한 서로 다른 명칭으로서, 명칭을 부여함 자체가 진리와 서로 떠나지 않은[即眞] 것입니다. 진리가 있으니 허망은 곧 헛된 형상입니다. 진리[眞]를 떠나서 허망[妄]이 있는 것이 아니니, 허망을 빌려 진리를 설명한 것입니다. 진리와 허망은 모두 헛된 명칭[空名]이거니 3학이 어디에 붙겠습니까? 천덕(天德: 천지자연의 도리—역주)에 도달한 자가 아니면 그 누가 이런 경지에 무애자재할 수 있겠습니까?

　지공(誌公) 스님이 말했습니다. "지혜 없는 사람 앞에서는 설하지 말라. 그대의 몸을 박살낼 것이다."

　대혜 스님이 말했습니다. "지혜 없는 사람 앞에서 설하지 말라.

그대의 머리를 박살낼 것이다." 이는 고금의 현인들이 항상 찬탄한
바입니다.

제2강

선(禪)의 수습과 참선(參禪) 방법 요점

염정노인 문인 낙청(樂淸) 남회근 선생 저
『선해여측(禪海蠡測)』에서 발췌

불법에서 계(戒)·정(定)·혜(慧)는 3무루학(三無漏學)으로 어느 하나도 빼놓을 수 없는 학문입니다. 하지만 지금은 정(定)에 대해서만 말하기로 합니다. 정은 계와 혜의 중심으로, 모든 불법의 수증 실험의 기초가 됩니다. 바꾸어 말하면 불법을 배우고 닦아 체험 증명하고자 하는 사람이라면 먼저 정 공부부터 시작해야 한다는 것입니다.

정(定)이 이루어진 뒤에야 비로소 장엄한 계체(戒體)[42]에 이를 수 있으며, 그런 다음에야 혜를 계발하여 6통3명(六通三明)의 경계인

---

42) 잘못된 일을 막고 악행을 그치게 하는 힘을 가진 계율의 본체.

깨달음에 도달할 수 있습니다. 불법의 8만4천 법문도 모두 정의 힘을 기초로 해야 보리과해(菩提果海)에 도달할 수 있습니다. 어떤 종파의 수행법도 모두 정을 떠날 수 없습니다. 이런 것을 보면 정이 얼마나 중요한지 알 수 있습니다.

그러나 정(定)이란 단지 가부좌만을 가리켜 말한 것은 아닙니다. 불학에서는 사람들의 일상생활을 네 가지 다른 자세 형태로 귀결시킵니다. 즉, 걷거나 머물거나 앉거나 눕는 것으로, 이를 사위의(四威儀)라고 부릅니다. 앉는 자세는 그 사위의 가운데 하나일 뿐입니다. 따라서 정을 닦고자 한다면 앉는 자세에서만이 아니라 걷거나 머물거나 눕는 자세에서도 정을 이룰 수 있어야 합니다. 하지만 정(定) 수습의 초보 단계에서는 앉는 자세로부터 입문하는 것이 비교적 쉽습니다.

앉는 자세에는 많은 종류가 있습니다. 그 중 정(定) 수습 방법으로는 대략 72종이나 됩니다. 그런데 부처님들의 설법에 의하면 모든 앉는 자세 중에서 가부좌가 정을 닦는 데 가장 좋은 자세라고 합니다. 가부좌 자세로 닦아 정의 힘을 얻은 후에는 걷거나 멈추거나 눕는 자세 중에서도 이미 얻은 정(定) 경계를 계속 단련하고 유지할 수 있도록 주의를 기울여야 합니다. 더 나아가 모든 일을 처리할 때나 대화할 때에도 정의 경계를 잃지 않아야 진정으로 정의 힘이 견고하다고 할 수 있습니다.

견고한 정(定)의 힘으로 보리(깨달음)를 얻는 것은, 마치 나뭇가지를 타고 올라가 과일을 따듯이 상당히 편리하여 뜻대로 되지 않음이 없습니다. 그러나 지견(知見)이 정확하지 않거나 철저하지 않을 경우 수행이 엉뚱한 길로 빠지기 쉽습니다.

이제 그 수행법의 중점과 개념에 대해 간단히 말씀드리고자 합니다. 만약 더 깊은 내용을 탐구해 보고자 한다면 다른 여러 경전들을 공부해야 합니다. 특히 선관(禪觀) 등에 대한 경전들, 예를 들면『천태지관(天台止觀)』이나『밀종법요(密宗法要)』등을 자세히 이해하고 회통(會通)할 수 있어야 합니다.

이제 앉는 방법에 대해 간단히 말하겠습니다.

비로자나불 칠지좌법

1. 두 발을 올려 가부좌(跏趺坐: 속칭 쌍반雙盤이라 한다)를 취합니다. 이런 자세를 취하기 어려우면 금강좌(金剛坐: 오른발을 왼쪽 허벅지 위에 놓음)나 여의좌(如意坐: 왼발을 오른쪽 허벅지 위에 놓음)를 취합니다.
2. 두 손은 삼매인(三昧印)을 맺습니다(오른 손바닥이 위로 보도록 하여 왼쪽 손바닥 위에 놓고 두 엄지손가락을 가볍게 맞댑니다).
3. 척추를 마치 엽전을 한 줄에 꿰어 쌓아 놓은 듯 곧게 세웁니다(신체가 건강하지 못한 자는 처음엔 곧게 세우려고 무리하지 말고 자연스러움에 맡깁니다. 수련을 오래 해나가다 보면 자연히 곧게 됩니다).
4. 두 어깨를 폅니다(구부러져서도 안 되고, 일부러 힘을 주어 바짝 당겨서도 안 됩니다).
5. 머리를 바로 하고 턱을 당깁니다(후뇌를 약간 뒤로 하고 턱을 안으로 당겨 목 좌우에 있는 두 동맥에 가볍게 압박이 가도록 합니

다).

6. 혀끝을 위쪽 두 앞니의 잇몸 뒤 침샘에 가볍게 붙입니다.

7. 두 눈은 반쯤 감습니다(두 눈을 반은 뜨고 반은 감은 모습입니다. 만약 눈을 뜨는 것이 정(定)에 들기 쉽다면 눈을 뜨되 활짝 떠서는 안 되며 약간 거두어 모으는 듯해야 합니다. 눈을 감는 것이 쉽게 정에 든다면 눈을 감되 혼수상태에 빠져서는 안 됩니다).

주의 사항

1) 정좌 자세를 할 때는 허리띠나 넥타이 등 몸에 압박을 가하는 것은 모두 풀고 신체를 이완시켜 완전한 휴식이 되도록 합니다.

2) 기후가 서늘하거나 차가울 때는 양 무릎과 목뒤 쪽을 덮어 따뜻하게 해야 합니다. 그렇지 않으면 풍한(風寒)이 침입하여 약물로도 치료가 힘들게 됩니다. 이 점을 특히 주의해야 합니다.

3) 초보 수련자는 공기와 광선의 조절에 주의해야 합니다. 광선이 너무 강하면 산란해지기 쉽고 너무 어두우면 혼침(昏沈)에 빠지기 쉽습니다. 그리고 앉은 자리 앞 1미터 정도에서 공기가 서로 통할 수 있도록 합니다.

4) 배가 너무 부를 때는 정좌하지 말아야 합니다. 또 정신없이 잠이 쏟아질 때는 억지로 정좌를 해서는 안 됩니다. 반드시 충분한 수면을 취한 뒤 다시 정좌해야 쉽게 정정(靜定)에 들어갈 수 있습니다.

5) 초보 수련자나 오랜 수련자나 반드시 방석을 깔고 앉되 엉덩이를 2~3촌(6.6~9.9cm) 정도 높여주어야 합니다. 초보 수련자는 두 다리가 부드럽지 않고 딱딱하기 때문에 4~5촌(13.3~16.5cm) 정도까지 높였다가 점차 낮추도록 합니다. 만약 엉덩이 부분을 높

이지 않으면 신체 중심이 뒤로 쏠려 기맥이 막히기 때문에 노력해도 소기의 성과를 얻기 어렵습니다.

6) 정좌를 그만둘 때는 두 손으로 얼굴과 다리를 문질러 기혈(氣血)이 활동하게 하고, 자리에서 일어나 적당히 운동을 해 주어야 합니다.

7) 정좌할 때는 얼굴에 미소를 띠어 얼굴 부위 신경을 이완시키고 자애로운 얼굴 모습을 짓습니다. 그러면 마음도 자연히 느긋해집니다. 절대로 딱딱하고 메마른 표정을 지어서 엄격하고 차가운 모습으로 변해가도록 해서는 안 됩니다.

8) 정좌를 처음 익힐 때는 한 번의 정좌 시간을 짧게 하여 여러 차례 합니다. 처음 익힐 때 억지로 오래 앉아 있으면 오히려 싫증이 날 수 있으니 매번의 시간을 짧게 하여 하루 중 여러 번 하는 것만 못합니다.

정좌를 처음 익히기 시작할 때는 자세에 대단히 주의해야 합니다. 만약 나쁜 자세가 점점 오래되어 습관이 되면 바르게 고치기 힘들며, 심리와 생리에도 영향을 미쳐 병을 이루기 쉽습니다. 이 칠지좌법을 반드시 이와 같이 규정하는 까닭에는 깊은 의미가 담겨 있으며 심리와 생리의 자연법칙에도 대단히 부합하는 것이므로 규정을 착실히 지켜야 합니다.

인간의 생명은 정신의 왕성함에 의존합니다. 따라서 정신을 배양해야 건강한 생명을 이룰 수 있습니다. 정신을 배양하는 방법은 먼저 마음에 항상 망념(妄念)[43]이 없도록 비우고 몸이 편안하도록

---

43) 미혹한 마음, 미망한 잡념, 근거도 없이 일어나는 진실하지 않는 생각, 범부가 색·성·향·미·촉·법 6경에 탐착하는 것을 말함.

하는 것입니다. 마음속이 비어야 비로소 생리기능이 왕성하게 이어
져갑니다. 생리기능이 왕성하게 이어지는 한편 그 소모는 줄어든다
면 자연히 평소보다 정신이 충만한 상태가 될 수 있습니다.

인간의 정신은 기혈의 왕성과 쇠약에 따라 넘쳐흐르거나 허약한
현상이 나타납니다. 만약 사려를 과도하게 하여 피로해지면 기혈도
점차 쇠약해집니다. 그러므로 몸을 편안히 하면 수명을 다할 수 있
고, 사려를 끊고 욕망을 버리면 정신을 배양할 수 있습니다. 다시
말해 신체가 안정 상태를 유지하면 생명은 뿌리가 생겨나고 사려
를 끊고 욕망을 버리면 정신이 배양되는 것입니다.

고대 의학은 인간의 생기가 기화(氣化)에 의해 충실해지고 기(氣)
의 운행은 맥(脈)의 노선을 따라 돈다고 보았습니다. 여기서 말하는
맥은 혈관이나 신경이 아니라 체내에서 기기(氣機: 기의 운동—역주)가
운행하는 하나의 규칙적인 샘 길[腺路]입니다. 기맥이론은 상당히
미묘한 것이라 일반인들이 이해하기란 그리 쉽지 않습니다.44)

『황제내경(黃帝內經)』에서 말하는 기경팔맥(奇經八脈)은 고대 도가
의 설을 바탕으로 발전되어 나온 것입니다. 도가는 인체 속에 있는
삼맥인 임맥(任脈)·독맥(督脈)·충맥(衝脈)이 양생을 하고 신선도를
닦는 데 가장 중요한 것이라고 보았습니다. 티베트의 밀교에서는
인체에 삼맥사륜(三脈四輪)이 있다고 보는데, 이것이 즉신성불(卽身
成佛)45)의 관건이라 봅니다.

밀교 교전에는 『심심내의근본송(甚深內義根本頌)』이란 것이 한 부
(部) 있습니다. 그런데 여기에 나오는 기맥학설들은 『황제내경』이

---

44) 기맥이론에 관하여는 남회근 선생 저『정좌수도강의』·『도가 밀종과 동방
신비학』·『중의학 이론과 도가역경』 등을 참고하기 바란다.
45) 범부라 하더라도 현세에 깨달음을 열어 부처가 될 수 있다는 것, 현재 이
육신 그대로 깨달음을 여는 것.

나 『황정경(黃庭經)』 등과 비교하면 저마다 독창적인 점이 있습니다.

티베트 밀교와 도가는 비록 모두 삼맥의 수련을 주장하지만 도가는 몸의 앞뒤에 위치한 임맥과 독맥을 위주로 합니다. 그런데 티베트 밀교는 좌맥과 우맥을 위주로 합니다. 수련법은 이처럼 다르지만 둘 다 중맥(中脈, 충맥衝脈이라고도 함)을 중심축으로 삼는다는 점에서는 같습니다.

선종의 좌선 자세는 비로자나불 칠지좌법을 채택한 것으로 비록 기맥을 중시한 명백한 표현은 없지만 좌선의 기능과 효과 면에서 사실상 기맥의 문제가 이미 내포되어 있습니다.

두 다리를 틀고 앉는 자세인 가부좌는 기(氣)가 위로 뜨지 않도록 해 주며, 또 기를 단전에 가라앉혀 기식(氣息)을 편안하게 해 줍니다. 이렇게 되면 마음이 고요해지며 기도 흐트러지지 않아 점차 여러 기맥을 따라 움직여 중맥으로 되돌아갑니다. 기(氣)가 되돌아가 중맥에 이르고 심장맥이 풀리고 열리게[脈解心開] 되었을 때야 비로소 망념이 일어나지 않으며 몸과 마음을 모두 잊을 수 있습니다. 이 상태에서 비로소 대정[大寂]의 경계에 이를 수 있습니다. 기맥이 안정되어 편안하지 않으면서 정(定)에 들어갈 수 있는 일이란 절대 없습니다.

보통사람이라도 몸이 건강할 때는 마음이 유쾌하고 머리에서의 사려도 적어 병이 있을 때와는 전혀 다릅니다. 정(定)을 닦는 사람이 처음으로 정(定)의 경계에 들어 마음이 공함[空]을 보기 시작하면 반드시 몸이 가뿐하고[輕安] 유쾌한 감각을 느끼는데 그 맑고 상쾌한 맛은 정말 말로 표현하기 어렵습니다. 이것을 보더라도 심리와 생리가 서로 영향을 주는, 일체양면의 것임을 알 수 있습니다.

인체의 신경맥락은 중추신경을 중심으로 좌우로 분포되어 있으며 서로 반대로 교차되어 있습니다. 정좌할 때 두 엄지손가락을 가볍게 대어 둥근 모양이 되게 하는 것도 체내 좌우의 기혈이 서로 교류 작용을 하도록 하기 위한 것입니다.

인체 내부의 오장육부와 기관은 모두 척추와 연계되어 있습니다. 만약 정좌할 때 척추가 굽어 바르지 못한 상태라면 오장도 자연히 편안한 상태를 유지할 수 없어 질병이 생기기 쉽습니다. 따라서 반드시 척추를 곧게 세워 오장육부의 기맥을 편하게 해야 합니다. 그리고 갈비뼈가 압박을 받으면 폐가 수축될 수 있으므로 어깨가 평평하고 가슴이 펴지도록 하여 폐활량이 충분히 자유롭게 확장될 수 있게 합니다.

우리의 후뇌는 사려하고 기억하는 중추기관이며 목의 양쪽에는 동맥 노선이 있습니다. 동맥의 활동을 통해 피가 뇌에 공급됨으로써 뇌신경의 활동이 증가합니다. 정좌할 때 후뇌를 약간 뒤로 하고 아래턱을 약간 당겨 양쪽 동맥을 가볍게 압박해 기혈의 운행을 완화시켜 주면 사려가 감소되어 쉽게 정(定)의 상태로 들어갈 수 있습니다.

위아래 치근(齒根)의 침샘에서는 진액을 분비해 위장의 소화를 도우므로 혀끝을 입천장의 침샘에 붙여 자연스럽게 침이 흐르도록 합니다.

마음과 눈은 마음을 일으키고 생각을 움직이게 하는 관건입니다. 사람은 물질색상을 보면 마음이 움직이는데(물론 소리를 들어도 마음이 산란해집니다), 이것은 물질색상이 먼저 눈의 기능을 통해서 발생시키는 영향 때문입니다. 마음이 산란하면 눈동자가 쉴 새 없이 움직이고, 교만하면서도 심사가 산란하면 두 눈을 항시 위로 치뜨게 됩니다. 음침하고 생각이 많은 사람은 눈을 아래로 깔며 사악하고 음험한 사람의 눈은 항시 좌우 양쪽을 향해 곁눈질을 합니다. 정좌할 때 시선을 거두어 눈을 반쯤 감는 상태를 취하면 산란한 마음을 집중시켜 멈추게 할 수 있습니다.

정좌할 때는 옷을 느슨하게 하여 몸을 편안히 해야 하며 항시 미소를 지어 정신을 유쾌하게 하는 것이 좋습니다. 이런 것들은 모두 정좌하여 정(定)을 닦는 데 중요한 요건들입니다.

그러므로 좌선의 자세는 기맥과 밀접한 관계가 있습니다. 비록 좌선에서는 기맥의 조화를 전문적으로 강조하지는 않지만 그 속에 이미 기맥의 조화에 관한 문제가 내포되어 있습니다. 만약 기맥을 닦는 데 매달린다면 신견(身見)46)을 발생시키기 쉽고 더욱이 개인의 아집(我執)47)을 강하게 할 수 있습니다. 아집과 신견은 올바른 깨달음을 얻는 데 큰 장애가 됩니다.

정좌의 자세는 아주 중요합니다. 만약 자세를 바르게 않고 멋대로 앉아 등과 허리가 굽어진 상태로 오래하다 보면 반드시 질병이 생깁니다. 선(禪)을 닦고 정좌를 수련하는 수많은 사람들이 기(氣)가 막히거나 피를 토하는 등 소위 색신선병(色身禪病)에 시달리는 것도 모두 부정확한 자세에서 기인된 것이 많습니다. 그러므로 정좌 수련을 하는 사람은 반드시 자세에 대해 세심한 주의를 기울여야 합니다.

만약 정확한 방법과 자세대로 수련한다면 신체 본래의 작용이

---

46) 자기와 자기의 소유물이 있다고 생각하는 견해. 몸속에 실체로서의 아(我)가 있다고 하는 잘못된 견해. 영원히 변하지 않는 주체가 있다고 하는 생각. 아견(我見)과 같다.
47) 아견과 같음, 즉 아트만이 실재한다고 생각하는 얽매임. 자기의 견해에 얽매여 떠나지 않는 것. 자기를 중심으로 생각하는 얽매임.

나타나 신체 내의 기기(氣機)가 자연스럽게 움직이며 신체의 기능도 활발해져 큰 즐거움을 느낄 수 있습니다. 이것은 몸과 마음의 동(動)과 정(靜)이 서로 교차 마찰하면서 나타나는 현상입니다.

이런 현상에 대해 일체 집착하거나 혹은 참된 것이라 생각해서는 안 됩니다. 현상은 어디까지나 현상일 뿐 오래지 않아 과거로 사라지기 때문입니다. 현상에 집착하면 마구니 경계에 빠져들게 되어 바깥의 엉뚱한 것에 쏠려 악착같이 추구하게 됩니다.

정(定)을 닦는 방법이 정확하면 몸과 마음에 반드시 좋은 결과가 나타납니다. 예컨대 머리가 맑고 또렷하며 눈과 귀가 밝아지고 호흡이 단전에 이르도록 깊어져 온 몸이 유연하면서 통쾌해지고 아무리 거친 음식도 산해진미(山海珍味)처럼 느껴집니다. 병이 있는 사람은 약을 먹지 않아도 치유되고 몸속에는 힘이 넘침을 느낍니다. 정(定)의 수습이 이 단계에 이르면 마땅히 소모를 줄여야 합니다. 음욕을 자제하지 못하면 기맥이 막혀 심신이 병을 얻을 수 있습니다.

————————————————————

(역자보충) 심장맥이 풀리고 열림[脈解心開], 기맥이 진정으로 통할 때의 현상, 그리고 입정 후의 변화에 대한 보다 깊은 이해를 위하여 남회근 선생의 『참동계강의[我說參同契]』 중에서 뽑아 번역하여 보충합니다.[48]

심장은 한 덩이 같지만 여덟 개의 판(瓣)이 한 데 합쳐져 있으며, 심장맥[心脈]은 지류(支流)가 여덟 개입니다. 밀종에서는 이를 여덟 개의 잎을

---

48) 최일범 번역 『참동계강의』가 출판되어 있으니 수행에 참고하기 바란다.

가진 연꽃으로 묘사합니다. 도가에서는 심장에 큰 길[通道]이 있다고 묘사하며 도(道)를 얻은 사람은 심규(心竅)가 열린다고 말합니다. 그러므로 밀종에서는 '심장맥이 풀려 열린다[脈解心開]'고 말합니다. 진정으로 도를 깨닫고 도를 얻으면 심장맥의 아홉 구멍[心脈九竅]도 열린다고 말합니다. 심장맥이 풀리고 그 구멍이 열리는 일이 실제로 있습니다. 열릴 때는 '파'하고 폭발음이 한 번 나는데 당신은 놀라 까무러칠지도 모릅니다. 만약 잘못 했다가는 진짜로 자신이 심장병을 얻은 줄로 생각할 수 있습니다. 수도를 이해하지 못하면 마구니가 되어 미칠 수 도 있습니다. 이해하고 난 뒤에는 마구니랄 것도 없으며 기껏해야 죽는 정도입니다.

불법을 배우든 도가를 배우든 현교나 밀종을 배우든 간에 우리는 사람의 생명을 연구하여 현실을 초월하고, 더 나아가 자기의 생명을 영원히 장악해야 합니다. 이 길 이외에 제2의 길은 없습니다. 아마 저의 관념이 꼭 옳은 것은 아니겠지만 여러분 주의하기 바랍니다. 표현 방식이 다를지라도 예컨대 불교에서 정(定)을 얻는 방법, 밀종에서의 각종의 성취는 분류해서 말하면 모두 저마다 나름의 도리가 있습니다. 그러나 형이상(形而上)을 말하는 '성(性)'과 형이하(形而下)를 말하는 '명(命)', 이 두 가지가 진정으로 결합하여 하나가 되어 본원으로 돌아가는 길은 필연적이며 고정적인 것입니다. 이는 곧 심신이 결합하는 것으로 정신과 생리가 하나로 혼합하는 수련입니다. 다시 말해 진리는 오직 하나 밖에 없으며 차별이 없다는 말이나 다름없습니다. 도가는 중국문화의 용어를 사용하여 이를 "감괘와 리괘가 교차하여 만나서 금단을 맺는다[坎離交會結金丹]."고 합니다.

도가와 밀종의 영향으로 말미암아 오늘날 기맥에 대한 이야기들이 유행하고 있는데, 어떠한 현상이야말로 기맥이 진정으로 통한 것일까요? 삼가회합(三家會合: 정기신精氣神 세 가지가 만나 합하여짐을 말함—역주)입니다. 많은 사람들이 신체상에서 감각상태 놀이를 하고 있습니다. 기(氣)가 어느 곳으로 갔다면서, 마치 벌레가 기어가듯이 어떤 것이 움직이고 있다 거나 열이 난다는 등등을 기맥이 통한 것으로 판단하지만, 모두 아닙니다. 그것은 그저 '범기통(凡氣通)'이라고 부를 수 있을 뿐입니다. '범기통'이라는 명사는 제가 창조한 것인데, 그 의미는 감각상태로서 보통 감각 보다 좀 더 강하여졌다는 뜻입니다. 그러나 진정으로 기맥이 통한 것은 아닙니다. 지금 이 단락이 대단히 중요한데, 기맥이 진정으로 통했다는 것을 말하고 있습니다. 바로 이때에 밀종에서 말하는 이른 바 중맥도 통한 것입니다. 주운양(朱雲陽: 참동계천유의 저자—역주))은 그 경계와 공부 단계를 모두 여기에서 우리들에게 일러줍니다.

"초시신입기중(初時神入炁中)", 진정으로 정(定)을 얻은 상황은 신(神)이 기(炁)속으로 진입합니다. 마치 소시지처럼 그 창자 안에 고기를 집어넣는 것 같습니다. 이는 비유로서, 그리 타당하지는 않지만 두 가지가 혼합된다는 것을 표현할 뿐입니다. 여기서의 '신'이란 불학에서 말하는 '마음[心]'입니다. 즉, 생각·정신이 기(炁)안으로 들어가는 것입니다. 여기서의 '기(炁)'란 무엇일까요? 호흡을 말하는 '기(氣)'가 아니므로 천태종(天台宗)에서 말하는 육묘문(六妙門)이라고 생각하지 말기 바랍니다. 유가의 관념으로 말하면, 정좌하고 호흡을 헤아림[수식數息]과 호흡에 맡김[수식隨息]은 마음을 다스림[治心]에 해당합니다. 즉 불가에서의 조심(調心)에 해당합니다.

신(神)이 기(炁)속으로 진입할 때는 겉의 호흡이 완전히 정지하며 기맥이 완전히 통합니다. 이때의 현상은 신체감각이 사라져 버립니다. 신체상의 걸림이 사라져 버립니다. 우리는 지금 모두, 우리가 여기 앉아 있으면서 이 육체가 있다는 느낌을 하나 가지고 있습니다. 만약 이 육체 감각이 없다면 호흡이 완전히 고요하고 일체의 생각이 고요히 사라져 정지해버립니다. 이 영명한[靈明] 지각(知覺)의 성품조차도 청정해집니다. 왜냐하면 '기(氣)'가 응결된 상태이며 '신(神)'과 '기(氣)' 두 가지가 결합되었기 때문입니다. 즉, 신(神)이 기(炁)속으로 진입한 것입니다.

"적연부동(寂然不動)", 이때에는 청정하며 고요합니다. 불가에서 말하는 공(空)으로, 모든 생각이 일체 청정해져서 안팎이 완전히 여여부동(如如不動)합니다. 이를 입정(入定)이라고 합니다. 불가의 입장에서 말하면 이는 바른 선정[正定]의 일종입니다.

"사호고목사회(似乎枯木死灰)", 이때 사람의 외형은 마치 마른 나무나 사그라진 재와 비슷합니다. 그러므로 수행공부가 이 정도에 이르지 않았다면 모두 수행 얘기를 하지 말기 바랍니다. 그런 얘기들은 다들 기만하며 놀고 있는 것입니다! 너는 나에게 아첨하고, 나는 너에게 아첨하며, 피차가 속이면서, 수도하는 사람은 바로 이 두 마디 말이라고 여깁니다. 속이고 지나가면 된다고 말입니다.

그렇다면 이런 정(定)에는 얼마나 시간을 들여야 도달할 수 있을까요? 모릅니다! 당신의 운이 좋다면, 아니 당신의 선행공덕이 넉넉하다면, 좌절을 당하지 않고 줄곧 나아갈 겁니다. 당신의 공부가 그 정도에 도달했다고 가정하더라도 선행공덕이 부족하다면 역시 문제가 발생하기 마련입니다. 갖가지 이른바 마구니 장애가 당신을 애로와 난관에 시달리게 할 겁니다. 그러므로 수도자는 이때에 이르러 이루었다 실패하기를 반복합니다. 보통 이 경계에 도달하기는 그래도 어렵다 할 수는 없지만, 그러나 무너져버리면 또 다시 해야 합니다. '또 다시'란 바로 기초를 쌓고 새롭게 해가야 한다는 말입니다. 다시 하면 비교적 빠르지만 당신에게 선행공덕이 없다면, 다시 마구니 장애를 만나 실패하여 다시 할 기회가 없어져 버립니다. 이 점을 특별히 주의하기 바랍니다. 이 부분은 공부의 실제 경계를 말하고 있습니다.

하지만 특별히 여러분을 일깨워 드리겠습니다. 진정으로 정(定)을 얻으면 마른 나무나 사그라진 재와 비슷한데, 이때에 주의해야합니다! 외형적으로 보면 이 사람은 몸이 몹시 수척해져 있습니다. 말랐습니다. 여러분은 『장자(莊子)』와 『열자(列子)』를 참고해보아도 좋습니다. 거기에 보면 열자가 어떤 사람을 하나 만나게 되는데, 재능이 대단해서 과거·현재·미래를 알 수 있는 사람입니다. 도를 얻은 사람입니다. 열자는 그 사람을 데리고 자기의 스승인 호자(壺子)를 만나보게 합니다. 그 사람이 보니 호자가 곧 죽게 생겼기에 열자에게 일러줍니다. "당신의 저 스승은 안 되겠소. 며칠 안가 죽을 거요." 열자가 그 말을 호자에게 하자 호자가 웃으며 말합니다. "내가 그 사람에게 한 경계를 보여주었다. 너는 내일 다시 그 사람을 데려 오거라." 그 사람은 그 다음날 보고 나서 말했습니다. "이제 당신의 스승은 나를 보았기에 생기가 있게 되었소. 살아날 수 있겠소." 세 번째 날 다시 그 사람을 데려와 보게 했습니다. 보고 나더니 그 사람은 도망가 버렸습니다. 결론을 내지 못하고 도망가 버렸습니다. 그러므로 우리가 보통 『장자』나 『열자』를 읽으면 모두 그런 얘기들을 가탁한 비유적인 말로 여기지만, 사실 하고 있는 얘기들은 모두 진실한 말들이요 실제의 경계입니다. 하지만 그런 공부가 있는 사람이 거의 없습니다. 일반적인 지식인들이 어떻게 알겠습니까! 그러므로 다들 비유로 보는 겁니다. 이 경계에 이르면 마른 나무나 죽은 재와 비슷합니다. 이 말에 주의해야 합니다. 문외한이 보면 마치 그 사람이 죽을 것처럼 보입니다. 그 다음에 나오는 구절에 주의해야 합니다!

"구지생기복전(久之生機復轉)," 이 정(定)은 정(定)의 상태에서 얼마 동안 지나야 되는지 모르는데, 정(定)의 상태가 오래 지속되고 난 뒤에 기맥이 통했다고 진짜 말할 수 있습니다! 이는 다시 한 층 더 나아간 '일양(一陽)이 와서 회복된 것[一陽來復]'이요, 다시 한 층 나아간 '활자시(活子時)가 온 것'인데, 이게 진정한 활자시(活子時)입니다. 도가의 용어로 말하면, 이 '일양이 와서 회복된 것'은 새로운 생명이 하나 다시 시작하는 것입니다. 이른바 "생기복전(生機復轉)", 생기가 다시 돕니다. 원래 입정은 마른 나무나 사그라진 재와 비슷했는데, 이제는 "일점진기(一點眞炁)"로서, 주운양은 이를 '희미은약(希微隱約)'이라고 묘사합니다. 이 네 글자가 가리키는 경계는, 어떤 현상이 있는 것이 아니요, 보거나 만질 수 있는 것도 아닙니다. 감각할 수 있는 것도 아닙니다. 있는 듯 없는 듯한 그 사이 어디입니다. 어떻게 표현할 방법이 없습니다. 당신의 지혜에 의지해야 하며 그 때에 이르면 자연히 알게 될 것입니다.

"옹연상승(滃然上升)", 어디로부터 상승할까요? 요즘 유행어로서, 인도의 요가나 밀종에서의 번역어인 이른바 '해저(海底: 회음을 말함―역주)'로부터 상승하는 겁니다. 도가의 고서에는 "한 점의 참된 양(陽)이 허무(虛無) 속으로부터 온다[一點眞陽從虛無中來]."고 말합니다. '허무'란 말은 그 까닭을 알 수 없는 텅 빈 사이인데, 텅 빔[空]이 극치에 이르고 고요함[靜]이 극치에 이르면 아래로부터 위로 일어납니다. 그러나 '아래'라고 일단 말했으니 배꼽이나 혹은 해저를 붙들어 쥘지도 모릅니다. 그럼 다 틀린 겁니다! 그런 부위를 붙들지 마시기 바랍니다. 해저나 단전은 물론 영향이 있지만 그런 곳으로부터 오는 것은 아닙니다. 고요함의 극치에서 오는 겁니다. 노자(老子)가 말한 "치허극, 수정독, 부물운운, 각복귀기근(致虛極, 守靜篤, 夫物芸芸, 各復歸其根)."이라는 말은, 바로 "텅 빔이 극치에 도달하고 고요함이 극치에 도달해야 비로소 뿌리로 돌아가 생명을 회복한다[歸根復命]."는 것을 말합니다. 자기의 원래 있는 생명을 회복하는 것입니다. 노자는 아주 간단히 말했습니다. 몇 마디 말로 하나의 원칙을 말했을 뿐 자세한 공부는 말하지 않았습니다.

여기서 말하는 것은 『노자』의 그 단락의 공부에 대한 주해나 다름없습니다. 이때에는 "한 점의 참된 기가 있는 듯 없는 듯하면서 모락모락 위로 올라옵니다[一點眞炁, 希微隱約, 滃然上升]." 주의해야 합니다! 고문(古文)은 함부로 인용하고 있지 않습니다. 주운양이 모락모락의 뜻인 '옹(滃)'자를 쓰고 있음은, 현대인들이 글을 쓸 때 멋대로 단어를 쓰듯이 그렇게 하지 않았습니다. 고문을 쓸 때는 한 글자에도 대단히 신중했습니다. "옹연상승(滃然上升)"에는 수증기의 의미가 있습니다. 모락모락 올라오는 것으로, 밀종에서 말하는 졸화(拙火)를 얻었을 경우처럼 서서히 줄곧 자연스럽게 솟아오릅니다.

"마치 아지랑이[野馬]나 미세한 먼지 모습과 같다[有如野馬塵埃之狀]."，

주의하기 바랍니다! '야마(野馬)'는 한 필의 말을 가리키는 것이 아닙니다. 그럼 '야마'는 무엇일까요? 이것은 『장자(莊子)』「제1편 소요유(逍遙遊)」에서 제시하는 명사로, '야마야 진애야(野馬也 塵埃也)'라고 나옵니다. '야마'란 불경에서 말하는 양염(陽燄)입니다. 햇빛 그림자[光影]입니다. 이때에 양기가 상승하는데, 만일 어떤 사람이 공부가 이 정도에 도달하여 빛 그림자가 상승하는 것을 보면 이게 바로 양기라고 여기지 말기 바랍니다! 이것은 양기의 투영으로, 그 자체는 여전히 양기가 아닙니다. 마치 당신의 눈이 편하지 않아 한 번 비비자마자 보이는 현상과 같은 것으로, 그것은 양기로 인정할 수 없습니다. 그러므로 "마치 아지랑이나 미세한 먼지 모습과 같다." 라고 말합니다.

"그러므로 '몸은 잿빛 흙으로 빚은 듯하고 용모는 마치 밝은 창에 먼지가 낀 듯하다.'고 말했다[故曰, 形體爲灰土, 狀若明窗塵]." 그래서 위백양(魏伯陽)은 말하기를, "겉모습은 이때에 정(定)의 상태로서 마른 나무나 사그라진 재와 같아서 무슨 광채가 없다."고 했습니다.

"이는 감괘(坎卦)와 리괘(離卦)가 교구하기 시작하여 큰 약이 장차 생겨날 현상이다[此爲坎離始媾, 大藥將産之法象]." 이에 주의해야 합니다! 이것을 '감리교구(坎離交媾)'라고 합니다. 동정남[童男]이나 동정녀[童女]가 음양이 교구(교접—역주)하는 것도 형용한 것으로, 큰 약[大藥]이 장차 생겨날 현상입니다. 큰 약이란 바로 금단(金丹)인데, 자기 자신의 생명 가운데 있는 것으로, 스스로의 단련을 거쳐 회복하여 이 약을 얻을 경우 장생불사(長生不死)합니다.

––––––––––––––––––––––––

선정 초보 수행의 입문방법

정(定)과 혜(慧)에 입문함에 있어 가장 중요한 것은 결심과 원력(願力)입니다. 불학에서는 이것을 발심(發心)이라 합니다. 다음으로 중요한 것은 많은 복덕자량(福德資糧)을 닦는 것입니다. 언제 어디서나 선행을 하여 그 선행의 과보라야 수행의 자본 조건이 될 수 있습니다. 원력과 결심이 있고 거기에다 수행에 필요한 조건과 환경이 갖추어져야 비로소 도에 들어갈 수 있고 성공을 기대할 수 있습니다.

현교(顯敎)와 밀교(密敎)의 수행법은 모두, 타인에 대한 네 가지 무한한 마음인 4무량심(四無量心)을 중시합니다. 4무량심이란 자비희사(慈悲喜捨)인데, 간단히 말하면 자애심, 동정심, 따라서 기뻐하는 수희심(隨喜心), 평등심입니다. 만약 수행자에게 큰 원력과 큰 선행이 없다면 결국은 틀림없이 엉뚱한 길로 잘못 들어가게 됩니다. 이로써 알 수 있듯이 수행의 성공은 바로 원력과 자량(資糧)을 기초로 합니다.

속담에 말하기를, 장인이 일을 잘하려면 반드시 먼저 도구를 날카롭게 한다고 했습니다. 성공하려면 반드시 유용한 도구를 이용해야 한다는 말입니다. 정(定)을 닦고 선(禪)을 배우는 것도 마찬가지로 도구를 필요로 합니다. 그런데 정(定)을 닦는 도구는 밖에서 찾을 필요가 없습니다. 우리의 6근이 바로 좋은 입문도구입니다.

우리의 6근은 밖으로 6진을 향하고 있으면서, 항상 그것들의 허망한 현상 작용에 끌려 다님으로써 진성(眞性)⁴⁹⁾을 잃어버리고 맙

---

49) 진실한 본성. 진여. 법성. 본체. 이에 대한 보다 자세한 내용은 역자 번역 『원각경강의』 역자의 말 「진여·불성·열반·원각 등 절대적 최고 진리의 이

니다. 『능엄경』에서는 6근을 6적(六賊)이라 표현하며 다음과 같이
말합니다.

　너의 현재의 안·이·비·설·신·의 6근이 도적으로서 중개자
가 되어 스스로 자기 집 보물을 빼앗아 간다. 이로 말미암아 그 시
작을 알 수 없는 오랜 세월 동안 유정(有情)중생 세계는 (지·수·
화·풍의 4대근四大根을 끌어다 자기 몸으로 삼고, 이 육신에 집착
하여 실재하는 자아로 여기기 때문에 허망하게) 얽혀 묶임이 일어
나서, (본래 스스로 과거·현재·미래의 시간과 시방의 공간에 있
으면서, 광대하고 원만하며, 청정하고 더러움이 없는 심성心性이,
사대가 거짓으로 화합한 신상身相에 제한되고, 색·수·상·행·
식의 5음 속에 구속되며, 밖으로는) 물질세계를 (실재하는 경계로
집착하여 허망하게 장애가 일어나, 마치 새가 새장 속에 갇혀 있듯
이) 초탈하지 못하는 것이다.

　現前眼耳鼻舌, 及與身心, 六爲賊媒, 自劫家寶. 由此無始衆生世界,
生纏縛故, 於器世間不能超越.

　이제 수행자가 선정의 힘을 통해 본성의 진실을 회복하고자 한
다면 바로 이 6근을 도구로 사용하면 됩니다.
　어떻게 6근을 도구로 이용할까요?
　안·이·비·설·신·의 6근 중 어느 하나를 임으로 선택하여
그 하나에 온 마음을 묶어두는 것입니다. 이렇게 계속 연습하다 보
면 마침내 익숙하게 되어 초보적인 지(止)의 경계에 도달할 수 있

───────────
름들」을 참고하기 바란다.

습니다. 그러나 6근과 6진의 하나하나마다 많은 다른 법문이 나올 수 있는데, 일일이 분석하자면 대단히 복잡합니다. 부처님은 한 생각 사이에 8만4천 가지 번뇌가 있다고 말했습니다. 그러므로 "부처님이 말씀하신 일체의 법은 일체의 마음을 제도하기 위한 것인데, 나에게는 일체의 마음이 없으니 어디에다 일체의 법을 쓰랴[佛說一切法, 爲度一切心, 吾無一切心, 何用一切法]!"라는 말이 있습니다. 사람은 저마다 성격이나 습관 그리고 기호(嗜好)가 다릅니다. 다시 말해 근기가 모두 다르니 각자 자기에게 적합한 법문을 선택해야 닦을 수 있습니다. 통상 익히고 알아야 할 몇 가지 방법을 다음에 열거하여 정(定)의 수습 입문자에게 참고가 되도록 합니다. 만약 더 깊이 알고자 한다면 현교와 밀교의 경론을 연구해야 합니다(『능엄경』에는 「25위보살원통법문(二十五位菩薩圓通法門)」이 있는데, 그 속에 대다수의 방법이 들어 있습니다).50)

1. 안색법문(眼色法門)

시선을 물체에 묶는 방법과 빛에 묶는 방법, 두 가지 부류로 나눌 수 있습니다.

1) 물체에 묶는 법

하나의 물체를 응시함으로써 정(定)을 닦는 방법입니다. 시선 범위 내에 하나의 물체를, 예컨대 불상이나 다른 물건을 수평으로 놓

---

50) 이에 대해서는 남회근 선생 저 송찬문 번역 『능엄경 대의풀이』 「제5장 불법을 닦아 익히는 실험 원리」를 읽어보라.

습니다. 그러나 물체는 약간 빛을 발하는 것이 좋습니다. 정좌를 연습할 때에는 시력이 가볍게 그 물체를 주시하고 있는 듯이 합니다.

그리고 빛의 색깔은 각자의 생리나 심리에 맞도록 선택합니다. 예컨대 신경이 과민하거나 고혈압이나 뇌충혈(腦充血)이 있는 사람이라면 녹색 광체(光體)가 좋으며, 신경이 쇠약한 사람은 홍색 광체가 좋고, 성격이 조급한 사람은 청색의 부드러운 광체가 좋습니다. 그런데 이것은 각자의 실제 상황에 따라 결정해야지 틀에 박힌 것이 아닙니다. 하지만 어느 한 가지를 선택한 후에는 다시 변경하지 않는 것이 좋습니다. 자주 변경하는 것은 번거로울 뿐만 아니라 유익하지도 않습니다.

2) 빛에 묶는 법

눈으로 빛을 응시하는 방법입니다. 정좌를 시작하면서 시선 범위 안에 조그만 등불을 하나 놓아둡니다(단 식물성 기름을 사용하는 등불에 한합니다). 혹은 향불에서 나는 빛이나, 해나 달이나 별빛 등을 사용하는데(최면술사가 사용하는 수정구의 빛도 좋음), 눈으로 이 빛을 응시합니다. 응시할 때 빛의 정면을 약간 비키는 것이 좋습니다. 이 밖에 허공을 바라보고 있어도 무방합니다. 공중에서 자연스럽게 나타나는 빛의 색깔을 바라보거나, 혹은 거울을 바라보거나, 혹은 물이나 불의 색깔을 바라보는 등의 방법도 모두 이 범주에 속합니다. 한 가지 특히 주의할 것은 거울 속의 자신을 들여다보는 방법인데, 자칫 정신분열의 이혼증(離魂症)까지 유발될 수 있으므로 가볍게 시험해서는 안 됩니다.

이런 방법들은 불교나 도가 및 외도에서도 다 같이 사용하는 것들입니다. 불법의 입장에서 볼 때 수행자가 먼저 알아 두어야 할 한 가지 점은, 이런 것들은 초학자가 쉽게 입문할 수 있도록 도와주는 갖가지 방법에 불과하다는 사실입니다. 만약 방편에만 집착해 이것이 진실한 것이라 믿는다면 마구니 경계나 외도에 떨어지게 됩니다. 왜냐하면 자기의 마음이 하나의 대상에 집중되지[定止] 못하고 그런 방법들에 사로잡히면 마음이 혼란해지고, 마음이 혼란해지면 자연히 지(止)의 경계에 도달할 수 없기 때문입니다.

정(定)의 수습 과정에서 여러 가지 다른 경계현상이 늘 나타날 수 있습니다. 예컨대 광색(光色)의 경계에서는 가장 쉽게 환상(幻像)이 나타나거나 안신통(眼神通)의 현상이 발생합니다. 만약 밝은 스승의 지도가 없으면 대단히 위험하며, 곧 바로 마도(魔道)에 빠질 수 있습니다.

상근기의 사람은 있는 듯 없는 듯, 관심을 두는 듯 마는 듯 하여 색진(色塵) 경계 속에서도 역시 활연개오(豁然開悟)할 수 있습니다. 그러나 이는 일반 상식으로는 추측할 수 없는 일입니다. 석가모니 같은 경우는 새벽 별을 보고 도를 깨쳤습니다. 이 밖에 어떤 물체를 보고도 홀연히 본성을 꿰뚫어 보았던 예도 있습니다.

선종의 고덕 가운데 영운(靈雲) 선사는 복사꽃을 보고 도를 깨쳤는데, 아주 특이한 예라 할 수 있습니다. 그는 도를 깨달은 후의 게송에서 말했습니다.

삼십 년 동안이나 보검을 찾던 나그네	三十年來尋劍客
몇 번이나 잎 지고 새 가지 돋았던가	幾回落葉又抽枝
복사꽃 한 번 보고 난 뒤로부터	自從一見桃花後

지금까지 다시는 의심하지 않았네 　　　　　　直至如今更不疑

뒤에 어떤 사람이 그가 갔던 길을 좇아가 역시 다음과 같은 게송을
남겼습니다.

영운이 한 번 보고 다시 보지 않으니 　　　　靈雲一見再不見
붉고 흰 가지들에 꽃이 피지 않네 　　　　　紅白枝枝不著花
역겨워라 배 타고 낚시하던 어부들 　　　　　叵耐釣魚船上客
뭍으로 와서 물고기와 새우를 잡다니 　　　　却來平地摝魚蝦

만약 정말로 이 경지에 이를 수 있다면 자연히 그런 소소한 방법들
에 구애받지 않을 것입니다.

2. 이성법문(耳聲法門)

자기가 내는 소리를 듣는 방법과 그 밖의 소리를 듣는 방법, 두
가지로 나눌 수 있습니다.

1) 내이성법문(內耳聲法門)

이 방법은 자기 체내에서 부처님 명호나 진언이나 경전 등을 외
워 그 소리를 듣는 것입니다. 외우는 방법으로는 다음 세 가지가
있습니다. 대성념(大聲念)은 큰 소리로 외우는 것입니다. 미성념(微
聲念)은 작은 소리로 외우는 것으로, 불경에서는 금강념(金剛念)이
라 합니다. 심성념(心聲念)은 마음의 소리로 외우는 것으로, 불경에

서는 이를 유가념(瑜伽念)이라 합니다. 어느 방법으로 외우든 외울 때는 귀로 그 소리를 돌이켜 들어야 합니다. 즉, 한편으로는 외우면서 한편으로는 그 소리를 자기 내면에서 듣는 것입니다. 처음에는 계속 외우는 많은 염불소리나 진언소리가 띄엄띄엄 간헐적으로만 들리지만, 점점 다잡아 좁혀지면서 한 생각 한 소리마다에 집중하여지게 되고, 최후에는 결국 심념이 고요히 멈추게[靜止] 됩니다.

2) 외이성법문(外耳聲法門)

이 방법은 외부의 소리가 대상이 됩니다. 어떤 소리든 좋지만 가장 좋은 것은 물이 흐르는 소리나 폭포소리, 또는 풍경소리나 범패소리 등입니다. 외부의 소리를 듣는 이 방법은 가장 쉽게 정(定)을 얻을 수 있습니다. 『능엄경』의 25위보살원통법문 가운데에서도 관음(觀音)법문이 가장 좋은데, 관음법문은 바로 음성법문을 통해서 도에 들어가는 것입니다. 그러므로 문수보살은 말했습니다. "이 사바세계의 진실한 교화체계는 소리를 듣는 청정한 기능에 있다[此方眞敎體, 淸淨在音聞]."

심념이 소리에 집중하고 있을 때 혼침하지도 않고 산란하지도 않다면, 다시 말해 가뿐하고 자연스럽게 이 전일(專一)의 경계를 유지할 수 있다면, 바로 정(定)을 얻은 것입니다. 그리고 항상 이렇게 닦아가다 보면 어느 날 홀연히 적(寂)의 경계에 들어가 일체의 소리가 들리지 않습니다. 이것은 고요함[靜]이 극에 달한 경계 현상으로, 정의 모습이 나타난 것입니다. 불경에서는 이런 고요한 현상을 정결(靜結)이라 합니다.

정결이 나타났을 때 이 경계를 탐하고 집착해서는 안 됩니다. 뿐만 아니라 동(動)이 하나의 현상이라면 정결 역시 정(靜)의 하나의 현상임을 알고, 동과 정 이 두 가지 현상으로부터 벗어나 동과 정의 현상에 머물지도 떠나지도 않아야 합니다. 그리고 또렷이 알면서도 한 생각 일어나지 않는 중도(中道)를 깨달아야 합니다. 이때가 되면 바로 정(定)의 경계에서 관혜(觀慧)의 영역으로 들어가게 됩니다.

지혜로써 관찰해보면 청각작용인 문성(聞性)은 동(動)과 정(靜) 어느 쪽에도 속하는 것이 아니어서 동정과는 무관합니다. 그것은 끊어지지도 이어지지도 않으며, 그 자체가 무생(無生)으로, 생겨남도 없고 소멸함도 없는 본체입니다. 그러나 이 단계는 여전히 점수(漸修)의 단계 범위에 속합니다. 선종의 대덕들 가운데 많은 사람들이 점차적인 단계를 거치지 않고 한 마디 말에 곧바로 성공했습니다. 소리를 듣는 그 찰나 사이에 말이 끝나자마자 단박에 깨달아 해탈을 얻었던 것입니다. 그래서 선문(禪門)에서 도에 들어간 사람들은 다들 '관세음보살의 문성(聞聲)법문'이 뛰어나다고 보았습니다.

예컨대 백장(百丈) 선사 문하의 어떤 승려는 종소리를 듣자 깨우쳤는데, 당시 백장은 말하기를 "뛰어나구나, 그게 바로 관세음보살이 도에 들어갔던 방법이다[俊哉! 此乃觀音入道之門也]."고 했습니다. 그 외에도 향엄(香嚴) 선사는 던진 기와 조각이 대나무에 맞아 난 소리를 듣고 견성(見性)했습니다. 원오(圓悟) 선사는 꿩이 날아오르는 소리를 듣고 도를 깨쳤습니다. 또 오조 연(演) 선사는 "훈훈한 바람이 남쪽으로부터 불어오니, 절집 모퉁이가 조금 서늘하게 되는구나[薰風自南來, 殿角生微凉]."고 했으며, 또 당(唐) 나라 사람의 연애시를 들어 말하기를 "하녀 소옥을 자주 부르는 것은 원래 다른 일 없고, 단지 내님이 내 목소리인 줄 알기를 바라서라네[頻呼小玉

原無事, 祇要檀郞認得聲]."라고 했습니다. 이런 사람들은 말이 끝나자마자 깨달아 들어간 사례에 속하는데, 참으로 위대하며 훌륭합니다.

세상에는 이근원통법문을 닦은 사람이 많지만 "동과 정 두 현상이 전혀 생겨나지 않는다[動靜二相 了然不生]."라는 구절을 죽을 때까지 깨닫지 못하는 사람 또한 적지 않습니다.

외부의 소리를 떠나서 외부 소리와 조금도 상관이 없으면 자연히 적연히 정(定)에 들어갈 수 있습니다. 그러나 이 정의 모습 역시 여전히 고요한 경계로서, 동과 정의 두 현상 중에 '정(靜)'의 현상일 뿐입니다. 인간의 몸과 마음은 본래 동과 정의 두 현상 속에 있습니다. 이 점을 분명히 알지 못하고서 정(定)의 '정(靜)의 현상'이 곧 본체인 자성이라고 여긴다면, 바로 외도의 견해가 됩니다. 반대로 이 단계를 뛰어넘을 수 있다면 이미 입문했다고 할 수 있습니다.

————————————————————

(역자보충) 불생불멸의 자성본체에 대한 인식

이때 파사닉 왕이 일어서서 부처님께 물었다. "제가 이전에 들으니 가전연(迦旃延), 비라지자(毘羅胝子)들이 말하기를, 이 물질적인 신체가 죽은 후 소멸하여 끊어지는 것을 불생불멸의 열반이라 한다고 했습니다. 그런데 제가 이제 부처님의 말씀을 듣고 나니 몹시 곤혹스럽습니다. 부처님께서 그 속의 도리를 다시 설명하여 주시기 바랍니다. 이 진심자성(眞心自性)은 확실히 불생불멸하는 것임을 어떻게 증명할 수 있는지요? 이 법회에 있는 초학자들도 꼭 그 도리를 알고 싶어 하리라 생각합니다."

부처님이 말씀했다. "지금 그대의 몸은 점점 변해가면서 파괴되고 있지 않습니까?"

왕이 대답했다. "저의 이 몸은 지금은 비록 파괴되지는 않았지만 장래에는 반드시 나빠져 파괴될 것입니다."

부처님이 물으셨다. "그대는 아직 쇠잔해져 소멸되지는 않았는데 장래에는 반드시 쇠잔해져 소멸되리라는 것을 어떻게 아십니까?"

왕이 대답했다. "저의 이 몸이 지금은 비록 쇠잔해지지는 않았습니다만, 현재의 상황을 관찰해보니 시시각각으로 변해가면서 신진대사가 영원히 멈추지 않습니다. 그러므로 마치 불이 재가 되듯 점점 소멸해가 장래에는 당연히 쇠잔해져 소멸될 것입니다."

부처님이 물으셨다. "그대는 지금 이미 노쇠의 나이인데 얼굴모습을 어린 시절과 비교해보면 또 어떠합니까?"

왕이 대답했다. "제가 어린 시절에는 피부 조직이 부드럽고 윤기가 났습니다. 뒤에 나이 들어서는 혈기가 충만했습니다. 지금은 연로해서 쇠퇴해져 용모는 초췌하고 정신은 흐릿합니다. 머리털은 하얗게 새었고 얼굴은 쭈글쭈글해졌습니다. 죽을 날이 멀지 않은 것 같은데 어찌 장년시기와 비교할 수 있겠습니까!"

부처님이 물으셨다. "그대의 형체와 용모는 당연히 단기간 내에 쇠잔해진 것은 아니겠지요!"

왕이 대답했다. "변화는 사실 점점 은밀히 이루어져 왔습니다. 저도 모르는 사이에 추위와 더위의 교류, 그리고 시간의 변천에 따라 서서히 지금의 상태를 형성하였습니다. 제가 스무 살 때는 비록 나이 어린 셈이지만 실제로는 얼굴모습이 열 살 때 보다는 이미 노쇠해진 것이고, 서른 살 때는 스무 살 때보다도 많이 노쇠해진 것입니다. 지금 예순 두 살인데 회고해보니 쉰 살 때는 지금 보다도 훨씬 강건했다고 느껴집니다. 제가 살펴보니 이런 변화는 은밀히 이루어지고 있어서 십년 사이가 아니라 한 해, 한 달, 하루 사이의 변화가 아닙니다. 사실은 매분 매초 찰나 찰나 생각 생각 사이에 멈춘 적이 없이 언제나 변화하고 있습니다. 그러므로 장래에 반드시 쇠잔해져 소멸할 것입니다."

부처님이 물으셨다. "그대는 변화가 멈추지 않고 있음을 보고서 신체생명은 반드시 쇠잔해져서 소멸하리라는 사실을 깨달았습니다. 그러나 변천 소멸해가는 과정 속에서도 불멸하는 자성 존재가 하나 있음을 아십니까?"

왕이 대답했다. "저는 그 영원히 파괴되지 않고 소멸되지 않는 자성 존재를 모릅니다." 부처님이 말씀했다. "내가 이제 그대에게 이 불생불멸하는 자성을 가르쳐 보여 드리겠습니다. 그대에게 묻겠습니다. 그대는 몇 살 때 갠지스 강의 물을 보기 시작했습니까?"

왕이 대답했다. "제가 세 살 때 어머니를 따라서 하늘에 제사지내러 가면서 갠지스 강을 지나갔는데 그 때 갠지스 강임을 알았고 그 강물을 보았습니다."

부처님이 물으셨다. "그대는 조금 전에 말하기를 그대의 몸이 나이의 세월에 따라서 변천하면서 쇠잔해져 가고 있다고 했는데, 그대가 세 살 때 갠지스 강을 보았고 이미 예순 두 살이 되어 다시 갠지스 강을 보니 그 물이 어떻습니까?"

왕이 대답했다. "강물은 제가 세 살 때와 마찬가지입니다. 이미 예순 두 살이 된 지금에도 강물은 여전히 변한 모습이 없습니다."

부처님이 물으셨다. "그대는 이제 늙어서 머리털은 하얗고 얼굴은 주름이 졌으며 용모와 신체는 어린 시절보다 노쇠해졌으니 사람이 완전히 바뀐 것이나 다름없다고 스스로 슬퍼합니다. 그러나 그대가 강물을 보는 시각작용[見精自性]은 예전 어린 시절에 강물을 보았던 그 시각작용과 비교해보면 변동이 있고 노쇠하였습니까?"

왕이 대답했다. "이 시각작용은 결코 변동이 없습니다."

부처님이 말씀했다. "그대의 신체 용모는 비록 쇠잔해졌지만 이 능히 보는 시각작용[견정자성]은 결코 쇠잔해지지 않았습니다. 변천한다면 생멸이 있는 것이니 당연히 변천하여 파괴될 것입니다. 저 변천하지 않고 파괴되지 않는 것은 당연히 생멸하지 않고, 변천하지 않는다면 또 생사가 있을 수 없습니다. 그런데 그대는 어찌하여 일반적인 단멸의 관념을 인용하여 이 몸이 죽은 후에는 곧 일체가 완전히 소멸해버린다고 생각하십니까?"

(역주) 시력은 변화할 수 있지만 시각작용 자체는 변함이 없음을 말한다. 사람들에게 눈을 감으면 무엇이 보이느냐고 물어볼 경우 대부분은 아무것도 보이지 않는다고 대답한다. 그러나 깜깜함이 보이지 않는가. 마찬가지로 맹인들에게 물어보면 오직 깜깜함만 보인다고 대답하는데, 이것은 시각작용이 여전히 있으면서 시간적 신체적 변화에도 아무런 변동이 없다는 증거이다. 사람이 죽은 후 아직 다시 태어나기 전 단계의 몸인 중음신일 경우에도 보고 듣는 등 작은 5신통이 있다. 부처님은 시각작용을 통해 불생불멸의 자성을 가르쳐 주고 있는 것이다. 다음 단락에서의 청각작용에 대한 대화도 마찬가지이다.

아난이 물었다. "부처님이 말씀하신대로라면, 정각(正覺)을 증득하겠다는 최초의 인지(因地)의 마음이 영원히 항상 있으면서 변하지 않기[常住不變]를 바란다면 반드시 자성정각을 증득한 과지(果地)의 명칭과 상응해야 합니다. ....(중략)....... 그러한대 무엇으로써 수행증득의 인지(因地)로 삼아 무상정각을 얻기를 구할까요? 부처님은 앞에서 말씀하시기를 자성 본체는 맑고 순수하고 밝고 두루 원만하면서 영원히 항상 있다[湛精圓常] 하셨는데, 우리가 파악할 수 없는 이상 결코 진실한 말씀이 아닌 듯합니다. 마침내 어린애들의 장난 이론 같습니다. 도대체 어떤 것이야말로 부처님의 진실한 도리입니까? 부처님은 다시 자비를 내려 저희들의 우매함을 열어 주시기 바랍니다."

부처님이 말씀하셨다. "네가 비록 박학다문(博學多聞)하더라도 아직 일체의 습루(習漏: 사혹(思惑), 즉 현상 [事]에 대한 미혹으로 81품이 있음—역쥐를 다 소멸하지 못해서 너는 뒤바뀐 [顚倒] 원인이 하나 있다는 것을 단지 마음속으로 알뿐, 진정한 뒤바뀜이 너의 면전에 펼쳐져 있을 때 너는 정말 인식하지 못하고 있다. 나는 네가 비록 정성스런 마음이 있다할지라도 아직 내 말을 믿지 않을까 걱정된다. 나는 이제 잠시 세속적인 사실을 가지고 너의 의혹을 풀어주겠다."

이때에 부처님은 라후라(부처님의 아들)에게 종을 한 번 치라한 다음 아난에게 물으셨다. "너는 지금 들었느냐?"

아난과 대중은 모두 대답했다. "들었습니다."

조금 지난 후 종소리가 멎자 부처님은 또 물으셨다. "너는 지금 들었느냐?"

아난과 대중은 모두 대답했다. "이제는 들리지 않습니다."

이 때 부처님은 라후라에게 또 한 번 종을 치라 하고는 물었다. "너는 지금 들었느냐?"

아난과 대중은 또 대답했다. "모두 들었습니다."

부처님은 또 아난에게 물었다. "너는 어쩌면 들을 수 있는 것이고 어쩌면 들을 수 없는 것이냐?"

아난과 대중은 모두 대답했다. "만약 종을 쳐 소리가 나면 우리가 들을 수 있고, 치고 난지 오래지나 소리가 사라져서 울림까지 모두 없어지면 들을 수 없다고 합니다."

이때에 부처님은 또 라후라에게 종을 한 번 치게 하고는 아난에게 물었다. "지금 소리가 있느냐?"

아난과 대중은 대답했다. "소리가 있습니다."

잠시 지나 소리가 사라지자 부처님은 또 물었다. "지금 소리가 있느냐?" ˙ 아난과 대중은 모두 대답했다. "소리가 없습니다."

다시 잠시 지나자 라후라가 또 종을 쳤다. 부처님이 다시 물었다. "지금 소리가 있느냐?"

아난과 대중은 모두 대답했다. "소리가 있습니다."

부처님이 아난에게 물었다. "너는 어쩌면 소리가 있다고 하고 어쩌면 소리가 없다고 하느냐?"

아난과 대중은 모두 말했다. "종을 쳐서 소리가 나면 소리가 있다하고, 종을 친지 오래지나 소리가 사라지고 소리와 울림이 모두 없어지면 소리가 없다고 합니다."

부처님이 말씀하셨다. "너희들은 지금 어찌하여 이렇게 말이 이랬다저랬다 하면서 기준이 전혀 없는 것이냐?"

대중과 아난은 부처님이 이렇게 말씀하시는 것을 듣고 물었다. "저희들이 어떻게 말이 이랬다저랬다 하면서 기준이 전혀 없다는 것인지요?"

부처님이 말씀하셨다. "내가 너희들에게 '들었느냐'고 물으면 '들었다'고 말하고, 또 '소리가 있느냐'고 물으면 '소리가 있다'고 말한다. '들었다'고 대답했다가 '소리가 있다'고 대답하는데, 이렇게 하면서 어떻게 말이 이랬다저랬다 하는 것이 아니겠느냐? 소리가 사라지고 울림이 없으면 들을 수 없다고 말하는데, 만약 실제로 들을 수 없다면 능히 들을 수 있는 자성이 이미 소멸해서 마른 나무나 마찬가지가 된다. 그렇다면 다시 종을 쳐 소리가 날 때 너는 어찌하여 소리가 있는지 소리가 없는지를 또 아는 것이냐? 소리가 있거나 소리가 없음은 자연히 소리울림의 작용이지만, 소리울림을 능히 듣는 자성은 소리가 있거나 소리가 없거나 또 무슨 관계가 있느냐? 설마 그 능히 듣는 자성이 너의 필요에 따라 있기도 하고 없기도 하는 것이냐? 능히 듣는 자성이 만약 정말 절대로 없다면, 이 절대로 없다는 사실을 아는 그 것은 또 누구이겠느냐? 그러므로 너는 알아야한다. 소리는 능히 듣는 자성의 기능(功能 : 결과를 낳는 작용. 잠재적인 힘. 기능 ―역주) 속에 있으면서 단지 소리가 스스로 생겨났다가 소멸한 것이다. 소리가 생겨나고 소리가 소멸하는 것을 네가 듣는다고 해서, 너의 그 능히 듣는 자성 기능을 그에 따라 있게 하고 없게 하는 것이 아니다. 어느 것이 소리울림이고 어느 것이 능히 듣는 자성인지 네가 아직 모르는 이상, 네가 혼미하여 깨닫지 못해 진실하면서 영원히 항상 있는 자성[眞常自性]이 장차 단멸할 것으로 여기는 것도 무리는 아니다. 너는 움직임과 멈춤[動靜], 막힘과 통함[通塞]을 떠나면 능히 듣는 자성이 없다고 말해서는 더욱 안 된다. 왜 그러겠느냐? 예를 들어, 깊이 잠든 사람이 잠을 자고 있는 바로 그 때에 집안에서 어떤 사람이 다듬이질을 하거나 쌀 방아를 찧는다고 하자. 깊이 잠든 그 사람은 꿈속에서 이 쌀 방아 찧는 소리를 듣고서는 다른 물건의 소리로 환각하여, 북치는 것으로 여기거나 혹은 종을 치는 것으로 여겼다. 이 사람은 꿈을 꾸고 있는 중에 이 종소리가 충분히 우렁차지 못하고 나무나 돌의 소리 같다고 스스로 이상하게 여겼다. 그리고 깨어나서야 다듬이 소리인줄 알고 나서는 집안사람에게 이르기를, '내가 방금 꿈을 꾸고 있었는데 이 다듬이 소리를 북 울리는 소리로 여겼다.' 라고 했다. 이 사람은 꿈을 꾸고 있는 중에도 설마 움직임과 멈춤, 열림과 닫힘[開閉], 혹은 막힘과 통함을 기억하고 있겠느냐? 이로써 알 수 있듯이 그의 몸은 비록 잠들어 있지만 그의 능히 듣는 자성은 결코 혼미하지 않는다. 한 걸음 더 나아가 말하면, 설사 너의 형체가 완전히 소멸하여 생명의 빛나는 본능이 변천했다하더라도 이 능히 듣는 자성이 너의 형체를 따라 소멸할 것이라고 어찌 말할 수 있겠느냐? (남회근 선생 술저 『능엄경대의풀이』에서)

——————————————————————

3. 비식법문(鼻息法門)

이 방법은 호흡의 기(氣)를 이용하여 닦아 정(定)을 얻는 것입니다. 더 나아가 호흡이 점차 미세해져 고요히 정지된 상태를 식(息)이라 합니다. 무릇 기맥(氣脈) 수련이나, 각종의 기공(氣功) 수련이나 수식(數息)·수식(隨息)의 방법들은 모두 비식법문에 속합니다.

천태종과 티베트 밀교에서는 비식법문을 가장 중시합니다.

이 법문의 최고 원칙은 심식상의(心息相依)입니다. 즉, 마음과 호흡이 서로 의지하게 하는 것입니다. 사려(思慮)가 지나치게 많은 사람이나 마음이 산란한 사람은 이 법문을 활용해 식(息)에 의지하여 마음을 통제하면 비교적 쉽게 효과를 볼 수 있습니다. 지(止)를 얻은 후 더욱 세밀히 체험해 보면 마음과 호흡이 본래 서로 의지하고 있음을 알게 됩니다.

사람의 생각은 기식(氣息)을 따라 일어나므로, 기식의 작용은 곧 사람의 생각이 바깥으로 표출된 것입니다. 따라서 기(氣)가 안정되고 생각이 고요해질 때 곧 마음이 조용하면서 '크게 고요한 상태[大靜]'가 됩니다. 하지만 '생각·기식'과, 마음이 조용하면서 '크게 고요해진 상태'는 둘 다 본성 기능의 작용일 뿐 도의 본체는 아닙니다.

도가에서는 선천일기(先天一氣, 先天一炁라고도 합니다)가 흩어지면 기가 되고 모이면 형체[形]를 이룬다고 봅니다. 일반 외도에서는 기를 생명의 근본이라고 잘못 생각하고 있습니다. 어떤 한 가지 물질을 인정하면서도 자기 마음을 잃어버리고 본체인 성(性)이 곧 용(用)이 되는 이치를 이해하지 못한 것입니다. 이 점이 외도와 정법(正法) 내학(內學)이 갈라지는 곳입니다.

만약 먼저 자신의 자성을 깨닫고 공부가 날마다 깊어져, 마음과 기식이 서로 의지함이 자재한 경계에 이르러, 마음과 물질은 한 뿌리에서 나온 것임[心物一元]을 체험하게 된다면, 비로소 일체의 법문이 모두 수행공부를 위한 방편에 불과하다는 것을 알게 됩니다.

4. 신촉법문(身觸法門)

이 법문은 넓은 의미의 것과 좁은 의미의 것, 두 가지로 나눕니다. 넓은 의미의 신촉(身觸)법문은 일체의 6근법문을 포괄합니다. 왜냐하면 그런 방법들은 모두 신근(身根)에 의지해 닦는 것이기 때문입니다. 다시 말해 만약 우리들의 이 신체가 없다면 6근이 어디에 붙어있겠습니까? 그러므로 그런 방법들은 모두 신근에 의지하여 닦는 것입니다.

좁은 의미의 신촉법문은 주의력을 오로지 신체의 어느 한 부분에, 예컨대 양미간·정수리·배꼽·족심[足心: 발바닥이 오목하게 들어간 곳―역주]·꽁무니뼈[尾閭]·회음(會陰) 등 어느 한 부분에 집중하는 것입니다. 정좌하고 수행할 때 관상(觀想) 방법을 쓰거나, 기식(氣息)을 지키는 방법을 쓰거나, 기맥을 수련하는 것 등, 의식을 한 곳에 집중하는 것은 모두 이 법문에 속합니다.

신촉법문을 닦을 경우 수행자가 신체상의 반응, 예를 들면 모종의 감각, 촉각, 서늘하거나 따스하거나, 부드럽거나 매끄럽거나 막히는 듯한 등의 반응이 나타나기 쉬우며, 때로는 여러 종류의 반응과 감각이 있을 수 있습니다. 그래서 사람들은 흔히 현상에 집착하고, 기맥의 현상으로 도력(道力)의 깊이를 판단하고 마침내는 현상에 집착하는 경계에 떨어질 수 있습니다. 그게 바로 『금강경』에서 말하는 아상(我相)·인상(人相)·중생상(衆生相)·수자상(壽者相)입니다. 밀교와 도가의 수련법이 현상에 집착하는 오류에 빠져들게 하기 가장 쉬운데, 이 역시 법집(法執)으로서 가장 떨쳐버리기 어려운 것입니다.

수행자에게 가장 어려운 것은 바로 신견(身見)을 벗어나는 일입니다. 황벽(黃蘗) 선사도 "신견이 가장 잊기 힘들다."고 늘 탄식했으며, 원각경에서도 "지·수·화·풍 4대를 자기 몸의 모습이라고 잘못여기고, 6진의 영상을 자기 마음의 모습이라 여긴다[妄認四大爲自身相, 六塵緣影爲自心相]."고 말합니다. 옛날이나 지금이나 우매한 사람들은 모두 이런 잘못을 범합니다. 그러기에 영가(永嘉) 선사는 말하기를 "육신을 놓아버려 붙들어 쥐지 말고, 적멸한 본성 속에서 인연 따라 먹고 마시라[放四大, 莫把捉, 寂滅性中隨飮啄]."고 했습니다.

어떤 사람은 이렇게 말 할 수도 있습니다. "공부가 성인의 경지에 이르지 못했는데 어떻게 신견이 없을 수 있겠는가? 역시 거짓을 빌려서 진실을 닦아야하니, 이 4대의 가화합인 신체를 빌려서 진여체성(體性)을 닦아야 한다. 몸을 하나의 방편법문으로 삼는 것도 도에 들어가는 수행 길의 한 가지가 아니겠는가?"

그 말도 옳습니다. 하지만 이 법문은 어디까지나 하나의 방편이란 점을 이해하고 수련 과정에서 나타나는 현상인 그림자에 현혹되어서는 안 됩니다. 즉, 그림자를 참된 것으로 인식해서는 안 됩니다. 만약 그런 현상을 진실이라고 잘못 인식한다면 스스로 헤어나기 어렵습니다. 노자가 "나에게 큰 근심이 있는 것은 내게 몸이 있기 때문이다[我所以有大患者, 爲我有身]!"고 말했는데 참으로 지극한 이치를 갖춘 명언입니다. 그러므로 선종의 고승들은 배우는 사람들이 상(相)에 집착하지 않도록 하기 위하여 절대로 기맥 문제를 얘기하지 않았습니다. 그런 수법은 정말 대단히 고명(高明)한 것입니다.

5. 의식법문(意識法門)

의식법문은 일체의 법문을 모두 포괄합니다. 확대해서 말하면 8만4천 법문이요, 대략 말하면 『백법명문론(百法明門論)』[51]에 열거된 것들입니다. 앞에서 말한 법문들은 비록 안·이·비·설·신 5근(五根)과 그 대상경계인 색·성·향·미·촉의 진경(塵境), 그리고 안식·이식·비식·설식·신식의 5식(五識)과 관련된 것이지만, 5식은 의식이 그 주요 역할을 하는 것입니다. 5식은 무대 위에 오른 다섯 개의 꼭두각시들에 지나지 않고 그 꼭두각시들 뒤에는 실이 연결되어 있는데 그 실들을 통제하며 당기는 주력(主力)이 바로 의식이며, 심왕(心王)은 실을 당기는 주인공입니다.

일체의 법상(法相)은 모두 마음에서 일어난 것입니다. 그러므로 일체의 법문도 모두 의식이 조작한 것입니다. 그렇지만 이제 여기서는 의식자성(意識自性)을 단독으로 제시하여 편의상 하나의 법문으로 삼아 검토해 보고자 합니다. 관심(觀心)이나 지관(止觀)이나 참선(參禪) 등의 방법도 당연히 이 의식법문에 속합니다.

관심법문을 처음 닦기 시작할 때, 관찰 대상으로서의 마음은 결코 자성의 진심을 가리키는 것이 아니라, 생멸이 있는 염두입니다. 즉, 의식의 망념(妄念)이 그 대상입니다. 정좌하고 마음을 관찰할 때 안으로 관찰하되, 자신의 의식 속을 향하여 이 생멸하는 망심을 찾고 그 염두 망심의 시작과 소멸 그리고 오고 가는 종적에 주의를 기울입니다. 끊임없이 생멸하며 이어지는 염두를 그렇게 안으로 관찰해가다보면 어느 날 염두의 생멸 흐름이 홀연히 끊어져버립니다.

---

51) 『선과 생명의 인지 강의』「제2일 강의 둘째 시간 중 (역자보충) 오위백법 : 우주만유 일체법의 분류」를 참고하기 바란다.

이때가 되면 앞생각은 이미 소멸되어버렸으니 상대하지 않고, 뒷생각은 아직 일어나지 않았으니 이끌지 않습니다. 앞생각은 이미 비워졌고 뒷생각은 아직 일어나지 않았으니, 그 당체가 그대로 공적합니다. 이 상황은 마치 향상(香象)이 강을 건너는 것과 같습니다. 거대한 코끼리가 엄청난 박력이 있어 아무리 그 물살이 급해도 일체를 돌아보지 않고 물살을 가로질러 건너가면서 그 몸이 물의 흐름을 잘라버리는 것과 같습니다. 이런 경계에 도달했다면 바로 지(止)의 경계에 도달한 것입니다. 불학에서는 이를 '사마타(奢摩他)'라고 부릅니다.

그러나 이런 지(止)의 경계는 결코 철저한 궁극적 근본이 아니며 단지 공(空)과 유사한 정지(靜止)의 경계일 뿐입니다. 본체 차원에서 본다면 유(有)는 공으로부터 일어난 것이요, 공(空)은 유로 말미암아 세운 것입니다. 생(生)과 멸(滅)은 진여의 작용이요, 진여는 바로 생멸의 본체입니다.

그렇게 관찰하여 공과 유 어느 쪽에도 머물지 않고 중도를 보며, 나아가 중도마저 세우지 않고 변견도 버림이 바로 관혜(觀慧)의 수준에 도달한 것입니다. 불학에서는 이를 '비파사나(毘鉢舍那: 위빠사나, 위파사나라고도 함―역주)'라고 부릅니다.

지관(止觀)을 닦아 이룬 뒤 지와 관을 균등히 운용함으로써[因] 계속 수행해 나가면 자연히 정(定)과 혜(慧)를 모두 갖춘 과위[果]를 얻게 됩니다. 여기서 다시 한 걸음 한 걸음 계속 닦아 나아가면 십지(十地)보살 단계를 한 단계 한 단계 올라가 마침내 원만한 보리를 증득하게 됩니다.

천태학, 티베트 밀교 중 황교(黃教)의 『보리도거론(菩提道炬論)』, 『중관정견(中觀正見)』 등은 모두 이 수행의 범위에 속합니다.

참선 법문에 대해 말하자면, 초기의 선종에서는 어떤 법문도 학인들에게 가르치지 않았습니다. 이른바 '언어의 길이 끊어지고 마음이 갈 곳이 사라진[言語道斷, 心行處滅]' 경지인데도 사람에게 줄 법문이 어디에 있겠습니까? 그런데 후대의 참선 수행자들의 방법은 화두를 참구하거나 의정(疑情)을 일으키거나 공부를 하는 것이었는데, 이런 것들은 의식을 이용하는 법문이라 할 수 있습니다.

그렇지만 선종에서 의식을 이용하여 입문하는 것은 기타의 법문과는 다릅니다. 그것은 의정을 용(用)으로 삼는다는 점입니다.

'의정(疑情)'이란 무엇일까요? 의정은 지관법문에서처럼 마음을 관찰하는 혜학(慧學)이 아니며, 『백법명문론』에서 열거하고 있는 '의심[疑]'도 아닙니다.[52] 의(疑)와 정(情)을 연계하면 곧바로 제8식인 아뢰야식으로 깊이 들어가 본질을 끼고 일어납니다[帶質而生].[53] 이 마음과 몸은 원래 서로 하나로 엉겨 붙어 결합된 것입니다. 그러나 아직 깨닫지 못한 자는 마치 가슴속에 무언가 막혀 있는 것 같아 뽑아내려 해도 뽑히지 않습니다. 반드시 적당한 기회와 환경 그리고 스승의 지도 아래에서 비로소 활연히 단박에 돌파할 수 있습니다. 그러기에 "영명(靈明)한 빛이 홀로 빛나고 있으면서 6근 6진을 멀리 벗어났다[靈光獨耀, 逈脫根塵]"고 했고, "무릇 모든 상이

---

52) 『백법명문론』에서 근본번뇌의 심리작용활동의 하나로 열거하는 의심은 그 개념이, 불교의 교리에 대하여 믿음이 굳지 못하고 의심하고 주저하여 결정하지 못하는 것을 말한다.

53) 예를 들어, 안식이 색경을 반연함에 있어 안식에 영상(影像)이 나타나는 이 외에, 따로 제8식인 아뢰야식 종자가 일으키는 실질(實質) 색법이 있는데, 이것이 본질(本質)이며 영상이 의탁하는 것으로 대질경(帶質境)이라고 한다. 제6식인 의식이 허공 꽃이나 토끼 뿔의 모습을 떠올릴 경우는 영상만 있고 의탁하는 본질이 없는데, 이를 독영경(獨影境)이라고 한다. 유식학에서의 삼류경(三類境)을 참고하기 바란다.

다 허망하다[凡所有相, 皆是虛妄]."고 했습니다.

　만약 "말후일구에서야 비로소 뇌관에 도달하여 중요한 나루터를 끊어버림으로써 성인도 범부도 지나가지 못하게 한다[末後一句, 始到牢關, 鎖斷要津, 不通凡聖]."54)는 경지에 도달하면 비로자나불의 정수리를 밟고 위음왕불(威音王佛)55) 이 세상에 나오기 전으로 던져버린 것이어서, 설사 천분의 성인이 모여 토론하더라도 해석할 수 없는 일인데 어찌 우리가 사려로써 토론하여 이해할 수 있겠습니까!

정(定)과 혜(慧)의 영상

　소승불교에서의 수학(修學)은 계(戒)로부터 입문합니다. 계를 지

---

54) 이에 대한 남회근 선생의 풀이를 『불교수행법강의』에서 뽑아 전재한다.
　"이것은 공부 경계인데, 낙포(洛浦)선사는 말하기를, 말후일구(末後一句)에서야 비로소 향상일로(向上一路)에 도달할 수 있으며, 그래야만이 수행이 3신(법신·보신·응신)의 성취까지 이를 수 있다고 합니다. 선종에서는 삼관으로 나누는데, 초관(初關: 첫번째 관문), 중관(重關: 두번째 관문), 말후뇌관(末後牢關: 최후의 단단한 관문)이 그것입니다. 무엇이 뇌관(牢關)일까요? 우리의 이 몸이 곧 뇌관인데, 당신이 이 몸을 타파하지 못하면 벗어날 수 없습니다. 죽을 때가 되어서야 이 뇌관이 타파되지만 그것은 가짜로 타파된 것이니 다시 중음신으로 변해서 생사윤회 속으로 들어가고 맙니다. "말후일구에서야 비로소 뇌관에 도달하여," 바로 이때 "중요한 나루터를 끊어버림으로써 범부나 성인도 지나가지 못하게 한다." 여기에 이르러서는 당신은 범부도 아니고 성인도 아닙니다. 즉, 마구니도 부처도 이르지 못하는 곳입니다. 그래야 성공한 셈입니다."
55) 위음왕불은 과거 세계의 최초의 부처님인데 그분이 세간에 출현하기 이전, 즉 차별대립이 없는, 언설 등이 나타나기 이전의 본래의 모습을 말함. 본래면목과 같다.

킬 수 있어야 정(定)을 얻을 수 있으며, 정을 얻어야 비로소 혜(慧)를 열어 해탈에 이를 수 있고, 최후에는 해탈지견(解脫知見)의 경계에 도달합니다. 대승불교에서의 수학은 보시(布施)·지계(持戒)·인욕(忍辱)·정진(精進)으로부터 시작해 선정(禪定)에 이르고, 최후에 반야지(般若智)에 도달합니다.

불법에서 말하는 지(止)나 관(觀)은 모두 정(定)과 혜(慧)를 얻기 위한 과정으로, 수행의 첫걸음에 불과합니다.

6근을 이용하는 수행방법으로부터 8만4천 가지 방편법문이 파생 발전되어 나오고, 그런 일체 법문의 시작은 모두 의념(意念)을 고요히 멈추도록 하기 위한 것입니다. 의념이 멈춘 상태[止]가 곧 정(定)이며, 정의 수준은 공력(功力)의 깊이에 따라 차별이 있습니다.

정(定)을 닦는 방법으로 어떤 사람은 유(有)로부터 입문합니다. 즉, 유위법을 빌려 공(空)으로 진입합니다. 어떤 사람은 공으로부터 시작합니다. 즉, 일체의 유를 비워버림으로써 묘유(妙有)의 작용을 알게 됩니다. 법문은 많지만 그 목적은 오직 하나, 바로 정(定)에 도달하기 위한 것입니다.

이제 먼저 정(定)의 현상에 대해 말하겠습니다. 무릇 심념을 어느 하나에 묶어 의식을 한 곳에 통제(집중)함으로써 어지럽지 않는 것이 바로 지(止)의 경계인데, 정(定)에 들어가는 기초가 됩니다.

무엇이 정(定)인가

정(定)은 산란하지도 혼침하지도 않으며, 깨어 있으면서도 고요하고[惺惺寂寂] 고요하면서도 깨어 있음[寂寂惺惺]입니다. 또 이렇게

도 말할 수 있습니다. 심념은 이미 고요해졌지만 결코 죽은 고요함
은 아닙니다. 그래서 깨어 있다고 하는 것입니다. 말하자면 불이
꺼지긴 했어도 재속에 불씨가 남아 있는 상태와 같습니다. 이처럼
깨어 있으면서도 고요한 경계가 바로 정(定)입니다.

'마음에도 의지하지 않고, 몸에도 의지하지 않으며, 의지하지 않
는다는 것에도 의지하지 않는[不依心, 不依身, 不依也不依]'경계에 도
달한 것이 바로 정입니다.

정(定)을 처음 닦기 시작하는 단계에서는 흔히들 산란하지 않으
면 혼침하거나, 혹은 잠시 산란했다가 잠시 혼침하거나 합니다. 사
실 우리는 날마다 이렇게 살고 있습니다. 한평생을 이렇게 살면서
도 스스로 알지 못하고 있을 따름입니다. 그럼 먼저 산란과 혼침
이 두 가지 현상에 대해 말하겠습니다.

1. 산란

심념이 거친 것이 산란이며, 심념이 비교적 미세한 산란을 도거
(掉擧)라고 합니다.

정(定)을 닦는 사람이 심념을 하나의 대상에 묶어 멈추어 둘 수
없어서 온갖 망상이 어지럽게 일어나는 것, 즉 머릿속이 온통 생각
[思想]·연상(聯想)·회상(回想)·반연(攀緣) 등으로 가득 차 마음을
한 곳으로 통제할 수 없는 상태가 바로 거친 '산란'이라고 합니다.

마음은 이미 하나의 대상에 묶여 있는 듯 하면서 약간의 경미한
망념이 있음이, 마치 바람에 떠도는 거미줄 가닥들이나 먼지들이
아직 오고가고 있는 것 같습니다. 비록 성가시지야 않지만 마침내
는 잠에 사로 잡혀 있습니다. 이는 마치 "바람에 흔들리는 얼마간

의 실낱들을 묶어두지 못하고, 발을 말아 올리니 사람이 그림 속에 있네[多少遊絲羈不住, 捲簾人在畵圖中]."라고 한 상황과 같은데, 이러한 경계를 '도거'라고 부릅니다.

수행자 중 허다한 사람들이 모두 이 도거 경계 속에 머물러 있습니다. 자신이 분명히 인식하지 못하고 있기 때문에 자신이 여전히 미세한 산란 경계에 있다는 것을 모르고 이미 정(定)을 얻었다고 여기는데, 이는 정말 틀려도 크게 들린 생각입니다.

처음 닦기 시작하는 사람이, 만약 망념이 그치지 않고 마음이 어지럽고 기(氣)가 뜨는 상황에서 안정시킬 수 없다면, 제일 좋은 방법은 먼저 신체를 노곤하게 하는 것입니다. 예컨대 운동을 한다거나 부처님께 절을 한다거나 해서 먼저 신체를 노곤하게 함으로써 신체를 조절하고 기식을 부드럽게 한 다음 다시 자리에 앉아 정(定)을 닦는 것이 좋습니다. 망념을 쫓아가지 않고 오직 하나의 대상에만 심념을 집중시키는 연습을 해나가다 보면 점차 숙달되어 마침내 하나의 대상에 묶을 수 있게 됩니다.

달리 말해, 만약 마음이 산란하고 망념이 계속 떠오른다면, 그것들을 마치 오가는 손님 대하듯 하면 됩니다. 주인인 자신이 손님에 대해 환영도 거절도 하지 않는 태도를 취한다면 손님은 자연히 점점 흩어져 갈 것입니다. 마찬가지로 망념이나 산란한 마음 역시 서서히 정지(停止)할 것입니다.

그런데 망념이 곧 정지하려 할 때, 자기가 장차 지(止)의 경계에 진입하려함을 자기의 마음이 홀연히 느낄 수 있는데, 그런 느낌도 하나의 망념입니다. 이 망념이 그치면 또 다른 망념이 생겨나고, 이런 식으로 계속되다 보면 지(止)의 경계에 이르기가 무척 어렵습니다.

정(定)을 닦을 때 가장 중요한 것은 자기가 지(止)나 정(定)을 닦고 있다고 생각하지 않는 것입니다. 지(止)의 경계가 가까워질 때 입정(入定)해야 한다는 생각에 집착을 하지 않으면 도리어 점점 지(止)의 경계에 들어갈 수 있습니다.

　좌선을 하고 있으면 망념이 평소보다 더 많은 것을 느끼게 되는데, 이것은 일종의 진보하고 있는 현상이므로 싫어할 할 필요가 없습니다. 마치 명반석을 흐린 물에 넣으면 찌꺼기가 가라앉는데, 보통 때는 모르고 있다가 가라앉는 것을 보고는 비로소 물속에 찌꺼기가 있었다는 것을 알게 되는 것과도 같습니다. 또 문틈으로 비치는 햇살을 통해서 공중에 먼지들이 날아다니는 것을 볼 수 있는 것과 같습니다. 물속의 찌꺼기나 공기 속의 먼지는 본래 있는 것이지만, 평소에는 살펴 깨닫지[察覺] 못하다가 어떤 상황 하에서 쉽게 뚜렷이 드러난 것입니다. 좌선 때에 평소보다 망념이 많은 듯한데, 사실은 자기에게 본래 많던 망상을 정(定)을 닦으면서 비로소 발견하게 된 것입니다. 그러므로 문제될 것도 없고 걱정할 것도 못됩니다.

　그러나 망념이 너무 많고 산란의 힘이 너무 커서 도무지 멈출 수 없다면, 수식(數息)이나 수식(隨息)으로 산란을 대처하는 것이 좋습니다. 혹은 관상(觀想) 방법을 쓰는 것도 좋은데, 예컨대 배꼽 아래나 족심(足心)에 까만색의 빛나는 점이 있다고 생각하고 관찰하는 것입니다. 그 밖에 산란을 다스리는 한 가지 방법으로, '아미타불'을 소리 내어 외우되 마지막의 '불'자를 외울 때 마다 '불'자를 길게 끌면서 가라앉히기를, 마치 자신의 몸과 마음을 모두 밑도 끝도 없는 깊은 곳으로 가라앉히듯이 하는 것입니다.

2. 혼침(昏沈)

거친 혼침은 곧 수면(睡眠)을 말하며, 미세한 혼침이라야 혼침이라고 합니다.

몸이 피곤하면 잠이 오듯, 마음이 피곤해도 수면 욕구가 생깁니다. 잠이 오면 억지로 무리하게 정(定)을 닦지 말고 푹 잔 뒤에 다시 자리에 올라 앉아 정을 닦아야 합니다. 만약 좌선한 채로 잠자는 습관이 생기면 정(定)을 얻을 희망이 없습니다.

혼침할 때는 심념이 고요한[寂寂] 상태와 비슷하지만 하나의 대상에 마음을 묶어 놓지 못한 상태로, 별다른 거친 망상이 일어나지도 않으면서 일종의 혼미만 있을 뿐입니다. 심지어는 몸과 마음이 없는 느낌이 있는데 이게 바로 혼침입니다.

혼침 현상이 처음 일어날 때는 마치 거의 꿈속에 있는 듯 일종의 환상 경계가 있을 때도 있습니다. 바꾸어 말하면 환상 경계는 모두 혼침 상태에서 일어납니다. 왜냐하면 혼침 상태에 있을 때는 의식이 또렷할 수 없어 독두의식(獨頭意識)56)이 작용을 일으키기 때문입니다.

정(定)을 닦는 사람이 가장 흔히 혼침 경계에 빠져드는데, 만약 혼침이라는 것을 모르고 자신이 정(定)을 얻었다고 생각한다면 정말 슬픈 타락이 아닐 수 없습니다. 총카파 대사는 말하기를 "만약 혼침을 정(定)의 경계로 알면 죽은 뒤에 축생도에 떨어질 것이니 어찌 조심하지 않으랴?"라고 했습니다.

혼침을 극복하는 방법으로도 관상(觀想) 방법을 이용합니다. 예

---

56) 전5식인 안·이·비·설·신식을 따르지 않고 단독으로 작용하는 선정 중이나 꿈속의 제6의식.

를 들어 배꼽에 붉게 빛나는 점이 있어 이것이 점차 위로 솟아 올라와 머리 정수리에서 흩어진다 고 상상 관찰하는 것입니다. 또 다른 방법으로는 전신에 힘을 모아 '페이!'하고 크게 한번 소리를 지르는 것도 좋고, 혹은 양 콧구멍을 막고 호흡을 참았다가 더 이상 참기 힘들 때 콧구멍으로 힘껏 뿜어내는 것도 좋습니다. 혹은 찬물로 목욕을 한번 한다든지, 적당한 운동을 하는 것도 좋습니다. 기공(氣功)을 수련하는 사람은 혼침에 잘 빠지지 않을 것입니다(어떤 사람은 혼침을 완공頑空 경계라고 여기는데 틀린 생각입니다. 완공은 마치 나무처럼 아무 생각이 없는 것으로 백치 상태와 유사합니다).

산란과 혼침이 없어지면 홀연히 한 생각 사이에 마음이 하나의 대상에 멈추어 동요하지 않습니다. 이때에는 반드시 경안(輕安) 현상이 나타나는데, 그 현상이 어떤 사람은 정수리에서부터 시작하고 어떤 사람은 발바닥에서부터 일어나기 시작합니다.

정수리로부터 시작되는 사람은 정수리가 한 바탕 시원해지는 느낌이 드는데, 마치 제호관정(醍醐灌頂)을 받는 듯합니다. 그런 다음 그 전신에 퍼지고 심념은 지(止)의 경계에 머물고 몸도 가볍고 부드러운 느낌이 마치 뼈까지도 녹아버린 듯합니다. 이때에는 몸이 저절로 곧아져 마치 곧은 한 그루 소나무 같습니다. 심념과 그 대상인 외부 경계가 모두 또렷 분명하고 어떤 동정(動靜)이나 혼침, 산란의 현상도 사라집니다. 이런 경안 경계에 이르면 자연히 희열(喜悅)이 한량없습니다. 하지만 시간의 길고 짧은 차이는 있지만 경안 현상은 쉽게 사라집니다.

발바닥에서부터 경안 현상이 시작된 사람은 먼저 따스하거나 시원함을 느끼고, 그 느낌이 하늘을 꿰뚫을 듯 점차 정수리까지 상승

합니다. 발바닥에서 시작한 경안 현상은 정수리에서 시작한 것보다 지키기도 더 쉽고 쉽게 사라지지도 않습니다.

유가에서는 말하기를, "정(靜)의 상태에서 만물에 모두 봄기운이 있음을 느낀다[靜中覺物, 皆有春意]."고 했습니다. 예컨대, "만물을 정(靜)의 상태에서 관찰해보니 모두가 저마다 스스로 자연의 도리를 얻었다[萬物靜觀皆自得]."고 한 경계는 바로 경안의 체험에서 나온 것입니다.

수행자는 경안 경계에 도달한 후 조용한 곳에 홀로 거처하며 향상 진보하도록 노력하는 것이 가장 좋습니다. 만약 또 외적인 여러 가지 일이나 사물이나 환경에 신경을 쓰게 되면 계속 노력할 수 없어서 경안이 점차 소멸됩니다. 계속 노력해 닦아가다 보면 자기도 모르게 경안 현상이 담박(淡薄)해지는 것을 발견할 수 있는데, 사실 그런 현상은 경안이 소멸된 것을 나타내는 것이 아니라, 오랫동안 경안에 머물러 있었기에 처음 경안을 얻었을 때처럼 그렇게 뚜렷하지 않을 뿐입니다. 마치 어떤 음식 맛을 먹어 습관이 되면 처음처럼 그렇게 신기하지 않듯이 그럴 뿐입니다.

경안 경계로부터 쉬지 않고 닦아 나아가면 정(定)의 힘이 견고해집니다. 그렇게 되면 아주 맑고 명랑한 느낌을 갖게 되고, 전신의 기맥에도 갖가지 변화가 있어, 신체가 따뜻해지고 즐거워지며 형언하기 어려운 미묘한 느낌이 들기도 합니다. 이것이 바로 '안으로 묘한 즐거움을 감촉하는[內觸妙樂]' 현상입니다. 이 정도에 이르러서야 비로소 세속적 욕망의 뿌리를 끊을 수 있습니다.

체내의 기기(氣機)가 처음 발동할 때는 생기가 활발해져 양기(陽氣)가 전신을 두루 흐릅니다. 이 때 만약 심념을 하나의 대상경계에 묶어두는 것을 잊어버린다면 반드시 성욕이 왕성하게 일어납니다.

이는 대단히 위험한 일로서 각별히 조심해서 스스로 처리해야 합니다.

이 험한 길을 지나 다시 앞으로 매진해 나가면 이윽고 정(頂)의 현상이 나타납니다. 즉, 난(煖)의 경계를 초월해 한 걸음 더 나아간 경계입니다. 이때가 되면 기식(氣息)이 근원으로 되돌아가 마음은 멈추고 6경은 고요하게 됩니다. 이 경계는 삼매계(三昧戒)에서 함부로 말하지 못하도록 한 범위에 속하는 것으로, 언어나 문자로는 설명하기 어렵습니다. 아울러 수행과정 중에 나타나는 각종 심신의 변화에 대해서도 모두 대처할 줄 알아야 비로소 성공할 수 있지만, 이것 역시 계율로 금하는 범위에 속하기에 여기서는 더 이상 논하지 않겠습니다.

정(定)을 닦는 사람이 이 정도에 이르면 '호흡의 기가 멈추고 맥박이 정지한[氣住脈停]' 현상이 나타날 수 있습니다. 다른 학설에서는 '호흡의 기가 멈추고 맥박이 정지한'현상에 대해 모두 상세하게 묘사하고 있습니다. 소강절(邵康節)의 시(詩) 가운데 "해와 달이 끊임없이 왕래하니, 36궁이 모두 봄이다[天根月窟常來往, 三十六宮都是春]."라는 구절이 있습니다. 이 경계는 듣기에는 쉽지만 진정으로 도달할 수 있기란 결코 쉬운 일이 아닙니다.

만약 참으로 이 경계에 도달하고 나서 다시 계속 정(定)에 머물면 마침내 5신통(五神通)이 발생합니다. 5신통 중 안통(眼通)이 가장 나타나기 어려운데, 일단 안통이 나타나면 나머지 네 가지 신통도 계속 나타납니다. 그렇지만 사람마다 타고난 근기가 다르기 때문에 어떤 사람은 단지 한 가지 신통만 나타날 수 있고, 어떤 사람은 여러 신통이 동시에 나타나기도 해 일정하지 않습니다.

안통이 나타나면 눈을 감든 뜨든 시방(十方) 허공과 산하대지를 모두 또렷이 볼 수 있습니다. 미세한 먼지 속까지도 투명한 유리 속을 보듯 조금도 막힘없이 낱낱이 볼 수 있습니다. 무릇 자신이 보고 싶은 사물을 심념만 일으키기만 하면 즉시 볼 수 있습니다. 다른 신통도 이와 비슷합니다.

수행자 중에는 정(定)의 마음이 정점(頂點)에 이르지도 않고 지혜가 계발되기도 전에 홀연히 신통이 나타나는 경우도 있습니다. 이런 경우는 신통과 함께 망념이 생겨나므로, 도리어 본성을 잃어버리고 수증의 목표마저 내던져버리게 됩니다. 여기에다 다시 신통을 사용하여 다른 사람을 미혹시킨다면 바로 마도(魔道)에 빠지는 것입니다. 그러므로 수행자가 정(定)을 최후 목적지로 삼는다면, 이는 마치 캄캄한 밤에 길을 가는 것과 같아 험한 길로 떨어져 들어가기 아주 쉽습니다. 바로 마도와 외도의 갈림길이 되니 특별히 조심하지 않을 수 없습니다.

어떤 사람은 신통이 나타나지 않더라도 정(定)의 마음이 견고하고 힘이 있어 자신의 심신을 통제하여 마음대로 기식이나 심장의 활동을 멈추게 할 수 있습니다. 인도의 바라문이나 요가, 중국의 형기합일(形器合一)의 검술 수련 등이 그러한데, 이들은 모두 정의 경계에 도달하여 심신을 통제하는 방법으로써 세상 사람들을 깜짝 놀라게 하는 기적을 행하는 것입니다. 그렇지만 이 정도에 도달하려면 일체의 다른 일을 그만두고 많은 세월 동안 온 마음을 기울려 노력하지 않으면 성공할 수 없으며, 요행으로 성취할 수 있는 일이 절대 아닙니다.

불법의 핵심은 정학과 혜학입니다. 정(定)을 기초로 하며, 정을 얻은 후에는 정이라는 생각조차도 버리고 "생멸이 사라져버리고 적멸이 현전한[生滅滅已, 寂滅現前]" 경계에 머물러야 합니다. 이때에는 일체의 생과 멸이 모두 소멸되고 몸과 마음조차도 사라져버리는데, 하물며 몸과 마음이 도달한 경계는 말할 것이 있겠습니까? 당연히 모두 소멸합니다. 얻을 수 있는 경계란 심소(心所)[57]에서 생긴 것으로 생멸의 범위에 속하기 때문입니다. 이미 생멸의 범위에 속하는 이상 당연히 허망한 것입니다. 그러므로 『능엄경』은 말합니다.

불법을 수행하는 세간의 모든 학인들이 설사 현재 9차제정(九次第定)을 성취하고도 오히려 원만무루의 아라한과를 얻지 못하는 까닭은 모두 이 생사망상의 망심에 집착하여 이를 진심자성의 본체로 삼기 때문이다.[58]

現前雖得九次第定, 不得漏盡成阿羅漢, 皆由執此生死妄想, 誤爲眞實.

만약 정(定)의 모습을 버리고 적멸 속에 머물 수 있다면 성공(性空)의 경계가 드러납니다. 이것이 바로 소승이 목표로 삼는 과위(果

---

57) 심소유법(心所有法)의 준말: 마음에 속하는 것을 말함. 마음의 작용. 마음의 움직임. 정신현상. 정신작용. 『백법명문론』을 참고하라
58) 9차제정(九次第定)은 4선8정(四禪八定)이라고도 하는데, 불법과 외도 등이 수행 공부하는 공통의 경계이다. 초선(初禪)은 심일경성(心一境性)이다. 즉, 마음을 한 곳으로 통제 집중하여[制心一處] 심념이 전일한 경지이다. 이선(二禪)은 정생희락(定生喜樂)이다. 삼선(三禪)은 이희득락(離喜得樂)이다. 사선(四禪)은 사념청정(捨念淸淨)이다. 아울러 네 가지 정(定)의 경계가 있는데, 공무변처정(空無邊處定)·식무변처정(識無變處定)·무소유처정(無所有處定)·비상비비상처정(非想非非想處定)이 그것이다. 여기에 멸진정(滅盡定)을 더해 통틀어 9차제정이라고 한다. 루(漏)란 번뇌의 다른 이름이다. 무루(無漏) 혹은 누진(漏盡)은 번뇌가 다한 것이다.

位)로서 아집(我執)을 타파하여 인공(人空)의 경계에 도달한 것입니다.

대승 보살도를 닦는 사람은 소승이 도달한 이 공적(空寂)마저도 버리고, 다시 방향을 바꾸어 관찰해야 하는데, 일체의 가유(假有)[59]는 실은 허깨비처럼 생겨나고 소멸하면서 오고가지만 그것은 연기적인 현상으로서 본래 생겨남이 없으며[緣起無生] 묘유(妙有)의 작용임을 관찰하여야 합니다. 최후에는 어떤 경계에도 머물거나 집착하지 않아야 합니다. 다시 말해 공(空)에도 집착하지 않고 유(有)에도 집착하지 않으며, 중도(中道)마저도 떠나, 붙어 있지도 않고 떨어져 있지도 않음[不卽不離][60]으로써 등각(等覺)과 묘각(妙覺)의 과해(果海)를 증득합니다.

등각과 묘각의 과위를 얻고 나면 비로소 일체 중생이 본래부터 정(定) 속에 있어서 이 공(空)을 본래 수증할 필요가 없음을 알게 됩니다. 부처님이 설한 대장경의 가르침도 바로 이 문제에 관한 것으로 더 이상 군더더기 말을 할 필요가 없게 되는 것입니다.

비록 말은 그렇게 하더라도 정(定)이 없으면 기초가 없어서 이치만을 말할 수 있을 뿐 직접 증험할 수는 없으니, '메마른 지혜이자 미친 견해[乾慧狂見]'라 할 수 있을 뿐입니다. 물을 따라 흘러갈 수는 있지만 흐름을 거스를 수는 없으니, 다시 말해 자기 뜻대로 할 수 없으니 큰 소리만 치고 실속이 없는 것입니다.

많은 사람들이 학문은 고금을 통달하고 입으로 하는 말마다 모

---

59) 실유(實有)의 반대. 현상으로 존재하는 것. 임시의 모습. 임시로 있는 것. 일시적인 것. 실제로 경험되고 있는 것.

60) 불즉불리(不卽不離)란 물과 파도와 같이 두 모양으로 갈라지는 것을 부즉(不卽), 물과 파도 두 성품이 하나인 것을 불리(不離)라고 함. 불일불이(不一不二)와 같다.

두 도(道)입니다. 마치 혀에 한 떨기 연꽃이 피어난 듯 아름답습니다. 그러나 실제 수증공부는 반 푼어치도 없습니다. 단지 이치만을 말할 수 있다면 설사 바위가 듣고 고개를 끄덕일 정도라 하더라도 쓸모가 없습니다. 단지 자신을 높이고 남을 비난하는 것일 뿐이니 거기에 무슨 불심(佛心)이 있겠습니까? 고덕이 말하기를 "입으로 일척(一尺)을 말함이 발로 일촌(一寸)을 걸어감만 못하다."고 했습니다. 그러므로 불법을 배우는 사람은 반드시 통절히 반성하고, 말만 하고 실천은 못하는 병폐를 없애야 하며, 5승(五乘)단계인 인승(人乘)·천승(天乘)·성문승·연각승·보살승의 수학 순서 따라 노력해야 합니다. 이것은 필수적인 단계이니 우리 모두 함께 격려하고 노력하기를 바랍니다.

참선지월(參禪指月)

참선(參禪)이 결코 선정인 것은 아니지만, 그렇다고 선정을 떠나지도 않습니다. 그 관계에 대해서는 앞서 선종과 선정 그리고 화두 참구 등의 장에서 이미 대략적으로 말했습니다. 하지만 여기서 다시 사족을 달아 보충 설명을 하고자 합니다.

참선을 하는 사람에게 첫째로 중요한 것은 발심(發心)입니다. 즉, 개인의 굳센 의지입니다. 그리고 또 하나 분명히 알아야 할 사실은, 만약 곧바로 무상보리(無上菩提)를 향해 나아가 돈오(頓悟)하고자 한다면 절대로 조그만 복덕이나 인연으로는 성공할 수 없다는 것입니다. 무릇 인승·천승·성문승·연각승으로부터 대승에 이르기까지의 5승도 속에 나열되어 있는 6바라밀 만행의 모든 수련법과, 복덕자량을 쌓는 일체의 선법(善法)을 모두 절실히 지키고 닦아야만 비로소 가능합니다. 달리 말하면 크나큰 희생과 노력 없이 약간의 조그만 총명이나 복보 또는 선행으로 보리를 깨닫는 것은 절대로 불가능하다는 것입니다. 그러기에 달마조사는 이렇게 말했습니다.

"모든 부처님들의 무상묘도(無上妙道)[61]는 억겁에 걸친 정진과, 실천하기 어려운 것을 실천하고 참기 어려운 것을 참아낸 것이다. 어찌 작은 공덕과 작은 지혜, 경솔한 마음 교만한 마음으로 부처님의 정법을 얻기를 바라고 헛된 정진수고를 하리요[諸佛無上妙道, 曠劫精勤, 難行能行, 非忍而忍, 豈以小德小智, 輕心慢心, 欲冀眞乘, 徒勞勤苦]!"

발심이 진실하고 간절한데다 복덕이 원만히 갖추어지면 적당한 기회가 이르렀을 때 자연히 바른 법을 가리는 지혜가 분명하여집니다. 그래서 이렇게 말합니다. "도를 배우려면 무쇠 같은 자라야 하니, 마음에 착수하여 판단해 곧바로 무상보리를 취하되, 일체의 시비를 상관하지 말라[學道須是鐵漢, 着手心頭便判, 直取無上菩提, 一切是非莫管]."

이런 포부 도량과 견식(見識) 조건 외에 또 하나 중요한 일은 진정한 선지식인 스승을 찾는 것입니다. 찾아야 할 스승은 반드시 도에 밝고 경험이 있는 사람이어야 합니다. 이런 스승을 따라 닦아 익히면서 자신의 지팡이를 찾아내면 곧바로 대도(大道)를 향하여 달려 나아갈 수 있습니다. 후회하고 물러나는 마음을 일으키지 않

---

61) 최고의 깨달음

고, 금생에 성공하지 못하더라도 다음 생에 기약하며, 의지를 굳세게 하고 3생(三生)동안 노력한다면 성공하지 못할 리가 없습니다.

그래서 고덕이 일찍이 말했습니다. "화두 하나를 꼭 껴안고 굳게 견디면서 변함이 없으면, 금생에 설사 깨닫지 못하더라도 임종 시 악도에 떨어지지 않고 천상세계나 인간세계에 뜻대로 태어나 지낼 수 있다[抱定一句話頭, 堅挺不移, 若不卽得開悟, 臨命終時, 不墮惡道, 天上人間, 任意寄居]."

고덕 중 진정한 선지식은 인과응보를 깊이 알아서 절대 자기 자신을 속이거나 남을 속이지 않았다는 사실을 알아야 합니다. 그러니 그런 선지식들의 말을 어찌 믿지 않을 수 있겠습니까!

화두란 도에 들어가는 지팡이나 다름없고, 진정한 선지식인 스승은 길을 잘 아는 노련한 말과도 같습니다. 참선하는 사람은 손에 지팡이를 들고 훌륭한 말을 타고서, 채찍 그림자만 봐도 날듯이 달리고 호각소리만 듣고도 붙들어 맨 쇠사슬을 끊어버립니다. 제자와 스승이 서로 중시하고 스승의 세심한 지도 아래 한번 활연히 깨달으면, 비로소 자기가 본래 미혹한 일이 없다는 것을 알게 되는데 어디에 무슨 깨달음이 있겠습니까!

만약 '의정을 일으키고', '화두를 들고', '공부를 하는' 등의 방법을 참선과 연계시켜 논해본다면, 그런 방법들이 참선에 영향을 미치긴 하지만, 그 영향은 결코 실법(實法)62)이 아니라고 할 수 있습니다. 남에게 어떤 것이 법이라거나 혹은 진리라고 말한다면 그것은 오히려 거짓말을 함과 같으며, '나는 마음이 없다'고 주장한다면 결국 어리석은 것입니다!

만약 그런 방법들을 척도로 삼아 자신을 인정하고 남을 평가하

---

62) 실체로서의 존재. 변화가 없는 것. 진여. 진실로 존재하는 것. 실재하는 것.

는 거울로 여긴다면, 최상의 우유가 곧 독약으로 변해 생명을 잃게 할 것이니 잘못은 그 사람에게 있습니다. 그렇지만 그런 방법들을 경시하여 완전히 틀린 것이라 여기는 것도, '섭공(葉公)이 용(龍)을 좋아했지만 진짜 용이 나타나는 것을 보자 도리어 두려워 도망갔다는 격이니 어찌 우스운 얘기가 되지 않겠습니까! 그러므로 그런 방법들이 참선의 바른 법인지, 사용해도 되는지, 어떻게 활용해야 되는지에 대해서는 번갈아 많이 말했으니 만약 자신이 아직도 모르겠다면 저도 어찌할 수 없는 일입니다.

청원(靑原) 유신(惟信) 선사가 상당설법(上堂說法)에서 말했다. "노승이 30년 전 참선을 하지 않았을 때는 산을 보면 산이요, 물을 보면 물이었다. 그 후 선지식을 친견하고 도에 들어가는 곳이 하나 있은 뒤 산을 보니 산이 아니요, 물을 보니 물이 아니었다. 그런데 지금 쉴 곳을 하나 얻고 나서 이전처럼 산을 보니 그저 산이요, 물을 보니 그저 물이다. 여러분, 이 세 가지 견해가 같은가 다른가? 그 누가 이를 분명히 밝힐 수 있다면 그더러 노승을 직접 만나보도록 허락하겠다."

青原惟信禪師. 上堂法語云: "老僧三十年前, 未參禪時, 見山是山, 見水是水. 及至後來, 親見知識, 有個入處, 見山不是山, 見水不是水. 而今得個休歇處, 依前見山只是山, 見水只是水. 大眾, 這三般見解, 是同是別? 有人緇素得出, 許汝親見老僧."

그러므로 "참선하는 사람은 반드시 참구는 진정으로 참구해야 하며 깨달음도 실제로 깨달아야 한다. 깨달은 것처럼 그럴싸하게 말만 해서는 인정할 수 없다."고 한 고승의 말도 바로 이런 이치입니다.

참선에 깊이 들어가, 크게 한번 죽었다 홀연 크게 되살아나면 깨달음의 경계가 나타나는 것을 처음으로 봅니다. 마음의 눈으로 움직임과 멈춤 사이에서 자신의 몸과 마음을 찾아봐도 도무지 찾을 수 없으니, 몸과 마음이 이미 존재하지 않습니다. 고승이 말한 "마치 등불 그림자 속으로 가고 있는 듯하다."는 경계는 하나의 실제 상황인 것입니다. "등불 그림자 속으로 가는 듯한" 경계에 이르면 참선하는 사람은 밤에 잠을 자도 꿈이 없어 '자나 깨나 한결같은' 경계를 증득할 수 있습니다. 바로 삼조(三祖) 승찬(僧璨) 대사가 『신심명(信心銘)』에서 말한 "마음이 한 곳에 집중되어 변이(變異)하지 않으면, 온갖 법이 차별 없는 하나의 진리요, 눈이 잠들지 않으면, 온갖 꿈이 저절로 사라진다[心如不異, 萬法一如. 眼如不寐, 諸夢自除]."는 것인데, 이 상황은 삼조 승찬 대사 자신의 체험으로서 틀림없는 진실이며, 결코 법상(法相)을 표현한 말이 아닙니다.

"육대부(陸大夫)가 남천(南泉) 선사에게 말했다. 승조(僧肇) 법사도 매우 특이합니다, 도에 대하여 풀이하기를, '천지와 나는 같은 한 뿌리에서 나왔고, 만물과 나는 한 몸이다[肇法師也甚奇特, 解道天地與我同根, 萬物與我一體].'라고 했으니 말입니다. 그러자 남천 선사가 정원의 모란꽃을 가리키며 말했다. "대부, 지금 내가 이 꽃을 보는 것은 마치 꿈과 같습니다[大夫, 時人見此一株花, 如夢相似]!"

남천 선사가 가리키면서 말한 '마치 꿈과 같다'는 것이나, 경전에서 말하는 '허깨비 같고 꿈과 같다.'는 비유는 모두 사실과 꼭 들어맞습니다.

수행자가 자나 깨나 한결같은 경계에 이르면 그 힘의 깊이를 살펴보면서 이미 도달한 이 경계를 보임(保任)해야 합니다. 예컨대 설암(雪巖) 선사는 도오(道吾)에게 삿갓을 보이면서 새어나가지 않도록 덮으라고 당부했는데, 이는 바로 도오에게 이미 얻은 공부의 경계를 잘 지키라고 가르친 것입니다.

그리고 덮어서 잘 보임하는 공부의 도리로, 백장(百丈) 선사는 장경(長慶)에게 말하기를 "마치 소를 치는 사람이 작대기를 들고 지켜보면서 소가 다른 사람의 농작물에 침범하지 못하게 하듯이 하라."고 했습니다. 만약 그렇게 하지 않으면 공부가 여전히 다시 퇴보할 수 있기 때문입니다.

많은 참선 수행자들이 일찍이 이 경계에 도달한 적이 있지만, 그것은 부지런히 닦아서 얻은 것이 아니라, '나무 벌레가 먹은 흔적이 우연히 글자를 이루었듯이' 우연히 만난 것입니다. 속담에서 말한 '눈먼 고양이가 우연히 죽은 쥐를 만난 것' 같은 것이어서 결코 그가 자신 있게 할 수 있는 일이 아닙니다. 만약 수행자가 소를 치는 사람처럼 보호 유지할 수 있다면 공부는 자연히 깊어지면서 진보할 것입니다.

수행자가 막 이 경계에 도달하였을 때는 선병(禪病)이 발생하기 쉽습니다. 소산(韶山) 선사가 일찍이 유경신(劉經臣) 거사에게 경고한 적이 있습니다. "혹 이후 보통 때와는 다른 경계가 있으면서 무한히 환희에 젖는다면 급히 이를 수습(收拾)해야 합니다. 수습하면 부처의 그릇을 이룰 수 있지만, 수습하지 못하면 마음을 잃어버릴 수 있습니다[爾後或有非常境界, 無限歡喜, 宜急收拾, 即成佛器. 收拾不得, 或致失心]." 황룡(黃龍) 신(新) 선사가 영원(靈源) 청(清) 선사에게 말했습니다. "법공(法空)을 처음 체득한 자는 희열이 많아 어지럽게 되기도 하니 시자의 방에 가서 한숨 푹 자게 하라[新得法空者, 多喜悅, 或致亂, 令就侍者房熟寐]!"

여기서도 알 수 있듯이. 처음으로 법공(法空)의 경계에 이른 사람은 환희에 젖어 산란해 질 수 있으므로 적절하게 주의를 기울여 산란해져서는 안 됩니다. 세속과의 접촉을 피하고 보임함으로써 처음 얻은 성태(聖胎)를 배양해야 합니다. 그리하여 도과(道果)가 무르익거든 세간과 출세간 양 쪽 길을 향하여 걸어가되, "삶을 영위하기 위한 세상의 모든 산업이 실상(實相)과 서로 위배되지 않는[一切世間治生産業, 與實相不相違背]" 길을 걸어가야 합니다.

도과가 익으면 속세에서나 속세 밖에서나 수행자는 항상 말과 행동이 일치할 수 있어서 깨달음과 실천행이 하나로 되고, 어느 한 쪽으로 치우진 변견에 떨어지지 말아야 합니다. 대의(大義)를 위해 마땅히 해야 할 일이라면 불지옥이 눈앞에 있을지라도 분별심을 갖지 않고 해야 합니다. 이렇게 오래오래 단련해가다보면 생각이 있음과 생각이 없음[念而無念] 사이에서 자유롭게 운용할 수 있게 됩니다.

이때가 되어도 아직은 철저한 정도가 아니며, 이 실상(實相)이 없는 경계도 버려야 합니다. 만약 버리지 못한다면 법신에 집착하게 됩니다. 열반의 열매는 아직도 멀리 떨어져 있어 여러 겹의 관문을 거쳐야하므로, 반드시 죽었다 살아나기를 몇 번이나 거쳐 마음과 물질이 하나가 되는[心物一如] 경계에 이르러서야 비로소 자기의 마음이 만물의 현상에 미혹되지 않아 업을 짓지 않을 수 있습니다[心能轉物].

앞에서 말한 경계가 무르익으면, 이 마음이 마치 깨끗하고 둥근 달처럼 밝게 빛날 것입니다. 그렇지만 아직은 여전히 초보적인 깨달음 경계에 속합니다. 조산(曹山) 선사가 말한 다음 한 마디는 그 의미를 자세히 음미할 필요가 있습니다. "처음으로 마음을 깨달은 자는, 그 깨달음이 아직 깨닫지 못함이나 같다[初心悟者, 悟了同未悟]."

그래서 남천(南泉) 선사가 달을 감상하고 있을 때 어떤 승려가 "언제 저 달과 같은 경지가 될 수 있었습니까[幾時得似這個去]?"하고 묻자 남천이 말했습니다. "왕 노사는 20년 전에도 이런 경지에 와 있었다[王老師二十年前, 亦恁麼來]!" 그 승려가 또 물었습니다. "지금은 뭐하시는 겁니까[卽今作麼生]?" 남천은 대꾸하지 않고 바로 방장실도 돌아갔습니다.

왜 이 경계에 이르러서도 마음과 물질이 하나가 되어야만 여러 겹의 관문을 지날 수 있다고 말하는 것일까요? 이 문제에 대해 고승의 말을 몇 개 인용하여 해석해 보기로 합니다.

귀종(歸宗)이 말했다. "영명한 광명이 해탈하지 못하는 것은, 단지 눈앞에 물질과 몸이라는 장애가 있기 때문이다[光不透脫, 只爲目前有物]."

남천(南泉)이 말했다. "이 물질이 듣거나 듣지 않는 것이 아니다[這個物, 不是聞不聞]."

또 말했다. "묘용(妙用)[63]은 그 자체가 통하지 물질에 의지하는 것이 아니다. 그러므로 도가 통함은 무엇에 의지하여 통하는 것이

---

63) 지극히 신묘(神妙) 불가사의한 진리의 작용.

아니다. 도는 물질을 빌려야 비로소 나타날 수 있다[妙用自通, 不依傍物, 所以道通不是依通, 事須假物, 方始得見]."

또 말했다. "생인(生因)으로 말미암아 생기하는 것이 아니다[不從生因之所生]！"

문수(文殊)가 말했다. "요인(了因)을 통해 비추어보고 깨닫는 것일 뿐이다[惟從了因之所了]."

————————————————————————

(역자보충) 생인(生因)이란 제8식인 아뢰야식이 일체의 종자를 본래 갖추고 있어서 일체의 사물을 생겨나게 할 수 있음을 가리킨다. 마치 풀씨에서 뿌리가 나고 싹이 남과 같다. 요인(了因)이란 지혜로써 진리를 비추어 봄을 가리킨다. 마치 등불 빛이 사물을 비추면 또렷이 알 수 있음과 같다.

위의 두 마디 말은 『종경록(宗鏡錄)』 제1권 제1 표종장(標宗章)에도 나오는데 관련 부분을 옮기고 풀이하면 다음과 같다.

"이것이 바로 여래장속의 법성의 본체인데, 그 본성은 본래부터 원만구족하여 더러움에 처하여도 더러움에 물들지 않고 도야(陶冶)로 말미암아 깨끗해지지도 않는다. 그러므로 자체가 청정하며 광명이 시방세계를 널리 비추어서 두루 덮지 않는 곳이 없다. 그러므로 말하기를 원만히 빛나면서도 파도를 따르고 흐름을 좇음이 마치 더러움을 받은듯하지만 처음처럼 깨끗하다. 인연을 따르면서도 자재하므로 더러움을 없애서 깨끗하지 않음이 없다. 성인에 있어서도 늘어남이 없고 범부에 있어서도 줄어듦이 없다. 비록 드러나고 숨는 다름이 있지만 본질 면에서는 차이가 없다. 만약 이것을 번뇌가 덮고 있으면 숨고 지혜가 비춰보면 분명히 드러난다. 그것은 생인(生因)으로 말미암아 생기(生起)하는 것이 아니라 요인(了因)을 통하여 비추어 드러내 깨닫는 것일 뿐이다. 이것이 중생 자심의 본체이다. 이는 영지영각(靈知靈覺)을 갖추고 있으며 고요한 체[寂]와 비추는 작용[照]이 함께 하여 빠뜨림이 없다. 이것이 화엄종의 근본일 뿐만 아니라 일체 교문(敎門)의 핵심이다."

此即是如來藏中法性之體. 從本已來性自滿足. 處染不垢修治不淨. 故云自性清淨. 性體遍照無幽不矚. 故曰圓明. 又隨流加染而不垢. 返流除染而不淨. 亦可在聖體而不增. 處凡身而不減. 雖有隱顯之殊. 而無差別之異. 煩惱覆之則隱. 智慧了之則顯. 非生因之所生. 唯了因之所了. 斯即一切眾生自心之體. 靈知不昧寂照無遺. 非但華嚴之宗.亦是一切教體.

――――――――――――――――――

협산(夾山)이 말했다. "눈앞에 법이 없다. 생각의식이 눈앞에 있다. 진성(眞性: 진여. 본성. 자성―역주)은 눈앞의 법이 아니기에, 눈과 귀로 도달할 수 있는 것이 아니다[目前無法, 意在目前, 不是目前法, 非耳目之所到]."

고덕들의 이런 말들은 일일이 다 들 수 없을 정도인데, 이치만 알면 된다는 것이 아니라 행할 수 있어야 한다는 것을 말해주고 있습니다. 이미 그 경계에 도달했다면 반드시 저쪽으로 내던져 버려서 그 경계에 머물러 있어서는 안 된다는 것으로, 그 의미가 다음의 영운(靈雲)의 법어와 통할 수 있습니다.

장생(長生)이 물었다.

"혼돈이 아직 나누어지지 않았을 때64) 중생은 어디에서부터 옵니까?"

선사가 말했다.

"노주(露柱)65)가 아이를 밴 것과 같다."

"나누어지고 난[천지가 개벽된] 후에는 어떻습니까?"

"조각구름 하나가 하늘에 점을 찍는 것과 같다."

"하늘에도 점이 찍힐 수 있는 건지 모르겠군요?"

선사가 대답하지 않았다.

"왜 중생이 나타나지 않았습니까?"

선사가 역시 대답하지 않았다.

"티 없이 완전히 맑음을 얻었을 때는 어떻습니까?"

선사가 말했다.

"진상(眞常)66)이 흐름과 같다."

"어떤 것이 진상이 흐름입니까?"

"거울이 영원히 밝음과 같다."

"향상(向上)에 또 다른 일이 있습니까?"

"있다."

"어떤 것이 향상의 일입니까?"

"거울을 부숴버리고 오면 너와 마주보겠다."

"그럼 거울만 부숴버리고 나면 궁극의 경지에 도달한 것인가요?"

"아직 아니다."

---

64) 천지가 아직 개벽되기 전.
65) 벽 등에 붙어 있지 않은 하나의 서있는 기둥. 불전의 둥근 기둥. 눈에 보이는 드러난 기둥. 무정중생의 대명사로도 사용 된다.
66) : 진실 상주하는 자성. 본성. 본래면목. 항상 변하지 않는 도.

"궁극의 경지에 도달하기 위해서는 도대체 어떻게 해야 합니까?"

"어찌 듣지 못했는가? 향상의 한 길은 천분의 성인도 전하지 못한다는 것을. 비록 그렇다 하더라도 잠시 가는 길을 가르쳐주마." 그리고는 말했다.

"최초의 것이 최후의 것이며, 가장 얕은 것이 가장 깊은 것이니, 어떤 악행도 하지 말고 많은 선행을 하라."

長生問: 混沌未分時, 含生何來? 師曰: 如露柱懷胎. 曰: 分後如何? 師曰: 如片雲點太淸. 曰: 未審太淸還受點也無? 師不答. 曰: 恁麼含生不來也? 師亦不答. 曰: 直得純淸絶點時如何? 師曰: 猶是眞常流注. 曰: 如何是眞常流注? 師曰: 似鏡長明. 曰: 向上更有事也無? 師曰: 有. 曰: 如何是向上事? 師曰: 打破鏡來, 與汝相見. 然則打破鏡來, 已是到家否? 曰: 未也. 到家事畢竟如何耶? 曰: 豈不聞乎: "向上一路, 千聖不傳." 雖然如此, 姑且指個去路, 曰: 最初的卽是最末的, 最淺的就是最高深的, 諸惡莫作, 衆善奉行.

위에서 간단히 서술한 것들은 모두 이론적으로 정확하고 실제적으로 진실한 사례들인데, 실상은 형상이 없으니[實相無相] 모두 그림자와 메아리의 작용이 있는 설법들입니다. 도대체 어느 것이 법이고 어느 것이 법이 아닌지는 개인 스스로 선택할 수밖에 없습니다.

상근기의 사람이라면 처음부터 다른 사람의 말에 속아 혼란되지 않을 것입니다. 그러나 더더욱 멋대로 입으로만 선(禪)을 말하거나 도(道)를 말해서는 안 됩니다. 말만 할 수 있고 행할 수 없어서 공부경계를 조금도 증득하지 못했다면 그것은 단지 지식에 의한 이해만 가지고 스스로 훌륭하다고 생각하는 것에 불과합니다.

어떤 사람은 고덕이 "큰 깨달음이 열여덟 번이었고 작은 깨달음은 무수히 많았다."고 말한 것을 근거로, 그 자신이 이미 몸과 마음을 다 잊고, 아무것도 모르며, 홀연 적지(寂止)의 경계에 들었을 뿐만 아니라 크게 죽었다 다시 살아나기를 여러 차례나 거듭했지만 아직 최고의 경지에 이르지 못했는데, 왜 그렇게 간단하게 말하는가? 라고 생각합니다.

이 문제에 대해서는 다음과 같이 답할 수 있습니다. 고승이 말한 '큰 깨달음과 작은 깨달음'은 결코 실제 수행공부[事相]면에서의 증득을 말하는 것이 아니라, 단지 이론을 통해 들어가는 문[理入之門]67)을 깨달았음을 말하는 것입니다. 이 말은 후학들을 격려하기도 했지만 적지 않은 사람들을 잘못 이끌기도 했습니다.

일반적으로 말하는 '단박에 적지(寂止)의 경계에 들어간다'거나 '크게 죽었다 크게 살아나기를 무수히 한다'는 것은 모두 수행 효과인 공용(功用) 방면의 일입니다. 이것은 조동종(曹洞宗)에서 스승과 제자가 말하는 공훈(功勳) 위계상의 일 같은 것입니다. 이들 일체는 공부 방면에 속하는 것으로, 공용의 일에 속합니다. 결코 선종에서 말하는 실제의 깨달음이 아니며, 단지 깨달은 후의 실천행위[行履]일 뿐입니다.

"예전 때와 다른 사람이 아니라 단지 예전 때와 실천행위가 다를 뿐이다[不異舊時人, 只異舊時行履處]." 이 말은 어떤 사람이 깨달은

---

67) 이입(理入)은 이론 면에서 부처와 조사의 종지에 깨달아 들어가는 것. 실천 수행으로부터 불도에 들어가는 행입(行入)의 대응어이다.

후 비록 몸은 예전의 그 사람이지만 실천행위는 예전과 다르다는 것을 표현한 것입니다. 실천행위 공용이 곧 공훈입니다. 수행자는 공훈에 집착하지 않지만 역시 공훈을 중시합니다.

상근기의 사람이라면 근원을 살펴 바로 들어갈 수 있어, 직접 문제의 핵심으로 들어가 개오(開悟)합니다. 마치 도둑이 빈방에 들어가서 홀랑 벗은 채 휘젓고 다녀도 아무런 장애가 없음과 같습니다. 이렇게 이(理)와 사(事)가 모두 해결되면 아무 것도 문제가 되지 않습니다.

말은 비록 그렇더라도 결국은 역시 온몸에 식은땀을 흠뻑 흘리고 나서야 비로소 가능할 것이지, 눈썹을 그리거나 연지를 바르듯이 가볍고 얕게 겉치레식으로 해낼 수 있는 것이 아닙니다. 온몸에 땀을 흘린다는 말도 집착해서는 안 됩니다. 어떤 사람은 땀을 흘리지 않고도 크게 깨달을 수 있습니다. 하지만 한 차례 쓴맛을 보지 않고는 제대로 체험하지 못할 것입니다. 그런 예를 들어 보겠습니다.

용호(龍湖) 보문(普聞) 선사는 당나라 희종(僖宗)의 태자였다. 생긴 모습이 그림처럼 깨끗했고, 나면서부터 육식을 하지 않았다. 희종이 별의별 방법을 다 써서 바꿔보려고 했지만 끝내 허사였다. 희종이 촉(蜀)으로 순행 길에 나서자 마침내 삭발하고 은밀히 다니니 알아보는 사람이 없었다. 석상(石霜) 선사한테 갔는데, 하루 저녁은 방으로 들어가 간절히 말했다.

"조사가 따로 전한 일을 저에게 말씀해 주시겠습니까?"

석상(霜)이 말했다. "조사를 비방하지 말라!"

선사가 말했다. "천하의 종지(宗旨)[68]요, 널리 전파된 것인데 감히 함부로 하겠습니까?"

석상이 말했다. "그게 사실인가?"

선사가 말했다. "스승님의 뜻은 어떤가요?"

석상이 말했다. "안산(案山)이 고개를 끄떡이면 너에게 말해 주마."

선사가 듣고 엎드려 말하기를, "참으로 기이합니다!" 하며 땀이 흘러내렸다. 마침내 절하고 물러 나왔다. 뒤에 용호(龍湖)에 머물렀는데 신비한 행적이 꽤 많았다.

龍湖普聞禪師, 唐僖宗太子. 眉目風骨, 清朗如畫, 生而不茹葷, 僖宗百計移之, 終不得. 及僖宗幸蜀, 遂斷發逸遊, 人不知者. 造石霜, 一夕, 入室懇曰: 祖師別傳事, 肯以相付乎? 霜曰: 莫謗祖師. 師曰: 天下宗旨盛傳, 豈妄爲之耶? 霜曰: 是實事耶. 師曰: 師意如何? 霜曰: 待案山點頭, 即向汝道. 師聞俯而惟曰: 大奇! 汗下. 遂拜辭. 後住龍湖, 神異行跡頗多.

영운(靈雲) 철우지정(鐵牛持定) 선사는 태화(太和) 반계(磻溪) 왕씨(王氏)의 아들이니, 송나라 상서찬(尙書贊)의 9세손이다. 어려서부터 청빈하고 강한 기개가 있었으며 속세에 별 뜻이 없었다. 나이 서른에 서봉(西峯) 긍암(肯庵)에게 출가하여 머리를 깎고 교외별전(敎外別傳)의 종지를 들었다. 설암(雪巖) 흠(欽) 선사를 찾아가 의지했는데, 마구간에 거쳐하면서 두타행을 했다. 하루는 흠이 대중에게 설법했다.

"형제들! 만약 7일 동안 밤낮으로 일념 상태로서 끊어짐이 없어

---

68) 한 종교나 종파에서 가장 근본이 되고 핵심이 되는 교의와 취지. 선종에서는 불법의 근본 사상. 또는 수행의 근거를 말한다.

도 들어가는 곳이 없다면, 노승의 머리통으로 오줌바가지를 만드시오!"

선사는 묵묵히 듣고 단단히 결심 분발했다. 이질을 앓고 있었으나 약이나 죽, 물 등을 일체 끊어버리고 잠도 자지 않고 오직 정념(正念)으로 7일을 버텼다. 그러던 마지막 날 깊은 밤중에 이르러 홀연히 느꼈는데, 산하대지가 온통 눈으로 뒤덮인 가운데 당당한 몸이 나타났다. 얼마나 큰지 하늘과 땅도 그것을 다 둘러쌀 수가 없었다. 얼마 지나지 않아 나무가 서로 부딪치는 소리를 듣고서 활연 개오하였다. 온 몸에 땀이 흘렀고 이질 역시 완전히 나았다. 방장에 나아가 흠에게 보이자 흠이 반복해서 힐난하고 마침내 승려가 되라 명했다. (『속지월록(續指月錄)』에서)

靈雲鐵牛持定禪師, 太和磻溪王氏子. 故宋尙書贄九世孫也. 自幼淸苦剛介, 有塵外志, 年三十, 謁西峰肯庵剪髮, 得聞別傳之旨. 尋依雪巖欽, 居槽廠, 服杜多(頭陀)行. 一日, 欽示衆曰: 兄弟家! 做工夫, 若也七晝夜一念無間, 無個入處, 斫取老僧頭做臿屎杓. 師默領, 勵精奮發, 因患痢, 藥石漿飮皆禁絕, 單持正念, 目不交睫者七日. 至夜半, 忽覺山河大地, 遍界如雪, 堂堂一身, 乾坤包不得. 有頃, 聞擊木聲, 豁然開悟, 遍體汗流, 其疾亦愈. 且詣方丈擧似欽, 反複詰之, 遂命爲僧.

오조(五祖) 법연(法演)이 백운(白雲) 수단(守端)을 찾아가 뵈었다. 마침내 어떤 승려가 남천에게 물었던 마니주 화두를 들어 물었다. 수단이 꾸짖자 선사가 깨달았다. 그리고 다음의 투기게(投機偈)를 지어 올렸다.

산 앞의 한 뙈기 농토가 왜 묵혀지고 있는지
두 손 맞쥐고 할아버지께 재삼 물었더니
팔았다 스스로 되사기를 몇 번이나 한 것은
솔과 대가 맑은 바람 끌어옴을 사랑해서라네

山前一片閒田地　叉手叮嚀問祖翁
幾度賣來還自買　爲憐松竹引淸風

　　수단이 기특히 여기고 인가했다. 수단이 선사에게 말했다. "여산
(廬山)으로부터 여러 명의 선객(禪客)들이 찾아왔는데 모두 깨달아
들어 간 곳이 있다. 저들에게 말을 하게 해보면 하는 말에는 유래
(由來)가 있고, 공안을 들어 물어봐도 알고 있으며, 전어(轉語)69)를
내려 보라 해도 역시 꼭 맞게 내린다. 그렇지만 아직 대철대오에는
들어서 있지 않다!" 선사가 이에 크게 의심이 일어나며 혼자 말했
다. "이미 깨달았고, 말로도 할 수 있고, 알기도 하는데 왜 대철대
오에 들어서 있지 않다는 건가?" 마침내 며칠을 참구하더니 홀연히
깨닫고는, 종전에 보배처럼 아끼던 것을 일시에 놓아 버리고 수단
에게 달려가 뵈었다. 수단이 그를 위해 손발로 춤을 추었다. 선사
역시 한바탕 웃고 말았다. 선사가 나중에 말했다. "내가 온몸에 식
은땀을 한 번 흘린 적이 있기 때문에 맑은 바람의 아래 부분을 이
해한다."

　　五祖演參白雲端. 遂擧僧問南泉摩尼珠語請問. 雲叱之, 師領悟. 獻投機偈

---

69) 그때그때의 상황에 따라 말을 자유자재하게 사용하여 선지(禪旨)를 가리키
　　는 것.

曰: 山前一片閑田地, 又手咤嚀問祖翁. 幾度賣來還自買, 爲憐松竹引清風. 雲特印可. ……雲語師曰: 有數禪客自廬山來, 皆有悟入處; 教伊說亦說得有來由; 擧因緣問伊, 亦明得; 教伊下語, 亦下得, 只是未在! 師於是大疑, 私自計曰: 旣悟了, 說亦說得, 明亦明得, 如何卻未在? 逐參究累日, 忽然省悟, 從前寶惜, 一時放下. 走見白雲, 雲爲手舞足蹈. 師亦一笑而已. 師後曰: 吾因茲出一身白汗, 便明得下截清風.

————————————————

(역자보충) 마니주 화두[摩尼珠語]

　　종남산(終南山) 운제(雲際) 선사가 처음 남천 선사 밑에서 참선하고 있을 때 물었다. "'마니구슬[摩尼珠]을 세상 사람들은 다 모르지만 여래장(如來藏) 속에 간직되어 있다.'고 말했는데, 무엇이 '장(藏)'입니까?" 남천이 말했다. "너와 함께 오고 가는 자가 '장'이다." 운제가 물었다. "오고 가지 않는 자는 어떠합니까?" "역시 '장'이다." 또 물었다. "어떤 것이 '구슬[珠]'입니까?" 남천이 불렀다. "사조(師祖)야!" 운제가 "예!"하고 대답했다. 남천이 말했다. "가거라! 너는 내말을 이해 못한다." 이에 운제는 이로부터 믿고 들어갔다.

　　終南山雲際禪師在南泉座下參禪, 問: 「『摩尼珠人不識, 如來藏裡親收得』, 如何是藏?」 南泉云: 「與汝來往者是藏.」 師云: 「不來往者如何?」 南泉云: 「亦是藏.」 又問: 「如何是珠?」 南泉召云: 「師祖!」 師應諾. 南泉云: 「去! 汝不會我語.」 師從此信入.

————————————————

위에서 열거한 몇 가지 예들은 아주 친근감이 들면서 우리도 깨달음을 빨리 성취할 수 있겠다는 인상을 줍니다. 하지만 만약 '크게 죽고 크게 살아난다', '고목에서 꽃이 핀다', '식은 재속에서 콩이 튄다', '벽력같은 한 소리', '정수리에서 나는 우레 소리' 등과 같은 형용과 비유를 실재하는 법문[實法]이라 여겨 그런 구체적인 현상이 반드시 나타날 것이라 생각한다면 선종의 무상심법(無上心法)은 꿈에서도 찾을 수 없을 것이며, 전문가가 본다면 실소를 금하지 못할 것입니다. 그러나 이런 형용 어구들을 순전히 비유로만 여기고 사실과 조금도 관계가 없는 것으로 보아야 할까요? 그렇게만 보는 것도 어리석은 사람이 꿈 이야기를 하는 것으로 꿈 이야기를 하는 사람이 어리석은 사람이란 걸 모르는 격입니다.

그렇다면 참선으로 깨달은 사람이 계속 정(定)을 닦아야 할까요? 이 문제에 대해서 닦아야 한다와 닦을 필요가 없다는 양쪽의 대답을 할 수 있는데, 다음과 같은 두 게송으로 설명해 보기로 하겠습니다.

잡지도 않고 놓지도 않으며 편안히 머물고
옴도 없고 감도 없이 움직임에 자유롭게 맡긴다

不擒不縱坦然住　無來無去任縱橫

날마다 밥 먹고 옷 입지만 쌀 한 톨도 씹은 적이 없고 실 한 오라기도 걸친 적이 없습니다. 마치 새가 허공을 나는 것 같고 차가운 연못에서 달을 움켜쥐는 것 같아서 마침내 어떤 진실한 사상(事

相)70)도 얻지 못합니다.

　만약 이 단계에 이르러서도 여전히 안정되지 못하고 흔들린다면, 일체의 법문은 모두 실상(實相)과 같으니 자신이 임의로 사색 탐구해보고 처음부터 해 보는 것도 무방할 것입니다. 임제(臨濟) 선사는 열반할 때 다음 게송을 남겼습니다.

망상의 흐름이 멈추지 않으니 어찌 할까요 묻기에
참된 비춤은 무량무변하니 도 같다고 말해주지만
모양과 이름을 떠난지라 사람들은 받아들이지 않네
지혜 보검은 쓰고 나면 급히 갈아두어야 하네

沿流不止問如何　眞照無邊說似他
離相離名人不禀　吹毛用了急須磨

────────────────────

　(역자보충) 임제 선사의 열반게송에 대한 남회근 선생의 간략한 풀이를 그의 『원각경 강의』 중에서 뽑아 소개합니다.

　우리들의 생각은 마치 흐르는 물처럼 영원히 흐르고 있습니다. 그런 잡념망상을 멈추게 할 수 없는데 어떻게 할까요? 잡념망상을 두려워할 필요가 없습니다. 그것은 공중속의 먼지와 같습니다. 마음이 고요해지기만 하면 당신은 잡념망상이 많다는 것을 아는데, 그 '앎[知]'은 바로 『반야심경』에서 말하는 "오온이 다 공함을 비추어본다[照見五蘊皆空]"에서 '비춤

───────────────────

70) 본체인 진여에 대하여 현상계의 낱낱의 차별된 모양.

[照]'에 해당합니다. 그 '아는 것' 그 자체에는 잡념망상이 없으며 그것은 허공처럼 무량무변합니다. 그 '아는 것'은 형상이 없고 명칭이 없습니다. 그것을 '부처[佛]'라고 불러도 좋고 '도(道)'라고 불러도 좋고 '원각(圓覺)'이라고 불러도 좋습니다. 하지만 일반인들은 인식하지 못합니다. 설사 당신이 인식하였고 깨달았다 하더라도 공부가 도달하여 더 이상 일이 없다고 생각하지 말기 바랍니다. "취모용료급수마(吹毛用了急須磨)" 구절에서 '취모'는 대단히 예리한 보검을 가리킵니다. 머리털을 하나 뽑아 그 칼날 위에 놓고 입으로 한 번 훅~ 불면 털이 끊어져버립니다. 우리는 수행에 주의를 기울여서, 우리의 생각을 쓰고 나면 바로 버리고, 언제나 지(止)의 상태에 있으며, 언제나 정(定)의 상태에 있어야 합니다.

———————————————————

만약 여전히 좌선만 해야 하는가?라고 묻는다면 다음과 같이 답합니다. 이 무슨 말입니까! 일상생활에서 걷거나 멈추거나 앉거나 눕는 가운데 언제 어디서나 정(定)에 들 수 있어야 하므로, 단지 좌선만이 정이라고도 말할 수 없고, 좌선이 정이 아니라고도 말할 수 없습니다. 명심견성(明心見性)하여 도를 깨친 사람이라면 어떻게 노력해야 할지 자연히 압니다.

"두 다리 쭉 뻗고 한 잠 자고, 깨어서보니 천지는 여전히 그대로구나!."했는데 어느 곳엔들 그렇지 않겠습니까? 황룡(黃龍) 심(心)이 호구(虎丘) 융(隆)을 꾸벅꾸벅 조는 호랑이라고 불렀는데 어찌 우연히 그랬겠습니까!

임제가 깨달은 후 승당(僧堂)에서 앉은 채 자고 있었습니다. 황벽이 들어와서 보고는 지팡이로 선판을 한번 쳤습니다. 임제가 머리를 들어 황벽임을 보고는 다시 잤습니다. 황벽이 다시 선판을 한번 쳤습니다. 그리고 위 칸으로 가서 수좌가 좌선을 하고 있는 것을 보고는 말했습니다. "아래 칸 후생은 오히려 좌선하고 있는데 그대는 여기서 망상을 하며 무얼 하는가?"

철우(鐵牛) 정(定) 선사가 깨달은 후 언젠가 때마침 설암(雪巖) 흠(欽)이 선당을 순시하였습니다. 그 때 정 선사는 닥나무 이불로 몸을 둘러싸고는 누워 자고 있었습니다. 흠은 정 선사를 방장실로 불러놓고 날카로운 목소리로 말했습니다.
"내가 선당을 순시하는데 그대가 자고 있었다. 만약 한 마디 이를 수 있다면 용서하겠지만, 이르지 못하면 이 길로 하산하라." 선사가 입에서 나오는 대로 답했습니다.

쇠 소가 힘이 없고 밭 갈기 귀찮아서
고삐와 쟁기 챙겨 눈밭에 자러 갔네
대지가 온통 흰 은(銀)으로 덮여 있으니
덕산이 금 채찍을 때릴 곳이 없네

鐵牛無力懶耕田　帶索和犁就雪眠
大地白銀都蓋覆　德山無處下金鞭

흠이 말했습니다. "좋은 쇠 소로다!" 이로 인해 '철우(鐵牛)'가 호(號)가 되었습니다.

그러나 석상(石霜) 선사의 참선 단체에서는 20년 사이에, 배우는 대중가운데는 항상 나무 등걸처럼 우뚝이 앉아 잠을 자지 않고 참선하는 사람들이 많았습니다. 그래서 세상 사람들은 그들을 '고목중(枯木衆)'이라 꾸짖었지만, 그렇다고 잠을 자야 옳다고 표시하지도 않았고 잠을 자야 비로소 도(道)가 된다고 말하지도 않았습니다.

현사(玄沙) 선사가 죽은 승려를 보고서 대중을 향해 말했습니다. "승려는 죽었지만 그의 본래의 보리는 어디에나 드러나 있으며, 만 리(里)의 신성한 광명이 그의 몸을 에워싸고 있다. 배우는 사람들이 대부분 이것을 이해하지 못하고 혼란스러워 한다[亡僧面前, 正是觸目菩提, 萬里神光頂後相, 學者多溟涬其語]." 그리고 또 게송 하나를 읊었습니다.

만 리(里)의 신성한 광명이 죽은 몸을 에워싸고 있네
그 광명 에워싸고 있지 않다면 어디서 바라볼까
일이 이미 이루어졌으니 마음도 쉴 지라
이것이 온 자취는 어디에나 있기에
지혜로운 자는 한 점만 건드려줘도 전체를 취하니
잠깐 사이 기다리다 머리를 잃지 말라

萬里神光頂後相　沒頂之時何處望
事已成, 意亦休　此個來踪觸處周
智者撩著便提取　莫待須臾失却頭

이 속에 담겨있는 도리는 자세하고 절실히 참구해야지 멋대로 대충 해서 바르지 못한 견해인 단견(斷見)이나 상견(常見)에 떨어져서는 안 됩니다.

선문(禪門)의 선정에 대해서는 『육조단경』이나 조사들의 어록 속에 이미 언급되어 있으므로 여기서는 더 이상 인용하지 않고, 다만 남천 선사의 말로써 끝맺겠습니다.

"경론에 의하면, 10지(十地)보살은 수능엄(首楞嚴)삼매에 머물면서 모든 부처님들의 비밀 법장(法藏)을 얻어서, 자연히 일체의 선정과 해탈을 얻는다. 그리고 신통 묘용으로 일체의 세계에 색신(色身)을 나타내어서, 혹 등각(等覺)과 정각(正覺)을 이루는 것을 보여주기도 하며, 큰 법륜을 굴리고 열반에 들어간다. 무량한 세계를 털구멍으로 들어가게 하고, 경전의 한 구절만을 풀이하는데도 무량겁 동안 그 뜻을 다하지 못하며, 한량없는 천억 중생을 교화하여 무생법인(無生法忍)71)을 얻게 한다. 이와 같이 성취하고서도 오히려 극히 미세한 어리석음을 불러 일으켜서 도(道)와는 완전히 어긋난다고 하니, 참으로 어려운 일이다! 참으로 어려운 일이다! 몸조심들 하기 바란다."

據說十地菩薩, 住首楞嚴三昧, 得諸佛祕密法藏, 自然得一切禪定解脫, 神通妙用, 至一切世界, 普現色身, 或示現成等正覺, 轉大法輪, 入涅槃; 使無量入毛孔, 演一句經, 無量劫其義不盡; 教化無量千億衆生, 得無生忍, 尚喚作所知愚, 極微細所知愚, 與道全乖. 大難! 大難! 珍重.

『금강경』에서 부처님은 말씀하셨습니다. "내가 말한 법은 비유하면 뗏목과 같다. 법도 오히려 마땅히 버려야 하는데 하물며 법이 아닌 것이야 더 말할 나위가 있겠는가[我所說法, 如筏喩者, 法尙應捨, 何況非法]."

---

71) 무생의 법리의 인증이라는 뜻. 공(空)이고 실상(實相)이라고 하는 진리를 확인하고 안주하는 것. 일체의 것이 불생불멸이라고 확인하는 것. 인(忍)이란 인가(認可), 인지(認知)라는 뜻으로 확실히 그렇다고 확인하는 것. 진실의 이치를 깨달은 마음의 평안함. 불생불멸의 이치에 철저한 깨달음. 무생인(無生忍)이라고도 한다.

이상 말한 것 모두를 잠꼬대로 여기고 들었으면 좋겠습니다. 만약 실재의 법으로 여기고 취한다면 최상의 우유가 변해 독약이 될 것입니다. 말하는 사람은 무심하지만 듣는 사람은 그 말에 속아 화(禍)를 당하기도 하기 때문입니다.

────────────────────

(역자보충) 진정한 깨달음을 판단 검증하는 열 가지 기준

사람들마다 걸핏하면 깨달음에 대해 말하는데, 소위 깨달음이란 궁극적으로 어떤 것일까요? 그 기준은 무엇일까요? 가장 평이하고 실제적인 설명으로는 바로 영명연수(永明延壽) 선사가 『종경록(宗鏡錄)』에서 언급한 내용으로, 선종의 견지, 수증, 행원이 포함되어 있습니다.

송나라 때 대 저작이 두 개가 있었는데, 하나는 사마광의 『자치통감(資治通鑑)』이오 하나는 영명수선사의 『종경록』입니다. 두 대작은 거의 동시대에 나왔습니다. 애석하게도 세속 학문을 말하는 『자치통감』은 후세에 전해지면서 연구자들이 많았습니다만, 『종경록』은 거의 휴지통에 내던져진 신세였다가, 청나라에 와서야 옹정(擁正)황제가 제기하여 이 책을 연구하라고 특별히 강조하는 명령을 여러 번이나 내렸습니다.

『종경록』은 진정한 깨달음이란 어떤 것인지를 말해줍니다. 책에서는 열 가지 물음을 제기하는데, 도를 깨달은 사람은 경전에 통달하지 않는 자가 없어서, 모든 불경의 교리를 바라보자마자 알 수 있다고 합니다. 마치 소설을 보듯이 보자마자 이해하니 깊게 연구할 필요가 없다는 겁니다.

영명연수 선사의 『종경록』 1권에는 이렇게 말합니다.

"자기 식 견해에 굳게 집착하고, 부처님의 말씀을 믿지 않고, 자기를 가로막는 마음을 일으키고, 다른 배움의 길을 끊어버리는 사람들이 있으므

로, 그들을 위하여 이제 열 가지 물음으로 기준원칙을 정한다.

첫째, 자기의 본성을 또렷이 볼 수 있음이 마치 대낮에 색깔을 보듯 명백하고 그 경지가 문수보살 등과 같은가?

둘째, 연(緣)을 만나고 경계를 대함이나, 색상을 보고 소리를 들음이나, 발을 들어 올리고 발을 내림이나, 눈을 뜨고 눈을 감음이나 모두 밝은 종지를 얻어서 도와 상응하는가?

셋째, 세존이 한 생에 걸쳐 설한 모든 가르침과, 위로부터 내려오는 조사의 언구(言句)를 열람하고, 그 심오함을 듣고서도 두려워하지 않으며, 모두 철저히 이해하여 의심이 없을 수 있는가?

넷째, 온갖 질문과 갖가지 힐난에도 네 가지 변재(辯才)를 갖추어 그들의 의심을 모두 해결할 수 있는가?

다섯째, 언제 어느 곳에서도 지혜의 비춤이 걸림 없어서, 생각 생각마다 원만히 통하고, 한 법도 능히 그 장애가 되는 걸 보지 않으며, 한 찰나 동안이라도 끊어지지 않을 수 있는가?

여섯째, 일체의 역(逆) 경계와 순(順) 경계, 좋은 경계와 나쁜 경계가 현전할 때, 방해받아 틈이 생기지 않고 다 꿰뚫어 볼 수 있는가?

일곱째, 『백법명문론(百法明門論)』에서 말하는 심리 경계들에 대해서, 하나하나 그 미세한 체성(體性)과 그 근원이 일어나는 곳을 살펴보고, 생사와 6근 6진에 미혹되지 않을 수 있는가?

여덟째, 걷고 머물고 앉고 눕는 네 가지 위의(威儀) 중에 가르침을 받들거나 응답하거나, 옷을 입거나 밥을 먹거나 동작을 취하는 등 모든 활동 가운데에서 하나하나 진실을 변별할 수 있는가?

아홉째, 부처가 있다고 하든 없다고 하든, 중생이 있다고 하든 없다고 하든, 칭찬을 하든 비방을 하든, 옳다고 하든 그르다고 하든, 이런 말을 듣고서도 한결같은 마음이면서 흔들리지 않을 수 있는가?

열째, 온갖 차별의 지혜를 들어도 다 밝게 통달할 수 있고, 본성과 현상을 모두 통달하며 이론[理]과 사실[事]에도 걸림이 없어서 한 법이라도 그 근원을 변별하지 못함이 없고, 나아가 천 명의 성인이 세간에 나오더라도 의심이 없을 수 있는가?"

어떤 사람이 진정으로 깨달음에 이르렀는지의 여부는, 위의 열 가지 물음을 그 판단기준으로 삼을 수 있습니다.

첫 번째 질문 : 명심견성(明心見性)의 경계입니다. 언제 어느 곳에서라도 일체의 사물에 대해 또렷이 아는 것이, 마치 대낮에 그림의 색깔을 보는 것과 같아서 문수보살 등의 경계와 같아야 하는데, 당신은 그렇게 할 수 있습니까?

두 번째 질문 : '연을 만나고 경계를 대한다.' 는 말은 그 포괄 범위가 아주 넓습니다. 당신이 사람을 만나거나 어떤 일에 직면했거나, 혹은 다른 사람이 면전에서 당신을 방해하거나, 색상을 보거나 소리를 듣더라도 마음이 움직이지 않을 수 있고, 일상생활에서 뿐만 아니라 심지어 밤에 잠을 자면서도 도와 합치할 수 있어야 하는데, 당신은 그렇게 할 수 있습니까?

세 번째 질문 : 『법화경』이든 『능엄경』이든 불교의 경전을 보기만 하면 모두 알 수 있고, 가장 고명한 설법을 들어도 두려워하지 않으면서, 철저하게 훤히 꿰뚫어 이해할 수 있고 의심이 없어야 하는데, 당신은 그렇게 할 수 있습니까?

네 번째 질문 : 모든 학자들이 갖가지 학문을 들고 나와 당신에게 질문을 하더라도, 당신은 막힘없는 변재로 해답해줄 수 있습니까?

나머지 여섯 가지 질문은 여러분 자신이 한번 연구해 보기 바랍니다. 마지막 단락은 이렇습니다.

"만약 정말로 이렇게 할 수 없다면, 절대 분수에 지나고 속이는 마음을 일으키지 말아야 하며, 자부하고 만족하는 뜻을 내지 말아야 한다. 반드시 지극한 가르침을 두루 연구하고, 선지식들에게 널리 묻고, 부처와 조사의 자성(自性)의 근원을 궁구하여, '배움이 끊어지고 의심이 없는' 경지에 도달해야 한다. 그때 비로소 배움을 쉬고 방황하는 마음을 쉴 수 있다. 그 때는 자신을 다룸에는 선관(禪觀)으로 상응하고, 남을 위함에는 방편을 열어 보일 수 있다. 법계에 두루 나아가지 못하고 뭇 경전을 폭넓게 연구할 수 없다면, 오직『종경록』의 내용만 자세히 살펴보아도 자연히 들어갈 수 있다.『종경록』은 바로 모든 법의 요체이자 도에 들어가는 문이다. 마치 어머니를 지켜서 자식을 알아보고 근본을 얻어서 지말(枝末)을 아는 것과 같으며, 그물의 벼릿줄을 끌어당김에 그물코마다 다 바르고 옷을 끌어당김에 올올이 모두 따라오는 것과 같다."

　만약 이 열 가지 물음에 대해서 조금이라도 그 수준에 이르지 못했다면, 자기를 속이지 말고 남을 속이지 말아야 합니다. 스스로 옳다고도 생각해서는 안 됩니다. 어떤 의문이 있다면 도처의 선지식에게 가서 가르침을 청하여, 반드시 모든 부처와 조사들의 경계에 도달해야 합니다. 조사들이 깨달은 바를 당신도 다 성취했다면, 비로소 배움이 끊어지고 의문이 없는 경지에 도달할 수 있어서 더 이상 배우지 않아도 좋습니다. "회식유심(灰息游心)"은 망상심이 모두 쉬어버린 겁니다. "자신을 다룸에는 선관(禪觀)으로 상응하고, 남을 위함에는 방편을 열어 보일 수 있다"는 말은, 대철대오한 후에 소승의 길을 걸어가면 다시 4선8정을 닦아 과위를 증득하고, 6신통을 구족하고, 3신(三身)을 갖추고, 신통의 묘용을 일체 구족한다는 겁니다. 또 대승의 길을 걸어가면 남을 위해 자신을 희생하는 수지(修持)로써 세속으로 나와 불법을 널리 전파하기 위하여 세상으로 나설 수 있다는 겁니다.

　"법계에 두루 나아가지 못하고 뭇 경전을 폭넓게 연구할 수 없다면", 만약 3장12부의 대장경이 너무 많아서 볼 수 없다면, "오직 이『종경록』의 내용만 자세히 살펴보아도 자연히 들어갈 수 있다. 이『종경록』은 바로 모든 법의 요체이자 도에 들어가는 문이다.", 영명연수선사는 자신이 편집한『종경록』을 참고하기를 권하는데, 그 이유는 모든 경전의 정수(精髓)를 집약하여 이 책에 담았기 때문이란 겁니다. "마치 어머니를 지켜서 자식을 알아보고 근본을 얻어서 지말을 아는 것과 같으며, 그물의 벼릿줄을 끌어당김에 그물코마다 다 바르고 옷을 끌어당김에 올올이 모두 따라오는 것과 같다.", 이 구절이 얼마나 아름답습니까? 이 구절은 영명연수 선사가 이 책의 중요성을 말한 것입니다.

부처님을 배우고 불법을 공부하고자 한다면, 다음에 열거한 경부, 율부, 논부 저술들에 대해 적어도 4,5년 정도는 투자하여 비교적 깊이 이해할 수 있어야 합니다. 이 정도라면 충분합니다. 어떤 사람은, 그저 수행에만 전념하면 되지 경론을 꼭 읽어야 할 필요가 어디 있느냐고 말합니다. 그러나 이것은 중요한 착오입니다. 이치에 밝지 못하면 관점이 바로 서지 않아 바른 길로 들어설 수 없습니다. 달리 말하면, 공부가 시원찮은 것은 이치에 통달하지 못했기 때문입니다.

1) 경부(經部): 『대반야경(大般若經)』, 『대열반경(大涅槃經)』, 『화엄경(華嚴經)』, 『금강경(金剛經)』, 『반야심경(般若心經)』, 『유마힐경(維摩詰經)』, 『능가경(楞伽經)』, 『해심밀경(解深密經)』, 『승만부인경(勝鬘夫人經)』, 『대보적경(大寶積經)』, 『법화경(法華經)』, 『능엄경(楞嚴經)』, 『원각경(圓覺經)』
2) 율부(律部): 『사분율(四分律: 소승)』, 『보살계(菩薩戒: 대승)』
3) 논부(論部): 『현관장엄론(現觀莊嚴論)』, 『대마하지관(大摩訶止觀)』, 『종경록(宗鏡錄)』, 『정·속지월록(正·續指月錄)』, 『대지도론(大智度論)』, 『밀종도차제론(密宗道次第論)』, 『유가사지론(瑜伽師地論)』, 『보리도차제광론(菩提道次第廣論)』

수도(修道)는 곧 과학입니다. 수시로 문제가 생길 때마다 해답을 제시할 수 있으면 수행공부도 한층 진보하며 그렇지 못하면 진보할 수 없습니다. 그러므로 불경을 대충 훑어보아서는 안 됩니다. 불법은 우리에게 모든 것을 말하고 있지만 우리가 그에 통하지 못하고 있을 뿐입니다.

참고로, 대소승 불학 각 부의 주요 경전들은 모두 문답체제이거나 부처님의 말씀을 기록하는 방식으로 인생과 우주의 진리를 반복해서 상세하게 설명하고 있습니다. 혹은 먼저 심신으로부터 탐구하기 시작하여 위로는 법계(우주를 포괄하는 불학명사이다)의 궁극까지 밝혀내는가 하면, 혹은 법계(우주)의 본체 자성으로부터 심신의 분석에까지 이릅니다. 예컨대 『화엄경』·『원각경』 등은 법계자성의 본체로부터 출발하여 심신까지 설합니다. 『능엄경』·『금강경』 등은 심신을 돌이켜 밝히는 데서 출발하여 법계자성까지 거슬러 올라갑니다. 『법화경』·『열반경』 등은 마음·부처·중생이 그 본성 자체는 서로 다르지 않고 미혹과 깨달음 사이의 일념의 전환에만 있을 뿐이라고 설합니다. 『대일경』·『밀승경』 등은 진실과 허망이 둘이 아니며[眞妄不二], 가유(假有)를 떠나지 않고 진실을 증득하는 것[卽假證眞]은 지성(至誠)으로 의지하고 믿음으로 이루어지는 것임을 설합니다. (남회근 선생 저 『불교수행법강의』 와 『선종과 도가의 개론』 중에서)

————————————————

(역자보충) 고래의 선종 대덕들이 도달한 수행계위

당신이 설사 견성(見性)하였더라도 많은 생에 걸쳐 익힌 습기(習氣)는 단번에 소멸시키지 못합니다. 만약 습기를 완전히 소멸시켰다면 그 사람은 바로 과지불(果地佛)입니다. 고래의 선종 대덕들도 감히 자신이 과지불이라고 하지 않고 다들 인지불(因地佛)이라고 말했습니다. 우리는 아직 인지불이요 어린이입니다. 아직 성불하지 않았습니다! 『지월록(指月錄)』의 1천7백 개 공안에 나오는 그렇게 많은 조사들 중에도 오직 소수의 몇 사람만이 8지보살의 경지까지 증득했고 그 나머지 대부분은 모두 2지나 3지보살들로서 4지의 경지를 넘어가지 않습니다.

견성해서 깨달았어도 아직은 생사윤회를 마친 것이 아닙니다. 깨달은

뒤에도 무명(無明)이 여전히 남아 있어서 갈 곳이 있어야 하기 때문에, 선종의 대덕들은 깨닫고 난 후 방향을 바꾸어 다시 정토(淨土)법문을 닦았습니다. 서방극락세계는 일생보처(一生補處)로서 공부가 향상할 수 있고 여기처럼 빙빙 돌고 윤회하면서 한 번은 공부가 진보했다가 한 번은 미끄러져 내려오는, 그런 일이 없기 때문입니다. 이런 도리는 멋대로 얘기하는 게 아닙니다. 선종도 정토법문을 닦아야 한다는 얘기를 하면 어떤 사람은 잘못 이해하고 있습니다. 자신이 선종을 닦는 게 제일이라고 생각하는데 다시 방향을 바꿔 정토법문을 닦는다면 한 등급 내려온 게 아니냐는 겁니다. 그건 당신이 이 도리를 이해하지 못한 겁니다. 선(禪)이 바로 정토고 정토가 선이란 것을 알아야 합니다. 근본적으로 별개의 것이 아닌데 어디에 등급을 내려가는 일이 있을 수 있겠습니까? 정토종은 상중하(上中下) 세 근기를 모두 두루 섭수(攝受)하지만 선종은 오직 한 가지 근기인 상(上)의 상 근기만 섭수할 수 있고 중하(中下)의 근기는 섭수할 길이 없습니다. 그러므로 정토법문이 대단히 좋다고 말하는 겁니다. (원음노인의 『능엄경 요해』에서)

——————————————————————

제3강

선정쌍수조화론(禪淨雙修調和論)

염정노인 문인 남회근 선생 저

선정쌍수(禪淨雙修)[72]는 송나라 때 영명(永明) 연수(延壽) 선사가 제창한 이래 그 유래가 오래 되었습니다. 선종이 쇠락한 후에 "염불한 자가 누구인가[念佛是誰]?"라는 화두를 활용했는데, 천하의 총림에서는 '선정쌍수'라는 말의 껍데기에 걸려 있으면서 그 경계선에서 헤맨 사람들이 셀 수 없이 많았습니다. 그리하여 화두 참구자에게는 염불하듯이 하게하고, 아미타불 명호 염불자에게는 화두 참구하듯이 하게함으로써, 이 두 가지 법문을 결합시켜서 독특한 방법을 창안했습니다. 즉, 화두를 참구하여 깨닫지 못하더라도 극락세계에 왕생할 수 있으니 사바세계에 유랑하며 고통 바다에 영원히 빠지지 않게 된다는 것입니다. 그러나 이렇게 되면 선종에서의 참

---

72) 참선법문과 염불법문을 함께 닦는 것.

구 의미와 방법은 영원히 상실되어 버립니다(화두참구 편을 참조하기 바랍니다). 이제 이 두 수행법의 조화를 논하려면 먼저 『능엄경』의 「대세지보살염불원통장(大勢至菩薩念佛圓通章)」을 이해해야 합니다.

그(초일월광여래) 부처님이 저에게 염불삼매(念佛三昧)를 가르치시기를, '예컨대 한 사람은 오로지 기억하고 생각하나 한 사람은 오로지 잊는다면, 이 두 사람은 만나더라도 만나지 못하고 보더라도 보지 못하리라. 그러나 두 사람이 서로 기억하고 그 둘이 기억하고 생각함이 깊어진다면, 심지어 세세생생마다 마치 형체와 그림자가 서로 어긋나 달라지지 않듯이 하리라. 시방의 여래가 중생을 불쌍히 여기고 생각함은 마치 어머니가 자식을 기억하고 생각하듯 하건마는, 만약 자식이 도피하여 가버린다면 기억하고 생각한들 무엇하겠느냐? 자식이 어머니를 기억하고 생각하기를 어머니가 자식을 기억하고 생각하듯이 한다면, 어머니와 자식이 세세생생을 지나면서 서로 멀리 헤어지지 아니하리라. 중생이 마음으로 부처님을 기억하고 부처님을 생각하면, 현재나 미래에 결정코 부처님을 볼 것이며 부처님으로부터 멀리 떨어져 있지 아니하여서, 방편을 빌리지 않고도 스스로 마음이 열림이 마치 향기 들이는 일을 하는 사람이 자연히 몸에 향기가 배어 있듯 하리니, 이것을 향광장엄(香光莊嚴)이라고 부르느니라.' 하셨습니다.

저는 인지(因地)에서 염불하는 마음으로 무생법인(無生法忍)에 들어갔고, 지금도 이 세계에서 염불하는 사람을 섭수하여 정토에 돌아가게 하나이다.

부처님이 원통(圓通)을 물으시니, 저는 다른 선택이 없고, 6근(六

根)을 모두 거두어 정념(淨念)이 서로 이어지게 함으로써 삼마지(三摩地)를 얻는 것이 제일이 되겠나이다.

(1) 彼佛敎我, 念佛三昧. 譬如有人, 一專爲憶, 一人專忘. 如是二人, 若逢不逢, 或見非見. 二人相憶, 二憶念深. 如是乃至從生至生, 同於形影, 不相乖異. 十方如來, 憐念衆生, 如母憶子. 若子逃逝, 雖憶何爲. 子若憶母, 如母憶時, 母子歷生, 不相違遠. 若衆生心, 憶佛念佛, 現前當來, 必定見佛. 去佛不遠, 不假方便, 自得心開. 如染香人, 身有香氣, 此則名曰香光莊嚴. (2) 我本因地, 以念佛心, 入無生忍. 今於此界, 攝念佛人, 歸於淨土. (3) 佛問圓通, 我無選擇. 都攝六根, 淨念相繼, 得三摩地, 斯爲第一.

원문을 세 단락으로 나누어 보면, 첫째 단락은 염불입문 방법을 말하고 있습니다. 둘째 단락은 염불의 성과를 말하고 있습니다. 셋째 단락은 염불의 최고 방법인 정념(淨念)과 정토(淨土)와의 관계를 설하고 있습니다. 먼저 이 세 가지 전제를 반드시 해결해야 선정쌍수의 이론[理]과 실제[事]가 다 갖추어집니다.

1. 염불 입문 방법

'염(念)'과 '억(憶)', 두 길로 나누어지는데 둘 다 정지(定止)의 학이 됩니다. 염(念)은 다시 칭명[持名]과 묵념(黙念) 두 가지 문으로 나뉩니다. 먼저 염법을 말하겠습니다.

1) 시방의 여래들은 어느 분이나 중생들에 대해서 무연자(無緣慈)

와 동체비(同體悲)73)의 억념(憶念)을 갖추고 있습니다. 유독 아미타불만 그러는 것이 아닙니다. 그런데도 이제 간단히 극락정토의 부처님 한 분을 말하는 것은 정토종의 종지(宗旨)에 부합시키기 위해서입니다. 정토행을 닦는 자는 마음으로 아미타불 명호를 굳게 지니고 소리 내어 외우면서[念], 귀로는 듣는 작용을 안으로 돌이켜 그 소리를 듣고, 눈으로는 보는 작용을 안으로 돌이켜 이 외움[念]을 관찰합니다. 그리하여 외우고 외움[念念]이 끊어지지 않게 하되, 밖으로 무엇을 보아도 보는 줄 모르고 무슨 소리를 들어도 듣는 줄 모르며 일체의 동작이나 언어와 전혀 상관없게 합니다. 죽은 듯 어리석은 듯 이 일념(一念)만을 전일하게 합니다.

2) 염불을 전일하게 오래 오래 하다보면, 이 염불하는 일념이 묵연히 마음에 있어서, 비록 의도적으로 염불을 일으키지 않아도 자연히 염불하고 있습니다. 이 정도에 이르면 수행자는 왕왕 마음은 비록 염불하고 있지만 안·이·비·설·신·의 6근은 외부 경계를 대하면서 여전히 활동을 할 수 있습니다. 이처럼 염불도 하고 있으면서 다른 산란한 마음도 쓸 수 있기에 수승한 경계에 도달한 것으로 자신은 생각하지만 사실은 노파념(老婆念)으로 논할만한 것이 못됩니다. 왜냐하면 이때의 염불하는 염은 독두의식(獨頭意識)이 작용을 일으킨 것이고, 제6식인 의식은 여전히 파동을 일으키고 있기 때문이니 무슨 소용이 있겠습니까! 반드시 6근을 거두어 이 일념으로 돌려 의식이 활동하지 않아야 비로소 염(念)이 전일해져서 참으로 순수해집니다. 이것이 바로 염불법문의 핵심입니다.
어떠한 것을 '억불(憶佛)'이라고 할까요? '억(憶: 마음을 대상에 두고

---

73) 무연자는 조건 없는 자애, 동체비는 한 몸으로 여기는 연민.

잊지 않는 것—역주)'이란 염(念)과는 다릅니다. 염(念)은 거친 것이고 억(憶)은 세밀한 것입니다. 염(念)은 제6식인 의식이 작용하고 있는 것이지만 억(憶)은 염(念)의 종자가 이미 제8식인 아뢰야식 중에 심어져 뿌리가 굳게 내린 것입니다. 그러므로 대세지보살은 어머니가 자식을 억(憶)하는 비유를 들었습니다. 세상의 어머니들이 자식을 억(憶)하는 것은 비록 입으로는 말하지 않더라도 마음으로 생각하고 있어서 이 마음에 늘 걸려 있습니다. 앉으나 서나 불안하여 잠시도 잊기 어렵습니다. 유가(儒家)에서 "반드시 마음속에 어떤 것을 하나 두어 지키는 바가 있다[必有事焉]."고 말한 것처럼 지극한 정성과 공경입니다. 억(憶)이 어떤 것인지에 대해서는 대세지보살께서 이미 선법(善法)74)으로써 말했지만, 이제 욕을 먹더라도 다시 여러분들이 익히 잘 알고 있는 악법(惡法)으로써 비유해보겠습니다. 이 일은 마치 명리를 추구하듯이 생각 생각마다 부지런해서 잠시도 잊지 않아야 합니다. 남녀 사이의 연애처럼 서로의 그리움이 영원히 맺혀서 마음과 마음이 서로 맞으면서 영감(靈感)이 서로 통하듯이 해야 합니다. 마치 제6대 달라이라마의 '사랑의 노래'가 이렇게 말한 것처럼 말입니다.

선정에 들고 관(觀)을 닦아 법안(法眼)이 열리고
불법승 삼보가 영대(靈臺)에 강림하기를 바랐네
그런데 관 속에서 여러 성현들 어디 보였던가
청하지도 않은 애인은 도리어 저절로 오네

入定修觀法眼開　啓求三寶降靈臺

---

74) 선한 일. 바른 일. 도리에 따르고 나와 남을 이익 되게 하는 법.

觀中諸聖何曾見　不請情人却自來

  또 이렇게 말했습니다.

멈춘 때는 지(止)를 활동 때는 관(觀)을 닦는데
애인이 또렷이 눈앞에 걸려있네
기꺼이 그런 마음 바꾸어 도를 배우려한다면
금생에 성불이 무슨 어려움 있을까

靜時修止動修觀　歷歷情人掛眼前
肯把此心移學道　卽生成佛有何難

  만약 이처럼 할 수 있어서 가르침에 의지해 공부가 깊어지면, 염
(念)의 상태로부터 억(憶)의 상태로 들어갑니다. 즉 거칢으로부터
세밀함으로 들어가 오래 오래하다 보면 염억(念憶)의 공부가 깊어
져 애를 쓰지 않아도 자연히 어떤 일이 가슴에 간직되어 있는 듯하
고 풀리지 않는 어떤 문제가 응어리마냥 마음에 자리 잡고 있는 듯
합니다. 그러다가 현재 혹은 장래에 이 억(憶)의 일념이 갑자기 열
리는 것이 마치 확 터져 아무 것도 없는 듯합니다. 그리하여 이 몸
과 마음이 해탈하여 잊어버린 듯합니다. 이른바 '연꽃이 피고 부처
를 보는 것[花開見佛]'으로, 자연히 방편을 빌리지 않고 상광(常光)이
서로 맞닿아 정토 부처님의 마음속으로 들어갑니다. 이 속의 오묘
함은 말로써 표현할 수 없고, 오직 그 경지에 이르렀을 때 스스로
알게 될 뿐입니다. 산란한 마음으로 나무아미타불 염불을 한번 하
거나, 서방극락세계를 믿고 태어나기를 원하는 깊은 마음[深心] 하

나만을 갖추었더라도 임종 시에 반드시 왕생할 수 있습니다. 그러나 9품연화대에 태어나는 품위(品位)가 다를 뿐입니다.

2. 염불의 성과

염불은 정토를 궁극의 진리로 삼고, 정토는 다시 유심정토문(唯心淨土門)과 실유정토문(實有淨土門)으로 나누는데 둘 다 관혜(觀慧)의 학입니다.

먼저 정토를 풀이하겠습니다. 토(土)와 지(地)는 이치[理] 면에서는 종자를 지니고 있다는 뜻이고 사실[事] 면에서는 실질적인 토지입니다. 정(淨)이란 염(染)에 대립되는 말로서 크게는 모든 악법이 염(染)입니다. 예를 들면 탐욕·성냄·어리석음, 나와 남, 옳음과 그름의 생각(『백법명문론』에서 말한 바와 같습니다)은 모두 염법(染法)[75]입니다. 작게는 선견법집(善見法執)도 염법이 됩니다. 만약 앞서 말한 대로 마음이 열리고 생각이 고요해지면[心開念寂], 몸과 마음을 잊어버립니다. 잊어버렸다는 생각도 세우지 않고 공(空)도 보지 않습니다. 물질[物]도 없고 마음[心]도 없어 모든 상대적인 양변의 견해를 모두 떠납니다. 상대를 세우지 않으면 상대가 끊어진 체(體)가 현전하여 똑똑히 알고 분명하면서 '영원히 생멸현상을 떠나고 번뇌가 끊어졌으며 원만히 빛납니다[常寂圓明]'. 이때에 이르면 자기의 이 마음이 여래장(如來藏)의 체(體)에 합하여 유심정토로서 따로 구할 필요가 없습니다. 이 세간을 돌이켜보면 마치 꿈속의 일과 같습니다. 이 예토(穢土)세계 그대로가 정토로 바뀌면서 자재(自

---

75) 더러움. 미혹함. 탐욕의 법.

在)하지 않는 것이 하나도 없습니다. 이때에는 이 마음의 정토가 현전하여 시방의 여래와 함께 법성(法性)의 흐름에 맞닿게 되어 비로소 서방 극락정토도 이 성품과 같음을 확실히 바로 알고 바로 보게 됩니다. 아울러 실제 국토의 존재가 확실히 있음을 알게 되고 왕생하고 싶으면 한 걸음도 옮기지 않고 서방극락에 이를 수 있습니다. 마치 장사가 팔을 뻗듯이 쉽게 잠깐 사이에 그 국토에 태어나 제불보살과 함께 적지의 문[寂止之門]에서 즐거워하며 자유자재하게 활동합니다. 반드시 왕생할 수 있을 뿐만 아니라 서방정토도 생각에 응해서 자신에게 나타날 수 있는데, 그 이유는 법이 본래 오고 감이 없기 때문입니다.

심체(心體)가 생각을 떠나 있음이 무생법인(無生法忍)입니다. 염불하여 부처님 마음에 들어가 서로 맞닿아 흐름에 합해져 정성을 전일하게 함을 인지(因地)라고 합니다. 마음이 열려 한 생각 일어나지 않으면[心開意解, 一念不生] 무생법인에 들어갑니다. 대세지보살은 이 수행법문으로써 성취하고 다시 이 세계에 와서 이 수승한 법을 전해 일체중생을 섭수하여 정토로 돌아가게 하는 것은 위에서 말한 바와 같습니다.

셋째는 최고의 정토방법입니다. 수행인이 이 경계에 도달했더라도 아직 원만함은 아니니 조금도 방일해서는 안 되며 조금 얻은 것으로 만족해서는 안 됩니다. 언제 어디서나 6근을 거두어들여 밖으로 끄달리지 않도록 하면서 그 정념(淨念)을 보호하면서 길러가야 합니다. 그리하여 마음 마음이 사이 뜸이 없게 하여 길이 정토의 경계에 머물러야 합니다. 일념이 만년이요 만년이 일념임[一念萬年, 萬年一念]이 정념의 삼마지(三摩地—대정大定)에 들어간 것입니다. 그러므로 보살이 원통법문(圓通法門)에 대하여 선택이 없으며 선택할 필요도 없습니다.

정념(淨念)이 현전했더라도 정진을 더하지 않고 조금만 방종하면 전광석화(電光石火)처럼 사라져버립니다. 그러므로 불방일(不放逸) 심소(心所)인, 끊임없이 꾸준히 정진한다고 함은 이를 두고 말하는 것입니다. 수행의 공(功)이 원만해지면 닦지 않으면서 닦고, 닦으면서 닦지 않습니다. 부처님과 부처님은 마음이 같고 또렷이 알아 말할 필요가 없습니다.

그 의미를 알고 났으니, 참선과 염불을 어떻게 조화시킬 수 있을까요? 염불하는 사람이 현전일념(現前一念)을 지니고 정토에 왕생한다면 염불과 참선은 여기서 길이 나뉩니다. 만약 염불이나 참선은, 화두를 하나 들든 부처님 명호를 하나 지니든 간에, 한 생각이 지나가고 다음 생각이 일어나지 않은 그 중간 공백을 살펴보면, 염불이나 참선이 같은 길로서 결국 차이가 없습니다. 이른바 앞생각이 소멸하면 그 소멸을 쫓아가지 않고, 뒷생각이 아직 일어나지 않았을 때는 그 아직 일어나지 않음을 이끌지 않음으로써, 눈앞의 한 생각[當前一念]은 앞뒤 생각에 떨어지지 않아 즉시 그대로 공(空)합니다. 이 경계(여기에는 하나의 공空의 경계가 없지만 잠시 경계라고 부르기로 합니다)는 정토 면에서는 유심정념(唯心淨念)의 시작이 되고, 참선 면에서는 삼제단공(三際斷空)으로서 이 마음을 밝게 보는 첫 여명(黎明)이 됩니다. 여기에 이르러서는 참선이든 염불이든 마음이 즉심즉불(卽心卽佛)[76]의 사리(事理)를 깨달을 수 있지만 아직 그 묘함을 다한 것은 아닙니다. 부처님이 갖춘 여래장 전체의 위대한 작용[大用]에서 볼 때, 만약 이 경계에만 머물러 있다면 그

---

76) 지금 현재의 마음이 그대로 부처라는 뜻. 즉심시불, 시심즉불(卽心是佛, 是心卽佛)이라고도 한다.

것은 오히려 작은 성과[小果]가 나타난 것입니다.

참선자가 이것을 최고 경계로 삼고 더 이상 남은 일이 없다고 여긴다면, 여래장 중의 묘유(妙有)인 원력(願力)의 전체 기능[功能]을 모를 수밖에 없습니다. 염불자가 이 정심일념(淨心一念)에 머무르기만 하고 여래장 중의 대기대용(大機大用)을 모른다면 법계가 가없고 어디나 다 도(道)임을 모를 수밖에 없습니다.

비록 그렇더라도 언어 문자적 탐구나 표현에 떨어지자마자 법신도 온전하지 못하게 되므로 이러니저러니 말함은 말을 아끼는 것만 못합니다. "대지의 꽃 천만 송이를 모두 회향하여 아미타불 정토의 몸에 공양하리라[盡回大地花千萬, 供養彌陀淨土身]!" 저의 원(願)이 그와 같은데, 다시 무엇을 더 말하겠습니까!

제4강

관무량수불경(觀無量壽佛經)의 대의
정토수행법 입문

1974년 대북의 기암정사(奇巖精舍)에서
남회근 선생 강의, 이숙군(李淑君) 기록

정토삼경의 높고 낮음

그 명성이 동양의 불교 국가들을 뒤흔든 정토종 얘기를 하면, 곧바로 수천 년 동안 이름을 날린 아미타불과 불교도들이 읽기 좋아하는 『아미타경』을 떠올립니다. 정토삼경 중에서 『아미타경』을 제외한 『무량수경(無量壽經)』과 『관무량수불경(觀無量壽佛經)』의 광채는 도리어 『아미타경』에 가려져버린 듯합니다.

똑같이 석가모니께서 인연에 따라 설하신 경론임에도 귀족과 은사(隱士)의 생활이 서로 다른 만큼이나 차이가 있는 듯합니다. 물론 그 심원함을 헤아릴 수 없는 시대적인 운명 이외에도 현실적인 객관적 요소들이 있었기 때문입니다.

『아미타경』에서는 단지 '집지명호(執持名號) 일심불란(一心不亂)하면' 임종 시에 순풍을 타고 가듯 수월하게 연꽃이 핀 못가로 날아가 새들의 노래와 꽃향기 속에서 한가로이 거닐 수 있다고 말하고 있습니다. 이런 말은 감동적일 뿐만 아니라 사람을 황홀하게 하기 때문입니다.77)

일찍이 조조(曹操)가 세운 위(魏)나라 시기에 중국에 전해 들어온 『무량수경』에도 당연히 정토수행에 관한 최고의 법문이 들어 있고, 『아미타경』처럼 말은 간단하지만 그 뜻은 풍부합니다. 비록 그 수행의 중점이 '집지명호'인 점은 같지만 극락세계의 내력과 풍토 인정에 대해서는 자세하게 소개하고 있습니다. 바로 이 점 때문에 행지(行持)78)면에서는 오히려 『아미타경』이 압축하여 깊은 인상을 심어주는 것만 못한 지도 모릅니다!

또 유송(劉宋)시대에 전해 들어온 『관무량수불경』을 보면 이 경전 전체의 핵심은 16종의 관상(觀想)법문에 있는데, 대승과 소승을 아우르고 현교와 밀교를 두루 융합한 수행법문으로서 극락세계에 이르는 중요한 길이라고 부를 만합니다. 그렇지만 한 단계 한 단계 수행해 나아가는 16종의 길목은 아무래도 사람들로 하여금 존경하기는 하되 멀리하게 합니다.

그래서 오로지 아미타불 명호 하나만 의지하면 일이 다 되는 『아미타경』은 마치 작은 밑천으로 엄청난 큰 이익을 얻을 수 있는

---

77) 염불법문에 대해서는 역자가 편역한 『나무아미타불이 팔만대장경이다』도 참고하기 바란다

78) 수행을 언제나 멈추지 않는 것. 수행생활. 불도 수행자의 올바른 생활 자세의 노력.

양 멋대로의 계산에 크게 환영받았습니다. 과연 이런 계산은 비교적 효과가 뛰어날까요? 이제 정토종의 흥성과 쇠퇴를 개략적으로 살펴보겠습니다.

당송(唐宋) 이전에는 대체로 경제사상이 아직 발달하지 않았고 정토 수행을 하는 사람들도 대부분 착실하게 공부했습니다. 『관무량수불경』의 16종 관법도 당연히 그들의 근본 수행의 지팡이였습니다. 『신승전(神僧傳)』이나 『신니전(神尼傳)』, 『고승전』 기타 사료(史料)를 살펴보면 그들이 겸허한 마음으로 독실하게 수행하였음을 어렵지 않게 알 수 있습니다.

인과응보의 법칙에 의해서 그랬는지 혹은 스스로 많은 복을 구해서 그랬는지 모르지만 그들의 착실한 수행은 마침내 성과를 얻었습니다. 위진 남북조 시기에는 정토종뿐만 아니라 기타 각 종파의 수행인들 중에는 금생에 과위를 증득한[證果]한 사람들의 숫자가 상당히 볼만한 정도였습니다.

당송 이후에 아름답게 보이는 선종이 크게 흥성하자 사람들은 편안함을 좋아하고 힘 드는 것을 싫어하게 되었습니다. 선종 안에서의 구두선(口頭禪)은 날마다 점점 성장해가고 정토종 안에서의 구두불(口頭佛)도 점차 만연해졌습니다. 오늘에 이르르는 아미타불의 명성과 위엄은 이미 천여 년이 지났을 뿐만 아니라 나라 안팎을 널리 덮고 있습니다. '아미타불' 넉자는 마치 만병통치약이 돼버린 듯합니다. "부처님 명호만 외우면 죄업이 즉시 소멸되고 사후에는 극락세계에 왕생한다."는 관념에 『아미타경』이 크게 유행하게 되었는데, 만약 아미타불이 혼령이 있다면 이런 사실을 기뻐할지 근심할지 모르겠습니다.

『아미타경』은 정말로 소원대로 되는 것일까요? 그렇다고 할 수도 있고 그렇지 않다고도 할 수 있습니다.

물론 『아미타경』이 제시하는 방법은 대단히 간단하여서, 아미타불만 염(念)하면 됩니다. 그러나 염하여 일심불란(一心不亂)에 이르러야 합니다. 마음 마음마다 생각 생각마다 아미타불이 떠나지 않아야 합니다. 차를 마실 때에도 밥을 먹을 때에도 아미타불을 염하는 정도에 이르는 것이 쉬운 일이겠습니까? 우리 한 번 그렇게 해보는 것도 무방합니다. 우리가 한 번 해보면 이 마음이 얼마나 밖의 사물에 끄달림이 넓고 깊은 줄을 어렵지 않게 발견할 수 있습니다. 마음속의 잡념은 한 파도가 잠잠해지지 않았는데 또 여러 파도가 일어나듯이 하는데 '모든 것을 내려놓고, 마음을 한 곳으로 통제(집중)한다[萬緣放下, 制心一處].'거나 '만 년을 일념으로, 일념을 만 년처럼[萬年一念, 一念萬年]' 아미타불 염불을 해가고 싶지만 어떻게 그렇게 할 수 있겠습니까?

보기에는 간단해 보이는 『아미타경』이지만 실제 수행해보면 마침내는 이렇게 어렵습니다. 그럼 『관무량수불경』을 살펴볼까요. 이렇듯 잡념이 어지럽게 나는 마음을 이용하여 어렴풋한 극락세계를 "마치 거울 속에서 자신의 얼굴 모습을 보듯이" 그런 정도로 관상(觀想)을 이루는 것은 또 어떻게 해낼 수 있겠습니까?

많은 사람들은 정토종 수행은 그저 무심하게 입으로만 부처님 명호를 외우면 되는 것으로 여기는데 과연 이와 같다면, 『관무량수불경』의 16관이라는 복잡한 수행법이 탄생하지도 않았을 것이며, 화엄회상의 보현보살도 헤아릴 수 없는 크고 작은 보살들을 이끌고 정토로 회향함으로써 화엄회상의 원만한 앙코르곡으로 삼는 일도 없었을 것입니다. 이런 사실을 통해 이 세상 밖의 무릉도원(武陵桃源)인 극락세계는 매우 근거가 하나 있음을 알 수 있습니다.

선(禪)·유식(唯識)·정토(淨土)

　이것은 선정쌍수와 유식문제에 관계됩니다. 불법을 수행하는 가운데에서 이는 대단히 중요한 과제로서 장래에 다시 전문적으로 토론하겠습니다. 지금은 그 요점에 대해서만 개요적으로 소개함으로써 정토종 수행자가 참고로 삼고 아울러 경각심을 갖도록 하겠습니다.

　우리가 사바세계로부터 극락정토로 왕생하고 싶고 또 아미타불의 풍채를 우러러 보고 싶은 바에야, 정토가 무엇이고 무엇이 아미타불인지 반드시 알아야 합니다. 정확하게 인식하고 난 다음에 수행해야 비로소 도적을 아버지로 아는 우스운 일을 연출하지 않게 되고 길을 잘못 들어 마도(魔道)에 빠지지 않게 됩니다. 우리가 어렸을 때 헤어진 가족을 한 사람 찾으려고 하면 아무래도 기억이야 희미하겠지만 적어도 대략적인 윤곽이나마 알고 있어야 하듯이 말입니다. 그렇지 않으면 망망한 사람의 바다 속 어디에서 찾을 수 있겠습니까? 이 단계는 선(禪)과 밀접한 관련이 있습니다. 선종에서의 "염불하는 자가 누구인가[念佛的是誰]?", "태어남은 어느 곳으로부터 오며 죽음은 어느 곳으로 향해 가는가[生從何處來, 死往何處去]?", "주인공이 어디에 있는가[主人公何在]?"등에 대한 인식과 밀접한 관련이 있다고 할 수 있습니다. 이른바 "본성을 보지 못하고 수행하는 것은 무익하다[不見本性, 修行無益]."는 말은 비단 선종의 원칙일 뿐만 아니라 역시 정토종의 준칙이 됩니다. 이 일면에 대한 이해가 있은 후에야 수행의 요령에 맞아 들어가, 공부를 해도 마치 고깃덩이로 개를 때리니 물고간 뒤에는 내내 돌아오지 않은 꼴이듯 아무 소식이 없는 지경에 이르지 않게 됩니다.

그 다음으로 똑같이 중요한 것은, 우리가 날마다 쓰고 있으면서도 모르는 마음에 대해 한층 더 깊게 이해해야 한다는 점입니다. 옷 입고 밥 먹는 것도 이 마음이요, 부처를 이루고 조사가 되는 것도 이 마음이요, 지옥에도 들어갈 수 있고 천당에도 오를 수 있으며, 범부에서 벗어나 성인의 경지에도 들어갈 수 있고 썩은 것을 신기한 것으로 바꿀 수도 있는 것이 이 마음입니다. 이 단계에서는 선(禪)의 이치 이외에도 유식(唯識)을 깊이 이해해야 합니다. 유식은 후기의 불학이라고 하지만 공부하는 데는 절묘한 지표(指標)가 됩니다. 유식에 대한 이해 없이 과위 증득 성취를 생각한다는 것은 참으로 어렵고 어려운 일이라고 할 수 있습니다. 그러기에 "형상이 없음을 최고 진리에 대한 기본입장으로 삼고, 진리에 들어가는 특정한 문이 없음을 들어가는 문으로 삼는다[無相爲宗, 無門爲門]."는 선종에서도 『능가경』으로써 마음을 인가[印心]하였습니다. 당연히 정토종에서도 유식의 이해가 빠질 수 없습니다.

왜 이처럼 유식이 중요할까요? 간단히 말해 불법은 사람들의 성불을 바라고 있기 때문입니다. 사람이 성불할 수 있는 까닭은 사람의 마음이 바로 부처님 마음이기 때문입니다. 그러면서도 사람이 부처님과 다른 까닭 역시 사람의 마음이 부처님의 마음과 다름이 있기 때문입니다. 같은 마음이 어찌하여 범인(凡人)과 성인[佛]으로 다를까요? 어떻게 해야 범인의 영역을 뛰어넘어 성인의 영역으로 들어가고 인심(人心)을 불심(佛心)으로 전환시킬 수 있을까요?

유식은 바로 이런 신비한 마음에 대해서 갖가지 현상, 기능작용[功用], 실질(實質), 전환 변화[轉化] 등 다방면에 걸친 정교하고 세밀한 탐구를 하고 있습니다.

유식은 우리 범부의 천변만화하는 마음[心]을 식(識)이라고 부르고, 그 식(識)을 다시 크게 여덟 가지 식으로 분류합니다. 안식(眼識)·이식(耳識)·비식(鼻識)·설식(舌識)·신식(身識)·의식(意識)·말나식(末那識)·아뢰야식(阿賴耶識) 등이 그것입니다. 여래의 저 변하면서도 변치 않는 심왕(心王)에 대한 다른 이름으로는 반야(般若), 보리(菩提), 열반이라고 하며, 대원경지(大圓鏡智)라고도 합니다.

예를 들어, 참선하는 사람은 참구하다보면 아무것도 없는 경계[無何有之鄕]에 이를 때가 있습니다. 염불하는 사람도 염불하다보면 한 생각이 일어나지 않는 경계[一念不生]에 이를 때가 있고, 심지어는 부처님 명호가 불러지지 않는 경우도 있습니다. 관상(觀想)하는 사람은 불상(佛像)이 또렷이 관상되는 때가 있으며, 관상 중의 부처가 바로 자신이 되고 자신이 곧 관상 중의 부처가 되는 경계에 이를 때가 있습니다. 이상의 정(定)의 경계는 여러 날 지속되고 심지어는 밥을 먹거나 잠자는 동안에도 여전히 이런 정(定)의 경계 속에 있기도 합니다. 그러나 공부가 이 단계에 이르렀다 하더라도 역시 의식의 범위를 벗어나지 못한 상태라는 것을 반드시 알아야 합니다.

이런 의식의 경계에서 어떻게 초월하여 본체의 세계에 도달할까요? 어떻게 한걸음 더 나아가 본체의 기능 작용을 발휘함으로써 건곤을 굴릴 수 있는[旋乾轉坤] 경지에 이를까요?(선을 배우는 자가 주인공과 합하여 하나 되고, 정토를 닦는 자가 서 있는 자리에서 정토를 증득하는 것을 말합니다) 재미있으면서도 자세히 음미해 볼 만한 사실은 그렇게 될 수 있는 관건도 여전히 의식에 있다는 것입니다. "그 이름만 전환하고 그 실질은 전환시키지 않는다[轉其名而不轉其實]"—(다음에 나오는 관상과 염불, 그리고 정수正受에 대한 주해를 참고하기 바람)—는 말은, 식(識)을 전환시켜 지혜를 이루는

[轉識成智] 단계인 신공소작(神功所作)에 대한 육조 스님의 간단명료한 주해입니다. 이 도에 뜻을 둔 많은 사람들이 『육조단경』을 보면서도 "보리는 본래 나무가 없고, 밝은 거울도 경대(鏡臺)가 아니다 [菩提本無樹, 明鏡亦非臺]."와 같은 멋들어진 작은 말들에만 주의를 기울이고 오히려 공부상의 좌우명이 되는 말에 대해서는 왕왕 무심코 지나쳐버립니다. 정말 사람으로 하여금 "고상한 곡조에 따라 부르는 자가 적네[曲高和寡]." 하는 탄식을 금할 수 없게 합니다.

만약 유식 이론을 잘 알지 못하고 의식면에서 착실한 정정(靜定)의 공부를 하지 않는다면, 대승문(大乘門)에서 우리가 발을 딛고 설 곳이 없을 뿐만 아니라 소승의 성과(成果)조차도 바라보기만 하지 도달할 수 없는 것이 되어버립니다.

관상(觀想)과 염불

정토와 선종, 그리고 유식과의 관계를 아주 간단히 요점적으로 소개했으니, 이제 『관무량수불경』의 요지를 살펴보겠습니다.

정토삼경 중에서 나머지 두 경은 모두 '집지명호(執持名號)' 위주입니다. 즉 일반인들이 말하는 염불법문입니다. 그런데 이 『관무량수불경』은 불상이나 불국토(佛土)를 관상(觀想)하는 것을 입문법칙으로 삼고 있는데, 사실 이 역시 염불법문입니다. 그러나 일반인들은 염불이나 관상에 대해 철저한 이해가 없습니다. 그러기에 영문을 모른 채 아미타경의 '염불'은 간단하고 행하기 쉽다고 여기고 『관무량수불경』의 '관상'은 번거롭고 입문하기 어렵다고 여깁니다.

왜 관상도 염불일까요? 경의 원문에 나오는 관상법문에 대해서는 곧 이어서 해설하겠습니다.

이 경에서는 16종의 관상방법을 소개하고 있습니다. 그래서 『십육관경(十六觀經)』이라는 다른 이름이 있습니다.

'관(觀)' 자를 얘기하면 사람들은 보통 육안(肉眼)으로 보는 것으로 오해할 수 있는데, 사실 여기서의 '관(觀)' 자는 마음의 눈으로 보는 것을 의미합니다. 다시 말해 제6식인 의식 가운데 영상(影像)이 나타나는 것입니다. 그래서 당나라 이후에는 '관(觀)' 자 다음에 '상(想)' 자를 하나 더해 '관상(觀想)'이라고 했습니다.

알기 쉬운 예를 들어 보겠습니다. 감독이 연극을 안배하기 전이나 혹은 화가가 붓을 들고 작품을 그리기 전에 머릿속에는 벌써 이미지[意象]가 떠오릅니다. 일종의 구상(構想)인데, 이런 모습이 일종의 가장 초보적인 관상경계라고 할 수 있습니다.

보통 우리가 제일 좋아하는 영화배우를 얘기하거나 자기가 몹시 그리워하는 가족을 말할 때는 머릿속에 즉각 그들의 얼굴과 목소리가 맴돕니다. 그렇지만 우리더러 보살님들의 자비로운 얼굴을 관상해보라고 하면 머릿속에 그 모습이 떠오르지 않고 텅 빈 상태입니다.

이것은 무슨 이치일까요? 생각해보면, 보살의 모습을 아예 본 적이 없으니 관상해낼 수 없는 것도 당연한 일입니다. 이런 유물적 관점의 논조도 물론 일리가 있지만, 불법의 유심적(唯心的) 관점에서 보면 그렇지 않다고 봅니다.

불법의 유심관(唯心觀)은 서양철학의 유심론(唯心論)과 다릅니다. 서양철학에서 말하는 유심의 심(心)은 결코 심리적인 의식을 벗어나지 않습니다. 그리고 그들이 연구하는 심리 범위도 불법에서 말하는 제6식인 의식 속에서 항상 맴돌고 있습니다. 예를 들면 그들이 말하는 잠재의식이나 제6감(第六感)은 모두 제6식인 의식 가운데 하나인 독영의식(獨影意識)에 속합니다. 최근의 초심리학(超心理學)의 연구도 여전히 제6식의 범위를 벗어나지 못합니다. 우연히 제8식의 바깥둘레의 바깥둘레를 약간 다루고 있지만 여전히 문제를 발견하는 단계에만 머물러 있을 뿐입니다. 좀 체계를 갖춘 이론으로까지 발전되려면 아직도 많은 시간의 노력을 필요로 합니다.

그렇지만 불법의 유심관은 장관(壯觀)입니다. 명성이 전 세계에 자자한 육조대사는 철저하게 깨달은 후에 몇 마디 말을 했는데, 우리는 이를 가지고 우선 불법의 유심에 대한 간단한 설명으로 삼을 수 있습니다.

자성은 본래 스스로 갖추어져 있음을 어찌 생각 하였으리요
자성은 본래 스스로 동요함이 없음을 어찌 생각 하였으리요
자성은 본래 스스로 생멸이 없음을 어찌 생각 하였으리요
자성은 만법을 생성할 수 있음을 어찌 생각 하였으리요

何期自性本自具足　何期自性本無動搖
何期自性本無生滅　何期自性能生萬法

이런 관점에서 보면 불법에서 말하는 유심의 '심'은 심리와 생리를 다 포함하고 있으므로, 마치 모든 변화의 총 근원과 같습니다. 그러므로 모든 부처님과 보살님, 더 나아가서 모든 부처님의 세계는 원래 우리들의 심량(心量) 가운데 있으며, 역시 우리들 자성의 기능 안에 있는 것입니다. 그러나 왜 우리는 눈을 떠서 보아도 보이는 것은 오직 사바세계의 사물들뿐일까요? 또 눈을 감으면 왜 온통 한 덩이 깜깜함만 보일까요? 불보살님들이나 청정국토의 아름

다운 모습은 어째서 조금도 보지 못하는 것일까요? 아주 간단합니다. 바로 "주사(朱砂)를 가까이 하는 자는 붉어지고, 먹을 가까이 하는 자는 검어진다[近朱者赤, 近墨者黑]."는 이치입니다(주사를 가까이 할 수 있고 먹을 가까이 할 수 있으며, 붉어질 수도 검어질 수도 있는 '것' 그 자체는 결코 동요함이 없습니다). 우리는 일상 속에서 자성의 기능을, 끊임없이 이어지는 진로망상(塵勞妄想)[79]에 소모하고 있으며, 이런 정력(精力)의 투자에서 돌아오는 대가(代價)는 끝없이 이어지는 악습(惡習)입니다. 이런 세간의 업력습기(業力習氣)[80]의 혼잡, 예를 들면 재물[財]·이성[色]·명예[名]·이익[利] 등의 악의 세력이 보살님들이 찾아오는 것을 막고 머리 뒷전으로 사절해버리기 때문입니다. 바로 이런 말과 같습니다. "온 세상 사람들이 바쁜 중에 늙어 가면서, 몇 사람이나 죽음을 생각하고 쉬려 할까[擧世皆從忙裏老, 幾人肯向死前休]?" 우리가 마음을 가라앉히고 태도를 부드럽게 하여 자신을 순순히 잘 이끌되, 사리사욕을 적게 함[少私寡慾 —이것이 계戒입니다]과 마음을 평온 침착하게 하고 원대한 이상에 뜻을 두는 것[寧靜致遠—이것이 정定입니다]에서부터 착수하기만 하면, 이렇게 길 잃은 양들도 마침내 양심이 일어나 보살을 집안으로 모셔 들이고 본래의 순진함으로 돌아갈 것입니다[返璞歸眞—이것이 혜慧입니다]. 이렇게 되고서부터 우리는 마음이 하고자 하는 대로 따라도 법도를 넘어서지 않게[隨心所欲不踰距] 소요할 수 있게

---

79) 진로는 마음을 피로하게 하는 마음의 티끌. 번뇌를 말함. 중생의 마음을 더럽게 하고 생사에 윤회시켜 피로하게 하는 것. 망상은 끙끙거리고 생각함. 잘못된 생각. 상념. 분별. 가상. 진실하지 않는 것을 진실하다고 생각하는 것. 없는 것을 있다고 하는 생각. 그릇된 견해. 진리에 어긋난 허망부실한 상념. 미혹.
80) 업력이란 전세에 한 행위가 결과를 낳는 힘. 습기란 업의 잠재 여력. 습관성.

됩니다.

여기서 우리는 이렇게 귀결 지을 수 있습니다. 즉, 『아미타경』과 『관무량수불경』이 우리들에게 부처님 명호를 염(念)하라고 하거나 불상을 관찰하게 하거나 하는 까닭은, 그렇게 하게 함으로써 우리의 심원의마(心猿意馬)[81]인 의식(범부의 일상적인 심경)을 먼저 한 곳에 통제(집중)하여[制心一處] 무분별(無分別)인 묘관찰지(妙觀察智)로 전환하게 하기 위한 것입니다. 그 다음에 제6식인 의식의 뿌리인 제7식[아집我執]을 평등성지(平等性智)로 전환하게 하는 것입니다. 이 단계까지 이르러야 비로소 입정(入定)을 논할 수 있습니다. 나도 남도 잊어버리고[人我雙忘] 진정한 정토가 현전하려면 반드시 제8식을 다시 대원경지(大圓鏡智)로 전환 변화시켜야 합니다. (대략 말해보면, 계戒는 제5식과 제6식에 대해서, 정定은 제7식에 대해서, 그리고 혜慧는 제8식에 대해서 말한 것입니다) 어떻게 관상하고 어떻게 식(識)을 지혜[智]로 전환할 것인가에 대해서는 경의 원문을 강해할 때 다시 말씀드리겠습니다.

대도가 쇠퇴하니 인의도덕을 제창하다

경의 원문 강해에 들어가기 전에 또 한 가지 말씀드릴 점이 있습니다. 그것은 석가모니 당시의 시대 배경과 공자가 처한 춘추전국 시대는 같은 점이 많았다는 사실입니다. 대장경의 기록을 통해서 우리는 당시 인도에도 "신하가 자신의 군주를 시해하고 자식이 자신의 아버지를 시해한" 사례가 적지 않았음을 볼 수 있습니다. 이

---

81) 원숭이나 말이 날뛰듯 한 곳으로 집중되지 않고 들뜬 산란한 마음.

런 시대적인 문제에 대해 석가와 공자는 서로 약속이나 한 듯이 교화(教化)를 통해서 대처해야 한다고 주장했습니다. 다른 점은 석가모니가 공자보다 사람의 마음을 전환 변화시키는 데에 더 비중을 두었다는 것입니다. 뿐만 아니라 온갖 악(惡)의 근원이자 온갖 선(善)의 근본이 되는 마음에 대해서 더욱 깊고 철저하게 탐구했습니다. 그래서 불가에서는 5계(五戒)와 10선(十善)—유가의 예(禮)와 인륜 규범인 예의(禮儀)에 해당합니다—등을 권고한 이외에도 주요 정신은 역시 심지법문(心地法門)을 보여주는 데에 있었습니다. 이 마음의 일을 철저히 이해하고 마음의 힘을 선용(善用)하기 위해서 천태지관(天臺止觀)이나 밀종의 관상(觀想), 그리고 선종의 참선, 정토종의 염불 등 많은 방편들이 대단히 자세하게 연출되었습니다. 이 『관무량수불경』은 자식이 자식답지 않은 한 가지 사단(事端)으로부터 시작하여 16종의 관상 해탈법문으로까지 발전하고 있습니다.

여기에서 우연히 노자의 말이 생각납니다. "대도(大道)가 쇠퇴하자 후인들이 인의도덕을 제창하게 되었으며, 지식이 발달하고 교육과 학문이 보급될수록 인류사회의 음모와 거짓과 범죄 역시 많아졌으며, 가족들이 불화하면서 자식은 효도하고 어버이는 자애로울 것을 표방하게 되었으며, 국가가 혼란하자 충신 의사(義士)가 나타나게 되었다[大道廢有仁義, 慧智出有大僞, 六親不和有孝慈, 國家昏亂有忠臣]." 이제 경의 원문을 보겠습니다.

기사굴산(耆闍崛山)은 석가가 꽃을 집어 들어 보이자 가섭이 미소했던[拈花微笑] 곳인 바로 그 영산(靈山)입니다. 당시 이 성대한 법회에 참석한 사람들은 1,250명의 상수대중(常隨大衆) 이외에도

3만2천 명의 보살들이었는데 과거7불(過去七佛)의 스승이었던 문수사리보살이 이 법회의 수좌(首座)가 되었습니다. 언제나 근기에 맞추어 가르침을 베푼 석가의 교육태도로 볼 때 이 『관무량수불경』은 그 중심이 대승에 있습니다. 그러나 불법을 배우는 많은 사람들이 왕왕 정토종을 어리석은 사람들이나 신앙하는 것으로 여기는데, 정말 사람을 웃지도 울지도 못하게 만듭니다.

전해오는 바에 의하면 남을 가르치기에 지치지 않는 한 선생님께서 독특한 식견을 갖추었기에 다생(多生) 이전에 벌써 석가를 보고 마음에 들어 했답니다. 그리고 석가가 장래에 틀림없이 성취하는 바가 있으리라고 예견했습니다. 그래서 그는 세세생생에 석가의 곁을 따라다니면서 오로지 석가와 맞섰습니다. 심신을 단련하는 온갖 고행을 거쳐 성불한 석가의 일생에서, 이 위대한 선생님께서는 석가의 사촌동생인 조달(調達), 즉 제바달다(提菩達多)로 태어났습니다.

당시 인도에 왕사국(王舍國)이라는 작은 나라가 하나 있었는데 왕사국의 태자인 아사세(阿闍世)와 조달은 개인적인 교분이 몹시 두터웠습니다. 태자는 조달의 사주(使嗾)를 받고 왕사국의 국왕인 빈바사라(頻婆娑羅)왕, 즉 자신의 부친을 일곱 겹의 밀실 감옥에 유폐시키고 어떤 신하의 면회도 허락하지 않았습니다. 왕비 위제희(韋提希)는 왕과 부부의 정이 깊었기에, 면회할 때마다 먼저 목욕을 한 후, 크림과 꿀 그리고 미숫가루를 몸에 바르고 포도즙은 장식품에 감추어 몰래 가지고 가서 국왕에게 드렸습니다. 배불리 먹고 난 국왕은 양치질한 다음 한없는 감개를 느끼면서 기사굴산에 계시는 세존을 향하여 멀리서 예배하고 말했습니다. "세존이시여, 신통 제일인 당신의 제자 목건련은 저의 친근한 벗입니다. 목건련더러 자비를 베풀어 저에게 와서 팔관재계(八關齋戒)를 전수해주라고 해주십시오.”

목건련은 즉시 신족통(神足通)을 운용하여 눈 깜짝할 사이에 국왕의 밀실에 도착하여 팔관재계를 전수했습니다. 동시에 석가는 부루나도 파견하여 국왕을 위해 설법하도록 했습니다. 이렇게 3주일 동안 미숫가루와 꿀을 먹고 듣기 어려운 소중한 불법까지 들은 왕은 얼굴이 부드럽고 윤기가 나면서 정신이 상쾌해졌습니다.

얼마 지난 다음 아사세왕은 간수에게 “부왕은 아직도 살아 있느냐?”고 물었습니다. 간수가 “왕태후께서 몸에 크림과 꿀과 미숫가루를 바르고 영락(瓔珞) 장신구에는 미음을 담아 상왕(上王)께 올리고 있습니다. 그리고 목련과 부루나가 공중에서 내려와 설법해드립니다. 저희들로서는 막을 방법이 없나이다.” 하고 대답했습니다.

아사세는 이 말을 듣자마자 대노했습니다. “모친이 나쁜 왕과 한 짝이 되었으니 당연히 역적당입니다. 나쁜 주술(咒術)로써 나쁜 왕이 죽지 않고 오래 살도록 하다니 사문은 더욱 미운 놈들입니다.” 그러면서 칼을 뽑아 들고 일어나서 자신의 모친을 살해하려고 했습니다. 이때에 다행히 총명하고 지혜 많은 월광(月光)과 기바(耆婆) 두 신하가 동시에 왕에게 예를 갖추고 말했습니다. “대왕이여! 제가 바라문교의 베다경론 기록을 보니, 아득한 과거 겁 이래로 왕위를 탐내어 자기의 부왕을 살해한 악한 왕들이 많이 있었습니다. 이러한 사례가 1만8천여 건이나 되지만 무도(無道)하게 자기의 모친을 살해한 사건은 들어본 적이 없습니다. 대왕께서 지금 이렇게 천리(天理)를 해치는 일을 하려고 하시는 것은 난폭하고 천한 백성의 행위로서, 우리들 귀족의 명예를 손상시키는 일입니다. 신 등은 실로 차마 이 일에 참여하여 알고 싶지 않기 때문에 떠날 수밖에 없습니다." 말을 마친 두 대신은 칼을 잡고 예를 차린 후 물러났습니다. 아사세는 놀라고 두려워하면서 기바에게 말했습니다. "당신이 이제 나를 돌보아주지 않을 것입니까?" 기바가 말했습니다. "대왕이여 절대 모친을 살해하지 마십시오." 아사세는 듣고 즉시 참회하고 도움을 구하면서, 보검을 거두어들이고 모친을 살해하지 않았습니다. 그리고 내관(內官)에게 명령을 내렸습니다. "왕태후를 깊은 궁에 가두고 나오지 못하도록 하라."

깊은 궁에 갇힌 위제희는 온통 우울한 마음에 초췌한 모습으로 기사굴산의 부처님을 향해 예배했습니다. "여래 세존이여! 예전에 제가 번민할 때에는 당신께서 언제나 아난을 보내 저를 위로하여 주셨는데, 지금 제가 이런 액난을 당하고 보니 당신의 덕스러운 모습을 뵐 수가 없습니다. 바라옵건대 제가 뵐 수 있도록 목련과 아난을 보내주십시오." 이렇게 기도하고는 눈물을 비 오듯이 흘리면서 멀리서 부처님께 예배하였습니다. 이렇게 예배하고 머리를 들기 전에 벌써 기사굴산에 계시는 부처님은 위제희의 움직이는 마음을 아시고 수시로 목건련과 아난으로 하여금 허공을 타고 가보도록 시켰습니다. 동시에 석가도 기사굴산에서 사라져 깊은 궁에 나타났습니다.

위제희가 예배를 마치고 고개를 들어 보니 석가모니 부처님께서 1백 가지 보배로 된 연꽃 위에 앉아 계시면서 몸에서는 자금색 빛을 발하고 있었습니다. 그리고 목련은 왼쪽에서, 아난은 오른쪽에서 모시고 있었습니다. 제석천과 대범천과 사왕천의 천인들은 허공에서 하늘꽃 비를 두루 내려서 공양을 올리고 있었습니다. 위제희는 세존을 뵙자마자 보배구슬 등 장식을 벗어버리고 오체투지(五體

投地)하고 슬피 울면서 말했습니다. "세존이시여 제가 전생에 무슨 죄를 지었기에 이렇게 불초한 자식을 낳았을까요? 세존께서는 또 무슨 인연으로 제바달다와 친척 관계가 맺어졌을까요? 세존께서 우리를 위하여 번뇌를 소멸하는 대도(大道)를 해설하여 주십시오. 저는 이제 도(道)만을 구하고 싶지 더 이상 이 염부제의 더럽고 악한 세계의 일체의 허영을 바라지 않습니다. 이 세계는 어느 곳이나 지옥·아귀·축생 등 착하지 못한 무리들의 행위로 충만 되어 있습니다. 그러나 저에게 미래에는 악한 소리가 들리지 않고 악한 사람이 보이지 않기를 원합니다. 이제 당신께 정례(頂禮)하고 진심으로 참회하오니, 제가 청정한 불국토를 보도록 해주십시오."

그러자 부처님은 미간에서 금색 광명을 발하여 시방의 한량없는 세계를 두루 비추었습니다. 그런 다음 금색 광명은 부처님의 정수리로 돌아와 금대(金臺)로 변하더니 수미산처럼 광대하면서 그 가운데에서 시방제불의 깨끗하고 묘한 국토가 두루 나타났습니다.

미간에서 광명을 놓는 것은 보신(報身)의 신통에 속하며, 정수리에서 광명을 놓는 것은 법신(法身)의 신통에 속합니다. 그리고 입술에서 광명을 놓는 것은 화신(化身)의 신통에 속합니다.

미간의 방광에서 정수리로 이른 것은 공부 경계로서, 자성의 기능이라고 할 수 있습니다. 그 속에 감추어진 의미에서 보면 이런 신통들은 생리 기능의 발휘로서, 우리들 신체상의 업력이 전환 변화되면 자재한 변화를 일으킬 수 있습니다. 중국의 도가에도 "사람의 몸은 작은 우주이다."는 견해가 일찍이 있었습니다.

이제 우리는 석가의 마음의 힘의 감화로 말미암아 그의 몸에 나타나는 불국(佛國)세계를 대충 한 번 살펴보겠습니다. 그런데 이런 불국세계는 그의 다방면의 선행(善行)으로 조성된 것입니다.

어떤 불국들은 한 눈에 바라보니 온통 유리구슬 보배입니다. 어떤 불국들은 끝없이 펼쳐진 연꽃이고, 어떤 불국들은 그지없이 맑고 빛나서 마치 자재천궁(自在天宮)과 같으며, 어떤 불국들은 표면이 반들반들한 거울과 같아서 시방의 청정한 국토가 모두 그 가운데서 나타납니다. 이렇게 한량없고 다함없는 장엄한 불국이 뚜렷이 드러났습니다.

위제희는 하나하나 둘러보고 난 다음 부처님께 말씀드립니다. "세존이시여, 이러한 불국들은 어느 곳이나 다 청정하고 빛납니다만, 제가 가장 마음에 드는 곳은 아미타불의 극락세계입니다. 원하오니 세존이시여, 제가 어떻게 사유(思惟) 수행하고, 어떻게 정수(正受)를 얻어서 정토에 왕생할 수 있는지 가르쳐 주십시오."

'사유(思惟)'는 선종에서 보면 참구(參究)에 해당합니다. 무명번뇌·망상잡념은 어디에서 왔다가 어디로 갈까요? 이렇게 끊임없이 이어지는 어지러운 생각을 없애고 나면 나는 도대체 어떤 것일까요? '생각을 움직임[動念]'과 '생각이 없음[無念]' 사이에 저 항상 변하지 않는 불성(佛性), 진심(眞心)은 어디에 있을까요? 아니면 우리들 마음속에 있을까요? 어떻게 깨달아 들어갈까요? 어떻게 지켜갈까요? 이런 문제들을 참구하는 것입니다. 이런 점에 대해서는 앞서의 '선·유식·정토' 강의 부분에서 간략히 말씀드렸는데, 그 자세한 것은 장래에 따로 이 주제만 가지고 토론해 보겠습니다.

요컨대 반야지혜는 바로 사유(思惟)를 수행하는 데서 나오는 것입니다.

'사유'는 정토종에서 보면 '염불'(念佛)입니다. 겉으로 보면 염불과 선종의 사유는 서로 다른 일 같습니다. 그래서 수많은 정토 수행자들이 일심으로 염불해서 정토에 왕생하면 모든 일이 다 끝나는 것으로 여깁니다. 염불하여 부처님이 눈앞에 나타났더라도 부처님은 여전히 부처님이고 나는 어디까지나 나라는 사실을 전혀 모릅니다. 극락왕생이 물론 왕생하는 것이지만 사바세계에 왕생하는 것 역시 왕생이 아닙니까? 유리 궁전에 왕생한 다음에 여전히 일대사인연(一大事因緣)[82]이 있음을 전혀 모르고 있습니다. 이 일대사인연이 선종, 더 나아가서 기타 각 종파의 최종 궁극적인 목적과 털끝만큼도 다르지 않다고 할 수 있는데, 그게 무엇일까요? 제14관인 상품상생(上品上生)을 강해할 때에 경의 원문은 명백히 보여줄 것입니다.

 '사유'—혜(慧)—와 똑같이 중요한 것은 정수(正受)—정(定)—입니다. 범어로는 삼매(三昧)인데 선정이라는 뜻입니다. 『관경현의분(觀經玄義分)』에 말하기를, "정수(正受)란 생각과 마음이 다 쉬고, 외부의 사물을 대상으로 사려하는 것도 사라져 삼매와 상응하는 것을 정수라 한다[言正受者, 想心都息, 緣慮並亡, 三昧相應, 名爲正受]."고 했습니다. 일반인들은 문자적인 의미만 이해한 나머지 입정(入定)이라고 하면 먹지도 마시지도 않고는, 눈 한 번 감았다 뜨고 보니 계절이 바뀌어서 봄이 지나간 지 오래인 것이 입정의 모습으로 생각합니다. 게다가 불법에서 늘 말하는 "망상을 없애라."거나, "지수화풍(地水火風) 4대는 다 공(空)하다."는 등의 설법을 듣고는 좌선한답시고 앉았다 하면 의식적이거나 무의식적으로 한 개의 공(空)을 구하고 싶어 하는 사람이 많습니다. 그래서 심경(心境)상에 공(空)을 구함으로써 더하였다가, 또 생각을 쉼[息念]으로써 덜어내는 식으로 온통 어지럽게 바쁩니다. 한참 바쁘고 난 결과는 어떠할까요? "도

---

82) 부처님이 이 세상에 출현함은 수많은 중생을 교화하여 깨닫게 하기 위한 것이라는 것.

를 닦는 자는 소의 털 숫자만큼이나 많지만, 도를 이룬 자는 기린의 뿔 숫자만큼이나 적다.”는 지경이 됩니다. 『대승의장(大乘義章)』13에서 ‘정수(正受)’를 어떻게 해석하고 있는지 살펴보겠습니다. “삿된 어지러움을 떠나므로 ‘정’이라고 하고, 법을 받아들이므로 ‘수’라고 한다[離於邪亂故說爲正, 納法稱受].” 이를 선정에 대한 좋은 설명이라고 할 수 있습니다. 이른바 ‘삿된 어지러움을 떠남’은 좀 통속적으로 말하면 ‘맑고 밝음[淸明]’이나 ‘순수하고 깨끗함[純淨]’입니다. ‘법을 받아들임’에서의 ‘법’은 세간과 출세간의 일체의 이치[理]와 일체의 사실[事]을 포함합니다. 이를 통해 선정—정수—는 반드시 ‘공(空)’을 탐하고 고요함에 머물러 있는 것[耽空住寂]’도 아니요, 반드시 ‘텅텅 비어 아무것도 모르는 것’도 아님을 알 수 있습니다. 삿된 어지러움을 떠나 있어서, 사물이 오면 응하고 지나가고 나면 붙들지 않기만 하면, 방석에 올라 앉아 공부를 하든 일상생활에서 일을 처리하든 항상 선정 속에 처해 있는 것이라 할 수 있습니다.

이 점에 관해서는 유식(唯識)에서 특히 제시하는 5변행(五遍行)인 작의(作意) · 촉(觸) · 수(受) · 상(想) · 사(思)를 참고할 수 있습니다. 이 다섯 가지 심리작용은 언제 어디서나 영원히 존재합니다. 혹시 어떤 분은 맹인은 광선에 대해서 감수[受] 작용이 없다고 하실지 모르지만 맹인의 눈앞에 깜깜한 것이 바로 수(受)입니다. 그리고 신경이 마비된 사람은 그 마비된 부분 역시 어느 정도 마비된 감각[受]이 있습니다. 입정(入定)하면 이른바 백천 가지 삼매가 있는데, 이 역시 백천 가지 종류의 다른 정(定)의 경계—정수(正受)—가 있는 것입니다. 수(受) 이외의 ‘작의(作意) · 촉(觸) · 상(想) · 사(思)’이 네 가지 마음의 작용도 성인과 범부의 각종의 경계에 존재합니다. 그러나 일반적으로 불교를 배우는 사람들은 이 '5변행'이라는 다섯 가지 마음의 작용은 단지 범부의 망상경계로만 여기고, 부처님의 반야경계도 여전히 이 5변행을 떠나지 않는 줄은 전혀 모르고 있습니다. 천신만고를 겪고 부처가 되면 많고 많은 중생과 다른 것이 무엇일까요? 일상 수행 공부가, 제멋대로 적당히 살아가는 것과는 또 다른 것이 무엇이 있을까요? 이것은 수행 공부에 있어서 대단히 중요한 하나의 개념 문제입니다. 분명히 인식하면, "무성하게 우거진 노란 꽃들이 반야 아님이 없고, 푸르고 푸른 대나무들이 법신이다[鬱鬱黃花無非般若, 靑靑翠竹是法身]."는 경계로서 걷거나 서거나 앉거나 눕거나 모두 수행이 되지만, 분명히 인식하지 못하면 비록 염불이나 정좌를 하더라도 망상에 지나지 않을 뿐입니다.

저의 선종 심법(心法)의 스승이신 원환선 선생께서 일찍이 한 마디 명언을 하셨습니다. "망상이 공(空)한 줄 알면 망상이 곧 반야요, 반야를 유(有)로 집착하면 반야가 곧 망상이다." 바꾸어 말해, 심신의 주인이 될 수 있으면, 일을 만났을 경우 써야 할 때는 쓰고[用] 놓아야 할 때는 놓아버리는 것[空]이 바로 경계반야(境界般若: 사물이 오면 응하고 지나가면 붙들지 않는 것)입니다. 그렇지 않으면 평소의 우리들처럼 머리가 아파도 아프지 않게 할 수 없고 허리가 시큰거려도 시큰거리지 않게 할 수 없습니다. 자기 몸을 뜻대로 할 수 없을 뿐만 아니라 자기의 생각조차도 다스릴 수 없습니다. 항상 허튼 생각을 하고 심지어는 도대체 무엇을 생각하고 있는지도 모릅니다. 생각이 어지럽다는 것을 알아도 아무런 가치가 없습니다. 아무리 해도 생각을 멈추게 할 수 없으니 말입니다. 남에게 손해를 입히고 자신에게 이익이 없는 많은 일들이 이렇게 흐리멍덩한 가운데 행하여졌습니다. 그러기에 "지극히 가련한 자가 중생이다[至可憐

愍者也衆生]."고 석가는 말씀했습니다.

　사실 범부와 성인이 다른 점은, 범부는 흐리멍덩하여 경계를 따라 흘러 구르지만, 성인은 "맑고 밝게 깨어있으면서 사물 밖으로 초연하다[淸明而超然物外]."는 것입니다. 중국의 도가에 멋진 말이 한마디 있습니다. "신선이란 다른 법이 없다. 단지 환희심만 내고 근심은 일으키지 않는 것이다[神仙無別法, 只生歡喜不生愁]."라고 했는데, 불가의 정수(正受)와는 표현은 달라도 그 뜻은 같은 묘함이 있다고 할 수 있습니다.

　이렇게 보면 성불이란 대단히 평범하지 않습니까? 확실히 평상심이 바로 도(道)입니다. 가장 평범한 것이 역시 가장 평범하지 않는 것입니다. 지금 생각 생각마다 평범하지 않음에서 구르고 있는 우리들이, 놓아 지내는 마음[放心]을 거두어 참되고 순수함으로 돌아가[歸眞返璞] 화광동진(和光同塵)하는 평범한 경계에 이르려고 하면 정말 말처럼 쉬운 일이 아닙니다! 그래서 옛사람이 이렇게 말했습니다. "부처를 이루거나 조사가 되는 것은 대장부가 걸어가는 길이지, 제왕이나 장수나 재상이 할 수 있는 바가 아니다." 그래서 불가에서는 염불, 지관(止觀), 참선, 관상(觀想) 등등과 같은 갖가지 수행법문을 제시한 것입니다.

　이런 도리를 이해하고 나면 부처를 배우고 도를 닦는 사람들은, 일상생활 속에서 일을 할 때나 정좌하고 공부를 할 때나, 어떻게 편안한 마음 온화한 태도로써 야생마처럼 날뛰고 때 묻은 이 마음을 길들일 것인가를 알게 됩니다. 오래 오래 그렇게 하다보면 "일이 없어 삼보전(三寶殿)에 오르지 않는다[無事不登三寶殿]."는 경지에 자연히 이르게 되고, 다시 출현할 때는 "물속의 달 같은 도량, 허공 꽃 같은 청정한 수행[水月道場, 空花梵行]."의 또 다른 모습일 것입니다.

　위제희는 한마디 말로써 3장12부 경전의 핵심인 '사유'와 '정수'를 묻자, 세존은 파안미소를 금할 수 없어서 즉시 입으로부터 다섯 가지 색깔의 보배 광명을 놓아 빈바사라왕의 정수리에 비추었습니다.

　이것이야말로 진정한 관정(灌頂)입니다. 저를 이끌어주신 선종의 대사 원환선 선생께서 이렇게 말씀하신 것이 기억납니다. "제불보살은 언제나 나에게 관정을 해주시고 있고, 나 또한 때때로 그분들께 관정해 드린다." 이치를 모르는 사람이 이 말을 들으면 미쳤다고 보거나 미신한 나머지 터무니없는 생각을 하는 것이라 여길 것입니다. 사실 이것은 공부경계입니다. 자신의 자성이 방출하는 빛과 여래의 빛이 서로 비추니 서로 관정하는 것이 아닙니까?

　이때에 대왕은 비록 밀실 감옥에 유폐되어 있었지만 마음의 눈은 장애가 없어, 멀리서 세존을 바라보고 오체투지 예배를 올렸습니다. 견지(見地)와 공부가 자연히 증진하여 즉시 아나함(阿那含)을 닦아 이루어 초선(初禪)의 문으로 진입했습니다.

　평소 정좌할 때 마음속에서 바람에 구름이 뭉게뭉게 피어오르듯 망상이 일어나거나, 망상이 더 이상 일어나지 않거나 간에 여전히 마음속에는 공(空)이라는 염두가 하나 있는데, 이것은 모두 마음의 장애[心障]에 속합니다.

　눈앞이 온통 깜깜한 무명(無明)은 눈의 장애[眼障] 때문입니다. 만약 공부가, 몸을 잊어버리고 육안으로 보이는 경계가 아닌, 청정하며 끝없는 경계에 들어갔다면 그게 바로 눈에 장애가 없음의 한 측면입니다.

우리가 도를 이룰 수 없는 까닭은 마음과 눈에 장애가 있기 때문입니다. 만약 마음과 눈에 장애가 소멸된다면 부처를 볼 수 있으며 명심견성(明心見性)의 문으로 처음 들어섰다고 말할 수 있습니다.

이 때 세존은 위제희에게 말씀하셨습니다. "그대는 아미타불이 여기에서 멀지 않음을 아는가?"

그런데 『아미타경』에서는 이렇게 말합니다. "이 사바세계로부터 서쪽으로 십만 억 개의 불국토를 지나서 한 세계가 있으니, 그 이름을 극락이라 하느니라. 그 곳에 부처님이 계시는데 그 명호를 아미타불이라 하며, 지금 현재도 설법하고 계시느니라[從是西方過十萬億佛土有世界名曰極樂, 其土有佛號阿彌陀]."

이 두 가지 서로 다른 설법은 어느 것이 맞을까요? 우리 같은 범부 입장에서는 아미타불은 의심할 바 없이 저 하늘 아득히 먼 곳에 계십니다. 인공위성을 타고 우주세계를 유람하는 날이 오더라도 저 서방극락세계라는 낙원을 찾을 수 있을 것 같아 보이지는 않습니다. 그럼 왜 세존은 위제희에게 아미타불이 여기서 멀지 않다고 하셨을까요? 어떤 종교들이 "도(道)는 내 마음 속에 있다"고 말함과 같은 말투입니다. 즉 "도가 사람을 멀리하는 것이 아니라 사람이 스스로 도를 멀리한다[道不遠人, 人自遠道]"는 뜻입니다. 우리의 마음이 온통 정토가 되면 아미타불이 자연히 현현(顯現)하게 되는데 어떻게 해야 그런 정토가 될 수 있을까요? 그렇게 되려면 반드시 정업(淨業)을 닦아야 합니다.

세존은 이어서 말씀하십니다. "그대는 이제 정업을 닦아 이룬 뒤 피안에 태어나려면 무슨 조건을 갖추어야 하는 지를 유심히 살펴보라. 내가 개략적으로 소개하겠다. 그리하여 후세에 극락세계에 왕생하고 싶어 하는 사람들에게 본보기가 되게 하겠다."

보통 우리는 어떤 사람이 나쁜 일을 하는 것을 보면 "업 짓는다! 업 짓는다!"는 말이 저절로 튀어나옵니다. 불법을 배우고서부터는 남이 자기 눈에 좀 거슬리기만 하면, '업력이 깊고 무거운 사람이다'라고 딱지를 붙여버립니다.

그런데 불법을 배우는 사람도 누구나 업을 짓고 있는 것입니다. 아미타불이 만약 업력이 깊고 무겁지 않았다면 서방의 낙원도 출현하지 않았을 겁니다. 이 말이 무슨 뜻일까요?

육조 스님이 말씀하신 4홍서원(四弘誓願)을 다시 살펴보겠습니다.

중생이 끝없지만 맹세코 제도하겠습니다   衆生無邊誓願度
번뇌가 다함없지만 맹세코 끊겠습니다   煩惱無盡誓願斷
법문이 한량없지만 맹세코 배우겠습니다   法門無量誓願學
불도가 최상이지만 맹세코 이루겠습니다   佛道無上誓願成

이 4홍서원도 강렬한 업력이 아닙니까?

사실 업(業)도 '사업(事業)의 업'에 해당하는 것으로 선(善)한 것은 선업이요 악(惡)한 것은 악업입니다. 업을 짓는다는 말이 꼭 나쁜 짓 하는 것만을 가리키는 것은 아닙니다. 사람이 선업을 짓지 않으면 성불할 수 없고, 성불하고 나서도 선업을 짓지 않으면 중생을 널리 제도할 수 없습니다.

법장비구(法藏比丘)는 한 나라의 존엄한 왕이면서도 부귀영화를 버리고 의지를 단련하면서 남이 행하지 못하는 것을 행하고 남이 견디지 못하는 것을 견뎌냈습니다. 그리하여 "천지를 위해서 마음을 세운다[爲天地立心].”는 지고무상(至高無上)한 성취를 이룬 후에는 또 “백성을 위해서 사명을 세우고, 만세를 위해서 태평을 연다[爲生民立命, 爲萬世開太平].”는 위대한 정신을 나타냈습니다. 그래서 48가지 크나큰 서원을 세워 고난을 당하는 사람들을 위해, 그 미묘함을 말로써는 이루 다 표현할 수 없는 극락세계를 창건하고, 천하의 동호인(同好人)들을 끌어들여 저마다에게 아무 조건 없이 정신적 물질적 면에서 필요한 것들을 가장 훌륭한 것으로 제공해줍니다. 우리는 이를 위대한 공로 업적[業]이라고 인정하지 않을 수 없습니다.

이 낙원의 대문(大門)은 영원히 활짝 열려 있으며, 우리가 정업(淨業)만 성취하기만 하면 부르자마자 이 정토는 곧바로 나타날 수 있습니다.

도대체 정업(淨業)이란 무엇일까요?

석가는 말씀하십니다. “왕생하고 싶다면 반드시 세 가지 복[三福]을 닦고 행해야 한다. 먼저 부모에게 효순하고 스승을 공경하며, 자비로운 마음에서 살생하지 않으며, 열 가지 선업[十善業]을 행하여야 한다.”

속담에 “온갖 악행 중에서 음란함이 첫째요, 많은 선행 중에서 효도가 으뜸이다[萬惡淫爲首, 衆善孝爲先].”고 합니다. 이것은 중국 문화의 기본정신인데, 약속이나 한 듯이 석가도 정업을 배우는 첫 걸음은 효도[孝]와 공경[敬]이라고 제시하고 있습니다. 바로 이런 기초 관념이 서로 같았기 때문에 불교가 중국에 들어오자마자 중국 문화와 융합되었고, 다시 중국 불교라는 찬란한 광채를 발하게 된 것입니다.

후세에 이학가(理學家)들이 불교를 공격한 첫째 죄상이 “부모도 없고 군주도 없다[無父無君]."는 것이었는데, 정말 사람으로 하여금 웃을 수도 울 수도 없는 느낌이 들게 합니다.

그 다음으로 삼귀의(三歸依), 즉 부처님께 귀의하고 부처님의 가르침에 귀의하고 승가에 귀의해야 합니다. 그리고 계율을 다 갖추고 위의(威儀)를 범해서는 안 됩니다.

계(戒)는 중국의 『예기(禮記)』에서 말하는 예(禮)에 해당하는데, 불가에서 더욱 자세하게 나누어 놓았습니다. 그리하여 각자의 수행 정도에 따라 점차 5계(五戒), 사미·사미계, 비구·비구니계, 보살계 등으로 나닙니다.

위의(威儀)는 의례(儀禮)의 의(儀)에 해당합니다.

세존은 말씀하십니다.

"끝으로, 보리심(菩提心)을 일으키고 인과응보의 도리를 깊이 믿으며, 대승경전을 독송하고 다른 사람에게 대승불법을 신앙하고 정진 수행하도록 권장하는 것이다."

불교계에서 흔히들 '발심(發心)'이라는 말을 듣는데, 발심이란 보시하고 선행을 한다는 것을 가리키는 대명사입니다. 사실 발심의 바른 뜻은 '보리심을 일으킨다[發菩提心]'는 것입니다. 즉, 도심(道心)을 일으킨다는 뜻으로, 자기가 명심견성(明心見性)한 이외에도 남도 누구나 무상대도를 구해 얻어 자유롭게 소요(逍遙)하기를 바라고 도와주는 것입니다. 좀 더 명확히 말하면 '자기를 제도하고 남을 제도하며[自度度他], 자비와 지혜를 함께 운용하는[悲智雙運]' 대도(大道)라고 말할 수 있습니다. 이것은 불법의 중심이 있는 곳이자 불법이 추구하는 목표입니다.

대소승 불법의 이론기초는 3세인과(三世因果)와 6도윤회(六道輪

廻) 위에 세워져 있습니다. 유가나 도가도 이런 관념이 있지만, 다른 점은 유가에서의 3세는 조부모·부모·자식에 이르는 인간세상의 삼대관계를 말합니다. 예를 들면 『역경(易經)』에는 "선행을 쌓는 집안에는 반드시 훗날 경사가 있고, 불선행을 쌓는 집안에는 반드시 훗날 재앙이 있다[積善家必有餘慶, 積不善之家必有餘殃]."는 말이 있습니다. 그런데 불가와 도가에서는 개체 생명의 과거(전생)·현재(금생)·미래(내생)라는 3세인과 관계를 더욱 철저하게 탐구합니다.

위에서 말한 세 가지 일을 정업(淨業)이라고 하는데, 이 세 가지 일은 과거·현재·미래의 모든 부처님들이 정업을 성취하는 주요 원인입니다.

좀 더 넓게 말하면 일체의 수행법문들은 정업 속에 포괄됩니다. 그래서 정업은 불법을 배우는 목적이라고도 할 수 있습니다. 불문(佛門)을 지혜의 세계라고 하지만 복덕의 수행도 없어서는 안 될 한 부분입니다. 복덕을 닦는 것이 중요한 까닭은 '널리 중생을 제도한다'는 이유 이외에도 복덕과 지혜 이 두 가지는 서로 보완하고 이루어준다는 점에서 역시 중요한 요소이기 때문입니다. 얼마간의 지혜가 늘어나면 자연히 그만큼 착한 일을 행하여 복덕도 증가합니다. 얼마간의 선한 일을 더 행하면 복덕이 증가하면서 지혜도 그만큼 늘어납니다. 이 점에 있어서는 도가도 동일한 관점을 지니고 있습니다. 그래서 어느 만큼의 공덕을 닦아 채워야 그에 상응하는 신선이 될 수 있다는 설이 있습니다.

그러므로 우리들의 견지(見地)와 공부(功夫)가 아직 훌륭한 것으로 완성되지 못했다는 것은, 우리가 지혜 자량(資糧)도 부족할 뿐 아니라 복덕 자량도 부족하다는 사실을 말해줍니다. 이 점을 고려

하여 힘써 참회를 하면서, 마음을 바르게 하고[正心], 의념을 정성스럽게 하며[誠意], 자신을 수양하고[修身], 남을 도와주는[助人] 면에서 많은 노력을 해야 합니다.

석가는 이어서 아난과 위제희에게 말씀하십니다. "그대들은 주의를 기울여 들어라. 내 이제 미래에 번뇌할 일체의 중생들을 위해서 정업에 대해서 설하겠노라. 위제희는 정말 좋은 질문을 했다. 아난아, 너는 이런 도리들을 잘 기억하고 그대로 실천하고, 장래에 중생들을 위해서 이 수행 요문(要門)83)을 잘 선양하라. 내가 이제 위제희와 미래의 일체중생들에게 서방극락세계를 보여주겠다. 부처의 힘을 빌려 마치 거울을 보듯이 뚜렷하게 그곳의 갖가지 지극히 아름답고 묘한 즐거운 일을 보고 나면, 마음속에 자연히 환희가 넘치고 즉시에 무생법인을 깨달아 망상잡념이 끊어질 것이다. 그대는 지금 일개 범부로서 마음속에 온갖 잡되고 나쁜 생각들과 습기(習氣)들이 뒤섞여 있기에 천안통을 얻을 길이 없어 보고 싶은 것을 뜻대로 볼 수 없느니라. 제불여래는 수행을 거쳐 특수한 능력을 갖추었기에 그대에게 실컷 눈요기를 시켜줄 수 있느니라."

위제희가 물었습니다. "세존이시여, 저는 지금 부처님의 힘의 가피로 정토를 보았나이다. 그러나 당신께서 세상을 떠나신 후에 5탁(五濁)과 10악(十惡)으로 착하지 못하며 여덟 가지 고통[八苦]에 시달리는 그 많은 중생들은 어떻게 해야 아미타불의 극락세계를 볼 수 있겠습니까?"

석가가 말씀하십니다. "너와 중생들은 모두 마땅히 온 마음을 기울여 생각을 한 곳에 묶어 집중하여[專心繫念一處] 서방정토만을 생각하라."

---

83) 정요법문(精要法門). 중요한 길.

'온 마음을 기울여 생각을 한 곳에 묶어두는 것'은 수행공부에서 절대적인 지표(指標)가 됩니다. 그런데 이 '한 곳[一處]'은 고정된 어떤 곳을 가리키는 것이 아닙니다. 관상(觀想)법을 전수하는 사람들 중에는 사람들에게 밝은 점[明點]이나 불상 모습을 자신의 신체의 어느 부위나 머리 위의 허공에 두고 관상하라고 가르치는 사람이 많습니다. 이런 초보적인 방법은 틀렸다고 할 수는 없지만 일부 사람들에게만 적합합니다. 사람마다 타고난 생리나 심리상태가 다르기 때문에 관상부위도 달라야 합니다.

보통사람들이 하는 관상은 물론 온 마음을 기울여 생각을 관상 대상 처(處)에 묶어 놓아야 하지만, 그렇다고 그 한 대상 처를 자신의 몸 안이나 몸 밖의 어느 곳에 두어서는 안 됩니다. 예를 들어 보살의 모습을 관상할 경우 의식경계[意境]에서 보살의 영상(影像)에 묶어 놓는 것이 좋습니다. 의도적으로 보살의 영상을 자신의 신체상의 어떤 부위에 두고 관상하지 말기바랍니다.

이제 석가는 우리더러 서방극락세계를 관상하라고 하시는데, 아직까지 한 번도 본 적이 없는 이 낙원을 우리는 어느 곳으로부터 생각할까요? 석가께서 어떻게 설하시는지 보도록 합시다.

중생들은 거의 누구나 눈이 있고 모두 태양을 본 적이 있습니다. 그래서 제1단계로서 석가는 우리더러 서쪽을 향하여 단정히 앉은 다음, 북이 하나 매달려 있는 듯한, 서산으로 곧 지려는 태양을 하나 유심히 관상하고는, 심념(心念)을 그 영상에 집중[定]하고 있으라고 하십니다. 이렇게 태양 관상을 하자마자 마음속에 다른 잡념들이 출현하기 마련인데, 그렇더라도 신경도 쓰지 말고 상대하지도 말기 바랍니다. 가능한 한 태양의 모습이 심념상에 머무르도록 하기만 하면 됩니다. 오래 오래하다 보면 잡념은 갈수록 적어지면서 태양의 영상은 갈수록 또렷해집니다. 그리하여 최후에는 눈을 뜨거나 감거나 태양 모습이 마음 가운데서 뚜렷이 나타납니다. 이것을 일상(日想)이라고 하는데, 초관(初觀)에 해당합니다.

의식생각 속에 일륜(日輪), 즉 태양이 생기(生起: 물체가 생기는 것. 일어나 있는 상태—역주)하게 된 것은 관상에서 보면 단지 생기차제(生起次第)에 해당합니다. 이 단계에 이른 후에는 다시 일륜과 더 나아가 심신 전체를 비워버려야[空] 합니다. 그래야 비로소 원만차제(圓滿次第)로 진입한 셈입니다. 초관이 성취되고 나면 그 다음 단계의 관상들은 쉽게 이루어집니다.

정토법문의 제1관(第一觀)을 보게 되면, 계율이 엄격한 율종(律宗)을 언급해 볼 수 있습니다. 율종의 첫째 주요 목적은 재물욕·색욕·명예욕·식욕·수면욕이라는 다섯 가지 악습을 끊는 데 있습니다. 수면욕을 다스리는 계율 중에는 공교롭게도, 잠자기 전에 반드시 일륜을 자세히 관하고 더 나아가 일륜을 수면 시간 중 내내 유지하라는 계율조목이 하나 있습니다. 이 단계의 공부가 무르익어지면 잠자는 동안 머릿속이 맑습니다. 더 이상 흐리멍덩하면서 염두(念頭)가 어지럽게 움직이지 않습니다. 이와 같다면 짧은 시간의 수면으로도 충분한 휴식을 얻을 수 있습니다.

밀종에 『대일여래(大日如來)』라는 경전이 한 부(部) 있는데, 이를 통해 전해오는 수행법 역시 '해'를 관하는[觀日] 법문의 원리를 위주로 하면서 중관학과 유식학의 이론을 결합시키고, 그 위에 당시 인도의 유사한 법문들을 혼합시켜서 이루어진 것입니다. 이밖에도 밀종에는 명점(明點) 수련 방법이 있습니다. 도가에도 태양을 오랫동안 바라보는 비결이 있습니다.

그러나 우리가 다 잘 알 듯이 『금강경』에는 "무릇 모든 상(相)은 다 모두 허망하다[凡所有相, 皆是虛妄]."는 한마디가 있는데, 수도한다는 것은 망상을 없애야 한다는 것 아닙니까?

그런데 왜 각 종파에서는 약속이나 한 듯이 이렇게 '빛을 보는' 수행법을 제시하는 것일까요? 그 이유는 '일륜'이나 '명점'이라는 하나의 환상의 빛[幻光]을 빌려 관(觀)을 오래 오래하여 정(定)이 자리를 잡은[定住] 뒤에는 우리들 본성의 광명을 발하게 할 수 있기 때문입니다. 이 단계에 이르면 우리는 빛(해나 달 등 세간의 빛이 아님)과 한 덩이가 되어 "빛이 곧 나요, 내가 곧 빛이 됩니다."

이때에는 비록 우리가 자성 광명과 한 덩이로 융합되었지만 이 한 덩이 광명도 여전히 일종의 현상으로서 본성 기능의 일면인 줄 알아야 합니다. 만약 우리의 원명청정(圓明淸淨)한 자성을 본 것으로 여긴다면 그거야말로 크나큰 무명[大無明]입니다.(무명을 사실의 입장에서 말해보면, 눈을 감았을 때 온통 깜깜하여 사물을 볼 수 없는 것입니다. 벽에 가로막히면 그 뒷면의 사물을 볼 수 없는 것입니다. 이치의 입장에서 말해보면 도를 깨치지 못했고 보리를 깨닫지 못한 것을 무명이라고 합니다)

경전의 원문 제2관에 들어가기에 앞서 특히 여러분의 주의를 환기시킬 점은, 관상을 닦아 익히는 과정 중에는 보통 안통(眼通) 현상이 발생한다는 사실입니다. 초기에는 진짜 신통이 아닙니다. 때로는 장래의 일을 정확하게 예견하거나 오래전의 일도 뚜렷이 볼 수 있는 경우도 있는데, 이는 기맥이 통할 듯 말 듯 한 상태가 시각 방면에서 일으킨 특수한 기능입니다. 만일 이 단계의 경계에 빠져 들어 이런 작은 신통을 부린다면 당연히 '온 마음을 기울여 생각을 한 곳에 묶어두면서' 계속 공부해나가지 못하게 되는데 무상도과

(無上道果)를 또 어떻게 얻을 수 있겠습니까? 그러므로 관상을 닦는 사람의 공부가 이 단계에 이르렀을 때는 반드시 주의하고 안통을 끊어서 눈앞에 보이는 영상을 비워버려야 합니다. 눈앞의 영상이 나타난 최초에 비워버릴 수 없을 때에는 최소한 보아도 보지 않은 듯이 하면서 내버려두고 상관하지 말아야 한다는 원칙을 지켜야 합니다. 그렇게 오래 오래 하다보면 환상(幻相)은 우리들의 마음의 생각[心意]에 따라 그 자취가 사라집니다. 참선에서 "부처가 오면 부처를 치고 마구니가 오면 마구니를 친다."는 말은 비록 이런 도리에 국한되는 것은 아니지만 이런 도리와도 관계가 있습니다.

초관인 일상(日想)이 성취된 후 그 다음 단계인 제2관은 수상(水想)입니다. 제3관은 지상(地想), 제4관은 수상(樹想), 제5관은 팔공덕수상(八功德水想), 제6관은 총관상(總觀想), 제7관은 화좌상(華座想), 제8관은 상상(像想)입니다. 제9관은 편관일체색신상(徧觀一切色身相), 제10관은 관세음보살진실색신상(觀世音菩薩眞實色身相), 제11관은 관대세지색신상(觀大勢至色身相), 제12관은 보관상(普觀想), 제13관은 잡상관(雜想觀), 제14관은 상배(품)생상(上輩〈品〉生想), 제15관은 중배(품)생상(中輩〈品〉生想), 제16관은 하배(품)생상(下輩〈品〉生想)입니다.

초관만 성취되면 다음 단계의 관상들은 쉽게 닦아 이룰 수 있습니다. 그러므로 세부적 사항은 더 이상 말씀드리지 않겠습니다.(원문을 참고하되 지혜롭게 이해하기 바랍니다) 이제 몇 가지 중요 개념에 대해서 보충해설을 하겠습니다.

제8관의 경문은 다음과 같습니다.

(부처님께서 아난과 위제희에게 말씀하셨다. "이상의 모습들을 보게 되었거든, 그 다음에는 부처님을 생각하여야 한다. 왜냐 하면) 모든 부처님 여래께서는 법계신(法界身)으로, 두루 일체 중생의 마음의 생각 속으로 들어가 계시기 때문이다.

그러므로 그대들의 마음이 부처님을 생각할 때 이 마음이 곧 32 상과 80종호이니라. 이 마음이 부처님을 이루고, 이 마음이 부처님이니라[是心作佛, 是心是佛]. 모든 부처님의 지혜의 바다[正遍知海]는 마음이 생각함으로부터 생긴다. 그러므로 일심으로 생각을 묶어 집중하여 저 부처님[佛]·여래(如來)·응공(應供)·정변지(正遍知)를 자세히 관하여야 한다."

諸佛如來是法界身, 入一切衆生心想中. 是故汝等心想佛時, 是心卽是三十二相, 八十隨形好. 是心作佛, 是心是佛, 諸佛正遍知海從心想生, 是故應當一心繫念, 諦觀彼佛, 多陀阿伽度, 阿羅訶, 三藐三佛陀.

이 단락의 말은 선리(禪理)를 표방하면서 정토가 미신이라고 얕보는 사람들에게는 정말 '면전에서 후려치는 몽둥이요 꾸짖는 할'이라고 할 수 있습니다. 그리고 맹목적으로 염불(唸佛)하면서 선종은 오만방자한 것이라고 비방하는 사람들도 이런 이치들을 보고 마땅히 정신 차려야 합니다. 이제 이 단락의 말에 대해 좀 더 자세히 검토 해보겠습니다.

모든 부처님 여래께서는 법계신(法界身)으로, 두루 일체 중생의 마음의 생각 속으로 들어가 계시기 때문이다.

법계신(法界身) 역시 법신으로, 형상이 없습니다. 말이나 글로써 설명하기 대단히 어려운데, 굳이 말한다면, "놓으면 육합에 가득하고[放之則彌六合]," 확대하여 말하면 우주 전체를 포함합니다. "말아들이면 은밀하게 숨는다[卷之則藏於密]." 축소하여 말하면 우리들의 마음속에 잠재합니다. 그러므로 "제불여래는 법계의 몸으로서, 일체중생의 심상(心想) 속에 들어간다."는 말은 "중생은 모두다 불성이 있다."는 말의 다른 표현입니다. 우리는 이를 통해서 부처님을 믿고, 부처님을 배우고, 부처님을 생각하고, 성불한다는 의미를 더욱 확실히 이해할 수 있게 됩니다.

이 점에 대해서는 바로 그 다음에 보다 깊은 설명이 있습니다.

그러므로 그대들의 마음이 부처님을 생각할 때 이 마음이 곧 32상과 80종호이니라. 이 마음이 부처님을 이루고, 이 마음이 부처님이니라[是心作佛, 是心是佛]. 모든 부처님의 지혜의 바다[正遍知海]는 마음이 생각함으로부터 생긴다. 그러므로 일심으로 생각을 묶어 집중하여 저 부처님·여래·응공·정변지를 자세히 관(觀)하여야 한다.

"마음·부처·중생 이 세 가지가 차별이 없다."는 정신이 이 단락의 말 속에 뚜렷하고 명백하게 드러나고 있습니다. 정토와 선(禪)의 차별은 어디에 있을까요? 아주 분명하게도 석가는 정토염불법문에 대한 가르침으로서 우리들에게 "마음으로 부처님을 생각하고, 일심으로 생각을 묶어 저 부처님을 자세히 관(觀)하라."고 하십니다. 일반적으로 정토 수행공부를 열심히 하는 사람들이 항상 입에다 부처님 명호를 달고 지내는 것은 물론 기뻐할 현상입니다. 그러나 염불할 때 이 마음이 부처님과 상응하고 마음속에서 부처님을 진정으로 생각하고 있기를, 마치 애인이 눈앞에 역력하면서 떠나지 않듯이 그렇게 일심으로 생각을 묶어서 부처님의 모습이 마음속에 있는지를 절실하게 한 번 점검해 보아야 합니다. 만약 그렇지 않다면 '이 마음이 부처를 짓지 않았으며 이 마음이 부처가 아닌 것'으로, 아미타불도 앞에 나타나지 않고 극락세계도 영원히 저 아득한 서쪽 하늘에 있게 됩니다.

이 마음이 부처를 짓고 이 마음이 바로 부처로서 여래보좌에 오르고 싶다면 경전에서 말한 대로 일심으로 생각을 묶어 저 부처님을 자세히 관(觀)하면 될까요?

절대 그렇지 않습니다. 일심으로 생각을 묶어 저 부처님을 자세히 관하는 것은 단지 정(定)을 닦는 요긴한 법문일 뿐입니다. 그런데 불법에서 추구하는 것은 정(定)과 혜(慧)의 균등한 수행[定慧等持]인데, 이 지혜의 힘[慧力]을 어떻게 수행해야 할까요? 불학 이론을 참구하는 것 이외에도 선심(善心)과 복덕에 의지해서 배양해야 합니다. 선심과 공덕이 부족하면 마치 쇠를 제련할 때 화력(火力)이 부족한 것과 같아서 업력과 습기를 철저하게 변화시킬 수 없습니다. 선심과 공덕이 부족하다면 지혜의 힘이 충분히 정밀하고 깊어지지 않을 뿐만 아니라 정의 힘[定力] 또한 튼튼할 수 없게 됩니다.

이 역시 석가가 소승을 '말라 타져버린 싹이요 썩은 씨앗[焦芽敗種]'이라고 꾸짖으셨던 까닭입니다. 그러므로 소승의 극과(極果)인 대아라한은 8만4천 대겁(大劫)을 지나면 다시 대승심(大乘心)으로 전환하여 세간에 들어가지 않으면 안 됩니다. '근육과 뼈를 수고롭게 하고 그 육신을 배고프게 하며 그 심지를 괴롭게 하고' 나서야 불생불멸의 여래의 문으로 들어갈 수 있습니다.

그러므로 제14관에서는 말하기를, 상품상생(上品上生)하려면 지성심(至誠心), 심심(深心), 회향발원심(廻向發願心) 이 세 가지 마음을 일으켜야 한다고 말합니다. 다시 말해 자비로운 마음에서 살생하지 않고 계행을 두루 갖추며, 대승방등경전을 독송하며, 6념(六念)인 염불(念佛)·염법(念法)·염승(念僧)·염계(念戒)·염천(念天)을 수행하며, 세상을 이롭게 하고 사람들을 구제하겠다는 발원을 회향하면서 저 나라에 태어나기를 원해야 합니다.

이런 공덕을 갖추면 하루 내지는 칠일이면 곧 왕생할 수 있다[具此功德, 一日乃至七日, 卽得往生].고 했는데, 왕생이 이루어지고 난 다음에는 모든 일이 다 끝날까요? 왕생의 성취는 단지 입문에 지나지 않습니다. 입문하고 난 다음에는 또 일대사인연(一大事因緣)이 있습니다. 다시 경문을 보겠습니다.

저 극락국토에 태어나서는 아미타불의 몸과 그 상호들이 원만히 갖추어 있음을 뵈며, 또한 많은 보살들의 몸과 그 상호들이 원만히 갖추어 있음을 뵙는다.
광명과 보배 나무숲이 심원하고 미묘한 법[妙法]을 연설하니 이를 듣고 나서 곧바로 무생법인을 깨닫고, 잠깐 동안에 모든 부처님을 차례차례 시봉하고 불법을 익히면서 두루 시방세계에 다니고, 모든 부처님 앞에서 차례로 수기를 받은 후, 다시 본래의 극락국토로 돌아와 한량없는 백천 가지의 다라니문을 얻는다. 이를 상품상생자라고 하느니라.

生彼國已, 見佛色身, 衆相具足, 見諸菩薩, 色相具足, 光明寶林, 演說妙法. 聞已, 卽悟無生法忍, 經須臾間, 歷事諸佛, 徧十方界, 於諸佛前, 次第受記, 還至本國得無量百千陀羅尼門. 是名上品上生者.

이것이야말로 불법의 중심처(中心處)로서, 정토가 여기에 이르면 대체로 선종에서 말하는, 하나를 깨달으면 백 가지 천 가지를 깨닫는다는 대철대오(大徹大悟)와 대체로 대등합니다.

이 점에 대해서는 밀종의 관상(觀想)을 닦는 분들도 특히 주의해야 합니다. 불상의 관상이 성취되었다고 해서 스스로 한계를 설정하고 적은 것을 얻은 것으로 절대 만족해서는 안 됩니다. 관상이 성취되었더라도 불법의 중심과는 별개라고 할 수 있습니다. 여기서 머물지 말고 백척간두(百尺竿頭)에서 한걸음 더 나아가야 합니다. 무생법인(無生法忍)에 깨달아 들어가지 못했고 무량백천다라니문(無量百千陀羅尼門)을 얻지 못했다면, 여전히 불문의 문외한으로 일체의 불상이나 성스러운 경계도 역시 망상에 지나지 않을 뿐입니다.

흥이 나는 대로 여기까지 말했지만, 대체로 불법에서의 8만4천 가지 법문이 궁극적으로 귀착하는 곳의 웅장한 기상(氣象)에 대해 개략적인 설명을 했다고 할 수 있겠습니다. 『관무량수불경』은 정토 법문을 안내하는 것이라 하지만, 선(禪)을 배우거나 밀종을 배우는 사람들에게도 도움이 되는 바가 있으리라 믿습니다.

————————————————————

(역자보충)

불설관무량수불경(佛說觀無量壽佛經)

송(宋) 서역삼장(西域三藏) 강량야사(畺良耶舍) 한역
송찬문(宋燦文) 고려 대장경본 한글번역

이와 같이 나 아난은 들었다. 어느 때 석가모니부처님께서 왕사성(王舍城)의 기사굴산(耆闍堀山)에서 1천2백5십 명의 큰 비구들과 함께 계셨다. 그리고 3만2천 명의 보살들도 함께 하였는데, 문수사리 법왕자가 법회의 중심지도자였다.

그때에 마갈타국의 수도인 왕사성에는 아사세(阿闍世)라는 태자가 있었다. 그는 제바달다라는 나쁜 벗이 부추기는 꼬임에 따라 자기 아버지인 빈바사라왕(頻婆娑羅王)을 붙잡아 일곱 겹의 출입통제 문이 있는 실내에 감금시켜 두고, 신하들에게 어느 한 사람이라도 그곳에 가지 말라고 금지시켰다.

왕비는 이름이 위제희(韋提希)였는데 대왕을 공경하였기에, 깨끗이 목욕한 후 우유와 꿀을 보릿가루와 반죽하여 몸에 바르고 영락(瓔珞)[84] 속에 포도즙을 담아 가서 몰래 왕에게 드렸다.

이때에 왕은 그 보릿가루를 먹고 포도즙을 마신 후 양치질을 하려고 물을 좀 달라하였다. 양치질을 마치자 합장하고 공경히 기사굴산을 향하여 멀리서 세존께 예배하고 이렇게 말하였다. "대목건련(大目乾連)은 저의 친근한 벗입니다. 부디 그가 자비를 베풀어 저에게 8재계를 주기를 원합니다."

---

84) 인도의 장신구. 원래 주옥이나 귀금속을 실로 짜서 머리, 목, 가슴에 장식한 장신구. 귀인이 사용하였다. 불교에서는 부처님과 보살의 신체를 장식하는 것이 되었다.

(기사굴산 법회)

(아사세 태자가 빈바사라왕을 유폐하다)

그때에 신통제일인 대목건련은 즉시 새매처럼 빠르게 왕이 있는 곳으로 날아왔다. 날마다 이와 같이 하여 왕에게 8재계를 주었고, 세존께서도 설법 제일인 부루나(富樓那) 존자를 보내어 왕을 위하여 설법하게 하셨다.

이렇게 21일이 지나자, 왕은 보릿가루 반죽 꿀을 먹고 설법을 들은 까닭에 얼굴색이 온화하고 즐거운 모습이 되었다.

이때에 아사세가 문지기에게 물었다. "부왕이 아직도 살아 있느냐?" 그러자 문지기가 대답했다. "대왕이시여, 위제희 부인께서 몸에 보릿가루 반죽 꿀을 바르고, 영락 속에 포도즙을 담아 오셔서 왕께 드리고, 사문인 대목건련과 부루나가 공중으로 날아와서 왕을 위해 설법하니, 저는 막을 수가 없습니다."

아사세는 이 말을 듣고 나서 자신의 어머니에게 불같이 화를 내면서 말했다. "내 적과 한 통속이 되다니 어머니는 역적이오. 현혹시키는 주술로 나쁜 왕을 여러 날 죽지 않게 하다니 사문은 나쁜 놈들이오." 곧 날카로운 검을 뽑아 들고 어머니를 살해하려 하였다.

그때에 월광(月光)이라는 신하가 있었는데 총명하고 지혜가 많았다. 그 신하는 기바(耆婆)와 함께 왕에게 예를 올리고 말하였다. "대왕이시여, 신(臣)들이 듣건대 바라문교의 베다경전에는 이 세계가 처음 이루어진 이래로 많은 악한 왕들이 나라의 왕위를 탐내어 자기 아버지를 살해하였으니, 그런 자가 1만 8천 명이었다고 합니다. 그러나 자기 어머니를 살해한 잔인무도한 왕이 있었다고는 아직 들어본 적이 없습니다.

그러자 아사세는 놀라고 두려워하며 기바에게 말했다. "그대는 나를 도와주지 않으려는가?"

기바가 대답했다. "대왕이시여, 절대 어머니를 해치지 마십시오." 아사세는 이 말을 듣고 자기의 잘못을 참회하며 용서를 구했다. 그리고 곧바로 수중의 검을 버리고 어머니를 살해하려던 행위를 멈추는 한편, 내관(內官)에게 명령하였다. "깊은 궁에 감금시켜 다시는 나오지 못하게 하여라."

(왕비 위제희가 몰래 왕에게 가다)

(아사세 태자가 자기 어머니를 살해하려 하다)

위제희는 감금되고 나서 근심 걱정으로 초췌해졌다. 그래서 멀리 기사굴산을 향하여 부처님께 예배하고 다음과 같이 말씀드렸다. "여래 세존께서는 예전에 항상 아난존자를 보내 저를 위로하고 안부를 물으셨습니다. 지금 저는 근심걱정에 싸여 있으나, 세존께서는 위엄과 덕망이 높고 무거우신 분이라, 감히 오시라고 청할 수도 없고 제가 갈 수도 없으니 뵐 길이 없습니다. 원하오니 목련존자와 아난존자를 보내 제가 뵐 수 있도록 하여 주십시오." 이렇게 말씀 드리고 나서 비 오듯이 눈물을 흘리고 슬피 흐느껴 울면서 멀리 부처님을 향하여 예배하였다.

그런데 위제희 부인이 숙였던 머리를 아직 들지 않은 그 잠깐 사이에 세존께서는 위제희가 마음속으로 생각하는 바를 기사굴산에서 이미 아시고, 즉시 대목건련과 아난에게 명하시니 그들은 공중으로 날아왔고, 부처님께서는 기사굴산에서 사라져 왕궁에 나타나셨다.

그때에 위제희가 예배를 마치고 머리를 들어 보니, 허공중에 세존 석가모니부처님은 몸이 자금색(紫金色: 자색을 띤 황금색, 자금은 자마황금의 준말—역주)이며 백 가지 보배로 이루어진 연꽃에 앉아 계시고, 목련은 그 왼쪽에서 모시고 서 있으며 아난은 그 오른쪽에서 모시고 서 있는데, 제석천과 대범천과 사왕천의 천인들은 허공에서 널리 하늘 꽃을 비 내리 듯이 흩뿌려서 부처님께 공양하고 있었다.

이때에 위제희는 부처님 세존을 뵙고 스스로 영락의 끈을 끊어 버리고는, 오체투지로 예배하고 방성대곡 하면서 부처님께 말씀드렸다. "세존이시여, 제가 전생에 무슨 죄를 지었기에 그 과보로 이렇게 악한 자식을 낳았습니까? 세존께서는 또 무슨 인연으로 제바달다와 친척(제바달다는 석가모니불의 사촌동생이자 아난의 친형임—역주)이 되셨습니까? 오직 원하오니 세존께서 저를 위하여 근심과 고뇌가 없는 곳에 대하여 자세히 말씀하여 주십시오. 저는 그곳에 왕생하겠습니다. 저는 염부제의 5탁10악(五濁十惡)의 세계를 좋아하지 않습니다. 이 5탁10악의 세계에는 지옥, 아귀, 축생의 중생들이 가득 차 있으며 착하지 못한 무리들이 너무나 많습니다.

(위제희가 부처님께 애원 간청하다)

저는 미래에 악한 소리를 듣지 않고 악한 사람을 보지 않기를 원하므로
이제 세존께 오체투지하여, 저를 가련히 여겨주시고 참회를 받아주시기
를 구합니다. 원하오니 태양처럼 밝은 지혜의 부처님이시여, 저에게 청정
한 업의 세계를 보도록 하여 주십시오.”

이때에 세존께서 양미간의 백호(白毫)에서 광명을 놓으시니, 그 광명은
금색으로 시방의 한량없는 세계를 두루 비추고, 돌아와 부처님 정수리에
머물렀다가, 변화하여 수미산처럼 높고 거대한 금대(金臺)로 변했으며, 시
방세계 모든 부처님의 청정하고 기묘한 불국토가 모두 그 금대 속에 나타
났다. 혹 어떤 국토는 7보(금 · 는 · 유리 · 파리 · 차거 · 적주 · 마노―역주)로
이루어졌고, 또 어떤 국토는 온통 연꽃으로만 이루어졌으며, 또 어떤 국
토는 자재천궁(自在天宮)과 같이 장엄하며, 혹 어떤 국토는 수정 거울처럼
맑고 투명하였다. 이렇게 시방세계의 불국토가 모두 그 금대 가운데 나타

났다. 이와 같은 한량없이 많은 불국토들이 있어 장엄하고 분명하게 드러나 장관인 것을, 위제희로 하여금 보게 하셨다.

이때에 위제희가 부처님께 말씀드렸다. "세존이시여, 이 모든 불국토들이 비록 청정하고 저마다 광명이 있으나, 저는 이제 기꺼이 아미타불이 계시는 곳인 극락세계에 태어나고자 합니다. 오직 원하오니 세존이시여, 그 곳에 태어나기 위해서는 어떻게 사유(思惟)하고, 어떻게 삼매[正受]를 얻어야 하는지를 저에게 가르쳐 주십시오."

이때에 세존께서 곧 미소를 지으시니 5색의 광명이 부처님의 입에서 나와, 그 하나하나의 광명 줄기마다 빈바사라왕의 정수리를 비추었다. 그때에 대왕은 비록 감금되어 있었으나, 마음의 눈이 열려 장애가 없었으므로 멀리서 세존을 뵙고 머리를 땅에 닿도록 숙여 예배하였다. 그러자 왕은 수행(修行) 공부가 자연히 증진하여 아나함과를 이루었다.

이때에 세존께서 위제희에게 말씀하셨다. "그대는 지금 아는가? 아미타불은 이곳으로부터 멀지 않은 곳에 계시느니라. 그대는 마땅히 생각을 묶어 집중하여 저 나라와 정업(淨業)을 닦아 이룬 사람들을 자세히 보라. 나는 지금 그대를 위하여 많은 비유들을 자세히 말해 주겠다. 또한 미래 세상의 모든 범부들 중에 정업을 닦고자 하는 자로 하여금 서방극락국토에 태어나도록 하겠노라.

저 국토에 태어나고자 하는 자는 마땅히 세 가지 복을 닦아야 한다. 첫째는 부모에게 효도 봉양하고, 스승을 받들어 모시며, 자비심에서 생명을 죽이지 않고, 열 가지 선업[十善業]을 닦는 것이다. 둘째는 삼귀의 계를 받아 항상 기억하며, 계율들을 받아 갖추고 지키며, 일상생활 거동 속에서 위엄과 예의를 위반하지 않는 것이다. 셋째는 보리심을 일으키고, 인과응보의 도리를 깊이 믿으며, 대승경전을 독송하고, 다른 사람에게 불법을 신앙하고 정진 수행하도록 권장하는 것이다. 이상에서 말한 세 가지 일을 정업이라고 하느니라."

부처님께서 위제희에게 말씀하셨다. "그대는 이제 아는가? 이 세 가지

업이 바로 3세(三世)의 모든 부처님들의 정업의 정인(正因: 직접 원인. 부처가 될 올바른 종자—역주)이니라."

부처님께서 아난과 위제희에게 말씀하셨다. "자세히 들어라! 자세히 들어라! 그리고 잘 사념하라. 여래는 이제 미래 세상의 일체 중생 중에 번뇌의 도적에게 상해를 입을 자를 위하여 청정한 업을 말하리라. 훌륭하도다! 위제희여, 때마침 이 일을 잘 물었도다.

아난아, 너는 마땅히 잘 듣고 기억하였다가 널리 많은 중생들을 위해 부처의 말을 설하고 전하도록 하여라. 여래는 이제 위제희와 미래 세상의 일체 중생에게 서방극락세계를 어떻게 관(觀)할 지를 가르쳐 주리라. 그대들은 부처의 힘의 가피로 말미암아 응당 저 청정한 국토를 보게 되리니, 마치 밝은 거울을 들고 자신의 얼굴을 비춰 보는 것과 같으리라. 그리고 저 국토의 지극히 미묘(美妙)하고 즐거운 일들을 보고 마음이 환희하는 까닭에 곧 무생법인(無生法忍)을 얻으리라."

부처님께서 위제희에게 말씀하셨다. "그대는 범부이기에 마음으로 생각하고 관하는 능력이 허약하고 천안통을 아직 얻지 못하였으므로 먼 곳을 볼 수 없다. 그러나 모든 여래는 그대로 하여금 먼 곳을 볼 수 있게 하는 특이한 방편이 있다."

위제희가 부처님께 말씀드렸다. "세존이시여, 저의 경우는 방금 부처님의 힘의 가피로 말미암아 저 국토를 보았지만, 만약 부처님께서 열반하신 후에 중생들은 5탁과 10악으로 착하지 못하며, 다섯 가지 고통[五苦: 생로병사의 고통, 구하나 얻지 못하는 고통, 사랑하는 자와 헤어지는 고통, 미운 자와 만나는 고통, 오음이 치성한 고통—역주]에 핍박당할 텐데, 어떻게 아미타불의 극락세계를 보아야 합니까?"

제1관 일상(日想)

부처님께서 위제희에게 말씀하셨다. "그대와 그리고 중생들은 온 마음을 기울여 생각을 한 곳에 묶어 집중하여 서방극락세계를 생각하여야 한다.

어떻게 생각을 할까? 무릇 생각을 하는 사람은, 모든 중생 가운데 장님으로 태어나지 않아 눈이 있는 사람들은 모두 해가 지는 모습을 본적이 있으니, 그 모습을 떠올리는 생각을 일으켜야 한다.

서쪽을 향하여 바르게 앉아(가부좌를 말하나 어렵다면 반가부좌도 좋음—역주) 해를 자세히 관(觀)한다. 그 모습에 마음을 굳게 머물게 하여 오로지 그 생각만하고 다른 생각으로 옮겨가지 않게 한다. 해가 지려는 모습이 마치 매달아 놓은 북과 같음을 본다. 그리하여 해를 보게 되었거든, 눈을 감거나 뜨거나 그 모습이 분명하도록 하라.

이것이 일상(日想)이며, 초관(初觀)이라고 한다. 이렇게 관하는 것을 정관(正觀: 올바른 관—역주)이라 하고, 이와 다르게 관한다면 사관(邪觀: 틀린 관—역주)이라 하느니라."

제2관 수상(水想)

부처님께서 위제희에게 말씀하셨다. "초관이 이루어졌거든, 그 다음에는 물을 떠올리는 생각을 하라. 서쪽이 온통 큰 물이다고 생각하고 본다. 그 물이 맑음을 보되, 그 모습 역시 분명 또렷하도록 하고 의식이 흩어짐이 없게 한다.

물을 보게 되었거든, 얼음을 떠올리는 생각을 일으켜야 한다. 얼음이 투명하게 비침을 보고, 유리를 떠올리는 생각을 하라.

이러한 생각이 이루어졌거든, 유리로 이루어진 땅의 안팎이 투명하게 비침을 본다.

(낙일현고관落日懸鼓觀)

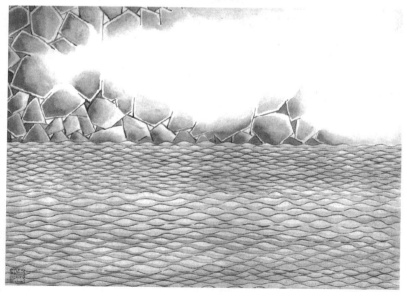

(대수결빙관大水結氷觀)

그 유리 땅 아래는 금강과 7보로 이루어진 황금 당간[金幢]이 있어 유리 땅을 받치고 있다. 그 당간은 팔각형 기둥으로, 그 하나하나의 측면마다 백 가지 보배로 이루어져 있다. 그 하나하나의 보배마다 1천 줄기의 광명이 있다. 그 하나하나의 광명 줄기마다 8만 4천 가지의 색이 있어 유리 땅을 비치니, 마치 억천 개의 태양 광명과 같아서 이루 다 볼 수가 없다.

그 유리 땅 위는, 황금 도로[黃金繩]로써 가로세로 교차시키고 7보로써 도로의 양쪽 경계를 표시하여, 칸칸이 구역들로 나누어져 질서정연하고 분명하다.

그 7보 하나하나의 보배 속에서 5백 가지 색의 광명들이 나오고 있다. 그 광명마다 꽃과 같고 별이나 달과도 같은데, 허공에 걸려 있으면서 변하여 광명대(光明臺)를 이룬다.

그 광명대마다 위에는 천만 개의 누각들이 있는데 백 가지 보배로 이루어져 있으며, 광명대마다 양쪽은 각각 1백억 송이의 꽃으로 꾸며진 당간과 무량한 악기들로써 장엄하였다.

여덟 가지 맑은 바람이 광명으로부터 불어나와 그 악기들을 두드려 울리면, 고(苦)와 공(空)과 무상(無常)과 무아(無我)의 진리의 소리를 연설한다.

이것이 수상(水想)이며 제2관이라 한다.

제3관 지상(地想)

이상의 생각들이 이루어졌을 때는 그 모습들을 하나하나 관하되 지극히 또렷하도록 한다. 눈을 감거나 뜨거나 흩어지지 않게 해야 하며, 오직 식사 때만 제외하고는 항상 그 모습들을 기억하라.

이렇게 관하는 것을 정관이라 하고, 이와 다르게 관한다면 사관이라 하느니라."

(유리보지관琉璃寶地觀)

부처님이 아난과 위제희에게 말씀하셨다. "수상(水想)이 이루어졌다면 극락국토의 땅을 대략 보았다고 한다. 만약 삼매를 얻으면 저 국토의 땅을 또렷하고 분명하게 볼 수 있으며, 그 장엄함을 말로 이루 다 할 수 없느니라. 이것이 지상(地想)이며, 제3관이라 한다."

부처님께서 아난에게 말씀하셨다. "너는 부처의 말을 잘 받아 기억하고 그대로 닦고 미래세의 모든 대중 가운데 고통에서 해탈하고자 하는 자를 위하여, 이렇게 땅을 관하는 법을 말해 주어라. 만약 이렇게 땅을 관할 수 있다면, 8십억 겁 동안 지은 생사의 죄업이 소멸하며, 금생의 이 몸을 버리고 나면 다음 생에는 반드시 서방극락세계인 청정한 불국토에 태어날 것이며, 이에 대해 마음에 의심이 없게 되느니라.

이렇게 관하는 것을 정관이라 하고, 이와 다르게 관한다면 사관이라 하느니라."

제4관 수상(樹想)

부처님께서 아난과 위제희에게 말씀하셨다. "지상(地想)이 이루어졌거든, 그 다음에는 그 유리 땅 위에 서 있는 보배 나무를 관하라. 보배 나무를 관할 때는, 한 그루 한 그루씩 관하고, 가로 세로 각각 일곱 줄의 나무들이 서 있다고 생각한다.

나무 한 그루마다 높이가 8천 유순(由旬: 32만 리—역주)이며, 그 보배 나무들은 모두 7보로 이루어진 꽃과 잎을 갖추지 않은 것이 없다.

하나하나 꽃과 잎마다 다른 보배 색 빛이 난다. 유리색(琉璃色) 가운데에서는 금색(金色) 빛이 나고, 파리색(頗梨色) 가운데에서는 홍색(紅色) 빛이 나며, 마노색(馬腦色) 가운데에서는 차거(硨磲) 빛이 나고, 차거색 가운데에서는 녹진주(綠眞珠) 빛이 난다. 그 밖에 산호와 호박 등 일체의 보배들이 이처럼 서로 비추며 장식하고 있다.

그리고 기묘한 진주로 이루어진 그물이 나무 위를 가득 덮고 있으며, 한 그루 한 그루의 나무 위마다 일곱 겹의 그물이 있다.

한 겹 한 겹의 그물 사이마다 기묘한 꽃으로 장엄한 궁전이 5백억 개가 있는데 마치 대범천왕의 궁전과 같다.

그 궁전 안에서는 천상의 동자(童子)들이 자연히 있으며, 하나하나의 동자마다 5백억 개의 석가비릉가마니 보배구슬로 이루어진 영락을 차고 있다.

그 마니 보배 구슬들의 광명이 1백 유순(수천 리—역주)을 비추는데, 마치 1백억 개의 달과 해의 광명이 한데 어울린 것과 같아서, 그 광명 전체를 무엇이라 이름 지을 수가 없으며, 수많은 보배들이 사이사이 서로 엇갈리면서 빛나고 있어 광명의 색 중에서는 가장 훌륭하다.

이 모든 보배 나무들은 한 줄 한 줄 마주보며 가지런히 줄지어 있고, 그 잎들은 한 잎 한 잎 순서지어 배열되어 있다.

많은 잎들 사이에는 갖가지 기묘한 꽃이 피어 있으며 꽃 위에는 자연히

(칠중항수관七重行樹觀)

7보 열매가 열려 있다.

　하나하나의 나뭇잎은 길이와 너비가 똑 같이 25 유순(대략 1천 리―역주)이다. 그 잎은 1천 가지 색깔에 1백 가지 무늬 그림이 있어, 마치 천인의 영락과도 같이 기묘하다.

　또 기묘한 꽃이 많이 있는데 염부단금색(閻浮檀金色)을 띠고 그 광명은 마치 회전하는 불바퀴[旋火輪: 횃불과 불의 줄을 손에 갖고 빙글빙글 돌리면 불의 고리같이 보임. 그 바퀴―역주]처럼 잎들 사이를 맴도는 것 같다.

　꽃에서 온갖 열매들이 솟아 나옴은, 마치 도리천의 천주인 석제환인의 보배 병이 원하는 것은 무엇이든지 솟아냄과도 같다.

　보배 나무들에서는 큰 광명이 나고, 그 광명은 변화하여 무수한 보배 당번(幢幡)과 한량없는 보배 일산들이 된다.

　이 보배 일산들 속에는 3천대천세계와 그 안에서 부처님이 중생을 제도 교화하는 일체의 불사(佛事)가 모두 비쳐서 나타나며, 시방세계의 불국토들도 그 가운데에 나타나 있다.

이와 같은 보배 나무를 보게 되었거든, 역시 차례로 하나하나 이를 관하여야 한다. 나무의 줄기, 가지, 잎, 꽃, 열매를 관하여 보되, 그 모습들 모두가 분명하도록 하라.

이것이 수상(樹想)이며 제4관이라고 한다. 이렇게 관하는 것을 정관이라 하고, 이와 다르게 관한다면 사관이라 하느니라."

제5관 팔공덕수상(八功德水想)

부처님께서 아난과 위제희에게 말씀하셨다. "수상(樹想)이 이루어졌거든, 그 다음에는 물을 생각하여야 한다. 물을 생각하려면 다음과 같이 한다.

극락국토에는 8공덕을 갖춘 연화지 물들이 있다. 하나하나의 연화지 물마다 7보로 이루어져 있다.

그 보배 물은 부드럽고 연하며 보배의 왕 여의주[如意珠王]로부터 나오는데 14 줄기로 나누어져 있으며, 하나하나의 물줄기마다 7보의 기묘한 색을 띠고 있다.

연화지의 둘레 기슭[渠]은 황금으로 이루어져 있으며, 그 둘레 기슭 아래 연못 바닥은 온통 여러 색이 뒤섞인 금강 모래로 깔려 있다.

하나하나의 연화지 물마다 7보로 된 연꽃이 6십억 송이가 있고, 한 송이 한 송이의 연꽃마다 둥글둥글한데 그 크기가 꼭 12유순(4백8십리―역주)이다.

그 여의주에서 나오는 물은 연꽃들 사이를 흐르고 연화지 밖의 보배 나무들을 따라 오르내린다. 그 흐르는 소리가 미묘하면서[微妙: 헤아릴 수 없을 만큼 깊고 훌륭한 것. 말할 수 없는 부사의함―역주] 고(苦)와 공(空)과 무상(無常)과 무아(無我)와 6바라밀의 가르침을 연설하고, 또 모든 부처님의 상호(相好)를 찬탄한다.

(팔공덕수관八功德水觀)

그 보배의 왕 여의주에서 금색의 미묘한 광명이 솟아 나오고, 그 광명이 변화하여 1백 가지 보배 색으로 이루어진 새가 되어, 음조가 잘 어울리게 지저귀는데 그 소리가 슬프고 우아하면서, 불법승 삼보를 생각하는 공덕을 항상 찬탄한다.

이것이 8공덕수상(八功德水想)이며, 제5관이라 한다. 이렇게 관하는 것을 정관이라 하고, 이와 다르게 관한다면 사관이라 하느니라."

제6관 총관상(總觀想)

부처님께서 아난과 위제희에게 말씀하셨다. "온갖 보배로 장엄한 국토의 하나하나의 경계구역 위마다 5백억 개의 보배 누각이 있고, 그 누각 안에서는 한량없이 많은 천인들이 천상의 음악을 연주하고 있다.

또한 갖가지 악기들이 마치 천상의 보배 당번처럼 허공에 매달려 있으며, 두드리지 않아도 저절로 소리가 울리는데, 그 소리들 속에서 모두, 불법승 삼보를 생각하라고 설하고 있다.

이상의 생각들이 이루어지고 나면 극락세계의 보배 나무와 보배 땅과 보배 연화지를 대략 보았다고 하느니라. 이것이 총관상(總觀想)이며, 제6관이라 한다.

이와 같이 본 사람이라면, 무량억겁 동안 지은 지극히 무거운 악업이 소멸하며, 목숨이 다한 후에는 반드시 저 나라에 태어날 것이니라.

이렇게 관하는 것을 정관이라 하고, 이와 다르게 관한다면 사관이라 하느니라."

제7관 화좌상(華座想)

부처님께서 아난과 위제희에게 말씀하셨다. "자세히 들어라! 자세히 들어라! 그리고 잘 사념(思念)하여라! 내가 그대들을 위하여 고뇌를 없애는 법을 하나하나 분별하여 해설하겠다. 그대들은 이를 기억하였다가 널리 대중들을 위해 하나하나 분별하여 해설해 주라."

부처님께서 이렇게 말씀을 하셨을 때 무량수불(無量壽佛)께서 나타나 허공중에 머물러 서 계시고, 관세음(觀世音)과 대세지(大勢至) 두 보살이 각각 그 좌우에서 모시고 서 있었다.

무량수불의 금색 몸에서 광명이 눈부시게 빛나서 이루 다 볼 수가 없었으니, 백천 가지의 염부단금색으로도 비교할 수 없었다.

이때에 위제희는 무량수불을 뵙고는 향하여 접족례(接足禮: 두 손으로 절 받을 이의 발을 받들어 자기의 머리에 대는 것—역주)를 올리고 나서, 석가모니부처님께 말씀드렸다.

"세존이시여! 저는 지금 부처님 힘의 가피로 말미암아 무량수불과 두 보살님을 뵐 수 있습니다. 그런데 미래의 중생은 마땅히 어떻게 해야 무량수불과 두 보살님을 뵐 수 있겠습니까?"

(총관의보관總觀依報觀)

(극락삼성이 공중에 머물러 계시다)

부처님께서 위제희에게 말씀하셨다. "저 무량수불을 뵙고자 하는 사람은 떠올리는 생각을 하여, 7보로 된 땅 위에 연꽃 한 송이가 있다는 생각을 하여야 한다. 그 연꽃의 꽃잎 하나하나마다 1백 가지 보배 색을 내고, 8만 4천 줄의 가는 무늬 맥락이 있어 마치 천상세계의 그림과도 같으며, 그 한 줄 한 줄의 무늬 맥락마다 8만 4천 줄기의 광명이 있다. 이러한 모습을 하나하나 또렷하고 분명하게 하여 그 모두가 보일 수 있도록 하라.

꽃잎이 작은 것은 길이와 너비가 250유순(1만 리―역주)인데, 이와 같은 연꽃 한 송이마다 8만4천 개의 큰 꽃잎이 있다.

하나하나의 꽃잎 사이마다 1백억 개의 보배의 왕 마니주가 비치며 장식하고 있다.

그 하나하나의 마니주가 1천 줄기의 광명을 내고, 그 광명은 마치 보배 일산 같고 7보로 이루어져 땅 위를 뒤덮고 있다.

연화대는 석가비릉가마니 보배구슬로 이루어져 있고, 8만 개의 금강견숙가 보배구슬과 범마니 보배구슬과 기묘한 진주로 이루어진 그물을 교차시켜 장식하였다.

그 연화대 위에는 자연히 네 기둥의 보배 당간이 세워져 있는데, 하나하나의 보배 당간마다 마치 백천만억 개의 수미산과 같고, 보배 당간의 위에 있는 보배 장막은 마치 야마천궁의 그것과 같으며, 5백억 개의 미묘한 보배 구슬로 비추어 장식하였다.

그 하나하나의 보배 구슬마다 8만4천 줄기의 광명이 있고, 하나하나의 광명 줄기마다 8만4천 개의 다른 종류의 금색 광명을 내며, 하나하나의 금색 광명 줄기가 그 보배 국토를 두루 비추면서 곳곳마다 변화하여 각각 기이한 모습이 된다. 혹은 금강대(金剛臺)가 되기도 하고, 혹은 진주그물이 되기도 하고, 혹은 여러 색이 뒤섞인 알록달록한 연꽃 구름이 되기도 하여, 극락세계 어느 곳에서나 중생의 뜻대로 변하여 나타나 불사(佛事)를 행하고 있다.

(연화보좌관蓮花寶座觀)

이것이 화좌상[華座想]이며, 제7관이라 한다."

부처님께서 아난에게 말씀하셨다. "이와 같이 기묘한 연꽃은 무량수불께서 법장(法藏) 비구였을 때 세운 원력에 따라 이루어진 것이다. 만약 저 무량수불을 생각하고자 한다면, 먼저 이 기묘한 연화좌 생각을 하여야 한다.

이 생각을 할 때는 뒤섞어 관을 하지 말고, 그 모든 모습들을 하나하나 관하여야 한다. 하나하나의 연잎, 하나하나의 보배 구슬, 하나하나의 광명, 하나하나의 연화좌대, 하나하나의 보배당간, 이 모든 모습들을 마치 거울 속에서 자신이 얼굴을 보는 것처럼 분명하도록 하라.

이와 같은 생각이 이루어지면 5만억 겁 동안 지은 생사의 죄업이 소멸하고 반드시 극락세계에 태어나게 되느니라.

이렇게 관하는 것을 정관이라 하고, 이와 다르게 관한다면 사관이라 하느니라."

제8관 상상(像想)

부처님께서 아난과 위제희에게 말씀하셨다. "이상의 모습들을 보게 되었거든, 그 다음에는 부처님을 생각하여야 한다.
왜냐 하면 모든 부처님 여래께서는 법계신(法界身)으로, 두루 일체 중생의 마음의 생각 속으로 들어가 계시기 때문이다.

그러므로 그대들의 마음이 부처님을 생각할 때 이 마음이 곧 32상과 80종호이니라. 이 마음이 부처님을 이루고, 이 마음이 부처님이니라[是心作佛, 是心是佛]. 모든 부처님의 지혜의 바다[正遍知海]는 마음이 생각함으로부터 생긴다. 그러므로 일심으로 생각을 묶어 집중하여 저 부처님[佛]·여래(如來)·응공(應供)·정변지(正遍知)를 자세히 관하여야 한다.

저 무량수불을 생각하려면 먼저 그 형상을 생각하여야 한다. 눈을 감거나 눈을 뜨거나 보배 불상을 한 분 본다. 불상은 온 몸이 염부단금색과 같으며 저 연화좌 위에 앉아 있다.

불상이 앉아 있음을 보게 되었다면, 마음의 눈이 열리게 되어 또렷하고 분명하게 극락세계가 7보로 장엄되었음을 본다. 보배 땅과, 보배 연화지와, 보배 나무들이 줄지어 서 있음과, 천상세계의 보배 장막들이 그 나무 위를 뒤 덮고 있음과, 수많은 보배 그물들이 허공에 가득한, 이와 같은 모습들을 보되, 마치 손바닥을 보듯이 지극히 분명하고 또렷하도록 하라.

이러한 모습들을 보게 되었거든, 다시 큰 연꽃 한 송이가 그 부처님의 왼쪽에 있는데 앞에서 말한 연꽃과 똑 같아 조금도 다름이 없다는 생각을 하라. 또 한 송이의 큰 연꽃이 그 부처님의 오른쪽에 있다는 생각을 하라.

그리고 한 분의 관세음보살상이 그 왼쪽 연화좌에 앉아 있는데 온 몸이 금색으로 앞에서 말한 것과 다름이 없으며, 또 한 분의 대세지보살상이 그 오른쪽 연화좌에 앉아 있다고 생각하라.

(삼성상관三聖像觀)

이와 같은 생각이 이루어졌을 때, 부처님의 상(像)과 보살의 상이 모두 기묘한 광명을 놓는다. 그 광명은 금색으로 모든 보배 나무를 비추며, 하나하나의 나무 아래마다 또 세 송이의 연꽃이 있으며, 그 모든 연꽃들 위에는 각각 한 분의 불상과 두 분의 보살상이 있어 저 국토에 가득 퍼져 있다.

이와 같은 생각이 이루어졌을 때, 마땅히 수행자는 흐르는 물과 광명과 모든 보배 나무와 물오리와 기러기와 원앙새 등이 모두 심원하고 미묘한 법을 설하는 것을 들을 수 있으며, 선정에 들었을 때나 선정에서 나왔을 때도 항상 심원하고 미묘한 법을 들을 수 있다.

수행자는 선정 중에 들은 것을 선정에서 나왔을 때에도 잘 기억하여 놓아버리지 말고, 경전에서 말하는 것과 부합하도록 해야 한다. 만일 부합하지 않는다면 망상(妄想)이라고 하며, 부합한다면 대략 극락세계를 보았다고 한다.

　이것이 상상[像想]이며, 제8관이라 한다. 이렇게 관할 수 있다면 무량억 겁 동안 지은 생사의 죄업이 소멸하고 현재의 몸으로 염불삼매(念佛三昧)를 얻느니라.

　이렇게 관하는 것을 정관이라 하고, 이와 다르게 관한다면 사관이라 하느니라."

제9관 편관일체색신상(偏觀一切色身相)

이상의 생각이 이루어졌거든, 그 다음에는 다시 무량수불의 상호와 광명을 관하라.

　아난아, 마땅히 알아라. 무량수불 몸의 색은 백천만억 개의 야마천의 염부단금색과 같고, 부처님 몸의 높이는 60만억 나유타 항하사 유순(1유순은 4십 리임—역주)이니라.

　양미간의 백호(白毫)는 오른쪽으로 빙빙 돌아 감겨있으면서 다섯 개의 수미산만큼이나 크고, 부처님의 눈은 맑고 깨끗하면서 네 개의 거대한 바다 물만큼 크며 푸른 눈동자와 흰자위가 분명하다.

　몸의 모든 털구멍에서는 수미산처럼 큰 광명이 흘러나온다.

　저 부처님의 원광(圓光: 후광—역주)은 마치 백억 개의 3천대천세계만큼이나 크고, 그 원광 속에는 백만억 나유타 항하강의 모래알 수만큼의 화불(化佛)이 계신다. 그 한 분 한 분의 화불께도 무수히 많은 화보살(化菩薩)들이 시자로 있다.

　무량수불께는 8만4천 가지의 상(相)이 있으며, 하나하나의 상마다 각각 8만4천 가지의 종호가 있다.

　그 하나하나의 종호마다 또 8만4천 줄기의 광명이 있고, 하나하나의 광명 줄기마다 시방세계의 염불하는 중생을 두루 비추어 거두어서 버리지 않는다.

(미타신관彌陀身觀)

그 광명과 상호, 그리고 화불에 대해서는 이루 다 말할 수가 없으니, 다만 깊이 기억하고 생각하여 마음으로 하여금 분명히 보도록 하라. 이와 같은 모습을 뵈면 곧 시방세계의 일체 모든 부처님을 뵈며, 모든 부처님을 뵙기 때문에 염불삼매라고 한다.

이렇게 관하는 것을 모든 부처님의 몸을 관한다고 하며, 부처님의 몸을 관하므로 또한 부처님의 마음도 보는 것이다. 모든 부처님의 마음이란 대자대비(大慈大悲)가 곧 그것이니, 조건 없는 자비로써 모든 중생을 거두어 주는 것이다.

이와 같이 관한 자는 금생의 몸을 버리고 다음 생에는 모든 부처님 앞에 태어나 무생법인을 얻을 수 있을 것이니라.

부처님께서 아난과 위제희에게 말씀하셨다. "그러므로 지혜로운 사람은 마땅히 마음을 한 곳에 묶어 무량수불을 자세히 관하라. 무량수불을 관하려면 한 가지 상호로부터 들어간다. 먼저 미간의 백호만을 관하여 지극히 분명하고 또렷하도록 하라. 미간의 백호상(白毫相)을 보고 나면 8만4천 가지 상호를 저절로 당연히 보게 된다.

무량수불을 뵙고 나면 곧 시방세계의 한량없는 부처님들을 뵈며, 그 한량없는 부처님들을 뵘으로써 그 모든 부처님들께서 앞에 나타나 수기를 주신다.

이것이 편관일체색신상(偏觀一切色身相)이며, 제9관이라 한다. 이렇게 관하는 것을 정관이라 하고, 이와 다르게 관하는 것을 사관이라 하느니라."

제10관 관세음보살진실색신상(觀世音菩薩眞實色身相)

부처님께서 아난과 위제희에게 말씀하셨다. "무량수불을 또렷하고 분명하게 보게 되었거든, 다음에는 관세음보살도 관하여야 한다.

이 보살은 신장(身長)이 80만억 나유타 유순이고, 몸은 자금색이며 정수리에는 육계(肉髻)가 있다.

목에는 원광이 있는데 그 지름이 백천 유순이다. 그 원광 속에는 나 석가모니와 같은 5백 분의 화불이 계시며, 그 한 분 한 분의 화불마다 5백 분의 화보살과 한량없는 천인들이 시자로 있다.

온몸의 광명 속에는 6도[五道: 천도·아수라도·인도·축생도·아귀도·지옥도—역주] 중생들의 온갖 몸의 모습들이 나타난다.

정수리 위에는 보배의 왕 여의주로 된 천관(天冠)을 쓰고 있으며, 그 천관 속에 한 분의 화불이 계시는데 그 높이가 25유순(1천리—역주)이다.

관세음보살의 얼굴은 염부단금색과 같다. 양미간의 호상(毫相)은 7보의 색을 갖추었으며 8만4천 가지의 광명을 흘려낸다.

그 하나하나의 광명 줄기마다 한량없이 무수한 백천 분의 화불이 계시며, 한 분 한 분의 화불마다 무수히 많은 화보살이 시자로 있고, 화불 화보살들은 모두 모습을 바꾸어 나타남이 자재하며 시방세계에 가득 차 있

(관음신관觀音身觀)

다.

　관세음보살의 두 팔은 마치 홍련화 색과 같고, 80억의 미묘한 광명이
변화해서 된 영락을 차고 있으며, 그 영락에는 일체의 모든 장엄한 일들
이 두루 나타난다.

　손바닥은 5백억 송이의 갖가지 연꽃이 한데 섞여 나타내는 색을 띠고
있으며, 열 손가락 끝 마디 하나하나마다 8만4천 가지의 무늬 그림이 있
어 마치 도장을 찍어놓은 흔적 같다. 하나하나의 무늬 그림마다 8만4천
가지의 색이 있으며, 그 하나하나의 색마다 8만4천 가지의 광명이 있으
며, 그 광명은 부드러우면서 모든 것을 두루 비추며, 그 보배 손으로 중생
들을 맞이하여 이끄느니라.

　보살이 발을 들 때에는 발바닥에 있는 천 폭의 바퀴살 무늬가 자연히
변화하여 5백억 개의 광명대(光明臺)가 되며, 발을 디딜 때에는 무수한 금
강마니(金剛摩尼) 보배 꽃들이 있어 모든 곳에 뿌려져 가득 차지 않는 곳

이 없다.

그 밖의 신상들과 많은 종호들도 다 갖추어 무량수불과 다름이 없으나, 오직 정수리 위의 육계상과 무견정상(無見頂相)만이 세존께 미치지 못한다.

이것이 관관세음보살진실색신상(觀觀世音菩薩眞實色身想)이며, 제10관이라 한다."

부처님께서 아난에게 말씀하셨다. "만일 관세음보살을 관하고자 하면 마땅히 이렇게 관하라. 이렇게 관하면 모든 재난을 만나지 않고 업장이 깨끗이 소멸하며 무수한 겁 동안 지은 생사의 죄업이 없어지느니라. 이와 같은 보살은 그 이름만 들어도 한량없는 복을 얻는데, 하물며 자세히 관하는 것이야 더 말할 나위가 있겠느냐?

만약 어떤 사람이 관세음보살을 관하고자 하면, 먼저 정수리 위의 육계를 관하고, 그 다음에는 천관을 관하라. 그리고 그 밖의 나머지 여러 상호들도 역시 차례로 관하되, 모두 손바닥을 보듯 분명하고 또렷하도록 한다. 이렇게 관하는 것을 정관이라 하고, 이와 다르게 관한다면 사관이라 하느니라."

제11관 관대세지색신상(觀大勢至色身相)

부처님께서 아난과 위제희에게 말씀하셨다. "그 다음에는 대세지보살을 관하라. 이 보살의 몸의 크기 또한 관세음보살과 같다.

원광은 그 지름이 225유순이며, 250유순을 비춘다.

온몸의 광명은 시방국토를 비추는데 자금색이 나며, 인연이 있는 중생은 모두 볼 수 있느니라.

이 보살의 한 털구멍에서 나오는 광명만 보아도 곧 시방세계의 한량없는 모든 부처님의 청정하고 미묘한 광명을 볼 수 있으므로, 이 보살의 명호를 무변광(無邊光)이라고 한다. 지혜 광명으로 일체 중생을 두루 비추어

3악도(축생도 · 아귀도 · 지옥도—역주)를 떠나게 하고 최상의 힘[無上力]을 얻게 하므로, 이 보살의 명호를 대세지(大勢至)라고 한다.

(세지신관勢至身觀)

이 보살의 천관에는 5백 송이의 보배 연꽃이 있고, 하나하나의 보배 연꽃 송이마다 각각 5백 개의 보대(寶臺)가 있으며, 하나하나의 보대마다 시방세계의 모든 부처님의 청정하고 미묘한 국토의 광대하고 장엄한 모습이 다 그 가운데 나타난다.

정수리 위의 육계는 마치 홍련화와 같고, 육계 위에는 보배 병이 하나 있는데 온갖 광명을 담고 있으면서 불사(佛事)를 두루 나타낸다.

그 밖의 몸의 상호들은 관세음보살과 같아서 조금도 다름이 없다.

이 보살이 걸을 때에는 시방세계가 모두 진동하며, 땅이 진동하는 곳마다 각각 5백억 송이의 보배 꽃이 있으며, 하나하나의 보배 꽃송이마다 장엄하고 높고 분명함이 극락세계의 것과 같다.

이 보살이 앉을 때에는 7보 극락국토가 일시에 움직여 흔들린다.

가장 하방(下方)의 금광불찰(金光佛刹)로부터 가장 상방(上方)의 광명왕 불찰(光明王佛刹)에 이르기까지 그 사이에 있는, 한량없는 먼지 수만큼이 나 많은 무량수불의 분신(分身)과 관세음보살의 분신과 대세지보살의 분 신이 모두 다 극락국토에 구름처럼 모여 허공을 가득 메우며, 연화좌에 앉아 심원하고 미묘한 법을 연설하여 고해(苦海) 속의 중생을 제도하느니 라.

이렇게 관하는 것을 대세지보살을 관하여 본다고 하며, 이것이 관대세 지색신상(觀大勢至色身相)이다.

이 보살을 관하는 것을 제11관이라 하고, 무수한 겁의 아승기 세월 동 안 지은 생사의 죄업이 소멸하느니라.

이렇게 관한 자는 생사윤회 고통의 포태에 들어가지 않고, 항상 모든 부처님의 청정하고 기묘한 국토에 돌아다닐 수 있느니라.

이 관이 이루어졌다면 관세음보살과 대세지보살을 온전히 관했다고 한 다.

이렇게 관하는 것을 정관이라 하고, 이와 다르게 관한다면 사관이라 하 느니라.”

제12관 보관상(普觀想)

부처님께서 아난과 위제희에게 말씀하셨다. “이상의 모습들을 보게 되 었을 때는, 자기가 서방 극락세계에 태어나 연꽃 속에 가부좌하고 앉는다 는 생각을 하고 마음으로 보아야 한다.

연꽃이 접어진다는 생각을 하고, 연꽃이 핀다는 생각을 한다. 연꽃이 피어났을 때 5백 가지 색의 광명이 와서 자기 몸을 비춘다는 생각을 한 다. 눈을 뜬다는 생각을 하고 부처님과 보살들이 허공에 가득한 것을 본다.

물과 새와 나무와 숲과 모든 부처님께서 내는 음성들이 모두 심원하고 미묘한 법을 연설하는데, 모두 12부경(部經)과 부합한다.

만약 선정에서 나왔을 때에도 깊이 기억하여 잃어버리지 않으며 그러한
모습들을 보게 되었다면, 무량수불의 극락세계를 보았다고 하느니라.

이것이 보관상(普觀想)이며, 제12관이라 한다.

무량수불은 화신(化身)이 헤아릴 수 없이 많아서, 관세음보살과 대세지보살과 함께 이 관을 닦는 사람이 있는 곳으로 항상 오시느니라.

이렇게 관하는 것을 정관이라 하고, 이와 다르게 관한다면 사관이라 하느니라."

(보관당생관普觀當生觀)

(잡관삼성관雜觀三聖觀)

제13관 잡상관(雜想觀)

　부처님께서 아난과 위제희에게 말씀하셨다. "만약 지극히 간절한 마음
으로 서방극락세계에 태어나고자 하는 사람이라면, 먼저 1장 6척 되는
불상이 7보 연화지 물 위에 계시는 모습을 관하여야 한다.

　앞에서 말한 것처럼 무량수불의 몸의 크기는 끝이 없으므로 범부 마음
의 힘으로는 미칠 바가 아니다. 그러나 저 여래께서 과거세에 세운 원력
으로 말미암아, 깊이 기억하고 생각하는 사람이 있다면 반드시 성취할 수
있느니라. 단지 1장 6척의 불상을 생각하여도 무량한 복을 얻게 되거늘,
하물며 다시 부처님이 원만하게 갖춘 신상을 관하는 것이야 더 말할 나위
가 있겠느냐?

　아미타불께서는 신통이 뜻하는 대로여서 시방세계의 모든 국토에 변화

하여 나타나심이 자재하다. 때로는 허공을 가득 채우는 커다란 몸을 나타내시기도 하고, 때로는 1장 6척의 혹은 8척의 작은 몸을 나타내시기도 한다. 나타내시는 형상은 모두 진금색(眞金色)이며, 원광과 화불 그리고 보배 연꽃은 앞에서 말한 것과 같다.

관세음보살과 대세지보살은 어느 곳에서나 나타내는 몸이 중생과 같다. 다만 그 머리 모습만 보면 관세음보살인지 대세지보살인지 알 수 있다. 이 두 보살은 아미타불을 도와 널리 일체 중생을 교화한다.

이것이 잡상관(雜想觀)이며, 제13관이라 한다. 이렇게 관하는 것을 정관이라 하고, 이와 다르게 관한다면 사관이라 하느니라."

제14관 상배생상(上輩生想)

부처님께서 아난과 위제희에게 말씀하셨다. "서방 극락세계에 태어남에는 모두 9품(九品)의 사람으로 나뉘어 있느니라.

상품상생자(上品上生者)는 어떤 중생이 저 나라에 태어나기를 원하여 세 가지 마음을 일으키면 곧 왕생하게 되는 경우인데, 무엇이 그 세 가지인가? 첫째는 지극히 정성스러운 마음[至誠心]이다. 둘째는 깊이 믿고 우러르는 마음[深心]이다. 셋째는 모든 선행공덕을 회향하여 극락세계에 태어나기를 발원하는 마음[廻向發願心]이다. 이 세 가지 마음을 다 갖춘 자는 반드시 저 나라에 태어나느니라.

(구품총도九品總圖)

(상품상생上品上生)

또 세 종류의 중생이 응당 왕생할 수 있다. 무엇이 그 세 종류인가? 첫째는 자비심에서 살생하지 않고 계율들을 다 갖추고 실천한 사람이다. 둘째는 대승경전[大乘方等經典]을 독송한 사람이다. 셋째는 6념(念: 염불念佛·염법念法·염승念僧·염계念戒·염시念施·염천念天—역주)을 수행하고 그 공덕을 회향하여 저 불국토에 태어나기를 발원한 사람이다.

이러한 공덕을 다 갖추면 짧게는 하루에서 길게는 이레 사이에 곧 왕생할 수 있느니라.

저 국토에 태어날 때, 이 사람은 용맹하게 정진한 까닭에, 아미타여래께서 관세음보살과 대세지보살, 무수히 많은 화불, 백천(百千)의 비구, 성문(聲聞) 대중, 한량없이 많은 천인들, 그리고 7보 궁전과 함께 나타나신다. 그중에 관세음보살이 금강대를 가지고 대세지보살과 함께 수행자 앞에 이르면, 아미타불께서 큰 광명을 놓아 수행자의 몸을 비추시며 여러 보살들과 손을 내밀어 영접하신다. 이때에 관세음보살과 대세지보살은 무수히 많은 보살들과 함께 수행자를 찬탄하며 그의 마음을 격려하신다.

수행자는 이를 보고 뛸 듯이 기뻐하며, 자신의 몸이 금강대를 타고 아미타불의 뒤를 따라 손가락을 한번 퉁길 정도의 잠깐 사이에 저 극락국토에 왕생하는 것을 보느니라.

저 극락국토에 태어나서는 아미타불의 몸과 그 상호들이 원만히 갖추어있음을 뵈며, 또한 많은 보살들의 몸과 그 상호들이 원만히 갖추어 있음을 뵙는다.

광명과 보배 나무숲이 심원하고 미묘한 법을 연설하니 이를 듣고 나서 곧바로 무생법인을 깨닫고, 잠깐 동안에 모든 부처님을 차례차례 시봉하고 불법을 익히면서 두루 시방세계에 다니고, 모든 부처님 앞에서 차례로 수기를 받은 후, 다시 본래의 극락국토로 돌아와 한량없는 백천 가지의 다라니문을 얻는다.

이를 상품상생자라고 하느니라.

(상품중생上品中生)

(상품하생관上品下生觀)

상품중생자(上品中生者)는, 반드시 대승경전을 수지(受持)하고 독송하지는 않더라도, 경전의 의미를 잘 이해하고, 제일의(第一義: 궁극의 진리. 최고 무상의 진리. 진제—역주)에 대하여 마음이 놀라거나 동요하지 않으며, 인과응보의 도리를 깊이 믿고 대승 교법을 비방하지 않으며, 이러한 공덕을 회향하여 극락세계에 태어나기를 원하는 경우이다.

이와 같이 수행한 사람이 목숨이 다하려 할 때, 아미타불께서 관세음보살과 대세지보살과 한량없이 많은 대중 권속들과 함께 둘러싸며, 아미타불이 자금대를 가지고 그 수행자 앞에 이르러 찬탄하기를, '법자(法子)여, 그대가 대승법문을 수행하고 제일의를 이해하였으므로 내가 지금 영접하러 왔노라.' 하시고, 천 분의 화불과 함께 동시에 손을 내민다.

수행자는 자신이 자금대에 앉아서 합장하여 열 손가락을 교차한 채 모든 부처님을 찬탄하고, 한 생각 정도의 잠깐 사이에 곧 저 극락국토의 7보 연화지에 태어나는 것을 보느니라.

이 자금대는 큰 보배 연꽃과 같으며 하룻밤이 지나 피어나고, 수행자의 몸은 자금색으로 변하며, 발아래에도 7보 연꽃이 있다. 아미타불과 보살들이 함께 광명을 놓아 수행자의 몸을 비추면 눈이 곧 열려 밝아진다. 과거 숙세에 불법을 익힌 훈습으로 말미암아, 극락세계의 여러 가지 소리들이 오로지 매우 심오한 제일의제(第一義諦: 최고의 진리. 완전한 진리—역주)를 설하는 것을 널리 듣는다. 이에 곧 자금대에서 내려와 아미타불께 예배합장하고는 아미타불 세존을 찬탄한다.

7일이 지나면 즉시 아뇩다라삼먁삼보리에서 물러나지 않는 경지[不退轉]를 얻느니라. 또한 즉시 시방세계에 두루 날아다니며 모든 부처님을 차례차례 시봉하고 불법을 익히며 모든 부처님 도량에서 온갖 삼매를 닦는다.

이렇게 1소겁(小劫)을 지내고 나면 무생법인을 얻고 부처님이 앞에 나타나 주시는 성불 수기를 받는다.

이를 상품중생자라 하느니라.

(중품상생中品上生)

(중품중생中品中生)

상품하생자(上品下生者)는, 역시 인과응보의 도리를 믿고, 대승불법을 비방하지 않으며, 오직 무상도심(無上道心: 보리심—역주)을 일으키고, 이러한 공덕을 회향하여 극락세계에 태어나기를 원하는 경우이다.

저 수행자가 목숨이 다하려 할 때 아마타불과 관세음보살과 대세지보살이 많은 보살들과 함께 금련화를 가지고, 5백 분의 화불로 변하여 이 사람을 영접하러 오신다. 5백 분의 화불이 일시에 손을 내밀며 찬탄하기를 '법자여, 그대가 지금 청정한 마음으로 무상도심을 일으켰기에 내가 영접하러 왔노라'고 하신다.

수행자는 이러한 일을 볼 때, 곧 자신의 몸이 금련화에 앉고, 앉고 나자 꽃이 접어지고 아미타불 세존의 뒤를 따라 곧 7보 연화지에 왕생함을 보느니라.

하루 낮 하루 밤이 지나 연꽃이 피어나며, 그는 7일 중에 아미타불을 뵙는다. 비록 아미타불의 몸을 뵙더라도, 갖가지 상호에 대하여는 마음속에서 분명하고 또렷하지 못하다가 21일 후에야 또렷하게 뵈며, 여러 가지 음성들이 모두 심원하고 미묘한 법을 연설하는 것을 듣는다. 그리고 시방세계에 돌아다니면서 모든 부처님께 공양하고, 모든 부처님 앞에서 매우
심오한 불법을 듣는다.

이렇게 3소겁을 지나면 1백 가지 지혜의 문[百法明門]을 통달하여 증득하고, 환희지(歡喜地: 보살의 수행 위계인 10신十信·10주十住·10행十行·10회향十回向·10지十地·등각等覺·묘각妙覺 중에서 10지의 제1지임—역주)에 안주한다. 이를 상품하생자라고 하느니라.

이상을 통틀어 상배생상(上輩生想)이라 하며, 제14관이라 한다. 이렇게 관하는 것을 정관이라 하고, 이와 다르게 관한다면 사관이라 하느니라."

(중품하생관中品下生觀)

(하품상생下品上生)

제15관 중배생상(中輩生想)

부처님께서 아난과 위제희에게 말씀하셨다. "중품상생자(中品上生者)는, 어떤 중생이 5계를 받아 지키거나, 8재계를 지키는 등 여러 가지 계율을 닦아 실천하고, 5역죄[五逆: 아버지나 어머니나 아라한을 살해하는 것, 승가의 화합을 파괴하는 것, 부처님 몸에 피를 내는 것, 이 다섯 가지 대 역죄를 말함—역주]를 짓지 않았고, 다른 여러 과실과 죄악이 없으면서, 이러한 선근(善根)공덕을 회향하여 서방극락세계에 태어나기를 원하는 경우이니라.

이와 같은 수행자가 목숨이 다하려 할 때, 아미타불께서 많은 비구들과 권속들과 함께 둘러싸고, 금색 광명을 놓으시며 그 사람의 처소에 오셔서, 고(苦)와 공(空)과 무상(無常)과 무아(無我)의 도리를 연설하시고, 출가하면 뭇 괴로움을 떠날 수 있음을 찬탄하신다.

수행자는 이를 보고 나서 마음으로 크게 기뻐하며, 자신이 연화대에 앉아 길게 무릎을 꿇고 합장하며 아미타불께 예배드리는데, 그 머리를 아직 들지도 않은 사이에 극락세계에 왕생하였음을 보느니라.

연꽃은 곧 피어나고, 연꽃이 피어났을 때 여러 음성들이 4성제를 찬탄하는 것을 듣고, 그 즉시 아라한과를 얻고 3명(三明)과 6신통(六神通)과 8해탈(八解脫)을 다 갖춘다.

이를 중품상생자라고 하느니라

중품중생자(中品中生者)는, 어떤 중생이 하루 낮 하루 밤 동안 8재계를 받아 지키거나, 하루 낮 하루 밤 동안이라도 사미계(沙彌戒: 사미니계를 포함한다—역주)를 받아 지키거나, 하루 낮 하루 밤 동안 구족계(具足戒: 비구계, 비구니계—역주)를 받아 지키고 일상생활 거동 속에서 위엄과 예의에 결함이 없는, 이러한 공덕을 회향하여 극락세계에 태어나기를 원하는 경우이니라.

(하품중생下品中生)

(하품하생관下品下生觀)

계율의 향기로 훈습한 이와 같은 수행자는 목숨이 다하려 할 때, 아미타불께서 많은 권속들과 함께 금색 광명을 놓으시며 7보 연화를 가지고 수행자의 앞에 이르시는 것을 보게 된다.

수행자는 공중에서 찬탄하는 말소리가 나는 것을 스스로 듣기를, '선남자여, 그대 같은 착한 사람이 3세(三世)의 모든 부처님의 가르침을 따랐으므로 내가 맞으러 왔노라.' 고 한다. 그리고 수행자는 자신이 연꽃 위에 앉자, 연꽃이 곧 접어지고 서방 극락세계에 태어나는 것을 스스로 보느니라. 보배 연못에서 7일이 지나면 연꽃이 비로소 피어난다. 연꽃이 피어나면 눈을 떠서 합장하여 아미타불 세존을 찬탄하고, 불법을 듣고 환희하며 수다원과를 얻으며, 반 겁이 지나면 아라한과를 이룬다.

이를 중품중생자라고 하느니라.

중품하생자(中品下生者)는, 만약 어떤 선남자나 선여인이 부모에게 효도 봉양하고, 세상 사람들에게 인자(仁慈)하게 행세한 경우이니라.

이 사람이 목숨이 다하려 할 때 선지식을 만나, 그가 이 사람을 위해 아미타불국토의 즐거운 일들을 자세히 말해 주고, 또 법장(法藏) 비구의 48대원(大願)을 말해 주어, 이러한 것을 듣고 나서 곧 목숨이 다한다면, 마치 힘센 장사가 팔을 굽혔다가 펴는 정도의 잠깐 사이에 곧 서방극락세계에 태어나느니라.

태어나서 7일이 지나면 관세음보살과 대세지보살을 만나 불법을 듣고 환희하며 수다원과를 얻고, 1소겁을 지나면 아라한과를 이룬다.

이를 중품하생자라고 하느니라.

이상을 통틀어 중배생상(中輩生想)이라 하며, 제15관이라 한다. 이렇게 관하는 것을 정관이라 하고, 이와 다르게 관한다면 사관이라 하느니라."

제16관 하배생상(下輩生想)

부처님께서 아난과 위제희에게 말씀하셨다. "하품상생자(下品上生者)는 어떤 중생이 많은 악업을 지은 경우이다. 비록 대승경전을 비방하지는 않았지만, 이와 같이 어리석은 사람은 악업을 많이 지었으면서도 부끄러움이 없었다.

그런데 목숨이 다하려 할 때 선지식을 만나, 그가 대승 12부경의 제목 이름들을 말해 주면, 이와 같은 경전들의 이름을 들은 까닭에 1천 겁 동안 지은 지극히 무거운 악업이 없어진다.

지혜로운 자인 그 선지식이 다시 그 사람더러 합장하여 열 손가락을 교차하고 '나무아미타불'을 부르라고 가르쳐주면, 그렇게 부처님 명호를 부른 까닭에 50억겁 동안 지은 생사의 죄업이 없어지느니라.

이때에 저 아미타불께서 곧 화불과 관세음보살과 대세지보살의 화보살을 수행자 앞에 보내서 찬탄하기를, '선남자여! 그대가 아미타불의 명호를 부른 까닭에 죄들이 소멸되어 내가 그대를 맞으러 왔노라.' 고 한다.

이 말을 하고 나면 수행자는 곧 화불의 광명이 그 방에 가득한 것을 본다. 보고 나서 환희하며 목숨이 다하여 보배 연꽃을 타고 화불의 뒤를 따라 보배 연화지에 태어나느니라.

49일이 지나면 연꽃이 비로소 피어나고, 연꽃이 피어날 때 대비 관세음보살과 대세지보살이 큰 광명을 놓으며, 그 사람 앞에 머물러 그를 위하여 12부경의 매우 깊은 교리를 설해 준다. 그는 듣고 나서 믿고 이해하여 무상도심을 일으킨다.

10소겁을 지나서 1백 가지 지혜의 문[百法明門]을 통달하여 갖추고, 초지(初地: 환희지)에 들어간다.

이를 하품상생자라 한다. 불·법·승 3보의 이름을 듣게 되고, 그 삼보의 이름을 들은 공덕으로 곧 왕생할 수 있는 것이니라."

부처님께서 아난과 위제희에게 말씀하셨다. "하품중생자(下品中生者)는 어떤 중생이 5계나 8재계나 구족계를 깨고 위반한 경우이다. 이와 같이 어리석은 사람은 승가의 재물을 훔치고, 공양 받은 승려의 물건을 도둑질하며, 청정하게 설법하지 않으면서도, 부끄러움이 없고 온갖 악업으로 자신을 장엄한다.

이와 같은 죄인은 악업으로 인하여 마땅히 지옥에 떨어질 수밖에 없나니, 그가 목숨이 다하려 할 때 지옥의 수많은 불꽃이 일시에 몰려든다.

그러나 이 때 선지식을 만나 그 선지식이 대 자비로써 곧 이 사람을 위하여 아미타불의 열 가지 지혜능력과 위덕[十力威德][85)을 찬탄하여 말하고, 저 아미타불의 광명과 신통력을 널리 찬탄하며, 또 계·정·혜·해탈·해탈지견을 찬탄하면, 이 사람이 듣고 나서 80억 겁 동안 지은 생사의 죄업이 소멸하느니라.

그리하여 지옥의 맹렬한 불길이 맑고 시원한 바람으로 변하여 하늘 꽃들을 불어 날리며, 그 하늘 꽃들 위마다 모두 화불과 화보살이 있어 이 사람을 영접한다. 그리하여 한 생각 정도의 잠깐 사이에 곧 7보 연화지의

---

85) 10력―부처님의 열 가지 지혜 능력. 10력(十力)이란 부처님이 법신실상(法身實相)을 증득한 후에 열 가지 지혜의 능력을 갖추고 설법하여 중생을 제도하고 사견(邪見)을 꺾는 등 여러 일들을 이룸에 있어 자재 무애할 수 있음을 가리킨다.

① 일체의 인연 과보를 살펴 사실대로 아는 지혜능력인 처비처지력(處非處智力).

② 일체 중생의 3세 인연 과보를 두루 아는 지혜능력인 업이숙지력(業異熟智力). ③ 일체의 선정의 깊이와 차제를 아는 지혜능력인 선정해탈삼매정구분별지력(禪定解脫三昧淨垢分別智力).

④ 일체 중생의 근성의 우열과 얻는 과위의 크기를 아는 지혜능력인 근상하지력(根上下智力).

⑤ 일체 중생의 욕락과 선악의 차이를 두루 아는 지혜능력인 종종승해지력(種種勝解智力).

⑥ 갖가지 세간의 본성과 현상[性相]을 두루 아는 지혜능력인 종종계지력(種種界智力).

⑦ 일체의 선도(善道), 악도(惡道), 성도(聖道)가 이르는 곳을 두루 하는 지혜능력인 편취행지력(遍趣行智力).

⑧ 중생의 과거세의 갖가지 일을 두루 아는 지혜능력인 숙명지력(宿命智力).

⑨ 천안으로 중생이 죽어서 태어날 때와 미래에 생(生)을 받는 곳을 아는 지혜능력인 생사지력(生死智力).

⑩ 일체 중생의 누진(漏盡) 여부를 두루 아는 지혜능력인 누진지력(漏盡智力)

연꽃 속에 왕생하느니라.

6겁이 지나면 연꽃이 비로소 피어나고, 연꽃이 피어났을 때 관세음보살과 대세지보살이 청정한 소리로써 그 사람을 안심시키고 위로하며, 대승의 심오한 경전을 설해 준다. 그러면 이 불법을 듣고 나서 곧 무상도심을 일으킨다.

이를 하품중생자라고 하느니라.”

부처님께서 아난과 위제희에게 말씀하셨다. “하품하생자(下品下生者)는 어떤 중생이 착하지 못한 업을 지어, 5역죄와 10악(十惡) 등 온갖 착하지 못한 일을 한 경우이다. 이와 같이 어리석은 사람은 악업으로 인하여 마땅히 악도에 떨어져 여러 겁을 거치면서 무궁한 고통을 받아야 한다.

이와 같이 어리석은 사람이 목숨이 다하려 할 때 선지식을 만나, 그가 여러 가지로 안심시키고 위로하며 그를 위하여 심원하고 미묘한 법을 말해 주고 부처님을 생각하고 관하도록[念佛] 가르쳐 준다.

그러나 그 사람이 고통으로 핍박받아 부처님을 생각하고 관(觀)할 겨를이 없으므로, 그 선지식이 다시 일러주기를, ‘그대가 만약 저 부처님을 생각하고 관할 수 없다면 응당 나무아미타불이라고 부르라. 이와 같이 지극히 간절한 마음으로 부르는 소리가 끊어지지 않게 하면서, 열 번을 채워 나무아미타불을 부르라.’ 고 한다. 이 사람은 아미타불 명호를 부른 까닭에 한 번 한 번 부르는 가운데 80억 겁 동안 지은 생사의 죄업이 소멸하느니라.

그리하여 목숨이 다할 때 금련화가 마치 태양처럼 그 사람 앞에 머물고 있고, 한 생각 정도의 잠깐 사이에 곧 극락세계에 왕생하는 것을 보느니라.

연꽃 속에서 12대겁(大劫)을 채우면 연꽃이 비로소 피어난다. 연꽃이 피어났을 때 관세음보살과 대세지보살이 대비(大悲)한 음성으로 그 사람을 위하여 제법실상[實相]과, 죄업을 소멸시키는 법문을 자세히 설하여 준다. 그는 듣고 나서 기뻐하며 즉시 보리심(菩提心)을 일으킨다.

이를 하품하생자라고 하느니라.

이상을 통틀어 하배생상(下輩生想)이라 하며, 제16관이라 한다."

이때에 세존께서 이상의 말씀을 하시고 나자, 위제희와 5백 명의 시녀들은 부처님의 말씀을 듣고, 즉시 극락세계의 광대하고 장엄한 모습을 보았으며, 무량수불의 몸과 관세음과 대세지 두 보살을 보았다. 그리고 마음에서 환희심이 일어나, 일찍이 없었던 일이라고 찬탄하고, 활연히 크게 깨달아 무생법인을 얻었다.

5백 명의 시녀들도 아뇩다라삼먁삼보리심을 일으키고 저 국토에 태어나기를 원하였다. 세존께서 모두에게 수기를 주시기를, "그대들은 모두 왕생할 것이니라. 저 국토에 태어난 뒤에는 모든 부처님께서 그대들 앞에 나타나는 삼매를 얻게 되느니라." 하셨다. 한량없이 많은 천인들도 무상도심을 일으켰다.

이때에 아난이 곧 자리에서 일어나 부처님께 말씀드렸다. "세존이시여! 이 경을 무엇이라고 이름하며, 이 법문의 요점을 어떻게 수지해야 합니까?"

부처님께서 아난에게 말씀하셨다. "아난아, 이 경의 이름은 '극락세계의 무량수불과 관세음보살과 대세지보살을 관하는 경'이라고 하고, 또 '업장을 깨끗이 없애고 모든 부처님 앞에 태어나는 경'이라고도 하여라. 그대들은 잘 수지하며 잊어버리지 않게 하여야 한다. 이상의 삼매를 수행하면, 현재의 몸으로 무량수불과 두 보살을 뵐 수 있다. 만약 선남자나 선여인이 단지 무량수불의 이름과 두 보살의 이름을 듣기만 하여도 무량겁 동안 지은 생사의 죄업이 없어질 것이거늘, 하물며 언제나 깊이 기억하고 생각하는 것이야 더 말할 나위가 있겠느냐? 만약 염불하는 사람이 있다면, 이 사람은 바로 사람들 가운데서 분타리화(백련화―역주)임을 알아야 한다. 관세음보살과 대세지보살이 그의 훌륭한 벗이 될 것이며, 장래에 마땅히 도량에 앉아 성불할 것이며, 성불하기 전에도 이미 모든 부처님의 집인 극락세계에 태어날 것이다."

(위제희 부인이 도를 깨닫다)

(5백 시녀가 발심하다)

부처님께서 아난에게 말씀하셨다. "너는 이상의 말을 잘 받아 기억하고 그대로 닦으라. 이상의 말을 잘 받아 기억하고 닦는 것은 곧 무량수불의 명호를 지니는 것과 다름없다."

부처님께서 이상의 말씀을 하시고 났을 때, 목련존자와 아난존자와 위제희 등이 부처님의 말씀을 듣고 모두들 크게 기뻐하였다.

이때에 세존께서는 발로 허공을 걸어 기사굴산으로 돌아가셨다.

그때에 아난은 대중들을 위하여 앞의 일을 자세히 말해주었다. 한량없이 많은 천인들과 용신들과 야차들은 부처님의 말씀을 듣고 모두 크게 기뻐하며 부처님께 예배드리고 물러갔다.

(왕궁에서 경전을 유통하다)

(허공을 걸어 기사굴산으로 돌아가다)

(기사굴산에서 경전을 유통하다)

제5강

선관(禪觀) 연구

남회근 선생 강의
석명광(釋明光) 기록

1. 정좌자세-칠지좌법

(1) 정좌와 칠지좌법(七支坐法)

정의 힘[定力]을 닦음은 일체의 사업을 성취하는 기초가 됩니다. 불법에서 보면 정(定)을 익히는 것은 불교의 학문[內學]에서나 불교 이외의 학문[外學]에서나 공통방법[共法]입니다. 정(定)을 닦고 익히는 공부는 선정(禪定)을 닦고 익히는 가운데 얻는 것으로, 모든 선정법문은 마땅히 먼저 정좌(靜坐)로부터 입문해야 합니다.

중국의 유불도(儒佛道) 삼가와 인도의 바라문교, 그리고 요가 등의 정좌자세는 종합해보면 약 96종이나 전해오는데, 그 가운데는 각종 자세와 방법들이 들어 있습니다. 불법에서 보통 이용하는 자세는 비로자나불 칠지좌법을 원칙으로 합니다. 이 자세는 간단히 가부좌라고도 부르고 보통 반족좌법(盤足坐法)이라고도 부릅니다.

(2) 칠지좌법의 요점

칠지좌법이란 지체(肢體)의 일곱 가지 요점을 가리키는 것으로, 다리 · 척추 · 어깨 · 손 · 머리 · 눈 · 혀 이렇게 일곱 부위가 그것입니다.

1) 쌍족가부좌(雙足跏趺坐): 쌍족가부좌(한국에서는 일반적으로 '가부좌'라고 함—역주)를 할 수 없으면 반가부좌[單盤]를 이용합니다. 반가부좌에서 왼발을 오른쪽 허벅지 위에 올려놓는 것을 여의좌(如意坐)라고 하고, 오른발을 왼쪽 허벅지 위에 올려놓는 것을 금강좌(金剛坐)라고 합니다. 정좌를 익히기 시작할 때 반가부좌도 되지 않을 경우 그냥 양다리를 서로 교차하여 앉는 자세도 무방합니다.

2) 척추를 곧게 폅니다. 허리를 자연스럽게 세우고 가슴을 폅니다. 신체가 약하거나 병이 있는 사람은 초보단계에서 곧게 펴야 한다는 데 너무 집착하지 말아야 하며, 지나치게 힘을 써서는 더욱 안 됩니다. 공부가 도달하면 자연히 펴집니다.

3) 좌우 양손을 둥글게 맺어 단전(아랫배의 아래) 위에 두 손바닥을 위를 향하게 하여 오른손을 왼손 바닥 위에 놓고 양 엄지손가락을 서로 가볍게 맞댑니다. 이것을 '결수인(結手印)'이라고 하고, 이런 손 자세를 '삼매인(三昧印: 정인定印이라는 뜻)'이라고 합니다.

이와는 반대로 왼손을 오른손 위에 놓은 손 자세는 '미타인(彌陀印)'
이라고 합니다.

4) 좌우 양쪽 어깨는 적당히 평평하게 펴고, 너무 밑으로 쳐지게
해서는 안 됩니다.

5) 머리는 반듯이 하고 후두부를 약간 뒤로 당겨 바르게 합니다.
앞턱은 안으로 당기되, 고개를 숙이는 것이 아니라 목 부분의 좌우
대동맥 혈관 활동을 가볍게 누를 정도로 당깁니다.

6) 눈은 바르게 뜨고 시선은 똑바로 앞을 봅니다. 눈을 치뜨면
산란(散亂)하기 쉬우면서 오만한 태도에 가깝고, 내리뜨면 혼침(昏
沈)하기 쉽습니다. 두 눈을 가늘게 떠서 감은 듯 뜬 듯이 합니다.
시야는 전방의 세 걸음 내지 다섯 걸음 거리 떨어진 곳에 적당히
고정합니다. 그러나 초보자는 눈을 감는 것이 좋습니다. 공부가 도
달하면 자연히 가늘게 뜨는 모습이 됩니다.

7) 혀는 상악(上顎-위턱 두 앞니의 뒷부분)에 가볍게 대되, 아직
이가 나지 않은 갓난애가 깊이 자고 있을 때의 혀 모양처럼 합니
다. 침이 나올 때는 천천히 삼켜야 합니다.

(3) 정좌 환경과 주의사항

1) 정좌할 때는 공기를 반드시 소통시켜야 합니다. 그러나 바람
이 곧바로 몸에 불어오도록 해서는 안 됩니다. 그럴 경우 장래에
풍습병(風濕病)에 걸리게 됩니다.

2) 정좌할 때는 밝기를 너무 어둡게 해서는 안 됩니다. 그럴 경
우 혼침에 빠지기 쉽습니다. 너무 밝아도 안 됩니다. 그럴 경우 산
란에 빠지기 쉽습니다.

3) 기후가 서늘하거나 추울 때에는 두 무릎과 후두부를 덮어서 따뜻하게 해야 합니다. 더운 날이라도 맨 무릎으로 내놓아서는 안 됩니다. 에어컨이나 선풍기 아래에서 정좌해서는 안 됩니다.

4) 정좌하는 곳은 물기 없는 바위나 판자바닥 혹은 다다미가 제일 좋습니다. 그렇지만 적당하게 두껍고 부드러운 방석을 깔고 앉아야 합니다.

5), 처음 정좌를 배울 때에는 대부분 쌍족가부좌가 되지 않으니 반가부좌로 하는 것이 마땅합니다. 반가부좌할 때는 엉덩이 부분에 반드시 방석을 깔아야 합니다. 방석의 높낮이는 각각 신체 상황에 따라 정하되 편한 정도가 원칙입니다. 방석이 너무 높거나 낮으면 신경이 긴장하게 됩니다. 방석도 적당히 부드러워야 합니다. 그렇지 않으면 정좌하는 심정과 효과에 영향을 미칩니다.

6) 정좌할 때는 약간 미소 짓는 얼굴이 제일 좋습니다. 사람은 웃고 있을 때 모든 신경이 자연히 느긋해지기 때문입니다.

7) 정좌 초보자는 배부르게 식사를 하고 나서 바로 정좌하지 않아야 합니다. 그럴 경우 소화불량이 될 수 있습니다. 배가 고플 때에 정좌해도 되지만 너무 배가 고플 때는 정신이 분산되므로 해서는 안 됩니다.

8) 정좌 초보자는 억지로 너무 오래 앉아 있어서는 안 됩니다. 짧은 시간씩 여러 차례 하는 것이 원칙입니다.

9) 정좌 초보자가 시작할 때에는 거울에 자기의 자세를 비춰보고 조정해도 됩니다. 그러나 거울을 들여다보면서 정(靜)을 닦아서는 안 됩니다. 앉은 다음에는 윗몸을 천천히 앞으로 구부렸다가 원자세로 돌아옵니다. 그런 다음 머리를 자연스럽게 위 아래로 천천히 움직여서 몸을 바르게 합니다.

10) 시계나 안경 등 몸에 차거나 끼고 있는 일체의 속박 물건들은 벗어버립니다.

(4) 칠지좌법에 대한 전설

불경 기록에 의하면 칠지좌법은 실전(失傳)된지 오래되어서, 뒷날 5백나한(五百羅漢)들이 수 년 동안 수행했지만 한결같이 입정(入定)할 수 없었답니다. 아주 먼 옛날부터 이런 정좌입정 자세가 있다는 것을 알고는 있었지만 끝내 그 요령을 얻지 못했답니다. 그런데한 번은 설산 깊은 곳에서 한 무리의 원숭이들이 이 방법으로 좌선하고 있음을 발견하고 그대로 배워 익힘으로써 도(道)를 증득하고아라한과를 얻게 되었답니다. 이 신화 같은 전설은 전해 온지 오래되었는데 고증할 필요는 없습니다. 요컨대, 이 자세가 생물의 자연법칙에 부합한다는 사실을 의심할 필요가 없습니다. 그리고 이 자세는 대체적으로 태아가 모태 속에 있을 때의 자세로서 편안하고평온합니다.

2. 정좌의 기본지식

정(定)을 닦는 공부는 선정에서 오고, 선정의 수습(修習)은 정좌를가장 기본으로 합니다. 그러므로 정좌의 외형자세는 각종 수행(불가나 도가 그리고 외도)의 공통적인 방법입니다. 많은 정좌 자세중에서는 칠지좌법이 가장 중요합니다. 일반적으로 우리가 보는 제불보살의 좌상(座像)은 모두 칠지좌법을 기본자세로 하고 있습니다.

외형자세가 각종 수행의 공통적인 방법이라는 것을 이해하는 것 말고도 수행증득 면에서 성취를 하고자 한다면 역시 다음 몇 가지 점에 대한 기본지식을 갖추어야 합니다.

(1) 반드시 생리와 의학적 이치를 알아야 한다

보살 경계를 증득하려면 반드시 5명(五明)[86]을 익혀 통해야 합니다. 의방명(醫方明)은 5명 중에 하나입니다. 마음과 물질은 그 뿌리가 동일하므로[心物一元] 신체가 건강하지 않으면서 도를 닦아 과위를 증득하려 하는 것은 불가능합니다. 두통을 예로 들면, 두통을 구성하는 원인은 많습니다. 눈·귀·위… 등 두통을 일으키는 원인은 여러 가지가 있을 수 있습니다. 위장이 좋지 않아서 그렇다면 위장약을 먹어 두통을 치료할 수 있습니다. 또 수인(手印)을 맺는

---

86) 5명(五明)은 고대 인도의 5가지 학문을 의미한다. 브라만에서 시작하여 불교 이론으로 확립되었다. 『유가사지론』 제38권에서는 5명을 보살이 배워야 하는 5가지 학문으로 규정하고 있다.
　1. 성명(聲明): 언어, 언어학, 문자학, 훈고학, 문학을 비롯한 학문, 즉 언어의 표현 및 쓰기, 저술 능력을 의미한다.
　2. 인명(因明): 논리학, 논변술, 이미 내명을 증명한 보살, 이를 통해 바르지 않은 이론을 논박할 수 있고, 불교를 믿지 않는 자에게는 믿음을 주고, 믿음을 믿는 자에게는 신앙을 더욱 굳게 한다.
　3. 내명(內明): 불교 철학에서 교리학, 철학은 5명의 으뜸이고 불교에 있어서 경, 율, 논 삼장을 의미한다. 내명은 이미 실증된 보살에 대해서 스스로 수행하고 다른 사람의 깨달음을 돕는 역할을 한다. 브라만에게는 4가지 베다 이론을 깊이 연구하는 것을 말한다.
　4. 의방명(醫方明): 의학, 약학, 나아가 주술(다라니) 등을 통해 몸을 강하게 하고 다른 사람의 질병을 치료하여 중생을 구할 수 있다.
　5. 공교명(工巧明): 예술, 과학, 공예, 농업을 비롯한 학문, 즉 일상생활에 필요한 기예를 의미한다.

것은 생리 면에서 어떤 영향을 일으킬 수 있을까요? 물리적으로 보면 만물은 모두 에너지를 방사(放射)하고 있는데, 정좌할 때에 삼매인을 맺으면 인체의 신경 좌우측이 에너지를 방사하여 상호 선회(旋回)하는 작용을 합니다. 즉, 음양(陰陽)이 교류함으로써 신체가 방사하는 에너지가 감소하여 자연히 정신이 왕성해집니다. 정좌 초습자가 삼매인을 맺기 시작하여 일단 공부가 어느 상황에 도달하면 자연히 삼매인 모양이 삼각형인 생법궁(生法宮)으로 변하는데 그 이치가 무엇일까요? 인체 생명의 근원(根元)이 아래부위(고환 뒤로부터 항문 앞까지)의 삼각지대(三角地帶)에 자리 잡고 있기 때문입니다. 밀종에서는 삼각형 그림 기호를 만다라(曼茶羅)의 일종이라고 부릅니다. 만다라를 의역하면 '도장(道場)'이라는 말입니다. 인체의 생법궁은 여러 군데 있지만 이 삼각지대의 해저륜(海底輪)이 매우 중요한 하나입니다.

(삼맥칠륜도)

이상의 이런 문제들은 생리와 의학적 이치를 반드시 알아야 이해할 수 있습니다. 그러므로 중국의 고전의학인 황제내경『(黃帝內經)』과 『난경(難經)』, 더 나아가 현대의 생리학·해부학·인체과학·인체광학·인체전기학 등은 수도자가 마땅히 알아야 할 상식입니다.

(2) 정좌 자세의 교묘한 운용

칠지좌법은 다들 이용하는 방식이지만 개인마다 생리구조에 차이가 있으므로, 실제 정좌 자세에서는 앉는 자세와 다리를 트는 것과 수인을 맺는 것, 이 세 가지 면에서 적당하게 조절할 수 있습니다. 다리가 긴 사람이라면 쌍족가부좌를 하고, 왼팔이 길고 오른팔이 짧다면 삼매인을 맺는 게 마땅합니다. 오른 다리가 길고 왼 다리가 짧다면 금강좌를 하는 것이 마땅합니다. 정좌 초습자는 반가부좌가 마땅하고 방석의 높낮이는 각자의 신체 상황에 맞춰 정하되 편안한 정도로 하는 것이 원칙입니다. 수인도 체격에 따라 정할 수 있습니다. 그렇지만 물건을 이용해 높게 받치거나 낮게 놓아서는 안 됩니다. 수인에는 원래 여러 가지 다른 형식들이 있습니다.

(3) 올바른 정좌 효과

칠지좌법을 기본으로 하되 자기 신체 구조를 고려하여 자기에게 적합한 정좌 자세를 한 가지 선택합니다. 매일 꾸준히 닦아 익히다 보면 시일이 얼마 지나지 않아 아랫배가 충실해진 것을 스스로 느낄 수 있습니다. 일반인들이 말하는 단전의 기(氣)가 충만해지고 얼굴빛이 훤합니다. 이때부터는 적어도 병을 물리치고 수명을 늘리는 효과를 얻을 수 있습니다. 여기에다 올바른 선정을 수행하여 게으르지 않고 정진하면 자연히 심신이 자비희사(慈悲喜捨: 4무량심—역주)로 넘치는 장엄한 모습을 띠게 됩니다.

3. 수증과 방법

(1) 수증(修證)의 중요성

불법을 배움에 있어서는 수행 증득이 중요합니다. 불법에 포함된 경(經)·율(律)·논(論) 3장(三藏)은 모두 자기를 바로잡아[修正] 어떻게 범부를 뛰어넘어 성인의 경지에 나아갈 것인지 그 이치를 설명하는 것입니다. 지금은 말법시대로서 수행한 사람 중에 진정으로 과위를 증득한 자가 확실히 적습니다. 거의 없다고 할 수 있는데, 혹시 제불보살이 하신 말씀에 잘못이 있어서 그럴까요? 그렇지 않습니다. 부처님은 자신이 몸소 깨달은 실상반야(實相般若)의 참 지혜를 말씀하시는 분[眞語者]이요, 자신이 몸소 깨달은 제법실상(諸法實相)의 이치를 말씀하시는 분[實語者]이요, 시방삼세의 모든 부처님과 똑 같이 말씀하시는 분[如語者]이요, 중생을 속이는 말씀을 하시지 않는 분[不誑語者]이요, 궁극적으로는 일체중생이 다 부처가 되도록 이끌기 위한 가르침이지 이와는 다른 말씀을 하지 않는 분[不異語者]이시니, 여실히 믿고 법대로 수행하면 반드시 성과(聖果)를 증득합니다.

(2) 수증의 길

수증의 길로는 마땅히 세 가지 일을 분명히 알아야 합니다. 첫째는 발심(發心)입니다. 위로는 불도를 구하고 아래로는 중생을 교화하면서 보리를 증득하지 않고는 맹세코 성불하지 않겠다는 것입니다. 둘째는 성불의 도리[成佛之道]를 알아야 합니다. 먼저 반야(般若)와 유식(唯識: 법상法相), 그리고 중관(中觀)에 대해 분명한 인식이 있어야 합니다. 셋째는 진실하게 수증해야 합니다. 알고 있는 도리에 따라 확실히 수행하고 밝은 스승을 참방 지도받아 곧바로 보리의 묘한 길[菩提妙路]로 나아가야 합니다.

이상 두 가지 이유에서 금년에 『성유식론(成唯識論)』과 「선관연구(禪觀研究)」 두 부문의 강의과정을 개설합니다. 아울러 학우들은 일기를 쓰기 바라며 수행과정에서 진정으로 성과(聖果)를 증득하기를 기대합니다. 선관연구 과정 내용은 세 부분으로 나뉩니다. 먼저 선(禪) 수행의 길을 강의하고, 그 다음에는 선 수행의 각 수행법문[行門]을 강의하고, 마지막으로 다른 종파들의 수행법문을 강의하겠습니다.

(3) 수행의 핵심 이치

"마음을 한 곳으로 통제(집중)하면 이루지 못할 일이 없다[制心一處, 無事不辦]."고 부처님은 말씀하셨습니다.

무슨 일을 하거나 배움을 추구해도 성취가 잘 되지 않는 것은 모두 마음을 한 곳으로 통제하지 못하기 때문입니다. '마음을 한 곳으로 통제함'은 현교(顯敎)나 밀교, 외도(外道) 할 것 없이 정(定)을 닦는 데 이용하는 공통된 방법입니다. 마음을 한 곳에 통제할 수 있다면 신통능력을 갖출 수 있지만 불법의 해탈과는 무관합니다. 염불의 일심불란 법문도 마음을 한 곳에 통제함으로써 증득한 효과입니다.

(4) 불법의 기초

"제행(諸行)87)은 무상하니, 생기하였다 소멸하는 법이라, '생기하였다 소멸하는 법'이 소멸하니, 적멸이 즐거움이다[諸行無常, 是生滅法, 生滅滅已, 寂滅爲樂]."

생각(思想)·염두(念頭)는 생멸법입니다. 어떻게 함으로써 염두가 일어나지 않게 할 것인가? 그 방법이 바로 청정함의 기초가 됩니다. 염두가 일어나지 않음은, 예컨대 놀라 넘어졌을 때, 억누르는 것이 아니라, 마음을 '비고 밝은 곳[空明處]'에 통제하는 것입니다. 이렇게 마음을 한 곳에 통제하여 공부가 도달하면 자연히 기질이 변화하고 신통(神通)능력을 갖추게 됩니다. 하지만 불제자가 신통으로 사람들을 미혹시키면 보살계를 범한 것입니다. 신통도 망념이 발생시키는 것이기 때문입니다. 통(通)함은 도(道)의 꽃이지 도의 열매(果)가 아닙니다. 신통은 수행의 자연적인 부속품이지 주체가 아닙니다.

(5) 선·선종·선학

---

87) 인연 화합으로 형성된 모든 것, 즉 모든 물질적 정신적 현상.

근래에 많은 사람들이 선종의 공안을 연구하면서 이를 문학화·철학화 하여 분석하고 깊이 토론합니다. 이와 같은 것은 결코 선(禪)이 아니라 굳이 부른다면 선학(禪學)이 됩니다. 선종은 학설이 아닙니다. 이는 간단한 논리입니다. 선은 실제 수증을 중시하는 것으로 '언어의 길이 끊어졌고 마음이 갈 곳이 사라진[言語道斷, 心行處滅]' 경지입니다. 선종의 초보 행지(行持) 법문은 엄격히 말하면 역시 '마음을 한 곳에 통제하는' 이치입니다. 설사 돈오선(頓悟禪)일지라도 그렇습니다.

(6) 십념법

대소승 경전에서 말하고 있는 각종 수행 법문은 모두 십념법(十念法)을 떠나지 않습니다. 십념법이란 염불(念佛)·염법(念法)·염승(念僧)·염계(念戒)·염시(念施)·염천(念天)·염아나반나(念阿那般那: 출입식出入息)·염신(念身)·염휴식(念休息)·염사(念死)입니다. 이제 간단히 설명하겠습니다.

1) 염불

염불은 염주를 들고 입으로 나무아미타불… 하고 외는 것만을 말하지 않습니다. 그렇게 말하면 불법을 비방하는 것이나 다름없습니다. 정토염불의 실제 의미를 이해하려면 반드시 먼저 세 가지 경을 이해해야 합니다. 즉, 『아미타경』과 『관무량수불경』 그리고 『무량수경』입니다. 여기에다 『능엄경』의 「대세지보살 염불원통법문(大勢至菩薩念佛圓通法門)」, 그리고 『반야심경(260자)』, 『대승기신론』을 합해서 '5경1논(五經一論)'이라고 하는데 정토종 염불법문의 이론기초가 됩니다. 소위 염불이란 간단히 말하면 생각 생각이 부처님의 이치(理)·상(相)·경계(境界), 다시 말해 본체[體]·현상[相]·작용[用]에 있는 것입니다. 범부는 염불하면 망상이 잡다한데, 청정한 마음으로 염불하는[淨心念佛] 경지에 진정으로 이를 수 있다면 한 생각 사이에 바로 성위(聖位)를 증득할 수 있습니다.

2) 염법

법(法)은 곧 불교의 교리를 말합니다. 즉, 대소승 경전에서 논하는 교리[理]입니다. 염법이란 부처님이 설한 법을 마음속에서 항상 생각하고 언제나 참구하면서 날마다 수행하고 있는 것입니다. 예를 들어 37조도품(三十七助道品)[88] 중 4념처(四念處)를 사유할 경우, 몸을 생각하면서는 '몸이 깨끗하지 못하다'고 관찰하고[觀身不淨], 느낌을 생각하면서는 '느낌은 괴로움이다'라고 관찰하고[觀受是苦], 마음을 생각하면서는 '마음은 무상하다'고 관찰하고[觀心無常], 법을 생각하면서는 '법은 무아다'고 관찰하는 것[觀法無我]입니다. 『반야심경』의 이치를 생각하는 것도 법을 생각함에 해당합니다. 그렇다면 날마다 15시간 동안 깨어 있는 것도 생각 생각이 법에 있는 것은 아닐까요? 진정으로 수행하는 사람은 날마다 24시간 내내 법에 의지하여 수행합니다. 잠자리에 들어서도 마음속으로는 둥근 해[日輪]를 관상(觀想)하면서 여전히 정(定)을 익히고 있습니다. 그러므로 수행이란 상당히 빈틈없이 신중한 것입니다.

3) 염승

승(僧)이란 승가(僧伽)로서, 청정대해중(淸淨大海衆)의 승을 말합니

---

88) 부록 1을 참고하라.

다. 염승이란, 예를 들면 5백나한이 어떻게 성과(聖果)를 얻었는지를 생각하는 것입니다. 도제(道濟)선사, 즉 제공활불(濟公活佛)은 어떻게 세상과 사람들을 구제했는지 생각하거나, 또 목련존자나 문수보살, 관세음보살 등을 모범으로 삼아 본받고 수행하는 것이 모두 승가를 생각함에 해당합니다.

4) 염계

계율이란 행위규범으로 무상보리의 근본입니다. 수행자는 24시간 중 어느 때나 항상 자기의 신체[身]·언어[口]·마음[意] 이 세 가지의 행위가 규범 속에 있는지 생각해야 합니다.

5) 염시

염시(念施)란 항상 보시할 것을 생각하는 것입니다. 물질적으로만이 아니라 생리적·심리적·정신적으로도 보시하는 것입니다. 즉 우리가 지니고 있는 것은 무엇이나 공헌하고 희사하는 것입니다. 대승에서의 보시를 실천할 수 있는 사람은 몇 되지 않습니다. 우리가 흔히 말하는, '의(義)를 좋아하여 아낌없는 것[慷慨好義]'도 바로 보시입니다. 그러나 일반인들 중에는 의를 좋아하는 사람은 많이 있지만, 진정으로 의를 좋아하여 아낌없는 행위를 할 수 있는 자는 몇 사람 안 됩니다. 이른바 도움을 준다는 것도 모두 조건적인 것이거나 명예나 이익을 위해서입니다. 설사 자신에게 동전 한 푼이나 밥 한 그릇 밖에 없어도 이를 오로지 참된 정성에서 아무 조건 없이 희사할 수 있다면 이야말로 진정한 염시행위입니다. 그리고 희사 공헌하고도 마음에 아무런 미련을 갖지 않고 지나고 나면 즉시 비워버려야 보시의 도리라 할 수 있습니다.

6) 염천

3세인과와 6도윤회는 불교의 기본이론입니다. 이 이론은 나와 남의 생명 과정의 유전(流轉) 현상을 설명하는 것입니다. 유전 현상은 그 자성이 본래 공(空)하기에 인연에 따라 생겨나고 인연에 따라 소멸합니다[緣生緣滅]. 그러나 『반야심경』에서 말하는 '생겨나지도 않고 소멸하지도 않으며, 더럽지도 않고 깨끗하지도 않다[不生不滅, 不垢不淨]'는 것은 아닙니다. 우리들에게 나타나는 태어남과 죽음이라는 과정은 자기 생명의 분단(分段) 현상으로서 생명이 일으킨 작용일 뿐입니다. 그러므로 본래(本來)로 되돌아가야 비로소 생명의 진제(眞諦)입니다. 천상세계는 6도(六道)의 하나로서, 인류가 거주하는 지구 이외의 세계 생명을 가리킵니다. 소위 '천인(天人)'들이 사는 곳을 말합니다. 그런데 천인들의 생김새가 우리 인류 중생의 모습과 비슷한 것 같지는 않습니다. 밀종에서 표현하는 불상(佛像)이 천인인지 아닌지도 역시 말하기 어렵습니다. 하지만 최신 공상과학에서의 관념과 많은 부분이 유사하고 현대 물리학이나 우주과학 등에서의 관념과도 많은 부분이 서로 근접합니다.

그러므로 오늘날에 불법을 배움은 이미 과거 19세기 불법과 철학 수준에 머물러 있지 않습니다. 이미 불학과 과학을 결합시키는 새로운 추세에 진입했습니다. 불법의 관점에서 볼 때 사람이 천상계에 태어난다는 것은 간단한 일이 아닙니다. 선근(善根) 복덕을 갖추는 게 필수적입니다. 기독교나 회교 같은 다른 종교에서 수행하는 것은 천상세계를 생각하는 법문에 해당합니다. 그들이 수행하는 바가 궁극인지 아닌지는 종교철학의 이론이나 관념, 사상의 문제입니다. 일반 민간에서의 배배(拜拜)[89]도 염천법문인데 단지 정도의

---

89) 대만이나 민남(閩南) 지역에서 명절날 행해지는 제례의식.

차이가 있을 뿐입니다. 만약 사상관념이 정확하면 정교(正教)이지만, 틀리다면 비정교(非正教)에 속합니다.

7) 염아나반나

천태종에서는 지관(止觀)에서의 지법(止法)을 중시하는데 바로 십념법 중의 아나반나로부터 시작합니다. 티베트의 밀교 총카파 대사가 달라이 라마와 판치엔[班禪]에게 전해주고 난 이후부터의 지관법문은 천태종과 거의 동일한 노선으로서, 역시 아나반나 출입식(出入息)을 닦는 것으로부터 입문합니다. 이 법을 사념하는 데는 우리의 몸이란 4대(四大)인 지수화풍(地水火風)의 화합으로 이루어진 것임을 반드시 알아야 합니다. 이런 4대에 허공[空]이 더해져 신체가 구성되고, 다시 여기에 식(識)이 더해져 6대(六大)가 됩니다. 여기에 또 다시 각(覺)이 더해져 완전한 인체로서 7대(七大)가 구성됩니다. 그러므로 육체적인 생명이 정신 영혼의 작용이 있게 되어 지각(知覺)과 감각(感覺)이 받아들이는[納受] 작용이 있습니다.

정좌수식(靜坐數息)은 풍대(風大)로부터 시작합니다. 인체에서 풍대작용은 호흡의 왕래입니다. 호흡으로부터 시작하는 수행법문은 아주 많습니다. 세계적으로 보면 현교나 밀교, 인도의 요가, 그리스·이집트 그리고 중국의 도가 등에서 닦는 출입식 등의 법은 200여 가지가 있는데 정말 재미있습니다. 그 안에는 오늘날 유행하는 무슨 법이네 무슨 기공이네 하는 것들이 다 포함됩니다.

밀종의 황교(黃教)와 천태지관법은 대체로 출입식을 어떻게 이용하여 정(定)을 익힐 것인가에 대하여 설명합니다. 예컨대 천태종의 소지관(小止觀)인 육묘문(六妙門)도 염아나반나로서 출입식으로부터 입문하는 것입니다. 소위 육묘법문이란, 첫째 수(數)·둘째 수

(隨)·셋째 지(止)·넷째 관(觀)·다섯째 환(還)·여섯째 정(淨)이 그
것입니다.

(7) 맺는 말

불법을 배움에 있어 중요한 것은 수증인데 수행법은 십념법을
벗어나지 않습니다. 십념법 중에서도 염아나반나는 갖가지 선정 수
행법문들(불교의 현교와 밀교 그리고 기타 각 종파와 외도를 포함
합니다)로 나아가기 위해 공통적으로 배우는 방법입니다. 염아나반
나는 신체의 4대 중 풍대관인 호흡으로부터 입문하는 것입니다. 천
태종 지관의 육묘법문(六妙法門), 즉 소지관(小止觀)도 아나반나의
일종입니다. 자꾸 변모하여 일반 내공(內功)의 근본이 되었습니다.
하지만 아나반나는 3승(三乘)[90]이 도를 얻는 중요한 방법입니다.
그러므로 육묘법문을 수행하면 첫째는 자신이 성과(聖果)를 증득할
수 있고, 둘째는 중생을 제도하는 방편이 될 수 있으니 알지 않으
면 안 되며 배우지 않으면 안 됩니다.

4. 육묘법문

선(禪) 수행은 점수(漸修)법문인데, 대소승 일체의 불법은 모두 점
차적인 수행에서 나옵니다. 소위 돈오법문도 점수에서 나와야 합니
다. 특히 말법시기의 중생은 복덕과 지혜가 얕으므로 마땅히 점수
법문을 더욱 중시해야 합니다. 그런데 점수는 심지(心地)법문에서

---

90) 성문승·연각승·보살승.

시작됩니다. 심법(心法)의 수행은 안과 밖 두 부분으로 나눌 수 있습니다. 밖으로는 올바른 사람으로서 일 처리를 바르게 하며, 안으로는 심성을 함양하고 기질을 변화시킴으로써 보리정도(菩提正道)로 나아가는 것입니다. 그러므로 수행을 논함에 있어서는 선방에서 정좌하는 것 이외에도 올바른 사람으로서 일 처리 면을 더욱 중시해야 합니다. 만약 그렇지 못하다면 설사 공부가 도달했다 할지라도 역시 외도요 마구니 경계입니다.

대소승 법문은 십념법을 떠나지 않으며, 심념법 중에서도 염아나반나는 일체의 정(定)을 닦고 익히는 법문의 공통적인 방법입니다. 천태종의 육묘법문─이를 소지관이라고도 합니다─역시 염아나반나의 일종입니다. 뿐만 아니라 보리도과를 수증하는 간단명료한 법문이기도 합니다. 육묘법문은 첫째 수(數)·둘째 수(隨)·셋째 지(止)·넷째 관(觀)·다섯째 환(還)·여섯째 정(淨)입니다.

(1) 수(數): 호흡을 헤아림

수식(數息)은 육묘문의 제1단계입니다. 소위 식(息)이란 한 번 들이쉬고 내쉬는 사이를 말하는데, 이를 일식(一息)이라고 하며 일념(一念)이라고도 합니다. 수식은 바로 자기의 호흡을 들으면서 그 차수(次數)를 헤아리는 것입니다. 수식의 목적은 망상을 없애는 데 있습니다. 범부의 일념 사이에는 8만4천 가지 번뇌가 갖추어져 있기 때문입니다. 수식은 고기를 잡기위해 그물을 쳐 놓고 서서히 거두어들이는 것이나 다름없습니다. 마음을 거두어들인 후 마음에 산란이 없어졌을 때는 수를 헤아릴 필요가 없습니다. 만일 더 이상 헤아린다면 머리 위에 머리를 두는 격으로 필요 이상의 일을 하는 것입니다. 수를 헤아릴 필요가 없어지면 곧바로 수식(隨息)합니다. 만약 억지로 다시 헤아리면 스스로 망상을 증가시키는 것이 됩니다. 수를 헤아리는 방법으로는 대체로 다음 세 가지 방법이 있습니다.

1) 1부터 10까지 세고, 다시 거꾸로 1까지 셉니다. 이런 식으로 호흡할 때 오직 숫자만 있고 다른 잡념이 없어질 때까지 반복합니다(1, 2, 3, … 10, 9, 8, … 2, 1, …)

2) 1, 2, 3, … 식으로 세어가되 최후까지 세어가면서 그 사이에 잡념 망상도 없고 숫자도 틀리지 않으면서 심념(心念)이 호흡과 결합된다면 역시 초보적인 성공입니다. (1, 2, 3, 4, … 99, 100, …).

만약 호흡을 헤아리는 중간에 다른 망념이 끼어든다면 다시 처음부터 세어야 합니다.

3) 수식은 들숨을 세는 법과 날숨을 세는 두 가지 방법이 있습니다. 신체가 허약하고 병이 많은 사람은 들숨을 세는 것을 닦아야 마땅합니다. 혈기가 왕성하고 욕망이 많은 사람은 날숨을 세는 것을 닦아야 마땅합니다.

수식 과정에서의 호흡은 풍대에 대한 느낌에 따라 풍(風)→기(氣)→식(息)이 세 가지 단계로 나누어집니다. 시작할 때 호흡이 거친 것을 풍(風)이라고 합니다. 정정(靜定) 후에 호흡이 비교적 가늘어진 것을 기(氣)라고 합니다. 한걸음 더 나아가 심신이 편안하면서 오직 자기가 호흡하고 있다는 것만 느끼고 호흡 소리는 들리지 않는 상태가 바로 식(息)입니다. 식(息)의 상태에 이르면 더 이상 세지 않고 수(隨)로 진입합니다.

정좌한 채 수식할 때에는 호흡을 자연스럽게 하고 신체를 느긋하게 놓아버려야 하며 기공(氣功: 기공은 불법의 심행心行법문이 아닙니다)을 수련해서는 안 됩니다. 그러면서 귀로는 자기의 호흡을 듣습니다. 시끄러운 곳에서 닦을 때 호흡 소리를 들을 수 없으면 느낌으로써 듣습니다.

이 때 적어도 마음을 써야 할 점이 세 가지가 있습니다. 첫째 좋은가 나쁜가를 감각하고, 둘째 호흡의 출입식을 들으며, 셋째 출입식을 셀 때 망상이 있으면 처음부터 다시 세어야 한다는 것입니다. 왜냐하면 이 일념 사이에 8만4천 가지 번뇌가 갖추어져 있기 때문입니다. 이 말은 허황되지 않습니다. 예를 들어 펜을 들어 글을 쓰려고 할 경우 아직 쓰기 시작하기 전에 한참 동안 얼마나 많은 염두 망상들이 일어나는지 모릅니다. 그렇지만 일단 영감이 떠오르면 펜이 술술 나아갑니다. 빛의 속도가 비록 빠르다 해도 생각의 속도만큼 빠르지 못합니다. 서방극락정토가 물론 이 곳 우리로부터는 그토록 멀지만 일념 사이에 팔 한 번 굽혀 펴는 짧은 시간 동안 만에도 연화지(蓮花池)에 도달합니다.

장자(莊子)도 정좌를 말했습니다. 겉으로야 고요히 앉아 있는 것 같지만, 사실은 내부의 심념(心念)은 운동회나 토론회를 개최하고 있는 듯한 상태를 장자는 '좌치(坐馳)'라고 했습니다. 진정한 선정공부라면 좌망(坐忘)에 이르러야 합니다. 즉, 몸을 잊어버리고 일체를 잊어버려야 비로소 정(定)입니다.

수식 과정 중에는 심신에 변화가 있을 수 있습니다. 흔히 병 증세를 발견하게 되는데, 이런 질병은 체내에 잠복상태에 있다가 수행으로 말미암아 발각된 것입니다. 수식공부가 잘되면 자연히 병을 물리치고 수명을 늘이면서 심신이 건강하고 즐겁게 됩니다.

(2) 수(隨): 호흡에 맡겨둠

출입식의 숫자를 헤아려가다, 심신이 편안하면서 오직 자기가 호흡하고 있다는 것만 느끼고 호흡 소리는 들리지 않는 식(息)의 상태에 이르렀다면 숫자를 세지 말고, 수(隨)의 상태로 들어갑니다. 이때가 바로 후세의 도가의 말처럼 심식상일(心息相一)의 상태입니다. 심념(心念)과 기식(氣息)이 마치 소금과 밀가루가 결합되어 일체(一體)가 된 것과 같습니다. 심념은 탐조등(探照燈)과 같고 기식은 비행기와 같아서, 비행기가 날아간 곳에 탐조등도 따라서 비춥니다. 장자가 "보통사람들은 목구멍으로 호흡하지만, 지인(至人)은 발 뒤꿈치로 호흡한다[常人之息於喉, 至人之息於踵]."고 말한 대로입니다. 이때에는 마음과 기식이 서로 의지하면서 기식을 한 번 들이쉬면 곧 발에까지 도달하여 경쾌한 느낌을 발생시켜 계속 앉아있고 싶습니다. 그렇지만 아직은 선정 경계에 도달한 것은 아닙니다. 몸에서 느끼는 쾌감의 상승은, 큰돈을 번다거나 황제가 된다거나 남녀 간의 성적인 욕망 같은 것도 더 이상 필요로 하지 않는 듯합니다. 하지만 『능엄경』에서 낙변화천(樂變化天)에 태어나는 사람의 남녀사이의 성행위에 대해 "맛이 밀랍을 씹는 것과 같다[於橫陳時, 味同嚼臘]"라고 묘사하고 있는 경지에는 아직 이르지 못합니다.91)

---

91) 6욕천의 제5천인 낙변화천에 대한 능엄경 경문은 다음과 같다.
　　어떤 사람은 자기는 본래 음욕심이 없지만, 부부사이에 윤리를 돈독히 하고 분수를 다하기 위해 상대에 응하여 방사(房事)를 행하되, 옥체(玉體)가 가로 놓여 있을 때에 그 맛이 밀랍을 씹는 것과 같아 조금도 즐거운 재미가 없다. 이런 사람은 목숨을 마친 뒤에 월화지(越化地)에 태어나, 5욕락이 갖추어져 있고 자신의 뜻대로 변화시켜 자기의 즐김을 만족시킬 수 있는 경지에 오르는데, 이런 천상세계를 낙변화천이라 한다 [我無欲心, 應汝行事, 於橫陳時, 味如嚼蠟, 命終之後, 生越化地, 如是一類 名樂變化天.]

(3) 지(止): 숨과 잡념이 멈춤

식(息)이 멸한 다음 단계는 지(止)인데, 밀종의 보병기(寶瓶氣)와 같습니다. 식도 멸하고 잡념도 멈춰버린 것을 지(止)라고 합니다. 지는 4선(四禪), 8정(八定)과 9차제정(九次第定)으로 통합니다. 정(定)은 선학에서 공통적인 방법입니다. 그러므로 부처님을 배우는 사람은 반드시, 외도가 할 줄 아는 것은 나도 할 줄 알지만 내가 할 줄 아는 것은 외도는 할 줄 모르는 정도가 되어야 합니다. 그래야 방편으로 중생을 제도할 수 있습니다.

지(止)의 수행법은 병을 물리치고 수명을 연장할 수 있습니다. 이 몸이 비록 4대가 모인 가상(假相: 실제가 아닌 물상─역주)이지만 이것이 없으면 도(道)를 증득할 수 없습니다. 그러므로 4대의 조화가 대단히 중요합니다. 마치 마이크는 반드시 전기가 있어야 소리를 확대하여 전하는 작용이 있듯이 말입니다. 지(止)는 정(定)의 어머니로서 공부가 지(止)에 도달하고 계속 깊어져 가면 바로 4선·8정과 9차제정에 도달합니다. 그리고 신통(神通)이 자연히 갖추어집니다. 통(通)은 정(定)으로부터 일어납니다. 그러나 『법화경』에서 말하는 "부모가 낳아준 눈으로 시방세계를 볼 수 있다[父母所生眼, 能觀十方界]."는 경계나, "원만 청정함이 극치에 이르면 자성의 광명이 자연히 막힘없이 통하고, 자성의 광명 속에서 고요히 움직이지 않으면서 시방세계의 모든 허공을 머금고 밝게 비춘다[淨極光通達, 寂照含虛空]."는 경계는 작은 정(定) 작은 신통의 경계가 아닙니다.

(4) 관(觀): 망상미혹을 관찰함

관이란 망상미혹[妄惑]을 관찰하여 진리를 달관(達觀)하는 것입니다. 지(止)에 이르러서도 관을 닦지 않는다면 외도와 같습니다. 불법이 외도와 다른 것은 반야지혜에 있습니다. 지혜는 어디에서 올까요? 관을 일으켜 관을 닦는 데서 얻습니다. 어떻게 관을 일으키고 닦을까요? 반드시 혜학(慧學)을 연구해야 합니다. 유식학 같은 것은 최고의 지혜에 대한 관대(觀待)도리와 증성(證成)도리에 속합니다.

(5) 환(還): 법신·반야·해탈로의 전환

관(觀)의 다음 단계는 환(還)인데 환이란 전환한다는 의미입니다. 법신, 반야, 해탈로 돌아가는 것입니다. 법신은 체(體)로서 심념이 청정한 것입니다. 반야는 상(相)으로서 원만하여 결점이 없는 것입니다. 해탈이란 용(用)으로서 천백억 화신입니다. 법신·반야·해탈이 세 가지가 평등하게 구족되어 있는 것을 환(還)이라고 합니다. 예를 들어 어떤 사람이나 일, 물건에 대하여 집착하면 해탈이 아닙니다. 예를 들어 백치가 비록 해탈한 듯 보이지만 지혜로운 앎[慧知]이 전혀 없습니다. 만약 백치가 아니면서도 시비(是非)나 득실(得失), 나와 남의 관계에 있어 전혀 개의치 않고, 남이 나를 욕하거나 속여도 이 때문에 화를 내기는커녕 오히려 연민과 자비의 마음을 일으킨다면 점점 반야와 해탈과 청정한 법신의 경지로 다가갑니다.

(6) 정(淨): 청정법신의 정토

환(還)의 다음 단계는 정(淨)입니다. 이것이 진정한 정토입니다.

즉, 정토종의 유심정토와 같은 청정법신입니다. 이상 여섯 가지 항목은 천태종의 육묘법문을 간략히 설명한 것입니다.

(7) 한 생각 사이에 육묘법문을 갖추고 있음

지와 관을 함께 운용하고[止觀雙運] 정과 혜를 균등하게 수행하는 [定慧等持] 정도에 이미 이르렀다면 일념 사이에 육묘법문을 구족할 수 있습니다. 지(止)는 정(定)의 어머니요, 정은 지의 열매[果]입니다. 관(觀)은 혜(慧)의 어머니요, 혜는 관의 열매입니다. 육묘법문에서 앞의 세 단계인, 첫째 수(數), 둘째 수(隨), 셋째 지(止)까지는 정학(定學)의 영역에 속합니다. 그리고 그 뒤 세 단계인, 넷째 관(觀), 다섯째 환(還), 여섯째 정(淨)은 혜학(慧學) 영역에 속합니다.

일반적으로 수식(數息)을 잘 한 다음에 수식(隨息)하고 또 그 다음에 지식(止息)하는 것으로 여기고 있습니다. 사실은 그렇지 않습니다. 정좌 하자마자 한 생각 사이에 동시에 수(數)·수(隨)·지(止)·관(觀)·환(還)·정(淨)의 단계가 갖춰집니다. 스스로 잘 참구하여 증험해 보기 바랍니다.

5. 육묘법문 지관의 인식과 실천

육묘법문의 실천은 대부분 그저 수식(數息)에서 수식(隨息)의 단계에 이르는 정도이고 이로부터 불법의 진정한 정(定)과 혜(慧)의 경계로 들어가는 사람은 드뭅니다. 대부분 몸을 가볍고 부드럽게 하는 기공(氣功)을 연습하는 것이지 마음과 기식이 서로 의지하는

[心息相依] 경계를 뛰어넘는 경우는 극히 적다고 말할 수 있습니다.

수식(隨息) 과정에서만도 심신에는 자연히 많은 변화가 일어납니다. 외면의 호흡(코)은 점점 미세해지고 내면의 호흡(복부) 작용이 발생하는데, 일반인들은 이를 단전호흡이라고 합니다. 최후에는 아랫배 부분의 호흡만 남게 되는데, 일반인들은 이를 태식(胎息)이라고 합니다.

이때가 되면 장차 기맥(임맥·독맥 등의 맥을 포함합니다)이 흘러 통하는 느낌을 갖게 될 것입니다. 이로부터 많은 기식(氣息) 수련 법문이 나옵니다. 그러므로 대다수의 아나반나(출입식)법 수련자는 풍대(風大)인 기식에 사로잡혀 외면의 호흡은 거의 정지되고 하복부 호흡만 남아있음을 느끼게 된다고 말할 수 있습니다. 이때에는 신체상의 느낌도 아주 편안해서 마치 술을 좀 마셔 약간 얼큰하듯 하면서 자리에서 일어나고 싶지 않습니다. 그러나 이런 모든 것은 색신(色身)의 색온(色蘊)과 수온(受蘊) 속에 갇혀 있어서 나타나는 현상들입니다.

만약 더 나아가 진정으로 마음과 기식이 서로 의지하는 정도에 도달하면 호흡도 사라지고 잡념도 없어져서, 이미 초보적인 사마타지(奢摩他止)의 경계에 도달한 것입니다. 하지만 이 경계도 여전히 색온의 범주에 갇혀 있는 것임을 반드시 알아야 합니다. 어떻게 지(止)에서 정(定)과 혜(慧)로 들어갈 것인가는 한걸음 더 나아가 마땅히 인식해야 할 문제입니다.92)

---

92) 아나반나 법문에 대해서는 남회근 선생의 『호흡법문 핵심강의』도 참고하기 바란다.

(1) 지(止)에서 정(定)에 이르고, 정에서 신통을 발하고, 정을 얻어 관(觀)을 일으킴에 대한 인식

지(止)에 도달하여 망상 잡념이 없어지면, 식(息)이 사라지고 생각이 없어지면서 4선8정·9차제정 등의 단계를 통달할 수 있습니다. 이때에도 허다한 신통과 특이한 능력에 빠져들기 쉽습니다. 예를 들면 물에서도 빠지지 않고 불에서도 타지 않는 일들이 있을 수 있는데, 이런 일들은, 마음이 생각을 움직이지 않아서 마음과 풍(風)이 우연히 합일됨으로써 발생하는 본래능력[本能]입니다.

예컨대 상사정(相似定)93) 속에 있다면 허공과 융화되어 일체가 된 느낌이거나, 광명이나 기타 특이한 모습을 보면서 후련하고 시원함을 느끼게 됩니다. 그런데 상사신통(相似神通)을 포함한 이러한 모든 것들은 허환(虛幻)한 망상에서 일어난 것으로 그 어느 것이나 의식, 즉 독영경(獨影境)과 신식(身識)의 변상(變相: 변한 모양—역주)에 속합니다.

『능엄경』에서는 "내수유한, 유시법진분별영사(內守幽閒, 猶是法塵分別影事)."라고 말합니다. 여기서 말하는 '법'이란 모든 사유와 사물에 대한 이론관념을 포괄합니다. '법진(法塵)'이란 어떤 일이나 이치를 사유하고 난 영상(影像)입니다. '영사(影事)'란 물 가운데 달이나 거울 속의 상(相)입니다. 『능엄경』의 이 말은 정(定)을 닦는 사람이 공령(空靈)한 정(定) 가운데 있다고 여기지만 사실 이런 정은 여전히 잠재의식이 만들어낸 것임을 가리키는 것입니다. 마치 물속의 달을 진짜 달로 여기고 거울 속의 꽃모습을 진짜로 오인하는 것이

---

93) 정(定)과 유사한 경계.

나 마찬가지로서 필경에는 명심견성(明心見性)을 할 수 없습니다.

그러므로 지(止)의 단계까지 닦아 그저 "조용하면서 한가롭고 텅 빈 경계만을 하나 지키고 있으면서[內守幽閒] 정(定) 가운데서 나타나는 신통에 만족하고 있다면 여전히 외도경계요 궁극의 경지가 절대 아닙니다. 반드시 계속 관(觀)을 닦아야 지혜의 바다를 통달할 수 있습니다.

일반적으로 말해서 현교의 관(觀)을 닦는 방법은 아주 많습니다만 천태종의 삼지삼관(三止三觀)이 가장 보편적입니다. 밀종의 관상(觀想)은 이론적인 취지 면에서 천태종의 관법(觀法)과 같지만 실질상으로는 크게 다릅니다. 여기서 구분해서 말해보겠습니다.

————————————————————

(역자보충) 『능엄경』에 나오는 "내수유한, 유시법진분별영사(內守幽閒, 猶是法塵分別影事)" 경문 단락에 대한 남회근 선생의 『능엄경 대의풀이』에서 뽑아 번역하여 소개합니다.

이때에 부처님은 아난과 일반대중으로 하여금 그들의 심경(心境)이 무생법인(無生法忍)[94]에 들어가도록 하기 위하여 자애로운 손으로 아난의 정수리를 어루만지면서 말씀하셨다.

---

94) 무생법인은 불교 전문용어로서 위에서 말한 심성이 적연한 바른 선정의 실제 경지이다. 현재 작용하고 있는 심리현상이 더 이상 망상작용을 일으키지 않고 적연부동에 머무르며, 생리활동도 이로 인해 극히 정지한 상태에 진입한다. 심성적연의 자체실상에 머묾은 견성입도의 기본요점이 된다. 왜냐하면 망상이 일어나지 않는 이러한 실상에는 동심인성[動心忍性: 심신을 연마 단련하면서 외부의 고난이나 장애를 돌아보지 않고 버텨 나가다는 뜻]이 있어 심신의 습관적 활동 현상을 끊어버리므로 법인法忍이라고 한다.

"나는 일체 현상이 일어남은 모두 심성 자체 기능의 현현함이라고 늘 말했다. 일체 세계의 물질 미진은 모두 심성의 본체 기능으로부터 형성되기 때문이다. 세상의 일체 모든 것은 풀 한 포기 나무 한 그루, 점 하나 물방울 하나에 이르기 까지, 그 근원을 연구해보면 모두 저마다의 특성이 있다. 설사 허공이라 할지라도 그 명칭과 현상이 있다. 하물며 이 청정영묘하며 밝게 빛나고 성결한 진심은 정신적 물질적 심리적 생리적인 모든 것의 중심체성인데 어찌 자체가 없겠느냐? 만약 네가 이 의식분별과 감각이 보고 인지하는 성능을 고집하여 이것이 바로 진심이라고 여긴다면, 이 마음은 마땅히 현상계의 모든 색·성·향·미·감촉 등등의 사실 작용을 떠나서 따로 하나의 완전히 독립적인 체성이 있어야한다.

예컨대 너는 지금 내가 말하는 것을 듣고 있는데, 이는 소리를 들었기 때문에 비로소 네게서 의식 분별이 일어나는 것이지, 만약 소리가 없다면 능히 듣는 심성은 어디에 있겠느냐? 설사 네가 지금 능히 일체의 보고 듣고 감각하고 지각하는 작용을 소멸시켜 버리고, 마음속에 아무것도 없고 단지 '조용하면서 한가롭고 텅 빈 경계만을 하나 지키고 있다할지라도, 사실상 이는 의식분별현상이 잠시 잠복한 영상에 불과한 것[內守幽閒, 猶爲法塵分別影事]'이지 마음의 진실자성의 체가 아니니라.

그러나 나는 이런 현상이 너의 진심이 갖추고 있는 일종의 작용이 절대 아니라고 말하는 것은 아니다. 너는 이런 심리현상으로부터 자세히 연구하고 사색 탐구해 보아라. 만약 정신적 물질적, 심리적 생리적 현상 이외에 따로 초연히 독립적이면서 능히 분별하는 자성이 하나 있다면, 그것이야말로 너의 진심자성이다. 만약 이 능히 분별하는 성능이 외부 현상과 경험을 떠나서는 자체가 없다면, 이런 현상들은 모두 외부와 의식경험이 잠복한 영상임을 알 수 있다. 의식경험과 외부현상은 시시각각 변동하고 있어서 영원히 존재할 수 없다. 의식이 변동하면 현상이 소멸해버리니, 이 마음은 영(零)이나 마찬가지 아니겠느냐? 그렇다면 너의 자성 본체는 틀림없이 끊어져 소멸[斷滅]하여서 없는 것이나 다름없게 되는데 무엇이 있어 수행하여 무생법인을 얻었음을 증명할 수 있겠느냐?

(다시 말해서, 만약 조용하면서 한가롭고 텅 빈 경계를 하나 지키면서 그것이 곧 심성 자체라고 여긴다면, 조용하면서 한가롭고 텅 빔을 지키지 않을 경우에는 이 경계도 즉시 변해버리게 됨. 이는 이와 같은 정지靜止의 경계가 일종의 의식현상일 뿐 진심 자성의 본체가 아니라는 사실을 아주 뚜렷이 증명해줌).

불법을 수행하는 세간의 모든 학인들이 설사 현재 9차제정(九次第定)을 성취하고도 오히려 원만무루의 아라한과를 얻지 못하는 까닭은 모두 이 생사망상의 망심에 집착하여 이를 진심자성의 본체로 삼기 때문이다. 그러므로 네가 비록 박문강기하여 지식이 광박하고 기억하고 들은 불법이 많건만 여전히 성과(聖果)를 얻지 못하는 것도 그 때문이니라.

아난은 부처님의 가르침을 듣고 슬픔의 눈물을 흘리면서 말했다. "저는 부처님의 불가사의한 힘[威神]에 의존하고, 스스로 고생스럽게 수행할 필요가 없이 당신께서 저에게 삼매95)를 내려주시리라 고만 항상 생각했지, 사람 저마다의 몸과 마음은 본래 서로 대신할 수 없음을 알지 못했습니다. 그래서 진심자성을 보지 못했습니다. 저는 지금 비록 몸은 출가했지만 이 마음은 아직 도에 들어가지 못했습니다. 이는 마치 부잣집의 교만한 아들이 자애로운 아버지를 거스르고 밖으로 떠돌이 생활을 달게 여기면서 타향에서 걸식하는 것이나 같습니다. 비록 박문강기하더라도 노력 수행하여 증득을 추구하지 않는다면, 마치 사람이 아무리 음식을 말해도 마침내 배부를 수 없는 것처럼, 결국은 어리석고 무지함이나 다름없다는 사실을 오늘에야 비로소 알았습니다. 인생 현실 상황에서의 번뇌로는 대체로 두 가지 기본 장애에 어려움을 느끼고 어찌할 바를 모릅니다. 첫째, 각종 심리상태의 정서와 망상에 의해 번뇌합니다. 이른바 아집(我執)인데, 아장(我障)이라고도 합니다. 둘째, 일반적인 세간현실의 지식에 의해 장애를 받습니다. 이른바 법집(法執)인데, 소지장(所知障)이라고도 합니다. 이

---

95) 심성이 적연 부동하면서 비춤[照]과 작용[用]이 동시인 경계.

는 모두 심성이 적연 상주하는 실상을 자기가 알지 못하고 보지 못하기 때문입니다."

——————————————————

(2) 천태종 삼관의 이론과 실천

천태종에서 말하는 관(觀)은 심(尋)·사(伺)·관찰·참구·사유·각관(覺觀) 등의 의미입니다. 지(止)로부터 관(觀)을 일으키는 목적은 밝은 지혜, 즉 반야를 통달하고 나아가 청정한 본성으로 돌아가 보리를 증득하기 위한 것입니다.

밀종의 황교 총카파 대사가 쓴 『보리도차제광론(菩提道次第廣論)』[96]에서의 「사마타품(奢摩他品)」과 「비파사나품(毗鉢舍那品)」은, 지자대사의 『마하지관(摩訶止觀)』에서 말하고 있는 지관수행 방법과 이론 취지 면에서 대동소이 합니다. 천태종 삼관은 이른바 공(空)·가(假)·중(中)입니다. 공·가·중 삼관의 순서는 가관(假觀)에서 시작하여 공관(空觀)을 거쳐 중관(中觀)에 도달함으로써 최후에 지혜해탈을 완성합니다. 혹은 공관으로부터 가관을 연기(緣起)시킨 다음 중관으로 귀착함으로써 반야법신을 얻습니다.

1) 가관(假觀)

가관이란, 목전에 도달한 지(止)의 경계는 여전히 한 생각이 나타난 것으로 이 생각이 거짓이니 이 지(止)의 경계도 실다운 것이 아님을 사유하는 것입니다. 지정(止定) 가운데서 나타나는 일체의 경

---

96) 한국어본은 청전스님 번역본 등이 나와 있다.

계도 필연적으로 거짓입니다. 허공 속에 앉아 있다거나 빛을 발하거나 땅이 움직이는 등의 신통과 각수(覺受)[97]는 거짓입니다. 그러므로 나타나는 경계[現境]로 만족하지 않고 그런 경계를 탐착하지 않아서 집착하는 곳이 없게 함으로써 곧 공관(空觀) 들어갑니다.

2) 공관(空觀)

공(空)의 경계에 이르면 집착할 곳이 없는 듯하면서 심신이 모두 잊어집니다. 공관이란 바로 이 공(空)의 경계를 관하는 것인데, 무상정(無想定)이 아닐까요? 만약 무상정이라면 이 정(定)은 의식이 낮은 망상단절 상태가 됩니다. 무상정이 아니라면 계속 참구해나갈 경우 무심정(無心定)일까요 아니면 유심정(有心定)일까요? 하지만 무심정이라 할지라도 선종의 육조 혜능 스님이 말한 "선(善)도 생각하지 않고 악(惡)도 생각하지 않는 그 본래면목"은 아니라는 점을 알아야 합니다. 왜냐하면 단지 선을 생각하지 않고 악을 생각하지 않음은 역시 무상정에 속하고, 심지어는 완전히 무기(無記: 기억이 없음—역주)의 경계에 들어간 것이기 때문입니다.

공(空)에 집착하여 공을 버리지 않으면, 이렇게 공에 집착한 것 자체가 바로 유(有)로서 소승법문에 속합니다. 그러므로 이 공 역시 거짓[假]으로 마음이 지은 것[唯心所造]임을 알고서 공에도 집착해서는 안 됩니다.

---

97) 각수는 불교에서 대단히 중요한 개념이다. 눈이 본 물체의 형상이나 색깔, 귀가 들은 소리의 강약이나 고저, 신체가 감촉한 딱딱함 · 부드러움 · 매끄러움이나, 혀가 맛보는 시고 달고 쓰고 매움 등을 모조리 각수라고 한다. 심지어 꿈속에서의 공포 · 질겁하여 근심함 더 나아가 선정 중에서 방광하는 상서로움도 모두 각수의 범주이다.

3) 중관(中觀)

중관이란 중(中)을 하나 생각하는 것은 아닙니다. 만약 하나의 '중'이라는 관념에 집착하면 곧 변견(邊見)에 떨어져 이미 중(中)이 아닙니다. 중은 유(有)에도 집착하지 않고 공(空)에도 집착하지 않는 것입니다. 또 세간법에도 머무르지 않고 출세간법에도 머무르지 않는 것으로 소위 '성공연기(性空緣起), 연기성공(緣起性空)'입니다. 공도 아니요 유도 아니면서 공을 떠나지 않고 유를 떠나지 않는[非空非有, 即空即有] 실제이지(實際理地)[98]입니다.

공·가·중 삼관을 증득한 후에는 다시 혜관(慧觀)을 닦아야 한다는 주장도 있습니다. 혜관이란 중도의(中道義: 중도의 이치—역주)를 증득한 후의 바른 사유[正思惟]입니다. 지혜는 바른 사유로부터 오기 때문입니다. 사유란 5변행(五徧行) 중의 사(思)입니다. 이를 지(知)라고도 하고 각(覺)이라고도 합니다. 명대의 왕양명의 양지(良知) 양능(良能) 학설은 천태지관에서 변모되어 따로 한 학파를 이룬 것입니다. 대소승 3장경전도 바로 이 하나의 '바르게 알고 바르게 보는[正知正見] 자증분(自證分)'[99]으로부터 성과(聖果) 증득에 도달하는 것임을 알아야 합니다.

(3) 밀종 관상의 이론과 실천

관상(觀想)은 밀종에서 수행하는 법문의 하나로서 그 원리는 천

---

98) 진여. 절대의 경지.
99) 주관인 견분(見分)이 인식하는 일을 다시 확인하는 작용. 자신을 인지하는 작용. 자각적으로 증지하는 인식작용. 이것에 의해서 객관을 인식하는 주관 자체가 인식된다. 유식설의 견분·상분(相分)·자증분·증자증분(證自證分)을 참고 하기 바란다.

태종 삼관과 대략 같습니다. 관상이란 의식경계상의 영상(影像)을 의근(意根)에 투사(投射)한 다음, 각종의 관상 방법을 운용하여 관을 일으키는 것입니다. 그리하여 점점 심신의 변화와 결합시켜서 한 가지 대상경계에 마음을 묶는 지(止)의 경계로 진입함으로써 생기차제(生起次第)의 성취—가관—에 도달합니다. 그 다음에는 한 가지 대상경계에 마음을 묶어놓은 지(止)의 경계를 버리고 원만차제(圓滿次第)의 행지(行持)—공관—를 완성합니다. 최후에는 중관의 밝은 지혜를 통달함으로써 보리를 증득합니다. 관상방법에도 8만4천 가지가 있는데 어떤 방법을 쓸 지는 그 사람의 근기에 따라 다릅니다. 예를 들면 부정관(不淨觀)이나 백골관(白骨觀), 밀종의 각종 법문의 관상 내지는 정토종의 염불법문의 관상 등등이 있는데, 관상법은 그 세밀한 순서를 논하면 먼저 생각[想]하고 그 다음에 관(觀)하는 것이라고 말해야 합니다.

대략 나누어 말하면 전자인 상(想)은 상(相)을 생각하는 것으로 동태(動態)에 속하면서 비교적 대략적[粗略]입니다. 후자인 관(觀)은 용(用)을 관하는 것으로 정태(靜態)에 속하면서 비교적 세밀[精細]합니다.

예를 정토 관상(觀想)법문을 수행한다면, 먼저 아미타불의 32상의 장엄한 모습과 80종호를 상상(想像)하고 그 다음에 아미타불 찬탄게송에 따라 관상을 일으킵니다.

아미타불 몸은 자금색이며
상호와 광명은 견줄 이 없네
백호는 크기가 다섯 개의 수미산을 빙빙 돌고
감청색 눈 맑고 큼은 네 개의 큰 바다 같네

원광 속의 화불은 무수억 분이며
그 곁의 화보살도 끝없이 많네
48원으로 중생을 제도하시어
9품 연화대로 모두 피안에 오르게 하시네

阿彌陀佛身金色　相好光明無等倫
白毫宛轉五須彌　紺目澄清四大海
光中化佛無數億　化菩薩衆亦無邊
四十八願度衆生　九品咸令登彼岸

　관상이 맑고 또렷하면 망념이 홀연히 사라지면서 찰나 사이에
정토가 나타납니다. 초학자가 관상이 되지 않을 때는 우선 간단한
관상법을 하나 익혀도 됩니다. 먼저 어떤 밝은 물체를 하나 바라봅
니다. 예컨대 수정구(水晶球)나 연잎 위의 이슬, 불상의 이마에 있는
밝은 구슬이나 태양 등을 바라봅니다. 그런 다음 그 밝은 물체의
빛 덩이 영상(映像)을 취하여 마음을 묶어두는 하나의 대상으로 이
용합니다. 이를 통해 생각을 거두어들여 이 밝은 영상이 항상 의식
속에 있는 것, 즉 이 빛 덩이가 변함이 없고 움직이지 않는 채 고정
되어 있는 것이 지(止)의 경계입니다. 그렇지만 지(止)의 경계 속에
서도 평소대로 일을 할 수 있습니다. 왜냐하면 지(止)는 의근(意根)
에 속하지만 일을 하는 것은 분별심인 의식의 외적인 작용일 뿐이
기 때문입니다. 하지만 이렇게 하는 것은 방편일 뿐 결코 사마타의
바른 삼매[正三昧]는 아닙니다.
　하루 내내 마음이 한 가지 대상에 묶여 있어 맑고 또렷한 영상이
앞에 나타난다면 이는 지(止)를 얻은 것입니다. 예를 들면 남에게

돈빚을 졌는데 빚쟁이의 독촉이 심할 경우 무슨 일을 하던 간에 항상 마음속에 걸려 있는 것과 같습니다. 또 예를 들면, 남녀 간에 연애에서 짝사랑할 때 차를 마셔도 밥을 먹어도 온통 그 사람 생각뿐인 것과 같습니다. 지(止)를 얻고 난 후 단계적으로 점점 나아가면 심신의 본래 능력을 변화시키면서 정(定)의 경계에 도달합니다. 더 나아가 마음과 호흡이 자재한[心風自在] 경지에 도달하면 정(定)을 통해 신통을 일으킬 수 있습니다. 즉 관상 기능[功能]으로 심력(心力) 작용을 일으키는 것입니다. 그러므로 형상을 변화시키고 사물을 굴릴 수[化形轉物] 있습니다. 예컨대 선정 중에 있는 도인이 사람들의 성가심을 피하기 위하여 호랑이로 변화하여 나타남으로써 방문객을 놀라게 한다든지, 혹은 일념 사이에 자신을 투명한 빛 덩이 등의 경계로 나타내는 것입니다.

반드시 알아야 할 점은 관상이 성취되었더라도 아직은 생기차제의 작용에 속하며 가유(假有)라는 사실입니다. 그러므로 진짜가 아닌 유사 5신통[相似五通] 등 의식 경계로 만족해서는 안 됩니다. 이를 탐하거나 집착하지 말고 정진하여 원만차제인 공(空)의 경계에 도달해야 합니다. 그러나 이 공도 무념(無念)인 듯하지만 역시 의식이 나타내는 청정현량(淸淨現量)[100]으로서 여전히 허망한 것이라는 사실을 알아야합니다. 그러므로 공에도 집착해서는 안 됩니다.

공(空)에도 머무르지 않고 유(有)에도 머무르지 않으면서 계속 참구해 나아가면 진공묘유(眞空妙有)를 체험하여 깨달을 수 있습니다. 소위 "색이 곧 공이요, 공이 곧 색이며, 색이 공과 다르지 않고, 공이 색과 다르지 않습니다[色卽是空, 空卽是色, 色不異空, 空不異色]." 이게 바로 진정한 중관(中觀) 정견(正見)의 성취입니다. 이때는 들어

---

100) 세간적인 직접지각이 아니라 세간을 초월한 것에 관한 깨끗한 직접지각.

올리면 곧 쓰고, 놓아버리면 곧 쉬어버릴 수 있는 진여(眞如) 경계로서 생각생각 사이에 정토가 앞에 나타납니다.

(4) 결어

계·정·혜 3학은 부처님을 배우는 큰길입니다. 계(戒)는 무상보리의 근본이요 정(定)과 혜(慧)는 부처님을 배우는 중심이 됩니다. 천태종 육묘법문의 실천은 수식(數息)에서 시작하여 수식(隨息)을 거쳐 지(止)의 경계에 도달합니다. 하지만 일반적으로 수행하는 사람은 대부분 유연(柔軟) 기공을 연습하는 데에 머무르고 있거나 지(止)의 경계 중에서 나타나는 유쾌함과 유사 신통 등의 단계에 만족합니다. 사실 이런 현상들은 여전히 심신의 각수(覺受)에 속하는 것으로 이른바 신통이나 특이한 능력도 외도에 지나지 않을 뿐입니다. 그러므로 지(止)에 도달하면 반드시 관(觀)을 일으켜야 진정으로 불법의 정(定)과 혜(慧)로 진입합니다.

이른바 관(觀)이란 '참구하다·사유하다'는 의미입니다. 관을 닦는 목적은 반야를 통달하여 보리를 증득하는 데에 있습니다. 관을 닦는 법문은 많지만 천태종의 삼관이 가장 보편적입니다. 밀종의 관상(觀想)은 그 이론 취지 면에서는 천태종의 삼관과 서로 같으면서 그 입문방법에서만 차이가 있을 뿐입니다.

천태종의 삼관은 가관·공관·중관입니다. 이른바 가관은 지(止)의 경계가 한 생각으로 이루어진 것이요, 이 생각이 거짓이므로 이 지(止)의 경계 중의 일체의 각수(覺受)와 심지어 나타나는 신통까지도 거짓 것[假]임을 인지하는 것입니다. 그러므로 이 가유에 탐착하지 말고 곧바로 공(空)의 경계로 진입해야 합니다. 이때에는 잡념이 조금도 없으면서 심신을 모두 잊어버려 마치 허공과 융합되어 한 덩이가 된 듯합니다. 사실 이 공이란 것도 여전히 자기의 의식이 만들어낸 공으로서 역시 거짓 것입니다. 그러므로 이 공의 경계에 탐착하지 않는 것, 이게 바로 공관입니다.

중관이란, 유(有)에도 머무르지 않고 공(空)에도 머무르지 않고, 공을 떠나지도 않고 유를 떠나지도 않으며, 공도 아니요 유도 아니면서, 체험 증득이 깊어져 자연히 반야를 통달하면 진공묘유(眞空妙有)가 나타나면서 각조(覺照)[101]하여 번뇌가 없는 경계입니다.

밀종의 관상(觀想)은 두 단계로 나누어집니다. 먼저 상(相)을 생각한[想] 다음 용(用)을 관하는 것입니다. 소위 '상(相)'을 생각한다는 것은 어떤 실물체나 밝은 물체의 영상(影像)을 의식의 뿌리에 묶어 두는 것입니다. 비유하면 하루 24시간 중 내내 생각 생각에 부처님의 장엄한 모습이나 혹은 수정구체에서 반사되는 밝은 점[明點]을 잃지 않는 것입니다. 혹은 다시 각종의 관상 방법을 운용하는 것입니다. 예컨대 부정관이나 백골관이나 정토관 등을 심신의 자연스러운 변화와 결합시켜, 소위 생기차제인 가유(假有)와 원만차제인 성공(性空)에 도달하는 것입니다. 이로써 반야와 진공묘유의 경계를 통달하는 것인데, 그 원리상으로는 천태종의 삼지삼관(三止三觀)과 서로 같습니다.

부처님을 배움에 있어서 수행을 통한 증득이 가장 중요한데, 지금까지 말한 것은 증성(證成)도리의 일부분에 속합니다. 관대(觀待)도리를 인식하는 것 이외에도 스스로 진실하게 수행 증득해야만 비로소 보리를 원만히 증득할 수 있습니다.

---

101) 깨달은 마음으로 일체를 비추어보는 것

6. 염신법문에 대한 기본 인식

염신(念身)은 십념법 중의 하나로서, 염아나반나(출입식)법을 닦은 후에 선관(禪觀)을 닦아 익히는 중요한 법문입니다. 불교의 경론에 의하면 염신법은 37보리도품 중의 4념법(四念法)의 일부분입니다.

37보리도품은 대소승 불교의 기본수행 논전(論典)입니다. 그 내용은 보리도 수증원칙을 조리 있게 체계적으로 설명하고 있는데, 이론과 실제 두 부분이 포함되어 있습니다. 전체적으로 말해서 37보리도품은 하나의 완전한 수행법 체계입니다. 하지만 일반인들은 이를 소홀히 하면서 그저 개념명칭일 뿐 중요하지 않다고 생각합니다. 대철대오(大徹大悟)한 후에야 그 중요한 의미를 진정으로 알 수 있습니다.

4념법은 37보리도품의 근본 기초입니다. 4념법이란 염신부정(念身不淨) · 염수시고(念受是苦) · 염심무상(念心無常) · 염법무아(念法無我) 이 네 가지입니다.

(1) 염수 · 염심 · 염법 · 염신

일반인들이 생활 속에서 겪는 병고나 번뇌, 혹은 음식을 잘못 먹거나 잠이 부족한 현상 등은 모두 생리적이거나 심리적인 각수(覺受)입니다. 이것은 분명하고 평이하게 알 수 있습니다.

정좌 수행 중에서는 생각[思想] 부분은 비교적 조용한데 감각 방면에서는 각지(覺知)[102]가 도리어 증강된 때가 있습니다. 예를 들면 자기가 정좌하는 것이 편안하면서 이미 즐거운 경계에 진입한 것으로 느끼고 곧 얻는 바가 있다고 여깁니다. 사실 심법(心法)의 관점에서 자세히 연구해보면, 이렇게 편안한 각수도 세속의 각종의 괴로움, 즐거움, 괴롭지도 즐겁지도 않은 상황과 마찬가지로 모두 괴로운 과보입니다. 단지 세속적인 감수(感受) 면에서는 비교적 차이가 나기 때문에 비교적 가벼운 정도의 괴로움을 즐거움으로 여기는 것에 지나지 않습니다. 설사 정좌 중에 잠시 동안 우연히 발생한 맑고 밝은 즐거운 경계가 있더라도 이 역시 궁극적인 경지가 아니라 여전히 자신의 의식이 낳은 환상(幻象)입니다. 게다가 정좌할 때에만 이런 각수가 있고 정좌하지 않을 때는 이런 각수가 없습니다. 간단히 말하면 앉아 있을 때는 있고, 앉아 있지 않을 땐 없는 것은 도가 아니니, 아님을 알았으면 마땅히 버려야 합니다. 그러므로 이런 일체의 각수는 결국 괴로움입니다.

수온(受蘊) 중에서 나타나는 괴로운 경계는 도대체 어떻게 발생할까요? 우리들의 망식심(妄識心) 때문에 형성된 것입니다. 이 망식심은 제8식인 아뢰야식에 의해 나타나는 것으로 중생의 그 시작을 알 수 없는 오랜 세월 동안의[無始以來] 집착 망상에 그 근본 원인이 있습니다. 예를 들어 평상시의 사유(思惟)·분별(分別)은 모두 이 망식심의 작용입니다. 그러므로 중생은 저마다 아집(我執)이 너무 무거운데다 후천적으로 받은 학문과 교육이 증상만(增上慢)의 심리를 더욱 발생시킵니다.

염심무상(念心無常)이란, 자기 번뇌의 근본이, 모두 망식심이 외적인 대상경계[外塵]에서 소리[聲]와 물질[色]을 쫓고 그 경계를 따라 서로 구르기 때문에 생멸이 일어나고, 생각생각 흘러가면서 쉬

---

102) 알아차리다. 지각하다.

지 않고 돌고 돌아 영원히 멈추지 못하고 있는 것임을 사념(思念)하는 것입니다. 그러므로 번뇌와 무명을 해결하는 방법은 먼저 망식심을 그쳐 없애고 나아가 아집을 깨뜨리는 것입니다.

염법무아(念法無我)란, 자기가 배운 일체의 지식(智識)은 모두 어떻게 자성(自性: 불성, 심성을 가리킴—역주)을 수양하여 아집을 없애고 무아(無我)의 경계에 도달할 것인가에 관한 것임을 항상 사념하는 것입니다. 동서 문화의 어떤 종교와 철학 내용이든, 또 어느 성현의 언행이든, 그것은 모두 우리가 어떻게 무아에 도달할 것인지를 가르치지 않는 것이 없습니다.

그렇지만 결국 몇 사람이나 진정으로 무아에 도달할 수 있을까요? 이른바 아(我)에는 몸과 마음 두 부분이 포함되어야 합니다. 그러므로 먼저 이 몸은 '나가 아님[非我]'을 이해한 다음 이 몸에는 '나가 없음[無我]'을 증오(證悟)하지 못한다면 당연히 진정한 무아에 도달할 수 없습니다.

그런데 '이 몸에는 나가 없는 경지', 즉 몸이 없는 경지에 어떻게 도달할 것인지는 간단한 일이 아닙니다. 예를 들어 쌀랑한 날씨로 바뀔 때 우리의 몸은 쌀랑한 느낌이 있게 되지만 조금도 비워버릴 수 없습니다. 뿐만 아니라 조심하지 않았다가는 감기에 걸리기도 합니다. 그러므로 수행하는 과정에서 '몸이 없는[無身] 경지'에 도달하기도 물론 어렵지만 '나가 없는[無我] 경지'에까지 도달하기는 더욱 어렵습니다. 저의 스승인 염정(鹽停) 노인께서 이런 상황을 시한 수로 설명하였습니다.

업식(業識)[103] 이 이와 같이 내달리니　　　業識奔如許

---

103) 업식(業識)은 지혜 없는 분별로 말미암아 생겨난 망상을 말한다. 진여의

고향에는 어느 때나 도달할까	家山到幾時
나를 정진시킨다 말하기 부끄럽고	慚言精進我
천인사인 부처님을 대하기 부끄럽네	羞對天人師
오온(五蘊)은 분명히 허깨비인데도	五蘊明明幻
그 인연경계들에서는 곳곳마다 어리석네	諸緣處處癡
간직한 보배를 누가 헤아릴 수 있다고	藏珍誰可擬
이 사람아 어디로 가려 하는가	之子欲何之

(2) 색심일원(色心一元)의 수행원리

부처님이 세상에 살아 계실 때 많은 성문·나한 제자들은 소승법을 수행하여 색(色: 물질)과 심(心: 마음) 두 법을 나누어 색법(色法)을 버리고 심법(心法)만 닦았습니다. 그러므로 유여열반(有餘涅槃)을 증득하여 3계(三界)의 번뇌를 끊은 다음 화광삼매(火光三昧)에 들어가 몸을 태워 재로 만들고 지혜를 없애버림으로써[灰身滅智] 자신은 이미 공적무위(空寂無爲)의 열반경계로 돌아간 것으로 여겼습니다. 이른바 '사후의 생애를 받지 않는다[不受後有]'는 것입니다. 그러나 이 역시 궁극은 아닙니다.

불법의 관점에서 보면 마음과 물질은 그 근원이 동일합니다[心物一元]. 물질과 마음은 둘 다 아뢰야식인 심왕(心王)의 나타남입니다. 그러므로 물질과 마음 두 법은 평등한 것으로 상호작용 합니다. 이

법이 본래 평등일미(平等一味)요 무차별(無差別)이라는 것을 있는 그대로 지각할 수 없는 무명(無明) 때문에 불각망상심(不覺妄想心)이 가동하는 것을 말한다. 숙업(宿業)의 인(因)에 의하여 감득(感得)한 심식을 말하는 것으로 범부의 마음을 말한다. 선업과 악업에 의해서 초래된 과보로서의 식(識)을 말한다.

학가(理學家)들이 말하기를, "태극이 한 번 움직여 음과 양으로 나누어지고, 음과 양이 대립 상생함으로써 만물이 이루어진다[太極一動分陰陽, 陰陽對立相生而成萬物]."고 한 것과 같습니다. 또, 노자가 말하기를, "도가 하나를 낳고, 하나가 둘을 낳고, 둘이 셋을 낳고, 셋이 만물을 낳는다[道生一, 一生二, 二生三, 三生萬物]."고 한 것과도 같습니다. 그러므로 수행 과정에서 색법과 심법을 둘 다 참구하여 꿰뚫고 알아야 구경원만(究竟圓滿)에 도달할 수 있습니다. 『능엄경』에서 "자기의 마음이 만물을 전환 변화시키고, 만물 현상에 미혹되어 업을 짓지 않는다면 부처님과 같다[心能轉物, 卽同如來]."고 말한 대로입니다.

유식학에는 24종 심불상응행법(心不相應行法)을 설명하는 부분이 있습니다. 예를 들어 시간(時間), 세(勢), 속(速: 광속光速, 동력動力)들은 자연계의 운행법칙으로 모두 심법(心法)이 변경시킬 수 없는 것들입니다. 이것은 우리의 의식심과는 상응하지 않는다는 것을 가리키는 것이지, 8식인 심왕의 심체(心體)를 가리키는 것은 아닙니다. 예를 들어 정좌하여 진정으로 입정(入定)하였다가 일단 출정(出定)해보니 이미 하루가 지났고 시간을 다 잊어버렸다고 합시다. 비록 의식심은 시간의 흐름을 잊어버렸지만 시간은 역시 시간입니다. 지구는 여전히 1분 1초 동안에도 움직임이 있고 우주법칙 역시 1분 1초 동안에도 운행하고 있습니다. 설사 참으로 큰 신통이 있다 하더라도 이런 물리 세계의 운동을 변경시킬 수는 없습니다. 그러므로 이것을 심불상응의 행법(行法)이라고 합니다. 다시 말해 현행의식(現行意識)이 변화 시킬 수 없는 것입니다. 또 정좌 초학자들이 정정(定靜)에 들어갔을 때 혈액의 흐름을 느리게 하거나 극히 느리게 할 수는 있지만 완전히 정지시킬 수는 없습니다.

그러므로 마음만 철저하게 이해하고 물질을 철저하게 이해하지 못한다면 여전히 소승과위에 속하니 반드시 더욱 나아가 심법과 색법 둘 다 철저하게 이해하여 청정해져야 합니다. 그런데 심(心)과 색(色)만 청정하면 수행의 궁극이 될까요? 그렇지 않습니다. "깨끗함과 더러움이 다르지도 않고 같지도 않으며, 조금도 걸림이 없으며, 움직임과 정지함이 하나의 진여이며, 고요함과 작용함이 둘이 아닌[淨汚不異不一, 了無罣碍, 動靜一如, 寂用不二]" 경지까지 닦아야, 비로소 현교와 밀교의 교리에서 말하는 3신(三身: 법신·보신·화신)의 성취에 도달할 수 있으며 구경원만이 됩니다.

　이른바 3신의 성취에는 체(體: 법신)·상(相: 보신)·용(用: 화신)이 세 부분의 상호 교섭과 상호 융화가 포함됩니다. 법신은 청정하고 무위(無爲)적인 것으로 체성(體性)이 고요하면서[寂然] 시방세계에 두루 있습니다. 보신은 원만한 것으로 색계천인(色界天人)의 모습을 갖추지만 복덕과 지혜는 다릅니다. 화신은 천백억의 응화(應化) 운용으로 중생의 유형에 응해 나타남으로써 중생의 고액(苦厄)을 해탈시켜줍니다. 그러므로 체·상·용 3신이 성취되어야 비로소 성불인 궁극이 됩니다.

　불교의 도리에 따르면 제불보살의 지혜공덕은 무량무변합니다. 동시에 중생의 업력 과보도 무량무변합니다. 그러므로 어떻게 업과(業果)를 지혜로 전환시킬 것인가? 다시 말해, 식(識)을 전환시켜 지혜를 이루고[轉識成智], 작용을 전환시켜 묘함을 얻으며[轉用得妙], 색신을 원만보신으로 전환시킬 것인가? 이 한 전환이야말로 수행의 중심이며 또한 수행에서 가장 어려운 점입니다. 그러나 마치 세속에서 농담하기를 "그녀가 떠나기 전 던지는 추파에 안 넘어갈 수가 없지."라고 하듯이 유혹에 넘어가 버립니다. 대승경전인 『유마경(維摩經)』에서는 말하기를 "번뇌가 곧 보리다[煩惱卽菩提]."고 하는데, 번뇌를 보리로 전환시킨다는 뜻입니다.

(3) 염신법문에 대한 인식

심색일원(心色一元)의 이치를, 즉 마음과 물질은 그 근원이 동일하다는 이치를 확실히 이해하고 나면 몸의 수행이 마음의 수행과 함께 중요하다는 것을 알 수 있습니다. 색신을 해탈하지 못하면 필연적으로 무아의 경계에 도달할 수 없습니다. 염신법문 수행에 관해서는 중국의 도가, 현교, 인도의 요가나 티베트의 밀교 등에 모두 기록이 있는데, 여기에서 말씀드려보겠습니다.

1) 티베트 밀교의 염신법문

오늘날의 밀종은 대체로 티베트 밀교와 일본 밀교 두 부분으로 나뉩니다. 밀교가 중국에 전래된 것은 대략 한(漢)나라, 당(唐)나라 시기입니다. 두 갈래로 전해졌는데 한 갈래는 티베트에 전해져 훗날 티베트 밀교로 발전되었습니다. 티베트 밀교의 일부 수행은 특히 신법(身法), 즉 신유가(身瑜伽)에 유의합니다. 다른 한 갈래는 중국의 내륙을 거쳐 동쪽 일본으로 전해져 한 체계를 이루었는데, 이른바 일본 밀교로서 특히 음성(音聲)과 관상(觀想) 두 방면을 중시하며 음성유가 혹은 관상유가라고 부릅니다.

티베트 밀교의 신유가는 이미 완전한 체계를 이루었는데, 그 수행 순서는 몸으로부터 입문합니다. 먼저 기(氣)와 맥(脈)을 수련한 다음 심의식 층면으로 전환하면서 아울러 명점(明點)을 수행합니다. 마지막으로 졸화(拙火: 영력靈力)의 성취에 도달함으로써 갖가지 다른 영적인 능력을 낳습니다. 이런 과정이 바로 인도 상고로부터 지금까지 쭉 전해오는 신유가(身瑜伽)입니다.

2) 중국 도가의 염신법문

중국 도가(道家)에서 수신(修身)하는 법은 의가(醫家) 방사(方士) 등의 기맥학문이 동한(東漢) 이후 불법의 영향을 받으면서 변천되어 나온 정(精)·기(氣)·신(神) 세 가지 수련체계입니다. 즉, 이른바 "정(精)을 수련하여 기(氣)로 변화시키고, 기(氣)를 수련하여 신(神)으로 변화시키며, 신(神)을 수련하여 허(虛)로 돌아간다[練精化氣, 煉氣化神, 煉神還虛]."거나, "정(精)이 충만하여 음행을 생각하지 않으며, 기(氣)가 충만하여 음식을 생각하지 않으며, 신(神)이 충만하여 수면을 생각하지 않는다[精滿不思淫, 氣滿不思食, 神滿不思睡]."는 정도에 이르는 것입니다. 이렇게 하면 자연히 인성(人性)의 음욕을 끊고 정(精)을 돌려 뇌를 보충하여[還精補腦] 장생불로의 경계에 도달합니다.

도가도 밀종의 일부 유위법(有爲法)처럼 불가의 3계(三界) 이론에 바탕을 두고 수삼제론(守三際論) 혹은 수삼규론(守三竅論)으로 발전하였습니다. 3계(三界)란 욕계(欲界)·색계(色界)·무색계(無色界)입니다. 인체를 통해 구분해보면 배꼽 이하는 욕계에 속하는데, 정자가 저장된 곳으로 일체의 정욕행위는 여기서부터 먼저 움직입니다. 중궁(中宮)인 횡격막으로부터 위로 눈썹 부위까지가 색계입니다. 그 위 머리 부분 이상부터 허공에 이르기까지는 무색계에 속합니다.

수규(守竅)란 일반적으로 단전을 지키는 것을 말하는데, 단전은 세 부분으로 나누어집니다. 하단전(下丹田)은 배꼽 아래 1촌3푼(一寸三分) 지점입니다. 중단전(中丹田)은 흉부 부분의 단중(膻中)으로 심장에 위치합니다. 상단전(上丹田)은 미간뇌(眉間腦) 속에 있습니다. 이 밖에도 등마루를 지킨다거나[守背脊], 머리꼭대기를 지킨다거나[守頭頂] 중궁을 지키는 것[守中宮] 등이 있는데, 이런 것들은 모두 기(氣) 수련, 맥(脈) 수련 학문에서 변천되어온 것으로 여전히 염신법문의 일종입니다. 이런 것들은 유위법으로, 무위법과는 큰 차이가 있습니다.104)

3) 불가의 염신법문

『반야심경』에 "관자재보살, 행심반야바라밀다시, 조견오온개공, 도일체고액...(觀自在菩薩, 行深般若波羅密多時, 照見五蘊皆空, 度一切苦厄…)"이라고 했습니다. 이 가운데 5온, 즉 색(色)·수(受)·상(想)·행(行)·식(識)을 어떻게 조견(照見)해야 개공(皆空)이 될 수 있을까요? 색법은 5온(五蘊) 중 첫째 온인데 생리와 물리를 포괄한 것으로 4대인 지수화풍으로 구성되어 있습니다(허공空을 더하면 5대五大가 됩니다). 사람의 생명 관점에서 보면 생리는 육신, 즉 색법의 범위에 속합니다. 전체 물리 세계에서 보면 어떤 생물의 생리도 물리에 속합니다.

그러므로 이론상으로는 먼저 색법을 비우고[空] 나야 나머지 네 가지 온(蘊)이 다 공함을 비추어 볼 수 있습니다. 수행의 관점에서 보면 반드시 색신이 먼저 자재함을 얻어야 한 걸음 더 나아가 심령의 해탈을 논할 수 있습니다. 황벽 선사가 말하기를, "신견이 가장 잊기 어렵다."고 했는데, 색신에 대한 인식과 돌파가 부처를 이루고 조사가 되는 첫째 관문임을 알 수 있습니다.

---

104) 이상의 밀교와 도가의 염신 법문에 대해서는 『도가 밀종과 동방신비학』과 『중의학 이론과 도가 역경』을 참고하기 바란다

부처님의 가르침과 수십 년에 걸친 개인적인 체험에서 볼 때 가장 좋은 수행 중의 하나는 염신법문에서의 부정관(不淨觀)과 백골관(白骨觀)입니다. 부처님 제자 중 많은 이들이 이 두 가지 관을 닦아 빠르게 성과(聖果)를 증득했습니다. 하지만 후세의 수행자들은 대부분 이 두 법문을 소홀히 여겼습니다. 그래서 과위를 증득한 사람이 자연히 적었습니다.

　부정관이란 사람의 몸이 깨끗하지 못함을 각지(覺知)함으로써, 그 탐욕을 없애는 관상입니다. 몸이 부정함을 관하는[觀身不淨] 내용에는 두 가지 종류가 있습니다. 하나는 자기 몸이 부정함을 관하는 것이요, 또 하나는 남의 몸이 부정함을 관하는 것입니다.

　자기 몸이 부정함을 관하는 데는 9상(九想)이 있습니다.
　① 사람이 죽어있는 모습을 관하는 사상(死想)
　② 시신이 부어 팽창하는 모습을 관하는 창상(脹相)
　③ 시신이 검푸른 색으로 변하는 모습을 관하는 청어상(靑瘀想)
　④ 시신이 고름이 나면서 문드러지는 모습을 관하는 농란상(膿爛想)
　⑤ 시신이 무너지는 모습을 관하는 괴상(壞想)
　⑥ 시신의 피와 살이 땅에 스며드는 모습을 관하는 혈도상(血塗想)
　⑦ 시신을 벌레들이 뜯어먹는 모습을 관하는 충담상(蟲噉想)
　⑧ 뼈가 삭아 녹는 모습을 관하는 골소상(骨銷想)
　⑨ 뼈들이 먼지가 되어 흩어져버리는 모습을 관하는 분산상(分散想).
　남의 몸이 부정함을 관하는 데는 5부정(五不淨)이 있습니다.

첫째는 종자가 부정합니다[種子不淨]. 몸이 처음 생길 때 아버지의 정자와 어머니의 난자 그리고 중음신이 합하여 이루어진 것이므로 그 종자가 결코 깨끗하지 못합니다.

둘째는 머무는 곳이 부정합니다[住處不淨]. 태아가 이루어져 어머니의 자궁에서 열 달간 머물러 있다가 태어나는데, 태아가 머물러 있는 곳은 창자로 둘러 싸여 있어서 결코 깨끗하지 못합니다.

셋째는 몸 그 자체가 부정합니다[自體不淨]. 우리 몸 자체에는 눈, 귀, 코, 입 등의 아홉 개의 구멍이 있으며 그로부터 오줌, 똥, 콧물, 침, 눈물 등 더러운 물이 흘러나와 깨끗하지 못합니다.

넷째는 몸의 개별적 모습들이 부정합니다[自相不淨]. 이 몸의 모습들은 눈, 귀 코 등 기관을 하나하나 떼어 놓고 보면 어느 것 하나 깨끗한 게 없습니다.

다섯째는 몸의 마지막 끝이 부정합니다[終竟不淨]. 죽은 뒤의 이 몸의 모습은 깨끗하지 못합니다.

사실 자기 몸도 남의 몸도 모두 마찬가지로 깨끗하지 못합니다.

백골관이란 부정관에서의 골상(骨想)으로, 백골을 돌이켜 관함으로써 이 몸이 무상함을 알아 집착하지 않기 위해서입니다. 티베트 밀교에서 단신(單身)이나 남녀쌍신(男女雙身)을 포함한 각종의 변상(變相)이나 본상(本相) 등 대부분의 불상은 해골형상을 갖추고 있습니다. 해골 주장자나 천령개(天靈蓋: 두개골)로 해골모습을 갖추고 있고 제불보살이나 호법천신의 자리 아래는 죽은 시체나 해골을 밟고 있는 모습입니다. 이것은 우리들에게 어떤 수행법이든 백골관으로써 입문을 삼아야 한다는 사실을 말해줍니다.

부정관과 백골관 이 두 가지 수행은 간단한 듯 보이지만 실제로는 심오합니다. 일반적으로 말하는 백골관은 대부분 관대도리에 속하고 진정으로 증성도리에까지 닦아 도에 이르지 못했기 때문입니다. 그저 이론 관념적으로 도리를 알았다고 해서 꼭 실제로 해낼 수 있는 것은 아닙니다. 반드시 대철대오해야 진실로 해낼 수 있습니다.

다시 한 걸음 더 나아가 말하면, 몸이 부정함을 알고 나서는 색신을 싫어하거나 집착하지 않게 되는데, 그래도 이런 정도들은 여전히 궁극적인 경지가 아닙니다. 한 번 생각해 보십시오. 청산록수(青山綠水) 풍경은 얼마나 아름답습니까? 이 역시 더러운 흙이 쌓여서 이루어진 것입니다. 색신이 비록 깨끗하지 못하지만 수행을 통해서 원만청정한 색신으로 승화시킬 수 있습니다. 순결한 연꽃이 진창 속에서 나서 자라는데, 이게 바로 가장 썩은 것도 가장 신기한 것으로 변화될 수 있다는 이치입니다.

부정관과 백골관에 대한 자세한 내용은 구마라집 대사가 번역한 『선비요법경(禪祕要法經)』을 참구해 볼 수 있습니다. 제가 이전에 매 수행법의 순서를 자세히 강해한 적이 있습니다[105].

4) 종합설명

티베트 밀교의 신유가, 중국 도가의 정기신(精氣神)의 수련과 수규(守竅), 그리고 부정관과 백골관을 비롯한 불가의 각종 염신법문 등은 모두 염신법문에 속합니다. 그러므로 밀종의 기맥학을 이해한 이 외에도 반드시 현대 의학과 중국 고대의 『난경(難經)』, 그리고 『황제내경(黃帝內經)』의 12경맥, 도가에서 대단히 중시하는 기경팔맥(奇經八脈), 현대의 물리학·광학(光學)·전기학·화학 등의 지식

---

105) 남회근 선생의 저서 중 『선관정맥연구』가 있다.

을 갖추어야 합니다.

그러나 대부분의 염신법문은 기식(氣息) 수련법을 벗어나지 않습니다. 그러므로 염신법문과 아나반나(출입식법) 수행은 그 시작 단계에서는 거의 나눌 수 없는 것으로 이 두 가지가 하나라고 할 수 있습니다.

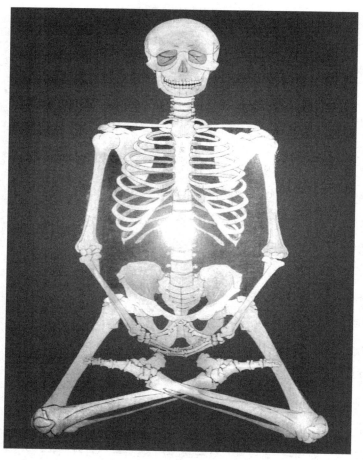

어느 염신법문이든 그 목적은, 마음 수행과 결합시켜 이 업보의

몸을 원만보신으로 전환변화 시키기 위해서입니다. 이는 경에서, "노사나불(盧舍那佛)이 색계(色界)에서 원만 보신을 나투어 성불하여 큰 광명을 놓고, 일 천 부처와 중생을 위해서 화장세계(華藏世界) 중의 대승보살 범망경계(梵網經戒)의 이치를 전개하여 연설하였다"고 말한 것과 같습니다. 하지만 어떻게 이런 성인의 경계를 증득할 수 있을 지는 반드시 자기가 색법과 심법 두 법에서 진실하게 참구해야 증득할 수 있습니다.

(4) 결어

염신은 십념법 중의 하나로서 염아나반나의 다음 순서입니다. 불학 경론의 관점에서는 염신은 37보리도품 중의 4념처의 일부분이기도 합니다. 4념처(四念處)란 염신부정 · 염수시고 · 염심무상 · 염법무아를 말합니다. 수행 관점에서 보면 물질과 마음은 그 뿌리가 하나로서 둘 다 제8식인 아뢰야식의 나타남입니다. 중생의 모든 고통 감각의 근원은 망식심(妄識心)의 작용에서 비롯됩니다. 그러므로 어떻게 망식심을 없앨 것인가, 다시 말해 어떻게 아집을 없애고 진정한 무아에 도달할 것인가가 바로 수행의 길입니다. 단지 심법의 지속적인 수행만 중시하고 색신의 조화를 소홀히 한다면, 최고라 하더라도 겨우 소승과의 유여(有餘)열반에 도달할 수 있을 뿐 여전히 궁극이 아닙니다.

색법과 심법 두 법의 수행을 통한 최후의 목적은 3신의 성취에 도달하는 것입니다. 소위 청정법신[體], 원만보신[相], 천백억화신[用] 이 세 가지의 상호 교섭과 상호 융합입니다. 그러므로 수행 과정은 어떻게 업보신(業報身)을 원만보신으로 전환시킬 것인가, 식

(識)을 전환 변화시켜 지혜를 이루며 작용을 전환시켜 묘함을 얻을 것인가 인데, 이 한 가지 전환이 수행의 중심이자 가장 어려운 점입니다. 심색일원(心色一元)의 이치에 근거하여 색신의 수행과 심법의 수행은 똑같이 중요합니다. 색법에 해탈을 얻지 못하면 마음[心靈]이 대자재(大自在: 무아無我)하지 못할 것입니다. 그러므로 어떻게 전환시킬 것인가는 응당 색신으로부터 입문해야 합니다.

염신법문의 수행에 관해서는 불가의 현교, 인도의 유가, 티베트의 밀교, 중국의 도가... 등 저마다 다른 염신방법이 있습니다. 하지만 기본적으로는 대부분 기맥학을 그 기초로 합니다.

티베트 밀교의 신유가는 인도에서 시작된 것으로 이미 완전한 체계를 세웠습니다. 그 수행 순서는 몸으로부터 입문하여 먼저 기(氣)를 수련하고 다음에 맥(脈)을 수련합니다. 그런 다음 마음의식[心意] 층면으로 들어가 명점(明點)의 수행을 병행하고 최후에 졸화(拙火: 영력靈力, 영능靈能)의 성취에 도달합니다.

중국 도가의 수신법(修身法)도 기맥학에 바탕을 두고 다시 그 위에 동한 이후 불법의 중국 전래로 영향을 받아 변천된 정(精)·기(氣)·신(神) 세 가지를 수련하는 것입니다. 이른바 정(精)을 수련하여 기(氣)로 변화시키고, 기(氣)를 수련하여 신(神)으로 변화시키며, 신(神)을 수련하여 허(虛)로 돌아가는 것입니다. 더 나아가 정(精)이 충만하여 음행을 생각하지 않으며, 기(氣)가 충만하여 음식을 생각하지 않으며, 신(神)이 충만하여 수면을 생각하지 않게 되는 것입니다. 이렇게 되면 자연히 수명을 늘리고 장생불로하는 경지에 도달합니다.

도가의 수삼규론(守三竅論)도 불가의 3계이론(욕계·색계·무색계)에서 연역되어 나온 것입니다. 이른바 수규(守竅)란 일반적으로 말하는 단전을 지키는 것입니다. 단전은 상·중·하 단전 세 부분으로 나뉩니다. 하단전은 배꼽 아래 1촌3푼 부위에 있습니다. 중단전은 가슴 부위에 있고, 상단전은 양미간 부위에 있습니다. 이 밖에도 등마루 지키기[守背脊], 정수리 지키기[守頭頂], 혹은 중궁 지키기[守中宮] 등이 있는데 이런 것들은 모두 기맥수련으로부터 변천 발전되어 온 것으로 여전히 염신법문의 일종에 속합니다.

불가의 염신법문은 부정관과 백골관을 가장 중요하게 여깁니다. 왜냐하면 부처님이 살아계실 때는 대부분의 제자들이 부처님의 가르침에 따라 이 두 가지 관법을 수행하여 과위를 빠르게 증득했기 때문입니다. 후세의 수행자들은 대부분 이런 염신법문을 소홀히 하였기에 과위를 증득한 사람이 자연히 적었습니다.

부정관이란 사람의 몸이 더러움을 각지(覺知)함으로써 몸에 대한 탐욕을 없애는 관상입니다. 백골관이란 백골을 관함으로써 사람의 몸이 무상(無常)하고 무아임을 증득하여 알고[證知] 이 색신에 집착하지 않는 것입니다.

부정관과 백골관의 수행을 통해 색신을 싫어하게 되거나 집착하지 않게 되었더라도 여전히 궁극적인 경지는 아닙니다. 청산녹수가 물론 아름답지만 이 역시 썩은 진흙이 쌓여서 이루어진 것이듯 불상의 청정 장엄함도 업보의 몸을 전환 변화시켜 성취한 것임을 알아야합니다. 신성하고 깨끗한 연꽃도 진탕 속에서 나서 자란 것인데 이것이 바로 가장 썩은 것도 신기한 것으로 변화할 수 있다는 이치입니다.

티베트 밀교의 신유가, 중국의 도가의 정기신(精氣神)과 수규, 불가의 부정관과 백골관 등 모두 색신 수련법입니다. 그러므로 기맥학을 이해한 외에도 반드시 고금동서의 각 의학지식을 갖추어야 합니다. 예를 들어 중국의 『난경』과 『황제내경』, 도가의 기경팔맥, 현대의 의학, 물리, 화학 등 지식을 갖추어야 염신법문의 기초를 놓을 수 있습니다.

　대부분의 염신법문은 기식(氣息) 수련법과 관계가 있습니다. 그러므로 염신법문과 아나반나(출입식법) 수련은 시작단계에서 거의 나누어질 수 없는 것으로 이 두 가지는 하나라고 말할 수 있습니다. 어떤 염신법문이든 그 목적은 마음의 수행과 결합시켜 이 업보의 몸을 청정 원만하면서 천백억 화신으로 나투어 쓰는 부처님의 몸으로 전환변화 시키는 데에 있습니다.

대념처경(大念處經)

Ⅰ. 서언

1-1. 이와 같이 나는 들었다. 한 때 세존께서는 꾸루 지방의 깜맛사담마라는 꾸루족들의 읍에 머무셨다. 그곳에서 세존께서는 "비구들이여"라고 비구들을 부르셨다. "세존이시여"라고 비구들은 세존께 응답했다. 세존께서는 이렇게 말씀하셨다.

1-2. "비구들이여, 이 도는 유일한 길이니 중생들의 청정을 위하고 근심과 탄식을 다 건너기 위한 것이며, 육체적 고통과 정신적 고통을 사라지게 하고 옳은 방법을 터득하고 열반을 실현하기 위한 것이다. 그것은 바로 '네 가지 마음챙김의 확립[사념처四念處]'이다."

1-3. "무엇이 네 가지인가? 비구들이여, 여기 비구는 몸에서 몸을 관찰하며[신수관身隨觀] 머문다. 세상에 대한 욕심과 싫어하는 마음을 버리면서 근면하게, 분명히 알아차리고 마음챙기는 자 되어 머문다. 느낌에서 느낌을 관찰하며[수수관受隨觀] 머문다. 세상에 대한 욕심과 싫어하는 마음을 버리면서 근면하게, 분명히 알아차리고 마음챙기는 자 되어 머문다. 마음에서 마음을 관찰하며[심수관心隨觀] 머문다. 세상에 대한 욕심과 싫어하는 마음을 버리면서 근면하게, 분명히 알아차리고 마음챙기는 자 되어 머문다. 법에서 법을 관찰하며[법수관法隨觀] 머문다. 세상에 대한 욕심과 싫어하는 마음을 버리면서 근면하게, 분명히 알아차리고 마음챙기는 자

되어 머문다."

II. 몸의 관찰[身隨觀]

II-1. 들숨날숨에 대한 마음챙김

2-1. "비구들이여, 어떻게 비구가 몸에서 몸을 관찰하며 머무는가? 비구들이여, 여기 비구가 숲 속에 가거나 나무 아래에 가거나 외진 처소에 가서 가부좌를 틀고 몸을 곧추세우고 전면에 마음챙김을 확립하여 앉는다. 그는 마음챙겨 숨을 들이쉬고 마음챙겨 숨을 내쉰다. 길게 들이쉬면서 '길게 들이쉰다'고 꿰뚫어 알고, 길게 내쉬면서 '길게 내쉰다'고 꿰뚫어 안다. 짧게 들이쉬면서 '짧게 들이쉰다'고 꿰뚫어 알고, 짧게 내쉬면서 '짧게 내쉰다'고 꿰뚫어 안다. '온 몸을 경험하면서 들이쉬리라'며 공부짓고 온 몸을 경험하면서 내쉬리라'며 공부짓는다. '신행(身行)을 편안히 하면서 들이쉬리라'며 공부짓고 '신행을 편안히 하면서 내쉬리라'며 공부짓는다."

II-2. 네 가지 자세[四威儀]

3. "다시 비구들이여, 비구는 걸어가면서 '걷고 있다'고 꿰뚫어 알고, 서있으면서 '서있다'고 꿰뚫어 알며, 앉아있으면서 '앉아있다'고 꿰뚫어 알고, 누워있으면서 '누워있다'고 꿰뚫어 안다. 또 그의 몸이 다른 어떤 자세를 취하고 있든 그 자세대로 꿰뚫어 안다."
"이와 같이 안으로 몸에서 몸을 관찰하며[身隨觀] 머문다. … 그는 세상에서 아무 것도 움켜쥐지 않는다. 비구들이여, 이와 같이 비구는 몸에서 몸을 관찰하며 머문다."

II-3. 분명하게 알아차림

4. "다시 비구들이여, 비구는 나아갈 때도 물러날 때도 [자신의 거동을] 분명히 알면서[正知] 행한다. 앞을 볼 때도 돌아 볼 때도 분명히 알면서 행한다. 구부릴 때도 펼 때도 분명히 알면서 행한다. 가사·발우·의복을 지닐 때도 분명히 알면서 행한다. 먹을 때도 마실 때도 씹을 때도 맛볼 때도 분명히 알면서 행한다. 대소변을 볼 때도 분명히 알면서 행한다. 걸으면서·서면서·앉으면서·잠들면서·잠을 깨면서·말하면서·침묵하면서도 분명히 알면서 행한다."

"이와 같이 안으로 몸에서 몸을 관찰하며 머문다. … 그는 세상에 대해서 아무 것도 움켜쥐지 않는다. 비구들이여, 이와 같이 비구는 몸에서 몸을 관찰하며 머문다."

II-4. 몸의 32가지 부위에 대한 혐오

5-1. "다시 비구들이여, 비구는 이 몸이 여러 가지 부정(不淨)한 것으로 가득 차 있음을 발바닥에서부터 위로 올라가며 그리고 머리털에서부터 내려가며 반조한다. 즉 '이 몸에는 머리털·몸털·손발톱·이빨·살갗·살·힘줄·뼈·골수·콩팥·염통·간·근막·지라·허파·큰창자·작은창자·위·똥·쓸개즙·가래·고름·피·땀·굳기름·눈물·[피부의] 기름기·침·콧물·관절활액·오줌 등이 있다'고.

5-2. 비구들이여, 이는 마치 양쪽에 아가리가 있는 자루에 여러 가지 곡식, 즉 밭벼·논벼·콩·완두·기장·현미 등이 가득 담겨 있는데 어떤 눈 밝은 사람이 그 자루를 풀고 일일이 헤쳐 보면서 '이것은 밭벼, 이것은 논벼, 이것은 콩, 이것은 완두, 이것은 기장, 이것은 현미'라 하는 것과 같다.

비구들이여, 이와 같이 비구는 여러 가지 부정한 것으로 가득 차 있는 이 몸을 발바닥에서부터 위로 올라가며 그리고 머리털에서부터 아래로 내려가며 반조한다. 즉 '이 몸에는 머리털·몸털·손발톱·가·살갗·살·힘줄·뼈·골수·콩팥·염통·간·근막·지라·허파·큰창자·작은창자·위·똥·쓸개즙·가래·고름·피·땀·굳기름·눈물·[피부의] 기름기·침·콧물·관절활액·오줌 등이 있다'고."

"이와 같이 안으로 몸에서 몸을 관찰하며 머문다. … 그는 세상에 대해서 아무 것도 움켜쥐지 않는다. 비구들이여, 이와 같이 비구는 몸에서 몸을 관찰하며 머문다."

II-5. 네 가지 근본물질[四大]

6. "다시 비구들이여, 비구는 이 몸을 처해진 대로 놓여진 대로 요소[界]별로 고찰한다. '이 몸에는 땅[地]의 요소, 물[水]의 요소, 불[火]의 요소, 바람[風]의 요소가 있다'고.

비구들이여, 마치 솜씨 좋은 백정이나 그 조수가 소를 잡아서 각을 뜬 다음 큰길 네 거리에 이를 벌려놓고 앉아있는 것과 같다. 비구들이여, 이와 같이 비구는 이 몸을 처해진 대로 놓여진 대로 요소별로 고찰한다. '이 몸에는 땅의 요소, 물의 요소, 불의 요소, 바람의 요소가 있다'고."

"이와 같이 안으로 몸에서 몸을 관찰하며 머문다. … 그는 세상에 대해서 아무 것도 움켜쥐지 않는다. 비구들이여, 이와 같이 비구는 몸에서 몸을 관찰하며 머문다."

II-6. 아홉 가지 공동묘지의 관찰

7. "다시 비구들이여, ① 비구는 마치 묘지에 버려진, 죽은 지 하루나 이틀 또는 사흘 된 시체가 부풀고 검푸르게 되고 문드러지는 것을 보게 될 것이다. 그는 자신의 몸을 그에 비추어 바라본다. '이 몸 또한 그와 같고, 그와 같이 될 것이며, 그에서 벗어나지 못하리라'고."

"이와 같이 안으로 몸에서 몸을 관찰하며 머문다. … 그는 세상에 대해서 아무 것도 움켜쥐지 않는다. 비구들이여, 이와 같이 비구는 몸에서 몸을 관찰하며 머문다."

8. "다시 비구들이여, ② 비구는 마치 묘지에 버려진 시체를 까마귀가 마구 쪼아 먹고, 솔개가 마구 쪼아 먹고, 독수리가 마구 쪼아 먹고, 개가 마구 뜯어먹고, 자칼이 마구 뜯어먹고, 수없이 많은 갖가지 벌레들이 덤벼들어 파먹는 것을 보게 될 것이다. 그는 자신의 몸을 그에 비추어 바라본다. '이 몸 또한 그와 같고, 그와 같이 될 것이며, 그에서 벗어나지 못하리라'고."
"이와 같이 안으로 몸에서 몸을 관찰하며 머문다. … 그는 세상에 대해서 아무 것도 움켜쥐지 않는다. 비구들이여, 이와 같이 비구는 몸에서 몸을 관찰하며 머문다."

9. 다시 비구들이여, ③ 비구는 마치 묘지에 버려진 시체가 해골이 되어 살과 피가 묻은 채 힘줄로 얽히어 서로 이어져 있는 것을 보게 될 것이다 … ④ 해골이 되어 살은 없이 피만 엉긴 채 힘줄로 얽히어 서로 이어져 있는 것을 보게 될 것이다 … ⑤ 해골이 되어 살과 피는 없고 힘줄만 남아 서로 이어져 있는 것을 보게 될 것이다 … ⑥ 해골이 되어 힘줄도 사라지고 뼈들이 흩어져서 여기에는 손뼈, 저기에는 발뼈, 또 저기에는 정강이뼈, 저기에는 넓적다리뼈, 저기에는 엉덩이뼈, 저기에는 등뼈, 저기에는 갈빗대, 저기에는 가슴뼈, 저기에는 팔뼈, 저기에는 어깨뼈, 저기에는 목뼈, 저기에는 턱뼈, 저기에는 치골, 저기에는 두개골 등이 사방에 널려 있는 것을 보게 될 것이다. 그는 자신의 몸을 그에 비추어 바라본다. '이 몸도 또한 그와 같고, 그와 같이 될 것이며, 그에서 벗어나지 못하리라'고.
"이와 같이 안으로 몸에서 몸을 관찰하며 머문다. … 그는 세상에 대해서 아무 것도 움켜쥐지 않는다. 비구들이여, 이와 같이 비구는 몸에서 몸을 관찰하며 머문다."

10-1. "다시 비구들이여, ⑦ 비구는 마치 묘지에 버려진 시체가 해골이 되어 뼈가 조개껍질 색깔같이 하얗게 백골이 된 것을 보게 될 것이다 … ⑧ 해골이 되어 풍상을 겪어 단지 뼈 무더기가 되어 있는 것을 보게 될 것이다 … ⑨ 해골이 되었다가 다시 삭아서 티끌로 변한 모습을 보게 될 것이다. 그는 자신의 몸을 그에 비추어 바라본다. '이 몸도 또한 그와 같고, 그와 같이 될 것이며, 그에서 벗어나지 못하리라'고."

10-2. "이와 같이 안으로 몸에서 몸을 관찰하며 머문다. 혹은 밖으로 몸에서 몸을 관찰하며 머문다. 혹은 안팎으로 몸에서 몸을 관찰하며 머문다. 혹은 몸에서 일어나는 현상[法]을 관찰하며 머문다. 혹은 몸에서 사라지는 현상을 관찰하며 머문다. 혹은 몸에서 일어나기도 하고 사라지기도 하는 현상을 관찰하며 머문다. 혹은 그는 '몸이 있구나'라고 마음챙김을 잘 확립하나니 지혜만이 있고 마음챙김만이 현전할 때까지. 이제 그는 [갈애와 사견에] 의지하지 않고 머문다. 그는 세상에 대해서 아무 것도 움켜쥐지 않는다. 비구들이여, 이와 같이 비구는 몸에서 몸을 관찰하며 머문다."

III. 느낌의 관찰[受隨觀]

11-1. "비구들이여, 어떻게 비구가 느낌에서 느낌을 관찰하며[受隨觀] 머무는가? 비구들이여, 여기 비구는 즐거운 느낌을 느끼면서 '즐거운 느낌을 느낀다'고 꿰뚫어 안다. 괴로운 느낌을 느끼면서 '괴로운 느낌을 느낀다'고 꿰뚫어 안다. 괴롭지도 즐겁지도 않은 느낌을 느끼면서 '괴롭지도 즐겁지도 않은 느낌을 느낀다'고 꿰뚫어 안다.
세간적인 즐거운 느낌을 느끼면서 '세간적인 즐거운 느낌을 느낀다'고 꿰뚫어 안다. 출세간적인 즐거운 느낌을 … 세간적인 괴로운 느낌을 … 출세간적인 괴로운 느낌을 … 세간적인 괴롭지도 즐겁지도 않은 느낌을 … 출세간적인 괴롭지도 즐겁지도 않은 느낌을 느끼면서 '출세간적인 괴롭지도 즐겁지도 않은 느낌을 느낀다'고 꿰뚫어 안다."

11-2. "이와 같이 안으로 느낌에서 느낌을 관찰하며 머문다. 혹은 밖으로 느낌에서 느낌을 관찰하며 머문다. 혹은 안팎으로 느낌에서 느낌을 관찰하며 머문다. 혹은 느낌에서 일어나는 현상[法]을 관찰하며 머문다. 혹은 느낌에서 사라지는 현상을 관찰하며 머문다. 혹은 느낌에서 일어나기도 하고 사라지기도 하는 현상을 관찰하며 머문다. 혹은 그는 '느낌이 있구나'라고 마음챙김을 잘 확립하나니 지혜만이 있고 마음챙김만이 현전할 때까지. 이제 그는 [갈애와 사견에] 의지하지 않고 머문다. 그는 세상에 대해서 아무 것도 움켜쥐지 않는다. 비구들이여, 이와 같이 비구는 느낌에서 느낌을 관찰하며 머문다."

IV. 마음의 관찰[心隨觀]

12-1. "비구들이여, 어떻게 비구가 마음에서 마음을 관찰하며[心隨觀] 머무는가? 비구들이여, 여기 비구는 ① 탐욕이 있는 마음을 탐욕이 있는 마음이라 꿰뚫어 안다. 탐욕을 여읜 마음을 탐욕이 없는 마음이라 꿰뚫어 안다. ② 성냄이 있는 … 성냄을 여읜 … ③ 미혹이 있는 … 미혹을 여읜 … ④ 위축된 … 산란한 … ⑤ 고귀한 … 고귀하지 않은 … ⑥ [아직도] 위가 남아있는 … [더 이상] 위가 없는[無上心] … ⑦ 삼매에 든 … 삼매에 들지 않은 … ⑧ 해탈한 … 해탈하지 않은 마음을 해탈하지 않은 마음이라 꿰뚫어 안다."

12-2. "이와 같이 안으로 마음에서 마음을 관찰하며 머문다. 혹은 밖으로

마음에서 마음을 관찰하며 머문다. 혹은 안팎으로 마음에서 마음을 관찰하며 머문다. 혹은 마음에서 일어나는 현상[法]을 관찰하며 머문다. 혹은 마음에서 사라지는 현상을 관찰하며 머문다. 혹은 마음에서 일어나기도 하고 사라지기도 하는 현상을 관찰하며 머문다. 혹은 그는 '마음이 있구나'라고 마음챙김을 잘 확립하나니 지혜만이 있고 마음챙김만이 현전할 때까지. 이제 그는 [갈애와 사견에] 의지하지 않고 머문다. 그는 세상에 대해서 아무 것도 움켜쥐지 않는다. 비구들이여, 이와 같이 비구는 마음에서 마음을 관찰하며 머문다."

V. 법의 관찰[法隨觀]

V-1. 다섯 가지 장애[五蓋]

13-1. "비구들이여, 어떻게 비구가 법에서 법을 관찰하며[法隨觀] 머무는가?

비구들이여, 여기 비구는 다섯 가지 장애[오개五蓋]의 법에서 법을 관찰하며 머문다. 비구들이여, 어떻게 비구가 다섯 가지 장애의 법에서 법을 관찰하며 머무는가? 비구들이여, 여기 비구는 자기에게 감각 욕망이 있을 때 '내게 감각 욕망이 있다'고 꿰뚫어 알고, 감각 욕망이 없을 때 '내게 감각 욕망이 없다'고 꿰뚫어 안다. 비구는 전에 없던 감각 욕망이 어떻게 일어나는지 꿰뚫어 알고, 일어난 감각 욕망을 어떻게 제거하는지 꿰뚫어 알며, 어떻게 하면 제거한 감각 욕망이 앞으로 다시 일어나지 않는지 꿰뚫어 안다.

13-2. 자기에게 악의가 있을 때 '내게 악의가 있다'고 꿰뚫어 알고, 악의가 없을 때 '내게 악의가 없다'고 꿰뚫어 안다. 비구는 전에 없던 악의가 어떻게 일어나는지 꿰뚫어 알고, 일어난 악의를 어떻게 제거하는지 꿰뚫

어 알며, 어떻게 하면 제거한 악의가 앞으로 다시 일어나지 않는지 꿰뚫어 안다.

13-3. 자기에게 해태와 혼침이 있을 때 '내게 해태와 혼침이 있다'고 꿰뚫어 알고, 해태와 혼침이 없을 때 '내게 해태와 혼침이 없다'고 꿰뚫어 안다. 비구는 전에 없던 해태와 혼침이 어떻게 일어나는지 꿰뚫어 알고, 일어난 해태와 혼침을 어떻게 제거하는지 꿰뚫어 알며, 어떻게 하면 제거한 해태와 혼침이 앞으로 다시 일어나지 않는지 꿰뚫어 안다.

13-4. 자기에게 들뜸과 후회가 있을 때 '내게 들뜸과 후회가 있다'고 꿰뚫어 알고, 들뜸과 후회가 없을 때 '내게 들뜸 과 후회가 없다'고 꿰뚫어 안다. 비구는 전에 없던 들뜸과 후회가 어떻게 일어나는지 꿰뚫어 알고, 일어난 들뜸과 후회를 어떻게 제거하는지 꿰뚫어 알며, 어떻게 하면 제거한 들뜸과 후회가 앞으로 다시 일어나지 않는지 꿰뚫어 안다.

13-5. 자기에게 회의적 의심이 있을 때 '내게 의심이 있다'고 꿰뚫어 알고, 의심이 없을 때 '내게 의심이 없다'고 꿰뚫어 안다. 비구는 전에 없던 의심이 어떻게 일어나는지 꿰뚫어 알고, 일어난 의심을 어떻게 제거하는지 꿰뚫어 알며, 어떻게 하면 제거한 의심이 앞으로 다시 일어나지 않는지 꿰뚫어 안다."

13-6. 이와 같이 안으로 법에서 법을 관찰하며 머문다. 혹은 밖으로 법에서 법을 관찰하며 머문다. 혹은 안팎으로 법에서 법을 관찰하며 머문다. 혹은 법에서 일어나는 현상[法]을 관찰하며 머문다. 혹은 법에서 사라지는 현상을 관찰하며 머문다. 혹은 법에서 일어나기도 하고 사라지기도 하는 현상을 관찰하며 머문다. 혹은 그는 '법이 있구나'라고 마음챙김을 잘 확립하나니 지혜만이 있고 마음챙김만이 현전할 때까지. 이제 그는 [갈애와

사견에] 의지하지 않고 머문다. 그는 세상에 대해서 아무 것도 움켜쥐지 않는다. 비구들이여, 이와 같이 비구는 다섯 가지 장애의 법에서 법을 관찰하며 머문다.

V-2. 다섯 가지 무더기[五蘊]

14. 다시 비구들이여, 여기 비구는 다섯 가지 취착하는 무더기[五取蘊]들의 법에서 법을 관찰하며 머문다. 비구들이여, 어떻게 비구가 다섯 가지 취착하는 무더기들의 법에서 법을 관찰하며 머무는가? 비구들이여, 여기 비구는 '이것이 물질[색色]이다. 이것이 물질의 일어남이다. 이것이 물질의 사라짐이다. 이것이 느낌[수受]이다. 이것이 느낌의 일어남이다. 이것이 느낌의 사라짐이다. 이것이 인식[상想]이다. 이것이 인식의 일어남이다. 이것이 인식의 사라짐이다. 이것이 상카라[행行]들이다. 이것이 상카라의 일어남이다. 이것이 상카라들의 사라짐이다. 이것이 알음알이[식識]이다. 이것이 알음알이의 일어남이다. 이것이 알음알이의 사라짐이다'라고 [관찰하며 머문다].
이와 같이 안으로 법에서 법을 관찰하며 머문다. … 그는 세상에 대해서 아무 것도 움켜쥐지 않는다. 비구들이여, 이와 같이 비구는 다섯 가지 취착하는 무더기들의 법에서 법을 관찰하며 머문다.

V-3. 여섯 가지 감각장소[육처六處]

15. 다시 비구들이여, 여기 비구는 여섯 가지 안팎의 감각장소[내외육처六內外處]의 법에서 법을 관찰하며 머문다. 비구들이여, 어떻게 비구가 여섯 가지 안팎의 감각장소의 법에서 법을 관찰하며 머무는가? 비구들이여, 여기 비구는 눈을 꿰뚫어 안다. 형상을 꿰뚫어 안다. 이 둘을 조건으로[연緣] 일어난 족쇄도 꿰뚫어 안다. 전에 없던 족쇄가 어떻게 일어나는지 꿰

뚫어 알고, 일어난 족쇄를 어떻게 제거하는지 꿰뚫어 알며, 어떻게 하면 제거한 족쇄가 앞으로 다시 일어나지 않는지 꿰뚫어 안다.

귀를 꿰뚫어 안다. 소리를 꿰뚫어 안다. … 코를 꿰뚫어 안다. 냄새를 꿰뚫어 안다. … 혀를 꿰뚫어 안다. 맛을 꿰뚫어 안다. … 몸을 꿰뚫어 안다. 감촉을 꿰뚫어 안다. … 마노를 꿰뚫어 안다. 이 둘을 조건으로 일어난 족쇄도 꿰뚫어 안다. 법을 꿰뚫어 안다. 전에 없던 족쇄가 어떻게 일어나는지 꿰뚫어 알고, 일어난 족쇄를 어떻게 제거하는지 꿰뚫어 알며, 어떻게 하면 제거한 족쇄가 앞으로 다시 일어나지 않는지 꿰뚫어 안다.

이와 같이 안으로 법에서 법을 관찰하며 머문다. … 그는 세상에 대해서 아무 것도 움켜쥐지 않는다. 비구들이여, 이와 같이 비구는 여섯 가지 안 팎의 감각장소의 법에서 법을 관찰하며 머문다.

V-4. 일곱 가지 깨달음의 구성요소[七覺支]

16-1. "다시 비구들이여, 비구는 일곱 가지 깨달음의 구성요소[칠각지七 覺支]들의 법에서 법을 관찰하며 머문다. 비구들이여, 어떻게 비구가 일곱 가지 깨달음의 구성요소들의 법에서 법을 관찰하며 머무는가? 비구들이여, 여기 비구는 자기에게 마음챙김의 깨달음의 구성요소[염각지念覺支]가 있을 때 '내게 마음챙김의 깨달음의 구성요소가 있다'고 꿰뚫어 알고, 마음챙김의 깨달음의 구성요소가 없을 때 '내게 마음챙김의 깨달음의 구성요소가 없다'고 꿰뚫어 안다. 비구는 전에 없던 마음챙김의 깨달음의 구성요소가 어떻게 일어나는지 꿰뚫어 알고, 일어난 마음챙김의 깨달음의 구성요소를 어떻게 닦아서 성취하는지 꿰뚫어 안다.

16-2. 자기에게 법을 간택하는 깨달음의 구성요소[택법각지擇法覺支]가 있을 때 … 정진의 깨달음의 구성요소[정진각지精進覺支]가 있을 때 … 희열의 깨달음의 구성요소[희각지喜覺支]가 있을 때 … 편안함의 깨달음의

구성요소[경안각지輕安覺支]가 있을 때 … 삼매의 깨달음의 구성요소[정각지定覺支]가 있을 때 … 평온의 깨달음의 구성요소[사각지捨覺支]가 있을 때 '내게 평온의 깨달음의 구성요소가 있다'고 꿰뚫어 알고, 평온의 깨달음의 구성요소가 없을 때 '내게 평온의 깨달음의 구성요소가 없다'고 꿰뚫어 안다. 비구는 전에 없던 평온의 깨달음의 구성요소가 어떻게 일어나는지 꿰뚫어 알고, 일어난 평온의 깨달음의 구성요소를 어떻게 닦아서 성취하는지 꿰뚫어 안다.

16-3. 이와 같이 안으로 법에서 법을 관찰하며 머문다. … 그는 세상에 대해서 아무 것도 움켜쥐지 않는다. 비구들이여, 이와 같이 비구는 일곱 가지 깨달음의 구성요소들의 법에서 법을 관찰하며 머문다.

V-5. 네 가지 성스러운 진리[四聖諦]

17. "다시 비구들이여, 여기 비구는 네 가지 성스러운 진리[사성제四聖諦]의 법에서 법을 관찰하며 머문다. 비구들이여, 어떻게 비구가 네 가지 성스러운 진리의 법에서 법을 관찰하며 머무는가? 여기 비구는 '이것이 괴로움이다'라고 있는 그대로 꿰뚫어 안다. '이것이 괴로움의 일어남이다'라고 있는 그대로 꿰뚫어 안다. '이것이 괴로움의 지멸이다'라고 있는 그대로 꿰뚫어 안다. '이것이 괴로움의 지멸로 인도하는 도닦음이다'라고 있는 그대로 꿰뚫어 안다."

V-5-1. 괴로움의 성스러운 진리[고성제苦聖諦]

18-1. "비구들이여, 그러면 무엇이 괴로움인가? 태어남도 괴로움이다. 늙음도 괴로움이다. 병도 괴로움이다. 죽음도 괴로움이다. 근심·탄식·육체적 고통·정신적 고통·절망도 괴로움이다. 원하는 것을 얻지 못하는

것도 괴로움이다. 요컨대 다섯 가지 취착하는 무더기[오취온五取蘊]들 자체가 괴로움이다."

18-2. "비구들이여, 그러면 어떤 것이 태어남인가? 이런 저런 중생들의 무리로부터 이런 저런 중생들의 태어남, 출생, 도래함, 생김, 탄생, 오온의 나타남, 감각장소[처處]를 획득함 — 비구들이여, 이를 일러 태어남이라 한다."

18-3. "비구들이여, 그러면 어떤 것이 늙음인가? 이런 저런 중생들의 무리 가운데서 이런 저런 중생들의 늙음, 노쇠함, 부서진 [이빨], 희어진 [머리털], 주름진 피부, 수명의 감소, 감각기능[근根]의 허약함 — 이를 일러 늙음이라 한다."

18-4. "비구들이여, 그러면 어떤 것이 죽음인가? 이런 저런 중생들의 무리로부터 이런 저런 중생들의 종말, 제거됨, 부서짐, 사라짐, 사망, 죽음, 서거, 오온의 부서짐, 시체를 안치함, 생명기능[명근命根]의 끊어짐 — 이를 일러 죽음이라 한다."

18-5. "비구들이여, 그러면 어떤 것이 근심인가? 비구들이여, 이런 저런 불행을 만나고 이런 저런 괴로운 현상에 맞닿은 사람의 근심, 근심함, 근심스러움, 내면의 근심, 내면의 슬픔 — 이를 일러 근심이라 한다."

18-6. "비구들이여, 그러면 어떤 것이 탄식인가? 비구들이여, 이런 저런 불행을 만나고 이런 저런 괴로운 법에 맞닿은 사람의 한탄, 비탄, 한탄함, 비탄함, 한탄스러움, 비탄스러움 —이를 일러 탄식이라 한다."

18-7. "비구들이여, 그러면 어떤 것이 육체적 고통인가? 비구들이여, 몸

의 고통, 몸의 불편함, 몸에 맞닿아 생긴 고통스럽고 불편한 느낌 — 이를 일러 육체적 고통이라 한다."

18-8. "비구들이여, 그러면 어떤 것이 정신적 고통인가? 비구들이여, 정신적인 불편함, 마음에 맞닿아 생긴 고통스럽고 불편한 느낌 — 이를 일러 정신적 고통이라 한다."

18-9. "비구들이여, 그러면 어떤 것이 절망인가? 비구들이여, 이런 저런 불행을 만나고 이런 저런 괴로운 법에 맞닿은 사람의 실망, 절망, 실망함, 절망함 — 이를 일러 절망이라 한다."

18-10. "비구들이여, 그러면 어떤 것이 원하는 것을 얻지 못하는 괴로움인가? 비구들이여, 태어나기 마련인 중생들에게 이런 바람이 일어난다. '오, 참으로 우리에게 태어나는 법이 있지 않기를! 참으로 그 태어남이 우리에게 오지 않기를!'이라고. 그러나 이것은 원함으로서 얻어지지 않는다. 원하는 것을 얻지 못하는 이것도 괴로움이다. 비구들이여, 늙기 마련인 중생들에게 … 병들기 마련인 중생들에게 … 죽기 마련인 중생들에게 … 근심/탄식/육체적 고통/정신적 고통/절망을 하기 마련인 중생들에게 이런 바람이 일어난다. '오 참으로 우리에게 근심/탄식/육체적 고통/정신적 고통/절망하는 법이 있지 않기를! 참으로 그 근심/탄식/육체적 고통/정신적 고통/절망이 우리에게 오지 않기를!'이라고. 그러나 이것은 원함으로써 얻어지지 않는다. 원하는 것을 얻지 못하는 이것도 역시 괴로움이다."

18-11. "비구들이여, 그러면 어떤 것이 요컨대 다섯 가지 취착하는 무더기[오취온五取蘊]들 자체가 괴로움인가? 그것은 취착하는 물질의 무더기[색취온色取蘊], 취착하는 느낌의 무더기[수취온受取蘊], 취착하는 인식의

무더기[상취온想取蘊], 취착하는 상카라들의 무더기[행취온行取蘊], 취착하는 알음알이의 무더기[식취온識取蘊]이다. 비구들이여, 요컨대 취착하는 이 다섯 가지 무더기들 자체가 괴로움이다. 비구들이여, 이를 일러 괴로움의 성스러운 진리라 한다."

V-5-2. 괴로움의 일어남의 성스러운 진리[집성제集聖諦]

19-1. "비구들이여, 그러면 무엇이 괴로움의 일어남의 성스러운 진리[고집성제苦集聖諦]인가? 그것은 갈애이니, 다시 태어남을 가져오고 환희와 탐욕이 함께 하며 여기저기서 즐기는 것이다. 즉 감각적 욕망에 대한 갈애[욕애慾愛], 존재에 대한 갈애[갈애有愛], 존재하지 않는 것에 대한 갈애[무유애無有愛]가 그것이다."

19-2. "다시 비구들이여, 이런 갈애는 어디서 일어나서 어디서 자리 잡는가? 세상에서 즐겁고 기분 좋은 것이 있으면 거기서 이 갈애는 일어나고 거기서 자리 잡는다. 그러면 세상에서 어떤 것이 즐겁고 기분 좋은 것인가? 눈은 세상에서 즐겁고 기분 좋은 것이다. 귀는 … 코는 … 혀는 … 몸은 … 마노는 세상에서 즐겁고 기분 좋은 것이다. 여기서 이 갈애는 일어나고 여기서 자리 잡는다. 형상은 … 소리는 … 냄새는 … 맛은 … 감촉은 … [마노의 대상인] 법[法]은 세상에서 즐겁고 기분 좋은 것이다. 여기서 이 갈애는 일어나고 여기서 자리 잡는다. 눈의 알음알이는 … 귀의 알음알이는 … 코의 알음알이는 … 혀의 알음알이는 … 몸의 알음알이는 … 마노의 알음알이는 세상에서 즐겁고 기분 좋은 것이다. 여기서 이 갈애는 일어나고 여기서 자리 잡는다."

19-3. "눈의 감각접촉[觸]은 … 귀의 감각접촉은 … 코의 감각접촉은 … 혀의 감각접촉은 … 몸의 감각접촉은 … 마노의 감각접촉은 세상에서 즐

겁고 기분 좋은 것이다. 여기서 이 갈애는 일어나고 여기서 자리 잡는다. 눈의 감각접촉에서 생긴 느낌은 ⋯ 귀의 감각접촉에서 생긴 느낌은 ⋯ 코의 감각접촉에서 생긴 느낌은 ⋯ 혀의 감각접촉에서 생긴 느낌은 ⋯ 몸의 감각접촉에서 생긴 느낌은 ⋯ 마노의 감각접촉에서 생긴 느낌은 세상에서 즐겁고 기분 좋은 것이다. 여기서 이 갈애는 일어나고 여기서 자리 잡는다. 눈의 인식은 ⋯ 귀의 인식은 ⋯ 코의 인식은 ⋯ 혀의 인식은 ⋯ 몸의 인식은 ⋯ 마노의 인식은 세상에서 즐겁고 기분 좋은 것이다. 여기서 이 갈애는 일어나고 여기서 자리 잡는다."

19-4. "눈의 의도는 ⋯ 귀의 의도는 ⋯ 코의 의도는 ⋯ 혀의 의도는 ⋯ 몸의 의도는 ⋯ 마노의 의도는 세상에서 즐겁고 기분 좋은 것이다. 여기서 이 갈애는 일어나고 여기서 자리 잡는다. 눈의 갈애는 ⋯ 귀의 갈애는 ⋯ 코의 갈애는 ⋯ 혀의 갈애는 ⋯ 몸의 갈애는 ⋯ 마노의 갈애는 세상에서 즐겁고 기분 좋은 것이다. 여기서 이 갈애는 일어나고 여기서 자리 잡는다. 눈의 일으킨 생각[심尋]은 ⋯ 귀의 일으킨 생각은 ⋯ 코의 일으킨 생각은 ⋯ 혀의 일으킨 생각은 ⋯ 몸의 일으킨 생각은 ⋯ 마노의 일으킨 생각은 세상에서 즐겁고 기분 좋은 것이다. 여기서 이 갈애는 일어나고 여기서 자리 잡는다. 눈의 지속적인 고찰[사伺]은 ⋯ 귀의 지속적인 고찰은 ⋯ 코의 지속적인 고찰은 ⋯ 혀의 지속적인 고찰은 ⋯ 몸의 지속적인 고찰은 ⋯ 마노의 지속적인 고찰은 세상에서 즐겁고 기분 좋은 것이다. 여기서 이 갈애는 일어나고 여기서 자리 잡는다. 비구들이여, 이를 일러 괴로움의 일어남의 성스러운 진리라 한다."

V-5-3. 괴로움의 지멸의 성스러운 진리[멸성제滅聖諦]

20-1. "비구들이여, 그러면 무엇이 괴로움의 지멸의 성스러운 진리[고멸성제苦滅聖諦]인가? 갈애가 남김없이 빛바래어 지멸함, 버림, 놓아버림,

벗어남, 집착 없음이다. 비구들이여, 이를 일러 괴로움의 지멸의 성스러운 진리라 한다."

20-2. "다시 비구들이여, 그런 이 갈애는 어디서 없어지고 어디서 지멸되는가? 세상에서 즐겁고 기분 좋은 것이 있으면 거기서 이 갈애는 없어지고 거기서 지멸된다. 그러면 세상에서 어떤 것이 즐겁고 기분 좋은 것인가? 눈은 세상에서 즐겁고 기분 좋은 것이다. 귀는 … 코는 … 혀는 … 몸은 … 마음은 세상에서 즐겁고 기분 좋은 것이다. 여기서 이 갈애는 없어지고 여기서 지멸된다. 형상은 … 소리는 … 냄새는 … 맛은 … 감촉은 … [마노의 대상인] 법[法]은 세상에서 즐겁고 기분 좋은 것이다. 여기서 이 갈애는 없어지고 여기서 지멸된다. 눈의 알음알이는 … 귀의 알음알이는 … 코의 알음알이는 … 혀의 알음알이는 … 몸의 알음알이는 … 마노의 알음알이는 세상에서 즐겁고 기분 좋은 것이다. 여기서 이 갈애는 없어지고 여기서 지멸된다."

20-3. "눈의 감각접촉은 … 귀의 감각접촉은 … 코의 감각접촉은 … 혀의 감각접촉은 … 몸의 감각접촉은 … 마노의 감각접촉은 세상에서 즐겁고 기분 좋은 것이다. 여기서 이 갈애는 없어지고 여기서 지멸된다. 눈의 감각접촉에서 생긴 느낌은 … 귀의 감각접촉에서 생긴 느낌은 … 코의 감각접촉에서 생긴 느낌은 … 혀의 감각접촉에서 생긴 느낌은 … 몸의 감각접촉에서 생긴 느낌은 … 마노의 감각접촉에서 생긴 느낌은 세상에서 즐겁고 기분 좋은 것이다. 여기서 이 갈애는 없어지고 여기서 지멸된다. 눈의 인식은 … 귀의 인식은 … 코의 인식은 … 혀의 인식은 … 몸의 인식은 … 마노의 인식은 세상에서 즐겁고 기분 좋은 것이다. 여기서 이 갈애는 없어지고 여기서 지멸된다."

20-4. "눈의 의도는 … 귀의 의도는 … 코의 의도는 … 혀의 의도는 … 몸의 의도는 … 마노의 의도는 세상에서 즐겁고 기분 좋은 것이다. 여기

서 이 갈애는 없어지고 여기서 지멸된다. 눈의 갈애는 … 귀의 갈애는 … 코의 갈애는 … 혀의 갈애는 … 몸의 갈애는 … 마노의 갈애는 세상에서 즐겁고 기분 좋은 것이다. 여기서 이 갈애는 없어지고 여기서 지멸된다. 눈의 일으킨 생각은 … 귀의 일으킨 생각은 … 코의 일으킨 생각은 … 혀의 일으킨 생각은 … 몸의 일으킨 생각은 … 마노의 일으킨 생각은 세상에서 즐겁고 기분 좋은 것이다. 여기서 이 갈애는 없어지고 여기서 지멸된다. 눈의 지속적인 고찰은 … 귀의 지속적인 고찰은 … 코의 지속적인 고찰은 … 혀의 지속적인 고찰은 … 몸의 지속적인 고찰은 … 마노의 지속적인 고찰은 세상에서 즐겁고 기분 좋은 것이다. 여기서 이 갈애는 없어지고 여기서 지멸된다. 비구들이여, 이를 일러 괴로움의 지멸의 성스러운 진리라 한다."

V-5-4. 도닦음의 성스러운 진리[도성제道聖諦]

21-1. "비구들이여, 그러면 무엇이 괴로움의 지멸로 인도하는 도닦음의 성스러운 진리[고멸도성제苦滅道聖諦]인가? 그것은 바로 여덟 가지 구성요소를 가진 성스러운 도[팔지성도八支聖道]이니, 즉 바른 견해[정견正見], 바른 사유[정사유正思惟], 바른 말[정어正語], 바른 행위[정업正業], 바른 생계[정명正命], 바른 정진[정정진正精進], 바른 마음챙김[정념正念], 바른 삼매[정정正定]이다."

21-2. "비구들이여, 그러면 무엇이 바른 견해[正見]인가? 비구들이여, 괴로움에 대한 지혜, 괴로움의 일어남에 대한 지혜, 괴로움의 지멸에 대한 지혜, 괴로움의 지멸로 인도하는 도닦음에 대한 지혜 — 이를 일러 바른 견해라 한다."

21-3. "비구들이여, 그러면 무엇이 바른 사유[正思惟]인가? 비구들이여,

출리(出離)에 대한 사유, 악의 없음에 대한 사유, 해코지 않음[불해不害]에 대한 사유 — 이를 일러 바른 사유라 한다."

21-4. "비구들이여, 그러면 무엇이 바른 말[正語]인가? 비구들이여, 거짓 말을 삼가하고 중상모략을 삼가하고 욕설을 삼가하고 잡담을 삼가하는 것 — 이를 일러 바른 말이라 한다."

21-5. "비구들이여, 그러면 무엇이 바른 행위[正業]인가? 비구들이여, 살 생을 삼가하고 도둑질을 삼가하고 삿된 음행을 삼가하는 것 — 이를 일러 바른 행위라 한다."

21-6. "비구들이여, 그러면 무엇이 바른 생계[正命]인가? 비구들이여, 성 스러운 제자는 삿된 생계를 제거하고 바른 생계로 생명을 영위한다. — 비구들이여, 이를 일러 바른 생계라 한다."

21-7. "비구들이여, 그러면 무엇이 바른 정진[正精進]인가? 비구들이여, 여기 비구는 아직 일어나지 않은 사악하고 해로운 법[불선법不善法]들을 일어나지 못하게 하기 위해서 의욕을 생기게 하고 정진하고 힘을 내고 마음을 다잡고 애를 쓴다. 이미 일어난 사악하고 해로운 법들을 제거하기 위하여 의욕을 생기게 하고 정진하고 힘을 내고 마음을 다잡고 애를 쓴 다. 아직 일어나지 않은 유익한 법[선법善法]들을 일어나도록 하기 위해서 의욕을 생기게 하고 정진하고 힘을 내고 마음을 다잡고 애를 쓴다. 이미 일어난 유익한 법들을 지속시키고 사라지지 않게 하고 증장시키고 충만 하게 하고 개발하기 위해서 의욕을 생기게 하고 정진하고 힘을 내고 마음 을 다잡고 애를 쓴다. 비구들이여, 이를 일러 바른 정진이라 한다."

21-8. "비구들이여, 그러면 무엇이 바른 마음챙김[正念]인가? 비구들이여,

여기 비구는 몸에서 몸을 관찰하며[身隨觀] 머문다. 세상에 대한 욕심과 싫어하는 마음을 버리면서 근면하게, 분명히 알아차리고 마음챙기며 머문다. 느낌들에서 … 마음에서 … 법에서 법을 관찰하며[法隨觀] 머문다. 세상에 대한 욕심과 싫어하는 마음을 버리면서 근면하게, 분명히 알아차리고 마음챙기며 머문다. 비구들이여, 이를 일러 바른 마음챙김이라 한다."

21-9. "비구들이여, 그러면 무엇이 바른 삼매[正定]인가? 비구들이여, 여기 비구는 감각적 욕망을 완전히 떨쳐버리고 해로운 법[不善法]들을 떨쳐버린 뒤, 일으킨 생각[尋]과 지속적인 고찰[伺]이 있고 떨쳐버렸음에서 생겼고, 희열[喜, pīti]과 행복[樂, sukha]이 있는 초선(初禪)에 들어 머문다. 일으킨 생각과 지속적인 고찰을 가라앉혔기 때문에 [더 이상 존재하지 않으며], 자기 내면의 것이고, 확신이 있으며, 마음의 단일한 상태이고, 일으킨 생각과 지속적인 고찰이 없고, 삼매에서 생긴 희열과 행복이 있는 제2선(二禪)에 들어 머문다.

희열이 빛바랬기 때문에 평온하게 머물고, 마음챙기고 알아차리며[정념정지正念正知] 몸으로 행복을 경험한다. 이를 두고 성자들이 '평온하게 마음챙기며 행복하게 머문다'고 묘사하는 제3선(三禪)에 들어 머문다.

행복도 버리고 괴로움도 버리고, 아울러 그 이전에 이미 기쁨과 슬픔을 없앴으므로 괴롭지도 즐겁지도 않으며, 평온으로 인해 마음챙김이 청정한[사념청정捨念淸淨] 제4선(四禪)에 들어 머문다. 비구들이여, 이를 일러 바른 삼매라 한다."

21-10. "이와 같이 안으로 법에서 법을 관찰하며[法隨觀] 머문다. 혹은 밖으로 법에서 법을 관찰하며 머문다. 혹은 안팎으로 법에서 법을 관찰하며 머문다. 혹은 법들에서 일어나는 현상을 관찰하며 머문다. 혹은 법들에서 사라지는 현상을 관찰하며 머문다. 혹은 법들에서 일어나기도 하고 사라

지기도 하는 현상을 관찰하며 머문다. 혹은 그는 '법이 있구나'라고 마음챙김을 잘 확립하나니 지혜만이 있고 마음챙김만이 현전할 때까지. 이제 그는 [갈애와 사견에] 의지하지 않고 머문다. 그는 세상에 대해서 아무 것도 움켜쥐지 않는다. 비구들이여, 이와 같이 비구는 네 가지 성스러운 진리의 법에서 법을 관찰하며 머문다."

VI. 결어

22. "비구들이여, 누구든지 이 네 가지 마음챙김의 확립[四念處]을 이와 같이 칠 년을 닦는 사람은 두 가지 결과 중의 하나를 기대할 수 있다. 지금 여기서 구경지(究竟智)를 얻거나, 취착의 자취가 남아 있으면 다시는 돌아오지 않는 경지[불환과不還果]를 기대할 수 있다.

비구들이여, 칠 년은 그만두고 누구든지 이 네 가지 마음챙김의 확립을 이와 같이 육 년을 닦는 사람은 … 오 년을 … 사 년을 … 삼 년을 … 이 년을 … 일년은 그만두고 누구든지 이 네 가지 마음챙김의 확립을 이와 같이 일곱 달을 닦는 사람은 두 가지 결과 중의 하나를 기대할 수 있다. 지금 여기서 구경지를 얻거나, 취착의 자취가 남아 있으면 다시는 돌아오지 않는 경지를 기대할 수 있다.

일곱 달은 그만두고 누구든지 여섯 달을 … 다섯 달을 … 네 달을 … 세 달을 … 두 달을 … 한 달을 … 반달을 … 반달은 그만두고 누구든지 이 네 가지 마음챙김의 확립을 이와 같이 칠 일을 닦는 사람은 두 가지 결과 중의 하나를 기대할 수 있다. 지금 여기서 구경지를 얻거나, 취착의 자취가 남아 있으면 다시는 돌아오지 않는 경지를 기대할 수 있다."

"'비구들이여, 이 도는 유일한 길이니 중생들의 청정을 위하고 근심과 탄식을 다 건너기 위한 것이며, 육체적 고통과 정신적 고통을 사라지게 하고 옳은 방법을 터득하고 열반을 실현하기 위한 것이다. 그것은 바로 네 가지 마음챙김의 확립[四念處]이다.'라고 설한 것은 이것을 반연하여 설하였다."

세존께서는 이와 같이 설하셨다. 그 비구들은 마음이 흡족해져서 세존의 설법을 기뻐하였다.

(위 『대념처경』은 초기불전연구원 각묵스님이 빠알리어본에서 한글로 직접 번역한 것을 전재하였음)

제6강

반야정관(般若正觀) 요약 강의

1983년 겨울방학 기간에
시방총림서원(十方叢林書院) 학생들이 만사를 제쳐놓고
선당(禪堂)에 들어가 공부에 정진했다.
남회근 선생께서 친히 감독 지도하시면서
반야심경수증원통법문(般若心經修證圓通法門)을 가르쳐 주셨는데
대중들은 제호(醍醐)를 마시는 것 같았다.
많은 사람들이 이 소식을 듣고
그 법미(法味)를 함께 맛보고자 하므로
강의 기록을 모아 동호인에게 공개한다

— 편자 —

보현행으로부터 삼마지에 들다

여러분들은 선당에 앉아서 공부하고 있는데, 일본불교 관념의

영향을 받은 이 곳 대만 말로는 이를 좌선(坐禪)이라고 합니다. 즉, 보통 말하는 정좌(靜坐)입니다. 한 시간 정좌하면 곧 한 시간 동안 닦는 것인데 도대체 무슨 법을 닦는 것일까요? 선정법(禪定法)을 닦는 것입니다. 그렇지 않다면 여러분들은 멍하니 꼼짝 않고 앉아 있으면서 무엇을 하는 것일까요?! 그러나 앉아서 그저 편안함을 탐하고 청정함에 집착한 채 현실을 도피하는 것은 옳지 않은 일입니다.

그러므로 이제 여러분들에게 『보현행원품(普賢行願品)』 수행법을 말씀드리겠습니다. 보현법문을 닦으려면 무엇보다도 먼저 참회를 해야 합니다. 포단에 오를 때마다 다리를 거두어들인 다음 심신을 잠깐 동안 한 번 청정하게 한 다음 이렇게 관상합니다.

시방삼세 일체제불보살이 동시에 시간과 공간 속에 두루 가득하고 전법(傳法) 스승도 역시 시방삼세에 가득합니다. 그리고 그 불보살 삼보님 한 분 한 분마다의 면전에는 내가 예배 참회하고 있습니다. 참회하는 관념 감정을 모조리 귀납시켜 한 글자 한 글자 스스로 또렷하게 사유합니다. 입으로 외는 것이 아니라 생명 전체를 심념(心念) 속에 몰입시킵니다.

"이전에 지은 모든 악업들은, 모두 그 시작을 알 수 없는 때부터 오랜 세월동안 탐욕 성냄 어리석음으로 말미암아, 몸과 말과 마음으로부터 일어난 것입니다, 그 일체를 제가 지금 모두 참회합니다 [往昔所造諸惡業, 皆由無始貪嗔癡, 從身語意之所生, 一切我今皆懺悔]."

입으로 외웠다고 끝나는 게 아닙니다. 심념으로 외우면서 한편으로는 자기에게 어떤 습기(習氣) 잡념들이 있는지 생각하고, 그 습기를 한 생각 정성과 공경 속으로 몰입시켜 철저하게 참회합니다. 그런 다음 관상(觀想)도 하지 않고 그저 경건한 일념이요 한 생각 깨끗한 참회이면 한 법문이 다 이루어진 것입니다.

둘째로는 발원을 해야 합니다. 내가 여러분을 위해 네 마디의 발원문을 지었는데 매번 포단에 올라앉을 때 마다 이렇게 참회하고 발원해야 합니다. 그렇지 않으면 상응(相應)하기 어렵습니다.

"아직 일으키지 못한 선법은 마땅히 일어나게 하겠으며, 아직 다 끊어버리지 못한 악업은 이제 끊어지게 하겠습니다[未生善法當令生, 未盡惡業今使盡]."

"마음속에서 아직 일으키지 못한 착한 법[善法]·착한 생각[善念]을 이제 모두 다 일어나게 하고, 동시에 그 시작을 알 수 없는 때부터 오랜 세월동안 심신의 악업과 잡염(雜染),[106] 그리고 번뇌를 한 칼에 끊어버려 다시는 짓지 않겠습니다." 하지만 그냥 입으로만 외워서는 안 되고 마음속으로 절실하게 살펴보고 절실하게 실천해야 합니다.

이어서 이렇게 관상해야 합니다. "시방삼세 부처님! 저를 가호하시어 하루 빨리 보리심을 일으키게 하소서[十方三世佛加護, 迅速發起菩提心]." 시방삼세 일체제불보살 삼보 등이 과거·현재·미래 무진법계에 두루 계시면서 자기 자신이 하루빨리 무상(無上)보리도심을 일으킬 수 있도록 자비로 가호하여 주시는 모습을 관상하는 것입니다.

우리는 평소에 「유식(唯識)과 중관(中觀) 연구」라는 과목을 개설했는데, 이제 「반야와 중관 정관(正觀)」에 대해서 말씀드리겠습니다. 『유마경』「제11 보살행품」에서는 석가모니 부처님과 향적불국

---

106) 일체 유루법의 총명. 선(善)·악(惡)·무기(無記) 세 가지 성질을 겸하고 있다.

(香積佛國)의 대보살들과의 설법을 언급하고 있는데, 이 설법에서 부처님은 그들에게 "여러분 보살들이 반드시 닦아 배워야 할 법문이 있다"고 했는데 무슨 법문일까요? 바로 진무진법문(盡無盡法門)입니다.107)

진무진법문(盡無盡法門)을 배워야 한다

진(盡), 즉 다함이 있음은 시작이 있고 끝이 있는 것입니다. 무진(無盡), 즉 다함이 없음은 시작이 없고 끝이 없는 것으로 무량무변입니다. 부처님은 무엇이 다함이 있다고 했을까요? 바로 유위법(有爲法)입니다. 일체의 유위법은 끝날 때가 있습니다. 무엇이 다함이 없을까요? 바로 무위법(無爲法)입니다. 무량(無量)·무변(無邊)·무궁(無窮)이요, 또한 시작한 곳도 없고 끝나는 곳도 없습니다. 우리는 알아야 합니다. 닦음이 있고 증득함이 있다면, 세간법이든 출세간법이든, 현교나 밀교의 어느 종파이든, 그것은 모두 다 유위법이 됩니다. 유위법은 어떤 것들은 불법이지만 어떤 것들은 불법과 외도의 공법(共法)입니다. 무위법은 불법의 정법(正法)입니다. 무위법은 닦음이 없고[無修] 증득함이 없습니다[無證]. 본래 이와 같아서 일체 중생이 본래에 부처입니다.

그러나 정말로 법(法)이 없고 닦음[修]이 없고 증득함[證]이 없을까요? 그렇지 않습니다. 무위법이 바로 법이요 닦음이요 증득함입니다. 무위법을 증득함이 열반의 과위를 증득한 성불입니다. 그런데 열반은 필경에 과(果)도 없고 부처도 없습니다. 진정한 대법(大

---

107) 남회근 선생 지음 송찬문 번역 『유마경 강의』를 참고하기 바란다

法)인 무상불법(無上佛法)은 바로 무위법이지만, '무위법'이라고 한 마디 할 때 벌써 유위에 떨어져버립니다. 말해도 틀리고 말하지 않아도 틀립니다. 긍정해도 틀리고 부정해도 틀립니다. 본래 스스로 무위입니다.

만약 반야지혜를 진정으로 증득하면 '개오(開悟)'라고 합니다. '활연대오(豁然大悟)'란 보리를 깨달음입니다. 원래 일체법은 본래 스스로 무위(無爲)이지만 작용을 일으키면 모두 유위(有爲)가 됩니다. 여러분 주의해야 합니다! 밀교에서 행하는 수법(修法)에서 보면, 이렇게 분명하게 말하는 것도 바로 전법(傳法)입니다. 그러나 일반인들의 습기(習氣)는 일종의 형상(形相)을 좋아하고 신비함을 좋아해서, 이렇게 말하는 것이 바로 대법(大法)을 하나 전한 것임을 이해하지 못합니다. 물론 바보나 어리석은 사람을 만나면 어떤 형식이 없어서는 안 됩니다. 향도 피우고 경도 읽고 공양도 차려놓는 등 시끌벅적 하면서 남더러 이런 법을 전해달라고 청합니다. 그러면 약간의 정수(淨水)와 향주(香酒)를 머리위에 부어 관정(灌頂)을 해줍니다. 물론 그렇게 하는 것도 법인데, 방편이요 조도(助道)요 가행(加行)이 됩니다.

반야심경은 반야법문의 정수

이제 한 걸음 물러나 그 보다 낮은 수준을 구하기로 하고 불법의 반야지혜, 반야정견을 말해보겠습니다. 여러분은 반야를 알고 또 『반야심경』을 외울 줄 아니 오늘은 「반야바라밀다심경 수증원통(修證圓通)법문」을 전해드리겠습니다. 그러나 경건하고 정성스러운 마음으로 듣고 법(法)에 의지해야지 저를 의지하지 말기 바랍니다. 마음에 얻는 바가 있을 수 있느냐 없느냐는 여러분들의 복덕과 지혜에 달려 있습니다.

언제나 계정혜(戒定慧) 속에 있는 사람은 성취하지 않는 자가 없습니다. 노트를 들고 만년필을 들고 있더라도 입정(入定)할 수 있습니다. 쓸[用] 때는 들어 일으키고[提起] 쓰지 않을 때는 놓아버립니다[放下]. 이렇게 공부하고 수행한다면 얼마나 좋겠습니까! 그런데 사람들은 놓아버리고 쓰지 않을 때는, "소인은 한가하게 지내면 착하지 못한 일을 한다[小人閒居爲不善]."고 했듯이 소인이 되면 망상이 어지럽게 들끓게 되는데, 그래서는 옳지 않습니다.

『반야심경』 반야법문은 6바라밀 대승도에서 최후에 성취하는 대법(大法)입니다. 이른바 '3세의 모든 부처님은 반야바라밀다를 의지하는 까닭에 아뇩다라삼먁삼보리를 얻는다[三世諸佛, 依般若波羅密多故, 得阿耨多羅三藐三菩提].'는 것입니다. 반야를 닦지 않으면 성취할 길이 없습니다. 부처님을 배운다는 것은 미신 신앙이 아닙니다. 그런 것은 보통의 종교입니다. 부처님을 배움에는 의심을 품고 문제를 가져야 합니다. 예컨대 생사문제나 자아문제 등등을 투철하게 관찰함으로써 지혜를 성취하는 것이지 미신을 성취하는 것이 아닙니다. 이렇게 하려면 반야에 의지해야 합니다. 그러므로 반야법문은 불법의 중심점이 됩니다. 그리고 이것이 점차 변천하여 법상유식학으로 발전된 것은 반야를 발휘한 결과입니다. 반야법문은 용수보살이 크게 발전시켜 눈부시게 빛나게 되었습니다. 예컨대 중국의 선종은 때로는 '반야종'이라고도 불리고, 또 다른 이름으로는 '심종(心宗)'이라고도 하는데, 일체제불의 심중심법(心中心法), 다시 말해 마음 가운데 마음 법이라는 뜻입니다. 반야법문 가운데는 『대반야경』 6백 권이 있는데, 그 모두가 일체 중생이 어떻게 지혜로써 법신해탈을 성취할 것인지를 말해주는 법문입니다. 그런데 『금강반야바라밀다경』 한 권이 바로 이 6백 권 『대반야경』을 농축한 정수(精髓) 법문입니다. 그리고 반야법문의 정수 중에 정수요 중심 가운데 중심은 우리가 일상적으로 독송하는 경으로 본문이 모두 260자로 번역된 『마하반야바라밀다심경』입니다(제목까지 합하면 모두 270자임).

마하반야바라밀다심경

관자재보살이 깊은 반야바라밀다(般若波羅蜜多)를 수행할 때에 (반야로써) 오온(五蘊)이 모두 공함[空]을 비추어 보아 모든 고통과 재난을 건넜다.

사리자여, 색(色)이 공(空)과 다르지 않고, 공이 색과 다르지 않으며, 색이 곧 공이요, 공이 곧 색이다. 수상행식(受想行識) 또한 다시 이와 같다.

사리자여, 이 모든 법의 (실상實相인) 공상(空相)은, 생겨나지도 않고 소멸하지도 않으며, 더럽지도 않고 깨끗하지도 않으며, 늘어나지도 않고 줄어들지도 않는다. 그러므로 공상 안에는 색이 없고, 수상행식이 없으며, 안이비설신의(眼耳鼻舌身意)가 없고, 색성향미촉법(色聲香味觸法)이 없고, 안계(眼界)가 없고 의식계(意識界)까지도 없으며, 무명(無明)이 없고 무명이 다함도 없으며, 노사(老死)가 없고 노사가 다함까지도 없으며, 고집멸도(苦集滅道)가 없으며, (능히 닦고 얻는) 지혜도 없고 (닦아지고) 얻어지는 바(의 법)도 없다.

(능히 얻는 자와) 얻(어지)는 바가 없으므로 보리살타는 반야바라밀다를 의지하여 마음에 걸림이 없다. 마음에 걸림이 없으므로

두려움이 없으며, 전도몽상(顚倒夢想)을 멀리 떠나, 완전한 열반을 이루며, 삼세의 모든 부처님도 반야바라밀다를 의지하므로 아뇩다라삼먁삼보리를 얻는다.

그러므로 알라, 반야바라밀다는 대신력(大神力)의 주문이며, 대광명의 주문이며, 최상의 주문이며, 동등한 것이 없는 주문으로서, 일체의 괴로움을 없앨 수 있으며, 진실하여 헛되지 않다. 그러므로 반야바라밀다 주문을 말하리라. 이제 주문을 말한다.

아제아제 바라아제 바라승아제 모지 사바하 (3번)

摩訶般若波羅蜜多心經

觀自在菩薩, 行深般若波羅蜜多時, 照見五蘊皆空, 度一切苦厄. 舍利子! 色不異空, 空不異色；色即是空, 空即是色. 受, 想, 行, 識, 亦復如是. 舍利子! 是諸法空相：不生不滅, 不垢不淨, 不增不減. 是故空中無色, 無受, 想, 行, 識, 無眼, 耳, 鼻, 舌, 身, 意, 無色, 聲, 香, 味, 觸, 法；無眼界, 乃至無意識界. 無無明, 亦無無明盡；乃至無老死, 亦無老死盡. 無苦, 集, 滅, 道. 無智亦無得. 以無所得故. 菩提薩埵, 依般若波羅蜜多故, 心無罣礙；無罣礙故, 無有恐怖；遠離顚倒夢想, 究竟涅槃. 三世諸佛, 依般若波羅蜜多故, 得阿耨多羅三藐三菩提. 故知般若波羅蜜多, 是大神咒, 是大明咒, 是無上咒, 是無等等咒. 能除一切苦, 真實不虛. 故說般若波羅蜜多咒, 即說咒曰, 揭帝揭帝, 波羅揭帝, 波羅僧揭帝, 菩提薩婆訶.

먼저 경의 제목인, 『마하반야바라밀다심경(摩訶般若波羅蜜多)』을 읽어보겠습니다. 왜 이 경이 있게 되었을까요? 부처님의 대제자인 사리불이 부처님께 반야법문을 수행 성취하는 방법을 묻자 부처님께서 관자재보살로 하여금 답변하게 했기 때문입니다. 사리불의 질문에 관자재보살이 답하는 내용을 경전으로 기록하여 후세에 전해 온 것입니다. 과거에 저는 이 경을 여러 번 강해한 적이 있는데, 이제 또 여러분들에게 반야관법(觀法)을 행하도록 가르치는 것은 앞서 언급했듯이 하루빨리 보리심을 일으키도록 하기 위해서입니다.

먼저 경의 원문을 이해해야 하겠습니다.

관자재보살(觀自在菩薩), 행심반야바라밀다시(行深般若波羅密多時), 조견오온개공(照見五蘊皆空), 도일체고액(度一切苦厄).

이것이 제1단락인데 마지막 한 구절인 '도일체고액(度一切苦厄)'에 유의하기 바랍니다. 만약 불학 교리적으로 연구해보면 부처님의 일체 설법에는 두 가지 노선이 있습니다. 그 하나는 시종일관 소승의 4성제법인 고집멸도(苦集滅道)를 기초로 하면서 '세간의 일체는 괴로움이다[世間一切皆苦].'는 것입니다. 번뇌도 괴로움이요 나고 죽음은 크나큰 괴로움입니다. 태어남이 있으면 반드시 죽음이 있고 생로병사 등 괴로움 아닌 것이 없습니다. 어떻게 괴로움을 끝마칠까요? 어떻게 벗어날까요? 끝마칠 수 없다면 어떻게 해야 끝마칠 수 있을까요? 도(道)를 얻어 모든 망상 번뇌를 없애고 모든 업력작용을 소멸시켜야 비로소 일체의 고통에서 해탈하게 되어 괴로움을 떠나 즐거움을 얻을 수 있습니다[離苦得樂]. 그러나 모든 범부중생은 괴로움을 즐거움으로 여깁니다. 일체의 괴로움을 쌓아 모아가면서 고통스러운 일을 필사적으로 뒤좇아 감으로써 현실의 즐거움으로 삼고 있습니다. 그러기에 부처님은 중생이 전도(顛倒)되었다고 말씀합니다.

어떻게 괴로움을 끝마칠 것인가
먼저 관상(觀想)을 중시하라

『반야심경』은 고집멸도를 기초로 삼고 있습니다. 그래서 제일 먼저 어떻게 괴로움을 끝마칠 것인지를 알아야 합니다. 관자재보살은 사리불에게 "행(行)하라"고 말하고 있는데, 수행하라는 말입니다. 우리들처럼 정좌하는 것도 수행법문의 하나입니다. 걷거나 머물거나 앉거나 눕고 하는 가운데 언제나 자기를 관리하는 것이야말로 수행입니다. 우리가 알듯이 보살의 명호는 그의 수행법을 나타냅니다. 마치 세상 사람들이 이름에 특별한 의미를 담아 짓듯이 말입니다. "관자재(觀自在)"의 의미 중심은 '관(觀)'자에 있습니다. 언제 어디서나 자기의 '마음이 일어나고 생각이 움직이는 것[起心動念]'을 관찰하고 비추어 보는 것[觀照]입니다. 생각이 일어나고 사라지는 것 하나하나를 비춰보고 관리하는[照管] 것입니다. 그렇지만 육안으로써 살펴보는 것이 아니라 자기의 지혜로써 각찰(覺察)하라는 것입니다. 이게 바로 '행(行)'의 방법입니다.

여러분은 그저 정좌할 줄만 알지 내심으로 자기의 심념(心念)을 관찰하지 않습니다. 관심(觀心), 즉 마음을 관찰하지 않는 것은 멍청히 앉아 있는 것이나 다름없습니다. 의식이 몽롱하면서 흐리멍덩한 채 앉아만 있다면 잠자는 것과 무엇이 다르겠습니까?! 옳지 않습니다. 그렇게 하는 것은 수도(修道)가 아닙니다. 반드시 자기의 마음이 일어나고 생각이 움직이는 것을 관찰해야 합니다. 사지를 움직이지 않고 6근을 쓰지 않으면서 신체를 내버려둔 채 앉아 있는 것은 휴식상태입니다. 이 몸이 휴식에 들어 편안해지고 나면 몸에 대해서는 더 이상 상관하지 않아야 합니다.

이때는 마음속으로 관(觀)을 일으켜야 합니다. "관자재보살(觀自在菩薩)"이라, 자기가 홀로 있으면서 마음을 일으키고 생각을 움직이는 것을 관하여 생각 생각에 분명히 알아야 합니다. 예를 들어 저는 지금 강의를 하고 있고 여러분은 듣고 있는데, 하는 말이나 듣는 말 한 마디 한 마디를 자신이 또렷이 관찰합니다. 맞았는지 틀렸는지, 해야 할 말인지 아닌지, 선인지 악인지, 옳은 것인지 그른 것인지, 일일이 각찰하여 놓침이 없다면 초보 수준이 됩니다. 자기 마음이 어디 있는 지를 관찰함에 있어, 어떤 사람은 번뇌가 일어날 때 자신의 뜻대로 되지 않아 관찰하려고 해도 관찰이 되지 않으면서 번뇌에 막혀버립니다. 무명(無明)이 일어나고 수면욕이 오게 되면 그 경계를 쫓아가버리고 더 이상 회광반조(廻光反照)할 줄 모릅니다.

밀종에서는 관상(觀想)을 닦으라고 하는데, 사실 관(觀)은 관이고 상(想)은 상입니다. 초보적인 관(觀)은 바로 상(想)인데 간단하지 않는 일입니다! 관상이란 당신이 상상(想像)해 낼 수 있어서 염두 속에서 생각[想]해야 합니다. 예를 들어 화가가 산과 호수를 하나씩 그리려고 한다면 마음에서 생각[想念]하자마자 산과 호수가 눈앞에 있는 듯 떠오릅니다. 밀종에서 관상을 닦는 것도 대상 주제를 생각해내야 합니다. 관(觀)과 상(想)은 서로 이어져 있습니다. 이것이 입문 방법입니다. 하지만 여러분들이 이제 이 법문을 배우면서 솔직히 말해서 어느 곳에서 관해야 마땅할까요? 먼저 심두(心頭)에서 관을 일으켜야 합니다. 심장의 심으로서, 양 젖꼭지 중간인 명치[心窩] 위아래 부분입니다. 관심(觀心)을 함에는 먼저 심두 부위에서 가만히 관을 지어야 합니다. 물론 생각은 심장으로부터 일어나는 것은 아닙니다. 그러나 심두 부분에서 관찰하는 것이 꼭 알맞습니다. 이렇게 하는 것이 올바른 수행의 길입니다. 머릿속으로 공상(空想)이나 망상을 하지 말고 빛 따위 등도 바라보지 마시기 바랍니다. 초학자가 이 관법을 행할 경우 명치 부분에 통증을 느낄 때가 있는데, 그것은 위(胃)의 식도관(食道管)이 깨끗하지 않기 때문입니다. 심장에 원래 질병이 있는 경우는 다른 방편을 연구해보아야 합니다.

어떻게 하는 것이야말로 관자재보살이 보살도를 수행하는 관법일까요? 바꾸어 말하면 어떻게 하는 것이 "행심반야바라밀다시(行深般若波羅密多時)", 깊은 반야바라밀다를 행할 때의 관행(觀行: 관심 수행/역주)일까요? 여러분은 이렇게 마음이 일어나고 생각이 움직임으로부터 서서히 닦음을 일으켜 서서히 관상하는 것입니다. 길을 걷든 일을 하든 언제나 마음에서 떠나지 않고 스스로 관조(觀照)합니다. 지혜 공력(功力)이 깊어지면 자기 자성의 실상반야(實相般若)의 지혜가 폭발합니다. 그렇지만 이전에 추구했던, 심념이 일어나 움직일 때의 관상지혜가 아닙니다. 우리가 관상하는 관은 망심(妄心)이 망심을 관하고 망상(妄想)이 망상을 관하는 것입니다. 비록 능관(能觀)의 작용은 이성적이지만 여전히 망상입니다. 자기의 심념을 살펴보는 관찰 공부의 힘이 깊어져 인연이 성취되었을 때는 자연히 지혜 덕상(德相)이 드러납니다. 그러나 관자재보살이 우리들에게 깊은 반야바라밀을 행하라고 일러주지만 우리는 관하자마자 그렇게 할 수 있는 것이 아닙니다. 관의 공부가 도달해야 마음이 일어나고 생각이 움직이는 것을 시시로 깨닫고 낱낱이 알게 됩니다. 올 때 환영하지 않으면 염두는 곧 사라져 버립니다. 갈 때는 뒤쫓지 않아서, 그것이 어느 곳으로 사라지든 내버려둡니다. 관행(觀行)이 점차 깊어져 망심 잡념이 오지도 않고 가지도 않는 경계에 이르면, 바로 한 토막의 공령함[一段空靈]으로, 휴식 경계에 처음으로 머물게 됩니다.

조견오온개공(照見五蘊皆空)

생각 생각마다 모두 버려야 합니다. 그렇다고 버린다는 것이 억지로 눌러 공(空)의 경계를 거짓으로 만든다는 의미는 아닙니다. 단지 일어나고 사라지는 대로 내버려둔다는 의미입니다. 이렇게 줄곧 닦아가다 보면 최후에는 진실한 지혜[眞智]인 실상반야가 반드시 현전합니다. 이때는 조금도 힘이 들지 않아 관을 할 필요가 없어지면서 또 다른 경계, 즉 "조견오온개공(照見五蘊皆空)", 오온이 모두 공함[空]을 비추어보는 경계에 도달합니다. '오온개공'이란 몸도 공해지고 마음도 공해진 것입니다. 정신세계와 물리세계 일체가 다 공해져 심신도 없고 감각도 없습니다. 공해졌고 없어졌지만 결코 죽음은 아닙니다. 공해지면 자기가 자기 몸과 마음의 각수(覺受)를 찾아보아도 찾아낼 수가 없습니다. 허리가 시큰거리고 다리가 마비되는 그런 현상이 없어집니다. 의식심(意識心) 중에 여전히 어떤 감각이 남아 있다면 이것은 수음(受陰)이므로 역시 비워버려야 합니다. 망상은 있을까요 없을까요? 없어졌습니다! 상음(想陰)도 공합니다.

"조견오온개공", 오온을 철저하게 이해하여 끝마치면 모든 것을 철저하게 이해하고 끝마칩니다. 괴로움[苦]도 없고 즐거움[樂]도 없습니다. 기쁨[喜]도 없고 슬픔[悲]도 없습니다. 실상반야가 자연히 드러나면서 자성의 공성(空性)을 보게 되니 다된 것 아닙니까! 비록 이와 같더라도 관(觀)은 역시 초보적인 수행법입니다. 예를 들면 밀종에서 말하는 관상(觀想)이나 천태종에서 말하는 지관 공부에서의, 대상경계를 관한다는 '관경(觀境)'의 관(觀)자는 제6식인 의식의 생각 망심이자 분별 망상 망심으로서, 어느 것이나 심(尋)·사(伺), 즉 자세히 살펴보는[審察] 심리상태로부터 공부에 들어가는 것입니다. 하지만 관의 작용은 중요합니다. 반야수행법은 마음의 관찰로부터 "관자재(觀自在)"를 닦기 시작합니다.

여러분이 어떤 신통이나 청정함이나 경계를 하나 구한다던지 기맥이 통하기를 구하는 것은, 모두 다 의식망념의 욕구입니다. 이런 관념들을 분명히 하여 생각 생각마다 버려야 합니다. '버린다'는 것은 보시하는 것으로, 염두가 오면 버리는 것을 말합니다. 그것이 무슨 염두이든, 불법에 대한 생각이든 뭐든 다 버립니다. 생각 생각마다 보시할 수 있다면 자연히 지계(持戒)가 됩니다. 마음이 일어나고 생각이 움직이면 그것이 옳은 것이든 틀린 것이든 선이든 악이든 모두 다 버리니 당연히 지계가 됩니다. 생각 생각마다 보시할 수 있으면 자연히 인욕(忍辱)이 됩니다. 참음[忍]은 곧 염두를 끊어버리는 것으로 법인(法忍)[108]에 들어맞습니다. 생각 생각마다 보시할 수 있으면 자연히 정진(精進)이 됩니다. 생각 생각이 오더라도 버리고, 가더라도 뒤쫓지 않으니 자연히 선정(禪定)이 됩니다. 6바라밀이 모두 관심(觀心) 경계 속에 있습니다. 자성반야가 드러나게 되었을 때 비추어 보면[照見] 몸과 마음 안과 밖, 일체가 다 공합니다. 모두가 공하여 없습니다.

---

108) 제법이 공하여 무자성(無自性)임을 참고 견디는 심정.

소승불법을 어떻게 선정 수행할 것인가

소승불법의 수행에는 수행자의 심리현황에 대한 명칭으로서 '유각유관(有覺有觀)'이라는 것이 있습니다. 염불이든 관상(觀想)이든 현교든 밀교든 모두 유각유관입니다. 지각(知覺)이 있고 감각(感覺)이 있어서 관상(觀想)을 하고 있으면서, 마음이 청정한지 않은지, 몸이 편안한지 않은지를 감각할 수 있는 상태가 유각유관 수행을 시작하는 경계입니다. 더 나아가 수행이, 각(覺)이 없어져 육체적인 감수는 사라져 버렸지만 아직 관(觀)은 있는 경계인 '무각유관(無覺有觀)'에 도달했다면 비교적 진일보한 수행자입니다. 하지만 관하는 심념은 여전히 있습니다. 진정으로 '무각무관(無覺無觀)'의 경계에 이르면 감각도 존재하지 않고 더욱이 관을 일으킬 필요가 없으면서 자연히 청정합니다. 이렇게 되어야 소승 선정 수행법은 그 기초가 갖추어진 셈입니다. 그렇지만 여러분은 알아야 합니다. 이런 청정함은 심의식(心意識)이 나타내는 청명한 경계라는 것을. 하지만 그 정도도 이미 좋은 편입니다. 이로부터 계속 선정과 지혜를 균등히 닦아 가면 보리를 깨닫지는 못할 지라도 과위를 증득할 수 있습니다. 그러므로 구역(舊譯)에서는 '관' 수행방법을 유각유관(有覺有觀)이라고 번역했습니다. 현장법사는 이 용어를 쓰지 않고 신역(新譯)에서 '유심유사(有尋有伺)'라고 번역했습니다.

'심(尋)'의 심리현황은 이렇습니다. 한 염두가 가고 또 한 염두가 이어지고, 한 생각이 가고 또 한 생각이 이어짐이 '심'의 현상입니다. '사(伺)'는 망상 염두가 정지한 듯하여서 별로 힘을 쓰지 않아도 고요한[靜] 듯하지만 사실은 여전히 생각[念]인 상태입니다. 옛사람은 유각유관(有覺有觀), 무각유관(無覺有觀), 무각무관(無覺無觀)이라고 번역했습니다. 미륵보살은 『유가사지론(瑜伽師地論)』에서 심리 수행의 상태를 말하면서 세 가지 단계로 제시했습니다. 현장(玄奘) 법사는 그 세 가지 단계를 유심유사(有尋有伺), 무심유사(無尋有伺), 무심무사(無尋無伺)라고 달리 번역했습니다. 이러한 심의식(心意識)의 심념(心念) 변화 과정의 형태들은 자기 자신이 분명히 살펴보고 알아야 합니다. 이와 같은 수행에서 발생하는 공덕과 망상과의 관계가 결국 어떠한 것인지에 대해서 『유가사지론』은 이렇게 세 가지 경지[三地]로써 그 층차를 분명하게 개괄하고 있는데 지금은 말씀드리지 않겠습니다.

반야가 곧 무상의 주문이다

그렇다면 "관자재보살"에서의 '관(觀)'은 그 자체가 반야수행법인데 설마 따로 달리 어떤 법이 있을까요?! 정말로 주문이 하나 있다면 주문을 외워야 옳은데 여러분이 바라는 것은 무엇입니까? 반야심경의 끝 부분에 주문이 있지 않습니까?

"시대신주(是大神咒), 시대명주(是大明咒), 시무상주(是無上咒), 시무등등주(是無等等咒), 능제일체고(能除一切苦), 진실불허(眞實不虛)."

관자재보살은 말하기를, "여러분은 멋대로 주문을 외워서는 안 된다. 반야가 바로 무상의 주문이다. 이를 뛰어넘는 다른 주문은 없다."라고 합니다. "능제일체고(能除一切苦)", 오직 이 주문만이 사람들이 모든 문제를 해결할 수 있도록 해 줍니다. "진실불허(眞實不虛)", 허풍 치는 것이 아닙니다. "즉설주왈(卽說咒曰)", 내 이제 여러분에게 들려주겠다.

"가테가테 파라가테 파라상가테 보디 스바하(揭諦揭諦, 波羅揭諦,

波羅僧揭諦, 菩提薩波訶)".

　이게 바로 대 주문입니다. 그러므로 관건은 주문이냐 아니냐는 문제이거나 주문을 외워야 수행이라 할 수 있다거나가 아닙니다. 반야법문이야말로 바로 가장 좋은 주문입니다. "관자재"가 바로 주문이요 "관자재"가 다라니요 총지(總持)법문입니다.

　시작 단계에서는 일체를 관의 경계 속에서 닦아야 합니다. 즉 관 (觀)과 버림[捨]입니다. 이렇게 "반야바라밀다를 깊이 행할 때에" 최후에 이르면 이미 관(觀)이 아닙니다. 관은 그래도 마음을 써야 하지만 최후에는 무각무관(無覺無觀)이 되어버립니다. 몸과 마음이 진공(眞空)에 도달하여서 생각 생각마다 다시 버릴 필요가 없습니다. 자연히 고요해져 즉시에 "오온이 다 공함을 비추어 봅니다[照見]". 나는 자주 이렇게 비유해서 말합니다. '관(觀)' 법문은 초롱등이나 손전등을 하나 들고서 물건을 찾는 격으로 그 비추는 빛에는 한계가 있고 범위가 있습니다. 찾고 또 찾고 하면서 천천히 찾아보는 것입니다. '조(照)'는 그런 정도가 아니라 큰 발전소를 온통 켜놓은 것 같습니다. 마치 태양이 만물을 비추고 한 찰나에 대지를 두루 비추는 것과 같습니다. 이를 "부처님의 광명이 두루 비춘다[佛光普照]."고 합니다. 여러분이 인위적으로 한 관상(觀想)은 결국 한계가 있고 널리 두루 미치는 것[普遍]이 아닙니다. 관이 완전히 무르익어서 한 번 전환 변화되면 "오온이 모두 공함을 철저하게 비추어 봅니다." "조견(照見)"이란 무엇일까요? 신체 감각이 사라져버린 것입니다. 감각이 없고 온통 비워져버린 것입니다. 이때에는 다리가 아프고 안 아프고 저리고 안 저리고를 전혀 고려하지 않게 되며 아무것도 없습니다. 그러나 아주 또렷이 아는데, 그것은 보리각성(菩提覺性)으로, 오온이 모두 공함을 깨달은 바가 있는 것 같습니다. 여러분 보십시오. 반야수행법은 이렇게 간단합니다. 하지만 이렇게 해 냈습니까? 이렇게 해내지 못했습니다. 여러분이 이렇게 닦는다면 얼마나 좋겠습니까? 이렇게 성취하지 않으면 안 됩니다.

색과 공의 문제

하지만 그렇게 하지 못하는 사람이 있기 때문에 관자재보살은 다시 사리불에게 색(色)과 공(空)의 이치를 설명해줍니다. 부처님이 『능엄경』에서 가르쳐주는 수행법은 점차로 오온을 비우는 것입니다. 첫째, 색음(色陰: 지수화풍)인 이 신체를 어떻게 비워버릴까요? 여러분은 이곳에서 정좌하고 있는 동안 편안하지만 여전히 신체감각이 있으면서 색음을 비우지 못합니다. 왜 그럴까요? 지수화풍의 연(緣)이 모여 있기 때문에 그렇습니다. 지(地)는 근육이나 뼈입니다. 수(水)는 신체상의 혈액이나 타액 등입니다. 화(火)는 생명 본능의 열에너지[熱力]입니다. 풍(風)은 기맥입니다. 기맥이 왜 없겠습니까? 신체에는 흘러 움직이는 기(氣)가 자연히 있습니다. 기가 없으면 곧 죽게 됩니다. 밀종에서 기맥을 수련하는 것은 먼저 4대를 잘 닦으면 4대를 비워버리기 쉽고 색법을 철저하게 이해하여 끝마쳐 버리기 때문입니다. 그런데 기맥을 수련하고 있는 주인공이 누구인가는 기맥 문제에 속하지 않습니다. 기맥을 잘 닦지 않아 우리들의 몸인 4대의 업기(業氣)에 갇혀있는 상태에서는 염두가 비워지지 않음은 말할 것도 없고 감각조차도 비워지지 않습니다. 색법이 공해지지 않고는 수음(受陰)을 없애기 어렵습니다. 여기에서 하루 종일 있는 동안 머리가 아프지 않으면 다리가 저리고, 밥을 적게 먹으면 배가 고프고 많이 먹으면 뱃속이 더부룩하여, 기분이 좋지 않은 등 온통 감각 속에 빠져 있습니다. 심지어는 상대가 나를 깔보면 화가 납니다. 또 상대는 자기 눈에 내가 거슬리면 싫어합니다. 온통 수음 속에 심취되어 있으면서 망상을 비울 수 없습니다. 행음(行陰)은 생명의 본능 활동인데 더더욱 비워지지 않습니다. 생사(生死)를 따라 흘러 다니면서 병이 나려 할 때는 병이 안 날 수 없고 죽으려 할 때는 살 수가 없습니다. 심의식(心意識)을 다스릴 수 없습니다.

그래서 불보살 선지식들은 우리들을 위해 여러 가지 방법을 생각해 냈습니다. 색신으로부터 철저하게 이해하여 끝마치려면 기맥을 닦습니다. 심지(心地)상으로부터 철저하게 이해하여 끝마치려면 지관(止觀)을 닦습니다. 신앙 상으로 철저하게 이해하여 끝마치려면 불법승 삼보를 염(念)합니다. 8만4천 법문은 모두 반야의 차별지(差別智)로서, 근본 반야에서 발전된 차별 지혜와 방법입니다. 색법 면에서 기맥의 작용이 없을까요? 육체 가운데에서 각종 심신 변화가 없을까요? 육체는 분명 이렇게 있는데 어찌된 것일까요? 때로는 여러분 자신이 불법에 정통하다고 생각하면서 화를 내서는 안 된다고 알고 있습니다. 그런데 오늘은 간(肝)의 열이 왕성하여 성깔이 나는지라 아무리 화를 다스리려 해도 다스려지지 않습니다. 한 번 발동하면 거두어 드릴 수 없는 까닭은 모두 색음·수음·상음·행음이 당신을 부리고 있는데도 당신은 5음을 주재(主宰)할 수 없기 때문입니다. 5음이 당신을 쓰고 있지만, 당신은 5음을 쓸 수가 없습니다.

그러므로 『반야심경』 제2단락에서 보살이 자비심으로 사리불에게 일러주고 있는데, 일종의 탄식이기도 합니다.

사리자(舍利子), 색불이공(色不異空), 공불이색(空不異色), 색즉시

공(色卽是空), 공즉시색(空卽是色).

　보살은 먼저 수행법의 원리를 말하고 있습니다. 5온에서 첫째 겹은 색온입니다. "사리자야, 너는 이렇게 관하고 이렇게 철저하게 이해하여 끝마쳐야 한다."고 합니다. 기맥 수련 노선을 따라가지 않지만 기맥을 철저하게 이해하여 끝마칠 수 있습니다. 소위 기맥 육체는 업기(業氣)입니다. 업기가 존재해서 이 힘이 폐부(肺部)에 이르면 폐부는 작용을 일으키면서 변화가 있거나 병이 납니다. 그렇다면 다른 방법을 쓰지 않고 날마다 교리관념을 지어도 됩니다. 백골관(白骨觀)은 색법을 철저하게 이해하여 끝마치는 근본방법으로, 신체를 관하여 백골모습을 이루는 것입니다. 백골관, 부정관(不淨觀)은 유위법(有爲法)에 속합니다. 중생들이 색즉시공(色卽是空)이 되지 못하기 때문에 우선 백골관, 부정관을 닦을 수밖에 없습니다. 수행이, 백골에 광명이 흐르고 그 광명도 비워버리는 경지에 이르면 "오온이 다 공함을 비추어 보고 일체의 고통재난[苦厄]을 건너게 됩니다." 여러분은 백골관이 잘 되지 않겠지만 닦지 않으면 안 됩니다. 부처님이 제자들에게 전해준 초보적인 법문은 대부분 부정관과 백골관을 닦으라는 것이었습니다. 불경에 근거해 통계를 내보면 석가모니부처님이 살아계실 때의 제자들 중에는 백골관을 통해서 과위를 증득한 자들이 많고 많았습니다. 이것은 유위법을 가지고 색법을 철저하게 이해하여 끝마치는 가장 적당한 법문입니다.
　이 외에도 많은 다른 수행 길이 있습니다. 예를 들면 밀종에서의 기맥 수련이나 명점(明點) 수련, 졸화(拙火) 수련 등입니다. 졸화 수련에 성공하면 어떻게 할까요? 졸화는 불덩어리가 아닙니다. 만약 불덩이를 이룬다면 이는 화관(火觀)을 성취한 것으로 마침내는 역시 공(空)으로 돌아가야 합니다. 다른 법문들과 길은 다르지만 목적은 같습니다. 기맥수련은 그 수련이 이루어졌다고 다 끝나는 것이 아닙니다. 기맥은 수도 과정에서 반드시 거쳐야 할 길이지만 결코 궁극은 아닙니다.

색불이공(色不異空) 공불이색(空不異色)

그렇다면 위에서 말한 수행법을 쓰지 않고 곧바로 반야 노선을 걸어간다면 어떻게 색법을 비울까요? '관(觀)'입니다. 안으로 관하여 색법을 관하면 "색(色)이 바로 공(空)입니다[色卽是空]." 지혜가 있으면 관에 들자마자 색법인 신체를 비워버립니다. 지혜의 힘이 부족하면 유위법인 부정관이나 백골관 등을 닦되 역시 비웁니다. 공(空)에 이르면 궁극적으로 다 철저하게 이해하여 끝마친 것일까요? 기맥을 변화시켜 비워버리기만 하면 될까요? 궁극이 아닙니다!

"사리자야, 공불이색(空不異色), 공이 색과 다르지 않느니라."고 말했습니다. 공한 다음에는 공에도 머무르지 않습니다. 청정한 상태인, 공의 경계가 하나 남아 있다면 이 역시 색법의 변상(變相)으로 색법과 다를 것이 없습니다. 그러므로 첫걸음으로 소승 성문의 경계인 "색불이공(色不異空), 색이 공과 다르지 않다"고 일러주었는데, 공을 증득했다면 어떨까요? 공도 비워버려야 "공불이색(空不異色)"입니다. 공은 여전히 유상(有相)으로 청정하지만, 심의식이 변해서 나타난 것으로 여전히 집착이 됩니다.

그럼 제2단계인 "공불이색(空不異色)"에 도달하여 공마저 비워버렸다면 되는 것 아닐까요? 아직은 철저하게 청정하지 못하고 단지 절반에만 도달하였으므로 아직 멀었습니다.

"색즉시공(色卽是空), 색이 곧 공이요, 공즉시색(空卽是色), 공이 곧 색이다."에서의 색법 자체는 공한 것이므로 그것을 일부러 비워버리려고 할 필요가 없습니다. 색법의 본성은 생각 생각마다 흘러가면서 잠시도 머물지 않습니다. 본래 머물지 않고 있는데 일부러 비워버리려고 해서 뭐하겠습니까? 이 경지는 대승경계입니다. "색즉시공(色卽是空), 공즉시색(空卽是色)", 본래에 공하기에 색이 있어, 육체가 있고 물질세계의 작용이 일어남이 있는 것입니다. 따로 하나의 공을 추구하여 그것이 도이고 궁극이라고 여기지 말기 바랍니다. 만약 그렇게 한다면 여전히 아닙니다. 왜냐하면 이 공(空) 역시 유(有)이기 때문입니다. 일체 만유제법, 일체 우주현상은 공하기 때문에 있습니다[有]. 진공(眞空)이 없다면 만유의 연기(緣起)는 없습니다. 예를 들면 방(房)이 비어있지 않다면 쓸 수 없습니다. 비어 있어야 여러 가지 용도가 있기 때문입니다. 만법은 모두 공으로부터 생기[生起]하고 공으로부터 소멸합니다. 공에서 생기하고 공에서 소멸한다[空生空滅]고 함은 결코 없다는 의미가 아닙니다. 생기[生]가 있고 소멸[滅]이 있으며 오고 감에 자재하고 생멸에 자유롭습니다. 그러므로 여래(如來)란 어디로부터 오는 곳이 없고[無所從來], 어디로 향하여 가는 곳이 없어서[無所從去], 자성이 본래 공합니다[自性本空]. 그러기에 연기성공(緣起性空)이요 성공연기(性空緣起)라고 말합니다. "색즉시공(色卽是空), 공즉시색(空卽是色)"의 경지에 이르면 공(空)과 유(有) 두 법이 털끝만큼도 두 모습이 아닌데 조작하여 일부러 색법을 공하게 하려고 마음을 많이 쓸 필요가 어디 있겠습니까? 하지만 왜 제법(諸法)을 조작하여 일체의 묘용을 일어나게 할 수 없겠습니까! 여기에 이르러야 비로소 대승의 성취 경계가 됩니다.

　경문은 시작하자마자 "관자재보살觀自在菩薩, 행심반야바라밀다시(行深般若波羅密多時), 조견오온개공(照見五蘊皆空), 도일체고액(度一切苦厄)."이라고 함으로써 이미 전법(傳法)을 다 마친 것입니다. 하지만 여러분이 비워버리지 못한다는 것을 분명히 알고 있었습니다. 그래서 말하기를 "사리자야! 오온개공(五蘊皆空)이 어찌 말처럼 쉽겠느냐?"고 했습니다. 오온 중 첫 번째인 색법은 대단히 다루기 어렵습니다. 색법은 말할 것도 없고 신견(身見)이라도 비워버릴 수 있을까요? 우리가 정좌를 하면 다리가 저리기 마련인데, 색법인 기맥이 통하지 않아 신견을 비울 수 없기 때문입니다. 만약 기맥이 없다면 일만 년을 앉아 있는 것도 문제없습니다. 모두들 입만 열면 '오온은 모두 공하다'라고 말하지만 그 경계에 도달했습니까? 도달했다면 성취한 것이요 성불한 것으로, 닦을 필요도 없고 무학(無學)의 경지에 도달한 것입니다.

　그러므로 이렇게 말합니다. "사리자야, 쉽지 않느니라. 색법을 철저하게 이해하여 끝마쳐야 한다. 색불이공(色不異空)이니라. 알겠느냐?" "알았습니다." "저런! 공(空)을 하나 붙들어서는 안 된다. 공불이색(空不異色), 공과 색은 다름이 없느니라." "그럼 색과 공 그 어느 쪽에도 집착하지 않으면 옳습니까?" "역시 옳지 않다. 아직은 참으로 마음을 쓴 것이 아니다. 색즉시공(色卽是空), 색법은 그대로가 공한 것이니 일부러 공하게 하는 쓸 데 없는 일을 하지 말라. 공에 집착하지 말라. 공즉시색(空卽是色)이니라."

수상행식(受想行識) 역부여시(亦復如是)

"이처럼, 수(受)—감각 상태, 상(想)—생각, 행(行)—생명의 동력기능, 식(識)—현식(現識)[109]도 역부여시(亦復如是)시니라." 어느 것이나 위에서 말한 색법의 네 구절 말과 같습니다.

선종에서는 "사구를 떠나고 백비를 끊으라[離四句, 絕百非]."고 합니다. 사구는 공(空), 유(有), 비공비유(非空非有), 즉공즉유(卽空卽有)입니다. 여러분들은 여기서부터 자세히 체험해 보아야 합니다. 이경의 중문 번역은 너무나 고명(高明)합니다. 색온 다음부터는 색온에서처럼 사구 식으로 일일이 중복해서 번거롭게 번역하지 않았습니다. 만약 과학적인 논리방법으로 한다면 수·상·행·식에 대해서도 색법 식으로 한 구절 한 구절 써야 할 겁니다. 하지만 이 경은 이런 식으로 하지 않고 문학적인 수법을 써서 "수상행식(受想行識), 역부여시(亦復如是)." 라고 일필로 완전무결하게 설명했습니다. 그렇지만 번거롭게 말하지 않으면 안 됩니다! 반야법문은 최고 지혜의 성취 법문인데, 일반 범부가 어떻게 이해할 수 있겠습니까?

색법에 대해서는 조금 전에 말씀드렸듯이 "색불이공(色不異空), 공불이색(空不異色), 색즉시공(色卽是空), 공즉시색(空卽是色)."이라고 설명했습니다. 이제는 감각상태인 수(受)를 말합니다.

"사리자야! 수불이공(受不異空), 공불이수(空不異受), 수즉시공(受卽是空), 공즉시수(空卽是受)니라." 여러분 지금 스스로 관조(觀

---

109) 인식을 이루는 식(識). 경계에 활동하기 시작한 의지적 작용이 있는 곳에는 그것에 따라 마치 밝고 깨끗한 거울이 거울 표면에 만상을 비추어 나타낼 수 있는 것처럼 모든 우리들의 마음의 경계가 비추어 나타난다. 그 대상 측면을 말한다.

照)해 보십시오. 앉아있는 것은 거의 다 되었습니다. 그런데 원래는 아주 안정[定]되어 있었는데 이제는 그 안정의 반대로서 견디기 어려워 흔들흔들하지 않을 수 없는 사람이 있습니다. 오래 앉아 있으면 편치 않습니다. 심지어 초조하고 불안한데, 이것은 수음(受陰)이 훼방을 놓고 있기 때문입니다. "수즉시공(受卽是空), 공즉시수(空卽是受)"가 됩니까? 만일 지금 어떤 사람이 당신께 총을 겨누고 움직이면 쏘아 죽인다고 합시다. 당신은 이 두려움으로 자신의 두 다리도 잊어버린 채 의식을 온통 총에만 기울이고 몸이 아프고 시큰거리고 땅기고 저리더라도 상관하지 않아서 마치 비워버린 듯할 겁니다. 이것은 마음의 변상(變相) 작용인 주의력의 전이(轉移)로서, 수음이 두려움으로 변상된 것이지 참으로 이 감수(感受)를 비워버릴 수 있는 것이 아닙니다. 그러므로 관해야 합니다. 마음의 관찰이 중요합니다.

그러나 당신이 마음을 관찰한다는 감각이 바로 염두입니다. 여러분은 단지 생각 작용만이 염두라 한다고 여기지 마십시오! 사람이 앉아 있는 동안 백 천 가지 감정이 마음속에서 들끓고 있는 것은 바로 수음이 아직 비워지지 않았고 수음이 공해지지 않았기 때문입니다. 예를 들면 앉아 있는 동안 기맥이 신체를 자유롭게 요동하는데, 한 번 요동하면 이미 생각[念]이 움직인 것입니다. 왜냐하면 당신의 염두가 몸의 기맥을 따라가면서 수음과 결합되기 때문입니다. 만약 수음이 염두와 결합되지 않으면 일어나는 기맥을 따라서 몸이 요동하지 않게 됩니다. 어떤 사람들은 이런 사실을 잘 모른 채 한사코 말하길, 오로지 기맥만 요동하고 있고 자기는 정말 기맥을 도와주지도 상관하지도 않는답니다. 그러면서 기맥은 자연히 움직이고 있어 자신은 어찌해 볼 수가 없다고 합니다. 심지어는 신기한 것으로 여기면서 도의 미묘한 작용이라고 판단합니다. 이야말로 웃지도 울지도 못하게 하는 어이없는 일로서, 말로 표현할 수가 없습니다. 왜냐하면 현식(現識)의 이치를 알지 못하기 때문입니다. 그런 것은 제8식인 아뢰야식 전체 염두의 이숙등류(異熟等流)가 장난치고 있는 것입니다.

한 가지 주문을 가르쳐 드리지요

몸이 요동하고 있더라도 염두가 없는 것이 아닙니다. 이른바 염두가 없다고 자기가 느끼는 상태는 단지 제6의식의 분별 망상이 없는 듯한 것일 뿐입니다. 사실은 요동 자체가 바로 크나큰 염두입니다. 이런 감수를 비워버려야 옳습니다. 이것을 비워버리지 않으면 소용이 없습니다. 들으셨지요? "수즉시공(受卽是空)", 재빨리 수음(受陰)을 깨끗이 던져버려야 한다고요. 던져버릴 수 없다면 이렇게 주문을 외우십시오. "수불이공(受不異空), 공불이수(空不異受), 수즉시공(受卽是空), 공즉시수(空卽是受)." 어제 어떤 학우가 몸이 요동하기에 내가 그에게 주문을 하나 가르쳐 주겠다며 다음과 같이 한번 외웠더니 요동하지 않더군요. "흔들흔들 흔들거려 외할머니 다리[外婆橋]까지 흔들거려라. 외할머니가 나를 부르네, '착한 아가야, 착한 아가야, 흔들거리지 말아라, 흔들거리지 말아라.''(하하하 크게 웃다!) 무슨 이치일까요? 염두가 염두를 제압하는 것인데 무슨 어려움이 있으며 무슨 희한한 게 있겠습니까. 요동 자체나 다리가 아프고 저리는 것 모두가 생각[念]입니다. 어렵다고 하면 어렵고 쉽다고 하면 쉽겠지만, 이 한 생각[一念]이 장난하고 있는 줄 뻔히 알면서도 이 생각[念]은 스스로 비워버리기 어려워서 여전히 다리는 저리고 아픕니다. 그러므로 허풍 쳐서는 안 됩니다. 나고 죽음이 닥쳐오고 병나고 늙어 가면 고통스러우면서 더욱 비워버리기 어렵습니다. 생사(生死)가 공(空)한 줄 분명히 알면서도 세세생생에 윤회를 벗어나지 못하고 생사의 수레바퀴에 끌려 다닙니다.

그럼 수음은 어디에서 오는 것일까요? 기맥에서 옵니다. 그래서 어떤 수행법에서는 먼저 기맥을 통하게 해야 합니다. 이것은 유위법으로 옳은 것이며 한 가지 커다란 방편이기도 합니다. 기맥이 정말로 통하고 나면 육신은 장애를 받지 않아서, 포단에 앉자마자 신견이 자연히 공해지고 그런 다음에는 마음을 철저하게 이해하기가 좀 더 쉬워집니다. 우리는 알아야 합니다. 몸과 마음은 각각 절반씩 차지하고 있는데, 이 절반이 신체에 묶여 있어 4대(四大)에 지배를 당하고 있다는 사실을 말입니다. 철저하게 이해하여 끝마치기가 아주 어렵습니다만 기맥인 4대 색음이라는 이 업기를 먼저 해결하지 않으면 안 됩니다. 그러므로 여러분, 『반야심경』의 반야수행법이 얼마나 고명합니까?(이 때에 남선생께서 현장에서 한 사람을 지적하여 이렇게 말씀하셨다. "이것은 마음을 관하는 것입니다. 바로 심두心頭 이 부분에서 관하십시오. 그러나 고개를 숙이지는 마십시오.)

공속에서 공을 얘기하는 것 모두 다 빈 말이다

이어서 관자재보살은 오음 중 상(想), 즉 생각[思想]에 대해서 말하는데, 생각은 철저하게 이해하여 끝마치기가 어렵습니다. 여러분은 유식(唯識) 과목을 수강들 하시는데, 제8아뢰야식에는 5변행(五遍行)이 있지요? (대답 : 있습니다). 5변행 중에 상(想)이 있나요 없나요? (대답 : 있습니다). 상(想)의 작용은 정말 대단합니다.

그렇지만 "상불이공(想不異空)"인데, 여러분은 비워버릴 수 있습니까? 관자재보살은 "조견오온개공(照見五蘊皆空)"이라고 말하는데 여러분은 도리어 이 속에서 공의 경계를 하나 추구합니다. 그런데 이게 옳을까요? 옳지 않습니다. 왜냐하면 "공불이상(空不異想)"이기 때문입니다. 공은 여러분이 생각해낸 것입니다. 여러분은 한 걸음 더 나아가 관자재보살처럼 "상즉시공(想卽是空), 공즉시상(空卽是想)"이라는 대승경계를 비추어 보아야[照見] 옳습니다. 생각은 상관없습니다. 생각이 오고 가더라도 붙들어 둘 수 없습니다. 여러분 지금 생각해보십시오. 어지럽습니다. 천지사방 등 생각하지 않는 곳이 없습니다. 만두나 간식이 생각나면서 먹고 싶고, 설 쇨 생각, 집에 돌아갈 생각, 암자로 돌아갈 생각, 선생님이 꾸짖을까봐 앉아서 감히 꼼작도 못하는 등, 일체의 고액(苦厄)에 들어가 고통의 심연 속에 떨어져 있습니다. 아이구, 이런 허튼 생각들을 어떻게 할까요? 저런! 여러분들이 아무리 생각하더라도 상관없습니다. 생각들을 붙들어 보려 해도 붙들어 둘 수 없습니다. "상불이공(想不異空)"인데 공을 구하려고 할 필요가 어디 있겠습니까? 생각의 자성이 본래 공하여 그 실체를 전혀 얻을 수 없다니까요. 만약 당신이 공의 경계에 도달했다면 "공불이상(空不異想)"입니다. 공은 여전히 망상이 변한 것입니다. 그러기에 대승보살은 망상을 비우고서야 도를 증득하는 것이 아닙니다. 대승보살은 "상즉시공(想卽是空)"임을 반야로써 관조합니다. "사리자야! 상음이 본래 그 자체가 텅 비어 있는 것이니 네가 일부러 하나의 공을 붙들어 쥐지 말아라. 공을 하나 붙들어 쥐어봐야 공즉시상(空卽是想)이다." 즉, 그 공도 바로 망상입니다.

이렇게 말함은 법을 전하고 있는 것이지 경을 강의하고 있는 것이 아닙니다! 한 마디 한 마디 스스로 투철하게 살펴야 합니다. 지금까지 말한 것은 오음 중에서 색음·수음·상음 이 세 가지 음에 대해서였습니다.

그 다음은 이렇게 이어집니다.

"사리자야! 행불이공(行不異空), 공불이행(空不異行)이니라." 우리들 신체상의 혈액순환이나 생명 가운데에서 오음의 인연이 서로 만남이나, 우주의 운행, 이숙등류(異熟等流)의 생명이 꼬리에 꼬리를 물고 끊임없이 이어지는 것은 모두 행음(行陰)입니다. 예를 들어 우리가 정좌하고서 눈을 감고 생각을 그쳐 아무 것도 생각하지 않으면 깜깜하면서 텅 비어있는 듯합니다. 여러분은 이를 고요한 상태[靜態]라고 여기고 있지만, 사실 행음은 여전히 움직이고 있습니다. 당신이 그 사실을 모르고 있을 뿐입니다. 왜냐하면 행음은 의식심과는 상응하지 않는 행법(行法)이기 때문입니다. 여러분이 눈을 감은 채 정좌하는데, 포단에 앉은 지 얼마 되지 않은 시작단계에서는 청정하지만 그 뒤에는 어지러운 상태로 변합니다. 그러다가 또 청정해지곤 하는데, 이는 모두 행음이 흘러 구르고 있기 때문입니다. 이렇게 흘러 구르고 있는 것이 바로 행음입니다. 그렇지만 "행불이공(行不異空), 공불이행(空不異行), 행즉시공(行卽是空), 공즉시행(空卽是行)"입니다. "사리자야! 이 행 가운데에서 있는 게 그대로 곧 공이니 달리 또 하나의 공을 찾아 조작하지 말라. 그렇게 하지 않으면 그 공도 행음의 현상이 되어버린다."

잘 관찰해 보아야 합니다. 그러면 여러분의 한 생각 의식도 이와 같습니다.

"식불이공(識不異空), 공불이식(空不異識), 식즉시공(識卽是空),

공즉시식(空即是識)."이라, 분별의식은 완전히 공하며 그 이치는 위와 마찬가지입니다.

5온이 공하고 나서는 본성에 의지하여 닦기 시작하다

지금까지 강의한 원문을 소리 내어 읽어 봅시다.

반야바라밀다심경. 관자재보살행심반야바라밀다시, 조견오온개공, 도일체고액. 사리자, 색불이공, 공불이색, 색즉시공, 공즉시색, 수상행식역부여시.

般若波羅密多心經. 觀自在菩薩行深般若波羅密多時, 照見五蘊皆空, 度一切苦厄. 舍利子, 色不異空, 空不異色, 色卽是空, 空卽是色, 受想行識亦復如是.

당신이 진정으로 대지혜가 있다면, 무슨 선종이든 반야심종(般若心宗)이든 간에, 한 번 비추기만[照] 하면, 관(觀)으로부터 조(照)에 이르기를 즉시에 해냅니다. 마음속에 염두가 공(空)해지고 5온이 공해지면 곧 공부가 높은 수준에 도달합니다. 그렇게 할 수 없다면 유위법을 닦아야 합니다. 5온을 해탈하는 데 활용할 수 있는 법문이 8만4천 가지나 있습니다.

5온을 해탈하고 난 뒤라면 다음과 같다고 관자재보살은 다시 훈계합니다.

사리자(舍利子)! 시제법공상(是諸法空相). 참으로 해탈하면 일체법이 다 공해서, 유위법이나 무위법이 모두 공합니다. 일체의 현상

(現象)이 모두 공하여 공성반야(空性般若)가 현전하면 그 무엇으로도 견줄 수 없는 해탈이요 최상의 해탈입니다. 지금 여러분들은 정좌하면서도 마음을 관찰하지 않습니다. 하나의 염두조차도 관찰해가지 못합니다. 또렷이 관찰해보면 생각의 본성은 공이예요! 염두는 상(想)인데 "상불이공(想不異空)입니다." 어떤 학우는 하루 종일 경전을 연구하면서 풀이하고 허풍을 떨지만 마치 어미돼지의 배만큼 가득히 온통 망상 속에 빠져 있으면서 "상불이공(想不異空), 공불이상(空不異想)"이 되지 않으니 어쩔 수 없습니다. 그저 이렇게 관조하기만 하면 공해지지 않습니까! 이게 바로 "제법공상(諸法空相)"의 반야해탈입니다. 반야관조는 오음번뇌를 해탈하기 위한 것이지만, 경계가 공한 중에 있을 때는 조(照)이지 관(觀)이 아님을 알아야 합니다. 이 공의 자성은 불생불멸이니 오음이 오고 가더라도 두려워하지 말기 바랍니다. 생각하든 생각하지 않든 다 좋습니다. 생각하면서 생각하지 않으며, 생각이 지나가도 붙들지 않으며, 머무름도 없고 집착도 없습니다.

　　그러므로 불생불멸(不生不滅), 불구부정(不垢不淨), 부증불감(不增不減).이라고 합니다. 생기하지도 않고 소멸하지도 않으며, 더럽지도 않으며 깨끗하지도 않으며, 늘어나지도 않으며 줄어들지도 않습니다. 과거에 지었던 일체의 업력이나 더러움[染汚]은 지금까지 그 흐름을 멈춘 적이 없습니다. 일체의 청정한 심념도 그 흐름을 멈춘 적이 없습니다. 여러분이 하나의 청정한 심경(心境)을 보호 유지하고 싶어 한다면 틀린 것입니다. 그런 생각은 큰 망상입니다. 그것은 본래 "불구부정(不垢不淨)"하면서 공하니까요! 어디에 하나의 청정함이 있겠습니까?! 청정하다면 이미 공하지 않습니다. 이런 하얀 색이 가장 깨끗하다고 하는데, 실은 흰 색이라고 불리는 색깔이 있다면 이미 색깔에 집착한 것 아닙니까? 공(空)에는 희다는 것도 없고 희지 않다는 것도 없고, 검다는 것도 없고 검지 않다는 것도 없습니다. 이로써 미루어보면 "부증불감(不增不滅)"입니다.

무량법문서원학(無量法門誓願學)

여러분이 일체법, 일체의 생각, 일체의 작용, 일체의 느낌이 "불생불멸(不生不滅), 불구부정(不垢不淨), 부증불감(不增不滅)"이 될 수 있다면 "제법공상(諸法空相)"을 이해하게 됩니다. 그렇지만 투철하게 관조해야 합니다. 그렇게 되고 난 다음에도 많은 것들이 남아있고 닦는 법도 있는데 여러분들은 그것을 깊이 이해하지 못합니다. 중도(中途)에 이르러 일이 다 끝났다고 여겨서는 안 됩니다. 오늘은 여기까지만 말씀드리겠습니다. 다음번에, 아마 내일 아니면 목요일이 될지 모르겠지만 여러분들의 수행 상황을 보고 다시 말씀드리겠습니다.

지금까지는 먼저 여러분들이 어떻게 정좌 수행할 것인지에 대해 가르쳐 드렸습니다. 첫째, 포단에 앉으면 참회해야 합니다. 둘째, 발원해야 합니다. 셋째, 관심법문을 닦아 익히되 『반야심경』에 따라 반야정관(般若正觀)을 해야 합니다. 어떤 분은 이렇게 물을지 모르겠습니다. "선생님, 당신은 백골관도 가르치고, 염불도 가르치고 또 관음법문도 가르치십니다. 그렇게 많은 것을 가르치시는데 도대체 어느 수행법을 배워야 하는 겁니까? 이제는 또 반야정관을 더하여 주시는데 우리 더러 어떻게 닦으라는 겁니까?" 그런 법문들은 모두 조도품(助道品)이요, 모두다 가행법(加行法)입니다. 궁극적으로는 반야정관과 이어지지 않으면 안 됩니다. 그러므로 어떤 때는 시방의 부처님들만 생각하고, 일이 없을 때는 한가하게 한 마음을 관합니다[有時但念十方佛, 無事閒觀一片心]. 왜냐하면 "색불이공(色不異空)"이기 때문입니다. 비워지지 않는 바에야 백골관을 닦아 유위공(有爲空)의 청정한 경계에 도달합니다. 과위를 아직 증득하지 못했다면 반야정관 법문은 잠시 거두어 놓았다가 이후 필요시 활용해야 합니다. 또 가피(加被)를 구하기 위해서는 염불법문을 이용합니다. "수즉시공(受卽是空)"인데, 각수(覺受) 경계를 비워버릴 수 없다면 기맥을 통하게 하는 법문 등등의 공부 방법을 이용하여 자성공(自性空)의 경계를 꿰뚫어도 좋습니다.

무릇 이런 갖가지들은 모두다 방편입니다. 부처님은 『유마경』에서 "다함이 있는 법문이나 다함이 없는 법문이 있으니 보살은 다 배워야 한다."고 했습니다. 유위(有爲)나 무위(無爲)는 궁극적으로는 한 길입니다. 유위는 궁극에는 무위에 도달해야 합니다. 사홍서원 중의, "법문이 한량없지만 맹세코 다 배우겠다[法門無量誓願學]."는 서원을 기억해 두시기 바랍니다. 자, 자리에서 일어나 좀 쉽시다.

관(觀)과 조(照)는 같은가 다른가

반야정관은 불법의 바른 수행 길이라고 저는 말했습니다. 이제 여러분들에게 묻겠습니다. "관자재보살(觀自在菩薩)"에서의 '관(觀)'과, "조견오온개공(照見五蘊皆空)"에서의 '조(照)', 이 두 가지 사이에 여러분들이 보기에 도대체 차이가 있습니까 없습니까?

진(陳) 학우 답 : 차이가 없습니다.

장(蔣) 학우 답 : 관(觀)은 주체를 가리키고 조(照)는 객체를 가리킵니다. 다시 말해 공부할 때 외재(外在)하는 어떤 것을 이해하고자

할 때 마음이 그것에 붙들려가지 않고 그것을 비추어(照) 보고 있어야 합니다. 만일 그와 같이 하지 않으면 우리들 마음속의 변계소집성(遍計所執性)과 의타기성(依他起性)이 자아(自我) 안에서 많은 잘못된 개념을 조성하여 자기를 가로막을 것입니다.

○○법사의 답 : 조(照)는 지(止)와 정(靜) 방면에 치우쳐 있으면서 근본혜(根本慧)가 되고, 관(觀)은 일종의 결택(抉擇: 결단 간택. 그른 것을 골라내고 바른 것을 취함—역주)으로 분별혜(分別慧)에 속한다고 할 수 있습니다. 두 가지는 일체(一體)로서 같은 가운데 다름이 있고, 다른 가운데 같음이 있습니다.

임(林) 학우 답 : 저는 이 세 분들의 견해에 완전히는 동의하지 않습니다. 아마 관(觀)의 단계는 단지 자성 본체의 기능작용[功用] 상에서 공부하는 것이고, 조(照)의 단계에 이르고 나면 자성 본체를 통견(洞見)할 수 있게 되었을 것입니다.

○○학승의 답 : 제 생각에는 '관'은 비교적 의식망상 방면에 속하고, '조'는 지혜의 결택(抉擇)에 속합니다.

주(周) 학우 답 : '관'은 반야의 본체요 '조'는 본체가 작용을 일으키는 경계입니다.

좋습니다. 여러분들은 다 잘 말씀하셨습니다. 아주 그럴 듯합니다. 하지만 답변에 대해 점수를 준다면 모두 오리 알을 먹었습니다. 영점입니다. 대부분의 학우들은 이론만 말하는 단계에 있습니다. 말만 하고 수련은 하지 않는데, 어떻게 이 법문을 착실하게 심지(心地) 면으로 활용할 것인가가 바로 주제입니다.

여러분 보십시오. 불법이 세존으로부터 제자들인 가섭·아난·목건련 등에게 전해지자 각자 다른 설법이 있게 되었습니다. 마치 공자의 학설이 자하(子夏)·자유(子游)·자장(子張)·자공(子貢) 세대에 이르자 이념의 표현과 사물의 편중이 다르게 되었듯이 말입니다. 저마다 성취가 있고 얻는 바가 있었지만 마침내는 치우침이 있어 결코 원만하지 않았습니다. 여러분들이 방금 말한 내용은 서로 체험이 다르기 때문인데, 대체로 괜찮은 편이지만 문제의 핵심을 바로 맞추지는 못했습니다.

이제 『반야심경』을 수행공부 법문에 적합하도록 하고 아울러 약간의 교리분석과 융합시킴으로서 여러분이 반야종, 즉 일반적으로 말하는 선종·심종(心宗)·달마종의 요점을 인식하는 데에 도움을 드리고자 합니다. 사실 여러분들 중 많은 사람들이 이 법문에 대해 아직은 진정으로 깊이 들어가 온 마음 온 뜻으로 수행공부하지 않습니다. 여러분은 교리가 수행법이 아니라고 생각하지요?! 사실 진정한 교리는 바로 자신에게 절실한 수행법문인 것이지 꼭 형상이 있는 방식만이 수행법이라고 하겠습니까? 그것은 한 등급 낮은 법입니다. 상등의 법은 이사원융(理事圓融)이요 법계무애(法界無礙)입니다. 이(理)가 곧 사(事)이고 사가 곧 이입니다. 이(理)는 교리 이론이고 사(事)는 행지(行持) 공부입니다. 참으로 교리에 통하면 견지(見地)가 투철한데, 이 견지가 바로 공부입니다.

반야를 바르게 수행하면 사실과 이치가 반드시 원융하다

그러므로 『화엄경』을 보면 4가지 법계가 있습니다. 사법계(事法界)·이법계(理法界)·이사무애법계(理事無礙法界)는 공부가 도달하면 이(理)도 도달합니다. 혹은 이(理)가 도달하면 공부도 도달합니다. 사사무애법계(事事無礙法界)는 아예 이(理)의 존재는 없고 전체가 사(事)입니다. 예를 들면 우리들 일상의 가고 머물고 앉고 눕는 동작행위들은 모두 하나하나의 사(事)인데, 그 하나하나 마다 그 자체의 철학적 과학적 이치가 있습니다. 하지만 우리 범부는 저마다 아주 자연스럽게 화장실에 가고 옷 입고 밥 먹을 줄 압니다. 사사무애(事事無礙)로서 어느 일이나 일상적이기에 아예 그 이치고 뭐고를 상관하지 않습니다. 그러므로 이(理)의 극치가 바로 사(事)로서, '이(理)와 사(事) 둘 다를 잊어버리고, 주체[能]와 객체[所]를 세우지 않아야[理事雙亡, 能所不立]' 부처를 이룰 수 있습니다.110)

---

110) 무진연기(無盡緣起)하는 법계의 종류 : 우주의 삼라만상은 서로 인이 되고 연이 되면서 끝없이 연기를 계속하는데, 이러한 무궁무진한 우주 즉 법계를 철학적 내지는 종교적으로 분류한 것이 4종법계설(四種法界說)이다. 이는 법계의 종류를 다음과 같은 네 가지로 나누어 설명하고 있다.

① 사법계

사법계(事法界)란 인연으로 말미암아 있었다, 없었다 하고 나타났다, 사라졌다 하면서 연기하여 나타나는[緣起現前] 차별적인 현상계를 말한다. 이러한 현상계는 천태만상이어서 그 수를 헤아릴 수 수 없지만, 불교에서는 흔히 일체의 모든 현상계를 오온(五蘊: 色, 受, 想, 行, 識), 십이처(十二處: 六根, 六境), 십팔계(十八界: 六根, 六境, 六識)로 분류하기도 하고, 칠십오법(七十五法), 백법(百法), 육백육십법(六百六十法) 등으로 분류하기도 하는데, 그 가운데에서 일체의 유위법(有爲法)이 모두 사법계이다.

② 이법계

이법계(理法界)란 우주만유의 실성(實性)인 본체계를 말한다. 무릇 일체의 제법은 인연으로 말미암아 생기한 거짓된 현상으로서 만일 인연이 다하면 흩어져 없어지고 만다. 그러나 그 이면에 있는 실재(實在)는 무한하고 절대적인 것이어서 생멸이나 증감이 없이 언제나 존재한다. 그리고 그러한 이체(理體)는 모든 차별상을 여의었고 인식을 초월해 있으므로 '일체개공(一切皆空)'이니 '팔부중도(八不中道)'니 하는 말을 쓴다. 또 만물이 무차별이고 절대평등하다는 입장에서 '중생과 부처님이 본래 한 몸'이라고도 한다.

③ 이사무애법계

이사무애법계(理事無礙法界)란 차별적인 현상[事]과 평등한 본체[理]가 서로 붙어서 떨어지지 않는 관계를 말한다. 본래 이·사의 두 법계는 서로 떨어져 존립하는 것이 아니라 상즉(相卽)하는 것이어서 현상은 본체를 떠나 홀로 존재할 수 없으며, 마치 현상인 파도와 본체인 물이 서로 떠나서 존재할 수 없는 것과 같다. 이것을 가리켜서 '현상이 곧 본체[現象卽本體]'이며 본체가 곧 여러분에게 말씀드립니다. 이렇게 하는 것이 바로 참선입니다! 오늘 여러분들에게 한 번 질문을 해보았는데, 여전히 어찌할 줄 모르고 있습니다. 앞서 말했듯이 지금도 여전히 중점이 어디에 있는지 막연하여 알지 못하고 있습니다. 이는 대단히 심각하고 큰 문제입니다.

여러분은 반야정관의 수행노선을 잘 걸어가야 합니다. 단지 자신의 장래 성취만을 위해서가 아닙니다. 자기가 성취하고 나면 남을 가르치고 도와 줄 수도 있습니다. 어떤 학우는 여기서 짧은 기간 동안 배우고는 아직 배움이 이루어지지 않았는데도 떠나버렸습

현상[本體卽現象]이라고 한다. 다시 말해 이와 사는 서로 어울려서 걸림이 없는[無碍] 것이다.

④ 사사무애법계

사사무애법계(事事無碍法界)는 본체와 현상이 서로 어우러져서 걸림이 없었듯이 현상과 현상이 서로 상즉하여 걸림이 없는 것을 말하는 것이다. 일체의 현상이 모두 본체계에 상즉하는 것이라면 그 현상들끼리도 또한 서로 상즉할 것은 자연스러운 이치이기 때문이다. 예를 들어 모든 파도가 물이라는 체성을 여의지 않는다면 파도와 파도 역시 서로 걸림이 있을 수 없는 것이다. 이렇게 해서 낱낱의 차별적인 현상들은 모두 본체가 그 모습을 드러낸 것이므로 한 티끌 안에도 전 우주가 담겨 있고, 하나의 사물 안에도 모든 법계가 함축되어 있는 것이다. 다시 말해 하나가 곧 일체[一卽一切]이고, 일체가 곧 하나[一切卽一]이며, 공간적으로는 하나와 전체가 서로 상용(相容)하고, 시간적으로는 십세(十世)가 서로 상즉(相卽)하며, 원융하여 걸림이 없고[圓融無碍], 아무리 거듭하여도 다함이 없다[重重無盡]. 이것이 바로 연기론의 극치인 법계연기론이다.

신라시대의 의상(義湘) 스님은 그의 『법성게(法性偈)』에서 이 소식을 다음과 같이 읊었다.

"하나 속에 일체가 있고 많음 가운데 하나가 있어, 하나가 일체이고 많음이 하나이다. 한 티끌 안에 시방세계(十方世界)가 함축되어 있으며, 일체의 티끌이 모두 그러하다. 한없이 긴 세월이 곧 한 생각이고 한 생각이 곧 무한한 세월이다."

니다. 밖에 나가니 염불단체에서 그더러 설법해달라고 청했습니다. 아무리 사양해도 사양이 안 되자 비로소 더 공부해야 됨을 깨달았습니다. 날마다 언행을 삼가고 전전긍긍하면서 수학일기(修學日記)를 써서 저에게 부쳐왔습니다. 그가 날마다 무슨 일을 했고 무슨 어려움에 부딪쳤는지 저는 알고 있습니다. 얼마 지나지 않아서 다시 저에게 달려와 계속 착실히 배우고 싶어 했습니다.

도처에서 사람이 필요합니다! 앞으로 여러분은 번갈아 나서서 홍법(弘法) 활동을 해야 합니다. 그렇지 않으려면 여기서도 더 이상 그렁저렁 지내지 마십시오. 이곳은 결코 양로원이나 탁아소가 아닙니다. 자기도 일어서고 남도 일으켜 세워주며, 자기도 깨닫고 남도 깨닫게 해주어야 합니다. 자기를 희생하여 널리 중생을 구제하는 것이야말로 대승보살이 영원히 물러서지 않는 행원(行願)입니다. 경에 말하길, "자기는 아직 제도를 얻지 못했어도 먼저 남을 제도하는 것이 보살의 발심이다[自未得度, 先度他人, 菩薩發心]."라고 했습니다.

여러분들더러 불법을 널리 펴라고 했는데 도대체 어디 가서 펼까요? 이것은 여러분들이 어떻게 개척하느냐에 달려 있습니다. 뭐든지 선생님한테 의존해서는 안 됩니다! 설마 죽은 후에도 선생님더러 당신을 위해 관(棺)을 주문해 달라고 할 겁니까? 그리고 선생님더러 자신을 관 속에 집어넣어 달라고 하고 또 관 속에 누워서는 "선생님 저의 머리 좀 반듯이 놓아주십시오." 할겁니까? 이렇게 해서 되겠습니까?! 그러기에 이 번 겨울방학 참선수련은 예전보다도 엄격하게 요구하고 있는 겁니다. 떠들고 놀자는 것이 아닙니다. 여러분 심념을 스스로 잘 보호 관조하여 각자 마음으로 얻은 바가 있기를 바랍니다.

어떻게 관(觀)할지, 어떻게 조(照)할지 앞에서 이미 설명했습니다. 이제 다시 한 가지 문제를 물어 보겠습니다. '관'과 '조'는 마땅히 어느 반야에 속할까요?(어떤 학우가 망설이면서 답하길, 실상반야 아닙니까? 하였다). 틀렸어요. 여러분들이 이렇게 대답하는 것은 알아맞히기 식이나 마찬가지로서 마음속에 요행을 품고 있는 것입니다. 그래서는 안 됩니다. 선종에 따라 말하면, "생각해내서 알고, 이리저리 생각해서 얻는 것은 곧 귀신 집 살림살이다[思而知, 慮而得, 此乃鬼家活計]."가 됩니다. 한 번 생각해 보아야 알고 한 번 연구 고려해 본 후에야 아는 것은 모두 본분(本分) 자성반야가 자연스럽게 흘러나와 드러나는 것이 아닙니다. 수도자의 본색(本色)이라 할 수 없습니다. 알아맞히기 재주일 뿐입니다.

불법수행은 유심유사(有尋有伺)부터 시작하라

반야의 내용에는 다섯 가지가 포함되어 있는데 실상(實相)반야, 경계(境界)반야, 문자(文字)반야, 방편(方便)반야, 권속(眷屬)반야(보시·지계·인욕·정진·선정)가 그것입니다. "관자재보살"에서의 '관(觀)'과 "조견오온개공"에서의 '조(照)'는 둘 다 경계(境界) 가운데 일(事)로서 모두 경계반야입니다. 우리는 수증의 세 가지 순서, 즉 유각유관(有覺有觀─유심유사有尋有伺), 무각유관(無覺有觀─무심유사無尋有伺), 무각무관(無覺無觀─무심무사無尋無伺)를 통하여 관과 조의 구분을 체험할 수 있습니다. 관(觀)의 경계가 바로 '심(尋)'인데, 마치 우리가 한 물건을 찾고 있는 것과 같습니다. 예를 들어 바늘 하나를 바닥에 떨어뜨렸을 때 어떻게 해야 할까요? 실내가 온통 깜깜하니 촛불이나 손전등의 빛을 빌려 천천히 찾아보고 더듬어 볼 수밖에 없는데, 이것이 '유심(有尋)'입니다. '사(伺)'는 찾고 또 찾아 보아도 찾아낼 수 없으니 더 이상 찾아보지 않고 그냥 가만히 앉아 서 기다리고 있는 것입니다. 원래 찾기 위해 이리저리 비춰보던 작 은 불빛을 한 곳에 고정시켜 놓은 채 오래 오래 있다 보면 불빛이 점점 커지는데, 이것이 '사(伺)'의 경계입니다. 최후에는 소경이 문 고리를 잡듯이 뜻밖에 갑자기 큰 광명이 발하여 천지를 꿰뚫으면 서 "조견오온개공"의 경지에 도달하여 아무런 장애가 없습니다.

범부가 부처님을 배울 때, 밀종을 배우든 현교를 배우든 간에, 시작 단계에서는 모두 '유심유사(有尋有伺)'입니다. 관상(觀想)은 단 번에 관이 일으켜지지 않습니다. 설사 관이 일으켜지더라도 다시 도망가 버립니다. 그러면 스스로 부끄러워 참회도 하고 괴로워하기 도 합니다. 그런 다음 다시 관상을 되찾곤 합니다. 이렇게 씨름하 다가 나중에는 억지로 고정[定住]되는데, 이게 바로 '사(伺)'입니다. 그렇지만 이제 관이 된다고 여기고 아주 득의만만하게 관상을 고 정시켜 놓자마자 아이고 이런! 또 도망가 버립니다. 그래서 다시 또 찾을 수밖에 없습니다. 이렇게 반복하면서 심심사사(尋尋伺伺)해 갑니다. 그리하여 마지막에는 마침내 '무심무사'의 경지에 도달하 고 착함도 생각하지 않고 악함도 생각하지 않게 되는데, 상당히 훌 륭하게 된 겁니다.

마음속에서 수시로 관을 일으켜 염두가 어느 곳에서 오고 어느 곳으로 가는지 살펴봅니다. 공부가 비교적 무르익게 되면, 앞생각 [前念]이 이미 사라지고 뒷생각[後念]이 아직 일어나지 않는 그 중간 의 한 토막 공령[一段空靈]을 어떤 사람은 기를 쓰고 단단히 살펴봅 니다. 그렇지요? 이렇게 하는 것은 하품(下品) 수행법으로 전락한 것입니다. 고지식하게 그 공령을 지켜보고 있으면서 뭘 하자는 것입니까? 냄새나는 하수구를 보자는 겁니까?! 저런! 『금강경』에서 말하는 "과거의 마음을 얻을 수 없고, 현재의 마음을 얻을 수 없으며, 미래의 마음을 얻을 수 없다[過去心不可得, 現在心不可得, 未來心不可得]."라는 말을 잊었습니까? 과거의 염두는 이미 지나가버렸고, 미래의 염두는 아직 오지 않은 상태인 그 중간의 염두는 그 즉시 공(空)한데 그것을 바라보고 있으면서 하나의 공(空)을 집착하여 어쩌자는 겁니까? 이렇게 하는 것은 지혜로써 참구하는 것이 아닙니다. 왜냐하면 그 공도 당신의 심의식이 만들어 놓은 것이니 진짜로 여겨서는 안 되기 때문입니다. 그럼 그것을 바라보지도 않는다면 어떻게 할까요? 바라봄과 바라보지 않음 사이에서 어떻게 취하고 버릴까요?

제가 이렇게 말하니 여러분은 얼떨떨해지는데, 조금만 깊이 들어가면 여러분들이 감당하지 못한다는 것을 저는 알고 있습니다. 수행자가 진정으로 해탈처(解脫處)에 이르렀다면 무슨 마음을 관하고 안하고가 있겠습니까? 해탈했으면 해탈한 것으로 조금도 너저분하지 않습니다. 그러나 막 시작 단계에서는 일체가 반야관심(般若觀心)으로부터 나와야 합니다. 『반야심경』은 우리에게 일러줍니다.

"보리살타(菩提薩埵), 의반야바라밀다고(依般若波羅蜜多故) ; 심무가애(心無罣礙), 무가애고(無罣礙故), 무유공포(無有恐怖), 원리전도몽상(遠離顚倒夢想), 구경열반(究竟涅槃)."

반야는 제법(諸法)의 어머니이니 반야를 닦지 않으면 안 됩니다.

6경 바람이 6식 물결에 불어도 따라 구르지 않는다

순수한 반야관심 법문이란 자기의 심의식(心意識)이 끊임없이 생
멸하는 현상을 관(觀)하는 것이지, 어느 곳에서 관을 일으킬 것인지
의 문제는 본래 말할 필요가 없습니다. 그렇지만 노파심에서 이렇
게 말씀드립니다. 마음은 안과 밖, 중간에 있지 않습니다. 그렇지만
일반 수행인들이 이 관법을 하면서 주의력을 머리 부분에 집중하
여 고혈압 등의 병 증세를 일으키기 쉽습니다. 그래서 여러분들에
게 가볍게 심두(心頭)에서 관하는 방법을 말씀드립니다. 그래도 여
러분들이 심두 부분을 모를까봐서 특별히 설명 드리겠는데, 명치
부분으로 두 젖꼭지 중간이자 늑골이 연결되는 오목한 곳입니다.
바로 이 부분에서 자연스럽게 관을 일으키십시오.

여러분, 제가 얼마나 인내심이 있습니까? 질문이라 할 것도 없는
여러분들의 한 무더기 질문들을 항상 나는 한 글자 한 글자씩 조용
히 귀 기울여 듣습니다. 또한 매주 제출하는, 그 흐리멍덩한, 도대
체 무슨 말을 하고 있는지 모르겠는, 여러분의 일기를 저는 몇 시
간이나 앉아서 차근차근 한 구절 한 구절 자세히 다 읽어봅니다.
이게 바로 인욕바라밀입니다. 그런데 사실 참을 필요도 없습니다.
참는 성품[忍性] 자체가 공하니까요.

관(觀)과 조(照)는 단계가 다릅니다. 여러분 경문에 유의하기 바
랍니다. "관자재보살(觀自在菩薩), 행심반야바라밀다시(行深般若波羅
密多時)."했는데 어떻게 수행할까요? 가고 머물고 앉고 눕고 하는
일상 속에서 일어나는 마음과 움직이는 생각을 언제나 관조(觀照)
하는 것입니다. 관조가 익숙해져 자재하게 되었다고 합시다. 그럼
당신의 그 관조 작용을 일으킬 수 있는 것 자체는 무슨 물건일까
요? 관심(觀心)이 어느 정도에 도달하면 개인의 업력의 차이 때문
에 여러 가지 경계가 나타나기 마련입니다. 어떤 사람은 그런 경우

둥그런 빛을 보기도 하는데, 그 사람에게 무슨 일이냐고 물어보고, 그가 원광(圓光) 속에 있는 한, 보자마자 알 수 있습니다. 만일 집착하면 곧 삿된 길로 들어서게 되어서 잘못 됩니다. 공부 중에 나타나는 경계도 진짜요 보이는 산과 물, 사람과 사물도 진짜이지만 반드시 이 일생의 일인 것은 결코 아닙니다. 그럼 이것은 망념일까요? 망념입니다. 6진연영(六塵緣影)[111]입니다. 심지어는 제8아뢰야

---

111) 6진과 6근이 상호작용하여 일어난 분별의식인 영상. 이해를 돕기 위해 남회근 선생의 『원각경강의』「제1장 문수사리보살」 강해 중에서 전재한다.

"무엇이 '6진(六塵)'일까요? 색(色)은 외면의 빛으로 눈이 볼 수 있는 물질입니다. 성(聲)은 소리로 귀가 들을 수 있는 소리입니다. 향(香)은 코가 맡을 수 있는 냄새입니다. 미(味)는 혀가 맛볼 수 있는 맛입니다. 촉(觸)은 몸이 느낄 수 있는 감각입니다. 법(法)은 의식이 생각할 수 있는 사유(思惟)입니다. 4대가 화합하여 이루어진 육체에는 6근(六根)인, 안(眼)·이(耳)·비(鼻)·설(舌)·신(身)·의(意) 이 여섯 가지 기능이 있습니다. 바깥의 6진, 즉 여섯 가지의 물리현상과 육체의 6근이 상호작용하여 영상(影像)을 낳는데, 이를 '6진연영(六塵緣影)'이라고 합니다. 예를 들면 사진·영화·텔레비전은 모두 연영(緣影)이요 가상(假像)입니다. 그러나 이러한 연영은 대단합니다! 모두 우리들의 희노애락(喜怒哀樂)을 불러일으킬 수 있기 때문입니다. 고통스러운 연영들을 보고서는 우리들도 고통스러워합니다. 기뻐하는 연영들을 보고서는 우리들도 기뻐합니다. 보세요? 우리 사람들이란 얼마나 전도되었습니까? 뻔히 가짜인줄 알면서도 그 영향을 받으려고 합니다.
생각해보면 우리들의 생각[思想]은 모두 '6진연영' 속에서 전도되어 있습니다. 예를 들면 최근에 유행한 '간디전'이라는 영화를 보고 나서 집에 돌아와서도 간디가 참으로 위대하다고 감탄하고 있습니다. 사실 간디는 죽은 지 오래 되었고, 영화 속에서의 간디도 가짜입니다. 그러나 이 영화는 이렇게 사람을 감동시킵니다. 감동한 나머지 즉석에서 눈물을 흘립니다. 왜 그럴까요? 바로 6진연영의 속임을 당했기 때문입니다. 인생의 일체의 사물은 모두 6진연영입니다. 어제 발생한 일을 붙들어 둘 수 있을까요? 머무르게 할 수 있을까요? 다시 우리들의 눈앞에 늘어놓을 수 있을까요? 그럴 수 없습니다. 어제 일들은 모두 지나갔습니다. 모두 6진연영에 지나지 않습니다. 그러나 우리는 항상 어제의 일을 상기하고 몹시 화를 내거나 괴로워하곤 합니다. 일체 중생은 모두 6진연영 속에서 놀면서 6진연

종자식이 변화하여 나타나는 영상입니다.

  그러므로 이 생각[念]을 관해야 합니다. 이 생각이 움직이지 않으면 당신이 어떻게 보겠습니까?! 생각이 움직이지 않은데 어떻게 경계가 일어나겠습니까?! 염두가 움직이면 기(氣)도 움직입니다. 기가 움직이지 않은데도 경계가 나타나겠습니까? 그렇지요?! 일체의 경계는 생각[念]의 움직임입니다. 무릇 모든 정신적 물질적 현상은 모두 허망합니다. 감각이든 생각이든 기맥이든 모두 다 현상입니다. 여러분은 이 도리를 잘 알아야 쉽게 공부 길에 들어서게 되고 착오가 일어나지 않습니다. 여러분은 또렷이 관조해야 하지 어렴풋이 해서는 안 됩니다. 그리고 경계가 보이거든, "퉤[呸: 중국어 발음으로는 '페이'임—역주]! ! ! 저리 꺼져라!" 하면서 한 번 바로 잡고 한 번 움직이고 나면 귀신 그림자조차도 없는데 무슨 경계고 뭐고가 있겠습니까? 이것은 법문입니다. 밀종에는 대수인(大手印)이라는 법문이 있는데, "퉤!"하고 힘껏 토함으로써 단박에 일체의 망상 잡념을 없애고 심경(心境)을 즉시 끝없는 바다 텅 빈 하늘처럼 변하게 합니다.

  예전에 저의 스승이신 원환선 선생께서 저에게 당신이 예전에 참선하고 화두 참구했던 경험을 들려주셨습니다. 오로지 일념으로 밤낮을 게을리 하지 않고 참구한 나머지 피를 토하면서 까지도 상관하지 않았답니다. 남자 대장부가 죽으면 죽는 거지 하면서 절대 뒤로 물러나거나 후회하지 않았답니다. 그런데 어느 날 아침에 일어나 솜이불을 게우려고 털었더니 그 속에서 태양이 하나 굴러 나오더랍니다. 진짜 태양이 말입니다. 믿기지 않아 다시 털었더니 또 하나의 태양이 나오고 또 다시 두어 번 털었더니 하나씩 하나씩 연

───────────────

영을 자기의 마음으로 삼고 있습니다."

이어서 나오더랍니다. 허! 그런데 말입니다. 알고 보니 무슨 검선(劍仙)을 배우느니, 무슨 빛 바라보기[看光]를 배우느니, 무슨 수행을 해서 신통을 얻는다느니 하는 것이 다 이와 같더라는 겁니다. "저리 꺼져라! 네가 와서 나를 속여서 어쩌자는 것이냐?" 하면서 이불도 게우지 않고 침을 뱉고는 정좌하러 갔답니다. 참으로 대 수행자라면 아무리 6경 바람이 6식 물결에 불더라도[境風吹識浪] 절대 경계를 따라 구르지 않습니다.

그렇지만 "조견오온개공(照見五蘊개空), 도일체고액(度一切苦厄)"의 경지에 도달하면 궁극이 되는 것일까요? 궁극이 아닙니다. 하물며 여러분들은 아직 "조견오온개공"조차도 못했으니 더 말할 나위가 없습니다. 서서히 관하면서[觀] 언제나 생각 생각마다 회광반조(廻光反照)할 수밖에 없습니다. 그와 같이 행함[行]이 깊어지면[深], 사람이 물을 마셔보면 물이 차가운지 따뜻한지를 스스로 알 수 있듯이[如人飮水, 冷暖自知] 자연히 깨닫게 됩니다. 여러분이 아침과 저녁 예불에서 독송하는 능엄주의 게송에, "이 심원한 자기 마음의 기능을 한 방울도 남기지 않고 진진찰찰의 일체 중생에게 바치겠습니다. 오직 이렇게 해야만 부처님이 오늘 저희들을 가르쳐 깨닫게 하고 제도하신 자비로운 은혜에 보답할 수 있습니다[將此深心奉塵刹, 是則名爲報佛恩]."라는 두 구절이 있는데, 이 역시 행함입니다. 행함이 깊어지면 자연히 "조견오온개공"하게 됩니다.

가만 가만 심두로부터 관을 일으키라

여러분은 지금 이곳에서 앉아 있지만 모두 5온(五蘊)이 공(空)해지지 않았습니다. 때로는 기맥이 움직이는데, 기맥이란 무엇일까요? 모두 4대 색법이 변한 것입니다. 기(氣)는 풍대입니다. 맥(脈)은 수대(水大), 지대(地大), 화대(火大)의 총화(總和)로서 신경이 초보적으로 발기하는 작용입니다. 기맥이 통하지 않으면 색법과 심신이 비워지지 않아 실상반야가 나타날 길이 없습니다. 그러므로 제1단계로는 먼저 "색불이공(色不異空), 공불이색(空不異色), 색즉시공(色卽是空), 공즉시색(空卽是色), 수상행식(受想行識), 역부여시(亦復如是)"에 의거해서 닦기 시작해야 합니다. "조견오온개공, 도일체고액"하게 되면 4성제 중에서 고제(苦諦)가 없게 됩니다. 고제를 소멸시키는 것이 곧 도제(道諦)입니다. 그리고 5온이 바로 집제(集諦)입니다. 하나의 반야관심 법문이 고집멸도(苦集滅道)를 철저히 다 꿰뚫어버립니다. 일체의 '고(苦)'를 떠나려면 먼저 일체의 '집(集)'을 소멸해야 하는데, 어떻게 일체의 '집'을 소멸할까요? '도(道)'를 얻어야 일체의 '집'을 소멸합니다. 이는 그저 이치만 말하고 있는 것이 아닙니다. 모두다 수행법입니다!

여러분은 관자재보살의 가르침을 잘 수행하여 이 색신 색법과 성공(性空)의 관계를 관조하십시오. 그렇지 않고 눈을 감고 정좌하고 있으면서 속은 온통 깜깜하고 흐리멍덩해서 뭐가 뭔지 모르고 있는데, 정말 가련하고 슬픈 일입니다! 여러분은 지금 이렇게들 관심하고 있는데, 정수리를 향해서 관하지 마시고 머릿속을 향해서도 관해서는 안 됩니다. 아주 평안하고 자연스럽게 가만 가만 심두로부터 관을 일으키면 됩니다. 한사코 육체를 붙들어 쥐고 그렇게 육체를 심각하게 보아서는 절대 안 됩니다. 백골관을 한다면 백골의 빈 골격에서 관의 중심(重心)도 대체로 심두부분에 있습니다. 알아들으셨습니까? 한마디 한마디를 귀담아 들어야지 겉으로는 집중하면서도 사실은 혼침 속에 빠져 뭐가 뭔지 모른 채 시간만 헛되이

낭비해서는 안 됩니다. 제가 한 말을 기억하지 못하는 것은 무기(無記) 속에 떨어져 있는 것입니다. 한마디 한마디를 아주 또렷이 기억하고 있을 수 있으면서도 마음속에 망념잡상(妄念雜想)이 없다면 이 야말로 정(定)의 억념력(憶念力)입니다.

자, 이제 여러분들에게 말씀드립니다. 조금 전 '관(觀)'과 '조(照)'의 차이점을 묻는 질문에 몇 분이 하신 대답은 희미하게나마 좀 알고 있는 것이라 할 수 있습니다. '관'과 '조'는 서로 같으면서 같지 않습니다. 그리고 그 순서 층차가 다릅니다. 수행이 '조(照)'의 경계에 이르렀다면 이무애법계(理無礙法界)에 도달한 것이지만 아직은 이사무애법계(理事無礙法界)까지 도달한 것은 아닙니다. 혹은 이사무애법계에 도달했다고 굳이 말하더라도 완전히는 아니며 이무애법계와 이사무애법계의 사이의 경계선에 거의 도달한 것입니다.

그렇지만 진정으로 힘써 수행하지 않고 그저 이치만 말하는 것은 '관'이든 '조'이든 모두 이법계변(理法界邊)의 일입니다. 또 무심무사(無尋無伺)의 경계와 무기(無記)는 어떻게 구별하느냐고 묻는 사람이 있는데, 무기는 무기요 무심무사는 무심무사입니다. 이렇게 간단해요! 반야바라밀다의 공부수행[功行]이 깊어질 때 자기 스스로 분별할 수 있을 텐데, 수행은 하지 않고 묘한 이치만 쓸데없이 담론해서 뭐하겠습니까?(이 때에 어떤 학우가 물었다 : '관'은 수도위修道位이고 '조'는 견도위見道位라 하면 맞습니까? 선생이 답하다 : 공부功夫 입장에 보면 마지못해 그렇다 할 수 있지만 진짜 그러지는 않습니다)

선종에 나오는 한 가지 이야기

이제 여러분에게 선종에 나오는 이야기를 하나 해드리겠는데, 이해할 수 있는 사람이 있는지 한 번 볼까 합니다. 당나라 말 오대(五代) 시기에 있었던 일입니다. 지금의 호북성(湖北省) 무한(武漢)의 삼진(三鎭) 지대에 유명한 황학루(黃鶴樓)가 있었습니다. 그 풍경이 대단히 아름다웠습니다. 당대의 명시인 최호(崔顥)의 다음과 같은 시가 있는 게 그 증거입니다. "맑은 날 강물에 한양의 나무들이 역력히 비치고, 향기로운 풀이 앵무섬에 무성하네[晴川歷歷漢陽樹, 芳草萋萋鸚鵡洲]." 당시에 어떤 선사(禪師)가 있었는데 스스로 이미 대철대오(大徹大悟)했다고 여기고 있었습니다. 그런데 그가 한 번은 도(道)가 이미 높은 경지에 이른 대 거사(居士)한테 탁발을 나갔더랍니다. 이른바 "사람을 구하려거든 대장부를 구해야 하고, 남을 도와주려거든 급할 때 필요한 것을 도와주어야 한다[求人須求大丈夫, 濟人須濟急時無]."는 것이었지요. 대 거사는 이 선사를 맞이하고 그가 탁발을 나왔다는 것을 알고 나자 이렇게 말했습니다. "좋습니다. 대 화상님, 저의 물음에 당신이 대답을 하면 모든 것을 공양하고 그렇지 못하면 공양은 없습니다." 그러자 화상은 좋다면서 물으시라고 했습니다. 그래서 거사가 물었습니다. "고경미마시여하(古鏡未磨時如何)?" 아주 오래된 구리거울 하나가 지저분하게 온통 녹이 슬어 있는데, 깨끗이 닦기 전에는 어떠하냐는 질문이었습니다. 화상이 대답했습니다. "흑여칠(黑如漆)." 더럽기가 마치 페인트칠을 해 놓은 양 온통 시커멓다고 답했습니다. 그러자 거사가 또 물었습니다. "고경기마후여하(古鏡旣磨後如何)?" 만약 깨끗하게 잘 닦아 놓은 후는 어떻습니까? 하니, 화상 왈, "하늘을 비추고 땅을 비춥니다[照天照地]." 하고 답했습니다. 그러자 대 거사는 말했습니다. "안됩니다. 미안합니다만 나가 주십시오. 당신께 공양을 올리지 못하겠습니다.”

　틀리지 않았습니다! 교리대로 말하면 그 선사가 그렇게 대답한 것은 조금도 틀림이 없습니다. 옛 거울을 아직 닦지 않았을 때는, 즉 이 마음이 아직 정(定)을 얻지 못하고 혜(慧)를 발하지 못하였을 때는, 다시 말해 깨닫기 전에는 옻칠처럼 시커멓다는 게 어디가 틀렸습니까? “예, 거울을 닦아 놓은 후에는 어떠한가요?” 하니 “천지를 비춘다.”고 대답한 것은 유식학에서 말하는 제8아뢰야식이 대원경지(大圓鏡智)로 전환된 것 아닙니까? 그러나 선종의 조사선(祖師禪)과 여래선(如來禪)은 다릅니다. 여러분이 만일 탁발하러 나갔다가 이와 똑같은 상황을 만나 찬밥 신세가 되어 문 밖으로 쫓겨났다면 진심으로 굴복하겠습니까? 굴복하지 못합니다. 이 화상께서도 당연히 굴복할 수 없어서 다시 수행하러 떠나 또 움막집에서 지내면서 수행에 전념했습니다. 그리고 3년이 지나 다시 탁발하러 돌아왔습니다. 대 거사는 그가 다시 온 것을 보고 이렇게 말했습니다. “좋습니다. 앉으십시오. 다시 당신께 옛날 그 질문을 하겠습니다. 옛 거울을 아직 닦지 않았을 때는 어떠합니까?” 선사 답 왈, “여기서 한양까지 멀지 않습니다[此去漢陽不遠]” 다시 거사 질문 왈, “옛 거울을 이미 닦아 놓은 뒤에는 어떠합니까?” 선사 답 왈, “황학루 앞의 앵무섬입니다[黃鶴樓前鸚鵡洲].” “허허! 공양 받으십시오.”

　이게 무슨 도리일까요? 3년 동안의 경험 수련이 결국 헛되지 않았습니다. 그가 3년 전에 했던 대답도 이미 범범한 무리들의 구두선(口頭禪) 놀이 수준이 아니라 정말로 상당한 정도에 이르렀고 상당한 공부도 있었던 것입니다. 하지만 그런 정도로는 여전히 부족했습니다. “조견오온개공(照見五蘊皆空)”하고 나면 도를 철저하게 이해하여 끝마친 것이라 할 수 있을까요? 그렇지 않습니다. 우리들의 이 대 유마거사께서 틀리면 틀린 것이라고 했는데 당신이 어쩌겠습니까.

이번 동계공동수련 기간 동안 누구나 다 마음을 잘 관해야 합니다. 명점(明點)을 관하는 공부나 염불·주력 등등의 다른 공부는 하지 마십시오. 명점은 마음이 조작한 것이요 염불이나 주력도 다 마음이 염(念)하고 있는 것입니다. 불보살 관상(觀想)도 마찬가지로 이 마음이 생각하고 있는 것입니다. 무릇 모든 생각은 다 경계입니다. 부처든 마구니든 산수(山水)이든 인물이든 모두 경계입니다. 능히 경계를 일으킬 수 있고 생각할 수 있고 능히 여러 가지를 조작할 수 있는 주인공은 경계가 아닙니다. 관의 대상[所觀]이나 조의 대상[所照]은 심념의 변상(變相)으로서 경계반야입니다. '관'의 주체[能觀]나 '조'의 주체[能照]는 경계반야가 아니라 실상반야입니다. 수행자는 반드시 능히 '관'하고 능히 '조'하는 바로 그 주인공 자체를 찾아내어야 비로소 자기의 본래면목을 발견하기 시작한 셈입니다.

고통은 나로부터 오고 나가 있으면 고통이 있다

여러분들이 듣고 나서는 알 듯 모를 듯 할까봐서, 노파심에서 『반야심경』의 반야관법을 처음부터 순서대로 끝까지 설명하기도 하고 다시 거꾸로 설명하기도 하는 등 번거롭게 여기지 않고 여러 번 반복해서 설명하니 여러분들이 잘 체험하고, 제8아뢰야식 밭에 단단히 잘 기억시켜 놓기 바랍니다. 한 번 이근(耳根)에 들어가면 영원히 도의 씨앗이 됩니다.

여러분 중 몇 사람은 이미 반야관법에 조금 입문한 모습이 있습니다만, 대부분 사람들은 아직도 어리둥절해 하면서 무슨 말을 하는지 알지 못하고 있습니다. 심지어 어떤 분들은 자기 멋대로 이해하고 스스로 옳다고 여기면서 이론적으로 추리하여 머리 위에 머리를 얹어 놓는 격이 되어 갈수록 실제와는 멀어지고 있는데, 그래서는 안 됩니다. 이 자리에 계시는 여러분은 저마다 적어도 이미 7일 간의 참선수행 경험이 있으니 일체의 법을 놓아버리고 일체의 마음을 놓아버리십시오. 그리고 지금 잘 참회하십시오. 매번 포단에 앉을 때는, 조금 전에 말했던 것을 잊지 말고 먼저 지성과 공경을 다하여 참회하십시오. 그런 다음 진심으로 발원하십시오. 그런 다음 『반야심경』에 따라 마음을 관하면서 닦아 가십시오.

관자재보살께서는 고집멸도(苦集滅道) 4성제법 가운데서 고성제부터 가리켜 보이기 시작함으로써 통절한 각성을 촉구하고 있습니다. 망망한 고해(苦海)에서 일체 중생은 구함이 있기 때문에 모두 괴롭습니다. 세간법의 것을 구하더라도 얻지 못하면 괴롭고, 출세간법의 것을 구하더라도 상응하지 못하면 더욱 괴롭습니다. 부처님을 배우고 싶고 출가하고 싶고 도를 이루고 싶으니 얼마나 괴롭습니까? 세간이나 출세간 그 모두가 다 괴로움입니다. 어떻게 이 괴로움을 끝마치고 벗어날까요? 괴로움은 어디에서 오는 걸까요? '나[我]'로부터 옵니다. '나'가 있으면 괴로움이 있습니다. '나'는 어디에서 오는 걸까요? 몸과 마음이, 염두생각이 4대(四大)와 화합하는 데서 옵니다. 이를 색수상행식(色受想行識), 즉 5온(五蘊)이라고 합니다. 무엇보다 먼저 이 5온을 철저하게 이해하여 끝마쳐야 고해를 뛰어넘을 수 있습니다. 이 고해를 뛰어넘는 것이 바로 "도일체고액(度一切苦厄)"입니다. 마치 배를 타고 이 해안에서 저 해안에 이르듯이 도구 이용이 필요합니다. 반야관행(般若觀行)이 바로 가장 좋고 가장 묘한 이용도구가 됩니다. 반야관행에 따라 닦아 가면 자성이 자기를 철저하게 이해하고, 자성이 자기를 제도하게 되는데[自性自了, 自性自度], 그래도 고통의 심연을 뛰어넘지 못하고 "조견오온개공"하지 못할까 걱정하겠습니까?

우리가 만일 백골관을 닦는다면 신체상의 근육·기맥·신경·세포 등을 모두 변화시켜버려서, 또 무슨 기맥이니 뭐니 할 것이 없게 되니 좋지 않겠습니까? 기맥이 있다는 것은 곧 아직은 육체가 있는 것이요, 육체는 수음(受陰)입니다. 수온은 어디에서 올까요? 색온인 4대로부터 옵니다. 4대를 비워버리지 못하면 그 나머지인 수상행식 4온은 말할 것도 없습니다. 그래서 일체의 고액을 건널 길이 없어 오랜 세월 내내 괴로움 속에 있습니다. 그러므로 관자재보살은 사리자에게 관심(觀心)을 통해서 세간의 모든 괴로움을 끝마치라고 일러준 것입니다.

마음을 관할 때는 관심한다는 의도적인 생각을 품거나 애써 힘쓰거나 하지 말고 아주 자연스럽게 관하십시오. 사실 여러분이 어떤 염두를 관하면 그 염두는 이미 사라지고 없습니다. 사라져버린 것을 뒤쫓으려 하지 말고, 미래의 아직 일어나지 않은 것을 맞이하여 취하려 하지 마십시오. 그러면 그 즉시가 바로 공(空)입니다. 그것이 공하든 공하지 않든 한 생각이 청정 자재합니다. 잡념망상이 오면 즉시 버리십시오[捨]. 즉 보시해버리는 것인데, 이게 바로 전통적인 선종에서 말하는 '놓아버린다[放下]'는 것입니다. 생각 생각마다 버리십시오. 착한 생각이든 악한 생각이든, 세간에 대한 염두이든 불법(佛法)에 대한 염두이든, 일체가 다 허망합니다. 『원각경』에서는 "망념이 허깨비임을 알면 곧 망념이 떠나니[知幻即離]"라고 했습니다. 이 염두는 거짓 것이며 요술사가 연출한 것임을 알고 그것이 오더라도 애써 그것을 쫓아낼 필요가 없습니다. 가만 가만 한 번 관해보면 본래에 공(空)하니까요! "다른 방편을 쓰지 아니하며 [不假方便]", 불보살님더러 도와 달라 할 필요가 없습니다. "허깨비를 떠나면 곧 각성이니[離幻則覺].", 망상을 떠나면 바로 청정 고요하고 명명백백하면서, "점차도 없느니라[本無漸次]." 자성반야에는 단계가 없이 그 즉시 현전하니 좋지 않습니까? 그렇지만 어떤 사람들은 아마 『원각경』을 잘못 이해하여 '깨달으면[覺]' 곧 성불이라고 여기고 있을 겁니다. 비록 이와 같더라도 처음 깨달음인 시각(始覺)이지 본각(本覺)이 아님을 모르는 것입니다.

4대가 당신에게 장애가 되지 않는다

반야관행 공부가 참으로 최고도에 이르면 별안간에 돈오(頓悟)하여 "조견오온개공"합니다. 몸과 마음 안팎이 온통 공하면서 자성진공(自性眞空)을 봅니다. 만일 여전히 기맥이 있고 감각이 있고 고통이 있으면서 앉아 있는데 편안하지 않다면, 그건 모두 수음(受陰), 상음(想陰) 속에 있는 것인데 또 무슨 다른 것들을 얘기하겠습니까? 비록 정(定)을 얻어서 호흡이 멈추었더라도 맥이 아직 멈추지 않았다면 여전히 행음(行陰)을 벗어날 수 없습니다. 맥도 멈추었지만 난(暖: 체온)·수(壽: 수명)·식(識: 의식)이 여전히 있다면 역시 식음(識陰)의 지배를 벗어날 길이 없습니다.

그렇다면 "관자재보살행심반야바라밀다시, 조견오온개공"의 수행법에 따라 닦아가서 관(觀)으로부터 조(照)에 도달해야 합니다. 조(照)의 경계에 이르게 되면 조금도 힘들지 않고 또 닦을 필요도 없어지지만 그렇다고 또 닦음을 떠나지도 않습니다. 자연스럽게 닦아져서, 닦으면서도 닦지 않고 힘쓸 곳도 없음이, 마치 닦음도 없고 증득함도 없는 것 같지만 맑고 밝음[淸明]이 자신에게 있어야 비로소 일체의 고액을 건널 수 있습니다.

만일 이런 관심법문을 한동안 공부해도 효험을 얻을 수 없다면, 그 다음에 나오는 "색불이공, 공불이색, 색즉시공, 공즉시색, 수상행식, 역부여시."라는 방편 관혜(觀慧)를 이용하여 관심법문과 결합시켜 닦아도 됩니다. 대 지혜가 있는 사람이라면 "색즉시공"이라는 말을 듣고 나서 가부좌나 반가부좌 어느 자세로 앉든 간에 한 생각이 단박에 멈추어[一念頓住] 색신을 내던져버리고 상관하지 않습니다. 범부는 아무리 해도 내버려지지가 않는데, 근본업기(根本業氣)가 한 몸에 모아진 이 육체를 그 시작을 알 수 없는 오랜 세월동안 아까워해 왔기 때문입니다. 선종에서는 이 육신을 '색 껍데기[色殼子]'라고 부르는데, 일단 모태에 들어 그 안으로 뚫고 들어가고 나면 그 후에는 그 속에서 기어 나오지 못합니다. 마치 그 안에 약을 넣어 한 번 봉하고 나면 갇혀서 열고 나오지 못하는 밀납 환약처럼 말입니다. 여러분 보세요. 이 '색 껍데기'란 게 얼마나 귀찮고 얼마나 지독한 것인가요.

그러나 여러분이 참으로 이 색신을 비워버렸더라도 곧바로 하나의 공(空)에 집착해서는 안 됩니다. 성공(性空)의 이치만 알고 연기(緣起)의 이치를 모르면 묘용(妙用)을 일으킬 수 없습니다. 이것은 견취견(見取見)상에 떨어져 있는 것으로, 아직 그것만으로는 안 됩니다. 이때에는 다시 마음을 돌려 대승(大乘)으로 나아가 보살도를 이루어야 합니다. "연기성공, 성공연기(緣起性空, 性空緣起)", 인연으로 일어나는 우주의 모든 현상은 그 본성이 공(空)합니다. 그리고 그 본성이 공하기 때문에 모든 세간의 사사물물(事事物物)을 연기(緣起)시킬 수 있습니다. 그러므로 앞부분 두 마디인 "색불이공, 공불이색"은 '연기성공'을 말하는 것입니다. 그리고 그 뒷부분 두 마디는 곧바로 방향을 바꿔 대승보살도인 '성공연기'라는 묘유(妙有) 경계, 즉 "색즉시공, 공즉시색"으로 들어가는 것입니다.

이 4대는 내던져버리거나 내던져버리지 않거나 다 마찬가지로서 그 자체는 자연히 공한 것입니다. 당신은 이 4대에 의해 장애를 받고 있다고 느끼겠지만 사실은 당신 자신의 염두가 장애를 일으키고 있는 것입니다. 자기 스스로 구속하고 있는 것이지 4대가 결코 당신에게 장애를 일으키고 있는 것은 아닙니다. 4대는 염두와 마찬가지로 본래 공합니다. 여러분이 이 이치를 깊이 이해한다면 4대의 존재가 무슨 방해가 되겠습니까?! 4대가 있기에 여러 가지 사업을 창조할 수 있고 중생제도의 갖가지 공덕행을 성취할 수 있으니 얼마나 대단한 것입니까!

수온(受蘊)의 상황도 마찬가지로서, "수불이공, 공불이수, 수즉시공, 공즉시수"입니다. 여러분이 여기에 앉아 있으면서 감수 작용을 비워버렸다 할지라도 그 공의 경계에 줄곧 탐착할 필요는 없습니다. 바꾸어 말하면 수음경계 속에 빠져 고통을 받더라도 좋습니다! 두 다리를 꼬고 오래 앉아 있다 보면 "아이고머니나!" 하는데, 인생에서 이런 경험이 있을 수 있다면 어찌 재미있지 않겠습니까!(한번 웃음)

고통을 받은 만큼 업장이 녹는다

저는 어제 여러분들에게 고통을 받은 만큼 업(業)도 그만큼 녹는다고 말씀드렸습니다. 그 시작을 알 수 없는 오랜 세월동안 우리들은 남의 좋은 일을 망치고 다른 중생들을 해침으로써 그들의 심신이 큰 고통을 당하게 했습니다. 이런 짓들을 우리는 너무나 많이 했는데, 이제 스스로도 그 맛을 좀 보면서 참고 견뎌보아야지 구태여 이렇게 달갑게 여기지 않는 모습으로 우물쭈물하면서 싹수가 아주 노래서야 되겠습니까? "수즉시공(受卽是空), 공즉시수(空卽是受)", 여러분 다리가 저려서 견디기 어려우면 스스로 안으로 돌이켜 관조해 보세요. 시큰거리고 아프고 땅기고 저리는 바로 그 때에 스스로 자세히 살펴보면 아주 재미있습니다. 자신의 다리에게 이렇게 말을 해도 됩니다. "에이, 뭐가 아프다고 지랄이냐? 좀 얌전하지 않을래?! 허!" 이러면 아픈 게 통쾌하지 않습니까! 당신이 아픈 줄 또렷이 아는 주인공 그 자체는 결코 아프지 않습니다. 그렇지요? 이해합니까? 당신이 정말로 이해했다면 반야수행법의 요령을 터득한 것입니다.(한 번 웃음)

그 다음으로는 상(想)의 차례가 되었습니다. "상불이공(想不異空)", 생각이란 것은 본래 허망한 것이요, 거짓인 것이요, 참된 것이라고 인정할 수 없는 것입니다. 그래서 망상(妄想)이라고 하는데, 그렇게 고지식하게도 꾐에 걸려 들어가 속임을 당하려고 합니까? 마음껏 생각하고 실컷 생각해서 생각으로 지쳐버리고 나서도 생각하고 싶은가 보세요. 한 염두가 오더라도 그 염두를 당신한테 머물도록 하게 할 수 없습니다. 한 찰나에 뺑소니쳐버립니다. 와도 그림자가 없고 가도 자취가 없습니다. 어디로부터 오는 곳도 없고 가는 곳도 없어서, 원래 염두가 오더라도 당신에게서 비워지는[空] 것인데 설마 당신이 정말로 그것을 비울 재간이 있습니까?

그렇지만 당신의 감수가 청정한 상태에 진입하였을 때에도 그 청정함을 꽉 붙들어 쥐고 공에 집착하면서 스스로 고명하다고 생각하지 마십시오. "공불이상(空不異想)", 공의 경계는 본래 망상의 변상(變相)인데 희한할 게 뭐 있겠습니까? 일반적으로 범부는 유변(有邊) 망상에 떨어져 있어서 세세생생에 6도윤회를 떠나지 못합니다. 그리고 소승의 성문(聲聞)과 연각(緣覺)은 공변(空邊)에 떨어져 있어, 여러 가지 묘용(妙用)을 일으킴으로써 중생을 널리 구제하는 일을 하지 못하므로 아직 궁극[究竟]이 아닙니다. "상즉시공(想卽是空), 공즉시상(空卽是想)", '상'과 '공'은 둘이 아니어서[想空不二] 원래 무슨 상이니 아니니 공이니 아니니 할 문제가 없습니다. 당신이 하나의 공을 굳게 지키면서 스스로 옳다고 여기는 것 자체가 사실은 해서는 안 되는 대 망상이므로 향판(香板)112)을 맞아야 합니다.

수음과 상음이 해결되고 나면 곧바로 행음(行陰)과 식음(識陰)의 문제인, "행불이공, 공불이행, 식불이공, 공불이식"이 나옵니다. 행(行)과 식(識)에 대해서 일반인들은 알 길이 없습니다. 이해하기 몹시 어렵습니다. 여러분 중에 어떤 분은 『반야심경』을 이해한다고 생각하고 입에서 나오는 대로 함부로 말하는데, 법을 비방하고 장래에 과보를 받을 나쁜 짓 하지 말기 바랍니다! 여러분이 색음과 수음을 철저하게 이해하고 끝마치고, 상음도 철저하게 이해하고 끝마쳤다면 망상이 없음을 서서히 체험하게 됩니다. 비록 망상이 없는 것 같지만 한 가지 것이 있습니다. 그게 무엇인지 아무리 말로 하려고 해도 말로 할 수가 없습니다. 밖에도 있지 않고 안에도 있지 않고 그렇다고 중간에도 있지 않습니다. 그런데도 무엇인가가 하나 있는데, 이게 바로 행음입니다. 무명을 조건으로 행이 일어나고[無明緣行], 바로 이 한 생각 무명이 장난을 하고 있는데도 여러분들은 그것을 청정함으로 여기고 도(道)라고 생각하고 있는데, 참으

---

112) 중국에서 불교승단의 규범과 질서를 유지하기 위해 사용하는 목판으로 보검 모양이다.

로 똥딴지같은 일입니다.

게다가 '수·상·행·식'에서의 '상'과 '식'은 서로 다릅니다. '상(想)'은 식음이 일으키는 표층(表層)작용일 뿐이라 할 수 있습니다. 유식에서의 '식(識)'은 매우 심오해서 정말 간단하지 않습니다. 여러분이 『성유식론(成唯識論)』 강의를 듣지만 이해하지 못하는 것은 당연한 일로서 조금도 이상한 일이 아닙니다. 그러나 만일 "색불이공(色不異空), 공불이색(空不異色), 색즉시공(色卽是空), 공즉시색(空卽是色)"의 경지에 이를 수 있다면 계속 수행해 가 바로 그 다음 단계의 몇 가지 음(陰)의 경계인 수·상·행·식을 이해하고 해탈할 수 있습니다.

착한 생각 악한 생각 모두 달라붙지 못한다

관자재보살은 5온의 진상(眞相)을 다 말하고 난 다음 이어서 한 걸음 더 나아가 사리불에게 결론을 지어줍니다.

"사리자(舍利子), 시제법공상(是諸法空相)," 몸도 공해지고 나[我]도 공해져야 할 뿐만 아니라 법(法) 조차도 공해져야 합니다. 반야든 불법이든 유위이든 무위이든 어느 한 가지도 환화가명(幻化假名) 아님이 없습니다. "법불이공(法不異空), 공불이법(空不異法), 법즉시공(法卽是空), 공즉시법(空卽是法)", 무슨 법이든 내버려서 비워버려야 합니다. 일체의 법은 공합니다. 소승법·대승법·현교·밀교 등등 무릇 모든 법이 너저분한 게 모조리 없습니다. 하지만 하나의 공(空)에 연연해하지 않습니다. 그렇다면 옳습니다. 그러고 나면 이제 "제법공상" 가운데서 당신이 스스로 수행하기에 딱 좋습니다.

"이 제법공상은 불생불멸(不生不滅), 불구부정(不垢不淨), 부증불감(不增不減)입니다." 실상반야는 자성이 진공(眞空)입니다. 이 경계에서는 자연스럽게 닦음이 없이 닦고 증득함이 없이 증득합니다. 이게 바로 "행심(行深)"입니다. 그런데 "불생(不生)"이란 무엇일까요? 무생법인입니다. 하루 24시간 가운데서 밥 먹고 옷 입더라도, 농담하면서 하하 웃더라도 내지는 바쁘게 뛰어다닐지라도, 또 기뻐하고 성내고 슬퍼하고 즐거워할지라도, 그 어떤 경우에도 움직이면서 움직이지 않고[動而不動], 생기(生起)하면서 생기하지 않습니다[生而不生]. 매 생각마다 쓰고 나면 즉시 버려서 공이요[卽捨卽空] 쓰면 곧 유입니다[卽用卽有]. "불생"인 바에야 당연히 "불멸"입니다. 불생불멸이요 원만무애(圓滿無碍)입니다. 뿐만 아니라 이 "제법공상" 가운데에서는 무슨 "더럽고 안 더럽고, 깨끗하고 깨끗하지 않고가 없습니다[不垢不淨]." 착한 생각 악한 생각이 모두 달라붙지 못합니다. 마치 우주 허공이 향기 나는 것, 악취 나는 것, 좋은 것, 나쁜 것 등을 온통 포용하면서도 전혀 자기의 본래면목을 잃지 않듯이 그렇습니다. 이 "제법공상" 가운데에서는 당신이 닦는다 하더라도 그것은 "늘어나지도 않고", 당신이 닦지 않는다 하더라도 조금도 "줄어들지도 않습니다." 공은 어디까지나 공이어서 크고 작고, 많고 적고, 증가하고 감소하고가 모두 상관없습니다. 여러분들이 공부가 도달하지 못해 도를 깨닫지 못했으며 5온을 비워버리지 못했다고 해서 설마 도가 줄어들까요? 줄어들지 않았어요[不增不減]!

관자재보살은 한 단계 한 단계씩 수준을 높여가면서 사리자에게 가르쳐 줍니다.

시고(是故) 공중무색(空中無色), 무수상행식(無受想行識), 여러분이 이렇게 심신을 비우면서[空靈] 닦아 가면 무슨 장애든 다 없어집

니다. 여러분이 다리가 아프다면 다리가 아프다는 그 염두는 아픈
지 아프지 않는지 한 번 살펴보십시오. 다리를 살펴보지 마십시오.
아픔을 아는 주인공은 사실 아프지 않습니다. 아무렇지도 않아요!

무안이비설신의(無眼耳鼻舌身意), 눈이 없습니다. 여러분은 정좌
하고 있으면서도 눈이 있는데, 여러분이 눈을 잊어버리지 못하기
때문입니다. 참으로 육체를 내버려 둘 수 있다면 또 무슨 눈·귀·
코·혀·신체·의념(意念) 등등 같은 것들이 있겠습니까?

무색성향미촉법(無色聲香味觸法), 이미 6근(六根)이 없는데 6진
(六塵)이 어디서 오겠습니까? 6근 6진이 모조리 공해져서[空] 철저
하게 없습니다. 있어도 무방합니다. 왜냐하면 "제법공상"이니까요.
있더라도[有] 공하다니까요! 우리는 출가 수행하면서 날마다 경을
읽는데 도대체 무슨 경을 읽는 걸까요?! 정좌하고 있는 동안 눈 아
니면 귀를 항상 단단히 붙들어 잡고서는, "아이고 내 눈이 편치 않
네, 귀가 괴롭네." 하는데, 에끼 여보시오! 어째서 『반야심경』의
"무안이비설신의, 무색성향미촉법"이란 말을 잘 이해하지 않습니
까? 단 번에 다 비워버리면 조금도 지저분하지 않습니다. 무슨 백
골관이니 명점(明點)이니 기맥이니 등 이런 요란한 장난감들은 거
들떠보지도 않고 곧바로 6진 6근을 비워버립니다.

생사가 본래 공하니 두려워할 게 없다

6근 6진이 공해졌다고 그것으로 다 된 것이 아닙니다. 경문은
또 이렇게 말합니다.

무안계(無眼界), 내지무의식계(乃至無意識界). 안계(眼界)도 없고
이계(耳)도 없고... 이렇게 한 계(界) 한 계씩 셈을 해 나아가 의식계

(意識界)까지 없어서, 이 18계(十八界)가 모두 공하다 합니다. 4성제도 공하기에 고집멸도라 할 것이 없다고 합니다. 무명연행(無明緣行), 행연식行緣識)…으로 이어지는 12인연(十二因緣)의 고리 고리마다 다 공하다고 합니다.

그러기에 무무명(無無明), 역무무명진(亦無無明盡), 내지무노사(乃至無老死), 역무노사진(亦無老死盡).이라고 합니다. 그럼 당신이 말하기를 "나는 무명(無明)을 비워버렸으니 다 끝났습니다."고 한다면 옳을까요? 그렇지 않습니다. 공(空)에 도달했으니 모든 일이 끝난 것이라고 여긴다면 어리벙벙한 것입니다. 사실 무명도 무슨 다하고 다하지 않고가 없습니다! 12연기에서 가장 끝자리인 생사(生死)도 마찬가지로 무슨 해탈하였느니 해탈하지 못 하였느니가 없습니다. 왜 생사를 끝마치려고 합니까? 끝마쳐서 뭐하자는 겁니까? 생사가 본래 공한데 두려워할 게 뭐 있겠습니까?

그러므로 "내지무노사(乃至無老死), 역무노사진(亦無老死盡)"이라고 말합니다. 생사를 끝마친 사람은 그 사람이 어디로 가버렸을까요? 여전히 생사 속에 있습니다! 주의해야 합니다! 여러분 주의해서 들으십시오. 잘못 이해해서 스스로 골칫거리를 만들지 마십시오.113)

관자재보살이 이처럼 여러 가지로 자세히 관심법문을 설하시면서 흥미진진하게 말씀하셨는데, 어느 것 하나도 일체 중생이 진정으로 놓아버리고 참으로 해탈하며 참으로 자재하도록 하기 위한 것 아님이 없습니다. 보살은 처음에는 4성제법에서부터 설하기 시작하더니 이제는 다시 그 4성제법으로 귀결시키고 있습니다.

---

113) 12연기에 대한 자세한 풀이는 남회근 선생이 강의한 『생과 사 그 비밀을 말한다』와 『선과 생명의 인지 강의』속에 있으니 참고하기 바란다.

무고집멸도(無苦集滅道), 무지역무득(無智亦無得), 생로병사(生老病死)의 고뇌가 다 사라져버렸는데 또 무슨 지혜니 뭐니 하는 법약(法藥)으로 치료할 필요가 있겠습니까? 또 무슨 성패득실(成敗得失)이 있겠습니까?

"무지역무득(無智亦無得)", 무엇을 하나 얻을까요? 도(道)를 얻을까요? 얻을 도가 있다면 그것은 틀린 겁니다. 본래에 얻을 바가 없는데[無所得], 뭐 이런 것으로 놀라고 얻으려고 걱정하고 잃을까 걱정하면서 긁어 부스럼을 만들 필요가 있겠습니까!

이무소득고(以無所得故), 보리살타(菩提薩埵), 의반야바라밀다고(依般若波羅密多故), 심무가애(心無罣礙), 수행이 이 경지에 이르면 "무지역무득"이어서 반야를 증득한 셈입니다. 관(觀)부터 닦기 시작하여 마침내 조(照)의 경지에 이르렀지만 여전히 철저하게 해탈하지 못해서 아직 완전히는 명심견성(明心見性)하지 못했습니다. 하지만 반야지혜는 이미 깊어져서 "심무가애(心無罣礙)"입니다. 휴식을 하든 일을 하든 재가이든 출가이든 일체의 마음 일체의 법이 방애되지 않습니다.

그리하여 무가애고(無罣礙故), 무유공포(無有恐怖), 원리전도몽상(遠離顚倒夢想), 구경열반(究竟涅槃).이 되는데, 이때에는 어떠한 경계에서도 놀라고 두려운 마음이 없어져 생사를 두려워하지 않고 윤회가 두렵지 않습니다. 자성반야의 대 지혜를 깨달았기 때문에 한 층 더 올라 어떠한 전도몽상도 없으면서 구경열반으로서 불과를 성취합니다. 대승보살의 경계는 몽상이 없는 것이 아닙니다. 중생을 널리 제도하여 중생들을 깨닫게 하는 것이 바로 대승 수행인의 몽상입니다. 여러분이 아침저녁 예불시 독송하는 능엄주의 게송에는 이런 두 마디 말이 있습니다. "이 지극한 이치인 진정한 요의

(了義)를 깨닫고 나니 우리들의 그 시작을 알 수 없는 겁의 세월 동안 찾아 왔던 우주인생, 심령과 물리에 대한 갖가지 생각들이 이로 인해 모두 소멸되고 이제는 이미 도리에 어긋나지 않아 마음이 편안해졌다[銷我億劫顚倒想]."이고, 또 하나는 "우리 대중은 비록 자성청정의 본체와 작용의 원칙을 이해했지만 여전히 아직 없애지 못한 미세한 곁가지의 의혹들이 많이 있습니다. 바라옵건대 부처님은 더 열어 보여 우리들의 의혹을 없애주십시오[希更審除微細惑]."인데, 이 미세한 혹업(惑業)을 녹이고자 하면 참으로 어렵습니다. 저의 수십 년 경험을 통해서, 노년 세대들이나 젊은 세대들 중에는 길을 잘못 들었으면서도 그 자신이 그 사실을 모르는 사람들이 많았고 공덕이 원만한 사람도 적었습니다. 지극히 미세하여 검토해내기 쉽지 않은 이 업혹(業惑)은 최후로 닦아 갈수록 파악하기 힘듭니다. 그리하여 결과적으로 뭐가 뭔지 모르고 곳곳마다 의심하여 이리저리 찾아보지만 결말이 없습니다.

견성 해탈하여 주관과 객관이 둘 다 사라지다

그러므로 아주 가느다랗고 조금 밖에 되지 않는, 허무하면서도 어렴풋한 이 혹업조차도 모두 반야바라밀다에 의지해서 철저하게 끊어 없애야 합니다. "공을 떠나지 않고 유를 떠나지 않으며, 공이 아니고 유가 아니다[卽空卽有, 非空非有]."는 반야정관(般若正觀)이 앞에 나타나야 비로소 큰 공(功)이 다 이루어지고 구경열반에 도달합니다. 이때에는 진정한 깨달음으로서 관(觀)도 아니요 조(照)도 아닙니다. 견성해탈로서 주관과 객관이 둘 다 사라지고[能所雙泯], 대원만(大圓滿)하고 대자재(大自在)합니다.

경의 앞부분인 "관자재"부터 "조견오온개공"까지는 유위법에 속합니다. 즉,『유마경』에서 말하는 '다함이 있는 법문'입니다. 경의 뒷부분인, "이무소득고, 보리살타, 의반야바라밀다고, 심무가애"에서부터 "구경열반"까지의 단락은 무위법에 속합니다. 즉,『유마경』에서 말하는 '다함이 없는 법문'입니다. 이어서 관자재보살은 또 아주 신중하게 사리자에게 분부합니다.

삼세제불(三世諸佛), 의반야바라밀다고(依般若波羅密多故), 득아뇩다라삼먁삼보리(得阿耨多羅三藐三菩提). 삼세제불인 과거불, 현재불, 미래불이 진정으로 대철대오하여 정등정각(正等正覺)의 원만한 과위를 성취할 수 있으려면 자성반야 지혜의 해탈에 의지하지 않으면 안 됩니다. 여러분들은 멍하니 미혹해서 주문 하나를 외면 성불할 수 있다고 생각하는데, 관자재보살은 이렇게 분부하고 있습니다.

고지(故知) 반야바라밀다(般若波羅密多), 시대신주(是大神咒), 시대명주(是大明咒), 시무상주(是無上咒), 시무등등주(是無等等咒), 능제일체고(能除一切苦), 진실불허(眞實不虛). 반야바라밀다야말로 바로 진정으로 불가사의한 주문으로서 일체 중생이 자성광명보장(自性光明寶藏)을 증득하게 할 수 있습니다. 이를 초월하는 또 다른 주문은 더 이상 없으며 이와 필적할 수 있는 주문도 없습니다. 모든 주문들이 반야바라밀다를 한번 만나고 나서도 외울 재미가 있을까요? 여러분은 왜 외우지 않습니까? 그저 입으로만 외워서는 안 되고, 마음의 눈으로 관조해서 확실히 증득해야 합니다. 그렇지 않으면 여러분은 그 효능을 영감(靈感)의 극치의 경지까지 발휘할 수 없습니다. 반야바라밀다는 여러분들의 그 영문을 모르고 있는 미신 사상을 참으로 깨트릴 수 있으며, 3계의 일체의 번뇌 고통을 참으로 단박에 소멸시킬 수 있습니다. 멋대로 말하면서 장난하고 있는 게 아닙니다.

『반야심경』을 여기까지 설하고 난 다음, 관자재보살은 여러분들이 신비한 것을 좋아하고 중얼중얼 하면서 주문을 가지고 놀기 좋아하는 줄 아시고, 중생들의 바람을 채워주기 위하여 아예 이 반야바라밀다의 무상(無上)대주문을 이렇게 전해줍니다.

　　고설반야바라밀다주(故說般若波羅密多呪),　즉설주왈(卽說呪曰), 가테가테(揭諦揭諦), 파라가테(波羅揭諦), 파라상가테(波羅僧揭諦), 보디스바하(菩提薩波詞). 이제 여러분 함께 외워보시기 바랍니다.

자기를 제도하라 빨리 빨리 자기를 제도하라

그런데 이 주문의 뜻은 무엇일까요? "가테가테, 파라가테"는 '자기를 제도하라, 빨리 빨리 자기를 제도하라.'는 뜻입니다. "파라상가테"는 '모두들 빨리 자기를 제도하면서 모두를 제도하라.'는 뜻입니다. 보살이 이 법을 전해주는 것은, 바로 당신 스스로가 떠맡아야지 더 이상 자기를 속이고 남을 속이지 말라는 뜻입니다. 사람은 자립(自立)이 중요합니다. 스스로 도우면 하늘이 돕습니다. 오직 자기 제도만이 정법(正法)입니다. 그저 뻔뻔스럽게 생떼만 쓰면서 불보살을 향해서 이것저것 바라는 것은 결국에는 방법이 아닙니다. 각자의 생사는 각자가 마치고 자기의 업장은 자기가 소멸시켜야 합니다. 어떠한 법문도 수행하여 최후에 이르면 모두 반야바라밀다에 의지해야 비로소 자성여래대광명장(自性如來大光明藏)으로 깨달아 들어갈 수 있습니다. 더 이상 흐리멍덩하고 야무지지 못해서는 안 됩니다. 하늘을 떠받치고 땅에 우뚝 선 대장부가 되십시오! "보디(菩提)", '깨달으라[覺悟]! 머리가 깨어 있어라!'는 의미입니다. "스바하(薩波訶)." '빨리 빨리 깨달으라. 꿈꾸지 말고 흐릿하지 말라.'는 의미입니다.

여러분 보세요, 반야정관 수행의 길은 얼마나 시원스럽고 얼마나 단도직입적 입니까! 그러므로 이번 겨울방학 참선수련에서는 여러분 모두 밀교나 정토 등 각종 수행법을 모조리 잠시 한번 접어두시기 바랍니다. 거드름 피우거나 일부러 자태 부리지 말고 함부로 이것저것 의심하지 말기 바랍니다. 그래야 선종을 배운다는 말에 비로소 좀 어울립니다. 이해하셨지요? 여러분이 하루 중 내내 이렇게 관조해 가다보면 반드시 조리가 서면서 물이 모이는 곳에 도랑이 이루어지듯이 자연스럽게 "도일체고액"하는 "관자재보살"의 마음속의 마음으로 진입하게 됩니다.

자리에서 일어나십시오. 자기가 자신의 자리 앞에서 불법승 삼보를 향하여 삼배하십시오. 구함이 없는 마음으로 오로지 경건하게 정성스럽게 공경하십시오. 불법승 삼보에 대해 경의를 품고 존중하여야 자신이 이익을 얻을 수 있습니다. 자, 이제 쉬기 바랍니다.

────────────────────────

(역자보충) 『반야바라밀다심경(般若波羅蜜多心經)』은 중국 당(唐)나라 때 현장(玄奘)이 649년에 종남산(終南山) 취미궁(翠微宮)에서 번역하였는데, 줄여서 『반야심경』·『심경』이라 합니다. 반야 공사상(空思想)으로 대표되는 6백 권 『반야경』의 정수를 간추린 것입니다.

범본으로 전해져 온 『반야심경』은 서분과 유통분이 갖추어져 있는 광본(廣本)(또는 대본)과, 서분과 유통분이 없는 약본(略本)(또는 소본)의 두 가지가 있는데, 내용 면에서는 큰 차이가 없다고 합니다. 여러 한역본 가운데 현장이 번역한 것은 약본에 해당하며, 광본은 그 구성이 『불설성불모반야바라밀다경』과 유사합니다.

이역본으로 『마하반야바라밀대명주경((摩訶般若波羅蜜大明呪經—구마라집 역)』, 『반야바라밀다심경(반야般若와 이언利言 역)』, 『보편지장반야바라밀다심경(普遍智藏般若波羅蜜多心經—법월法月 중역)』, 『불설성불모반야바라밀다경(佛說聖佛母般若波羅密多經—시호施護 역)』이 있으며, 고려대장경에 들어있지 않는 이역본으로 당나라 때 지혜륜(智慧輪)이 번역한 반야바라밀다심경과 법성(法成)이 번역한 반야바라밀다심경이 있습니다. 광본들 중 범본과 지혜륜 역본의 한글번역을 실으니 참고 하기 바랍니다.

반야바라밀다심경(범본)

이와 같이 나는 들었다.

어느 때 바가바께서는 많은 비구중과 보디사트바의 무리들과 함께 라자그리하의 그라다라쿠타산에 계시었다.

그때 세존은 깊고 깊으며 밝은 깨달음의 삼매 가운데 들어가셨다.

그때 훌륭한 이 보디사트바 '아바로키데스바라'는 깊은 푸라즈냐파라미타를 실천할 때, 존재에는 다섯 가지 쌓임이 있음을 보시고 그 다섯 가지 쌓임이 모두 공했음을 보았다.

그러자 샤리푸트라 장로는 부처님의 힘을 입어 보디사트바 거룩한 이 아바로키데스바라에게 이렇게 말했다.

"만약 훌륭한 남자나 여인이 깊고 깊은 푸라즈냐파라미타를 실천하려 하면 어떻게 수행해야 합니까?"

이렇게 말하자 보디사트바 거룩한 이 아바로키데스바라는 장로 샤리푸트라에게 다음과 같이 말했다.

"샤리푸트라여, 만약 훌륭한 남자나 여인이 깊고 깊은 푸라즈냐파라미타를 실천하려 하면 다음과 같이 철저히 살펴보아야 한다. 존재는 다섯 가지 쌓임으로 이루어졌으며, 이 다섯 가지 쌓임은 모두 자성이 공한 것이다. 물질은 공한 것이요 공한 것이 물질이니, 물질을 떠나 공한 것이 없고 공한 것을 떠나 따로 물질이 없어서, 물질이라 하는 그것이 바로 공한 것이요 공한 것이라는 그것이 바로 물질이다. 받아들이는 느낌과 구성하는 생각과 지어내는 행과 다르게 알아내는 식 또한 이와 같다.

오 샤리푸트라여, 모든 법의 공한 특성은 생겨나지도 않고 사라지지도 않으며, 더러운 것도 아니고 더러움에서 떠나지도 않으며, 줄어지지도 않고 늘어나지도 않는다.

그러므로 샤리푸트라여, 공함에는 물질이 없고 느낌이 없고 생각이 없고 행이 없고 식이 없으며, 눈·귀·코·혀·몸·뜻이 없고, 빛깔·소리·냄새·맛·닿아짐·법이 없으며, 눈의 영역에서 의식의 영역까지도 없다.

밝음도 없고 밝지 않음도 없으며, 밝음의 다함도 없고 밝지 않음의 다함도 없으며, 이어 늙고 죽음까지 없고 늙고 죽음의 다함도 없다. 괴로움과 괴로움의 원인과 괴로움의 사라짐과 괴로움을 없애는 길도 없으며, 아는 지혜도 없고 얻음도 없다.

얻음이 없으므로 보디사트바는 반야바라밀다를 의지하여 마음에 걸림이 없다. 마음에 걸림이 없으므로 두려움이 없고 뒤바뀐 생각을 멀리 떠나서 끝내 니르바나를 성취한다. 삼세에 계신 붓다들도 반야바라밀다를 의지하여 위없고 바른 깨달음을 얻으셨다.

그러므로 마땅히 알아야 한다. 반야바라밀다의 진언: 크게 밝은 진언, 위없는 진언, 비할 수 없는 진언은 모든 괴로움을 없애주며 속임 없이 진실하여 반야바라밀에서 설해진 진언이니 그것은 다음과 같다.

가테가테 파아라가테 파아라상가테 보드히스바하
샤리푸트라여, 깊고 깊은 푸라즈냐파라미타를 실천할 때 보디사트바는 반드시 이렇게 배워야 한다."

그때 바가바께서는 그 삼매로부터 일어나 보디사트바 거룩한 이 아바로키데스바라에게 말씀하셨다.

  "그렇고 그렇다, 훌륭한 이여. 깊은 푸라즈냐파라미타를 실천할 때에는 이와 같이 행하지 않으면 안된다. 그대에 의해서 설해진 대로 푸라즈냐파라미타를 행하여야 하니, 그렇게 행해가면 모든 여래가 다 함께 기뻐하실 것이다."

  장로 샤리푸트라, 보디사트바 거룩한 이 아바로키데스바라, 온갖 대중 및 하늘과 사람, 아수라, 건다르바 등 모든 세간의 존재들은 바가바의 말씀을 듣고 기뻐하였다.

  이로써 푸라즈냐파라미타의 핵심을 말한 경은 끝난다.

(위 범본 한글번역은 학담鶴潭 스님 강해 『반야심경현수법장소』 큰수레 1993년 11월 10일 출판본의 것을 전재하였습니다)

반야바라밀다심경(지혜륜역본)

  이와 같이 나는 들었다. 어느 때 세존께서는 왕사성의 취봉산(鷲峯山)에서 대비구 무리 및 보살 무리와 함께 계셨다.

  그때에 세존께서 '광대하고 매우 깊이 비추어 봄[廣大甚深照見]'이라는 삼마지(三摩地)에 들었다.

  당시에 대중가운데 한 보살마하살이 계셨으니 이름은 관세음자재(觀世音自在)인데, 매우 깊은 반야바라밀다행[甚深般若波羅密多行]을 행할 때에 오온(五蘊)의 자성(自性)이 모두 공함[空]을 비추어 보았다.

  그때에 장로[具壽] 사리자(舍利子)는 부처님의 위신력을 받들어 합장하고 공경히 관세음자재보살마하살에게 말씀드렸다.

"성자(聖者)여, 만약 매우 깊은 반야바라밀다행을 배우려는 이가 있다면 어떻게 수행해야 합니까?"

이렇게 여쭈니, 이때에 관세음자재보살마하살은 장로 사리자에게 말씀하셨다.

"사리자여, 만약 선남자 선여인이 매우 깊은 반야바라밀다행을 행할 때면 마땅히 오온의 자성이 모두 공함을 비추어 보아 모든 고통과 재난을 떠나야 한다.

사리자여, 색이 공하고[色空], 공성이 색을 나타내므로[空性見色], 색이 공과 다르지 않고, 공이 색과 다르지 않으며, 이 색이 곧 공이요[是色卽空], 이 공이 곧 색이다[是空卽色]. 수상행식(受想行識) 또한 다시 이와 같다.

사리자여, 이 모든 법의 본성의 모습인 공[是諸法性相空]은, 생겨나지도 않고 사라지지도 않으며, 더러운 것도 아니고 깨끗한 것도 아니며, 늘어나지도 않고 줄어들지도 않는다. 그러므로 공 가운데에는 색이 없고, 수상행식이 없으며, 안이비설신의(眼耳鼻舌身意)가 없고, 색성향미촉법(色聲香味觸法)이 없고, 안계(眼界)가 없고 의식계(意識界)까지도 없으며, 무명(無明)이 없고 무명이 다함도 없으며, 노사(老死)가 다함까지도 없으며, 고집멸도(苦集滅道)가 없으며, 지혜로써 증득함이 없고 얻음이 없다[無智證無得].

얻는 바가 없으므로 보리살타는 반야바라밀다를 의지하여 머물고[住], 마음에 걸림이 없다[心無障碍]. 마음에 걸림이 없으므로 두려움이 없으며, 전도몽상(顚倒夢想)을 멀리 떠나, 완전한 열반을 이루며[究竟寂然], 삼세의 모든 부처님들도 반야바라밀다를 의지하므로 아뇩다라삼먁삼보리를 얻고, 정각을 완전히 이룬다[現成正覺].

그러므로 알라, 반야바라밀다는 큰 진언[大眞言]이며, 크게 밝은 진언[大明眞言]이며, 위없는 진언[無上眞言]이며, 견줄 수 없는 진언[無等等眞言]으로서, 일체의 괴로움을 없앨 수 있으며, 진실하여 헛되지 않다. 그러므로 반야바라밀다 진언을 말하리라. 이제 진언을 말한다.

옴 아제아제 파라아제 파라산아제 모지사바하.

이처럼 사리자여, 보살마하살들은 매우 깊은 반야바라밀다행에 대하여 마땅히 이와 같이 배워야 한다."

이때에 세존께서 삼마지에서 조용히[安詳] 일어나시어 관세음자재보살마하살을 칭찬하여 말씀하셨다.

"훌륭하고 훌륭하다, 선남자여. 그러하고 그러하다. 그대가 말한 바와 같이 매우 깊은 반야바라밀다행은 마땅히 그와 같이 행하여야 하며, 그와 같이 행할 때 모든 여래는 다 함께 기뻐하시니라."

이때에 세존께서 이렇게 말씀하시자 장로 사리자와 관세음자재보살과, 그 대중에 모인 온갖 세간의 천인, 아수라, 건달바 등이 부처님이 설하신 바를 듣고 모두 크게 기뻐하며, 믿어 받아들이고 받들어 행하였다.

— — — — — — — — — — — — — — —

제7강

관음법문 강의

남회근 선생 강의
석보생(釋寶生)기록

　이번 선(禪) 수련은 본래 시방총림(十方叢林)의 학우들이 자발적으로 발심한 겨울방학 정좌수련입니다. 사회 일반 인사들이 참가하게 해달라고 하여도 함부로 드나들게 해서는 안 되며 모든 것은 마땅히 선당(禪堂) 규정에 따라야 합니다. 대경(大磬)114)을 세 번 치면 모두 선당에 들어가 자기 자리에 앉습니다. 그런 다음 목탁(木魚)를 세 번 치면 멈추고 조용히 합니다. 인경(引磬)115)을 딩! 딩! 딩! 세 번 울리면 자리에서 일어나십시오. 진정으로 정좌한 채 입정(入定)한 사람은 불러 깨울 수 없습니다. 몸이 솜처럼 유연하므로 그 사

---

114) 부처님에게 절할 때 치는 발우모양의 종.
115) 법회 때 대중의 주의를 끌기 위해 울리는 경쇠

람의 몸을 흔들었다가는 상해를 입힐 수 있습니다. 그러므로 출정(出定)하게 할 때는 인경을 이용해야 합니다.

여러분들이 이곳에 온 것은 몸과 마음을 놓아버리고 초보적으로 정좌(靜坐)를 연습하기 위함이지 선종을 배우러 온 것이라 할 수는 없습니다. 오늘날은 시대의 변화가 너무나 커서 선종도 이미 한 오라기의 실처럼 끊어질 듯 말 듯 합니다. 그러므로 이 개념을 절대 혼동해서는 안 됩니다. 정좌 자세가 어떤 것인지 먼저 명광(明光) 법사께서 여러분에게 칠지좌법(七支坐法)을 설명해 주시기 바랍니다. 그런 다음 다시 보충 설명하겠습니다. 먼저 앉는 자세를 정확하게 해야 두 다리의 기맥이 쉽게 통합니다.

불문(佛門)의 삼귀의에는 '귀의불, 양족존(歸依佛, 兩足尊)'이 있습니다. 교리적으로 말하면 부처님은 지혜가 구족하고 복덕이 구족하므로 양족존이라고 하는데, 그저 이론관념상의 일로 보이지만, 사실 이 두 다리의 기기(氣機)가 막힘없이 통하는 것은 신통(身通)을 얻는 것과 확실히 아주 큰 관계가 있습니다. 일반적으로 정좌하는 사람은 두 다리를 꼬고 앉자마자 시큰거리고, 저리고, 가렵고, 땅기고, 아프고, 차고, 덥고 하는 등의 신체 내면의 느낌이 발생하는데, 모두 다 병통입니다. 『금강경』에서 "그 마음을 항복시킨다[降服其心]"고 말합니다. 사실 그 마음을 항복시킨다는 것도 쉽지 않습니다. 만약 어떤 사람이 가부좌 자세로 여섯 시간 동안 움직이지 않고 앉아 있을 수 있다면 다리의 기맥이 통한 것이라 할 수 있을까요? 그렇지 않습니다. 그 원인이 무엇일까요? 이제 여러분에게 천천히 말씀드리겠습니다.

그 다음으로 생리상의 갖가지 병고 장애들은 어떻게 그 어려운 고비를 넘기며, 심리상의 제6의식과는 어떻게 닦기 시작하여 계정혜(戒定慧)의 도과(道果)를 증득할 것인지가, 이번 겨울방학 정좌수련에서 제가 학우들에게 요구하는 공부방향입니다.

정좌를 처음 배울 때 어떻게 고요함[靜]에 이를까요? 여러분들은 일부러 하나의 고요함을 구하지 말기 바랍니다. 올바른 자세로 앉아 6근(六根)을 쓰지 않습니다. 눈은 밖으로 보지 않고 귀는 밖에서 들려오는 온갖 소리를 들어 대단히 시끄럽더라도 6근 의식이 움직이지 않으면 여러분과는 별개의 세계가 되어 조금도 상관이 없습니다. 시끄러운 시장 속이라도 산 속이나 마찬가지로 내심은 자연히 고요해지는데 구태여 하나의 고요한 경계를 다시 구할 필요가 있겠습니까? 물론 심리적인 생각 망념이 끊임없이 오고 가는 것을 스스로 느끼는데, 이것은 문제입니다. 여러분 잊지 마십시오. 일체의 학문 수련은 모두 고요함 가운데서 오는 것입니다. 인성(人性)은 본래 고요함[靜]입니다. 움직임[動]은 후천적 오염(汚染)입니다. 예로부터 지금까지, 태어나서부터 죽을 때까지 한결같이 고요합니다. 생각이 오고 가더라도 상대하지도 환영하지도 마십시오. 맞이하지도 말고 거절하지도 말고, 낙엽이 땅에 떨어져 저절로 재가 되듯 그렇게 자연히 내버려둡니다. 여러분이 생각에 주의를 기울이고 싶어 할수록 도리어 내심의 생각을 흔들거리게 하여 외적인 언어 소리로 표출됩니다. 심신을 통해서 이러한 이치들을 깊이 체험하고 철저하게 이해하면 서서히 관세음보살이 도에 들어갔던 문으로 진입할 것입니다.

자리에 앉자마자 여러분들은 자기의 망상을 상관하지 마시기 바랍니다. 예를 들어 거리에는 차량 물결소리가 끊어지지 않는데, 제 자신은 밤낮으로 이런 경계 속에서 그 소리를 무슨 소리로 여길까요? 해조음(海潮音)으로 여깁니다. 『법화경』「보문품」에서 "범음해

조음(梵音海潮音)"이라고 합니다. 관세음보살의 도량은 절강성 보타산(普陀山)에 있습니다. 그 곳의 바다 파도물결 소리는 지금 이 곳 거리의 차량 소리보다도 더 시끄럽습니다. 마치 높은 건물에 바람이 불면 윙윙 소리가 나듯 바람에 치솟으면서 밀려오는 파도는 갖가지 소리를 냅니다. 그러나 여러분은 그 소리를 들으면서도 아무런 방해를 받지 않습니다. 소리를 듣지 못하는 것이 아닙니다. 듣지 못한다면 죽은 사람이나 마찬가지 아닙니까? 의도적으로 그 소리를 듣는 것도 아닙니다. 본래에 이루어진 것[現成]이니 따로 들으려고 하지 마십시오. 소리가 나는 것은 움직이는 현상인 동상(動相)이요, 소리가 사라지는 것은 고요한 현상인 정상(靜相)입니다. 동상과 정상 이 두 가지는 상대적인 현상일 뿐입니다. 능히 들을 수 있는 작용 그 자체는 움직이는 현상과 고요한 현상 사이에 있지 않습니다. 움직임이 오더라도 머물게 하지 못하고 고요함이 오더라도 머무는 바가 없습니다. 움직임을 능히 알고 고요함을 능히 아는 그 본체는 곧 공(空)하여 한 생각 일어나지 않으면 자연히 옳습니다. 대단히 간단합니다.

그러기에 『능엄경』에 보면 스물다섯 분 보살들이 각자 자신의 수행 소감[心得]을 보고하고 나자 문수보살은 이렇게 총 결론을 지어 말합니다. "이 사바세계에서의 진정한 교화 체계는 소리를 듣는 청정한 기능에 있다[此方眞教體, 淸淨在音聞]." 사바세계 중생은 관세음의 이근원통 법문을 닦는 것이 제일 좋다고 판단합니다. 이른바 원통(圓通)이란 다름 아니라 이근(耳根)을 이용하여 소리를 들음으로써 수증하는 것입니다. 소리는 앞뒤, 좌우, 상하, 내외, 시방(十方)에서 장애가 없기 때문에 청정원만하게 통달하여 도의 경계에 진입할 수 있습니다. 이 자리에 계신 남녀노소 다 함께 관음염불법문을 닦아가기 바랍니다. 가고 머물고 앉고 눕는 일상의 생활 속에서 일심불란(一心不亂)하게 염해 가십시오. 염염 사이에 관세음보살과 근근(根根)히 서로 이어져 저절로 관음보살이 말한 '소리 있음의 동적인 현상과 소리 없음의 정적인 현상이 둘 다 전혀 일어나지 않는[動靜二相了然不生]' 경계를 몸소 증득하여, '듣는 주체인 자성의 흐름으로 들어가 들리는 객체인 소리현상을 잃어버리는[入流亡所]'의 경계에 도달합니다.

여기서 관음법문과 관련된 재미있는 이야기를 한 토막 해보겠습니다. 일반적으로 어느 종교나 예로부터 지금까지 대부분 남자를 중시하고 여자를 홀시했는데, 석가모니도 예외는 아닙니다. 비록 인성(人性)의 평등과 일체중생은 모두 불성이 있다고 제창했지만 여전히 남존여비입니다. 왜 남자는 중시하고 여자는 홀시할까요? 생리적 심리적 행위적인 면에서 그 원인을 찾아 볼 수 있는데 지금은 이에 대해 토론하지 않겠습니다. 제가 늘 얘기하는 재미있는 일이 한 가지 있습니다. 중국의 도가에서는 옥황대제(玉皇大帝)를 숭배하고, 그 옥황상제도 최후에는 그의 어머니인 요지성모(瑤池聖母)를 숭배합니다. 천주교에서는 성모 마리아를 모시고 불교 가운데에서는 관세음보살을 보편적으로 신앙합니다. 거의 모든 종교가 최후에는 역시 어머니의 가르침을 귀착점으로 합니다. 그 이유는 어디에 있을까요? 어느 종교든 모성애를 인간의 인자함[仁慈]과 박애(博愛)의 구체적인 표현으로 여겨 여성 도덕의 전형을 대단히 존중하기 때문입니다.

인류의 문화사상(文化思想)에서 보면 관세음보살은 석가모니 부처님 이전에 벌써 존재했습니다. 특히 동양에서 보편적으로 전해오면서 숭배되었습니다. 관세음보살은 석가모니불보다 먼저 성불했습니다. 그 명호는 정법명여래(正法明如來)로서 그 자신 역시 남성입니다. 그러나 여성의 고통이 남성보다 큰 것을 동정했기 때문에 동양에서는 여성의 모습으로 시현(示現)하여 석가모니불의 교화를 도왔습니다. 특히 중국에서는 백의(白衣)관음이 대단히 유행했는데, 때로는 천주교의 성모마리아와 거의 나눌 수 없었습니다. 불교에 있는 육자대명왕주(六字大明王咒)인 "옴마니반메훔"은 바라문교(힌두교)에 일찍이 이미 전해져 왔습니다. 뿐만 아니라 불교의 밀교 수행법에서는 법문을 수행할 때 대부분 열십(十) 자를 그립니다. 예컨대 호신수인(護身手印)은 먼저 이마에, 그 다음으로는 왼쪽 어깨, 오른쪽 어깨, 가슴, 목 순으로 마치 십자 모양을 그리듯 했습니다. 그리고 밀교를 배우는 사람은 반드시 먼저 관정(灌頂)을 거쳐야 하는데 마치 서양에서 말하는 세례와 크게 유사합니다. 오늘날 더욱 증명할 수 있는 사실인데, 남아프리카공화국과 인디언들에게서도 육자대명왕주가 전해져 오고 있음이 이미 발견되었습니다. 그렇지만 도대체 어느 때부터 시작되었는지는 고증하기 어렵습니다.

그러므로 우리는 하나의 결론을 얻을 수 있습니다. 즉, 형이상(形而上)의 도(道)는 그만 두고, 형이하(形而下)의 입장에서만 보면 바로 앞전의 빙하시기 전에 인류문화는 이미 통일되었을 것입니다. 그러나 정신문명이 최고점에 도달했을 때 이 세계는 파괴되었고, 다시 두 번째의 세계가 형성된 것은 우리들 인생처럼 비애라고 할 수 있습니다. 우리들 생명의 최고 성취는 대부분 중년에야 완성되고, 노년은 중소년(中小年) 시기의 이상(理想)에 멈춰 서 있으면서 그 이상을 현실로 변화시켜 놓은 것에 지나지 않습니다. 세간이나 출세간의 사업도 다 이와 같습니다. 한 세대 한 세대씩 누적된 경험이 더해지지만 언제나 중소년 단계에 정지하고 있는 겁니다. 사람의 지혜가 가장 성숙된 시기는 오륙십 세에서 칠십 세 사이이지만, 지혜가 성숙되면 마치 익은 사과가 땅에 떨어져버리듯 한 세대 한 세대씩 영원히 떨어져 나갑니다. 그러므로 저는 말하기를, 인류의 역사 문화는 영원히 이삼십 세 밖에 되지 않는다고 합니다. 우리는 동양 문화가 길게 수천 년에 달한다고 여기고 있는데, 자기 몸값을 스스로 올리고 있다는 느낌이 상당히 듭니다. 이는 인류문화에 대한 하나의 큰 풍자이며 몹시 슬픈 일입니다.

불교 권 국가 중에서 티베트는 불국(佛國)으로 불립니다. 제가 티베트에 있을 때 어느 지역에서는 저녁이 되면 금강염송(金剛念誦) 소리만 들렸습니다. 고요하고 깊은 밤 집집마다 불을 쬐면서 다들 이런 주문을 외웠습니다. 염송방법은 입술과 치아는 움직이지 않고 혀만 약간 움직이면서 외웠습니다. '옴(唵)'은 두부음(頭部音)이요, '아(阿)'는 흉부음이요, '훔(吽)'은 단전음(丹田音)입니다. 소리를 길게 끌면서 외는데, 숨을 한 번 들이쉬면 그 숨이 다할 때까지 외는 겁니다. 이런 식으로 자꾸 반복하여 외는 겁니다. 우리가 머리가 아프거나 감기에 들었을 때는 '옴'음만 외면 땀이 나면서 두통이 치유됩니다. '아'음은 흉부의 병을 치료하고, '훔'음은 위장병을 치료합니다. 이 주문이 전 세계에 유행하고 있다는 사실을 지금 여러분에게 말씀드립니다. 하지만 중국에서는 여전히 대비주(大悲咒)가 유행하고 있습니다. 많은 사람이 대비주를 지니면서 다른 사람의 병을 치료해 주는데 대단히 영험합니다. 대비주의 원래 범음(梵音)을 묻는 사람이 있는데, 만약 산스크리트어를 진정으로 연구해보면 오늘날 전 세계에서 외우고 있는 범음 중에는 완전히 표준음에 부합하는 사람이 아마 하나도 없을 것입니다. 오늘날 외우고 있는 것은 모두 17세기 이후 범음에 근거합니다. 그러므로 우리는 발음이 어떤지는 상관하지 말고 온 정성으로 외우기만 하면 됩니다!

또한 관세음보살과 관자재보살이라는 두 가지 명호가 나타내는 의미는 하나일까요 둘일까요? 하나라 할 수도 있고 둘이라 할 수도 있습니다. 관자재보살은 때로는 대범천(大梵天)의 천주(天主)로 몸을 나투는데, 흰 옷을 입고 있으면서 하나의 대천세계(大千世界)를 감싸줍니다. 불교에서는 3천(三千)대천세계라고 하는데 연구해보면 깊고도 많은 문제가 있습니다. 우선 이 두 가지 명호가 나타내는 수행법을 간단히 말씀드리겠습니다. 관세음보살은 이근(耳根)원통을 이용하는 수행법이고, 관자재보살은 눈을 이용하여 색계(色界) 대광명정(大光明定)을 닦는 것입니다. 인체 내부에는 본래 빛이 있습니다. 우주는 원래 빛입니다. 빛과 소리가 이 우주에 충만해 있으며, 심지어는 우주 공간에까지 도달합니다. 우주 공간에는 블랙홀이 있는데 검은 색도 빛입니다! 검은 색은 검은 빛이요 흰 색은 흰 빛이라는 것을 과학을 배운 사람이라면 모두 알고 있습니다. 검은 빛, 흰 빛, 붉은 빛 등은 모두 빛으로서 광파(光波)임은 마찬가지이지만 그 분자배열이 다를 뿐입니다. 다이아몬드와 석탄은 그 성분이 둘 다 탄소이지만 원자배열 구조가 다를 뿐인 점과 같습니다. 보통 탄소의 원자배열은 부정형(不定形)이지만, 다이아몬드의 탄소 원자배열은 결정형(結晶形)인 팔면체(八面體) 구조로서 높은 압력 하에서만 다이아몬드가 형성됩니다. 그러므로 다이아몬드를 녹이면 사실 석탄성분과 마찬가지입니다. 이를 통해 밝은 빛과 어두운 빛은 단지 광도(光度)의 차이일 뿐이란 것을 알게 됩니다.

관자재보살은 빛을 닦는[修光] 것으로, 눈을 이용하여 닦으면서 의식과 결합시킵니다. 관세음보살은 귀를 이용하여 닦으면서 소리와 결합시키는 것입니다. 여러분들이 이 두 가지 법문을 조금만 닦아본다면 큰 효과를 보리라 생각합니다. 자연히 마음속으로 깨닫고 이해하게 되고 신체도 병이 줄고 수명이 늘어나게 되니 그 이로움이 무궁합니다. 그러나 먼저 여러분들에게 당부해야 할 점이 있습니다. 이 두 가지 법문은 신통 비슷한 것을 일으킬 수 있다는 겁니다. 얼마 지나지 않아서도 이 세상 밖의 소리를 들을 수 있게 됩니다. 심지어는 장래에 발생할 일을 미리 알게 되어 자연히 선견지명이 있을 수 있습니다. 그렇지만 그런 쪽으로 집착해 가다보면 마도(魔道)로 걸어 들어갈 가능성이 높습니다. 왜냐하면 여러분의 복덕선행과 공덕지혜가 부족한데도 신통 길로 따라간다면 도업(道業)이 그르쳐지기 십상이기 때문입니다. 사실은 부처도 없고 마구니도 없습니다. 다만 스스로 신통 부리기 좋아하여 중생을 유혹하고 괴력난신(怪力亂神)116) 같은 일을 하면서 신통에 자만함으로써 보리대도를 가로막을까 두려울 뿐입니다.

보리대도를 일백 층의 빌딩에 비유한다면 신통부리기는 2층까지만 오르고 아무리 해도 그 이상은 오르지 못하는 것이라 할 수 있습니다. 먼저 정중히 말씀드립니다만 여러분은 남녀노소 누구나 점수(漸修)의 길을 걸어가야 성취하게 됩니다. 특히 나이 드신 도반들은 주의해야 합니다. 노년 친구들은 도덕도 있고 학문도 있지만, 그렇게 여러 해 동안 지내면서 보았는데 여러분들은 그저 늙어만 가고 있습니다! 노쇠와 병고를 감당하지 못하는 것은 오칠(烏漆)보살 법문을 닦아서 그런지 몰라도 얼굴이 온통 까마귀상입니다. 우

---

116) 『논어』 「제7편 술이」에 나오는 말이다. '공자께서는 괴이한 일, 힘으로 하는 일, 어지러운 일, 귀신에 관한 일은 말씀하시지 않으셨다 [子不語:怪.力.亂.神。] 이에 대한 남회근 선생의 자세한 풀이는 역자가 번역한 『논어별재』를 참고하기 바란다.

선 도가 있고 없고는 차치하고라도 생리효과 면에서 우선적으로 꼭 효과가 있어야 합니다.

불법은 대단히 과학적인 실증입니다. 그러므로 여러분들은 각자 자기의 길을 걸어가되 개인별로 한 가지 수행법문을 선정해서 깊이 들어가 죽을 때까지 변치 않아야 합니다. 어떤 분은 염불삼매를 닦는다면 그대로 닦아가고, 어떤 분은 대비주(大悲呪)를 외우는 습관이 되었다면 대비주를 지니십시오. 육자대명주를 외워 일심불란에 도달하는 사람이 있다면 육자대명주를 외우십시오. 혹은 육묘법문(六妙法門)이나 백골관 등 어느 법문이든 다 상관없습니다. 그러나 이리저리 바꾸어서는 안 됩니다. 다른 신앙 기도를 한다면 마찬가지로 각자의 길을 가되 한 가지 수행법문을 선정하면 됩니다. "저는 어떤 법문으로도 공부가 되지 않습니다." 하는 분이 있다면 관세음법문을 활용하십시오.

제가 지금 하는 말소리와 바깥 거리의 차량들 소리를 여러분들은 다 듣고 있습니다. 하지만 주의를 기울여서 듣지 마십시오. 지금 폭죽 터지는 소리도 들었는데, 폭죽소리가 지나가고 나자 청정(淸淨)해졌습니다. 본래에 청정합니다. 이는 아주 초보적인 관음법문이지만 즉시 체험할 수 있습니다. 염불을 하든 어떤 수행법문을 닦든 간에 천천히 조용히 돌이켜서 자기 신체 내부의 소리를 들으면 되지 어떤 공부도 할 필요가 없습니다. 신체 내부에서는 원래 소리가 나는데도 여러분은 왜 듣지 못할까요? 과학적으로 연구해 보면 인체 혈액의 유동(流動)이나 심장의 박동 등 신체 내부 소리의 진동은 원자탄 한 개의 폭발소리보다도 큽니다. 노자는 말했습니다. "큰 소리는 그 소리가 들리지 않는다[大音希聲]." 우주 운행의 소리는 대단히 크지만 사람들은 습관이 되어버려 도리어 듣지 못합니다. 은하계의 소리가 가장 크지만 우리 인류는 역시 듣지 못합니다. 우리 신체 내부의 소리조차도 마찬가지로 듣지 못합니다.

여러분은 어느 때야 들을 수 있을까요? 여러분이 잠자기 위해서 베개를 베고 아직 잠들지 않았을 때 두 손으로 양쪽 귀를 마치 만두를 싸듯이 감싸면 심장의 혈액이 유동하는 소리가 크게 들립니다. 비행기를 탔을 때의 소음이나 전쟁터에서 나는 거대한 폭발음은 손으로 귀를 감싸면 마찬가지로 비교적 쉽게 외부 소리와 격리됩니다. 그 때에 내부의 소리는 아주 큽니다. 하지만 관음법문을 수행하는 사람은 고요한 상태에 있을 때 자기 내면의 소리를 들을 수 있습니다. 설사 아주 시끄러운 곳에 있더라도 자기 내면의 소리를 들을 수 있습니다. 수행이 이 정도에 이르면 신체상의 전환변화[轉化]는 상당한 상황까지 도달합니다. 자기 내부의 소리가 고요해져가는 것을 천천히 듣노라면 혈액의 유동이나 심장박동 소리도 고요해져 가는데, 어느 정도까지 고요해질까요? 신체 내부의 소리조차도 고요해지면 그 때는 일종의 대단히 기묘한 소리가 출현합니다. 얘기가 나온 김에 여러분들에게 제가 사천성 아미산 정상에서 폐관(閉關)하고 있을 당시의 경험을 말씀드리겠습니다.

깊은 밤 조용할 때마다 일어나 온통 눈과 얼음으로 뒤덮인 아미산 정상에서 정좌했습니다. 천지는 온통 적막하고 나는 새조차도 없는데, 그 청정한 경계는 마치 내 몸이 넓은 하늘을 노니는 듯 하면서 마음은 편안하고 자재하였습니다. 신선의 경계인 양 아주 쾌적할 뿐만 아니라 늘 허공중의 천상의 음악소리를 들었는데 대단히 미묘했습니다. 그래서 장자(莊子)가 말한 천뢰의 소리[天籟之音]가 생각났습니다.[117] 장자가 형용한, 시원스럽고, 청아하면서도 은 은하고 아름다우며 소박한 소리는, 정말 들어본 적이 없는 천상의 소리였습니다. 제 경험에 의하면 지금 비록 시끄러운 도심 속에 있지만 마음이 일단 고요해지면 천뢰의 범음(梵音)이 여전히 들리면서 온갖 잡음소리가 조금도 서로 방애가 되지 않습니다. 그러므로 여러분들이 이렇게 관세음법문을 닦기를 간절히 바랍니다. 틀림없이 성취가 있을 겁니다.

이제 『능엄경』의 관음원통법문 단락 경문을 인용하면서 다시 설명 드리겠습니다.

관세음보살(觀世音)이 일어서서 스스로 말했다. "제가 기억해보니 과거 무량겁 이전에 관세음불(觀世音佛)이 세간에 출현하셨는데, 저는 그 부처님 앞에서 자성 정각을 증득하기를 바라는 보리심을 일으켰습니다. 관세음불은 저에게 문(聞)·사(思)·수(修) (소리를 듣고 사유하고 수증하는) 세 단계로부터 수행하여 여래의 정정(正定)삼매로 증득하여 들어가라고 가르쳐주셨습니다.

저는 맨 처음에 이근(耳根)이 소리를 듣는 경계 중에서, 능히 듣는[能聞] 자성의 흐름으로 들어가고 나서는 들리는[所聞] 소리의 현상이 사라졌습니다. (그렇게) 전혀 들림이 없는[了無所聞] 이 적멸 속으로부터 다시 닦아갔습니다. 그러자 소리가 있음과 소리가 없음인 동정(動靜) 이 두 가지 현상을 비록 모두 또렷이 알면서 걸림이 없더라도[了然無礙] 한 생각이 일어나지 않게 되었습니다. 이처럼 점점 더 정진하니 능히 들음과 들림의 작용 기능이 모두 얼음 녹듯이 풀리어 남김 없어졌습니다. 능(能)과 소(所)가 둘 다 잊

---

117) 남회근 지음 송찬문 번역 『장자강의』 상권 「제2편 제물론」 앞부분에 나오니 참고하기 바란다.

어짐[能所雙忘]에 이르러서는 들음이 다한 무상(無相)한 (청정한) 경계에도 머무름이 없었습니다.

이로부터 능각(能覺)과 소각(所覺: 깨달아 진 그 청정한 경계)도 모두 공(空)해지고, 공과 각성(覺性)이 혼연일체가 되어 지극히 원만하고 밝은[圓明] 경계에 이르렀습니다.

이로부터 공(空: 능공)과 소공(所空)이 모두 사라지고 자연히 생멸의 작용이 다 사라졌습니다. 그리하여 절대 진공(眞空)의 적멸한 자성이 그 즉시 나타났습니다.

이로부터 홀연히 세간과 출세간의 모든 경계를 초월하였습니다. 시방세계가 즉시 훤히 원만하게 밝아지며[洞徹圓明] 두 가지 특수한 뛰어난[妙勝] 능력을 얻었습니다. 그 하나로, 위로는 시방의 모든 부처님들의 본원(本元) 자성의 묘각(妙覺) 진심에 합하였기 때문에, 모든 부처님들과 마찬가지로 크고 끝없는 자애[大慈]의 능력을 갖추었습니다. 또 하나로, 아래로는 시방의 모든 6도(六道: 천인·아수라·인간·축생·아귀·지옥) 중의 중생의 마음속의 근심[心慮]에 합하였기 때문에 온갖 중생과 마찬가지로 불쌍히 여기는 마음[悲心]으로 우러러 사모함[仰止]을 갖추었습니다.

爾時觀世音菩薩, 即從座起, 頂禮佛足, 而白佛言: 世尊. 憶念我昔無數恒河沙劫, 於時有佛出現於世, 名觀世音. 我於彼佛發菩提心. 彼佛教我從聞思修, 入三摩地. 初於聞中, 入流亡所. 所入既寂. 動靜二相了然不生. 如是漸增. 聞所聞盡. 盡聞不住. 覺所覺空. 空覺極圓. 空所空滅. 生滅既滅. 寂滅現前. 忽然超越世出世間. 十方圓明. 獲二殊勝. 一者, 上合十方諸佛本妙覺心, 與佛如來同一慈力. 二者, 下合十方一切六道眾生, 與諸眾生同一悲仰.

　이시(爾時)관세음보살(觀世音菩薩), 즉종좌기(即從座起), 정례불족(頂禮佛足), 이백불언(而白佛言), 스물다섯 분의 보살이 한 분 한 분씩 일어나 수행에서 터득한 바를 보고하는데, 이제는 관세음보살 차례가 되어 일어나 스스로 말합니다. 먼저 부처님께 정례하고 난 다음 이렇게 보고합니다.

　세존(世尊), 억념아석무수항하사겁(憶念我昔無數恒河沙劫), 어시 유불출현어세(於時有佛出現於世), 명관세음(名觀世音), 아어피불발 보리심(我於彼佛發菩提心). 제가 이제 회상해보니 과거 무량수 겁 이전에 관세음불이 세간에 출현하셨습니다. 저는 그 부처님 앞에서 자성정각(自性正覺)을 증득하겠다는 보리심을 일으켰습니다.

　피불교아종문사수(彼佛教我從聞思修), 입삼마지(入三摩地). 관세음불은 저에게 문사수(聞思修: 소리를 듣고, 사유하고, 수증함)라는 세 단계를 통해 수행하여 여래의 정정삼매(正定三昧: 삼매는 삼마지 三摩地를 줄인 음역임)에 깨달아 들어가라고 가르쳐 주셨습니다.

　초어문중(初於聞中), 저는 문사수로부터 삼마지에 들어갔습니다. 저는 자리에 앉자 이근(耳根)이 청정하여 자연히 외부의 일체의 소리를, 심지어 호흡소리까지 들었습니다. 이런 소리들에 대해 싫어하지도 않았고 일부러 마음을 써서 듣지도 않았습니다. 제6의식에서는 분별을 일으키지 않으니 서서히 고요해지면서 자연히 자기 내부의 생리적인 혈액순환 유동 소리가 들렸습니다.

　입류망소(入流亡所), 더 고요해져 가자 들리는[所聞] 소리를 잊어버리고 능히 듣는[能聞] 자성의 흐름으로 들어가, 들리는 소리 현상을 잊게 되었습니다." 들리는 소리를 잊어버리고 염불소리까지도 사라져버립니다. 내면의 소리도 사라져버리고 외부의 소리도 사라져 온통 청정함이 지극한 정도에 이릅니다.

소입기적(所入既寂), 동정이상료연불생(動靜二相了然不生), 전혀 들리는 것이 없는 적멸(寂滅) 속에서 더 닦아 나아가면, 소리가 있는 현상인 움직임[動]과, 소리가 사라진 현상인 고요함[靜], 이 두 가지 현상에 모두 전혀 걸림이 없으면서 한 생각이 일어나지 않게 됩니다[一念不生]. 우리가 어떤 소리가 나는 것을 귀로 들음은, 움직이는 현상인 동상(動相)입니다. 들리는 것이 없음을 주의를 기울여 들음은, 고요한 현상인 정상(靜相)이라고 합니다. '동상'과 '정상'은 둘 다 생멸상대법(生滅相對法)입니다. 도(道)는 동상에도 정상에도 있지 않습니다. 이른바 '동정이상료연불생(動靜二相了然不生)'입니다. 소리가 오면 동상을 듣고, 소리가 사라지고 나면 정상을 듣습니다. 우리가 아주 고요한 상태에 있을 때 홀연히 또 소리가 오면 즉시 동상을 들을 경우가 있는데, 움직임과 고요함은 현상(現象)이 다를 뿐입니다. 동상과 정상을 '능히 듣는 것 그 자체'(이해하기 쉽게 굳이 달리 말하면, 듣는 주인공—역주)는 소리 자체에 있는 것이 아닙니다. 더더욱 안에 있는 것도 밖에 있는 것도 아니요 중간에도 있지 않습니다. 있지 않는 곳이 없습니다. 그런데 심리는 도리어 분명히 알면서 움직인 적이 없습니다. 움직임이 오면 움직임을 알고 고요함이 오면 고요함을 압니다. 움직임과 고요함을 능히 아는 '이것'은 움직인 적이 없으며, 생기(生起)하면서도 생기하지 않고, 작용하면서도 작용하지 않습니다.

여시점증(如是漸增), 문소문진(聞所聞盡), 이렇게 더욱 정진해 가면 능히 듣는 작용기능[能聞]과 들리는 작용기능[所聞]이 둘 다 얼음 녹듯이 시원스럽게 남김없이 풀려버립니다. 소리를 능히 듣는 본체 기능과 소리가 들리는 작용이, 움직임과 고요함에 상관없이 모두 얼음 녹듯이 시원스레 풀립니다.

진문불주(盡聞不住), '능'과 '소' 둘 다 사라져[能所雙亡: 능은 주체를 소는 객체를 말함—역주], 들음과 들림이 다해버린[盡聞] 형상이 없는 [無相] 경계에도 머물 바가 없습니다[無所住]. 심지어 우주 개념의 범위를 초월하여 벗어남을 느낍니다. 이렇게 더욱 한 걸음 나아가면 철저히 명심견성(明心見性)하여 형이상의 도체(道體)와 혼연히 합하여 하나가 될 수 있습니다.

각소각공(覺所覺空), 우리가 소리를 듣는 후면에는 자기가 듣고 있다는 것을 감각할 수 있습니다. 그 각성(覺性)과 소각(所覺)의 소리, 즉 능각(能覺)과 소각(所覺)을 모두 비워버리면, 공(空)의 경계와 자기가 대철대오한 각(覺)의 경계가 다 사라집니다.

공각극원(空覺極圓), 공과 각성이 혼연일체가 되어 원명(圓明)의 경계에 도달합니다.

공소공멸(空所空滅), 능공(能空)과 소공(所空)의 현상도 사라집니다.

생멸기멸(生滅旣滅), 자연히 생(生)과 멸(滅)의 작용이 둘 다 완전히 사라집니다.

적멸현전(寂滅現前), 그리하여 절대적 진공(眞空)인 적멸자성(寂滅自性)이 그 즉시 현전합니다. 능히 생멸하게 하는 것을 비워버리면 혼연일체(渾然一體)의 원만광명한 도체에 도달하기 때문에, 이때는 호흡도 정지합니다.

호흡법은 기맥을 수련하는 방법으로 그 자체는 생멸법입니다. 생멸법인 것은 모두 현상이지 도체가 아닙니다. 여기에서 여러분에게 중요한 도리를 하나 말씀드리겠습니다. 우리들의 염두생각이 먼저 움직일까요? 호흡의 기(氣)가 먼저 움직일까요? 염두가 움직이면 기가 곧 움직입니다. 사람이 만약 염두가 전혀 움직이지 않으면 호흡도 자연히 정지합니다. 호흡이 정지할 때에는 신체의 본능(本能: 본래 능력 또는 본래 에너지—역주)도 전체적으로 완전히 충전되어 가득합니다. 그러므로 기공을 연마하거나 구절불풍(九節佛風) 등 갖가지 호흡 왕래 수련법을 닦는 것은 다 미련한 일로서 완전히 충전할 수는 없습니다. 진정한 충전은 염두가 전혀 움직이지 않고 내쉬지도 들이쉬지도 않은 상태일 때 이루어집니다.[118]

이렇게 여러분들이 관음법문을 파악한 후 천천히 안으로 소리를 들음으로써 한 생각이 일어나지 않는, 일념불생(一念不生)의 경지에 도달하면 신체 기맥에도 자연히 변화가 일어나고 정(定)의 힘도 증가하게 됩니다. 염두가 완전히 정지(靜止)하고 호흡이 왕래하지 않기 때문에 자연히 다리 기맥도 쉽게 통하게 됩니다. 앉아 있는 상태에서 지극히 편안하면, 자리에서 일어나고 싶지 않으면서 움직이기조차 싫어지는데, 7일 밤낮을 앉아 있는 것도 무슨 어려움 있겠습니까?

홀연초월세출세간(忽然超越世出世間), 시방원명(十方圓明), 이때에 이르면 형이상의 도체가 자연히 완전하게 드러나면서 돌연히 세간과 출세간의 모든 경계를 초월합니다. 전 허공우주인 시방세계가 즉시에 철저히 환해져 원만히 밝아지는데 어찌 천인합일(天人合一)에만 그치겠습니까? 완전히 원만 청정한 일체(一體)가 되어 버립니다.

획이수승(獲二殊勝). 이때에 특별하고 뛰어난 기능을 두 가지를

---

118) 호흡법문을 보다 깊게 이해하기 위해서는 『호흡법문 핵심강의』와 『선과 생명의 인지 강의』를 참고하기 바란다.

얻게 됩니다.

일자(一者), 상합시방제불본묘각심(上合十方諸佛本妙覺心), 여불여래동일자력(與佛如來同一慈力), 위로는 시방의 일체제불의 본원(本元) 자성의 묘각진심(妙覺眞心)에 합하고 과거에 성취한 모든 성현 부처님들의 마음과 마음이 꼭 들어맞아 대자대비한 능력을 함께 갖추게 됩니다.

이자(二者), 하합시방일체육도중생(下合十方一切六道衆生), 여제중생동일비앙(與諸衆生同一悲仰), 아래로는 시방세계의 일체의 6도 중생(천인·아수라·인간·축생·아귀·지옥)과 합하며 중생의 마음속의 근심과 한 몸이 됩니다. 그러므로 일체중생과 마찬가지로 어려운 세상을 슬퍼하고 사람들의 고통을 동정하는 행동을 갖추어 위아래를 나누지 않고 평등하게 구제합니다. 그러므로 관세음보살의 대자대비하심을 찬탄하는 게송[讚觀音偈]은 이렇게 말합니다.

관세음보살의 미묘함은 이루다 말할 수 없어라
청정하고 장엄한 상호를 수많은 겁 닦으셨네
서른두 가지 응신으로 무수한 국토에 나투시며
백천만겁토록 사바세계 중생을 교화하시네
병속의 감로를 언제나 중생들에게 뿌리시고
손에 드신 버들가지는 지난 세월을 알 수 없네
고통 구해주길 비는 곳은 어디나 응하시며
고해에서 항상 사람들 건네주는 배가 되시네

觀音菩薩妙難酬　淸淨莊嚴累劫修
三十二應遍塵刹　百千萬劫化閻浮

瓶中甘露常時灑　手內楊柳不計秋
千處祈求千處應　苦海常作度人舟

　제가 항상 여성 도반들에게 바랍니다. 특히 수행공부를 해도 궤도에 오르지 못하고 지혜가 열리지 않고 복보가 갖추어지지 못했다면 여성에게 가장 동정적인 관세음보살에게 간청하십시오. 남성도 마찬가지입니다. 고대에 선종에서는 많은 조사들이 오로지 일심으로 '나무 대자대비 구고구난 광대영감 관세음보살(南無大慈大悲救苦救難廣大靈感觀世音菩薩)'을 외워서 대철대오했습니다. 이런 선배들을 거울삼아 우리는 관세음보살의 이근(耳根)원통 수행법을 더욱 본받고 학습해야 합니다. 석가 부처님이 당시에 제자들을 교화 지도할 때에 일반 성문중(聲聞衆)도 모두 부처님의 음성을 듣고서 도에 들어가고 과위를 증득했습니다. 왜냐하면 이 사바세계 중생들은 이근이 가장 예민하기 때문에 일체의 수행법은 다 이근에 의지해서 전도(傳導)했습니다. 선종이든 정토종이든 밀종이든 어떠한 법문도 관음법문을 떠나지 않습니다. 특히 정좌 초학자들은 반드시 이로부터 입문해야 합니다. 불경에서는 예류향(預流向)이라고 하여 과위를 증득하기 위해서 이 방법으로 수행 준비하는 것을 말합니다. 닦아서 성공하면 예류과(預流果)라고 합니다. 이로부터 닦지 않으면서 도과를 성취하고자 하는 것은 옳지 못합니다.
　특히 고급과정의 학생들은 석사·박사 학위를 대단한 것으로 보는데, 죽은 자가 관을 지키고 있다는 말은 그런 것을 일컫습니다. 모든 학문은 죽은 자의 골동품이며 생사(生死)를 막아내지 못합니다. 만일 참으로 놓아버리고 이 방향으로 수행해가면 오도(悟道)성취는 아주 빠릅니다. 그때에는 세간의 모든 학문을 자연히 훤히 꿰뚫게 되고, 심지어 널리 배우고 애써 기억할 필요가 없습니다. 염두를 들자마자 척척 알게 됩니다. 물론 견지(見地), 수증(修證), 행원(行願)이 삼위일체(三位一體)입니다. 좋은 교육을 받은 적이 없다면 이런 잇속을 차리지 말기 바랍니다. 사람마다 근기(根器)가 다르므로 선사들의 교육도 일정하지 않았습니다. 자기를 대단하게 여기고 교만한 자는 눌러주고, 자기를 비하하고 천히 여기는 자는 붙들어 주었습니다. 지나침과 미치지 못함, 눌러 줌과 붙들어 줌 사이에서 상대의 근기에 응해 가르침을 베풀었습니다. 때로는 밭가는 농부의 소를 몰아주기도 하고 배고픈 이의 밥을 빼앗기도 했습니다. 그러므로 일률적으로 논해서는 안 됩니다.

이번 겨울방학 정좌수련 동안 여러분은 자발적으로, 평소 가고 멈추고 앉고 눕는 등의 활동 사이에서 다음과 같은 방향으로 많이 체험하시기 바랍니다. 즉, 어떻게 망념을 끊고 지혜를 계발할 것인가, 어떻게 자기 심리 행위를 수증(修證)하고, 마음을 일으키지 않고 생각을 움직이지 않을 것인가 하는, 이런 쪽으로 진정 마음을 쓴다면 제가 자연히 지도해드릴 것입니다. 평소에 잡담하지 말고 자기 생명의 매우 짧은 세월을 아끼고, 자기 신체상의 변화는 상관하지 마시기 바랍니다. 색신의 감각도, 움직임과 고요함 두 가지 현상이 전혀 일어나지 않는 것입니다.

(선생께서 여기까지 설법했을 때 명광明光 법사의 신체가 갑자기 진동하면서 의자에서 펄떡펄떡 뛰었다. 선생이 향판으로 강의 탁자를 한 번 크게 치고 말했다 : "명광! 몸을 따라 움직이지 말아요!" 그러자 즉시 조용해졌다.)

명광! 감각인 수음(受陰)에 부림을 당해서는 안 됩니다! 그게 바로 수음경계예요. 색신의 생사는 의식 현행 습기가 색음을 쫓아서 각수(覺受)를 낳기 때문인데, 이때에 이르러서 의식이 그를 따라 굴러가지 않으면, 수음도 공해져 굴러 움직일 수 없게 됩니다. 색신의 각수에 의식이 가서 도와주는 짝이 되지 않으면 어떻게 그것이 굴러 움직일 수 있겠습니까? 마음의 양[心量]은 허공과 같음을 마땅히 스스로 알고, 색신의 안팎에 머물지 않고 행하면 곧 수음입니다. 신체적인 근심·슬픔·기쁨·괴로움 등 갖가지 감수를 포함한 고통과 쾌감이 모두 그 수음 범위에 들어갑니다. 이런 도리를 이해하고 이때에는 마땅히 곧바로 깊이 깨달아야 합니다. 『능엄경』에 말하기를, "허공이 너의 마음 가운데서 생겨남이, 마치 조각 구름이 하늘에 점을 하나 찍어 놓은 것과 같다[虛空生汝心中, 如片雲點太淸裡]."고 했습니다. 그런데 하물며 시방세계가 허공에 의지하여 생겨나는 데야 더 말할 나위가 있겠습니까. 큰 지혜가 있는 사람은 이 두 마디 말을 틀어쥐고 닦아 나간다면 어디 7일 동안이나 필요하겠습니까? 즉시에 성공할 수 있습니다.

서방극락세계 두 분의 대보살은 한 분은 관세음보살이요 또 한 분은 대세지보살인데, 두 분 다 아미타불을 이근염불원통 법문으로 도와주십니다. 관세음의 범어 음은 아발로키데스바라인데, 인식의 대상을 관조하는 지혜[能所境智]로써 이름을 지었습니다. 만상(萬象)은 흘러 움직이면서 저마다 서로 다릅니다. 다른 언어로 달리 불러도 모두 괴로움을 벗어나게 해줍니다. 그 크나큰 자비 위신(威神)은 불가사의합니다. 과거 무량겁 중에 이미 성불하셨는데 대비 원력으로 중생의 안락을 위하기 때문에 보살의 모습으로 시현합니다. 대세지(大勢至)보살의 중국어 번역 의미는 지혜의 빛으로 일체를 두루 비춤으로써 지옥·아귀·축생의 3악도(三惡途)를 떠나 무상의 힘[無上力]을 얻게 하는 까닭에 대세지라고 이름 합니다.

대세지염불원통법문과 관음법문은 서로 비슷하면서 한 가지 중점이 있습니다. 그것은 "6근을 모두 거두어들여서 정념(淨念)이 서로 이어지는 것[都攝六根, 淨念相繼]"인데 반드시 주의해야 합니다. 자기의 내심에서 내는 염불소리를 돌이켜 듣고, 안으로 듣는 염불소리를 돌이켜 관찰하면서 '나무대세지보살'이나 혹은 '나무관세음보살'을 한 자 한 자 또박또박 외웁니다. 외우고 외움이 서로 이어지게 하되 눈은 밖으로 보지 않고 귀는 염불소리를 듣습니다. 이렇게 일심불란(一心不亂)하게 외워갑니다. 어떤 분은 수십 년을 외우거나 몇 생을 외워도 정념(淨念)을 얻지 못할지도 모릅니다. 그렇지만 어떤 사람은 아주 짧은 시간에 염불이 정념(淨念)이 서로 이어지는 경지에 이르러 곧바로 3제탁공(三際托空)이 될 수도 있습니다. 즉, 앞생각은 이미 지나가고 뒷생각은 아직 오지 않은, 그 당체의 일념은 여여부동(如如不動)합니다. 선(善)도 생각하지 않고 악(惡)도 생각하지 않으며, 생각하지 않는다는 것도 생각하지 않습니다. 염하면서도 염함이 없고[念而無念], 염함이 없으면서도 염합니다[無念而念]. 이렇게 정(定)의 상태가 지속되어가는 것이 바로 '정념(淨念)'입니다. 6근(六根)을 다 거두어들이고 정념이 서로 이어져감이 일념만년(一念萬年)이요 만년일념이라야 비로소 진정한 유심(唯心) 불토입니다. 가령 그 사이에 가끔 망념이 일어난다면 곧 관세음보살을 염하여 잡념망상이 없어질 때까지 염합니다. 번뇌 망상의 흐름을 잘라 끊어버리고 3제탁공하면 정념(正念)이 현전합니다. 이렇게 정(定)의 상태가 지속되어 가면 서서히 자기 심신의 기질을 전환변화 시키고 신경세포마다 변화하여 부드럽고 윤기가 흐르게 됩니다. 그리하여 수행이 원만 청정한 과보를 받는 정도에 이르면 자연히 번뇌가 없고 편안히 해탈하여 4선8정의 정(定)의 경계에 도달합니다. 그리하여 한 줄기 성스러운 광명[聖光]이 왕생하러 가고자 하면 곧 극락세계에 이릅니다. 심지어 염두만 굴리면 시방세계 어디든 자기 뜻대로 머무를 수 있습니다.

　이렇게 정토를 수행하는 것이 선정쌍수(禪淨雙修)로서 대단히 온당한 법문입니다. 영명(永明) 연수(延壽)선사의 사료간(四料簡)은 이렇게 말합니다.

참선수행도 있고 염불공덕도 있으면	有禪有淨土
마치 뿔 달린 호랑이 같아	猶如戴角虎
현세에는 뭇 사람들의 스승이 되고	現世爲人師
내세에는 부처나 조사가 될 것이다	來世作佛祖

참선수행 없더라도 염불공덕이 있으면	無禪有淨土
만 사람이 닦아 만 사람 모두 가나니	萬修萬人去
단지 아미타불을 가서 뵙기만 한다면	若得見彌陀
어찌 깨닫지 못할까 근심하리요	何愁不開悟

참선수행만 있고 염불공덕이 없으면	有禪無淨土
열 사람 중 아홉은 길에서 자빠지나니	十人九蹉路
저승(中陰) 경계가 눈앞에 나타나면	陰境若現前
눈 깜짝할 새 그만 휩쓸려 가버리리라	瞥爾隨他去

참선수행도 없고 염불공덕마저 없으면	無禪無淨土
쇠침대에 눕고 구리기둥 안을 것이니	鐵床竝銅柱
억만 겁이 지나고 천만 생을 거치도록	萬劫與千生

　이게 바로 이른바 선정쌍수의 도리입니다. 즉, 마음을 하나의 대상에 묶어두기 위해[繫心一緣] 모든 것을 한 마디 부처님 명호에 두고 밤낮으로 한눈팔지 않고 곧장 닦아 가면 자심정토(自心淨土)와 극락세계 아미타불 정토에 도달합니다. 망념을 일으켜 일부러 구하려 하지 마십시오. 빛과 빛이 서로 맞닿아 자연히 옵니다. 만일 그렇게 할 수 없다면 마음속으로 혹은 소리를 내어 외우되, 단숨에 외우는 방식(한번 들이 쉰 숨이 다할 때까지 외움)으로 반복해서 외우십시오. 염불할 때에는 입으로 숨을 들이쉴 필요 없습니다. 들이쉴 때에는 코로 단전까지 흡입하여 전신의 털구멍까지 도달하도록 하고 내심으로는 정념(淨念)을 지속해갑니다. 염념이 청정하면 자연히 소식이 있을 겁니다.

　여러분이 한참 망념이 어지러울 때 갑자기 내가 '탁'하고 한 번 치는 향판 소리를 들었다고 합시다. 이렇게 '탁'하는 소리에 자연히 일종의 모든 인연이 끊어지는 느낌이 듭니다. 마치 갑자기 어리둥절해진 것 같아서 평소의 지각과 느낌과는 다르면서도 비할 바 없이 엄숙하고 조용한 감각이 있습니다. 이게 바로 '마음을 한 대상에 묶어둠'에 점차 진입하는 이치입니다. 이런 경계는 사실 저마다 본래 다 있습니다만 자기가 지혜의 힘이 부족하여 인식하지 못하고 있을 뿐입니다. 이제 여러분들이 이 점을 체험해보도록 도와드렸으니, 날쌘 고양이가 쥐를 잡을 때 눈도 깜짝하지 않은 채 아주 조용히 바라보고 있듯이, 놓아버리지 않고 줄곧 고요한 상태를 지속시켜 나가면 틀림없이 정념(淨念)이 서로 이어지게 될 수 있습니다.

　예로부터 염불법문은 삼근보피(三根普被)라고 했습니다. 상근기로서 예리한 지혜를 가진 대승보살에서부터 중근기인 성문승과 연각승, 그리고 하근기인 일반 범부 속인에 이르기까지 모두 극락으로 맞이하여 이끌어 줍니다. 80권 『화엄경』은 일체의 대승보살이 반드시 닦아야 할 길인데, 그 마지막 한 권의 기록에 보면 석가모니 부처님은 제대보살과 시방의 제불을 이끌고 정토로 돌아갑니다. 그 정토는 비로성해(毘盧性海) 또는 화엄정해(華嚴淨海)라고 합니다. 여기서 말하는 '정(淨)' 자는 더럽지도 깨끗하지도 않다는 '불구부정(不垢不淨)의 정(淨)'을 의미합니다. 세속에서 말하는 깨끗하다 더럽다는 상대적인 개념으로서의 정(淨)의 의미가 아닙니다. 즉, 일체의 부처님이 성취한 정토(淨土)입니다. 우리는 선정쌍수가 중요하다는 것을 이해했으니, 이제는 여러분들에게 『능엄경』에 나오는 대세지보살 자신의 수행 공부 방법에 대한 보고 내용을 말씀드리겠습니다. 『능엄경』에서 뽑은 이 단락의 원문에 여러분은 특히 주의를 기울여 연구하시기 바랍니다.

대세지보살(大勢至菩薩)이 자신과 함께 수행하는 도반 52분의 보살들과 일어서서 스스로 말했다. "제가 기억해보니 과거 헤아릴 수 없는 겁 이전에 한 분의 무량광불(無量光佛)이 세간에 출현하셨습니다. 앞뒤로 열두 분의 부처님이 모두 동일한 명호를 사용하여 서로 이어가면서 세간에 머물며 교화하셨는데, 그 기간이 1 대겁 동안이었습니다. 최후의 부처님이 명호가 초일월광불(超日月光)이었는데, 그 분이 저에게 염불삼매를 닦아 익히라고 이렇게 가르쳐 주셨습니다.

'어떤 것을 염(念)이라고 할까? 예컨대 어떤 사람이 마음을 오로지하여 다른 사람을 기억하고 생각한다. 그런데 그 다른 사람은 자기를 생각하고 그리워하는 이 사람을 언제나 잊어버린 채 생각하지 않는다면, 이런 두 사람은 서로 만난다 할지라도 상봉하지 않음이나 마찬가지이다. 반드시 두 사람은 피차 서로 기억하고 생각하고 피차 모두 서로 생각하고 잊지 않아야한다. 세월이 오래 지나고 공(功)이 깊어지면 기억하고 생각함[憶念]은 더욱 간절해진다. 한 생 한 세상뿐만이 아니라 무수한 생사 환생을 거칠지라도 형체와 그림자처럼 분리될 수 없다.

너는 알아야한다, 시방세계의 모든 부처님들이 온갖 중생을 불쌍히 여기며 기억하고 생각함은 마치 자애로운 어머니가 자녀를 기억하여 생각함과 같다. 만약 아들이 자애로운 어머니를 거스르고 스스로 어머니의 사랑으로부터 도피하여 먼 지방으로 가버린다면, 자애로운 어머니가 아들을 그리워한들 무슨 소용이 있겠느냐? 만약 이 아들이 모친을 그리워한다면, 그 어머니가 그를 그리워함과 같게 된다. 이와 같다면 어머니와 아들 두 사람이 비록 겁의 세월을 거치며 수 없이 태어나더라도 서로 멀어져 흩어지지 않을 것이다.

만약 중생이 마음속에서 진실하고 간절하게 부처님을 기억하고 생각한다면, 금생인 현재나 혹은 장래에 반드시 부처님을 볼 수 있다. 자성 진심의 자성불(自性佛)과 우리 중생들 사이에는 멀고 가까움의 거리가 없으니 다른 방법을 빌릴 필요가 없다. 단지 자기 마음이 깨달음을 얻어 자성의 진심을 보면, 자연히 마음이 열려 부처를 본다.

그러므로 염불 법문은 언제 어디서나 생각생각 잊지 않아야한다. 마치 향기를 물들이는 작업을 하는 사람이 날이 가고 달이 가다보면 자연히 몸에 향기가 있음과 같다. 그러므로 이 방법을 향광장엄

(香光莊嚴)이라고 부른다.'

제가 닦아 익히기 시작한 방법은 일심(一心) 염불로부터 무생법인의 경계에 들어가는 것이었습니다. 지금은 이 세상에 돌아와 일반 염불하는 사람들로 하여금 청정한 광명의 정토로 돌아가도록 교화하고 널리 섭수(攝收)하고 있습니다.

부처님께서 이제 저희들에게 무슨 방법을 닦아야 부처의 과지를 원만히 통달할 수 있는지 물으십니다. 저는 6근 문(門)의 수행법에 대해 그 예리함과 둔함을 선택하는 분별심이 없습니다. 단지 6근의 작용을 모두 염불하는 일념에 돌려 거두어들이기만 해서 망상으로 산란(散亂)하지도 않고 혼침(昏沉)으로 미혹하여 어둡지도[迷昧] 않음이 바로 자성의 정념(淨念)입니다. 이렇게 생각 생각마다 이어져 끊어짐이 없으면 자연히 염불삼매를 얻을 수 있습니다. 이것이야말로 제일 묘법입니다.

大勢至法王子與其同倫五十二菩薩, 卽從座起, 頂禮佛足, 而白佛言 : 我憶往昔恒河沙劫, 有佛出世, 名無量光. 十二如來, 相繼一劫. 其最後佛名超日月光. 彼佛教我念佛三昧, 譬如有人, 一專爲憶, 一人專忘, 如是二人, 若逢不逢, 或見非見. 二人相憶, 二憶念深, 如是乃至從生至生, 同於形影, 不相乖異. 十方如來憐念衆生, 如母憶子. 若子逃逝, 雖憶何爲. 子若憶母如母憶時, 母子歷生不相違遠. 若衆生心憶佛念佛, 現前當來必定見佛, 去佛不遠, 不假方便自得心開. 如染香人, 身有香氣. 此則名曰香光莊嚴. 我本因地以念佛心, 入無生忍. 今於此界, 攝念佛人歸於淨土. 佛問圓通, 我無選擇, 都攝六根淨念相繼, 得三摩地, 斯爲第一.

대세지법왕자(大勢至法王子), 대세지(大勢至)는 법호(法號)로서 그 속에 담긴 의미가 대단히 큽니다. 우리가 알듯이 우주의 만사 만물에는 한 가닥의 어떤 힘이 있는데 그 힘이 올 때에는 아무도 막을 길이 없습니다. 예를 들어, 우리는 업보가 다해 생사가 임박했을 때에는 그 누구도 막을 길이 없습니다. 제법무상(諸法無常)을 전환시킬 수 없습니다. 이게 바로 대세의 흐름[大勢所趣]이라는 겁니다. 소극적인 면에서 볼 때 한 국가 민족이나 세계의 비참한 운명[劫運]이 다가올 때에는 그 대세가 이르러도 막을 수 없을 때가 있습니다. 하느님과 마왕이 싸우게 되면 반드시 마왕이 지고 하느님이 승리하게 됩니다. 그러므로 수행하여 성취가 있는 사람이 역경을 극복하고 단박에 생사의 흐름을 끊어 보리를 증득하여 공덕이 원만하고 지혜가 구족하면, 그 역시 바로 대세지보살입니다. 법왕이란 일체를 성취한 성자(聖者)인데 부처님을 법왕이라고도 하고 공왕(空王)이라고도 합니다. 마치 공자(孔子)를 소왕(素王)이라고 부르는 것과 다름없습니다. '소(素)'는 곧 정(淨)이며 정(淨) 역시 공(空)입니다. 10지(十地) 이상을 성취한 보살위(菩薩位)에서 계속 수행하여 가서 등각위(等覺位)를 거쳐 묘각위(妙覺位)에 도달하면 법왕이라고 합니다. 8지(八地) 이상의 보살 단계에 있다면 법왕자라고 부르는데, 세간으로 말하면 국왕의 태자에 해당합니다. 그러므로 대세지보살과 관세음보살은 모두 서방극락세계에서 아미타불국토를 보좌하는 이대(二大) 성자로서 법왕자라고 합니다.

여기 동륜오십이보살(與其同倫五十二菩薩), 그와 함께 수행하는 도반들로는 52위 보살이 있습니다. 대승보살의 단계에는 55위가 있는데 그 뒤 3위는 불위(佛位)에 완전히 도달한 것이므로 52위라고 합니다.

즉종좌기(卽從座起), 정례불족(頂禮佛足), 이백불언(而白佛言), 곧 자리에서 일어나 부처님 발에 정례(頂禮)하고 부처님께 이렇게 자술합니다.

아억왕석항하사겁(我憶往昔恒河沙劫), 유불출세(有佛出世), 명무량광(名無量光). 십이여래(十二如來), 상계일겁(相繼一劫). "제가 기억해 보니 과거 무량수 겁 이전에 무량광불(無量光佛)이란 분이 세상에 출현하셨고 연달아 출현한 열두 분의 부처가 다 동일한 명호로서 세상에 머물면서 교화한지 모두 한 대겁(大劫) 동안 이어졌습니다." 여기서 말하는 무량광은 바로 아미타불을 가리키는 대명사입니다. 법계(法界)가 시작된 이후 지금까지 얼마나 많은 겁 전에 이미 아미타불께서 중생을 교화하고 있었는지 모릅니다. 항하사겁(恒河沙劫)은 헤아릴 수 없는 시간을 가리킵니다. 중국 대륙의 황하강을 예를 들면 황하강 중에는 얼마나 많은 모래가 있는지 모릅니다. 그런데 다시 그 모래알 하나가 한 줄기 황하강이라고 하고 다시 그 황하강 속에 무수한 모래알이 있습니다. 이런 식으로 계산해 보면 계산이 불가능합니다. 그런데 우주 무량겁 이전에 한 분의 육신 부처가, 마치 2천여 년 전 석가모니불이 보신(報身)으로 이 세상에 응하셨듯이 세상에 머무셨는데, 그의 명호가 아미타불이었습니다. 번역하면 무량광, 무량수(無量壽)가 되는데, 『능엄경』의 이 단락 경문에서는 수(壽) 자는 번역하지 않고 단지 무량광이라고만 번역했습니다.

특히 연구해볼 점이 하나 있습니다. 아미타불의 빛은 불생불멸하는 것으로 어디로부터 옴도 없고 어디로 향하여 감도 없습니다. 이 빛은 영원히 항상 있습니다. 그런데 일반적으로 우주의 빛은 끊임없이 방사(放射)하고 전환하는 것으로 생멸이 있고 형상이 있습니다. 아인슈타인의 상대성(相對性)이론에 따르면, 빛의 속도를 일체 속도의 극한점이라고 가설하고, 광속도에 도달하면 모든 시간이 정지하게 되어 시간의 영역이 사라진다고 하는데, 이게 어찌된 일일까요? 이런 것들은 아직 인위적인 이해범위에 속합니다. 보살의 마음의 광명은 무량무변하면서 생각에 응해 도달합니다. 빛의 속도를 초월할 뿐 아니라 시간과 공간까지도 초월하는데, 어찌 오늘날 물리학이 헤아려 알 수 있겠습니까?

무엇이 빛일까요? 예를 들어 태양 빛도 빛이요 전등 빛도 빛입니다. 일체가 다 빛입니다. 낮에도 빛이 있고 깜깜한 밤에도 빛이 있습니다. 우주 속의 블랙홀에도 빛이 있습니다. 만물 일체는 빛을 발하고 있습니다. 그러기에 『아미타경』에서는 우리에게 말하길, "푸른 연꽃에서는 푸른 광채가 나고, 노란 연꽃에서는 노란 광채가, 붉은 연꽃에서는 붉은 광채가, 하얀 연꽃에서는 하얀 광채가 난다[靑色靑光, 黃色黃光, 紅色紅光, 白色白光]."고 합니다. 모든 물체는 다 빛을 지니고 있습니다. 현대인은 마땅히 현대의 과학지식을 가지고 있어야 불학에 대해 더욱 철저하게 이해할 수 있습니다. 일체만물은 빛을 발하고 있으므로 우리들 인체 자체도 빛이 있습니다. 인체의 빛은 얼마나 클까요? 대략 양 팔을 벌려 원을 그려본다면 그 범위 안은 모두 빛입니다. 사진기로 찍어낼 수 있습니다. 오늘날 과학으로 증명된 일인데, 어떤 사람이 좋은 염두를 움직이면 어떤 빛이 발하고 나쁜 염두를 움직이면 어떤 빛을 발하는지 절대적으로 알아볼 수 있습니다. 그러므로 수행인이 바른 생각을 하면 [正念] 반드시 청정한 광명입니다. 정좌 입정한 상태에서 방광(放光)이 보이는 것은 결코 희한한 일이 아닙니다. 그래서 불경에 보면 부처님이 설법할 때에 입 속에서 방광하거나, 정수리에서 방광하거나 또는 명치에서 방광하는 경우가 있습니다. 서로 다른 대상에 따라 방광의 위치도 다르기 때문입니다. 일반인들은 그리 믿지 않습니다. 상식이 부족하기 때문입니다. 내가 이제 실 예를 들어 설명하겠습니다.

평소 여러분의 얼굴에는 빛이 있습니다. 어떤 분의 피부는 석탄마냥 까맣지만 역시 빛을 발합니다. 수도자가 기색이 호전되면 얼굴빛이 복숭아꽃 색 같습니다. 어떤 사람이 만약 인당(印堂)이 검어지면서 검은 색에 계속 빛이 없다면 틀림없이 곧 죽을 사람입니다. 이는 신체 광의 문제입니다. 의학을 배운 사람은 어떤 사람의 귀바퀴가 거무스름함을 보면 신장에 문제가 있다는 것을 알고, 눈가가 거무스름하다면 간장에 문제가 있다는 것을 압니다. 인체 안에 문제가 있으면 밖의 기색에 빛으로 나타납니다. 그러므로 어떤 사람이 수행이 있는지 없는지는 얼굴색에 나타나 있기 때문에 사람을 속일 수 없습니다. 그러나 어떤 분의 얼굴이 불그레한 빛이 가득하더라도 결코 도가 있는 것은 아닙니다. 고혈압일 수도 있습니다. 이런 것은 자기 자신이 진정으로 수행하고 실제로 증험해 보아야 바라보자마자 알 수 있습니다. 일반적인 종교적 맹목적 미신에 더 이상 머물러 있어서는 안 됩니다. 이치를 이해하지 못하는 것을 미신이라고 합니다. 어떤 사람들은 오로지 눈만 수련하여 안통(眼通)을 얻음으로써 남의 말 못할 나쁜 짓이나 까발리고 싶어 하고 자신의 심리행위나 삿된 심사(心思)도 돌아보지 않는데, 그런 나쁜 사람들의 머리 위에는 검은 빛이 돕니다. 좋은 사람 머리 위에서는 금빛이나 흰 빛이 납니다. 성깔이 대단한 사람에게서는 머리 위에서 초록빛이나 붉은 빛이 나는데 모두 마구니 도의 빛입니다. 수양과 수행이 이미 상당한 정도에 도달한 사람의 머리 위에서 나는 빛은 마치 끝없이 맑고 푸른 하늘의 청람색 빛 같습니다. 이런 것들은 모두 크나큰 이치입니다. 그러므로 정토법문도 대 과학입니다.

조금 전에 아미타불이 바로 무량광이라고 풀이했습니다. 그의 광명은 생멸이 없지만 우리들 인간세상의 빛은 생멸이 있습니다. 여러분 생각 좀 해 보십시오. 지구상의 에너지원이나 빛의 원천은 대부분 태양으로부터 옵니다. 하지만 지구의 북극에 가면 북극의 시간은 반년이 낮이고 반년은 밤입니다. 그 반년 동안의 깜깜한 밤에는 태양도 비치지 않습니다. 그런데 빛이 있을까요 없을까요? 빛이 있습니다. 그것은 태양 빛이 아니라 극광(極光)인데 태양에 의지해서 나오는 것이 아닙니다. 극광은 어떻게 나오는 걸까요? 오늘날 과학으로도 확정하지 못하고 있습니다. 단지 그 자체가 빛을 발한다는 사실만 압니다. 빛이 있고 그 자체가 빛을 발한다는 것만 알 뿐입니다. 예컨대 우리가 해양학을 연구해보면 알게 되는데, 해저동물과 생물은 바다의 깊은 층의 어둠 속에 있지만 많은 생물들 자체가 빛을 지니고 있습니다. 모두 알듯이 태양광은 해저층까지 반사되지는 못합니다. 심지어 어떤 식물들이나 생물들은 지구의 깊은 바위동굴 안에서 생장하면서 햇볕 접촉이 없는데도 그대로 잘 성장합니다. 그래서 일반적으로 지구 물리를 탐구하는 과학자들은 지구중심에 또 다른 세계가 하나 있다고 여기고 있습니다. 뿐만 아니라 지구의 중심 그 자체에 빛이 있다고 생각합니다. 그러므로 지구의 저층 중심 자체가 열에너지를 방출하고 있는데, 이는 아직 과학자의 증명을 기다려야 합니다.

조금 전에 아미타불 무량광중의 그 빛 에너지원은 생멸이 없지만 세간의 빛은 생멸이 있다고 설명했습니다. 두 번째 의미로는, 우주 간의 만상에는 수많은 빛이 있어서 백천만억의 서로 다른 모습에는 백천만억의 다른 빛이 있다는 것을 가리킵니다. 그러기에 우리가 아미타불 명호를 외워 정념(淨念)이 서로 이어질 때는 자기의 심광이 곧 정토를 나타내면서 아미타불의 무량광과 빛마다 서로 머금게 됩니다. 마치 우리가 촛불을 하나 켜면 끝없는 촛불들의 빛과 서로 이어지듯이 일체중생이 정념(淨念)의 마음의 광명을 방사하면 제불보살의 무량광과 합해져 하나가 됩니다. 이 속에는 우주의 무한한 신비가 감추어져 있으며 최대의 밀종(密宗)이자 최대의 과학입니다. 하지만 일반적으로 불교를 배우는 사람 중에는 실증해 본 사람이 많지 않습니다. 왜 발견하지 못할까요? 번뇌망상의 심념이 바르지 않아서 정(定)을 얻어 혜(慧)를 발할 수 없기 때문입니다. 그러므로 자성의 심광이 드러나지 못합니다. 만약 이 성광(性光)이 제불여래와 빛마다 서로 맞닿아 진정으로 정념(淨念)이 서로 이어지는 경계에 도달한다면, 심념(心念)은 자연히 온통 한 덩이 빛속에서 정(定)에 들어있게 됩니다. 그것은 태양 빛도 달 빛도 아닙니다. 전등 빛이나 북극광은 더더욱 아닙니다. 자성이 나타내는 광명으로 일월광을 뛰어넘습니다. 이 빛은 해나 달 빛이 견줄 수 없는 빛으로 성광(性光)이라고 합니다. 자성광(自性光)은 사람마다 다 있습니다. 이제 대세지보살은 초일월광불(超日月光佛)의 방법을 인용하여 우리들에게 염불삼매를 통해 자성광에 이르는 비결을 가르쳐주고 있습니다. 여러분들은 경의 원문을 유의해서 보기 바랍니다.

피불교아염불삼매(彼佛教我念佛三昧), 비여유인(譬如有人), 일전위억(一專爲憶), 일인전망(一人專忘), 여시이인(如是二人), 약봉불봉(若逢不逢), 혹견비견(或見非見). 이인상억(二人相憶), 이억념심(二憶念深), 여시내지종생지생(如是乃至從生至生), 동어형영(同於形影),

불상괴이(不相乖異). 시방여래련민중생(十方如來憐念衆生), 여모억자(如母憶子). 약자도서(若子逃逝), 수억하위(雖憶何爲). 자약억모여모억시(子若憶母如母憶時), 모자역생불상위원(母子歷生不相違遠).

초일월광불은 어떻게 하는 것을 '염(念)'이라고 하는지 말해줍니다. "예를 들어 어떤 사람이 오로지 다른 어떤 사람만을 기억하고 생각하는[憶念]데도, 그 다른 사람은 결코 그렇게 하지 않는다면 이 두 사람은 비록 서로 만난다 할지라도 서로 상봉하지 않는 것이나 다름없다. 반드시 이 두 사람 간에 피차 서로 기억하고 생각해서 잠시라도 잊지 못함이 마치 형체와 그림자처럼 서로 나누어지지 않아야 비로소 감응이 있다. 시방의 일체제불이 일체중생을 가엾이 여기고 생각함은 마치 자애로운 어머니가 자식을 언제나 생각하고 있는 것과 같다. 만일 자식이 자애로운 어머니를 저버리고 멀리 다른 곳으로 떠나버린다면 자애로운 어머니가 자식을 언제나 생각한들 무슨 소용이 있겠느냐? 만일 그 자식이 어머니를 그리워함도 어머니가 자식을 그리워하듯이 한다면 이 두 사람은 비록 수 겁 다생을 지나더라도 영원히 헤어지지 않을 것이다." 세속적인 정(情)으로서 서로 생각함이 가장 깊은 예로는 젊은이들이 연애할 때보다 더한 경우는 없습니다. 잠잘 때에도, 꿈속에서도, 밥 먹을 때에도 서로를 생각합니다. 심지어는 우연히 감정이 좋지 않아 서로 다투거나 서로 미워할 때도 마찬가지입니다. 단지 그 두 가지 경계가 다를 뿐입니다. 정말 당나라 사람의 이런 시를 이해해야 합니다. "그대여 권하노니 동심결을 맺지 말게나, 동심결을 한 번 맺으면 풀지 못한다네[勸君莫打同心結, 一結同心解不開]."[119]

---

119) 동심결은 두 코를 내고 마주 죄여서 매는 매듭, 사랑의 표시로 매는 매듭.

염불은 젊은이들이 연애하듯이 억념(憶念)한다면 성공할 겁니다. 그렇지만 그렇게까지 할 수 있는 사람이 아주 적습니다. 염불 몇 번 하고나면 이미 8대 조상에게까지도 부끄럽지 않은 듯이 합니다. 그러기에 "염연이취, 도업난성(染緣易就, 道業難成)"이라고 합니다. 나쁜 일을 배워 할 줄 알기는 아주 빠르지만 좋은 일을 배워 할 줄 알기는 대단히 어렵다는 말입니다. 이게 바로 중생의 업력으로, 한 생각 무명인 애욕에서 비롯된 것입니다. 부모 형제자매 육친 사이는 과거의 다생에 걸친 인연이 억념한 데서 오는 경우임이 허다합니다. 그 속의 인과는 대단히 묘한데, 때로는 자기가 안고 있는 손녀가 바로 전생의 부모일 수도 있습니다. 서로 너무나 사랑한 나머지 쌍둥이로 태어나는 사람도 많습니다. 전생에 원한 관계였던 사람이 금생에 부부가 되어 날마다 함께 지내면서 일생동안 삐걱거립니다. 인과응보는 컴퓨터보다도 계산이 빠른데 모두 억념하는 데에서 오는 겁니다. 억념하는 힘은 대단히 큽니다. 그림자가 영원히 신체를 따라다니는 것과 같습니다. 바꾸어 말하면 우리들이 생각하는 억념(憶念)은 영원히 생명과 함께 분리되지 않습니다.

이는 대세지보살이 그림자를 비유로 들어 우리가 어떻게 염불해야 하는지를 가르쳐 주고 있는데, 우리들의 억념을 전환시키고 세속적인 억념의 길을 가지 말라고 합니다. 그는 말하기를, 시방세계의 일체의 여래성현들은 마치 부모가 자식을 그리워하듯 우리를 사랑하고 생각한다고 하는데, 우리는 왜 부처님을 보지 못할까요? 세상에는 부모의 단속이 너무 엄격하다 생각하고 몰래 집을 떠나 부모의 고생에도 아랑곳하지 않은 아이들이 있습니다. 어떤 사람들은 불법을 듣고는 크게 비웃고 달아나버립니다. 그러한데 불보살이 당신을 제도하려고 해도 무슨 소용이 있겠습니까? 당신이 뺑소니쳐버리기 때문입니다! 전원에 코드를 꽂아도 선이 통하지 않으면 전원과 연결되지 않습니다. 그러기에 부처님은 자신도 할 수 없는 일이 세 가지가 있다고 합니다. 첫째, 정해진 업[定業]을 바꿀 수 없습니다. 시절인연이 아직 이르지 않았다면 그더러 관념을 바꾸라고 억지로 요구할 수는 없습니다. 둘째, 인연 없는 사람을 제도할 수 없습니다. 아직 성불하지 못했다면 먼저 사람들과의 관계인 인연(人緣)을 맺어야 합니다. 사람들과 인연이 있다면 어디 가서 말하지 않더라도 대중들이 자연히 그를 좋아하고 친근히 하기 때문에 영향력이 큽니다. 학문능력이나 외모 등이 다 훌륭하건만 남들이 그를 친근히 하기 싫어하는 사람들이 많습니다. 그가 전생에 착한 인연[善緣]을 맺지 못했기 때문입니다. 그저 자기중심적이고 자신의 이익만을 위한다면 장래에 성불할 수 없을 뿐만 아니라 부처님도 그를 제도할 길이 없습니다. 부처님의 법이 그의 귓가에 들어오지 않은데다 공덕선행도 없는데 어떻게 부처님을 만나 볼 수 있겠습니까? 그러므로 모두들 복덕선행을 많이 쌓고 사람들과 인연을 많이 맺어야 합니다! 셋째, 믿지 않는 사람은 제도할 수 없습니다. 믿음은 도의 원천이요 공덕의 어머니로서 일체의 선근(善根)을 자라게 합니다. 그 사람이 지혜가 열리지 않아 당신에게 신심이 부족하다면 당신인들 그를 어떻게 해볼 수 있겠습니까? 그에게 일러 줄수록 도리어 그는 당신을 정신병자라고 욕하는데요? 그러므로 기독교에서는 하느님이 전능(全能)하다고 말하는데, 이 이론은 성립되지 않습니다. 하느님이 전능하다면 왜 또 마귀의 존재가 있을까요? 하느님이 전능하다면 어째서 하느님을 믿지 않는 사람이 있는 걸까요? 이로써 하느님에게도 불능(不能)이 있음을 알 수 있습니다. 그런데 부처님은 능히 일체법의 본말구경(本末究竟)까지 통달하고 만법의 연원(淵源)까지 꿰뚫었지만 전능하다고 자칭하지 않는 데는 까닭이 있습니다.

약중생심억불염불(若衆生心憶佛念佛), 현전당래필정견불(現前當來必定見佛), 거불불원(去佛不遠), 불가방편자득심개(不假方便自得心開). 만일 중생이 마음속으로 돈 벌고 싶어 하는 그런 심정으로 진지하게 부처님을 억념한다면 현세나 장래에 반드시 부처님을 뵐 수 있습니다. 심지어 꼭 7일 간이 아니더라도 도달합니다. 현전 억념이 전일하지 않더라도 장래에 영원히 억념해가면 역시 반드시 부처를 볼 수 있습니다. 과학에서는 광속(光速)의 위력을 말하지만 저는 이것을 바꿔 염속(念速)이라는 말로 바꿔 부릅니다. 심념의 위력은 대단합니다. 우리 중생이 본래 스스로 구족하고 있는 자성진심인 자성불(自性佛)과 부처님과는 멀고 가까운 거리가 없습니다. 자기 마음이 개오(開悟), 즉 자성의 진심을 보기만 하면 자연히 부처님이 눈앞에 있습니다. 다른 방법을 빌릴 필요 없이 심개의해(心開意解)하는데, 밀종에서는 이를 '맥해심개(脈解心開)'라고 합니다. 심장은 겉에서 보면 마치 연꽃처럼 여덟 개의 판막이 있습니다. 자성광명이 드러나면 자연히 심장맥이 열리고 부처를 보게 되어 어떤 방법으로 자성광명을 구할 필요가 없이 자연히 제불보살과 빛과 빛이 서로 맞닿습니다.

여염향인(如染香人), 신유향기(身有香氣). 차즉명왈향광장엄(此則名曰香光莊嚴). 그러므로 염불법문은 반드시 언제 어디서나 생각생각 잊지 않아야 합니다. 마치 향료를 만드는 일을 하는 사람은 날이 가고 달이 쌓이면 자연히 그 몸에서 향기가 나는 것과 같습니다. 예를 들어, 담배를 피우는 사람이 날마다 피우면 자연히 그 몸에서 담배 냄새가 나듯이 여러분이 날마다 부단히 염불하면 몸에서 자연히 부처님 분위기가 납니다! 일부러 괴상한 척하는 것이 아니라 심경(心境)이 명랑하고 사람들과는 화목하고 공경하여 다툼이 없습니다. 정성과 공경이 마음에 있으면 생각마다 부처님 마음과 같습니다. 마치 향료를 다루는 사람이 그 일을 오래 오래 하다보면 그 자신에게서도 역시 향광(香光) 냄새가 나는데, 구태여 외형으로 합장하면서 티를 낼 필요가 있겠습니까? 그러기에 이 법문을 향광장엄이라고 합니다.

심지(心地)가 정성 공경스럽기 때문에 염불이 심장맥이 풀리고 열리는 경계에 이르면 자신의 몸에서 풍기는 냄새가 청허(淸虛)로운 향기로 변합니다. 인체란 본래 체취(體臭)가 있으며 사람마다 그 냄새가 다릅니다. 외국인들이 맡아 보면 중국인들한테서는 돼지 냄새가 나고, 우리가 그 사람들을 맡아 보면 소 냄새가 납니다. 어쩌다 옷이 뒤바뀌었을 때는 다들 냄새로 가려낼 수 있습니다. 또, 수행하는 사람들의 몸에서는 다른 냄새가 납니다. 업력이 무거워서 머지않아 죽을 사람의 몸 냄새는 축생의 냄새로 바뀌므로 맡아보자마자 압니다. 그래서 한의학에는 네 가지 진단법이 있습니다. 망(望)·문(聞)·문(問)·절(切)인데, 얼굴색을 관찰하고 소리를 들어보고, 증세를 묻고, 맥을 짚어보는 것입니다. 그리하여 오장육부 중에 어느 곳에 문제가 발생했는지 압니다. 사실 서양의학에서 청진기로 심장의 박동소리를 헤아려보는 것도 문진(聞診)의 원리입니다. 일부 고명한 의사들은 당신의 대변의 냄새가 비린내인지 혹은 메마른 변인지를 물어보고 당신의 몸에 습기(濕氣)가 있는지 염증이 났는지 등등 병세를 진단합니다. 그래서 심지어 일부 수행자들은 침 냄새조차 일반인들과는 다릅니다.

아본인지이염불심(我本因地以念佛心), 입무생인(入無生忍). 금어
차계(今於此界), 섭염불인귀어정토(攝念佛人歸於淨土). 불문원통(佛
問圓通), 아무선택(我無選擇), 도섭육근정념상계(都攝六根淨念相繼),
득삼마지(得三摩地), 사위제일(斯爲第一).

대세지보살은 이렇게 보고합니다. "제가 시작한 수행 방법은 바로
일심염불을 통하여 무생법인(無生法忍)의 경계에 들어가는 것이었
습니다. 이제 이 세상에 다시 태어나 일반 염불하는 사람들을 두루
거두어 청정광명 정토로 돌아가도록 교화하고 있습니다. 부처님께
서 지금 저에게 무슨 방법을 닦아야 불과(佛果)를 원만히 통달할 수
있는지를 물으셨는데, 저는 6근문(六根門)의 수행법에 대해 그 예리
함과 둔함을 선택하는 분별심이 결코 없습니다. 6근의 작용을 모두
거두어 염불하는 일념에 돌려놓고 망상으로 산란하지도 않고 혼침
으로 흐리멍덩하고 어둡지도 않음이 바로 자성의 정념(淨念)입니다.
이렇게 염념이 이어져 끊어짐이 없으면 자연히 염불삼매를 얻을
수 있으니 이야말로 제일 묘법입니다." 그러므로 이 차제에 저는
여러분들이 염불삼매 법문을 잘 닦기를 바랍니다. 정정(靜定) 공부
와 결합시키면 반드시 특출한 성취가 있을 것이니 여러분들 스스
로 잘 하시기 바랍니다.

제8강

어떻게 염불해야 일심불란의 경지에 도달할까

1983년 4월 24일 시방염불회에서
남회근 선생 강의
엽백량(葉柏樑) 기록

일심으로 정토법문에 귀의함

며칠 전 미국에서 오랫동안 거주하면서 수행하고 있는 법사가 편지로 불법 방면의 문제들을 몇 가지 물어왔습니다. 이 법사는 대단히 겸손하게도 먼저 부끄럽다고 하면서 부처님께 간절히 참회를 구했습니다. 그 자신이 대만을 떠날 때 수행 면에서 풀지 못한 의문점들이 여전히 많았기 때문에 분명히 해결되기를 몹시 기대하면서 내심으로는 걱정되는 감이 없지 않았습니다. 그는 불교수행을 위해 이미 각양각색의 많은 법문들 속에서 헤매면서 거의 반생 동

안이나 탐색해보았답니다. 본래는 교리를 배우면서 경전을 연구해
보았고 나중에는 정토종으로 바꿔 수행했답니다. 그런 다음에는 다
시 선정을 익혔답니다. 그리고 이어서는 또 밀교를 배웠는데 대체
로 황교(黃教)·홍교(紅教)·화교(花教)를 두루 한 번 경험했답니다.
이렇게 동서남북 이리저리 크게 한 바퀴 돌고난 다음 이제는 다시
옛 길로 되돌아와 오로지 정토법문을 수행중이랍니다.

편지에서 그는 자신이 이런 식으로 해온 데 대해 제가 아마 몹시
반대할 것으로 여겼습니다. 저는 회신에서 이렇게 말했습니다. "당
신이 일체 수행법을 두루 탐색해 보았다니 기쁩니다. 당신은 세상
의 모든 법문을 죄다 섭렵해 보았으니, 더 이상 허튼 생각을 하고
호기심에 이끌려 마음을 정하지 못하는 일이 없을 것이니 말이요.
어쨌든 다 배워 보았으니 말입니다. 인생에서의 시고 달고 맵고 쓴
맛을 대체로 다 경험해 보았고, 갖가지 기기묘묘한 놀이까지도 거
의 다 시험해 보고 즐겨 보았으니 이제야말로 당신이 모든 것을 놓
아버리고 변함없이 일심으로 정토로 돌아가기 딱 좋습니다."

이 법사는 저의 회신을 받아 본 다음 곧바로 다시 저에게 편지를
보내왔습니다. 그는 저의 편지를 뜯어보자 울었답니다. 제가 자기
를 지금까지 포기하지 않은 줄은 생각지도 못했다는 겁니다. 사실
저는 지금까지 그 누군가를 돌보았다거나 포기한 적이 없습니다.
인간관계에서 모든 것은 자연스러움에 맡기고 본분에 따라 행할
뿐입니다. 그래서 저는 그더러 대만에 돌아오는 게 어떻겠느냐고
제의했습니다. 제가 당신이 수행에 전념할 곳을 찾아 주겠노라고
했습니다. 그런데 그의 판단으로는 그 자신이 대학교를 졸업하고
출가한 이후로 내내 신체가 허약해서, 비록 전심전력으로 수행공부
를 시도해 왔지만 지금에는 결국 자신의 업장이 깊고 무거움을 느

낀다며 우선 진심으로 참회하고 업장이 좀 가벼워진 다음에 저를 보러 와야겠다는 겁니다. 그리고는 염불해서 어쨌든 일심불란의 삼매를 얻고 싶은데도 그렇게 되질 않는다면서 이 점에 대해 자신에게 가르쳐 달라고 몹시 신중하게 요청했습니다.

이런 부류의 편지는 국내외 각지에서 많이 옵니다. 저는 늘 이렇게 쌓인 편지 무더기에 골치가 아픕니다. 때로는 너무 오래 밀쳐 놓았으니 정말 답장을 한 번 써야겠구나 생각하고는 삼경 깊은 밤에 책상에 홀로 앉아 한 번 처리하는데 서너 시간이 걸리곤 합니다. 글을 쓴다는 것은 귀찮습니다. 글쓰기가 느리지는 않지만 오는 편지 양이 워낙 많다보니 제대로 대처하지 못합니다. 그래서 청나라 때 시인 오매촌(吳梅村)의 두 구절 명시를 인용하여 자신을 비웃곤 합니다. "불호예인탐과객, 관지작답애서래(不好詣人貪客過, 慣遲作答愛書來)." 남을 보러 간다거나 남을 방문하러 가는 것은 좋아하지 않지만 남이 내 집 문을 지나면서 찾아오는 일에는 탐착하며, 습관적으로 시간을 끌어 천천히 회신하면서도 친구들이 편지를 많이 보내오기를 바란다는 뜻입니다. 이는 옛 사람들이 처했던 상황이고, 우편통신이 발달하지 않으면 지금 이 사회는 안 됩니다. 편지를 보자마자 머리가 아픈 일이 왕왕 있는데, 편지 내용에는 무슨 어려운 질문이 꼭 있기 때문입니다. 그래서 미국에 있는 이 법사가 보내온 편지도 여러 날 동안 그냥 내버려둔 채 회신하지 않았습니다.

그저께 종지(從智) 법사가 제게 말하기를, 시방염불회의 회원들이 선생님(남회근 선생을 뜻함—역주)께서 대중들과 인연을 맺지 않은 지 오래 되었다는 얘기를 하더라는 겁니다. 그러면서 선생님께서 시간을 내셔서 대중들에게 몇 말씀 해주시기를 몹시 바라고 있다는 겁니다. 그렇다면 제 생각으로는 미국에 있는 법사가 저더러 설명해달라고 한, 염불을 어떻게 해야 일심불란의 경지에 이를 수 있는가가 이미 주어진 제목이니, 이것을 가지고 강의를 해보면 어떻겠느냐고 묻자, 종지법사는 입이 딱 벌어지게 웃으면서 연거푸 좋다고 했습니다. 그러면서 다들 듣고 싶어 한다고 했습니다. 이리하여 저는 종지 법사더러 제 강의를 녹음했다가 미국의 법사에게 부쳐줌으로써 또 다시 제가 시간 들여 편지 쓰지 않도록 해달라고 했습니다. 지금 제가 하고 있는 얘기는 그 출가자 친구와 대화를 하면서 염불수증방법과 의견을 좀 제공하고 있는 것이나 다름없습니다.

몇 사람이나 염불이 일심불란을 얻었을까

우리들이 염불수행하면 일심불란의 경지에 이르러야 한다는 것은 최소한의 요구입니다. 그렇지만 예로부터 지금까지 도대체 얼마나 되는 사람들이 진정으로 일심불란의 경지에 이르고 삼매정수(三昧正受)를 얻을 수 있었을까요? 아마도 매우 적었을 겁니다. 그렇지요? 여러분도 동감이리라 생각합니다. 염불이 참으로 일심불란에 도달했다면 서방 극락세계 왕생은 절대 문제없습니다. 심지어 서방 극락세계에 태어나지 않더라도 금생금세(今生今世)에 한 걸음 더 나아가 한 과위를 증득하는 것도 쉬운 일입니다.

뿐만 아니라 우리는 일심불란이 염불법문의 초보적인 목표에만 지나지 않는 것이 아니라, 기타 어떤 수행방법도 기본적으로는 모두 일심불란까지 이르러야 한다는 것을 이해해야 합니다. 설사 일체의 외도 공부를 닦을지라도 역시 이 경지를 추구대상으로 삼습니다. 외도라고 말한 것은 결코 남을 욕하는 말이 아닙니다. 불교 이외의 기타 종교를 배척하는 것도 아닙니다. 불경에 따르면 무릇 본래의 마음[本心: 본성, 진여—역주]을 알지 못하고 마음 밖에 법을 구함은 다 외도입니다. 천하의 어떤 일도 이 마음이 지은 것이기 때문입니다. 밀종을 배우든 염불을 하던 참선을 하던 모두 이 마음이 행하고 있는 것입니다. 일반 도가의 수규(守竅)나 기(氣) 수련 등등의 공부 같은 것도 기본적으로 성취하고 싶다면 일심불란까지 이르지 않으면 안 됩니다. 심지어 세간의 보통의 각종 학문 기예도 정신을 집중하여 마음에 잡념이 없는 것을 중시합니다. 그렇지 않으면 큰 성취를 이루기 어렵습니다. 일심불란 공부는 이처럼 중요합니다.

한 걸음 더 나아가 말씀드리면, 참으로 일심불란의 경계를 증득하여 계속 정진하여 멈추지 않으면 최고의 성취에 도달하게 되어 성불합니다. 성불하면 자연히 일심불란하지만 이 일심불란은 염불 법문에서 초보 의식상으로 닦아 얻은 일심불란과는 큰 차이가 있습니다. 그러므로 일심불란에는 최초 염불의 일심불란에서부터 최후에 불과를 성취한 일심불란이 다 포함된다고 할 수 있는데, 이 두 가지 사이의 한계와 차이는 어디에 있을까요?

고대 중국어는 어휘가 부족했기 때문에 불경에 나오는 이 '심(心)' 자가 때로는 우리들 범부의 산란한 감정과 생각을 나타내고 모든 허튼 생각들을 마음[心]이라고도 불렀으며 망심(妄心) 혹은 망상(妄想)이라고 불렀음을 알아야겠습니다. 이 허망부실(虛妄不實)한 것은 대단히 사람을 성가시게 하고 일체중생으로 하여금 영원히 번뇌고통 속에서 해탈하지 못하게 합니다. 때로는 이 심(心) 자가 달리 가리키는 바가 있는데, 원만무결(圓滿無缺)한 '진여(眞如)' 도체

(道體)를 가리키기도 합니다. 즉, 온 법계가 한마음[一心] 속에 있다거나, 한마음이 일체 법계를 포괄하고 있다는 것입니다. 법계(法界)는 불학 전문용어인데 일반 학술에서는 우주라고 합니다. 우주란 상하(上下)로의 무궁한 시간과 사면팔방(四面八方)으로의 끝없는 공간을 의미합니다. 우주라는 개념이 이미 사람들에게 거대한 느낌이 들게 하지만 불학에서는 번역에 채용하지 않고 법계로 바꿔서 부릅니다. 법계의 함의는 더욱 넓으면서 우주라는 개념을 담고 있습니다. 이 때문에 최종적인 진정한 구경의 일심불란은 의식망상심의 층면 상에 있는 것이 아니라 법계일심(法界一心), 일심법계(一心法界)로서, 이른바 진여법계(眞如法界)와 다름없습니다. 선종의 조사들은 "마음이 곧 부처요 부처는 곧 마음이다[心卽是佛, 佛卽是心]."라고 늘 말하고 "마음 밖에 부처가 없다[心外無佛]."라고도 하는데, 그 뜻은 다 같습니다. 『화엄경』에서는 "마음과 부처와 중생 이 세 가지는 차별이 없다[心佛衆生三無差別]."라고 하는데, 이 마음과 부처와 중생 세 가지가 차별이 없는 경계란 바로 최후의 철저한 일심불란입니다.

일심불란은 이처럼 두 가지 층차 상의 구별이 있습니다. 수행을 시작한 맨 처음에는 선종을 배우든 정토종을 배우든, 혹은 밀교수행을 하면서 관(觀)을 하든, 추구하는 공부는 모두 초보적인 일심불란에 속합니다. 이 초보적인 일심불란은, 오늘날 일상적인 용어로 말하면, 어떤 일을 하든 어떤 상황 하에 있든 언제나 정신이 완전히 통일되고 주의력이 절대적으로 집중되어야 한다는 의미입니다. 이와 같아야 수행이 비로소 튼튼한 기초를 세울 수 있습니다.

약사경과 결합시켜 참구해야 한다

이런 이치를 이해했으니 이제 다시 정토종의 염불법문으로 돌아가 얘기해 보겠습니다. 염불법문은 수천 년 동안 중국의 각계각층의 민간사회에 대단히 보편적으로 퍼졌습니다. 이른바 삼근보피(三根普被)란 상등·중등·하등 세 가지 다른 근기를 지닌 사람들이 다 닦기에 적합함을 가리킵니다. 총명함과 재능과 지혜의 높낮이로 구분한 일종의 방편적인 분류입니다. 중국불교의 정토 행자(行者)는 세 근기의 차별에 상관없이 모두 다 지명(持名)염불 수행방식에 치중합니다. 지명염불이 의거하는 경전은 우리가 다 알 듯이 정토삼경(淨土三經) 중에서 소본(小本)인 『아미타경』으로, 행자는 '나무아미타불'이라고 외워야 합니다. 아미타불의 '아'는 '워'로 발음하지 않는 게 제일 좋습니다. '아'는 개구음(開口音)으로서 '워'라는 발음과는 차이가 큽니다. 염할 때는 아-미-타-불 각 글자의 음절을 조금 길게 빼는 것이 더욱 좋습니다. 이 요점은 여러 번 강조했습니다. 여러분들은 소홀히 하지 마시기 바랍니다.

우리가 외우는 아미타불의 명호는 범어 그대로의 음역입니다. 이 네 글자의 주요 함축의미는 무량광수(無量光壽)입니다. 광명이 무량하고 수명이 한량없어 영원히 태어나지도 죽지도 않습니다. 그러므로 아미타불을 외우는 것은 죽은 자의 일과 관계가 있을 뿐 아니라 삶의 일면에도 영향을 미칩니다. 사실 아미타불은 또 장수불(長壽佛)이라고 해서 동방표법(東方表法)의 장수불인 약사유리광여래(藥師琉璃光如來)와 서로 합일(合一)되어 하나는 동쪽 하나는 서쪽으로서 서로 기맥이 통합니다. 동방과 서방은 본래 차별이 없습니다. 지구는 둥근 것이요 법계도 원융무애(圓融無碍)한 것으로, 애초부터 동서남북이라는 구분이 없습니다. 분별이 있는 것은 범부중생의 심량(心量)이 건립한 상대적인 관념입니다. 법계일심불(法界一心佛)의 경계에서는 원융무애 하여 일체의 시간 공간의 제한을 초월합니다. 그러기에 저는 늘 여러분들에게 권하기를, 『아미타경』과 『약사경』120)을 서로 나란히 놓고 한 번 참구해 보라고 합니다. 한층 더 깊은 체험을 하게 될 겁니다. 아미타불 염불을 해도 사람으로 하여금 다시 생명의 생기(生機)를 창조하게 할 수 있습니다. 악을 없애고 선을 행하고, 재난을 소멸하고 수명을 연장하며, 고난을 극복하게 할 수 있습니다. 만일 때가 되어 숨이 끊어질 때에는 한 생각에 서방극락세계 아미타불 국토에 왕생할 수 있습니다.

그럼 염불법문에서의 염(念)은 도대체 어떻게 염한다는 것일까요?! 이는 엄중하므로 반드시 똑똑히 인식해야 합니다. 우리는 지금 염불이란 말만 꺼내면 틀림없이 대부분의 사람들은 곧바로 아미타불을 생각할 뿐 아니라 입을 벌리고 소리를 내어 외웁니다. 마치 소리 내서 외우지 않으면 염불로 여기지 않은 것 같은데, 이는 일종의 잘못된 관념입니다.

우리가 아미타불 염불할 때 소리를 낼 때가 있습니다. 그래서 염(念)이란 글자에 입구(口)를 더해 '염(唸)' 자로 씀으로써 입의 발음 작용에 의지해 입으로 염불함을 나타냅니다. 하지만 우리는 마땅히 이해해야 합니다, 진정한 염불로서의 염이란 사실 마음속으로 생각만 해도 곧 염한 것이 된다는 사실을 말입니다. 그리워한다는 뜻인 '상념(想念)'이란 단어에서 상(想)과 염(念) 두 글자는 동의어로서 두 글자가 합하여 한 단어를 이루었습니다. 예를 들어 우리가 오랫동안 보지 못한 친구를 만났을 때 왕왕 말하기를, "아이구, 난 당신이

---

120) 남회근 지음 설순남 옮김 『약사경강의』를 참고하기 바란다.

몹시 그리웠어요[想念]."라고 하는데, 이런 그리워함이 초보적인 염불의 '염'과 같은 일입니다. 오늘날 사회의 많은 가정에서는 돈이 있든 없든 자녀들이 성장하면 외국 유학을 보내는 경우가 많습니다. 그리고는 집에 남아있는 두 노인네는 텔레비전 앞에 앉아서 쓸쓸하게 세월을 보내고 있는데 몹시 가련합니다. 자녀들에 대한 깊고 깊은 이런 그리움[思念]은, 부처를 배우는 사람들 입장에서 말하면, 아마 아미타불을 염하는 염보다도 훨씬 더 마음 속 깊이 아로새겨져 있고 훨씬 더 진실할 겁니다. 만약 염불을 자기가 진심으로 사랑하는 자녀를 그리워하듯이 아침저녁으로 생각하면서 시시각각으로 심두(心頭)에 간직한 채 해간다면 염불 길에 오르기 쉽습니다. 그렇지 않고 그저 입으로만 염불을 보여주고 마음으로는 딴 생각을 하고 있다면 그것은 말로만 하는 것으로 훗날 증거가 되지 않습니다.

염불할 때는 온 마음 온 뜻으로 생각하라

다시 한 걸음 더 나아가 말해보면, 우리들의 생각 염두와 말 그리고 동작 행위 등등은 불학에서 보면 모두 생멸법에 속합니다. 생(生)이 있으면 멸(滅)이 있으면서 생멸을 반복합니다. 우리가 아미타불 염불을 할 때 아미타불이란 염두가 한 번 이미 지나가버리면 그 그림자도 자취도 없습니다. 혹은 입으로 한 자 한 자씩 나무아미타불을 소리 내어 외우면 한 소리에 한 염두 씩 나-무-아-미-타-불 식으로 '나' 자에서 시작하여 글자마다 한편으로는 일어나고 한편으로는 소멸합니다. 염두와 소리가 서로 끊임없이 일어났다 사라졌다하여 생멸하기에 그 실체를 마침내 얻을 수 없습니다. 이는 마치 정좌한 채 수식관(數息觀)이나 기공 연마할 때, 한 번 내쉬고 한 번 들이쉬며 한 번 오고 한 번 감이 온통 생멸법의 현상인 것과 같은데, 어떤 이는 이게 곧 도(道)라고 판단하고는 방법을 잘못 알고 자기를 가지고 놀고 있습니다. 참으로 야단났습니다.

부처님은 "제행무상, 시생멸법(諸行無常, 是生滅法)."이라고 말씀하셨습니다. '제행무상'에서의 행(行)은 단지 겉으로의 동작행위만을 가리키는 것이 아닙니다. 내면의 생각 염두도 행입니다. 생각이란 밖으로 표현되지 않은 행이요, 행위란 밖으로 표현된 생각이므로 생각이 바로 행위입니다. "제행무상"이라, 일체의 행위와 언어 동작이나 내면의 일체의 생각이나 정서의 기복(起伏), 그리고 우주 간의 모든 유정(有情)중생이나 무정(無情)중생의 존재현상은 그대로 머물러 있지 않고 변동하면서 영원하기 어렵습니다. 그러므로 '시생멸법(是生滅法)'이라, 태어남이 있으면 죽음이 있기 마련이요, 옴이 있으면 감이 있습니다. 마찬가지로 죽음이 있으면 태어남이 있고, 감이 있으면 옴이 있습니다. 그러므로 부처님은 또 말씀하시기를, "생멸멸이, 적멸위락(生滅滅已, 寂滅爲樂)."이라고 했습니다. '적멸위락'은 곧 극락세계의 경계입니다. 불생불멸(不生不滅), 염불이 염두가 일어나지 않는 경지에 이른 겁니다. 염두가 일어나지 않으니 당연히 이른바 소멸함도 없습니다. 철저하게 청정하여 어떤 걸림도 없습니다. 맑고 밝으면서 자유롭고, 편안하면서 머묾이 없습니다. 이런 경계가 가장 즐거우므로 극락세계라고 이름 합니다.

우리는 염불함에 있어 분명히 알아야 할 것은 이 '염(念)'이란 온 마음 온 뜻으로 생각하는 것[想念]이지 그저 입으로 부처님 명호를 부르면 된다는 뜻이 아닙니다. 수십 년 동안 저는 염불하는 사람들을 많이 보았습니다. 한 번은 제가 모처에서 어떤 활동을 주관하고 있었습니다. 그런데 염불한지 이미 40년이나 된 할머니 한 분이 계셨는데, 이렇게 굳센 의지는 정말 대단한 겁니다. 그녀는 내 앞을 걸어지나가면서 줄곧 아미타불 아미타불... 하면서 염불을 멈추지 않았습니다. 그런데 마침 곁에 젊은 여학생이 하나 있었는데, 예절에 그리 주의를 기울이지 않고 양 다리를 벌린 채 앉아 있었습니다. 예답지 않아 몹시 꼴불견이었습니다. 이 할머니께서는 그 여학생 근처를 돌 때마다 아미타불 아미타불 하는 염불소리 곡조를 달리했습니다. 그 여학생더러 '다리 좀 바르게 놓아라' 는 암시의 뜻이었습니다. 그러면서도 자신은 염불을 중단하지 않을 뿐만 아니라 남을 꾸짖고 있지 않음을 보여준 겁니다. 여러분 이런 염불방식으로 일심불란을 얻을 수 있을까요?! 남이 기침하는 것을 보고 마음속으로 싫어하면서도 입으로는 아미타불을 외우고, 남이 자기 뜻에 거슬리는 것을 보고 싫어하면서도 아미타불을 소리 내어 외우는 이런 식의 염불을 무슨 염불이라 할 수 있겠습니까? 그러느니 차라리 아예 남을 꾸짖는 것이 좋습니다.

그래서 저는 늘 말하는데, 우리 중국인들의 염불은 참 재미있습니다. 어떤 때는 거리에서 어떤 사람이 조심하지 않아 넘어지는 것을 보고서 옆 사람은 "저런, 아미타불!" 이렇게 한마디 합니다. 잘 넘어졌다, 멋지게 넘어졌다는 뜻으로 그러는데, 이런 게 바로 아미타불을 써서 남을 욕하고 있는 것 아닙니까? 이런 식의 염불은 소용이 있을까요 없을까요? 소용이 있습니다. 그렇지만 우리가 염불해서 일심불란을 구하고 서방극락세계에 태어나기 위하는 자라면 마땅히 본받아야 할 염불이 아닙니다.

염불 관련 우스개 이야기 한 토막

우스개 이야기 하나를 해보겠습니다. 어떤 할머니가 집에서 아미타불 아미타불…하면서 하루 종일 염불을 했습니다. 그런데 그녀의 젊은 아들은 부처님을 그리 믿지는 않았습니다. 비록 어머니가 염불하는 것을 반대하지는 않았지만 집은 작은 데다 글공부는 해야 되는데 항상 어머니의 염불소리에 시끄러워서 공부에 전념할 수가 없었습니다. 나중에 이 아들은 도저히 견딜 수가 없어서 방법을 하나 생각해 냈습니다. 어머니의 염불이 일심불란한 모습일 때 그 옆에서 엄마 엄마 엄마…하고 연이어 불렀습니다. 할머니가 듣고서 염불을 멈추고 왜냐고 물었습니다. 아들은 이 때 일부러 입을 다물고 아무 말도 하지 않은 채 계속 공부만 했습니다. 할머니는 아들이 아무런 움직임이 없자 또 염불하기 시작했습니다. 그러자 아들은 어머니의 염불이 전일해지기를 기다렸다가 또다시 엄마 엄마 엄마…하면서 소리쳤습니다. 늙은 어머니는 듣고서 재빨리 고개를 돌려, 왜, 왜, 왜! 했습니다. 그러자 아들은 또 아무 말도 하지 않았습니다. 할머니는 기분이 언짢으면서도 염불하기 시작하고 아들은 잠시 있다가 또 엄마 엄마 엄마…하고 불렀습니다. 마침내 할머니는 정말 화가 치밀어 올라 크게 역정을 내면서 말했습니다. "너 정말 짜증나게 할래? 할 말이 있으면 할 일이지, 내가 한참 염불하고 있을 때 뭐라고 떠드는 거냐?" 그제야 아들은 말했습니다.

"엄마, 나는 엄마가 낳은 친아들이야. 근데 이렇게 몇 번 불렀다고 이렇게 역정을 내면서 참지 못해? 그렇다면 엄마가 날마다 아침부터 하루 종일 아미타불 아미타불…하면서 쉬지 않고 외워대면 그 아미타부처님은 엄마에게 화가 나 죽을 지경 안 되겠어?"

저는 친구가 많습니다. 노년 분들로서 오륙십 세부터 팔구십 세 되는 분들까지 다 있는데, 나이가 한 살 더 많으신 분들일수록 그만큼 혈압이 높습니다. "당신 연세가 어떻게 되시죠? 칠십 몇 되시지요? 요즈음 잘 지내시나요? 심장은 어떠신가요? 혈압은요?" 저마다 이런 가련한 화제를 벗어나지 않습니다. 남들이 제게 이런 질문을 하면 저는 말합니다. "저는 아직까지 혈압을 재본 적도 없고 지금껏 검사해보러 간 적도 없습니다. 이 육신의 기계를 당신이 수십 년 사용했으니 이미 본전은 충분히 빠진 건데, 설마 아직도 불만입니까? 그런데도 호스 꽂고 피 뽑고 내장 조직 떼 내어 검사실에 가서 검사하고, 검사하고 나서는 문제없다고 발표하고 그제야 한숨 놓고 웃는 겁니까? 하지만 내일이나 모레에는 병이 있을지 모르는데 그러면 또 어떻게 할 겁니까? 정말 암이라도 있다면 당신은 듣고 나서 병들어 죽기 전에 우선 놀라서 죽을 지경이 될 겁니다."

임종 때 왜 염불이 안 될까

이상은 농담으로 하는 이야기였습니다. 병이 나면 마땅히 의사에게 가 보아야 합니다. 하지만 불법을 배우는 사람이라면 죽고 사는 일에 대해 그렇게 심각하게 볼 필요 없습니다. 좀 대범하면 얼마나 좋습니까? 저 같은 사람 생활방식은 아마 날마다 혈압이 높을 거라는 것을 스스로 압니다. 일이 너무 바쁘다 보니 하루 내내 휴식은 적고 이렇게 지내는데 혈압이 왜 높지 않겠습니까? 혈압이 머리를 친다면 하던 일을 미처 마치지 못한 채 손에는 펜을 들고 있다 툭 떨어뜨리고는 그렇게 가버릴지도 모릅니다. 그러면 학우들은 서둘러 부고를 쓰되, 불법을 위해 자기 몸을 잊었다[爲法忘軀]는 둥 찬미사가 종이 위에 넘치면서, 선생께서는 불서(佛書)를 쓰시다 펜을 든 채 입적했다고 할 겁니다. 그러면 남들은 보고 혈압이 높았던 줄은 모르고 도행(道行)이 높았다고 여길 겁니다.

그러므로 수십 년 된 오랜 친구들이 한 자리에 모여 서로 만나보면 정말 가련합니다. "옛 친구들을 찾아가보니 절반은 이미 황천객이 되었고, 서로 슬퍼하며 저마다 나이를 묻네[訪舊半爲鬼, 相悲各問年]." 옛 친구 어디 갔느냐고 물어보니 이미 저승에 가고 없습니다. 아이고! 슬퍼라. 이 "아이고!" 하는 소리는 남을 위한 탄식이자 아마 자신을 위한 근심일 겁니다. 최근에 어떤 오랜 친구가 출국했다 막 돌아온 다른 친구에게 접주어 말하기를, "남선생께서 자네더러 와서 정좌도 좀 하고 운동을 좀 많이 하라 했네. 그렇지 않으면 몸이 나빠진다고 말일세." 이 친구 분은 듣고 나서 곧바로 찾아와 태극권을 했습니다. 몇 번 오고 난 다음 다른 사람에게 이렇게 물었습니다. "이상하지. 내가 남선생한테 다니는데 모씨가 줄곧 보이지 않으니 말일세." 다른 사람이 그에게 말했습니다. "그 모씨가 자네한테 초대장 보냈을 텐데, 못 받았는가?" "못 받았는데! 무슨 초대장?" 이리하여 어떤 분이 그에게 대답하기를, 그 모씨는 이미 음국(陰國)에 가서 당신더러 가자고 초청장을 보냈다고 했습니다. 이 친구 분은 생각 좀 하고 나더니 말했습니다. "그럴 리가, 그 사람 영국(英國)에 뭐 하러 갔는데? 그리고 내게 왜 초대장을 보내?(음국을 영국으로 알아들었음—역주)" 이렇게 한참 소란스럽고 나서야 자기 출국기간 동안에 그 모씨가 죽었음을 알게 되었는데, 남들은 그에게 농담을 했고 그는 그 농담에 웃지도 울지도 못할 지경이 되었습니다.

일반인들은 생사문제에 대하여 대범하게 보지 못합니다. 병이 났을 때는 불행하면서 아이고 아이고 소리 질러 곁에서 돌봐주는 친구를 몹시 놀라고 두려워하게 합니다. 그리고 죽을 때는 더더욱 착란을 일으키면서 몹시 고통스러워하고, 자기 몸을 자신 생각대로 하지 못해 다른 사람에게까지 누를 끼칩니다. 우리가 염불하는 것은 다름 아니라 생사의 제약을 돌파하여 세세생생의 윤회의 괴로움을 벗어나기 위함입니다.

어떤 친구들은 정말 안 되었습니다. 임종할 무렵에 제가 찾아보면 온 집안사람들이 병상을 에워싸고 울고불고 상심한 채 눈물을 흘리고 있습니다. 제가 그럽니다. "노형, 염불하십시오!" 병자는 숨은 붙어 있지만 기력이 없는지라 몹시 가련하게도 염불이 안 된다고 말합니다. "왜 염불이 안 되는가요? 당신은 수십 년 동안 불법을 배워오지 않았습니까?" 그렇지만 그가 염불이 안 되는 것은 어디까지나 안 되는 것입니다. 제가 그럽니다. "당신은 아직 말할 수 있지 않습니까?" "그래요, 나는 지금 그대와 말하고 있어요." "아, 그러면 되지 않습니까? 입으로 말할 수 있는 바에야 왜 염불이 안 된다는 겁니까?" 그는 여전히 안 된다고만 합니다. 더더군다나 제가 그더러 염불하라고 하자 그는 염불이 안 된다고 했지만, 사실 그 자체가 이미 부처님을 생각한 것 아닙니까? 바로 그 한 생각을 붙들어 쥐면 됩니다. 그런데 안타깝게도 그 자신이 평소에 염불의 개념을 이렇게 분명히 하지 못한 겁니다.

병자는 "안 된다, 안 된다…" 하는데 그는 안 되는 걸까요? 정말 안 됩니다. 말을 할 수 있는 게 분명한데도 왜 염불하는 염두로 되돌릴 수 없을까요? 이 관건에 여러분들은 잘 주의하기 바랍니다. 말함과 염불함은 어느 것이나 마찬가지로 자기의 마음이 작용하는 것인데도 무슨 어려움이 있는 걸까요? 평소에 염불하면서도 염불이라는 이 한 생각이 무엇인지를 분명히 모르고 입으로만 외우는 것을 염불로 여긴 나머지 서방극락세계에 왕생할 기회를 헛되이 놓쳐버린 탓일 뿐입니다.

자기를 속이고 남을 속이고 남에게 속임을 당하고

무엇이 '염(念)'일까요? 염은 마음을 의미할 때도 있습니다. 우리
들의 생명은 두 부분으로 나눌 수 있습니다. 신체상의 감각과 생각
상의 지각입니다. 이 두 가지가 합해지면 바로 '마음'이고 '염'입니
다. 우리가 알듯이 불경에서는 한 생각 사이, 즉 일념사이[一念之間]
라는 말이 자주 나옵니다. 일념사이란 무엇일까요? 우리는 여기 앉
아 있으면서 공부를 할 필요도 없이 아주 자연스럽게 호흡합니다.
호흡을 하지 않으면 곧 죽습니다. 숨[氣]을 한 번 내쉬고는 다시 들
어오지 않거나, 다시 들이쉬고는 내쉬지 않으면 생명은 곧 사망합
니다. 호흡이 한 번은 오고 한 번은 가고, 한 번은 들어오고 한 번
은 나가야 이 생명이 비로소 살아있습니다. 생명은 단지 한 숨[一口
氣]일 뿐입니다.

한 숨이 한 번 오고 한 번 가며 한 번 들이쉬고 한 번 내쉬는 사
이를, 불학으로 말하면 '일념(一念)'이라고 하는데 이 일념은 대략적
으로 한 말입니다. 이 대략적인 일념은 한 번 들이쉬고 내쉬는 사
이에 도대체 얼마나 많은 감각과 생각을 담고 있을까요? 불경에서
는 일념사이에 8만4천 가지 번뇌가 있다고 합니다. 이는 여러분이
체험해 보아야 합니다. 부처님은 절대로 거짓말을 하시지 않을 겁
니다. 왜냐하면 부처님은 자신이 몸소 깨달은 실상반야의 참 지혜
를 말씀하시는 분이요, 자신이 몸소 깨달은 제법실상(諸法實相)의
이치를 말씀하시는 분이요, 시방삼세의 모든 부처님과 똑 같이 말
씀하시는 분이요, 중생을 속이는 말씀을 하시지 않는 분이요, 궁극

적으로는 일체중생이 다 부처가 되도록 이끌기 위한 가르침이지 이와는 다른 말씀을 하지 않는 분이기 때문입니다. 예를 들어 우리의 맥박은 1분에 70 몇 번 뛰는데 한 차례 뛸 때마다 도대체 얼마나 많은 생각 염두가 일어났다 사라질까요? 정말 많고 많습니다. 단지 일반 범부들이 스스로 살펴 깨닫지[察覺] 못할 뿐입니다.

편지나 글을 쓰는 것을 예로 들어 보겠습니다. 한 획을 방금 긋고 그 다음 획을 더 하기 전 사이 동안에 이미 허다한 염두가 지나갑니다. 생각하는 속도는 그 빠르기가 손에 든 펜을 앞질러가면서 너무도 많고 많습니다. 그러기에 어떤 사람은 글을 쓰려고 백지를 대하고도 써내지 못합니다. 생각 염두가 너무 어지러워서 손에서 하나의 두서(頭緖)를 정리해내지 못하기 때문입니다.

지금 제가 하는 얘기를 여러분은 듣고 있습니다. 제가 아직 한마디 말을 다 마치지 않은 동안에도 제 머릿속에서는 이미 지금 하고 있는 이 한마디 말이 아니라 벌써부터 그 다음 말을 생각하고 그에 이어지는 허다한 말들이 꼬리에 꼬리를 물고 퍼뜩퍼뜩 나타나고 있습니다. 여러분들이 제 말을 듣고 있는 것도 마찬가지입니다. 말이 일단 귀에 들어오자마자 마음속에서는 이미, "그가 이렇게 말하는데 맞는 걸까? 정말 상당한 학식을 가지고 있고 허풍도 대단히 잘 치는군!" 등 식으로 허다한 염두를 불러일으킵니다. 아주 짧은 한마디 말을 하는 동안에도 이렇게 미세하여 관찰하기 어려운 많은 염두들이 일어났다 사라집니다.

그렇다면 여러분들에게 묻겠습니다. 여러분들이 단지 입으로만 나무아미타불이라는 6자홍명(六字洪名)을 외워서 생사를 끊고 서방에 왕생하려고 하고, 실제로 마음속에서는 끊임없이 생멸하는 그렇게 많은 망상 잡념들이 뒤섞여 있다면 결코 진정한 염불이 아닌데

도 그렇게 해서야 되겠습니까? 그러므로 염불을 결코 헛되게 외우지는 아닐 것이지만 흐리멍덩한 채 그저 하루하루 그럭저럭 지내는 사람이라면 득력(得力)하기 쉽지 않습니다. 명나라 때 어떤 학자가 말하기를, "어느 누구든 일생동안 세 가지 일을 할 뿐이다. 그것은 바로 자기를 속이고[自欺], 남을 속이고[欺人], 남에게 속임을 당하는[被人欺] 일이다."고 했습니다. 사람은 태어나면서부터 이 세 가지 일을 반복해 가면서 죽음에 이릅니다. 일생동안 스스로 자기를 속입니다. 그렇지 않으면 남을 속입니다. "여봐요, 나는 염불을 잘해요! 당신도 얼른 나 따라서 해요. 염불은 정말 아주 재미있어요." 이러면서도 실제 배 속에는 불평이 가득하고 날마다 번뇌합니다. 이게 자기를 속이고 남을 속이는 것 아닙니까? 그런데 영문도 모르고 따라 와서는 한 몫 끼어 노는 것은 바로 남에게 속임을 당하는 것입니다. 이게 인생의 삼대사(三大事)입니다.

우리는 염불하면서도 무엇을 염불이라 하는지도 모릅니다. 이게 자기를 속이는 것으로 자기가 자기를 저버리는 것입니다. 그럼 무엇이야말로 염불하는 그 일념(一念)일까요? 이제 비유를 하나 들어보겠습니다. 당신이 남에게 빚을 져서 내일 오후 4시 30분 전까지 은행에다 충분한 현금을 예치하지 않으면 남이 돌린 수표를 부도내게 된다 합시다. 당신은 자연히 수표 부도 범인이 되고 얼마 있지 않아 법원에서는 당신을 구치소에 집어넣을 겁니다. 그런데 사실 당신은 그 자금을 마련할 수 없습니다. 그럼에도 당신은 여기 앉아서 염불하고 있습니다. 하지만 마음속에서는 내일 오후 4시 30분 전에 그 수표가 돌아오면 어떻게 해야 할지 계속 걱정입니다. 그야말로 잠시도 마음을 놓지 못하고 근심 걱정에 싸여 있습니다. 생각 생각마다 잊을 수 없습니다. 마음이 온통 이 일에만 매달려

있으면서 잊혀 지지 않습니다. 바로 이와 같은 염이야말로 우리가
염불에서 필요한 염입니다.

마음에 오로지 이 한 생각만 걸려 있어야

또한 젊은이들이 연애할 때 이성(異性)에게 구애하는 것과 같습
니다. 비록 이곳에 앉아 강의를 듣고 있지만 마음속에서는 여전히
그녀(그 남자)를 생각하고 있습니다. "지금 어디 갔을까? 뭘 할까?
서문정 영화관 입구에 있을까? 아니면 버스에 있을까? 아니면 다
른 사람과 놀러 갔을까?" 이처럼 여기에 앉아 있지만 마음속은 두
근두근 거리면서 상대방의 모습이 온통 생각 속에 둥지를 틀고 들
어앉아 있습니다. 멍하니 생각하면서 아무리 떨쳐버리려 해도 떨쳐
지지가 않습니다. 이런 상태가 사념(思念)인데 우리의 염불도 그와
같이 날마다 아미타불을 생각하고 있고 시시각각으로 그를 잊지
말아야 합니다. 나아가 네 글자나 여섯 글자의 명호도 필요 없이
마음속에 단지 부처님이라는 생각만 이렇게 걸려 있는 것이 일종
의 습관이 된다면 그것으로 됩니다.

가끔 저는 학우들에게 이렇게 묻습니다. "당신은 염불합니까?"
"합니다. 선생님 저는 하루에 두 차례 해요. 한 차례마다 백팔 염주
를 다섯 바퀴 돌리니 하루에 모두 천팔십 번 하지요." 마치 돈 계산
할 때 이자 계산하듯이 하는데 그리 옳지 않습니다. 저는 염불하면
서 숫자를 그리 세지 않습니다. 한 번 한 번 해가는 데 숫자의 많고
적음은 상관해서 뭐하겠습니까? 단숨에 한 번 외우면 끝가지 일심
불란(一心不亂)할 수 있습니다! 그러므로 염불하는 데는 염주로써
도움을 삼을 수 있지만 지나치게 상(相)에 집착하지 마십시오. 옴니

암니 숫자를 따져서 도리어 심사(心思)를 잘못 쓰면 얼마나 안타까운 일입니까.

제가 어렸을 때 고향 시골집에서 보았는데 할머니들은 염불하면서 대부분 종이를 한 장 가지고 있었습니다. 그 종이에는 빨간색 동그라미가 많이 그려져 있었는데, 한편으로는 나무아미타불하고 한편으로는 보릿대 대롱을 들어 먹물을 찍어가되 염불을 108번을 하고 나면 그 동그라미에다 점을 하나 찍었습니다. 우리 집에서 품 파는 할머니도 마찬가지였습니다. 제가 밖에서 돌아오는 것을 보면 한편으로는 염불하고 한편으로는 이렇게 말했습니다. "돌아오셨어요, 도련님! 아미타불 아미타불…, 재미있지요?" "재미있어요." "아미타불, 아미타불, 재미있어요.! 좋아요 좋아, 아미타불." 그리고 나서 몇 번 염불한 다음 또 이렇게 말했습니다. "좀 앉아요. 내 조금 있다 차 끓여 줄게요! 내 염불 다하고요, 아미타불, 아미타불…." 이어 보릿대 대롱을 들어 종이에 가볍게 점을 한 번 찍었습니다.

그 때 어린 저는 호기심에서 물었습니다. "에, 왕씨 할머니, 뭐 하시려고 이렇게 외워요? 그리고 이런 종이들은 뭐예요?" "이~, 도련님은 몰라요. 이 종이들은 장래에 태울 거예요. 일생동안 이렇게 수고했고 그렇게 많은 본전을 들여 염불해서 기록을 다 해놓았으니 죽은 다음엔 아무래도 내가 잘 떠가도록 큰 길을 하나 줄 거예요! 그렇지 않으면 내세에 다시 태어날 때 나의 염불기록이 모두 현금이니 가는 곳마다 뇌물로 보내 좋은 집안을 찾아 태어나기도 쉬울 거예요." 여러분 보십시오, 이런 관념이 진정한 염불과 무슨 관계가 있겠습니까? 저는 어릴 때 이런 모습을 많이 보았습니다. 저의 할머니는 부처님을 경건하게 믿었는데, 역시 그와 같지 않았겠습니까.

곤궁이 극에 달하면 하늘을 부르고
고통이 극에 달하면 부모를 부른다

제가 열한 살 때 일로 기억합니다. 제가 읍내 성에 가서 공부하기 위해 처음으로 집을 멀리 떠나게 되었습니다. 집에서 읍내 성까지는 하루면 가는 거리였으니 아예 얘깃거리도 안 되지요. 그런데 온 집안사람들이 슬퍼하면서 눈물을 흘렸습니다. 마치 심각한 이별이나 되는 것처럼 손수건으로 닦을 겨를도 없었습니다. 제 자신도 집을 떠나 본적이 없었기에 괴로웠습니다. 어떤 사람은 저를 겁주려고 못된 장난도 했습니다. 성문에는 신이 있기 때문에 읍내 성문을 보면 반드시 절을 올려야지, 그렇지 않으면 들어갈 수 없다고 말입니다. 이렇게 고통스럽고 괴로운 일을 당했을 때나 무슨 놀랄 일을 만나면 저는 자연스럽게 염불을 했습니다. 나무아미타불 염불을 했습니다. 누가 가르쳐 주었을까요? 가르쳐준 사람이 없었습니다. 단지 집안의 할머니와 어머니의 영향을 받았기 때문입니다.

당나라 때 한유(韓愈)가 말한 두 마디 말은 아주 일리가 있습니다. "궁극즉호천, 통극즉호부모(窮極則呼天, 痛極則呼父母)." 사람이 곤궁해서 송곳하나 꽂을 땅이 없고 먹고 입을 돈이 없어 어찌해볼 수 없는 지경에 처했을 때는 '오, 하늘이여!' 하고 소리칩니다. 때로는 조심하지 않아 부상을 입었거나 남에게 맞아 중상을 입어 그 고통이 극도에 이르면 "아이고, 어머니!" 하는 소리가 절로 나옵니다. 사람이 위험이 긴박한 고비에 이르렀을 때, 그 무엇인가 의지처를 찾는 강렬한 이 일념의 마음이 바로 우리가 염불하여 서방극락세계 왕생을 구하는 근본입니다. 이런 심경(心境)으로 염불해야 비로소 진정한 염불입니다.

이때의 염불에는 꼭 나무아미타불 명호만 있는 것은 아닙니다. 심각하게 위급한 지경에 처했을 때는, 아미타불 명호는 한 글자도 남아있지 않고 오직 아미타불이라는 이 한 생각만 남아 있으면서 부처님에 대한 관념이 하나 마음에 깊이 각인되어 있으면 의지처가 됩니다. 만약 사람이 임종 시에 이런 한 생각이면 결정코 서방 극락세계에 왕생하여 연꽃으로 화하여 태어납니다.

우리가 염불하면서 이런 이치를 이해하지 못하고 온통 아미타불 명호만 억세게 외움으로써 일심불란의 경지에 도달할 생각을 한다면 영원히 도달할 길이 없습니다. 왜냐하면 당신은 산란한 마음으로 염불하고 있어서 한 글자 한 소리 한 마디 한 마디가 모두 생멸법이기 때문입니다. 생멸법은 바로 산란(散亂)입니다.

또한 십성염불법(十聲念佛法)을 예로 들어보겠습니다. 여러분은 수중에 염주(알 수가 열 개임)를 들고서 염불해 가는데 이렇게 열 번 염불하는 사이에 다른 망상이 끼어들지 않게 할 수 있을까요? 불가능합니다. 설사 여러분이 다른 망상이 있음을 알아차리지 못하더라도 마음속으로는 여전히 염불 숫자를 세고 있으니 역시 산란입니다. 단지 수중의 염주를 굴리면서 셈을 돋되 한 알씩 한 알씩 세어가서 열 알에 이른다 합시다. 그 동안에 염불이 다섯 번이든 네 번이든 그 한 번 한 번, 한 글자 한 글자 사이에 다른 염두가 일어나지 않아야 실마리가 좀 있는 셈입니다. 그런 다음 다시 열 번째 염불에서부터 10, 9, 8, 7, 6, 5, 4, 3, 2, 1 순으로 이처럼 한 번은 바르게 한 번은 거꾸로 하는 것은 수식관(數息觀) 수행법과 유사한데, 오래 오래 익혀서 다른 잡념이 일어나지 않고 오직 부처님 명호만 뚜렷이 있는 정도까지 이릅니다. 그럼 이 정도가 되면 곧 일심불란이라 할까요? 아닙니다. 그 이유는, 당신이 비록 염주만 이용하고 숫자는 주의하지 않는다 하더라도 한 바퀴 돌리고 나면 또 한 바퀴 돌리고 하는 것을 당신이 다 알고 있음은 여전히 숫자관념이 있는 것이 되기 때문입니다. 더더군다나 손이 움직이고 있고 신체가 움직이고 있는 것도 염(念)입니다. 신체적인 감각도 염입니다. 염에는 심신 두 방면의 활동이 다 포함됩니다. 진정으로 염이 일심불란의 경지에 이르게 되면 오직 한마디 부처님 명호만 남아있고 기타 무슨 신체감각 같은 것은 다 없습니다. 잊어버립니다. 생멸이 사라져버리고, 적멸이 즐거움입니다.

완공정(頑空定) 염불법

예전에 제가 대륙에 있을 때 이 절 저 절 찾아다니기를 좋아했습니다. 항주(杭州) 일대의 절이란 절은 다 잘 알고 있었으며 스님들도 많이 알았습니다. 항주의 화오(花塢)란 곳은 그 지역의 이름난 경치 좋은 곳으로 크고 작은 절들이 오밀조밀 들어 서 있었습니다. 부귀한 집안 출신의 많은 처녀들이 출가하거나 머리를 기른 채 수행하는 곳도 이 일대에 집중되어 있었습니다. 대체로 한 암자에 한 비구니가 지내는데, 많아 보아야 두 세 명의 자매 친구들이 함께 지내되 고급 관료가 공관에서 살듯이 탁발이나 시주에 의존하지 않고 생활했습니다. 암자의 실내는 깨끗하고 조용하면서 그 격조가 우아했습니다. 그리고 외부인은 함부로 들어오지 못하게 했습니다.
항주 영은사(靈隱寺) 근처의 한 작은 절에서 저는 어떤 스님분과 교분이 좋았습니다. 한 번은 제가 그에게 염불하거나 정좌하면서 쉽게 입정(入定)할 수 있는 좋은 방법이 있느냐고 물었습니다. 스님은 있다고 했습니다. 그렇지만 제게 가르쳐 줄 수 없다는 겁니다. 예전에 자기가 배울 때 사부 앞에 꿇어 앉아 맹세를 했기에 이 법을 말할 수 없다는 겁니다. 그렇다면 외도와 다를 것이 뭐가 있느냐고 제가 묻자, 그는 그래서가 아니라고 연거푸 말하면서 제게 말해 줄 수 없는 것은 저의 근기가 좋아서 이런 방법을 가르쳐 주면 저를 잘못되게 할까 두렵기 때문이란 겁니다. 이 스님은 저를 너무 아끼고 좋아한 겁니다. 이런 말들은 제게 아첨한 것이나 다름없었습니다. 제가 말했습니다. "됐어요. 당신은 저를 그렇게 높게 보지 마십시오. 저란 사람은 키도 작고, 눈도 작고 코도 작고, 마음은 더더욱 작아서 큰일을 이룰 수 없는 사람이니 당신은 이런 작은 법을 제게 가르쳐 주세요. 하물며 큰일은 작은 일에서부터 하기 시작해야 하고 작은 것이 쌓여 가면 자연히 큰 것이 되는 것인데 작은 법을 하찮게 볼 필요가 있겠습니까?"

결국 이 스님은 제 고집을 꺾을 수 없었습니다. 할 수 없이 정색을 하면서 엄중하게 말했습니다. "이것은 완공정(頑空定)이라고 하는데, 비록 정(定)을 얻을 수는 있지만, 우매하고 어두워 소용이 없는 것이나 다름없습니다. 본사 석가모니불이 당시 외도에게서 배운 무상정(無想定)과 유사한 것으로 함부로 남에게 가르쳐 주어서는 안 됩니다. 이제 그대가 이렇게 말하니 가르쳐주어도 무방하겠습니다." 이리하여 조심스럽게 향공양을 올리고 저도 따라서 부처님 앞에 절을 올렸습니다. 그러자 저더러 부처님 앞에 가부좌하고 앉으라 했습니다. 왜 이렇게 하느냐고 묻자 정좌하고 염불한다고 했습니다. 어떻게 염불하는 것이냐고 하자 이렇게 말했습니다. "나무아미타불 이 여섯 자를 염불하되 그 소리가 몸 안에서 머리 꼭대기부터 밑으로 가라앉아 가도록 하십시오. 매 글자마다 소리는 조금 길게 늘여서 하십시오. 나(南)ㅡ, '나' 소리를 욀 때 밑으로 가라앉는 것을 느끼기 시작하면서 몸을 느긋하게 합니다. 무(無)ㅡ, 더욱 가라앉으면서 몸도 더 느긋하게 합니다. 이런 식으로 아(阿)ㅡㅡ미(彌)ㅡㅡ타(陀) 하고 이어가되 타(陀) 소리에 이르면 거의 복부까지 내려갑니다. 그런 다음 불(佛)ㅡㅡ(두 입술로 가볍게 내쉬는 소리를 내면서) 마치 긴 숨을 내려놓듯이 복부로부터 내려놓습니다. 이런 식으로 놓되 땅 속에까지 내려놓습니다. 계속 내려가 18층 지옥에까지, 지장보살님이 계시는 곳에까지 내려갑니다. 그리하여 계속 뚫고 내려가 하방(下方) 세계의 비할 수 없는 허공(虛空)의 곳까지 도달합니다."

저는 듣고서 일리가 있다고 판단하고 그 방법대로 염불해보니 틀림없었습니다. 해본 지 얼마 되지 않아 나를 잊어버리는 경지에 도달했습니다. 이 법은 비록 완공정으로서 당시 그 스님은 사람들에게 전해서는 안 된다고 판단했지만 훗날 저는 이 방법이 아주 좋다고 생각했습니다. 특히 현대인들이 흔히 걸리는 고혈압 병에 유익하다고 생각했습니다. 이제 그 분은 이미 입적했기에 제가 그를 대신하여 공덕을 지으면서 여러분들이 조도법(助道法)으로 삼으시라고 말씀드립니다.

이 법에 따라 닦되 만일 불(佛) 자까지 염했을 때 소리와 기(氣)가 가라앉았다가 넘쳐 돌아오면 다시 하는 식으로 반복 연습하십시오. 그리하여 의식이 맑고 고요하여 질 때까지 한 다음에 다시 일반 방식으로 염불하십시오. 그럼 이렇게 염불하면 일심불란에 도달할 수 있을까요? 역시 도달할 수 없습니다.

정념만 유지하고 망상의 검은 연기는 상관 말라

저는 불국(佛國) 선사가 『화엄경』에 나오는 선재동자 53 선지식 참방을 묘사한 게송을 자주 인용하는데, 그 중에 두 구절을 학우님들이 참고하도록 말씀드리겠습니다.

"때로는 또 시방의 부처님을 생각하고, 일이 없으면 한가하게 한 마음을 관한다[有時且念十方佛, 無事閒觀一片心]."

앞 구절은 초보적인 일심불란의 염불법문을 나타내고, 다음 구절은 진정한 일심불란을 성취한 염불법문입니다. "유시차념시방불(有時且念十方佛)"이란 온 마음 온 뜻으로 염불하여 부처님을 마음에 깊이깊이 각인(刻印)함을 설명합니다. "무사한관일편심(無事閒觀一片心)", 염불이 염하면서도 염하지 않고 염하지 않으면서 염하는 경지에 이르면 잡념 망상이 비워지고 부처님 명호도 비워집니다. 이때야 말로 진정으로 염불경지에 들어가 생멸이 이미 사라지고 적멸이 즐거움이 됩니다. 『유마경』에서 "마음이 청정하면 국토가 청정하다[心淨則國土淨]."고 말함과 같이 정토가 자연히 현전합니다.

그렇다면 염불이 어떠해야 일심불란 할까요? 우리들은 염불할 때 거의 다 한편으로는 염불하면서 한편으로는 망상을 합니다. 망상이 많으면 스스로 뉘우치면서 자기의 죄과 탓으로 여깁니다. 염불하지 않으면 괜찮은데 염불하면 할수록 망상이 일어나고 망상이 일어날수록 화가 나고 화가 날수록 염불합니다. 마침내 허튼 망상을 극복할 수 없으니 아예 깨끗이 포기해버립니다. 자기가 자기를 싫어하고 염불도 헛 염불을 합니다. 일반적으로 염불하는 모습은 대체로 이런 현상을 벗어나지 못하고 탐욕·성냄·어리석음·교만·의심·후회 등 여러 가지 악습 가운데 떨어져 있습니다.

염불할 때 망상을 두려워하지 마십시오. 후회하거나 의심하지 마십시오. 무엇보다도 먼저 자기 자신의 염불이 틀림없이 성공하여 절대적으로 서방극락에 왕생한다고 믿어야 합니다. 무슨 망상이고 아니고를 염려할 필요가 어디 있겠습니까?!

이제 촛불을 하나 켜 보겠습니다. 여러분 한 번 보십시오, 이 촛불이 켜져 있는 동시에 검은 연기도 피어오르고 있습니다. 촛불 빛이 크면 클수록 검은 연기도 큽니다. 우리의 심념의 상황도 바로 이와 같습니다. 한편으로는 나무아미타불 염불하고 있고 한편으로는 습관적으로 이런저런 생각을 하고 있습니다. 이런저런 생각은 검은 연기와 같고 나무아미타불은 촛불 빛입니다. 빛은 검은 연기라는 존재를 두려워하지 않습니다. 이런저런 생각은 정념(正念)의 지속에 방해가 없습니다. 검은 연기가 비록 피어오를 지라도 빛은 줄곧 꺼진 적이 없으니 이 역시 일종의 일심불란 아닙니까? 어째서 하찮은 일에 크게 놀라고 의심하고 후회하는 겁니까? 이렇게 말씀 드렸으니 안심하고 염불하십시오!

예컨대 우리가 거리에 나가 걸을 때 길 양쪽에는 차량과 행인들이 끊임없이 오고 가는데, 이게 여러분들에게 방해됩니까? 안됩니다. 그러므로 여러분이 염불하면서는 줄곧 염불만 해가고 기타 망상 잡념은 상관하지 말아야 합니다. "에이, 오늘 주가가 떨어졌는지 모르겠네, 아미타불, 내일 집이 팔릴까? 아미타불, 이 씨 아줌마한테 받을 이자 돈 다음에는 꼭 받아야지. 아미타불." 이런 식으로 염불에 전념할 것을 생각하면서도 또 망상하고, 한편으로는 부끄러워하면서도 한편으로는 계산 따지고 있습니다. 어쨌든 당신이 이 중간 길을 아미타불 아미타불..... 염불하면서 목적지로 향해 꾸준히 가기만 하면, 거리에 사람이 얼마나 많든 착실히 앞으로 가기만

하면, 마침내 목적지에 도달할 것입니다. 염불의 이치는 바로 이렇게 간단합니다. 조금도 어려운 점이 없습니다.

그러므로 염불은 누구나 다 일심불란의 경지까지 할 수 있습니다. 본래에 이미 일심불란인데 구태여 따로 힘들게 추구할 필요가 있을까요?! 최고봉에 이른 일심불란은 마치 용광로의 불길이 가장 강렬한 고온에 도달하면 온통 파란색 불빛으로 변하고 더 이상 연기가 나지 않는 것과 같습니다. 공부가 깊어졌을 때는 나무아미타불이라는 한 생각을 하자마자 돌연 정(定)의 상태가 되면서 움직이지 않습니다. 더 이상 그 다음의 아미타불 명호가 필요하지 않습니다. 일념만년(一念萬年), 만년일념(萬年一念)이 되어 신체감각을 잊어버립니다. 혹은 신체가 있음은 알되 움직여지지 않습니다. 이때에 어떤 사람들은 상상외로 무서워합니다. "아이쿠, 몸이 왜 없어져버렸지? 왜 움직일 수 없는 거야?" 그러면서 스스로 고장을 일으키고 스스로 번뇌를 찾기 시작합니다. 하필 그럴 것이 뭐 있어요! 이미 염불한 바에야 신체가 어떠하든 무슨 상관입니까? 죽게 되면 죽어서 한 생각에 서방극락에 왕생하면 딱 좋지요. 사실 그것은 염불이 힘을 얻은 정상적인 현상입니다. 죽음하고는 상관없으니 이상하게 여길 필요가 없습니다!

생멸이 사라지고 나면 적멸이 즐거움이다

제가 평소에 많은 친구들에게 자주 해주는 말입니다만, 살 길을 찾는 것도 쉽지 않고 죽을 길을 찾는 것도 어렵습니다. 목을 매달거나, 물에 뛰어들거나, 할복하거나, 수면제를 먹거나 어느 것이나 죽기 좋은 것은 없습니다. 천고에 어려움은 오직 한 번의 죽음입니다. 무슨 부처님 배우려고 공부하네 염불하네 정좌하네 하면서 말들이야 아주 대단하지만, 허풍 치지 말아요! 살아 있을 때는 고통 번뇌 없어 즐겁고, 가난하더라도 떳떳해서 마음 편하며, 죽을 때는 자기에게도 부담되지 않고 남에게도 폐를 끼치지 않는다면, 이미 세상에서 일등의 인간입니다.

저는 재력과 권세를 둘 다 갖춘 사람들이 병원에서 2, 3개월씩 산소 호흡기를 꽂은 채 정신이 어리어리하면서 반죽음이 되어 누어있으면서 자기도 고통스럽게 하고 남에게도 폐를 끼치는 경우를 많이 보았습니다. 적어도 친구들이야 병 문안차 오고가고 몇 번 하지만 사실 가 보더라도 죽고 가보지 않더라도 죽습니다. 그렇지만 안 가볼 수도 없습니다. 죽을 사람에게 보여주려고 그렇게 하는 것이 아니라 산 사람들에게 보여주려고 하는 것이니까요! 이건 정말 고통스럽습니다. 그렇지요? 제가 말한 것은 실제 이야기입니다. 그러므로 제가 만약 병이 난다면 남들이 저를 보러 오기를 바라지 않습니다. 남이 병이 났을 때 설사 가서 본다 하더라도 떠나오기를 그리 아쉬워하지 않습니다. 병원에 가서 보니 환자가 좀 나아있습니다. "그럼 다음에 뵙지요. 스스로 몸 잘 보살펴요." 하고 떠나옵니다. 이미 틀렸다 싶으면 얼른 돌아와 만련(輓聯)을 써야 합니다. 생명이란 바로 그렇습니다. 집착을 놓아버리고 대범하게 보아야 합니다.

따라서 염불하면서는 어떤 걱정도 해서는 안 됩니다. 이 일념은 염하여 최후에 이르면 사라집니다. 나무아미타불이란 명호가 홀연히 비워져버립니다. 이때가 바로 진정한 염불인데 쓸데없이 뭘 긴장하겠습니까? 생멸이 사라지고 나면 적멸이 즐거움입니다. 이 한 마음이 청정하면서 공령함이 바로 정토의 처음 모습인데, 이치에 밝지 못한 자는 도리어 하찮은 일에 크게 놀랍니다. 마음에서 공포감이 일어나면서 자기가 쌓은 공을 무너뜨려 버리는데, 이는 마치 '섭공호룡(葉公好龍)'이라는 고사(故事)처럼 우스운 일입니다. 섭공은 춘추시대의 한 작은 나라 왕이었는데 일생동안 용을 좋아했습니다. 황궁의 기둥이나 벽에는 온통 용을 그리고 새겨놓았습니다. 심지어 침대 깔개에도 용을 새겨놓았는데, 정말 빠져도 이만저만 빠진 게 아니었습니다. 결국 진짜 용이 감동해서 그 모습을 나타냈습니다. 일부러 용 본래 모습 그대로 그를 만나러 왔습니다. 섭공은 실제 살아 움직이는 큰 용 한 마리가 자기 앞으로 날아오는 것을 보자마자 아이쿠! 소리치고는 놀라 죽을 지경이 되었습니다.

그러므로 염불이 일념 청정하여 심신을 다 잊어버리는 경지에 이르렀더라도 두려워말고 계속 그런 경계에 '정(定)'의 상태를 유지하십시오. 정(定)의 공부가 익숙해지면 해질수록 염념(念念)이 청정합니다. 염념마다 당신은 부처님 마음속에 있고 부처님도 염념마다 당신의 마음속에 있습니다. 이렇게 오래 오래 하다 보면 모습이 없으면서 한량없는 청정한 광명이 자연히 현전합니다. 그러므로 일심불란에 어찌 도달하지 못하겠습니까? 범부도 다 그렇게 할 수 있습니다. 한마디 아미타불이라는 성스러운 명호를 기껏 일으켜 염두가 한 번 나타나기만 하면 이미 일심불란인데 구태여 다시 구할 필요가 있겠습니까? 단지 공부가 아직 무르익지 않아서일 뿐입니다.

염불할 때 곁에서 잡념이 일어나는데, 잡념이 당신과 무슨 관계가 있겠습니까?! 망상은 어디까지나 망상이고 염불은 어디까지나 염불입니다. 염불과 망상은 두 형제나 다름없습니다. 동생이 아무리 짓궂고 말썽피워도 형이 스스로 잘 돌보아가면 동생이 아무리 훼방을 놓아도 방애 받지 않습니다. 설사 허튼 생각이 나쁜 일을 생각했더라도 아미타불이라는 정념(正念)이 이미 불러 깨워주었고 이미 자각하게 되었는데 걱정할 필요가 어디에 있겠습니까?

이런 일심불란의 경계는 사실 어렵지 않습니다. 염불이 궁극적인 경지인 법계 일심불란에 이르렀다면, 그것은 바로 지혜의 성취요 대철대오입니다. 일체중생이 본래 부처님이요, 일체중생도 모두 부처님 마음 가운데 있고 부처님도 일체중생의 마음 가운데 있습니다. 마음[心]과 물질[物]과 중생(衆生)과 부처[佛] 이 네 가지가 차별이 없습니다. 수행도 깨달음도 증득함도 이런 경계에 이르면 우주와 인간이 합하여 하나요[天人合一], 허공이 곧 나요 내가 곧 허공입니다. 뿐만 아니라 하늘과 땅은 나와 그 뿌리가 같고, 만물은 나와 한 몸입니다[天地與我同根, 萬物與我一體]. 이래야 비로소 진정한 법계일심(法界一心)이요 일심법계(一心法界)입니다. 염불이 이런 경지에 이를 수 있으려면, 반드시 선(禪)이나 밀교를 배우거나 꼭 무슨 천태학이나 화엄학을 연구하지 않아도 염불 한 길을 끝까지 가면 됩니다.

오늘은 여러분들에게 여기까지 말씀드리겠습니다. 그리고 미국에 있는 그 스님에 대해서도 설명을 해 드린 셈입니다. 삼근보피(三根普被)의 이 염불법문은 사람마다 배울 수 있고 사람마다 유익함을 얻을 수 있습니다. 여러분 소홀히 하지 마시기 바랍니다. 감사합니다.

제9강

대업왕생(帶業往生)과 소업왕생(消業往生)

남회근 선생 강의
도지(陶之) 기록

$$\boxed{1}$$

　오늘은 세진(洗塵), 현명(顯明) 두 분의 노스님과 본원의 종지(從智), 명광(明光) 두 분의 법사로부터 대업왕생(帶業往生)과 소업왕생(消業往生)이라는 주제로 강의해달라는 초청을 받고 강의하게 되었습니다.

　이 자리에는 아마 이미 성취한 보살과 아라한이 계실 텐데도 진짜 일개 범부에 지나지 않는 본인이 외람되게 이런 무상승(無上乘: 대승의 다른 이름—역주)의 중대한 문제를 말하게 되니 지극히 황공합니다. 하지만 여러 법사님들의 명령을 받고서 사양할 수도 없습니다.

저는 매번 초청에 응해 강의할 때마다 마치 학창 시절로 돌아가 면접시험을 보듯이 긴장으로 전전긍긍하면서 무슨 말을 하는지 모르는 느낌이 듭니다. 지금 역시 이와 같은 심정으로 이 문제를 토론해보겠습니다.

이 문제에 대해서 전해들은 지는 2년 남짓 되었습니다. 또 어떤 분은 저에게 직접 이렇게 물은 적이 있습니다. "도대체 업을 지닌 채 왕생합니까 아니면 업을 소멸한 후 왕생합니까?" 저는 이 문제를 들을 때마다 그 대답으로 그냥 한 번 웃고 말았습니다. 저는 이 문제가 마땅히 문제가 되지 않으며 단지 수행자 스스로가 자세히 연구해서 스스로 해답을 구함에 있을 뿐이라고 생각했기 때문입니다. 최근에 듣기로는 불교계에서는 이미 이 문제에 대해 심각한 논쟁이 발생했답니다. 본인은 저 자신이 그릇이 되지 못한다고 생각하고 아예 논쟁에 참여하고 싶지 않습니다. 또한 이런 논쟁은 우스운 일에 좀 가깝다고 생각합니다. 다들 잘 배우고 닦으면 되지 또 무슨 논쟁할 것이 있겠습니까? 요 며칠 사이에 또 들리는 바에 의하면 어떤 법사들도 이 논변(論辯)에 참여했답니다. 게다가 저마다 주장을 하는데, 일부는 업을 지닌 채 왕생한다고 주장하고 일부는 업을 소멸하고 나서 왕생한다고 주장한답니다. 심지어 어떤 분은 본인도 모 주장을 찬성한다고 지칭했답니다. 저는 즉시 이렇게 알렸습니다. "나는 아직까지 어떤 주장을 한 적도 없을 뿐만 아니라 본래부터 이런 부류의 분쟁에는 참여하지도 않는데 하물며 무슨 의견을 내놓겠습니까?" 이로 인해 어떤 사람이 이 문제가 근본적으로 어떻게 시작되었는지를 묻기에 부득이 1, 2분 동안 간단히 얘기했을 뿐입니다. 이리하여 두 분 법사께서 저더러 한 번 자세히 말해달라고 했습니다. 오늘 여러분들에게 이 주제에 대해 강의하기 전에 먼저 밝혀둘 것은 이런 문제를 논쟁하는 사람들이 어떤 사람들인지 대해서는 참견하지 않겠다는 것입니다. 제가 강의하는 것은 어떤 특정인을 겨냥해서 하는 것이 아니라 단지 정토법문 수행에 대해서 보잘 것 없는 견해를 대략 말씀드리는 것일 뿐입니다.

정토법문은 이 사바세계 중생들을 제도하는 하나의 가장 방편적인 첩경입니다. 보통 일반인들은 정토법문을 현교 중의 한 가지 법문일 뿐이라고 여기는데 사실상 하나의 거대한 밀장(密藏)이자 대단히 심오하고 비밀스런 대밀승(大密乘)입니다. 뿐만 아니라 가장 방편적이고 가장 수행하기 쉽고 가장 쉽게 성취하는 대 비밀 법문입니다. 이 법문은 중국에서 1천여 년이나 유행하면서 이미 상중하세 근기를 두루 가피하였습니다. 언제 어디서나 염불소리를 들을 수 있는데 중국 전역만 이럴 뿐만 아니라, 범위를 확대해보면 일본ㆍ한국ㆍ월남ㆍ태국ㆍ말레시아ㆍ네팔ㆍ캄보디아ㆍ홍콩 등을 포함한 전체 아시아 지역에서 나무아미타불 염불소리를 들을 수 있습니다.

(이 부분에서 아阿 자의 염법에 대해 자세히 말씀하셨으나 이제 기록상으로는 뒤에 나오는 염불법문 부분으로 옮겼음―기록자 주)

동양에서는 부처님을 믿고 수행하는 사람만이 보편적으로 아미타불 염불을 할 뿐 아니라, 일반적으로 부처님을 믿지 않는 보통 사람들도 1, 2천 년 동안 불법의 훈도(薰陶)를 받은 영향으로 얼떨결에도 염불할 줄 압니다. 심지어 어떤 사람은 전혀 부처님을 믿지 않는 사람을 가리켜 욕할 때에도 무의식중에 나오는 말이 아미타불! 입니다. 예를 들어 자기가 불만을 품고 있는 상대가 넘어지는 것을 보았다면 내키는 대로 한마디 외우는 게 아미타불! 입니다. 그런데 실지로는 이 한마디 염불소리는 "그래 싸다, 잘 넘어졌다!" 는 의미로 그 속에는 "응보를 잘 받았다!" 는 의미가 담겨 있습니다.

이것은 비록 황당하고 근거 없는 우스갯소리지만 이를 통해 아미타불이라는 소리가 이처럼 보편적임을 알 수 있습니다. 동시에 칭명(稱名)염불의 정토법문인 아미타불 이 한마디의 영향이 이처럼 심원하고 광대함을 알 수 있습니다.

그러나 1, 2천여 년 이래로 칭명염불 법문을 닦은 사람은 대부분 오로지 아미타불 한마디를 염불 수행하면 목숨이 마칠 때 업을 지닌 채 왕생할 수 있다고 여겼습니다. 그리하여 대중들에게 무한한 신심을 주었습니다. 금생에서 수행하면서 비록 성취하지 못하더라도 목숨을 마칠 때 전심전력으로 염불 하면 역시 서방극락세계에 왕생할 수 있다고 여겼습니다. 이는 장구한 세월동안 아주 자연스럽게 한 가지 신앙이 사람들에게 커다란 신심을 부여한 것이라고 할 수 있습니다. 만일 업을 지닌 채 왕생함이 불가능한 것이고, 반드시 업을 소멸해야 왕생할 수 있다고 한다면 사람들은 다들 몹시 실망하면서 "이제는 끝장났다!"고 여길 겁니다. 이는 마치 투자(投資) 희망이 사라져버린 것과 같습니다! 자기의 업이 어느 해 어느 달에야 녹아 다할지 모르는데 어떻게 하겠습니까? 어느 때에야 정토에 도달할 수 있을까요? 어느 때에야 극락세계에 왕생할 수 있을까요?

이렇게 되면 아주 심각합니다. 이는 주식 투자자가 국가가 곤두박질치고 장이 끝난 바람에 그 타격으로 아주 짧은 시간 만에 가산을 탕진해버린 것보다 더 엄중합니다. 그러기 때문에 이번에 몇 분의 초청에 응해서 한 번 얘기하지 않을 수 없게 되었습니다.

2

사실 대업왕생(帶業往生)이나 소업왕생(消業往生)이란 말은 둘 다 일리가 있습니다. 어느 쪽은 옳고 어느 쪽은 틀린 것이 아닙니다. 이 두 마디 명언은 선배 선지식들과 현대의 선지식들이 설법한 방편적인 말입니다. 성취한 사람이 다른 사람을 교화함에 있어서는 저마다 처한 시기가 다르고 지역이 다르고 그 대상이 다르기 때문에 설법 면에서 여러 가지 다른 방편이 있습니다. 소위 관기설교(觀機設敎)로서 그 시기, 지역, 사람에 따라 적절한 교화 작용을 베푸는 것입니다.

우리가 알듯이 업을 지님[帶業]과 업을 소멸함[消業], 이 두 가지에 대한 변론의 중점은 '업(業)'이라는 한 글자에 있습니다. 그렇다면 불법을 배우는 우리들은 당연히 무엇이 업인지 먼저 이해해야 합니다.

업은 절대적으로 나쁜 일은 아닙니다. 부처님이 말씀하신 업은 그 내용이 세 가지입니다. 선업(善業), 악업(惡業), 그리고 선에도 악에도 속하지 않는 무기업(無記業), 이 세 가지를 통틀어서 업이라고 합니다. 이와 같다면 수행하는 사람은 업을 짓고 있는 것이 아닐까요? 그렇습니다. 수행자도 업을 짓고 있고 제불보살도 업을 짓고 있습니다. 수행이란 업을 짓는 데 있습니다. 지극히 선하면서 티 없이 맑은 선업을 지음으로써 보리도업(菩提道業)에 도달하는 것입니다. 무기업도 없고 악업은 더더욱 섞여 있지 않습니다.

서방에 왕생하려면 선업을 성취해야 한다고 한다면 선업이 성취된 사람은 이론상으로 역시 대업왕생 아닌가요? 맞습니다. 이 역시 당연히 대업왕생으로, 선업을 지니고서 왕생하는 것입니다. 업을 지니고서는 왕생하지 못하고 반드시 업을 녹여야 왕생한다고 한다면, 악업과 무기업을 녹인 정도로도 부족하고 반드시 보살처럼 선업을 닦아야 왕생할 수 있다고 사람들은 생각하게 될 겁니다. 단지 업을 녹인다는 뜻인 '소업(消業)' 두 글자를 너무 서둘러 애매하게 정의(定義)하였기 때문에 논쟁이 일어난 것입니다.

　　한 걸음 더 나아가 말해본다면, 반드시 모든 업을 녹여야 왕생할 수 있다고 한다면 극락정토는 우리들이나 일체중생을 환영하지 않고 보리도과를 성취한 대보살만 환영할 것입니다. 심지어는 성불한 자만이 왕생할 수 있을 겁니다. 그런 이치는 없습니다. 또 그런 이치가 아닙니다. 대보살은 그만두고 일반 수행자의 입장에서 볼 때 진정으로 선·악·무기 등 일체의 업을 다 소멸시킨 사람이 몇 사람이나 있을 수 있을까요? 더더군다나 부처님의 성스런 가르침에 따르면 오직 업을 전환시키는 것[轉業]일 뿐 업을 녹일 수는 없습니다. 식(識)을 전환시켜 지혜를 이루는 것[轉識成智]이요, 식(識)을 전환시켜 부처를 이루는 것[轉識成佛]입니다. 이른바 대업왕생(帶業往生)은 물론 고대 선지식의 방편설법이지만 소업왕생(消業往生) 역시 일시적인 방편설법입니다. 철저하게 궁구해보기 위해 질문해 봅시다. 무슨 업을 소멸시켜버리는 것일까요?

　　예를 들어 소승을 성취한 아라한들, 심지어 유여열반을 성취한 아라한들도 업이 아직 존재합니다. 단지 잠시 동안 내면에 잠복해 있을 뿐이지만 그래도 도를 이룰 수 있습니다. 우리는 아라한들이 이미 도를 이루었으니 그들의 업은 소멸되었다고 여겨서는 안 됩니다. 단지 일시적으로 잠복해 있을 뿐입니다. 심지어 '지(地)'상 보살이나 '지(地)'에 이르지 못한 보살도 여전히 업을 지니고 있습니다(지상보살이란 보살의 52위중 초지初地 이상의 위를 가리킴—역주). 지(地)상 보살의 업은 한 단계로 전환 변화되거나 정화(淨化)되거나, 어떤 정도로 전환 변화, 정화된다고 할 수 있을 뿐입니다. 부처님은 말씀하십니다. "설사 백천 겁이 지날지라도 지은 업은 없어지지 않고 인연이 만날 때 과보를 스스로 받는다." 예를 들면 세존인 석가모니불은 현생에서 과거 겁의 과보를 받음을 보여주었습니다. 나는 이미 성취하였으니 빚을 발뺌하고 갚지 않고서 업을 녹일 수 있다고 절대 말할 수 없습니다. 그러므로 업을 녹여야 왕생할 수 있지 그렇지 않으면 왕생하지 못한다고 꼭 고수한다면, 이런 말은 너무 지나치게 고집스런 것 같습니다. 만일 그렇게 하지 않으면 안 된다고 여긴다면 견취견(見取見)과 소지장(所知障) 가운데 떨어집니다. 주관적인 선입견인 견취견은 법집(法執)을 형성하기 쉽습니다. 예를 들어 세상 사람들은 선입견에서 이렇게 말합니다. "이 일은 이와 같지 않으면 안 된다!" 그러나 불법에는 이처럼 원융하지 못한 것은 없습니다.

　다시 한 걸음 더 나아가 대업왕생과 소업왕생의 논쟁을 연구해 봅시다. 대업왕생이란 말은 불교 경론에는 명확히 보이지 않습니다. 이 말이 최초로 나타난 것은 원나라 때 성취를 이룬 대 화상인 유칙(惟則) 선사가 쓴 『정토혹문(淨土或問)』인데, 그는 일부 사람들이 정토법문에 대해 의문점을 제기한 것을 겨냥해서 답변을 했습니다. 이 저서 중에서 '대업득생(帶業得生)'이라는 말을 언급했습니다. 그의 방편어(方便語)의 뜻은 업을 지녔더라도 서방극락정토에 왕생할 수 있다는 말입니다.

명나라 때 이르러 정토종의 우익(蕅益) 대사도 이 문제를 언급했습니다. 그가 제시한 의견은 '대혹왕생(帶惑往生)'입니다. 이른바 혹(惑)이란 견사혹(見思惑)으로 역시 업입니다. 오늘날까지 7, 8백 년 동안 중국 불교는 재가자든 출가자든 우익대사의 이 말에 익숙하며 더욱 의심하지 않습니다. 그가 제기한 것은 원나라 유칙선사가 말한 것보다 더욱 명백합니다. 그런데 대업왕생을 가장 힘껏 제창한 사람은 바로 현대의 선배 선지식이었던 인광(印光) 법사입니다.

중화민국 초년(1911)부터 20년(1931년) 사이의 중국문화도 시대의 변화와 정치체제의 혁신에 따라 서양문화의 급격한 충격을 받았습니다. 그리하여 일체가 현대식도 아니고 전통식도 아니며, 중국식도 아니고 서양식도 아니며, 신식도 아니고 구식도 아닌 대혼란 속에서 출렁거리면서 불안했습니다. 뿌리 깊은 중국 불교문화는 급진파가 외쳤던 "군벌을 타도하고 미신을 타파하자."는 등등의 구호아래 큰 파괴를 당했습니다. 불교 회장직을 맡고 있던 경안(敬安)법사 팔지두타(八指頭陀)는 북양군벌의 두터운 위세를 업고 있는 내정부장으로부터 직접 따귀를 한 대 얻어맞고서 그 행패에 치를 떨며 죽었습니다. 이 시기의 불법은 선종·정토종·밀종·율종 등이 모두 한 번 넘어져버리자 일어서질 못했습니다. 오늘날처럼 학술적으로 중시되고 헌법상으로 보장받지 못했습니다. 그야말로 어지러운 5탁(五濁) 현상은, 마치 광야에 불길이 한참 힘차게 타가고 있는 것 같았습니다. 인광(印光) 법사는 유교와 불교를 겸한 선교(善巧) 방편으로 글과 설법을 통해서 모두들 염불을 잘하여 대업왕생하라고 힘차게 외쳤습니다. 실로 법사의 더없이 높은 자비원력이요 한 조각 노파심으로서, 그가 선교(善巧) 운용한 방편법문이야말로 불법과 불교가 더욱 보급되도록 했습니다.

무엇이 혹업(惑業)일까요? '혹'과 '업'이라는 명사는 때로는 함께 이어서 말합니다. 이른바 혹(惑)은 바로 무명미망(無明迷惘)입니다. 무엇이 우리들의 혹일까요? 교리상으로 두 가지입니다. 견혹(見惑)과 사혹(思惑)입니다. 간단히 견사혹이라고 합니다. 견혹이란 사견(邪見)을 비롯한 신견(身見)·변견(邊見)·계금취견(戒禁取見)·견취견(見取見) 등 다섯 가지입니다. 현대어로 말하면, 정확하지 못한 사상·관념·견해입니다. 예를 들어 지금 대업왕생이 맞는지 소업왕생이 맞는지를 토론하고 있는데, 이 쌍방은 어느 쪽이나 다 견취견이라는 견혹상에서 서로 우김을 일으키고 있는 겁니다. 사혹이란 생각 관념 중의 좋지 않은 성정(性情)인데, 탐욕·성냄·어리석음·교만·의심 이 다섯 가지가 그 안에 들어갑니다. 만약 사혹을 끝내 버리고 극락정토에 왕생하겠다는 크나큰 원력을 일으켰다면 이미 절반을 성취한 보살입니다. 우리 범부들 중에는 절대적으로 진짜 사혹을 완전히 끝내버린 사람이 하나도 없습니다. 그렇다면야 이미 성취한 보살과 대아라한들만이 정토에 왕생할 수 있고, 업을 지닌 우리 범부들은 절대 희망이 없고 동방에 잠시 머물러 있을 수밖에 없는데 이것도 괜찮습니다.(한 번 웃음) 이제 우리가 이해했듯이 업이란 개념에는 견사혹이라는 혹업의 이치가 포함되며 세간의 나쁜 행위인 악업도 당연히 포함됩니다.

고대의 조사들이 대업왕생을 말한 것은 잘못이었으며, 나아가 다들 몹시 탄복하는 근대의 인광(印光) 법사가 거의 하는 말마다 주장한 대업왕생이 잘못 말해진 것이라고 한다면, 여러분들은 비할 바 없는 신심과 비할 바 없는 방편을 잃게 됩니다. 만일 우리가 기발한 주장과 이색적인 생각으로 고대 조사가 말한 바를 뒤집어엎으면서, 그들은 완전히 틀렸고 오직 소업왕생만이 성취를 이룬 현대 선지식이 확정한 명언이라고 여긴다면, 이 역시 너무 지나침을 면치 못합니다. 사실 소업왕생도 일시적인 방편어로서, 어떤 부류의 사람이나 개인에 대해서 혹은 한 때 한 곳에서 설한다면 결코 불가할 것도 없습니다. 예를 들어, 어떤 사람이 평소 업을 많이 지었는데 이제 그더러 불법을 배우되 지성으로 참회함으로써 악업을 소멸하고 장래에 정토에 왕생하라 권한다고 합시다. 만약 그가 자기는 업이 많은데 어떻게 왕생할 수 있겠느냐고 한다면, 이때에는 그에게 상관없다며 대업왕생할 수 있다고 권합니다. 이렇게 하는 것은 확실히 선지식의 선교방편이 됩니다. 그런데 어떤 사람들은 불법을 배우고 난 후에 아만(我慢: 우쭐댐―역주)·공고(貢高: 자랑―역주)하고 자기만 옳다고 고집하고 남의 말에 귀 기울이지 않음이 마치 천상천하유아독존(天上天下唯他獨存) 격입니다. 저는 늘 이런 사람들에게 말하길, "천상천하유아독존 자는 우리의 본사이신 석가모니불이지 당신이 아니다." 라고 합니다. 바로 이런 부류의 사람들에 대해서는 업을 녹여야 왕생할 수 있다고 일러줍니다. 그렇지 않고 당신처럼 아만 공고가 그처럼 무거운데도 왕생할 수 있다면, 아미타불 극락세계는 출입국 관리를 너무 불공평하게 한 셈이 됩니다(한 번 웃음). 그러므로 이런 것은 모두 선지식의 일시적인 방편 설법이니 집착해서는 안 되며 논쟁할 필요도 없다고 말하는 겁니다. 다들 스스로 심지(心地)를 잘 수행하면 됩니다. 부처님 말씀을 절대적으로 믿으면 잘못이 없는데 이런 말 때문에 이리저리 다투고, 한참 다투고 나서는 얼굴이 붉으락푸르락 해질 필요가 어디 있겠습니까? 또한 그렇게 구업(口業)을 크게 짓는 게 무슨 좋은 점이 있겠습니까? 그렇게 많은 시간을 논쟁으로 보내느니 그 시간에 염불 몇 번 더하는 게 얼마나 좋겠습니까? 하필이면 그런 논쟁을 합니까? 그러므로 기발한 주장으로 뛰어난 척하지 말라고 하는 겁니다.

더욱 안타까운 것은, 처음부터 대업왕생이란 말이 이미 사람들에게 비할 바 없는 신심을 주어 저마다 희망이 있고 사람마다 기회를 갖게 했는데, 이제 와서는 반드시 업을 녹이지 않으면 왕생할 수 없다고 말한다면 많은 사람들은 다 스스로 인정하기를, "금생에 업을 이처럼 많이 지었는데 이미 소멸할 수 없는 바에야 불법을 배울 필요가 어디 있는가!" 할 겁니다. 이리하여 더욱 극단적으로 나아가고 더욱 더 업을 지을 텐데 그거야말로 정말 끝장입니다. 그렇다면 덮어 놓고 맞장구치면서 소업왕생이란 말을 큰소리로 부르짖고 주장하는 것은 여기가 너무 무거워 질 것입니다.

그러기 때문에 설법에 유의하라고 하는 겁니다. 관기설교(觀機設教), 모든 사람과 그 시간 그 곳의 기회와 인연을 관찰해야 합니다. 그렇지 않으면 말실수를 범하기 쉽습니다. 이를 통해서 선지식이나 법사 노릇하기가 대단히 어렵다는 것을 알게 됩니다.

이 때문에 저는 더더욱 여러분들에게 공개적으로 말씀드려야겠습니다. 저는 선지식이 아닙니다. 단지 엉망진창인 범부일 뿐입니다. 아마 범부 자격에도 미달일 겁니다. 장래에 지옥에 떨어질지도 모릅니다. 지옥에는 18층이 있다는데, 현대화된 지옥이라면 아마 지하실이 있고 19층, 20층이 있을 지도 모르겠습니다. 장래에 저는 19층 반에 떨어질지도 모르겠습니다. 19층의 어두운 구석에 있을지 모를 제가 한 말은 틀림없어 보이지 않습니다. 단지 여러분들에게 참고로 제공할 뿐입니다.

3

옛 사람이 말하기를 "딱 맞아떨어진 말 한 마디가, 천년 동안 나귀를 매어놓는 말뚝이다[一句合頭語, 千古繫驢橛]."이라 했습니다. 선지식들의 설법은 "말을 한번 내뱉으면 화살처럼 꽂혀서, 힘이 있어도 뽑아내기 어렵다[言出如箭, 有力難拔]." 겁니다. 어쩌다 가벼운 마음으로 우연히 흘린 잘못된 말 한마디가 선지식 자신의 입장에서 보면 큰 뜻에 상관없을지 모르지만, 말하는 사람은 무심하지만 듣는 자는 생각이 있는 터라 잘못하면 남으로 하여금 악업을 짓도록 합니다. 이게 바로 "딱 맞아떨어진 말 한 마디가, 천년 동안 나귀를 매어놓는 말뚝이다."는 것입니다. 마치 우연히 길옆에다 사람들이 물건을 걸어 놓을 나무 말뚝을 하나 박아놓았는데 뜻밖에도 뒤에 오는 사람들은, 나귀를 탄 사람이나 말을 탄 사람이나 소치는 사람이나 양치는 사람이나 심지어 개를 끌고 가는 사람도, 다 그 곳을 지나가다가는 그 편리함을 선택하여 그 나무 말뚝에 가축들을 묶어 놓는 것이나 마찬가지라는 의미입니다.

게다가 우리의 본사이신 석가모니불은 업을 녹이지 않으면 왕생하지 못한다거나, 업을 지닌 채 절대 왕생할 수 있다는 말을 확정적으로 말한 적이 없습니다. 하지만 불법을 배우는 사람들은 대부분 읽어 보았듯이 『아미타경』에는 부처님의 말씀이 이렇게 쓰여 있습니다.

만약 어떤 선남자나 선여인이 아미타불에 대한 말을 듣고 그 명호를 굳게 지니어 하루나 이틀 혹은 사흘·나흘·닷새·엿새 혹은 이레 동안, 일심불란의 경지에 있으면, 그 사람이 목숨이 다하려 할 때, 아미타불께서 여러 성인 대중과 함께 그 사람 앞에 나타나시느니라. 그 사람은 목숨이 다하는 순간 마음이 또렷하여 뒤바뀌지 않고 곧바로 아미타불의 극락국토에 왕생하게 되느니라.

若有善男子・善女人, 聞說阿彌陀佛, 執持名號. 若一日, 若二日, 若三日, 若四日, 若五日, 若六日, 若七日, 一心不亂. 其人臨命終時, 阿彌陀佛與諸聖衆, 現在其前. 是人終時, 心不顚倒, 卽得往生阿彌陀佛極樂國土.

일개 보통사람이 가장 짧은 기간인 7일7야 동안에 정말로 업력을 깨끗이 소멸할 수 있을까요? 여러분이 한 번 해보아도 괜찮습니다. 사실 사람들이 한 생각을 돌려서, 지성으로 자기의 잘못을 깨닫고 뉘우치는 영명(靈明)한 일념 가운데에서, 온 정성으로 귀의 염불하여 선・악・무기 등의 의념을 일으키지 않기만 하면 일념이 만년이요 만년이 일념인데, 어찌 그러자마자 곧 부처님의 정토와 마음과 마음이 서로 맞게 되지 않겠습니까? 이렇게 7일 동안 밤낮으로 일관하면 당연히 극락정토에 태어날 수 있습니다. 이것은 부처님이 하신 말씀으로 그 속의 함의는 업을 지닌 채도 왕생할 수 있다고 말하는 것 아니겠습니까? 그러므로 여러분은 의심할 필요가 없습니다.

여러분들이 아시듯이 『화엄경』은 불경 중에서 대경(大經)의 하나이면서 모든 종파의 대경(大經) 개요도 포괄하고 있습니다. 화엄회상의 일체 제대보살들은 최후에 모두 몸소 합장하고 정토로 회향합니다.

『화엄경 「80권본 입법계품」』에서 보현보살도 우리들에게 염불법문을 다음과 같이 가르칩니다.

어떤 중생은 하루 낮 하룻밤 동안 나를 억념하고 곧 성취할 이도 있고, 혹은 7일·7야·보름·한 달·반년·일 년·백 년·천 년·한 겁·백 겁, 더 나아가 불가설 불찰미진수겁 동안에 나를 억념하고 성취할 이도 있으며, 혹은 한 생·백 생, 더 나아가 불가설 불가설 불찰미진수겁의 생 동안에 나를 억념하고 성취할 이도 있으며, 혹은 내가 광명을 놓는 것을 보거나 내가 세계를 진동하는 것을 보고, 두려워하거나 기뻐하는 이들도 모두 성취하게 되리라.

一或有眾生, 一日一夜憶念於我, 卽得成熟. 或七日七夜, 半月一月, 半年一年, 百年千年, 一劫百劫, 以及不可說佛剎微塵數劫, 憶念於我而成熟者. 或一生, 或百生, 乃至不可說不可說佛剎微塵數劫生, 憶念於我而成熟者. 或見我放大光明, 或見我震動佛剎, 或生怖畏, 或生歡喜, 皆得成熟.

보현보살은 여기서 말하기를, 어떤 중생들이 단지 하루 밤낮 동안 그를 염(念)하면 성취[成熟]할 수 있다고 합니다. 그렇지만 또 7일7야까지 걸리는 이도 있고 심지어는 무량겁 등이 걸려야 성취하게 되는 이도 있다고 합니다. 이로 보면 겁수(劫數)는 일정하지 않고 단지 한마음[一心]에 있음을 알 수 있는데, 왜 이렇게 많은 숫자를 나열해 놓았을까요? 그 속에는 한 가지 비밀이 숨겨져 있는데 자세히 연구해 보아야 합니다. 하지만 이것은 또 다른 문제이므로 여기서는 많은 얘기를 할 필요가 없겠습니다.

어떤 분은 이렇게 말할지도 모릅니다. 위에 인용한 경문은 보현보살의 경계일 뿐이지 아미타불의 정토가 아니라고 말입니다. 그러나 우리는 부처님마다 그 도(道)는 같기에 아미타불을 염함이 바로 시방제불의 대광명법장(大光明法藏)을 염하는 것임을 알아야 합니다.

이 때문에 보현보살이 설한 긴 게송 중에서 대업왕생이나 소업왕생에 관계되는 부분을 뽑아 여러분들에게 참고로 제공합니다.

중생들의 마음과 지혜와 업을 따라	隨諸眾生心智業
교화하여 청정하게 하지 않음이 없으니	靡不化度令淸淨
이와 같은 위없는 대도사(大導師)들이	如是無上大導師
시방의 모든 국토에 가득 찼느니라	充滿十方諸國土
어떤 사람이 의지 약하고 자비 없어	若人志劣無慈愍
생사고통 싫어하여 스스로 떠나려 하면	厭惡生死自求離
3해탈문(空, 無相, 無作) 들려주어서	令其聞說三脫門
고통 떠난 열반락을 얻게 해주느니라	使得出苦涅槃樂
여래의 막힘없는 지혜에서 보이는	如來無礙智所見
그 가운데의 일체 중생들을	其中一切諸眾生
모두 다 한량없는 방편문으로	悉以無邊方便門
갖가지로 교화하여 성취하게 하느니라	種種教化令成熟
어떤 이가 이러한 공덕의 바다를 듣고서	若有聞斯功德海
기뻐하고 믿고 이해하는 마음 낸다면	而生歡喜信解心
칭찬 찬양한대로 공덕을 모두 얻게 되리니	如所稱揚悉當獲

보현보살은 말합니다.

"수제중생심지업(隨諸衆生心智業), 미불화도령청정(靡不化度令淸淨)", 어떠한 중생이라도, 그 어떤 종류의 마음 어떤 종류의 업이든 따지지 않고, 마음의 지혜가 맑고 밝기만 하면 그의 제도교화를 받지 못할 자가 없다는 겁니다. 여기서 뜻이 지성스러운 일념이면 업을 정화시킬 수 있음을 알 수 있습니다.

"여시무상대도사(如是無上大導師), 충만시방제불국(充滿十方諸佛國)." 제도 교화를 받는 중생인 나와 중생을 제도 교화 하겠다고 발원한 보살이나 부처는 모두 다 이와 같은 위없는 대도사로서 시방의 모든 부처님의 나라에 충만합니다. 시방의 위없는 대도사들 중에는 당연히 서방극락세계 아미타불도 포함됩니다. 만일 자기가 이미 일체의 업력을 다 소멸시켰다면 자기가 이미 마음을 부처로 전환 변화시키고, 몸을 전환 변화시켜 성불한 것입니다. 그렇게 되면 마음이 청정하니 국토가 청정해지고, 일체중생도 제도교화 할 수 있으면서 내생에는 자기의 국토에 있게 되는데 꼭 서방이나 타방으로 갈 필요가 어디 있겠습니까? 세간법을 예로 들어보겠습니다. 오늘날은 다들 미국으로 가고 싶어 합니다. 현대의 미국 생활수준은 다른 지역보다 좋기 때문입니다. 만약 다른 지역의 생활수준도 미국처럼 좋다면, 심지어 전 지구의 어느 지역이나 다 똑같이 좋다면 꼭 미국으로만 가야 할 필요가 어디 있겠습니까!

지금 우리가 말하는 왕생문제도 사실은 석가모니불의 선교방편입니다. 서방극락세계는 아미타불의 원력이 변화시켜낸 정토라고 말한 것은 사실 최상의[無上] 방편선교 법문이지, 제불보살이 성취하고 업을 녹이고 나서 다들 그곳에 왕생하라고 하는 것은 아닙니다. 시방삼세 일체제불은 모두 다 국토가 있는데 그 국토는 없는 곳이 없고 없는 때가 없습니다. 우리들의 이 사바세계에서 석가모니불께서도 친히 시현한 적이 있듯이, 그가 손으로 한 번 누르자 그 즉시 이 세계의 청정한 면인 불토가 나타났습니다. 타방의 보살도 여기에 와서 태어난 분이 있습니다. 그러므로 말합니다. 왕생한 자는 도대체 어디로 갈까요? 어디 가서 태어날까요? 진정으로 선업이 완전히 성취되고 악업이 소멸하면 태어나면서도 태어나지 않고[生而不生], 가면서도 가지 않아서[往而不往] 어느 곳에서든 다 청정한데 어느 땅엔들 태어나지 않겠습니까? 또한 구태여 오고 감이 있겠습니까? 태어나지 않는 곳이 없고, 가지 않는 곳이 없고, 감도 없고 옴도 없는 바에야 무엇을 가지고 소업왕생이니 대업왕생이니 하겠습니까? 3업(三業)이 진정으로 청정하여 완전히 성취한 사람이라면 왕생이란 것도 없습니다. 왕생하지 않는 바에야 이른바 대업과 소업 모두 관계없으니 당연히 아무런 문제가 되지 않습니다.

우리가 성불하지 못했기 때문에 지극한 마음으로 귀의하여 아미타불의 48원을 본받고 신심을 청정히 하여 서방극락세계에 왕생해야 합니다. 아미타불한테 가서 다시 배움을 구하고 잘 배우면서 그곳에서 계속 잘 수행함으로써 잠복되어 있는 업력을 전환 변화시켜 마침내 성불해야 합니다. 그런데 서방극락세계 왕생을 발원하는 사람도 있지만 동방에 왕생하기를 발원하는 사람도 있습니다. 동방에는 약사불(藥師佛)이 계시고 북방에는 불공여래(不空如來)가 계십니다. 남방에는 보생여래(寶生如來)가 계시고 중앙에는 비로자나여래가 계십니다. 모두 다 중생의 원력이 다르므로 왕생하는 곳도 다릅니다. 하지만 부처님마다 도(道)는 같고, 각각의 불국토는 청정해서 결코 차별이 없습니다. 차별이 있는 것은 단지 겉모습일 뿐입니다. 현전의 사바세계는 비록 예토(穢土)이지만 그것은 우리들의 더러운 업력이 나타난 바이기 때문입니다. 그렇지만 부처님은 다른 경전에서도 말했듯이 성불하고 싶은 대보살들은 반드시 사바세계로 와야 빠르게 성취할 수 있습니다. 왜냐하면 이곳에는 괴로움과 즐거움, 선과 악, 번뇌와 청정함 등 여러 측면이 다 구비되어 있고, 범부와 성인이 함께 살고 있으며, 마구니와 부처가 함께 있으면서 곳곳마다 장애가 있어 해탈혜력(解脫慧力)을 분발시키기 쉽기 때문입니다. 그래서 타방세계보다 도리어 빨리 성취하기 쉽습니다. 이 역시 부처님께서 말씀하신 도리입니다! 그렇다면 서방극락세계의 대보살들이 우리가 있는 이곳으로 오는지도 모릅니다. 보현보살이 말한 것을 보지 않습니까? "이와 같은 위없는 대도사(大導師)들이, 시방의 모든 국토에 가득 찼느니라."고 말입니다.

"약인지열무자민(若人志劣無慈愍)", 만약 어떤 사람이 마음의 힘이 약하고 의지력이 부족 열등하고 자비심이 없다면,

"염오생사자구리(厭惡生死自求離)", 어느 날 교리적으로 납득이 되어 더 이상 이 사바세계에 미련 없이 좋은 곳을 찾아 왕생합니다.

"영기문설삼탈문(令其聞說三脫門), 사득출고열반락(使得出苦涅槃樂)." 그래서 그에게 공(空), 무상(無相), 무작(無作)의 해탈법문을 일러주어서 그로 하여금 업을 전환하여 도를 이루게 할 수 있습니다.

"여래무애지소견(如來無碍智所見), 기중일체제중생(其中一切諸衆生)," 우리는 '일체(一切)'라는 두 글자에 주의해야 합니다. 업력이 무거운 사람들도 당연히 이 일체중생 안에 들어갑니다. 부처님의 지혜가 보는 바와 자비원력의 가피하는 바는 좋은 사람들만 제

도하는 것이 아니라 나쁜 사람은 더더욱 제도해야 합니다. 이것이 부처님의 정신이자 불법을 배우는 우리들도 배워야 할 정신입니다. 선업이 성취된 사람을 물론 제도해야 하고, 선업이 성취되지 못한 사람이라도 제도해야 하며, 악업이 깊고 무거운 사람은 더더욱 제도해야 합니다. 그러므로 부처님이 보는 바와 주의를 기울이는 바는 일체중생이지 단지 업을 소멸한 사람만은 아닙니다.

"실이무변방편문(悉以無邊方便門), 종종교화령성숙(種種敎化令成熟)." 교화법문은 고정되어 있는 것이 아닙니다. 그러므로 꼭 업을 지녀야 왕생할 수 있는 것도 아니요 꼭 업을 소멸시켜야 왕생할 수 있는 것도 아님을 알 수 있습니다. 만약 한 가지 식으로 고정되어 원융무애하지 않다면 곧 불법이 아닙니다. 보현보살이 다음과 같이 가르쳐 보인 꼭 그대로입니다.

"약유문사공덕해(若有聞斯功德海), 이생환희신해심(而生歡喜信解心), 여소칭양실당획(如所稱揚悉當獲), 신물어차회의념(愼勿於此懷疑念)." 만약 우리가 꼭 어떻게 해야만 왕생할 수 있고, 또 어떻게 하면 왕생할 수 없다고 한 쪽만 고집한다면, 마치 모두 다 스스로 의심을 일으키는 것으로 견사혹(見思惑)상에서 논쟁하는 일과 같은데, 무엇 때문에 스스로 부처님 머리에 똥칠을 합니까?

또한 『화엄경 「80권본 보현보살행원품」』 최후의 게송은 말합니다.

나의 이런 보현의 뛰어난 행의	我此普賢殊勝行
가없는 뛰어난 복을 모두 회향하오니	無邊勝福皆廻向
두루 원컨대 고해에 빠진 모든 중생들	普願沈溺諸衆生

　　이른바 "침닉체중생(沈溺諸衆生)"이란 어디에 빠져 있다는 것일까요? 무릇 업의 바다에 빠져있는 일체중생은 당연히 모두 다 업을 지니고 있는 것입니다. 비록 업을 지니고 있지만 진정으로 보현보살의 행원에 따라 속히 무량광불찰에 가겠다고 서둘러 발심하고 헛눈 팔지 않고 가는 한 또 무슨 의심이 있겠습니까? 그러므로 여러분은 대업왕생이나 소업왕생 이런 문제를 가지고 논쟁하지 말기 바랍니다. 핵심은 우리 스스로 이미 잘 발원하고 수행하면 자연히 무량광불찰에 빨리 갈 수 있다는 데에 있을 뿐입니다. 즉, 이다음에 아미타불의 원력으로 이룩된 서방극락세계 정토불찰에 갈 수 있다는 데에 있습니다.

　　이번에 법사 몇 분들의 간절한 초청을 받고 한, 대업왕생과 소업왕생 문제에 대한 강의는 잠시 여기서 그치겠습니다. 마지막으로 여러분들에게 말씀드릴 것은, 확고한 신심만 있다면 업을 지닌 채 절대 왕생할 수 있다는 겁니다. 물론 악업을 소멸하고 선업을 성취함으로써 선업을 많이 지니고 왕생할 수 있다면 더욱 좋지요. 선업을 성취하고 원(願)을 타고 왕생하면 연꽃이 전륜성왕의 윤보[車輪]만큼 크지만, 설사 선업이 아직 순수하지 못하여 연꽃이 좀 작더라도 좋습니다(한 번 웃음). 그러나 업은 소멸할 수 없는 것입니다. 대소승의 교리를 막론하고 진정으로 업을 소멸하는 일은 없고 단지 업의 전환변화만 있을 뿐입니다. 이것이야말로 정론(正論)입니다. 그러니 우리는 큰소리로 한마디 외칩시다. "모든 선남선녀 신도들이여, 어서 빨리 업을 전환시켜 정토에 왕생합시다!" 하지만 이렇게 말하고 나니 말할수록 잘못 되는 것 같습니다! 이 말이 다시 세 번째 종류의 주장으로 변할 것 같으니 말입니다. 여러분에게 권합니다. 남은 틀리고 자기가 옳다는 식의 그런 시비적인 견해로 다투는 일을 절대 하지 마십시오. 그저 고덕(古德)이 다음과 같이 말한 유명한 게송 한 수에 따라 닦아 가면 됩니다.

수행은 무쇠로 된 자여야 하니	修行須是鐵漢
마음에 착수하여 곧 판단하라	著手心頭便判
곧장 무상보리로 빨리 가되	直趨無上菩提
일체의 시비를 상관하지 말라	一切是非莫管

　사람이 도를 닦으려면 먼저 자기를 긍정하고 마치 쇳덩이로 된 사람처럼 이 마음이 다시는 흔들리지 말아야 합니다. 스스로의 공부, 스스로의 염불, 스스로의 경계, 스스로의 성취 이 모두가 자기가 짓는 업입니다. 좋은가 좋지 않는가는 자기 스스로 압니다. 한 길을 곧장 가기만 하면 되지 무슨 시비를 따지고 논변해서 뭐하겠습니까! 여러분 용수보살이 지은 『대지도론(大智度論)』에 이렇게 말했습니다.

　어떤 보살들은 과거에 대반야를 비방하여 3악도에 떨어져 무량겁을 지냈으며, 비록 다른 법문들을 수행했었지만 죄를 멸할 수 없었던 일을 스스로 생각하고는, 뒷날 선지식을 만나 가르침을 받아 아미타불을 염(念)하고서야 비로소 업장이 소멸하고 정토에 환생한다.

有諸菩薩, 自念謗大般若, 墮三惡道, 歷無量劫, 雖修餘行, 不能減罪,後遇知識, 教念阿彌陀佛, 乃得滅障, 超生淨土.

　이 경론을 읽고나면, 대업왕생이나 소업왕생이란 말은 두 가지
다 각각 다른 선교방편일 뿐 옳음도 그름도 없다는 것을 알게 됩니
다. 『능엄경』에서 "(자성본체는 본연 청정하고 우주 간에 두루 충
만하여 있으면서) 일체중생의 마음의 힘의 작용에 따르고, 지식학
문의 아는 양에 따른다[隨衆生心, 應所知量]."고 말한 꼭 그대로일 뿐
입니다.

4

　이제 여러분들에게 염불법문을 말씀드리겠습니다. 염불법문은
습관적으로 정토법문이라고 부릅니다.
　지난 1천여 년 동안 널리 퍼져있던 정토종의 염불법문은 근대
수백 년 동안 대부분은 지명염불(持名念佛) 방법을 채용했습니다.
'나무아미타불'이라는 명호를 외우는 것이 바로 지명염불입니다.
아미타불(阿彌陀佛)은 부처님 명호입니다. '나무(南無)'는 귀의(歸依)
한다는 뜻인데, 여러분들이 다 아는 내용이므로 제가 여러 말 할
필요가 없겠습니다.
　하지만 아미타불의 명호를 외울 때 한 가지 주의할 점으로는 아
(阿)자를 "워"로 발음하지 않고 '아'로 발음해야 한다는 것입니다.
'아'는 개구음(開口音)으로 입을 벌리고 목과 가슴 부분에서 발음합
니다. 이 '아' 자 문(門)은 즉 밀교의 다라니(총지법문總持法門)의 하
나입니다. 밀교수행법 중에는 아(阿) 자문의 관상(觀想)과 염송법이

갖춰져 있습니다. '아' 자는 범어 자모의 발음 그대로로서 일체 중생의 개구음입니다. 모든 불경은 대부분 범어로부터 번역한 것입니다. 범어의 진언주문에는 세 가지 근본 주문발음이 있습니다. 즉, 보현여래 현신인 금강살타(金剛薩埵)의 근본주(根本咒)입니다. 그 세 글자는 옴(唵), 아(阿), 훔(吽)인데, 간략히 말씀드려 보겠습니다.

옴(唵)의 뜻은, 영원히 항상 머물러 있으면서, 생겨나지도 소멸하지도 않으며, 더럽지도 깨끗하지도 않고, 늘어나지도 줄어들지도 않으면서 법계에 두루 가득하다는 의미입니다.

아(阿)는 헤아릴 수 없음, 끝없고 다함없음, 끊임없이 이어짐, 광명을 열어 발함의 의미입니다.

훔(吽)은 가없는 위덕(威德), 무루과(無漏果)가 원만함, 최고의 성취, 신속한 성취의 의미입니다.

만약 '워미타불'로 발음하면 편차가 있게 됩니다. '워'라는 발음은 입 모양이 수축되어 작은 동그라미가 되면서 목부분[生死輪]으로부터만 나오는 소리로서 윤회의 소리입니다. 윤회음(輪廻音)은 아래로 가라앉습니다. 그러므로 '워'미타불 해서는 안 되고 반드시 곧이곧대로 '아'미타불이라고 맑은 소리로 외어야 합니다.

일체중생은 생명이 있게 되면 가장 먼저 하는 발음이 반드시 '아'입니다. 이 소리는 열어 발산하는 것이요 위로 휘날리는 것으로, 끊임없이 이어짐을 나타냅니다. 그런데 '워'라는 음은 침몰하는 것이요 아래로 향하는 것입니다. 심지어 가라앉아 떨어지는 소리라 할 수 있습니다. 화엄자모(華嚴字母)의 범음을 외워 부른다면 그 시작이 '아'자음에서 시작해서 타(陀)자로 완결되는데, 바로 주문발음(咒音)의 성명(聲明)의 속뜻입니다.

지명염불 법문에서 단지 아미타불이라고 넉 자만 외워도 충분합니다. 사람이 임종할 때에 숨이 장차 끊어지려는데 이 넉 자도 외우지 못할 때는, 마음을 한 대상에 묶되 아미타불의 이 '아'자에 묶고, '아……'하고만 해도 충분합니다. 절대 충분합니다! 저의 이 말에 대해서는 절대 책임집니다. 만약 틀렸다면 저는 지옥에 가겠습니다. 하지만 절대 기억할 것은, 마음을 한 대상에 묶어두되 아미타불의 이 '아'자에 묶어두어야 한다는 겁니다. 심지어 이 한소리도 미쳐 소리를 내어 외우지 못하고 숨이 끊어질 지경일 때는 소리를 내지 말고 그저 기억하고 생각하기만[憶念] 해도 충분합니다.

아미타불 이 넉 자는 바로 하나의 대 비밀입니다.

'아(阿)'자의 산스크리트어 중에서의 함의는 무량(無量), 무변(無邊), 무제(無際), 무한(無限), 공(空), 대(大), 청정 등등 많은 의미를 담고 있습니다.

'미(彌)'는 시간 또는 수명의 무한한 연장이나 펼침, 끝없이 연속됨, 그침 없는 연속이나 펼침 등의 의미가 담겨 있습니다.

'타(陀)'는 광명으로, 무한한 광명, 무량한 광명, 무변무제의 광명, 무진의 광명이 커서 밖이 없고 작아서 안이 없다는 의미가 담겨 있습니다.

5

'아미타'라는 세 글자가 담고 있는 뜻을 몇 개의 한자로 표현할 수 없기 때문에 산스크리트어음의 명호대로 음역했습니다.

빠알리 발음에 따르거나 후기 산스크리스트어 발음에 따르면 '타(陀)'라는 글자는 '따' 음으로 발음해야 합니다.

결론적으로 아미타는 무량수(無量壽)요 무량광(無量光)입니다. 이 것은 하나의 대비밀입니다. 광(光)은 공간을, 수(壽)는 시간을 나타 냅니다. 아미타는 곧 한량없이 아름다운 수승한 시간과 공간이라는 뜻을 담고 있습니다. 일체의 물리세계인 3천대천세계는 모두 생멸 이 있고, 오직 시간과 공간—수명과 빛만이 한량이 없으면서 생멸 이 없습니다. 그것은 법계에 충만합니다. 온 법계, 온 허공 어느 곳 이든 빛이 없는 곳이 없습니다. 흰 색 흰 빛, 붉은 색 붉은 빛, 노란 색 노란 빛, 푸른 색 푸른 빛입니다. 검은 색도 빛이 있습니다. 현 대 광학(光學) 상식으로는 빛(光)과 색(色)을 나누어 말하면서, 흰 색 은 모든 빛을 융합 반사하는 표색(表色)이고 검은 빛은 모든 빛을 숨겨버리는 표색이라고 합니다. 사실 검은 색은 단지 빛을 반사하 지 않는 모습[相]일 뿐으로, 마찬가지로 빛의 본체[體]에 의해 포함 되어 거두어 들여진 것입니다. 다섯 가지 색이나 일곱 가지 색, 또 는 다양한 색깔의 빛은 단지 광파(光波)의 길이가 다르기 때문에 나 타나는 겉모습, 즉 빛의 색깔이 다른 것입니다. 그런데 빛은 없는 곳이 없고 사라지는 곳도 없습니다. 그래서 말하기를, "온 허공 온 법계는 부처님의 빛이 두루 비추는 가운데 있지 아니함이 없다."고 합니다. 하지만 허공도 다함이 없고 법계도 다함이 없으며, 제불의 성광(性光)도 다함이 없습니다.

무량수 무량광인 아미타불은 도대체 어디에 있을까요? 우리들의 몸 안팎에 있지 않은 곳이 없습니다. 곳곳에 있습니다. 그렇다면 이 빛은 어디로부터 오는 걸까요? 우리가 보는 전등불빛을 가지고 말해보면, 그것은 전기에너지로부터 발생하는 것이며, 그 전기에너 지는 우주간의 에너지원으로부터 오는 것입니다. 그런데 에너지는 또 어디로부터 올까요? 최초의 최초 에너지는 물리적인 것이 아닙니다. 마음과 부처와 중생 이 세 가지가 차별이 없는 자성의 빛[自性光]이 감응 발생하는 것입니다. 그러므로 아미타불 무량수광은 바로 우리들 자성의 마음 빛[自性心光]입니다. 나무아미타불을 외우면 자성의 마음 빛이 출현합니다. 아울러 빛과 소리는 동시에 두루 가득합니다. 마음의 빛은 불성(佛性)과 통하며 불성은 스스로 마음의 빛 속에 있습니다.

빛에는 많은 층차가 있고 심오한 내함(內涵)이 있는데 내키는 대로 소개해 보겠습니다. 밀교를 학습하는 일부 인사들이 보기에는 엄중한 일입니다만, 저의 관념으로 볼 때 밀교와 현교는 본래 차별이 없습니다. 밀(密)이다 아니다 할 것 없이 일체가 다 세상 사람들에게 마땅히 공개되어야 합니다. 도(道)는 천하의 공도(公道)로서, 사람들에게 유익한 것이라면 응당 무슨 비밀을 지켜서는 안 됩니다. 만일 따로 비밀이 있어서 전해서는 안 된다면 어찌 불법도 개인적인 감춤이 있는 것이 아니겠습니까? 공개할 수 없고 오히려 감추어 비밀로 해야 한 바에야 그 비밀이 어떻게 신뢰할 가치가 있겠습니까? 대공무사(大公無私)한 도(道)는 나 개인의 소유에 속하지도 않고, 또 어떤 사람이 비밀로 소유해야 할 것에도 속하지 않습니다. 이것은 마치 공기나 햇볕과 같아서 사람마다 누릴 권리가 있고 마땅히 얻어야 합니다. 그러므로 현교든 밀교든 대중에게 유익하기만 하면, 무릇 알고 있는 것은 모두 내놓아서 일체를 보시하고 일체를 공양해야지 개인소유로 감출 필요가 없습니다. 참으로 비밀이 있는데, 그 비밀은 저마다 자기 몸과 마음속에 있습니다. 그래서 운문(雲門) 선사는 말했습니다. "나에게 한 보배가 있는데 그 비밀이 형상이라는 산에 있다[我有一寶, 祕在形山]."

빛에는 자광(子光)이 있고 모광(母光)이 있습니다. 무릇 모습이 있는 광명은 모두 자광입니다. 눈앞의 등불 빛은 물리세계의 자광입니다. 등불을 꺼버리면 온통 어두움인데 어두움도 별로 두려워할 게 없습니다. 전등 불빛 속에서 염불하다가 등을 꺼버리면 어두움 속에서 그대로 염불해 갑니다. 염불을 오래해가다 보면 자성의 마음 빛이 발하여 아미타불의 무량수광과 맞닿아 융합되면서 어두움 속에서도 스스로 광명을 발현하여 빛납니다. 이런 경계는 상상으로 얻을 바가 아닙니다.

우리가 알아야 할 점이 있습니다. 우리 인류는 낮의 햇빛 속에서만 사물을 볼 수 있는 생물이지만, 이 세계에는 인류보다도 헤아릴 수 없이 더 많은 중생들이 낮의 햇빛의 강도(强度) 아래서는 사물을 보지 못한다는 사실을 말입니다. 박쥐나 부엉이 등 어떤 것들은 도리어 어두운 광선 하에서만 사물을 볼 수 있습니다. 이런 생물들은 밤이 돼서야 활동하는데 이들 중 어떤 것은 햇빛을 보면 도리어 견디지 못합니다. 심지어 죽음에 이를 수도 있습니다. 각각 중생의 업력이 다르므로 빛을 느끼는 것도 다릅니다. 그러므로 아미타불도 그들 사이에서 각각 감응이 다른 빛을 방출합니다. 여러분 이 비밀을 이해해야 부처님의 자비롭고 광대한 마음의 원력을 확실히 알 수 있습니다.

여러분이 염불하여 광명이 현전하더라도 그것이 수승한 경계라고 집착해서는 안 됩니다. 그런 광명은 여전히 자광이지 모광이 아닙니다. 한 생각이 일어나지 않은 청정하고 원명한[清淨圓明] 경계에 이르러서, 빛이라 할 것도 빛이 아니라 할 것도 없는, 자성의 마음 빛이 현전하여야 비로소 아미타불의 마음 빛과 서로 맞닿게 됩니다. 여러분이 염불하고 있는 동안 모습 있는 광명을 보고서 아미타불이 빛을 발하여 당신을 맞이하러 왔다고 여긴다면 아무래도 너무 옹졸한 사람입니다. 그렇다면 당신은 몇 천원 주고 손전등을 하나 사서 가볍게 스위치를 눌러 빛을 발하게 하는 게 정좌 염불하는 것보다 훨씬 간편하지 않겠습니까?(한 번 웃음). 바꾸어 말하면 모습이 있는 광명은 역시 자광입니다. 바꿔 말하면 그것은 모광의 반영(反映)입니다. 어떤 분들은 정좌 중에 빛이 발현하면 몹시 기뻐하면서 자신에게 공부가 있고 도행(道行)이 있게 되었다고 여기는데, 이야말로 바보입니다. 『금강경』에서 "무릇 모든 상은 다 허망하다."고 한 말을 들어보지 않았든가요! 그러므로 반드시 알아야 합니다. 그것은 자광이지 모광이 아닙니다.

그렇다면 이런 모습 있는 광명은 좋을까요 그렇지 않을까요? 집착하지 않으면 좋고 집착하면 좋지 않습니다. 집착하지 않고 모습에 집착하지 않으면, 모습 있는 빛은 자성의 마음 빛과 점점 융합되어 하나의 몸[一體]이 됩니다. 만일 집착하면 생멸하는 허망한 연[妄緣] 가운데 떨어지는데, 그러면 좋지 않습니다. 그리기에 지명염불하면서 부처님 명호인 무량수광의 함의를 이해하면 더욱 좋다고 하는 겁니다.

게다가 지명염불 법문은 광명과 수명이 무량하고 있는 곳도 없고 없는 곳 없는, 보현여래와 관자재보살의 대광명장(大光明藏) 법문과도 통합니다.

6

그 다음으로, 아미타불 정토법문을 수행하는 데는 세 본의 대경(大經)이 있습니다. 먼저 (1) 『무량수경』, (2) 『관무량수불경』, (3)

『아미타경』을 이해하는 게 제일 좋습니다. 후세에는 습관적으로 『아미타경』을 '소본(小本) 아미타경'이라고 했습니다. 내용이 요약되어 있고 경문의 글자 수가 비교적 적기 때문에 소본이라고 합니다. 이 세 가지 경전을 숙독할 수 있다면 정토법문에 대해 틀림없이 마음속에 훤하고 뚜렷할 겁니다.

귀납시켜보면 정토법문 수행에는 지명염불 이외에도 다른 법문이 많이 있는데, 이제 먼저 간략한 관상염불(觀想念佛)을 소개하겠습니다.

관상염불은 먼저 소본 『아미타경』에서 설한 서방극락세계 경계와 무량수경에 설한 경계, 더 나아가 법화경에서 부처님이 설한 심오한 의미로써 기본적인 인식을 삼아야 합니다.

관(觀)은 마음으로 관하는 것이요 상(想)은 마음으로 생각하는 것입니다. 솔직히 말해 수행이란 바로 업을 짓는 것입니다. 하지만 5탁악세(五濁惡世)의 악업이나 무기업을 짓는 것이 아니라 선업을 짓는 것입니다. 한 걸음 더 나아가 성불의 보리대업(菩提大業)을 닦아 짓는 것입니다.

관상은 업을 전환시키는 방법입니다. 관상도 보는 견(見)과 생각하는 사(思)의 경계이기 때문입니다. 범부의 '견'과 '사'의 입장에서는 도를 아직 밝히지 못했기 때문에 일체가 다 무명의 번뇌 중에서 어지럽게 '견'과 '사'를 일으킵니다. 그러므로 '견사혹(見思惑)'이라고 합니다. 도를 밝힌 이후의 '견'은 반야지혜의 견지(見地)로 전환되고, '사'는 정사유(正思惟)의 관조(觀照) 성취로 전환됩니다. 한 생각 사이에 식(識)을 지혜로 전환하는 관건은 바로 여기에 있는데, 이 한 생각을 전환하기만 하면 됩니다. 그렇지만 수행자들이 가장 얻기 힘든 것은 바로 어찌 힘써 볼 수 없는, 이 한 번의 전환[一轉]에 있습니다!

관상염불에는 많은 방법이 있는데 장래에 기회가 있다면 다시 상세히 강의하기로 하고 지금은 먼저 하기 쉬운 방법을 하나 간략히 말씀드리겠습니다.

우선 상호가 장엄한 불상을 한 분 모셔야 합니다. 새긴 것이든 빚은 것이든, 혹은 그린 것이든 도자기로 만든 것이든 구리로 만든 것이든, 다 좋습니다. 닦는 자 자신은 서거나 가부좌로 앉은 채 불상을 마주 봅니다. 불상의 얼굴 부분은 자기 이마보다 약간 높아야 하되 불상의 두 눈과 자기의 두 눈이 수평상태이면서 약간 높으면 됩니다. 자신은 불상의 양 미간이나 맑고 묘한 두 눈을 바라보고 있으면서 그 영상에 오래 머뭅니다. 불상이 진신불(眞身佛)이든 그리거나 빚은 부처님이든 상관 말고, 초보단계에서는 습관적으로 보는 그 모습을 늘 생각에 두고 맑고 분명도록 관상해야 합니다. 그리하여 마음을 그 한 가지 대상에 묶어두고 생각 생각마다 잊지 않아야 합니다. 하지만 부처님에게는 32상 80종호가 갖춰져 있기에 찰나 간에 쉽게 관상할 수 있는 것이 아닙니다. 그러므로 초보 수련자는 단지 양 미간의 한 점의 밝은 빛을 관하거나 부처님의 맑고 묘한 두 눈만을 관해도 됩니다. 이렇게 하는 것도 마음을 한 가지 대상에 묶어두는 염불법문입니다. 그런데 어떤 분은 부처님의 웃음 짓는 두 눈을 보고서 자기도 웃는데 그래서는 안 됩니다. 움직이면 심념을 산란하게 하기 때문입니다. 이때에도 마땅히 일심불란하게 마음을 한 가지 대상에 묶어둔 채 관상해가야 합니다. 관이 잘되어 그 인상(印象)이 깊이 새겨지면 너무 주의를 기울일 필요가 없습니다. 서서히 언제 어디서나 한 점의 밝은 빛으로 깊이 새겨진 아미타불 모습이 현전하면서 이 심념 속의 아미타불이 생각 생각마다 잊어지지 않습니다. 내지는 부처님의 전신(全身)이나 극락세계정토가 하나하나 또렷 분명하게 관상된다면 기본적인 관상 성취가 된 것입니다. 관상수행 시작 단계에서 부처님의 전신을 관하거나 불상 가슴의 卍(만)자가 방광하는 것을 관해도 됩니다.

이 관상염불법문을 닦는 가운데 정말로 아미타불이 현전하는 것을 보더라도 절대 함부로 환희심이나 갖가지 산란심을 움직여서는 안 됩니다. 이런 경계는 당신의 관상이 옳다는 것을 나타낼 뿐입니다. 그러므로 이때에는 기뻐하지도 말고 두려워하지도 마십시오. 그저 마음을 맑게 하고 의식을 멈추어서 한 생각도 어지럽게 하지 마십시오. 나는 부처님 마음속에 있고 부처님은 내 마음속에 있음이 뚜렷하고 분명하면서 차별이 없습니다. 그렇다고 마치 태속에 들어간 것처럼 부처님 몸속으로 들어갔다는 말이 아니라, 내 마음이 부처님과 합하여 하나가 되어 부처님과 내가 하나같으면서[一如] 전혀 분별이 없다는 말입니다. 우쭐대거나 자랑하지도 않고 기뻐함도 슬퍼함도 없습니다. 한 마음이 청정 자재하면서 아미타불 일념입니다. 이른바 만년이 일념이요 일념이 만년입니다. 그와 같으면 됩니다.

때로는 자기 몸 안팎이 광명으로 충만하여 있음을 관했을 때는 마음속에 분별을 일으키지 말고 이 빛이 진짜인지 가짜인지, 부처님인지 마구니인지를 따지지 말기 바랍니다. 진짜 부처님 광명일지라도 평범한 것이며 마구니의 광명일지라도 뭐 두려워 할 것이 없습니다. 설사 방광하고 땅이 진동할지라도 희한한 일이 아닙니다. 이런 경계들은 모두 자성의 마음 빛이 우연히 드러난 것일 뿐입니다. 일체중생은 본래 이런 기능들을 갖추고 있기에 이제 자성의 마음 빛을 회복한데 지나지 않으니 희한하게 여기거나 집착하지 않는 게 좋습니다. 만약 집착심이 일어난다면 곧바로 저절로 마장(魔障)이 일어납니다. 때로는 관상염불을 해가다 보면 자기 머리 꼭대기에서 광명이 나타나기도 합니다. 그렇지만 주의해야 합니다. 이런 방광도 마찬가지로 자기 육안으로 보이는 것이 아닙니다. 육안으로 보는 것이라면 두 눈은 틀림없이 이미 위로 뒤집어집니다. 그렇게 되면 신경과 뇌신경에 영향을 미칠 겁니다. 무릇 염불을 잘하는 사람은 외면의 용모가 더욱 자상하고 친근하며, 활발하고 화기애애하며, 맑고 장엄합니다. 심신은 더욱 건강하고 두뇌는 더욱 맑습니다. 활발하고 평범한 사람이요, 자비희사(慈悲喜捨)를 하는 평범한 사람입니다. 조금이라도 괴이함이 있다면 부처가 아니라 흐리멍덩한 사람입니다. 그래서 정수리의 방광이나 신체 안팎의 방광은 모두 스스로 이미 관조(觀照)해서 아는 것이지 육안으로 보이는 바가 아니라고 하는 겁니다. 육안으로 빛 그림자가 보인다면 눈병 현상이 아닌지 조심스럽게 그 원인을 찾아보아야 합니다. 영명(靈明)한 가운데 한 덩이 광명을 보면서 항상 닦아 익히되 영원히 물러서지 않으면, 장래 임종 시 정수리 문[頂囟門]으로부터 곧바로 서방극락정토로 왕생할 자신이 있게 됩니다. 그런데 나이 많은 사람들은 평소에 염불관상하면서 진정으로 정력(定力) 공부가 없다면 절대 함부로 머리꼭대기를 관상해서는 안 됩니다. 그랬다가는 세상을 떠나기 십상입니다. 혹은 혈압상승을 일으키기도 합니다. 그래서 밀교에서 전법(傳法) 시에는 왕왕 동시에 약사불의 장수법(長壽法)을 전수합니다. 약사불 관상법문은 머리꼭대기로부터 내려옴으로써 허탈상태가 되지 않게 하는 것입니다. 강건한 사람도 이 법문을 닦을 수 있습니다. 젊은이는 수명의 원기가 왕성하고 앞날이 아직 길기 때문입니다. 살 방도를 찾기도 쉽지 않고 죽을 방도를 찾기도 쉽지 않기 때문에, 참으로 오고 가기를 자유롭게 할 정도까지 수행하기란 정말 쉽지 않다는 것을 꼭 알아야 합니다.

7

또한 지명염불에는 세 가지 법문이 있습니다. 첫째, 출성(出聲)염불입니다. 나무아미타불을 한 자 한 자 발음을 똑똑히 하면서 큰소리로 염불할 수 있습니다. 하지만 목구멍으로는 크게 부르면서도 마음속으로는 망상하면 안 됩니다. 목구멍 아래의 흉강으로부터 소리를 내야 합니다. 단전의 기와 잇대어 소리를 내되 단숨에 외워갑니다. 한 번 들이 쉰 호흡이 다 할 때까지 외우고 입을 다뭅니다. 다른 어떤 특별한 호흡방법을 쓰지 않고 그냥 자연스럽게 코가 호흡하도록 맡겨둡니다. 이 때 마음속에는 잡념이 없으면서 잠간 사이동안 대단히 청정합니다. 망상업(妄想業)도 짓지 않고 기구심(祈求心)도 일으키지 않습니다. 이렇게 한 숨 한 숨씩 단 번에 외워 가면 마음과 호흡이 하나로 합하고[心氣合一], 마음과 외움이 하나로 합하여[心念合一] 큰 이익을 얻습니다. 만약 염불하여 소리와 빛이 하나로 합하는[聲光合一] 경지에 이르더라도 만족해할 필요는 없습니다. 이 가운데 이치는 이미 앞서 말한 대로이니 더 이상 말할 필요가 없겠습니다.

둘째, 미성(微聲)염불입니다. 마찬가지로 한 숨 한 숨 단 숨에 외워가되 그 소리는 옆 사람이 그리 알아듣지 못할 정도이고 자기 자신만이 이근(耳根)을 돌이켜 안으로 들으면서 한 자 한 자 분명하게 외워갑니다.

큰 소리로 외우든 작은 소리로 외우든 한 자 한 자 한마디 한마디마다 또렷이 알아야 합니다. 제일 좋기는 이근을 분산시켜 외부 소리를 듣지 않는 것입니다. 염불 도중에 비록 잡념이 있더라도 즉시 스스로 자신의 의식을 청정하게 하면서 소리 내어 염불하는 생각(念)으로써 일체의 잡념을 끊어야 합니다. 마음을 오로지 하여 듣는 작용을 돌이켜 안으로 듣는 데에 주의를 기울이면 잡념은 자연히 일어나지 않고 그칩니다. 소리 내어 염불하되 육근이 외부의 영향을 받지 않을 정도가 되어 염념마다 부처라면, 이렇게 하는 것도 바로 관세음보살의, '듣는 작용을 안으로 돌이켜 자성을 듣는' 반문문자성(返聞聞自性) 법문에 들어맞습니다. 아울러 대세지보살의 '정념(淨念)이 서로 이어지는' 염불경계에도 진입할 수 있습니다.

이처럼 외워가되 하루나 이틀이나 사흘이나 나흘이나 닷새나 엿새나 이레 동안 줄곧 외워 가면 당연히 성취하지 못할 자가 없습니다. 이와 같이 닦아 가면 살아있는 동안에 신체가 건강합니다. 온갖 병을 없애고 심신이 건강하고 즐겁습니다. 그리고 임종 시에는 자신도 고통스럽지 않고 남에게도 누를 끼치지 않게 됩니다. 그렇다면 그 자재함에 축하를 드려야겠지요.

셋째, 유가(瑜伽)염불입니다. 지명(持名)염불은 출성염불인데 소리와 호흡이 합일되어야 합니다. 유가염불은 의식[意]과 생각[念]이 합일되어 『능엄경』「대세지보살염불원통장」에서 말한 정념(淨念)이 서로 이어지는 경계에 도달하는 것입니다. 이 역시 심심(心心)염불 법문입니다. 세상에 살아있는 동안 정념이 서로 이어지는 경지까지 닦을 수 있다면 장래 임종 시에 정토왕생은 반드시 성취됩니다. 이른바 정념이 서로 이어짐은, 지명염불이나 관상염불을 통해 언제 어디서나 생각 생각마다 부처님을 생각하고 있는 경계에 도달한 것입니다. 이런 유가염불은 최초에는 백거이(白居易)의 시가 말한 그대로입니다.

앉아서도 아미타불	坐也阿彌陀
걸어가도 아미타불	行也阿彌陀
화살처럼 바쁜데도	縱使忙似箭
잊지말고 아미타불	還是阿彌陀

　언제나 생각 생각이 아미타불에 있습니다. 보통 일반인들이 말하듯이 지금은 초음속 시대라서 모든 면에서 빠르기를 중시하고 속도를 중시합니다. 그러므로 많은 사람들은 자신이 너무 바쁘고 일에 너무 쫓겨서 염불할 수 없다고 합니다. 들어보면 아주 일리가 있습니다. 그렇지만 아무리 바쁘더라도 쏘아진 화살이나 발사된 총알만큼 급하지는 않겠지요. 설사 그 정도로 바쁘더라도, 몸이 바쁘지 마음은 바쁘지 않아서 역시 아미타불 일념이 될 수 있다면 틀림없이 성취될 것임은 의심할 바 없습니다.

　이렇게 언제 어디서나 염해가면 점점 염해도 염이 되지 않게 됩니다. 오직 온통 청명함뿐으로 마침내 잡념 같은 쓸데없는 걱정이 없습니다. 아마 어떤 사람은 업장이 깊고 무겁기 때문에 그런 것이라고 여길지도 모르겠는데, 염불해도 염이 되지 않는 상태는 꼭 그 때문에 그런 것은 아닙니다. 어떤 분은 정념(淨念)의 경계에 도달하여 청정함이 현전하기 때문입니다. 이렇게 심신이 청정하면 돌연 염이 끊어져서 과거심도 없고 미래심도 없습니다. 현전의 일념이 청명하면서 부처도 없고 염도 일어나지 않습니다. 청정이 현전함, 이것이 바로 정념입니다. 이때에는 몸과 마음을 한 덩어리로 유지하고, 또렷이 항상 알면서, 일체의 모든 일에 대해 조금도 사로잡힘이 없이 담담하게 합니다. 이렇게 함이 곧 정념이 서로 이어지는 경계입니다. 그런 다음 일단 심신이 해탈하면 당연히 정토가 현전해서 성취하지 못할 리가 없습니다. 정념 중에서 또렷이 항상 알면서 혼침하지도 않고 산란하지도 않은 채 문득 정(定)의 상태에 머무르는 듯한데, 당신은 그런 정(定)의 상태가 잠시 더 지속되도록 하면 더욱 좋습니다. 여러분 보세요, 5백나한 상은 저마다 다른 모습을 하고 있습니다. 어떤 나한은 귓구멍을 파고 있고, 어떤 나한은 발을 쥐고 있는 중입니다. 이런 상태로 입정하여 움직이지 않고 있는 것입니다. 불국(佛國) 선사의 게송은 말합니다. "때로는 또 시방의 부처님을 생각하고, 일이 없으면 한가하게 한 마음을 관한다네." 여러분이 염불하여 이런 경계까지 도달할 수 있다면 당연히 염불삼매를 성취하지 못할 일이 없습니다. 그렇게 된다면 제가 마땅히 더불어 기뻐하고 귀의겠습니다. 제 강의는 여기서 그치겠습니다. 너무 오랫동안 강의했습니다. 여러분 감사합니다. 함께 염불하여 정토로 회향합시다.

부록 1

37조도품

총설

불교의 목적은 이고득락(離苦得樂), 즉 괴로움을 여의고 행복을 실현하는 것이다. 그러나 괴로움은 그냥 없어지지 않는다. 괴로움은 수행을 통해서 없어진다. 이러한 수행은 초기불전에서 37보리분법으로 정리되어 나타난다.

37조도품은 모두 일곱 개 주제로 분류되는데 이것을 정리하면 다음과 같다.

① 4념처(四念處, 네 가지 마음챙김의 확립)

② 4정근(四精勤, 네 가지 바른 노력)

③ 4여의족(四如意足, 네 가지 성취수단)

④ 5근(五根, 다섯 가지 기능)

⑤ 5력(五力, 다섯 가지 힘)

⑥ 7각지(七覺支, 일곱 가지 깨달음의 구성요소)

⑦ 8정도(八正道, 팔지성도, 성스러운 팔정도)

까뀌 자루 경

3. "비구들이여, 나는 알고 보는 자에게 번뇌가 멸진한다고 말하지 알지 못하고 보지 못하는 자에게 [번뇌가 멸진한다고 말하지 않는다].

비구들이여, 그러면 무엇을 알고 무엇을 보는 자에게 번뇌가 멸진하는가? '이것이 물질이다. 이것이 물질의 일어남이다. 이것이 물질의 사라짐이다. 이것이 느낌이다. 이것이 느낌의 일어남이다. 이것이 느낌의 사라짐이다. 이것이 인식이다. 이것이 인식의 일어남이다. 이것이 인식의 사라짐이다. 이것이 심리현상[行]들이다. 이것이 심리현상들의 일어남이다. 이것이 심리현상들의 사라짐이다. 이것이 알음알이다. 이것이 알음알이의 일어남이다. 이것이 알음알이의 사라짐이다.'라고 이와 같이 알고 이와 같이 보는 자에게 번뇌는 멸진한다."

4. "비구들이여, 수행에 몰두하지 않고 머무는 비구에게 '오, 참으로 나의 마음은 취착이 없어져서 번뇌들로부터 마음이 해탈하기를.'이라는 이러한 소망이 일어날지도 모른다. 그러나 그의 마음은 결코 취착 없이 번뇌들로부터 해탈하지 못한다.

  그것은 무슨 이유 때문인가? 수행하지 않았기 때문이라는 것이 그 대답이다. 무엇을 수행하지 않았기 때문인가? 네 가지 마음챙김의 확립[四念處], 네 가지 바른 노력[四精勤], 네 가지 성취수단[四如意足], 다섯 가지 기능[五根], 다섯 가지 힘[五力], 일곱 가지 깨달음의 구성요소[七覺支], 여덟 가지 구성요소를 가진 성스러운 도[八正道]이다."

5. "비구들이여, 예를 들면 암탉이 여덟 개나 열 개나 열두 개의 계란을 품는다 하자. 그런데 암탉은 계란에 바르게 앉지도 못하고 바르게 온기를 주지도 못하고 바르게 다루지도 못한다. 그러면서도 그 암탉에게 이런 소망이 일어날 것이다. '오, 이 병아리들이 발톱 끝이나 부리로 계란의 껍질을 잘 부순 뒤 안전하게 뚫고 나오기를.'이라고. 그렇지만 병아리들은 발톱 끝이나 부리로 계란의 껍질을 잘 부순 뒤 안전하게 뚫고 나올 수 없다.

  그것은 무슨 이유 때문인가? 그 암탉이 계란에 바르게 앉지 못했고 바르게 온기를 주지 못했고 바르게 다루지 못했기 때문이다."

6. "비구들이여, 그와 같이 수행에 몰두하지 않고 머무는 비구에게 이러한 소망이 일어날 것이다. '오, 참으로 나는 취착이 없어져서 번뇌들로부터 마음이 해탈하기를.'이라고. 그러나 그는 결코 취착이 없어져서 번뇌들로부터 마음이 해탈하지 못한다.

  그것은 무슨 이유 때문인가? 수행하지 않았기 때문이라는 것이 그 대답이다. 무엇을 수행하지 않았기 때문인가? 네 가지 마음챙김의 확립[四念處], 네 가지 바른 노력[四精勤], 네 가지 성취수단[四如意足], 다섯 가지 기능[五根], 다섯 가지 힘[五力], 일곱 가지 깨달음의 구성요소[七覺支], 여덟 가지 구성요소를 가진 성스러운 도[八正道]이다."

7. "비구들이여, 수행에 몰두하여 머무는 비구에게 이러한 소망은 일어나지 않을 것이다. '오, 참으로 나는 취착이 없어져서 번뇌들로부터 마음이 해탈하기를.'이라고. 그러나 그는 취착이 없어져서 번뇌들로부터 마음이 해탈한다.

  그것은 무슨 이유 때문인가? 수행하기 때문이라는 것이 그 대답이다. 무엇을 수행하기 때문인가? 네 가지 마음챙김의 확립[四念處], 네 가지 바른 노력[四精勤], 네 가지 성취수단[四如意足], 다섯 가지 기능[五根], 다섯 가지 힘[五力], 일곱 가지 깨달음의 구성요소[七覺支], 여덟 가지 구성요소를 가진 성스러운 도[八正道]이다."

8. "비구들이여, 예를 들면 암탉이 여덟 개나 열 개나 열두 개의 계란을 품는다 하자. 그런데 암탉은 계란에 바르게 앉고 바르게 온기를 주고 바르게 다룬다. 그렇지만 그 암탉에게 이런 소망이 일어나지 않을 것이다. '오, 이 병아리들이 발톱 끝이나 부리로 계란의 껍질을 잘 부순 뒤 안전하게 뚫고 나오기를.'이라고. 그러나 병아리들은 발톱 끝이나 부리로 계란의 껍질을 잘 부순 뒤 안전하게 뚫고 나올 수 있다.

  그것은 무슨 이유 때문인가? 그 암탉이 계란에 바르게 앉았고 바르게 온기를 주었고 바르게 다루었기 때문이다."

9. "비구들이여, 그와 같이 수행에 몰두하여 머무는 비구에게 이러한 소망은 일어나지 않을 것이다. '오, 참으로 나는 취착이 없어져서 번뇌들로부터 이 마음이 해탈하기를.'이라고. 그러나 그는 취착이 없어져서 번뇌들로부터 마음이 해탈한다.

　그것은 무슨 이유 때문인가? 수행하기 때문이라는 것이 그 대답이다. 무엇을 수행하기 때문인가? 네 가지 마음챙김의 확립[四念處], 네 가지 바른 노력[四精勤], 네 가지 성취수단[四如意足], 다섯 가지 기능[五根], 다섯 가지 힘[五力], 일곱 가지 깨달음의 구성요소[七覺支], 여덟 가지 구성요소를 가진 성스러운 도[八正道]이다."

10. "비구들이여, 예를 들면 목수나 목수의 도제는 까뀌 자루에 생긴 손가락 자국이나 엄지손가락 자국을 보고 '오늘은 나의 까뀌 자루가 이만큼 닳았고 어제는 이만큼 닳았고 그 전에는 이만큼 닳았다.'라고 알지 못한다. 대신에 다 닳았을 때 닳았다고 안다.

　그와 같이 수행에 몰두하여 머무는 비구는 '오늘은 나의 번뇌들이 이만큼 멸진했고 어제는 이만큼 멸진했고 그 전에는 이만큼 멸진했다.'라고 알지 못한다. 대신에 [번뇌가] 멸진했을 때 멸진했다고 안다."

11. "비구들이여, 예를 들면 넝쿨로 된 밧줄로 묶어 만든 배가 바다를 항해하면서 육 개월 동안 바닷물에 떠다니다가 겨울철에 뭍에 닿는다 하자. 그러면 그 밧줄들은 바람과 햇볕에 퇴락할 것이고 다시 우기에 많은 비에 젖으면 쉽게 푸석푸석해질 것이고 썩어버릴 것이다.

　그와 같이 수행에 몰두하여 머무는 비구의 [열 가지] 족쇄는 쉽게 푸석푸석해지고 썩어버린다."

사념처 - 네 가지 마음챙기는 공부

하나의 법 경

1. 이와 같이 나는 들었다. 한때 세존께서는 사왓티에서 제따 숲의 아나타삔디까 원림(급고독원)에 머무셨다.

2. 거시서 세존께서는 비구들을 불러서 말씀하셨다.

3. "비구들이여, 하나의 법을 닦고 많이 [공부]지으면 큰 결실이 있고 큰 이익이 있다. 무엇이 하나의 법인가?
   들숨날숨에 대한 마음챙김이다.
   비구들이여, 그러면 들숨날숨에 대한 마음챙김을 어떻게 닦고 많이 [공부]지으면 큰 결실이 있고 큰 이익이 있는가?"

4. "비구들이여, 여기 비구는 숲 속에 가거나 나무 아래에 가거나 빈방에 가거나 하여 가부좌를 틀고 상체를 곧추세우고 전면에 마음챙김을 확립하여[구체적으로 코끝에나 숨이 닿는 윗입술의 중간부분에 혹은 인중 즉 코의 밑과 윗입술 사이에 오목하게 골이 진 곳에 라는 뜻이라고 함] 앉는다. 그는 오로지 마음챙기면서 숨을 들이쉬고 오로지 마음챙기면서 숨을 내쉰다."

5. "① 길게 들이쉬면서는 '길게 들이쉰다.'고 꿰뚫어 알고, 길게 내쉬면서는 '길게 내쉰다.'고 꿰뚫어 안다. ② 짧게 들이쉬면서는 '짧게 들이쉰다.'고 꿰뚫어 알고, 짧게 내쉬면서는 '짧게 내쉰다.'고 꿰뚫어 안다. ③ '온몸을 경험하면서 들이쉬리라.'라며 공부짓고, '온몸을 경험하면서 내쉬리라.'

라며 공부짓는다. ④ '몸의 작용[身行]을 편안히 하면서 들이쉬리라.'라며 공부짓고, '몸의 작용을 편안히 하면서 내쉬리라.'라며 공부짓는다."

6. "⑤ '희열을 경험하면서 들이쉬리라.'며 공부짓고, '희열을 경험하면서 내쉬리라.'며 공부짓는다. ⑥ '행복을 경험하면서 들이쉬리라.'며 공부짓고, '행복을 경험하면서 내쉬리라.'며 공부짓는다. ⑦ '마음의 작용[心行]을 경험하면서 들이쉬리라.'며 공부짓고, '마음의 작용을 경험하면서 내쉬리라.'며 공부짓는다. ⑧ '마음의 작용을 편안히 하면서 들이쉬리라.'며 공부짓고, '마음의 작용을 편안히 하면서 내쉬리라.'며 공부짓는다."

7. "⑨ '마음을 경험하면서 들이쉬리라.'며 공부짓고, '마음을 경험하면서 내쉬리라.'며 공부짓는다. ⑩ '마음을 기쁘게 하면서 들이쉬리라.'며 공부짓고, '마음을 기쁘게 하면서 내쉬리라.'며 공부짓는다. ⑪ '마음을 집중하면서 들이쉬리라.'며 공부짓고, '마음을 집중하면서 내쉬리라.'며 공부짓는다. ⑫ '마음을 해탈하게 하면서 들이쉬리라.'며 공부짓고, '마음을 해탈하게 하면서 내쉬리라.'며 공부짓는다.

8. "⑬ '무상을 관찰하면서 들이쉬리라.'며 공부짓고, '무상을 관찰하면서 내쉬리라.'며 공부짓는다. ⑭ '탐욕이 빛바램을 관찰하면서 들이쉬리라.'며 공부짓고, '탐욕이 빛바램을 관찰하면서 내쉬리라.'며 공부짓는다. ⑮ '소멸을 관찰하면서 들이쉬리라.'며 공부짓고, '소멸을 관찰하면서 내쉬리라.'며 공부짓는다. ⑯ '놓아버림을 관찰하면서 들이쉬리라.'며 공부짓고, '놓아버림을 관찰하면서 내쉬리라.'며 공부짓는다."

9. "비구들이여, 들숨날숨에 대한 마음챙김을 이와 같이 닦고 이와 같이 많이 [공부]지으면 큰 결실이 있고 큰 이익이 있다."

사정근 - 네 가지 바른 노력

노력 경

1. " 비구들이여, 네 가지 노력이 있다. 무엇이 넷인가? 단속의 노력, 버림의 노력, 수행의 노력, 보호의 노력이다."

2. "비구들이여, 그러면 어떤 것이 단속의 노력인가? 비구들이여, 여기 비구는 아직 일어나지 않은 나쁘고 해로운 법[不善法]들을 일어나지 못하게 하기 위해서 열의를 생기게 하고 정진하는 힘을 내고 마음을 다잡고 애를 쓴다. 비구들이여, 이를 일러 단속의 노력이라 한다."

3. "비구들이여, 그러면 어떤 것이 버림의 노력인가? 비구들이여, 여기 비구는 이미 일어난 나쁘고 해로운 법들을 제거하기 위해서 열의를 생기게 하고 정진하는 힘을 내고 마음을 다잡고 애를 쓴다. 비구들이여, 이를 일러 버림의 노력이라 한다."

4. "비구들이여, 그러면 어떤 것이 수행의 노력인가? 비구들이여, 여기 비구는 아직 일어나지 않은 유익한 법[善法]들을 일어나게 하기 위해서 열의를 생기게 하고 정진하고 힘을 내고 마음을 다잡고 애를 쓴다. 비구들이여, 이를 일러 수행의 노력이라 한다."

5. "비구들이여, 그러면 어떤 것이 보호의 노력인가? 비구들이여, 여기 비구는 이미 일어난 유익한 법들을 지속시키고 사라지지 않게 하고 증장시키고 충만하게 하고 닦아서 성취하기 위해서 열의를 생기게 하고 정진하고 힘을 내고 마음을 다잡고 애를 쓴다. 비구들이여, 이를 일러 보호의 노

력이라 한다.

비구들이여, 이것이 네 가지 노력이다."

6. "단속과 버림과 수행과 보호-
이 네 가지 노력을 태양의 후예께서 가르치셨다.
이것으로 여기 근면하는 비구는
괴로움이 다함을 얻는다."

사여의족 - 네 가지 성취수단

열의를 주로 한 삼매 경

3. "비구들이여, 만일 비구가 열의를 의지하여 삼매를 얻고 마음이 한 끝에 집중됨[心一境性]을 얻으면 이를 일러 열의를 주로 한 삼매라 한다.

그는 아직 일어나지 않은 나쁘고 해로운 법[不善法]들을 일어나지 못하게 하기 위해서 열의를 생기게 하고 정진하고 힘을 내고 마음을 다잡고 애를 쓴다. 이미 일어난 나쁘고 해로운 법들을 제거하기 위해서 열의를 생기게 하고 정진하는 힘을 내고 마음을 다잡고 애를 쓴다. 아직 일어나지 않은 유익한 법[善法]들을 일어나게 하기 위해서 열의를 생기게 하고 정진하고 힘을 내고 마음을 다잡고 애를 쓴다. 이미 일어난 유익한 법들을 지속시키고 사라지지 않게 하고 증장시키고 충만하게 하고 닦아서 성취하기 위해서 열의를 생기게 하고 정진하고 힘을 내고 마음을 다잡고 애를 쓴다. 이를 일러 노력의 의도적 행위[行]라 한다.

비구들이여, 이처럼 이러한 열의와 이러한 열의를 주로 한 삼매와 이러한 노력의 의도적 행위라고 해서 열의를 [주로 한] 삼매와 노력의 의도적 행위를 갖춘 성취수단이라 한다."

4. "비구들이여, 만일 비구가 정진을 의지하여 삼매를 얻고 마음이 한 끝에 집중됨[[心一境性]을 얻으면 이를 일러 정진을 주로 한 삼매라 한다.
　　그는 아직 일어나지 않은 …이미 일어난 유익한 법들을 지속시키고 사라지지 않게 하고 증장시키고 충만하게 하고 닦아서 성취하기 위해서 열의를 생기게 하고 정진하고 힘을 내고 마음을 다잡고 애를 쓴다. 이를 일러 노력의 의도적 행위[行]라 한다.
　　비구들이여, 이처럼 이러한 정진과 이러한 정진을 주로 한 삼매와 이러한 노력의 의도적 행위라고 해서 정진을 [주로 한] 삼매와 노력의 의도적 행위를 갖춘 성취수단이라 한다."

5. "비구들이여, 만일 비구가 마음을 의지하여 삼매를 얻고 마음이 한 끝에 집중됨[[心一境性]을 얻으면 이를 일러 마음을 주로 한 삼매라 한다.
　　그는 아직 일어나지 않은 …이미 일어난 유익한 법들을 지속시키고 사라지지 않게 하고 증장시키고 충만하게 하고 닦아서 성취하기 위해서 열의를 생기게 하고 정진하고 힘을 내고 마음을 다잡고 애를 쓴다. 이를 일러 노력의 의도적 행위[行]라 한다.
　　비구들이여, 이처럼 이러한 마음과 이러한 마음을 주로 한 삼매와 이러한 노력의 의도적 행위라고 해서 마음을 [주로 한] 삼매와 노력의 의도적 행위를 갖춘 성취수단이라 한다."

6. "비구들이여, 만일 비구가 검증을 의지하여 삼매를 얻고 마음이 한 끝에 집중됨[心一境性]을 얻으면 이를 일러 검증을 주로 한 삼매라 한다.
　　그는 아직 일어나지 않은 …이미 일어난 유익한 법들을 지속시키고 사라지지 않게 하고 증장시키고 충만하게 하고 닦아서 성취하기 위해서 열의를 생기게 하고 정진하고 힘을 내고 마음을 다잡고 애를 쓴다. 이를 일러 노력의 의도적 행위[行]라 한다.

비구들이여, 이처럼 이러한 검증과 이러한 검증을 주로 한 삼매와 이러한 노력의 의도적 행위라고 해서 검증을 [주로 한] 삼매와 노력의 의도적 행위를 갖춘 성취수단이라 한다."

오근 - 다섯 가지 기능

분석 경 2

3. "비구들이여, 다섯 가지 기능이 있다. 무엇이 다섯인가?
믿음의 기능, 정진의 기능, 마음챙김의 기능, 삼매의 기능, 통찰지의 기능이다."

4. "비구들이여, 그러면 어떤 것이 믿음의 기능인가?
비구들이여, 여기 성스러운 제자는 믿음을 가졌다. 그는 여래의 깨달음을 믿는다. '이런 [이유로] 그분 세존께서는 아라한[應供]이시며, 완전히 깨달은 분[正等覺]이시며, 명지와 실천을 구족한 분[明行足]이시며, 피안으로 잘 가신 분[善逝]이시며, 세간을 잘 알고 계신 분[世間解]이시며, 가장 높은 분[無上士]이시며, 사람을 잘 길들이는 분[調御丈夫]이시며, 하늘과 인간의 스승[天人師]이시며, 깨달은 분[佛]이시며, 세존(世尊)이시다.'라고.
비구들이여, 이를 일러 믿음의 기능이라 한다."

5. "비구들이여, 그러면 어떤 것이 정진의 기능인가?
비구들이여, 여기 성스러운 제자는 열심히 정진하며 머문다. 그는 해로운 법[不善法]들을 버리고 유익한 법[善法]들을 구족하기 위해서 굳세고 크게 분발하며 유익한 법들에 대한 임무를 내팽개치지 않는다. 그는 아직 일어나지 않은 나쁘고 해로운 법들을 일어나지 못하게 하기 위해서 열의를 생기게 하고 정진하고 힘을 내고 마음을 다잡고 애를 쓴다. 이미 일어난 나쁘고 해로운 법들을 제거하기 위하여 열의를 생기게 하고 정진하고 힘을 내고 마음을 다잡고 애를 쓴다. 아직 일어나지 않은 유익한 법들을 일어나게 하기 위해서 열의를 생기게 하고 정진하고 힘을 내고 마음을 다잡고 애를 쓴다. 이미 일어난 유익한 법들을 지속시키고 사라지지 않게 하고 증장시키고 충만하게 하고 닦아서 성취하기 위해서 열의를 생기게 하고 정진하고 힘을 내고 마음을 다잡고 애를 쓴다.

비구들이여, 이를 일러 정진의 기능이라고 한다.

6. "비구들이여, 그러면 어떤 것이 마음챙김의 기능인가?

비구들이여, 여기 성스러운 제자는 마음챙기는 자이다. 그는 최상의 마음챙김과 슬기로움을 구족하여 오래 전에 행하고 오래 전에 말한 것일지라도 모두 기억하고 생각해낸다.

그는 몸에서 몸을 관찰하며 머문다. 세상에 대한 욕심과 싫어하는 마음을 버리면서 근면하게, 분명히 알아차리고 마음챙기며 머문다. 느낌에서 ... 마음에서 ... 법에서 법을 관찰하며 머문다. 세상에 대한 욕심과 싫어하는 마음을 버리면서 근면하게, 분명히 알아차리고 마음챙기면서 머문다.

비구들이여, 이를 일러 마음챙김의 기능이라 한다."

7. "비구들이여, 그러면 어떤 것이 삼매의 기능인가?

비구들이여, 여기 성스러운 제자는 철저한 버림을 대상으로 삼아 삼매를 얻고 마음이 한 끝에 집중됨[心一境性]을 얻는다.

그는 감각적 욕망들을 완전히 떨쳐버리고 해로운 법[不善法]들을 떨쳐버린 뒤, 일으킨 생각[尋]과 지속적 고찰[伺]이 있고, 떨쳐버렸음에서 생긴 희열[喜]과 행복[樂]이 있는 초선(初禪)에 들어 머문다.

일으킨 생각과 지속적 고찰을 가라앉혔기 때문에 [더 이상 존재하지 않으며], 자기 내면의 것이고, 확신이 있으며, 마음의 단일한 상태이고, 일으킨 생각과 지속적 고찰은 없고, 삼매에서 생긴 희열과 행복이 있는 제2선(二禪)에 들어 머문다.

희열이 빛바랬기 때문에 평온하게 머물고, 마음챙기고 알아차리며 몸으로 행복을 경험한다. 이 [禪 때문에] '평온하고 마음챙기며 행복하게 머문다.'고 성자들이 묘사하는 제3선(三禪)에 들어 머문다.

행복도 버리고 괴로움도 버리고, 아울러 그 이전에 이미 기쁨과 슬픔이 소멸되었으므로 괴롭지도 즐겁지도 않으며, 평온으로 인해 마음챙김이 청정한[捨念淸淨] 제4선(四禪)에 들어 머문다.

비구들이여, 이를 일러 삼매의 기능이라 한다."

8. "비구들이여, 그러면 어떤 것이 통찰지의 기능인가?

비구들이여, 여기 성스러운 제자는 통찰지를 가졌다. 그는 성스럽고, 꿰뚫음을 갖추었으며, 괴로움의 멸진으로 바르게 인도하는, 일어나고 사라짐으로 향하는 통찰지를 구족했다.

그는 '이것이 괴로움이다.'라고 있는 그대로 꿰뚫어 안다. '이것이 괴로움의 일어남이다.'라고 있는 그대로 꿰뚫어 안다. '이것이 괴로움의 소멸이다.'라고 있는 그대로 꿰뚫어 안다. '이것이 괴로움의 소멸로 인도하는 도닦음이다.'라고 있는 그대로 꿰뚫어 안다.

비구들이여, 이를 일러 통찰지의 기능이라고 한다."

9. "비구들이여, 이러한 다섯 가지 기능이 있다."

5력 - 다섯 가지 힘

사께따 경

1. 이와 같이 나는 들었다. 한때 세존께서는 사께따에서 안자나숲의 녹야원에서 머무셨다.

2. 거기서 세존께서는 비구들을 불러서 말씀하셨다.

3. "비구들이여, 다섯 가지 기능이 다섯 가지 힘이 되고 다섯 가지 힘이 다섯 가지 기능이 되는 그러한 방법이 있는가?"

"세존이시여, 저희들의 법은 세존을 근원으로 하며, 세존을 길잡이로 하며, 세존을 귀의처로 합니다. 세존이시여, 세존께서 방금 말씀하신 이 뜻을 [친히] 밝혀주신다면 참으로 감사하겠습니다. 세존으로부터 듣고 비구들은 그것을 잘 호지할 것입니다."

"비구들이여, 그렇다면 이제 그것을 들어라. 듣고 마음에 잘 새겨라. 나는 설할 것이다."

"그렇게 하겠습니다. 세존이시여."라고 비구들은 세존께 응답했다.

4. "비구들이여, 다섯 가지 기능이 다섯 가지 힘이 되고 다섯 가지 힘이 다섯 가지 기능이 되는 그러한 방법이 있다. 그러면 무엇이 다섯 가지 기능이 다섯 가지 힘이 되고 다섯 가지 힘이 다섯 가지 기능이 되는 그러한 방법인가?

5. "비구들이여, 믿음의 기능이 곧 믿음의 힘이고 믿음의 힘이 곧 믿음의 기능이다. 정진의 기능이 곧 정진의 힘이고 정진의 힘이 곧 정진의 기능

이다. 마음챙김의 기능이 곧 마음챙김의 힘이고 마음챙김의 힘이 곧 마음챙김의 기능이다. 삼매의 기능이 곧 삼매의 힘이고 삼매의 힘이 곧 삼매의 기능이다. 통찰지의 기능이 곧 통찰지의 힘이고 통찰지의 힘이 곧 통찰지의 기능이다."

6. "비구들이여, 예를 들면 강이 동쪽으로 흐르고 동쪽으로 향하고 동쪽으로 들어가는데 그 가운데 섬이 있다 하자. 비구들이여, 그러면 그 강을 하나의 흐름이라고 헤아리는 방법도 있고, 그 강을 두 개의 흐름이라고 헤아리는 방법도 있다."

7. "비구들이여, 그러면 어떤 것이 그 강을 하나의 흐름이라고 헤아리는 방법인가? 비구들이여, 그 섬의 동쪽의 물과 서쪽의 물을 고려하면 이것은 그 강을 하나의 흐름이라고 헤아리는 방법이 된다.
　비구들이여, 그러면 어떤 것이 그 강을 두 개의 흐름이라고 헤아리는 방법인가? 비구들이여, 그 섬의 북쪽 물과 남쪽 물을 고려하면 이것은 그 강을 두 개의 흐름이라고 헤아리는 방법이 된다."

8. "비구들이여, 그와 같이 믿음의 기능이 곧 믿음의 힘이고 믿음의 힘이 곧 믿음의 기능이다. ... 통찰지의 기능이 곧 통찰지의 힘이고 통찰지의 힘이 곧 통찰지의 기능이다."

9. "비구들이여, 다섯 가지 기능을 닦고 많이 [공부]지으면 비구는 모든 번뇌가 다하여 아무 번뇌가 없는 마음의 해탈[心解脫]과 통찰지를 통한 해탈[慧解脫]을 바로 지금 여기에서 스스로 최상의 지혜로 알고 실현하고 구족하여 머문다."

7각지 - 일곱 가지 깨달음의 구성요소

계(戒) 경

1. 이와 같이 나는 들었다. 한때 세존께서는 사왓티에서 제따숲의 아나타삔디까 원림(급독원)에 머무셨다.

2. 그곳에서 세존께서는 "비구들이여."라고 비구들을 부르셨다. "세존이시여."라고 비구들은 세존께 응답했다. 세존께서는 이렇게 말씀하셨다.

3. "비구들이여, 비구가 계를 구족하고, 삼매를 구족하고, 통찰지를 구족하고, 해탈을 구족하고, 해탈지견을 구족한 비구들을 만나는 것은 많은 도움이 된다고 나는 말한다."

4. "비구들이여, 그러한 비구들의 말을 듣는 것도 ... 가까이 하는 것도 ... 섬기는 것도 ... 계속해서 생각하는 것도 ... 따라서 출가하는 것도 많은 도움이 된다고 나는 말한다."

5. "그것은 무슨 이유 때문인가? 비구들이여, 그러한 비구들로부터 법을 배워서 그는 몸이 멀리 떠남과 마음이 멀리 떠남이라는 두 가지 멀리 떠남을 갖추어 머물기 때문이다. 그는 이처럼 멀리 떠남을 갖추어 머물면서 그 법을 계속해서 생각하고 계속해서 고찰한다."

6. "비구들이여, 비구가 이처럼 멀리 떠남을 갖추어 머물면서 그 법을 계속해서 생각하고 계속해서 고찰하면 비구에게는 마음챙김의 깨달음의 구성요소가 자리 잡기 시작한다. 그래서 비구는 마음챙김의 깨달음의 구성

요소를 [꾸준히] 닦는다. 그러면 비구의 마음챙김의 깨달음의 구성요소는 이러한 닦음을 통해서 성취된다. 그는 이처럼 마음챙겨 머물면서 법을 통찰지로 조사하고 고찰하고 철저하게 검증한다."

7. "비구들이여, 비구는 이처럼 마음챙겨 머물면서 그런 법을 통찰지로 조사하고 고찰하고 철저하게 검증하면 비구에게는 법을 간택하는 깨달음의 구성요소가 자리 잡기 시작한다. 그래서 비구는 법을 간택하는 깨달음의 구성요소를 [꾸준히] 닦는다. 그러면 비구의 법을 간택하는 깨달음의 구성요소는 이러한 닦음을 통해서 성취된다. 그가 이처럼 법을 통찰지로 조사하고 고찰하고 철저하게 검증할 때 불굴의 정진이 일어난다."

8. "비구들이여, 비구가 이처럼 법을 통찰지로 조사하고 고찰하고 철저하게 검증하여 불굴의 정진이 일어나면 비구에게는 정진의 깨달음의 요소가 자리 잡기 시작한다. 그래서 비구는 정진의 깨달음의 구성요소를 [꾸준히] 닦는다. 그러면 비구의 정진의 깨달음의 구성요소는 이러한 닦음을 통해서 성취된다. 정진을 시작한 자에게는 비세속적인 희열이 일어난다."

9. "비구들이여, 비구가 이처럼 정진을 시작하여 비세속적인 희열이 일어나면 비구에게는 희열의 깨달음의 구성요소가 자리 잡기 시작한다. 그래서 비구는 희열의 깨달음의 구성요소를 [꾸준히] 닦는다. 그래서 비구의 희열의 깨달음의 구성요소는 이러한 닦음을 통해서 성취된다. 마음이 희열로 가득한 자는 몸도 고요하고 마음도 고요한다."

10. "비구들이여, 비구가 이처럼 마음이 희열로 가득하여 몸도 고요하고 마음도 고요하면 비구에게는 고요함의 깨달음의 구성요소가 자리 잡기 시작한다. 그래서 비구는 고요함의 깨달음의 구성요소를 [꾸준히] 닦는다. 그래서 고요함의 깨달음의 구성요소는 이러한 닦음을 통해서 성취된다.

몸이 고요하고 행복한 자의 마음은 삼매에 든다.

11. "비구들이여, 비구가 이처럼 몸이 고요하고 행복하여 마음이 삼매에 들면 비구에게는 삼매의 깨달음의 구성요소가 자리 잡기 시작한다. 그래서 비구는 삼매의 깨달음의 구성요소를 [꾸준히] 닦는다. 그래서 비구의 삼매의 깨달음의 구성요소는 이런한 닦음을 통해서 성취된다. 그는 이처럼 삼매에 든 마음을 아주 평온하게 한다."

12. "비구들이여, 비구가 이처럼 삼매에 든 마음을 아주 평온하게 하면 비구에게는 평온의 깨달음의 구성요소가 자리 잡기 시작한다. 그래서 비구는 평온의 깨달음의 구성요소를 [꾸준히] 닦는다. 그래서 비구의 평온의 깨달음의 구성요소는 이러한 닦음을 통해서 성취된다."

13. "비구들이여, 이와 같이 일곱 가지 깨달음의 구성요소를 닦고 이와 같이 일곱 가지 깨달음의 구성요소를 많이 [공부]지으면 일곱 가지 결실과 일곱 가지 이익이 기대된다. 어떤 것이 일곱 가지 결실과 일곱 가지 이익인가?

　(1) 지금·여기[現法]에서 구경의 지혜를 성취한다.

　(2) 만일 지금·여기에서 구경의 지혜를 성취하지 못하면, 죽을 때에 구경의 지혜를 성취한다.

　(3) 만일 지금·여기에서 구경의 지혜를 성취하지 못하고, 죽을 때에도 구경의 지혜를 성취하지 못하면, 그는 다섯 가지 낮은 단계의 족쇄를 완전히 없애고 수명의 중반쯤에 이르러 완전한 열반에 드는 자가 된다.

　(4) 만일 지금·여기에서 구경의 지혜를 성취하지 못하고, 죽을 때에도 구경의 지혜를 성취하지 못하고, 다섯 가지 낮은 단계의 족쇄를 완전히 없애고 수명의 중반쯤에 이르러 완전한 열반에 드는 자가 되지 못하면, 그는 다섯 가지 낮은 단계의 족쇄를 완전히 없애고 [수명의] 반이 지나서

완전한 열반에 드는 자가 된다.

(5) 만일 지금·여기에서 구경의 지혜를 성취하지 못하고, 죽을 때에도 구경의 지혜를 성취하지 못하고, 다섯 가지 낮은 단계의 족쇄를 완전히 없애고 수명의 중반쯤에 이르러 완전한 열반에 드는 자가 되지 못하고, 다섯 가지 낮은 단계의 족쇄를 완전히 없애고 [수명의] 반이 지나서 완전한 열반에 드는 자가 되지 못하면, 그는 다섯 가지 낮은 단계의 족쇄를 완전히 없애고 노력 없이 쉽게 완전한 열반에 드는 자가 된다.

(6) 만일 지금·여기에서 구경의 지혜를 성취하지 못하고, 죽을 때에도 구경의 지혜를 성취하지 못하고, 다섯 가지 낮은 단계의 족쇄를 완전히 없애고 수명의 중반쯤에 이르러 완전한 열반에 드는 자가 되지 못하고, 다섯 가지 낮은 단계의 족쇄를 완전히 없애고 [수명의] 반이 지나서 완전한 열반에 드는 자가 되지 못하고, 다섯 가지 낮은 단계의 족쇄를 완전히 없애고 노력 없이 쉽게 완전한 열반에 드는 자가 되지 못한다면, 그는 다섯 가지 낮은 단계의 족쇄를 완전히 없애고 노력하여 어렵게 완전한 열반에 드는 자가 된다.

(7) 만일 지금·여기에서 구경의 지혜를 성취하지 못하고, 죽을 때에도 구경의 지혜를 성취하지 못하고, 다섯 가지 낮은 단계의 족쇄를 완전히 없애고 수명의 중반쯤에 이르러 완전한 열반에 드는 자가 되지 못하고, 다섯 가지 낮은 단계의 족쇄를 완전히 없애고 [수명의] 반이 지나서 완전한 열반에 드는 자가 되지 못하고, 다섯 가지 낮은 단계의 족쇄를 완전히 없애고 노력 없이 쉽게 완전한 열반에 드는 자가 되지 못하고, 다섯 가지 낮은 단계의 족쇄를 완전히 없애고 노력하여 어렵게 완전한 열반에 드는 자가 되지 못하면, 그는 다섯 가지 낮은 단계의 족쇄를 완전히 없애고 더 높은 세계로 재생하여 색구경천에 이르는 자가 된다.

14. "비구들이여, 이와 같이 일곱 가지 깨달음의 구성요소를 닦고 이와 같이 일곱 가지 깨달음의 구성요소를 많이 [공부]지으면 이러한 일곱 가

지 결실과 일곱 가지 이익이 기대된다."

팔정도

분석경

1. 이와 같이 나는 들었다. 한때 세존께서는 사왓티에서 제따숲의 아나타 삔디카 원림(급고독원)에 머무셨다.

　그곳에서 세존께서는 "비구들이여."라고 비구들을 부르셨다. "세존이시여."라고 비구들은 세존께 응답했다. 세존께서는 이렇게 말씀하셨다.

2. "비구들이여, 그대들에게 여덟 가지 구성요소를 가진 성스러운 도[八支聖道]를 설하고 분석하리라. 이제 그것을 들어라. 듣고 마음에 잘 새겨라. 나는 설할 것이다."

　"그렇게 하겠습니다. 세존이시여." 라고 비구들은 세존께 응답했다. 세존께서는 이렇게 말씀하셨다.

3. "비구들이여, 어떤 것이 여덟 가지 구성요소를 가진 성스러운 도인가?

　그것은 바른 견해, 바른 사유, 바른 말, 바른 행위, 바른 생계, 바른 정진, 바른 마음챙김, 바른 삼매이다."

4. "비구들이여, 그러면 무엇이 바른 견해[正見]인가?

　비구들이여, 괴로움에 대한 지혜, 괴로움의 일어남에 대한 지혜, 괴로움의 소멸에 대한 지혜, 괴로움의 소멸로 인도하는 도닦음에 대한 지혜 — 이를 일러 바른 견해라 한다."

5. "비구들이여, 그러면 무엇이 바른 사유[正思惟]인가?

비구들이여, 출리(出離)에 대한 사유, 악의 없음에 대한 사유, 해코지 않음[不害]에 대한 사유 - 이를 일러 바른 사유라 한다."

6. "비구들이여, 그러면 무엇이 바른 말[正語]인가?

비구들이여, 거짓말을 삼가고 중상모략을 삼가고 욕설을 삼가고 잡담을 삼가는 것 - 이를 일러 바른 말이라 한다."

7. "비구들이여, 그러면 무엇이 바른 행위[正業]인가?

비구들이여, 살생을 삼가고 도둑질을 삼가고 삿된 음행을 삼가는 것 - 이를 일러 바른 행위라고 한다."

8. "비구들이여, 그러면 무엇이 바른 생계[正命]인가?

비구들이여, 성스러운 제자는 삿된 생계를 제거하고 바른 생계로 생명을 영위한다. 비구들이여, 이를 일러 바른 생계라 한다."

9. "비구들이여, 그러면 무엇이 바른 정진[正精進]인가?

비구들이여, 여기 비구는 아직 일어나지 않은 나쁘고 해로운 법들[不善法]을 일어나지 못하게 하기 위해서 열의를 생기게 하고 정진하고 힘을 내고 마음을 다잡고 애를 쓴다. 이미 일어난 나쁘고 해로운 법들을 제거하기 위하여 열의를 생기게 하고 정진하고 힘을 내고 마음을 다잡고 애를 쓴다. 아직 일어나지 않은 유익한 법[善法]들을 일어나게 하기 위해서 열의를 생기게 하고 정진하고 힘을 내고 마음을 다잡고 애를 쓴다. 이미 일어난 유익한 법들을 지속시키고 사라지지 않게 하고 증장시키고 충만하게 하고 닦아서 성취하기 위해서 열의를 생기게 하고 정진하고 힘을 내고 마음을 다잡고 애를 쓴다.

비구들이여, 이를 일러 바른 정진이라 한다."

10. "비구들이여, 그러면 무엇이 바른 마음챙김[正念]인가?

　비구들이여, 여기 비구는 몸에서 몸을 관찰하며[身隨觀] 머문다. 세상에 대한 욕심과 싫어하는 마음을 버리면서 근면하게, 분명히 알아차리고 마음챙기면서 머문다. 느낌에서 … 마음에서 … 법에서 법을 관찰하며 머문다. 세상에 대한 욕심과 싫어하는 마음을 버리면서 근면하게, 분명히 알아차리고 마음챙기면서 머문다.

　비구들이여, 이를 일러 바른 마음챙김이라 한다."

11. "비구들이여, 그러면 무엇이 바른 삼매인가?

　비구들이여, 여기 비구는 감각적 욕망들을 완전히 떨쳐버리고 해로운 법[不善法]들을 떨쳐버린 뒤, 일으킨 생각[尋]과 지속적 고찰[伺]이 있고, 떨쳐버렸음에서 생긴 희열[喜]과 행복[樂]이 있는 초선(初禪)에 들어 머문다.

　일으킨 생각과 지속적 고찰을 가라앉혔기 때문에 [더 이상 존재하지 않으며], 자기 내면의 것이고, 확신이 있으며, 마음의 단일한 상태이고, 일으킨 생각과 지속적 고찰은 없고, 삼매에서 생긴 희열과 행복이 있는 제2선(二禪)에 들어 머문다.

　희열이 빛바랬기 때문에 평온하게 머물고, 마음챙기고 알아차리며 몸으로 행복을 경험한다. 이 [禪 때문에] '평온하고 마음챙기며 행복하게 머문다.'고 성자들이 묘사하는 제3선(三禪)에 들어 머문다.

　행복도 버리고 괴로움도 버리고, 아울러 그 이전에 이미 기쁨과 슬픔이 소멸되었으므로 괴롭지도 즐겁지도 않으며, 평온으로 인해 마음챙김이 청정한[捨念淸淨]한 제4선(四禪)에 들어 머문다.

　비구들이여, 이를 일러 바른 삼매라 한다."

두 가지 사유 경

1. 이와 같이 나는 들었다. 한때 세존께서는 사왓티에서 제따숲의 아나타삔디카 원림(급고독원)에 머무셨다. 거기서 세존께서는 "비구들이여."라고 비구들을 부르셨다. "세존이시여."라고 비구들은 세존께 응답했다. 세존께서 이렇게 말씀하셨다.

2. "비구들이여, 내가 전에 바른 깨달음을 성취하지 못한 아직 보살이었을 적에 이런 생각이 들었다. '나는 사유를 둘로 나누어 머물리라.'라고. 비구들이여, 그런 나는 감각적 욕망과 관련된 사유와 악의와 관련된 사유와 해코지와 관련된 사유를 하나의 부분으로 만들었다. 출리(出離)와 관련된 사유와 악의 없음과 관련된 사유와 해코지 않음과 관련된 사유를 또 하나의 부분으로 만들었다."

3. "비구들이여, 그런 내가 이와 같이 방일하지 않고 열심히, 스스로 독려하며 머물 때에 감각적 욕망과 관련된 사유가 일어났다. 그런 나는 이와 같이 꿰뚫어 알았다.

'내게 이 감각적 욕망과 관련된 사유가 일어났다. 이것은 참으로 나 자신을 고통에 빠트리고, 다른 사람을 고통에 빠트리고, 둘 다를 고통에 빠트린다. 이것은 통찰지를 소멸시키고 곤혹스럽게 하고 열반에 이바지하지 못한다.'

비구들이여, '이것은 참으로 나 자신을 고통에 빠트린다.'고 사유했을 때 그것은 사라졌다. '이것은 참으로 다른 사람을 고통에 빠트린다.'라고 숙고했을 때 그것은 사라졌다. '이것은 둘 다를 고통에 빠트린다.'라고 숙고했을 때 그것은 사라졌다. '이것은 통찰지를 소멸시키고 곤혹스럽게 하고 열반에 이바지하지 못한다.'라고 숙고했을 때 그것은 사라졌다. 비구들이여, 그런 나는 감각적 욕망과 관련된 사유가 일어날 때 마다 그것을 버렸고 제거했고 없앴다."

4.~5 "비구들이여, 그런 내가 이와 같이 방일하지 않고 열심히, 스스로 독려하며 머물 때에 악의와 관련된 사유가 일어났다. ... 해코지와 관련된 사유가 일어났다. 이것은 참으로 나 자신을 고통에 빠트리고, 다른 사람을 고통에 빠트리고, 둘 다를 고통에 빠트린다. 이것은 통찰지를 소멸시키고 곤혹스럽게 하고 열반에 이바지하지 못한다.'

　비구들이여, '이것은 참으로 나 자신을 고통에 빠트린다.'고 사유했을 때 그것은 사라졌다. '이것은 참으로 다른 사람을 고통에 빠트린다.'라고 숙고했을 때 그것은 사라졌다. '이것은 둘 다를 고통에 빠트린다.'라고 숙고했을 때 그것은 사라졌다. '이것은 통찰지를 소멸시키고 곤혹스럽게 하고 열반에 이바지하지 못한다.'라고 숙고했을 때 그것은 사라졌다. 비구들이여, 그런 나는 해코지와 관련된 사유가 일어날 때 마다 그것을 버렸고 제거했고 없앴다."

6. "비구들이여, 비구가 어떤 것에 대해 사유를 거듭해서 일으키고 고찰을 거듭하다보면 그대로 마음의 성향이 된다. 비구들이여, 만일 비구가 감각적 욕망과 관련된 사유를 거듭해서 일으키고 고찰을 거듭하다보면 출리와 관련된 사유가 없어져 버리고 감각적 욕망과 관련된 사유를 거듭하여 그의 마음은 감각적 욕망과 관련된 사유로 기울어진다. 악의와 관련된 사유를 거듭해서 일으키고 고찰을 거듭하다보면 악의 없음과 관련된 사유가 없어져버리고 악의와 관련된 사유를 거듭하여 그의 마음은 악의와 관련된 사유로 기울어진다. 해코지와 관련된 사유를 거듭해서 일으키고 고찰을 거듭하다보면 해코지 않음과 관련된 사유가 없어져 버리고 해코지와 관련된 사유를 거듭하여 그의 마음은 해코지와 관련된 사유로 기울어진다."

7. "비구들이여, 예를 들면 우기철의 마지막 달인 가을에 곡식이 여물어 풍성해지면 소치는 사람이 소떼를 보호하는 것과 같다. 그는 소떼를 여기 저기서 회초리로 때리고 제지하고 묶고 잘 단속해야 한다. 그것은 무슨 까닭인가? 비구들이여, 그 소치는 사람은 그 때문에 매를 맞거나 구속되거나 몰수를 당하거나 비난을 받기 때문이다. 비구들이여, 그와 같이 나는 해로운 법들의 재난과 비천함과 더러움을 보았고 유익한 법들의 출리와 공덕과 깨끗함을 보았다."

8. "비구들이여, 그런 내가 이와 같이 방일하지 않고 열심히, 스스로 독려하며 머물 때에 출리와 관련된 사유가 일어났다. 그런 나는 이와 같이 꿰뚫어 알았다.

'내게 이런 출리와 관련된 사유가 일어났다. 이것은 참으로 나 자신을 고통에 빠트리지 않고, 다른 사람을 고통에 빠트리지 않고, 둘 다를 고통에 빠트리지 않는다. 이것은 통찰지를 증장시키고 곤혹스럽게 하지 않고 열반에 이바지한다.'

비구들이여, 나는 온 밤을 그것을 거듭 생각하고 거듭 고찰해도 그로 인해 어떤 두려움도 보지 못했다. 비구들이여, 나는 온 낮을 그것을 거듭 생각하고 거듭 고찰해도 그로 인해 어떤 두려움도 보지 못했다. 비구들이여, 나는 낮과 밤을 온통 그것을 거듭 생각하고 거듭 고찰해도 그로 인해 어떤 두려움도 보지 못했다.

그러나 '내가 너무 오래 생각하고 고찰하면 몸이 괴로울 것이고, 몸이 피로하면 마음이 혼란스러울 것이고, 마음이 혼란스러우면 삼매에서 멀어질 것이다.'라고 [꿰뚫어 알았다]. 비구들이여, 그런 나는 안으로 마음을 확고하게 하고 가라앉히고 통일하여 삼매에 들었다. 그것은 무슨 까닭인가? 나의 마음이 들뜨지 않게 하기 위해서였다."

9~10. "비구들이여, 그런 내가 이와 같이 방일하지 않고 열심히, 스스로

독려하며 머물 때에 악의 없음과 관련된 사유가 일어났다. … 비구들이여, 그런 내가 이와 같이 방일하지 않고 열심히, 스스로 독려하며 머물 때에 해코지 않음과 관련된 사유가 일어났다. 그런 나는 이와 같이 꿰뚫어 알았다.

'내게 이런 해코지 않음과 관련된 사유가 일어났다. 이것은 참으로 나 자신을 고통에 빠트리지 않고, 다른 사람을 고통에 빠트리지 않고, 둘 다를 고통에 빠트리지 않는다. 이것은 통찰지를 증장시키고 곤혹스럽게 하지 않고 열반에 이바지한다.'

비구들이여, 나는 온 밤을 그것을 거듭 생각하고 거듭 고찰해도 그로 인해 어떤 두려움도 보지 못했다. 비구들이여, 나는 온 낮을 그것을 거듭 생각하고 거듭 고찰해도 그로 인해 어떤 두려움도 보지 못했다. 비구들이여, 나는 낮과 밤을 온통 그것을 거듭 생각하고 거듭 고찰해도 그로 인해 어떤 두려움도 보지 못했다.

그러나 '내가 너무 오래 생각하고 고찰하면 몸이 괴로울 것이고, 몸이 피로하면 마음이 혼란스러울 것이고, 마음이 혼란스러우면 삼매에서 멀어질 것이다.'라고 [꿰뚫어 알았다]. 비구들이여, 그런 나는 안으로 마음을 확고하게 하고 가라앉히고 통일하여 삼매에 들었다. 그것은 무슨 까닭인가? 나의 마음이 들뜨지 않게 하기 위해서였다."

11. "비구들이여, 비구가 어떤 것에 대해 사유를 거듭해서 일으키고 고찰을 거듭하다보면 그대로 마음의 성향이 된다. 비구들이여, 만일 비구가 출리와 관련된 사유를 거듭해서 일으키고 고찰을 거듭하다보면 감각적 욕망과 관련된 사유가 없어져 버리고 출리와 관련된 사유를 거듭하여 그의 마음은 출리와 관련된 사유로 기울어진다. 악의 없음과 관련된 사유를 거듭해서 일으키고 고찰을 거듭하다보면 악의와 관련된 사유가 없어져버리고 악의 없음과 관련된 사유를 거듭하여 그의 마음은 악의 없음과 관련된 사유로 기울어진다. 해코지 없음과 관련된 사유를 거듭해서 일으키고

고찰을 거듭하다보면 해코지와 관련된 사유가 없어져 버리고 해코지 않음과 관련된 사유를 거듭하여 그의 마음은 해코지 않음과 관련된 사유로 기울어진다."

12. "비구들이여, 예를 들면 더운 여름의 마지막 달에 모든 곡식들을 마을 안으로 다 거둬들였을 때 소치는 사람이 소떼를 보호한다고 하자. 그는 나무 아래로 가거나 노지에 가서 '여기 소떼가 있구나.'라고 마음챙김만 잘 하면 된다. 비구들이여, 그와 같이 '이런 마음의 현상들[法]이 있구나.'라고 나는 마음챙김만 하면 되었다."

13. "비구들이여, 내게는 불굴의 정진이 생겼고, 마음챙김이 확립되어 잊어버림이 없었고, 몸이 경안하여 교란하지 않았고, 마음이 집중되어 일념이 되었다."

14~24. "비구들이여, 그런 나는 감각적 욕망을 완전히 떨쳐버리고 해로운 법들을 떨쳐버린 뒤 일으킨 생각과 지속적 고찰이 있고, 떨쳐버렸음에서 생긴 희열과 행복이 있는 초선을 구족하여 머물렀다. ... 제2선을 ... 제3선을 ... 제4선을 구족하여 머물렀다.
   그런 나는 이와 같이 마음이 집중되고, 청정하고, 깨끗하고, 흠이 없고, 오염원이 사라지고, 부드럽고, 활발발하고, 안정되고, 흔들림이 없는 상태에 이르렀을 때 전생을 기억하는 지혜[宿命通]로 마음을 향하게 했다. ... 중생들의 죽음과 다시 태어남을 [아는] 지혜[天眼通]로 마음을 향하게 했다. ... 모든 번뇌를 소멸하는 지혜[漏盡通]로 마음을 향하게 했다. ... 비구들이여, 이것이 내가 밤의 삼경(三更)에 증득한 세 번째 명지(明知)이다. 마치 방일하지 않고 열심히, 스스로 독려하며 머무는 자에게 무명이 제거되고 명지가 일어나고 어둠이 제거되고 광명이 일어나듯이, 내게도 무명이 제거되고 명지가 일어났고 어둠이 제거되고 광명이 일어났다."

25. "비구들이여, 예를 들면 깊은 숲 속에 큰 호수가 있는데, 그 부근에 큰 사슴의 무리가 산다고 하자. 그들의 이로움을 바라지 않고 복리를 바라지 않고 안전을 바라지 않는 어떤 사람이 나타나서 그 평화롭고 안전하고 기쁨을 주는 길을 막아버리고 나쁜 길을 열어 그들을 유인하기 위한 미끼를 놓아두고 꼭두각시를 설치하면, 큰 사슴의 무리는 나중에 재난과 참화에 처하고 점점 줄게 될 것이다.

비구들이여, 그러나 그들의 이로움을 바라고 복리를 바라고 안전을 바라는 어떤 사람이 나타나서 그 평화롭고 안전하고 기쁨을 주는 길을 열고 나쁜 길을 막아버리며 그들을 유인하기 위한 미끼를 없애고 꼭두각시를 제거해버리면, 큰 사슴의 무리는 나중에 번창하고 증가하여 아주 많아질 것이다."

26, "비구들이여, 내가 이 비유를 설한 것은 뜻을 전달하기 위해서이다. 그 뜻은 이러하다.

비구들이여, 깊은 숲 속의 큰 호수는 감각적 욕망들을 두고 한 말이다. 비구들이여, 큰 사슴의 무리는 중생들을 두고 한 말이다. 비구들이여, 그들의 이로움을 바라지 않고 복리를 바라지 않고 안전을 바라지 않는 어떤 사람이란 마라를 두고 한 말이다. 비구들이여, 나쁜 길이란 여덟 가지 그릇된 길을 두고 한 말이니 즉 그릇된 견해, 그릇된 사유, 그릇된 말, 그릇된 행위, 그릇된 생계, 그릇된 정진, 그릇된 마음챙김, 그릇된 삼매이다. 비구들이여, 유인하기 위한 미끼란 향락과 탐욕을 두고 한 말이다. 비구들이여, 꼭두각시란 무명을 두고 한 말이다.

비구들이여, 그들의 이로움을 바라고 복리를 바라고 안전을 바라는 어떤 사람이란 여래·아라한·정등각자를 두고 한 말이다. 비구들이여, 평화롭고 안전하고 기쁨을 주는 길은 성스러운 팔정도를 두고 한 말이니 즉 바른 견해, 바른 사유, 바른 말, 바른 행위, 바른 생계, 바른 정진, 바른 마음챙김, 바른 삼매이다. 비구들이여, 이와 같이 나는 평화롭고 안전하고 기쁨을 주는 길을 열었고 나쁜 길을 막아버렸고 미끼를 없앴고 꼭두각시를 제거했다."

27. "비구들이여, 항상 제자들의 이익을 기원하며 제자들을 연민하는 스승이 마땅히 해야 할 바를 나는 연민으로 했다. 비구들이여, 여기 나무 밑이 있다. 여기 빈집이 있다. 참선을 하라. 비구들이여, 방일하지 마라. 나중에 후회하지 마라. 이것이 그대들에게 주는 간곡한 당부이다."

세존께서는 이와 같이 설하셨다. 그 비구들은 흡족한 마음으로 세존의 말씀을 크게 기뻐했다.

(이상 37조도품 관련 경전들은 각묵 스님과 대림 스님 옮김, 초기불전연구원 출판 니까야 강독 II에서 전재하였습니다. 보다 자세한 주석 등은 해당 책을 보기 바랍니다/역주)

허운대사(虛雲大師)

   현대 중국불교사에서, 고행기간이 100여 년에 이르고 15개의 도량에서 공부했으며, 6대선사(禪寺)의 사원을 중흥시키고 한 몸에 선문5종(禪門五宗)의 법맥을 이었고, 가르침을 받은 신도가 수백만에 달하는 고승으로는 선종의 태두(泰斗)라고 찬탄 받는 허운대사

이다. 허운대사(1840-1959)는 남조(南朝)의 양무제(梁武帝) 소연(蕭衍)의 후손으로 속성이 소(蕭)씨이며 조상의 본적은 중국 호남성 상향현(湘鄉縣)이다. 근세 한국의 고승 경허선사(鏡虛惺牛, 1846-1912)와는 동시대인이다.

아편전쟁이 일어난 해인 청나라 도광(道光) 20년(1840년) 7월 30일, 허운대사는 복건(福建)의 천주부(泉州府) 막료 관저에서 태어났다. 어려서부터 고기나 마늘 먹기를 싫어하고 성격이 담박함을 좋아했다. 12살이던 해에 부친을 따라 생모와 조모의 영구(靈柩)를 모시고 호남의 상향현 고향으로 가 안장했다. 장례 중에 처음으로 삼보(三寶)의 법물(法物)을 보았는데 환희심이 났다. 그로부터 점점 세속의 책을 버리고 불경을 좋아했다. 그리고 세속을 버리고 출가할 원이 싹 텄다.

16세 때, 단신으로 남악(南岳) 형산(衡山)으로 출가하기 위해 떠났으나 중도에 가족에게 붙들려 돌아왔다. 뒷날 또 부친에 의해 억지로 복주(福州)로 이사하고 전(田)씨와 담(譚)씨 두 여자에게 장가들어 한 방에 지내도록 강요당했다. 허운대사는 함께 지냈지만 잠자리는 같이 하지 않았다. 시간이 갈수록 출가의 뜻은 더욱 굳어졌다.

19세 때 (1858년)인 청나라 함풍(咸豊) 8년, 피대가(皮袋歌)를 지어 두 부인에게 남겨두고 사촌 동생과 몰래 고산(鼓山) 용천사(涌泉寺)에 가서 상개(常開)노인에게 예배하고 출가했다. 법명은 고엄(古嚴), 또는 연철(演澈)이라고 했으며 법호는 덕청(德清)이라고 지었다. 경건한 마음으로 부처님을 받들고 경서를 독송하고 계율을 학습했다. 다음 해에 묘련(妙蓮)화상을 의지하여 구족계를 받았다. 그

후 부친의 추적을 피하기 위해 산 뒤의 바위굴에서 3년 동안 은거하였다.

23세 때 (1862년), 부친이 노령으로 관직을 사직하고 고향으로 돌아갔다는 얘기를 듣고, 스승의 명을 받아 고산으로 돌아와 직사(職事)를 맡고 수두(水頭)·원두(園頭)·행당(行堂) 등의 직무를 4년 넘게 맡았다. 그 뒤 또 바위굴로 들어가 다시 고행을 닦았다. 한 벌의 누더기와 바지로 장좌불와 하면서 초목을 먹고 계곡의 물을 마셨다. 3년 뒤 밖으로 불교사원 참배를 떠났다.

31세 때 (1870년), 천태산 화정(華頂) 용천암(龍泉庵)으로 가서 융경(融鏡) 노법사의 가르침을 받들며 경전교리를 연구 학습했다. 처음에는 천태교관(天台敎觀)을 배우고 다음에 선종의 의식제도를 국청사(國淸寺)에서 배웠다. 이어서 참학하고자 악림사(岳林寺)·천동사(天童寺)·보타사(普陀寺) 등에 갔다.

36세 때 (1875년), 고민사(高旻寺)에서는 민희(敏曦)법사의 『법화경』 강의를, 악림사에서는 『아미타경』 강의를 들었다. 37세 때는 천동사에서 『능엄경종통(楞嚴經宗通)』 강의를 들었다.

43세 때 (1882년), 부모의 깊은 은혜에 보답하기 위하여 발원하고 절강성의 보타(普陀) 법화암(法華庵)에서 7월 1일 삼보일배(三步一拜)로 출발, 산서성의 오대산(五臺山)으로 참배를 떠나 22개월 동안 그 노정이 여러 개의 성(省)을 지났다. 삼보일배 하며 가는 길에, 배고픔과 추위에 시달리면서 큰 눈 속에 갇히고, 이질에 걸려 설사하고, 입에서 선혈이 흐르는, 세 차례의 큰 병이 나서 거의 죽음의 문턱까지 이르렀다. 그 때마다 문길(文佶)이라는 사람이 나타나 도움을 주었다. 그 밖에도 갖가지 고난을 다 겪었지만 마음은 변함없이 한결같고 도업(道業)은 날마다 높아졌다.

45세 때 (1884년), 5월 하순 오대산 현통사(顯通寺)에 도착했다. 7월 10일 오대산을 내려와 화엄령(華嚴嶺)으로부터 북행하여 북악항산(北岳恆山)으로 향했다. 호풍구(虎風口)에 이르러 곧바로 북방의 제일산인 석방(石坊)에 오르니 산봉우리가 구름을 뚫고 올라가 공중에 비석들이 우뚝우뚝 서 있는 듯했다. 평양부(平陽府)에 이르러 남북선굴(南北仙窟)과 요임금의 사당을 참배하고 남쪽으로 포주(蒲州)에 이르러 관우(關羽)사당을 참배하였다. 황하를 건너고 동관(潼關)을 넘어서 태화산(太華山)에 올랐다. 백이(伯夷)와 숙제(叔齊)의 거룩하고 깨끗함을 추모하며 수양산(首陽山)을 유람하고 감숙성(甘肅省)으로 들어가 공동산(崆峒山)에 이르렀다.

46세 때 (1885년), 서행하여 대경관(大慶關)을 지나 함양(咸陽)에 이르렀다. 소백(召伯)의 감당고수(甘棠古樹)를 둘러보고, 자은사(慈恩寺)·화엄사(華嚴寺) 두 곳을 참례하였다. 남 오대산에 이르러 초가집을 지어 행각을 쉬고 3년을 머물렀다.

48세 때 (1887년) 2월에 하산하여 취미(翠微)에 이르러 황유사(皇裕寺)와 구마라집 도량에 이르렀다. 태백산(太白山)을 유람하며 한중부(漢中府)에 이르러 한고조(漢高祖)의 배장대(拜將台)·제갈공명의 사당·장비의 만년등(萬年燈)을 참관하였다. 용동배(龍洞背)·천웅관(天雄關)·소아미(小峨眉)·검문관(劍門關)을 거쳐 신도(新都)의 보광사(寶光寺)에 이르렀다.

49세 때 (1888년), 성도(成都)에 이르러 문수원(文殊院)을 참배하고 아미산(峨眉山)에 이르렀다. 서쪽으로 출행하여 타전로(打箭爐)·이당(裏塘)을 거쳐 북으로는 찰목다(察木多)에 이르고 서쪽으로는 석독아란다(碩督阿蘭多) 및 납리(拉里)에 이르렀다. 오소산(烏蘇山)을 넘고 라싸하(拉薩河)를 건너 티베트의 정교(政教) 중심인 라싸에 들어갔다. 서북쪽 포탈라산에 높이 13 층에 달하는 포탈라궁이 있었다.

궁전은 장엄하고 금빛과 푸른빛이 휘황찬란하였다. 그곳에 달라이 라마 활불과 라마승 2만 명이 거주하고 있었다. 또 다시 서행하여 공갈(貢噶)·자강(孜江)을 거쳐 일객칙(日喀則)에 이르렀다. 서쪽에 찰십윤포(扎什倫布)가 있는데 건축물이 크고 화려했으며 규모가 몇 리나 되었다. 이곳은 뒷날 후장(後藏) 정교의 영수인 판첸 활불이 거처하는 곳으로 라마승이 약 5천 명이 거주하고 있었다.

50세 때 (1889년), 남행하여 납갈(拉噶)·아동(亞東)을 거쳐 인도에 들어갔다. 부탄을 거쳐 히말라야 산을 넘어 양포성(揚甫城)에 이르러 붓다의 고적(古跡)에 참배하였고 맹가요에서 스리랑카로 건너가 불교성지에 참배했다. 미얀마에 들어가 대금탑(大金塔)을 참배하였다. 7월에 귀국을 시작하여 납수(臘戌)로부터 한용관(漢龍關)을 거쳐 대리(大理)에 이르렀다. 계족산(雞足山)을 참배하고 가섭존자가 선정에 들어 계시는 곳에 예배하는데 홀연히 큰 종이 스스로 세번 울리자 그 지방 사람들은 모두 환호하며 예배하였다.

이렇게 오대산을 하직한 후 산서성을 떠나 섬서성을 지나 사천성을 거쳐 티베트에 이르고, 다시 운남성으로 들어간 후 국경을 넘어 부탄·인도·스리랑카·미얀마에 이르렀던 허운은, 이 여러 해동안 명산대천을 참방하면서 세 벌의 옷과 발우 하나로 외로이 홀로 여행하였다. 산수를 한가로이 유람하니 그 어디에도 얽매임이 없었다. 물길 산길에서 바람과 서리와 비와 눈을 만나도 피곤한 모습이 조금도 없었다. 행각으로 체력은 증강되어 발걸음은 가볍고 빨라졌으며, 없어진 것은 일으켜 세우주고 끊어진 것은 이어주는 인간세상의 사표로서 자신을 양성하였다.

허운은 귀국한 후 묘련화상의 의발을 이어받아 임제종 제43세가 되었다. 또 요성(耀成)화상의 법맥을 이어 조동종 제47세가 되었다.

53세 때 (1892년), 보조(普照)·월하(月霞)·인련(印蓮) 등 여러 스승들과 함께 구화산(九華山)에서 지내며 화엄종 교리를 3년이나 연구했다.

56세 때인 청나라 광서 21년(1895년) 겨울, 강서성 고민사(高旻寺)에서 선칠(禪七: 7일 단위 참선용맹정진법회/역주) 중에 깨달음을 기약하고 용맹 정진했다. 섣달 초하루 저녁 향을 피울 때 눈을 뜨니 홀연히 대 광명이 보였다. 안팎이 훤히 보였는데, 가까이는 벽 밖의 사물들이 보이고 멀리로는 강 가운데 배가 다니고 강 양쪽 언덕의 수목이 보이는 게 마치 손바닥을 들여다보듯 또렷하지 않는 게 없었다. 8주째 선칠 기간 중 법회 공양담당 스님이 끓인 물을 잔에 따라주는 과정에서 뜨거운 물이 허운의 손에 튀겨 잔을 바닥에 떨어뜨렸는데, 그 깨지는 소리에 홀연히 화두의 의근이 단박에 끊어지면서 평생 중 가장 경사스럽고 기쁜 게 마치 큰 꿈에서 막 깨어난 것 같았다. 그래서 스스로 다음과 같이 게송을 말했다.

잔이 바닥에 떨어져 깨지니	杯子撲落地
쨍그랑하는 소리 또렷하구나	響聲明瀝瀝
허공은 산산조각이 나고	虛空粉碎也
미친 마음은 당장에 쉬어버렸네	狂心當下息

뜨거운 물에 손 데어 잔이 깨짐에	燙著手 打碎杯
집이 부셔지고 사람이 죽으니 그 경지	
말로 열어 보이기 어려워라	家破人亡語難開

봄이 오니 꽃향기 어디가나 피어나고 　　　　　　　春到花香處處秀
산하대지는 그대로 여래로세 　　　　　　　　　　　山河大地是如來

　58세 때 (1897년), 모친의 은혜를 갚기 위해 영파(寧波) 아육왕사(阿育王寺)에서 왼손의 약손가락을 태워 부처님께 연지(燃指)공양을 올렸다. 초산(焦山) 지통(智通)화상의 명을 받들어 『능엄경』을 강의하였다.

　59세 때 (1898년), 영파 아육왕사에서 『법화경』을 강의하였다.

　61세 때 (1900년), 북쪽으로 올라가 다시 오대산에 참배하고 북경에 이르렀다. 전쟁을 만나 읍비로(邑跸路)를 따라 서행하여 서안(西安)에 다다른 후 길을 돌려 종남산(終南山)에 올랐다. 사자암(獅子岩)에서 초막을 짓고 홀로 참선 수행했다. 어느 날 끼니를 준비코자 솥에 토란을 삶는 중에 선정에 들었는데, 반 개월이 지나 깨어나 보니 삶던 토란이 곰팡이가 한 촌이 넘게 자라있고 얼음처럼 단단했다. 원근의 승려나 속인들이 많이 와서 찾아봄으로 세속의 방해를 피하고자 자호를 허운(虛雲)에서 환유(幻游)로 바꾸었다.

　63세 때 (1902년), 다시 사천성에 들어가 아미산에 오르고 운남성에 들어가 계족산(雞足山)에 올랐다. 다시 곤명(昆明)에 이르러 복흥사(福興寺)에서 폐관(閉關)하고 경전 읽기에 몰두하면서 각고 수행했다.

　65세 때 (1904년) 출관(出關) 후 귀화사(歸化寺)에서 『원각경』과 『사십이장경』을 강의하였는데 귀의하는 자가 3천명이나 되었다. 이 해 가을 축죽사(築竹寺)에서 『능엄경』을 강의하고 전계(傳戒)를 한차례 하였다. 전계가 끝나고 대리(大理) 숭성사(崇聖寺)에 가서 『법화경』을 강의하였는데 귀의하는 자가 수천 명이나 되었다.

조금 뒤에 계족산 가섭존자 도량을 중흥하기로 발심하고 주지로 청하는 것을 받아들여 낡은 폐습을 고치고 시방총림(十方叢林)으로 바꾸었다.

66세 때 (1905년), 석종(石鐘)에서 전계하니 계를 받으려는 자가 8백여 명이나 되었다. 정애사(鼎崖寺) 건축 모금을 위해 단신으로 남양(南洋)으로 갔다. 가는 길 내내 풍찬노숙(風餐露宿)하며 갖은 고생을 했다. 남전(南甸) 태평사(太平寺)에 이르러 『아미타경』을 강의하고 또 빈랑(檳榔)에 이르러 『법화경』을 강의하고 말래카에 이르러 『약사경』을 강의하고 쿠알라룸푸르에 이르러 『능엄경』을 강의하였는데, 전후로 귀의하는 자가 만여 명에 이르렀다.

같은 해, 기선(奇禪)선사의 전보를 받고 귀국길에 올랐다. 배로 귀국하면서 대만에 들러 기륭(基隆)의 영천사(靈泉寺)를 참방하였다. 귀국 후 북경에 들어가 사원의 재산을 보호할 것을 상소하였다. 숙친왕(肅親王)의 도움을 얻어 허락을 받고 아울러 용장(龍藏: 대장경) 한 부와 호국축성선사(護國祝聖禪師)라는 편액, 자주색 옷, 발우, 옥인(玉印), 석장(錫杖), 여의(如意), 전폭난가(全幅鑾駕)와 불자 홍법대사(佛慈弘法大師)라는 봉호를 하사 받았다.

67세 때 (1906년), 북경에서 나와 묘련화상의 골회(骨灰)를 남양으로 호송할 것을 부촉 받았다. 돌아가는 길에 만여 명이 귀의 하였다.

68세 때 (1907년), 단나(丹那)에서 『반야심경』을 강의하고 태국에 가서 『지장경』·『법화경보문품』·『대승기신론』을 강의하였다. 한 번은 가부좌하고 9일 동안 선정에 들어있자 태국의 수도를 떠들썩하게 하였다. 국왕과 대신들 그리고 선남선녀들이 무리지어 와서 예배하였다. 선정에서 나오자 태국 국왕이 궁전으로 경전 강의 초빙을 하고 여러 가지로 공양하며 엄숙 경건하게 귀의하였다. 귀국한 후에는 여전히 계족산에 머물렀다.

69세 때 (1908년), 다시 빈랑의 극락사에 가서 『대승기신론』과 『보현행원품』을 강의하였다. 귀의하는 자가 매우 많았다. 이 해에 극락사에서 폐관수행에 들어갔다.

72세 때 청나라 헌통 3년(1911년), 폐관수행을 마치고 귀국하여 계족산에서 전계하고 49일 참선법회를 결제하여 좌선과 하안거의 모든 법식을 제창하였다. 또한 사원의 재산을 보호하고 군인들이 승려를 쫓아내고 사원을 훼손하는 일을 없애기 위해, 완강함을 무릅쓰고 홀로 운남성의 군사책임자인 이근원(李根源)을 만나 말로 논변하고 도리로 분석하여 그를 불교에 귀의시켜 큰 힘으로 불법을 돕도록 했다.

73세 때 (1912년), 많은 승려들의 전보 요청으로 상해에 도착, 승려계에 연락하고 대표가 되어 영하(寧夏)에 가서 손문(孫文) 선생을 만났다. 다음 해에 중화불교총회 조직준비에 참가하고 그 성립대회에 출석했다. 운남성으로 돌아와 중화불교총회 운남성 분회의 사무를 주관했다.

79세 때 (1918년), 곤명 운서사(雲栖寺)의 수리 복구를 주관하고 흥복사(興福寺) · 축죽사(築竹寺) · 승인사(勝因寺) · 송은사(松隱寺) · 태화사(太華寺) · 보현사(普賢寺) 등의 수리 복구에도 참여하고 주관했다.

80세 때 (1919년), 운남성 도독 당계효(唐繼堯)의 청에 응하여 곤명 충렬사(忠烈寺)에 가서 수륙도단(水陸道壇)을 열었다. 49일 기간을 원만히 마치니 온 도단의 촛불마다 연꽃이 피고 그 노을빛에 눈이 부셨다. 성중(聖衆)을 전송하는 의식을 할 때는 공중에 당번

(幢幡)과 보개(寶蓋)가 나타나 구름 가운데서 펄럭거리니 성(城)의 온 민중이 땅에 엎드려 예배하였다. 법회가 끝나고 계속 경전을 강의하고자 단을 설치하니 눈이 내렸다. 아울러 운서사를 중수할 계획을 세웠다.

운서사에서 84세 때는 칠중해회탑(七衆海會塔)을 세웠고, 85세 때는 금산조탑(金山祖塔)·칠금탑(七錦塔) 등 모두 열여섯 개의 탑을 중수하였다.

86세 때 (1925년)부터 88세 (1927년) 봄 이후까지 여전히 운서사에서 경전강의를 하였는데, 대웅전 앞의 늙은 매화나무의 마른 가지에 돌연히 하얀 연꽃 수십 송이가 피었다. 그 크기가 발우만큼이었고 미묘한 향기가 그지없이 맑았다. 정원의 푸른 채소에는 모두 푸른 연꽃이 피었다. 이렇게 어려움 속에서 애써 일하기를 10여년이나 했다.

95세 때 (1934년), 복건성 주석(主席) 양유경(揚幼京) 등의 요청에 응하여 복주 고산 용천사 방장에 취임했다. 천 년 묵은 소철이 처음으로 꽃을 피웠다. 이로부터도 18년 동안 심혈을 기울여 온 마음으로 선종의 사찰을 보호 유지했다. 규범을 일으키고 사원의 기풍을 정돈하며 규약을 반포하였다. 불학원(佛學院)을 창립하여 승려 인재를 양성했다. 동시에 외부와의 인연에 응하고 맺어 여러 방면으로 시주헌금을 모아 사원의 건물을 보수하고 누각을 다시 세우고 농지를 사서 늘렸으며 산림육성장을 마련하여 선농(禪農)기풍을 발전시켰다. 수년 뒤에 사원의 면모가 일신되어 명성이 원근에 들렸다. 그 사이 몸소 불교서적 정리를 주관하고 비본(祕本)을 중시하고 산지(山志)를 편찬했다.

같은 해, 어느 날 가부좌하고 앉아 있는데 육조(六祖)대사가 앞에 나타나 말하기를 "때가 되었다. 그대는 마땅히 돌아가야 한다." 고 했다. 얼마 있지 않아 광동성 정부 주석 이한혼(李漢魂)이 보내온 여러 차례의 초청전보를 받았다. 육조대사의 도량이 폐허가 된지 오래되어, 명나라의 감산(憨山)대사가 중수한 이후 이제 다시 중수 할 필요가 있었다. 그래서 초청에 응해 조계(曹溪) 남화사(南華寺)로 옮겼다. 처음 도착했을 때 사원의 건물이 퇴락했고 승려들이 흩어 져 버린 것을 목도하고 마음이 몹시 아팠다. 중흥하겠다고 발원하 고는 시주에게 연락하여 오두막집을 만들어 승려 대중들을 안주시 켰다. 이어 조사전(祖師殿)을 북돋우고 수리했으며 전당(殿堂)을 재 건하고 불상을 새로 빚었다. 다음 해 봄 도량을 중수하자 사방에서 대중이 구름처럼 모였고 고관들도 즐거워하며 병사를 데리고 온 자도 있었다. 그런데 정전(正殿)에 단(壇)을 만들고 보살계를 설하 는데 갑자기 호랑이가 문 밖에 나타났다. 대중들은 와~ 하며 소란 을 피우고 병사들은 총을 겨누어 쏘려 하였다. 대사가 제지하자 호 랑이는 계단 아래 엎드려 삼귀의(三皈依)를 받은 후 돌아갔다.

96세 때 (1935년), 홍콩 동화삼원(東華三院)의 초빙에 응하여 홍 콩에 가서 수륙도단을 열었다.

97세 때 (1936년)부터 103세 (1942년)까지는 남화사에서 전계 하고 경전강의를 하면서 지냈다. 여러 해를 지나 사원건물을 복원 하여 그 기상이 다시 새로워졌다. 아울러 사원규약을 개정하고 율 사(律師)학원을 창립했다. 매년 계율 전하기를 법과 의식대로 하니 사방에서 듣고 사람들을 모아 찾아왔다. 당시는 중일전쟁 중이어서 국난이 눈앞에 닥친 때라 대사는 난민을 구호하기 위하여 사원 대 중은 저녁 식사를 하지 말자고 제창하고 솔선수범했다. 그리고 운 관(韻關) 대감사(大監寺) 수리 복구를 주관하여 난민을 안치했다.

전쟁이 이미 심각한 단계에 이른 1942년, 국민당정부 주석과 중앙 장관들이 대일 항전을 위하는 한편, 인심을 안정시키기 위해서 굴 영광(屈映光)·장자렴(張子廉) 두 거사를 특파하여 대사를 중경(重慶)으로 모셔와 호국식재법회를 열고 주관하게 했다.

104세 때(1943년), 중경에서 남화사로 돌아왔다.

105세 때(1944년), 대사는 광동(廣東)의 운문산(雲門山) 대각사 (大覺寺)에 도착했다. 온통 담장과 벽은 허물어져 있고 가시덤불이 무성한데다 운문 문언(文偃)대사의 육신도 위태로운 건물 속에 꼿꼿이 앉아계시는 것을 보고는 슬퍼 눈물이 흐르는 것을 금치 못하고는, 다시 일으켜 세울 뜻을 즉시 발원하였다. 그리하여 승려들을 인솔하고 더러움을 청소하고 터를 파고 담장을 쌓아 7년이 안 되는 시간 내에 180여 동의 전당을 새로 건축하고 100여 존의 불상을 새로 조상하여 금 등으로 장식하니 대단히 장엄했다. 동시에 대각육림장(大覺育林場)을 만들어 선농병중(禪農幷重)을 실천했다. 그리고 과거에 끊어졌던 운문종의 법맥을 자신이 멀리 계승하고 제자 10여 명에게 법을 전해 주었다.

항일전쟁에 승리한 다음 해인 1946년 대사는 정혜사(淨慧寺: 즉 육용사六榕寺임)에 도단을 설치하고 법회를 주관하였다.

110세 때 (1949년) 여름, 초청에 응해 홍콩에 가서 경전강의를 했다. 그 때 적지 않은 사람들이 홍콩에 머무르기를 권했으나 대사는 단호히 거절하고 법회가 끝나자 곧 운문으로 돌아왔다

112세 때 (1951년), 춘계(春戒) 기간 중 불법적인 무리들이 운문사에서 소란을 피우며 절을 뒤져갔다. 대사는 심히 구타를 당하여 늑골이 부러졌다. 3월 초하루에 발병하여 예전처럼 가부좌한 채 9일 동안이나 아무것도 드시지 않았다. 초열흘 새벽에 길상와(吉祥

臥) 자세로 누운 채 꼼짝 않고 하루 주야가 지났다. 시자가 등초를 콧구멍에 대어 시험해 보니 숨결은 거의 멈추었고 호흡은 아주 미약했다. 좌우의 맥을 짚어보니 역시 정지한 것 같았으나 안색은 살아있는 듯 하고 체온도 남아 있었다. 11일 정오 대사가 약간 깨어남에 시자가 시간을 알려주자 대사는 "나는 겨우 몇 분이 지난 것처럼 느껴진다."라고 말했다. 곧 시자 법운(法雲)에게 자신이 말하는 내용을 기록하라고 했다. 그리고 남에게 가벼이 알려 의심이나 비방을 받게 하지 말라고 하면서 조용히 말했다. "나는 짧은 꿈속에서 도솔천 미륵내원에 이르렀는데 그 장엄하고 유달리 아름다움이 이 세상에 있는 것이 아니었다. 미륵보살이 자리에서 설법하는 것을 보았는데 듣는 자가 매우 많았다. 그 중 십여 명이 강서(江西) 해회사(海會寺)의 지선(志善)화상, 천태종 융경법사, 기산(歧山)의 항지공(恒誌公), 백세궁(百歲宮)의 보오(寶悟)화상, 보화산(寶華山) 성심(聖心)화상, 독체율사(讀體律師), 금산(金山)의 관심(觀心)화상 및 자백존자(紫柏尊者) 등 이었는데 모두 이전부터 알고 있던 분들이었다. 나는 세 번 째 빈 자리에 앉았다. 아난존자는 유나를 맡고 있었는데 나와 가까이에 앉아 미륵보살이 유심식정(唯心識定)을 강의하는 것을 들었다. 다 끝나지 않아 미륵보살이 내게 '그대는 돌아가라.'라고 말했다. 내가 '제자는 업장이 깊고 무거우니 돌아가기를 원하지 않습니다.'라고 하자, 미륵보살이 '그대는 업연이 아직 다하지 않았으니 반드시 돌아가야 한다. 다음에 다시 오도록 하라.'라고 말했다."

대사가 죽도록 맞고도 죽지 않으니 불법적인 무리들이 굴복하여 다시는 감히 소란 피우지 못했다.

113세 때 (1952년) 4월, 북경의 제자들의 초청에 응해 대사는 호북성 무한(武漢)을 거쳐 북경에 갔다. 동년 9월 26일, 북경 광제사(廣濟寺)에서 단을 주관하고, 아시아평화회의 소집 개최를 옹호하기 위하여 거행한 세계평화축원법회를 열었는데 따라서 기뻐하는 사람들이 매우 많았다. 10월 1일 중국불교계를 대표하여, 아시아태평양평화회의 대표단에 출석한 스리랑카의 다르마 라타나 법사가 헌공한 부처님 사리와 패엽경과 보리수 등의 법물을 받았다. 10월 15일 수석 발기인으로서 중국불교협회 발기인회의에 출석했다. 동년 겨울, 초청에 응해 남하하여 상해에 도착, 옥불사(玉佛寺)에서 세계평화 축원 법회단을 주관하고 수륙도단을 열었다. 행사 장면이 장관이었으며 따라 기뻐하며 귀의한 자가 4만여 명에 달했다.

114세 때 (1953년) 5월, 대사는 북경에서 중국불교협회 성립대회에 출석하고 명예회장으로 모셔졌다. 회의가 끝난 후 대사는 산서성의 운강(雲崗)석굴에 가서 예배하고 무한을 거쳐 6월에 강서성의 여산(廬山)에 도착, 대림사(大林寺)에서 병 요양을 했다. 이 때 대사는 강서에서 머물 뜻이 있었지만 대림사는 사람들의 내왕이 많아 맑고 조용히 지내기 어려웠다. 10월 2일 시자를 데리고 비를 무릅쓴 채 운거산에 올라 오두막에 들어가 머물렀다. 그날 밤 승려들과 상의하여 직사(職事)를 모셨다. 수 일 후에 대중을 이끌고 황무지 개간에 나섰다. 얼마 후 사방의 납자가 백 명 가까이 소식을 듣고 왔다.

115세 때 (1954년), 백장선사의 가풍을 홍양(弘揚)하기 위해 진여선사승가농장(眞如禪寺僧伽農場) 성립을 주관하여 승려 대중을 농림대(農林隊)와 건축대(建築隊)로 나누었다. 농림대는 봄 시작과 함께 개간 일을 하여 논은 수 십 묘를, 밭은 10여 묘를 일궈 씨앗을 뿌리고 가을에 벼를 수백 짐 수확했다. 밭에 심은 고구마도 풍성한 수확을 했다. 건축대는 땅을 파고 벽돌을 굽고 화로를 만들어 쇠기와를 주조하여 연내에 2층짜리 철기와 벽돌 목조 구조의 장경루(藏經樓) 건축을 마쳤다. 여기서 위앙종(潙仰宗) 종판(鐘板)을 걸고 매일 저녁 불전에 올라 좌선을 익혔다. 이후에도 여전히 승려대중을 이끌고 법답게 수지했다. 선농을 함께 중시하여 농사를 짓고 사원을 건축하기를 한 해 한 해 하루하루 이어가 1957년에 진여선사(眞如禪寺) 재건 수리 복구공사를 대체로 완성했다. 사원의 건물은 모두 예전의 조계 남화사의 짜임새와 격식을 모방하도록 계획하여 앞에는 다시 지은 조주관(趙州關)을, 뒤에는 산문(山門) · 천왕전 · 위태전(韋馱殿) · 대웅보전 · 법당 · 장경루 등을 한 줄로 배치하고 좌우 양측에는 허회루(虛懷樓) · 운해루(雲海樓) · 객당(客堂) · 공덕당(功德堂) · 조사전(祖師殿) · 가람전(伽藍殿) 등을 건축했다. 동서의 선당 · 방장실 · 고방(庫房) 등 모든 것이 갖추어졌다. 각 전당의 불상은 제도를 따라서 조상하고 불상마다 금을 칠하고 꾸며 단정 장중하면서 엄숙했다. 아울러 사원의 규율 정돈을 주관하여 도풍을 엄숙히 하여 매년 여름에는 경전을 강의하고 겨울에는 선칠법회를 열었다. 그리고 불학연구원을 창립하여 승려인재를 양성했다.

116세 때 (1955년), 많은 사람들의 청에 응해 자서수계방편법문(自誓受戒方便法門)을 열어 수백 명의 계자들에게 삼단대계(三壇大戒)를 주었다. 이와 함께 백여 세의 고령에도 몸소 승려 대중을 이끌고 선농병중을 실천하고 수천 묘의 산림과 논밭 100여 묘를 경영했다.

117세 때 (1957년), 사원 내에 식량 자급자족을 실현하였고 매년 대나무와 나무, 그리고 차 잎의 생산 수입도 볼만 했다.

120세 때 (1959년) 년 초에 허운대사는 몸이 날로 쇠약해져 감을 스스로 느껴 관련 사무는 안배하고 잠학려(岑學呂) 거사가 재편집한 『운거산지(雲居山誌)』 발간 유통을 주관하고 친히 서문을 지었다. 대사는 따로 진여선사의 여러 직사들 각각에게 당부하고 최후에는 시자에게 순순히 훈계하기를, "이후에 스승이 되거나 행각하거나 반드시 이 한 벌의 승가리 법복을 굳게 지켜가야 한다. 그러나 어떻게 영원히 보전할 수 있느냐는 오직 한 글자에 있다. 그것은 바로 계(戒)이다."라고 했다. 그리고 자기가 죽은 후 뼈와 재는 수중에 뿌려 물속 동물들과 인연을 맺어 주라는 유언을 남겼다. 음력 9월 13일 운거 오두막에서 원적했다. 세수는 120세, 승랍은 100세였다. 다비한 후 5색 사리 수백 알을 얻었다.

허운대사는 일생동안 뜻이 크고 기상이 굳세었다. 대비 원력이 깊고 고행을 했다. 교리의 이해와 실천을 병진하며 계율을 엄격히 지키고 두타행을 행했다. 불법을 널리 전파하고 경전을 설하는 등 그 공적이 탁월했다. 앞서 말한 조동종과 임제종 법맥 전승 이외에도 호남의 보생(寶生) 등이 위산의 법제(法第)를 이어 줄 것을 청하자 그에 응하여 흥양(興陽)선사의 법맥을 계승함으로써 위앙종 제8세의 조사가 되었다. 복건의 팔보산(八寶山) 청지(靑持)의 청에 응하여 법안종의 원류를 이어 양광(良廣)선사의 뒤를 계승함으로써 법안종 제8세의 조사가 되었다. 운문사를 중흥할 때 멀리 이암심정(己庵深淨)선사의 법을 계승하여 운문종 제12세 조사가 되었다. 이렇게 대사는 한 몸에 선문5종의 법맥을 계승하여 지혜의 해가 다시 빛나고 선종의 기풍이 거듭 진작되었다. 경전문헌의 정리 보호 면에서도 많은 업적을 이루었다. 『능엄경현요』·『법화경략소』·『유교경주역』 등 10여 종의 저술을 완성했었지만 운문사건 때 유실되었다. 일생중의 경전강의와 설법 횟수는 헤아릴 길은 없다. 단지 잠학려 거사와 정혜(淨慧)법사가 각각 편집한 『허운화상법휘(虛雲和尙法彙)』, 『허운화상법휘속편(虛雲和尙法彙續編)』이 백만 여 자에 달한다. 중국불교협회 전 회장인 조박초(趙朴初)가 "여기저기 많은 도량을 세웠어도 머물지 않았고, 널리 불법의 요점을 설했어도 저술은 남아있지 않네. 아상(我相)·인상(人相)·중생상(衆生相)·수자상(壽者相)이 얻을 바가 없으므로 지혜의 등도 이을 바가 없네." 라고 찬송한 꼭 그대로였다. 대사가 열반하자 4부 대중의 비통함은 이루 말할 수 없었다. 선후로 강서의 운거산, 홍콩의 부용산, 운남의 곤명시 등에 그의 사리탑을 세웠다. 1991년에는 또 운거산에 허운화상기념당을 세워서 사람들이 현대의 선종태두인 대사를 추억할 수 있게 했다.

다음은 허운대사가 겪은 열 가지 고난[十難] 이야기이다.

첫째 고난 : 한 뭉치 고기 덩이로 태어나다

허운대사는 청나라 도광 20년(1840년) 7월 30일 인(寅)시에 복건성 천주부 관아에서 태어났다. 그때 그의 부친은 천주부의 관리로 있었다. 대사가 태어날 때 한 뭉치 고기 덩어리 같았기 때문에 모친은 크게 놀라고 슬퍼했다. 다시는 아이를 못 가지리라 여겨 결국 기가 막혀 죽었다.

가족들은 속수무책이었다. 세상일을 많이 겪어본 여러 노인들에게 물어보아도 모두 그 까닭을 모르고 어리둥절할 뿐이었다. 사람들은 모두 이 괴상한 태아를 불길한 징조로 생각했다. 그 다음 날 이 고기 덩이를 내다 버리기 위해 가려고 하는데, 때마침 약 파는 어떤 노인이 나타나 자기가 고기 덩이를 해부해 보겠다며 한 칼에 쪼개니 거기서 포동포동한 남자 아이가 나왔다. 사람들은 너무 애통해 하던 차에 뜻밖의 모습을 보고는 기쁨을 금할 수가 없었다. 그리하여 유모 왕 씨로 하여금 양육케 하였다. 그러나 생모의 죽음은 다시 돌이킬 수 없었다. 만약 당시에 보살이 약 파는 노인으로 화신하여 나타나지 않았다면, 온 세상을 감동시키고, 멸망한 것은 일으켜 세워주고 끊어진 것은 이어주는 훌륭한 대사가 어떻게 세상에 계셨을까? 이것이 노화상이 겪은 첫 번 째 고난이었다.

둘째 고난 : 굶주림과 추위를 겪으며 큰 눈 속에 갇히다

대사는 청나라 함풍 8년, 19세에 집을 나와 복주 고산 용천사에 가서 상개노인에게 삭발하고 승려가 되었다. 그리고 다음 해 고산 묘련화상에게서 구족계를 원만히 받았다. 세월은 정말 빨리 흘러갔다. 대사가 애정을 끊고 가족을 버리고 출가한 지가 눈 깜작 할 사이에 자기도 모르게 20여 년이나 흘렀다. 하지만 스스로 헤아려보니 도업은 성취하지 못하고 종일토록 바람 따라 떠돌아다니니 부끄러운 마음이 일어났다. 그래서 산서성의 오대산까지 삼보일배하여 예배함으로써 부모가 길러주신 은혜에 보답하겠다고 발심하였다.

1882년 43세 때인 청나라 광서 8년 7월 1일, 절강성 보타산 법화암에서 삼보일배를 시작 출발하였다. 당시 같이 떠난 사람으로 편진(遍眞)·추응(秋凝)·산하(山遐)·각승(覺乘) 등 네 분의 선승들이 있었다. 바다를 건넌 후 매일 걸음이 느려지더니 중간에 호주(湖州), 소주(蘇州), 상주(常州) 등에서 쉬면서 네 분 모두 중도에 포기해버리고 노화상만이 삼보일배를 계속해 갔다.

대사는 남경에 이르러 우두법융(牛頭法融)조사탑에 절하고 강을 건너 포구(浦口)의 사자산사(獅子山寺)에 이르러 설을 지냈다.

이듬해 사자산에서부터 다시 고행을 시작하여 소북(蘇北)에서 하남성(河南省)으로 들어가 봉양(鳳陽)·호주(亳州)·호릉(昊陵)·숭산(嵩山) 소림사(少林寺)를 거쳐 낙양(洛陽) 백마사(白馬寺)에 이를 때까지, 낮에는 삼보일배하며 걷고 밤에는 잠을 잤다. 비가 오나 바람 부나 맑으나 흐리나 가리지 않고 이와 같이 계속 삼보일배로 가면서 일심으로 보살님의 성스러운 명호를 외우되 괴로움이나 즐거움, 배고픔이나 배부름 같은 것은 조금도 염두에 두지 않았다.

12월에 황하(黃河) 철사도(鐵卸渡)에 이르고 광무릉(光武陵)을 지나 첫날은 어느 가게에서 머물렀다. 둘째 날 황하를 건너 강변에 이르자 날은 어두워져 더 이상 갈 수가 없었다. 사방에 인적이란 없고 단지 길 옆에 조그마한 난전 오두막이 하나 있을 뿐인데 사는 사람도 없었다. 대사는 그곳으로 가서 다리를 쉬고 가부좌를 하고 앉았다. 그런데 밤이 되자 큰 눈이 끝없이 내리면서 추위가 온 몸에 파고들었다.

다음날 새벽 눈을 들어 바라보니 세상은 온통 유리세계로 변해 있었다. 쌓인 눈은 몇 자 깊이나 되어 길도 없어지고 지나가는 사람도 없으며, 더더욱 어느 방향으로 가야할지 더욱 알 수 없었다. 오두막에는 바람막이가 될 만한 것도 없었다. 대사는 처음에는 꼿꼿이 앉아서 염불을 하다가 배고픔과 추위가 더욱 심해지자 몸을 구부려 웅크렸다. 눈이 많이 내릴수록 추위도 심해지고 배도 더 고파왔다. 숨은 곧 끊어질듯 하였지만 정념(正念)을 잊지 않았다.

하루, 이틀, 사흘… 이렇게 계속되는 눈과 추위와 배고픔 속에서 점점 혼미상태에 빠져 들었다. 여섯째 날 오후에야 눈이 그치고 조금씩 해 그림자가 보이기 시작했지만 이미 병으로 쓰러져 일어날 수 없었다.

이레째 날 어떤 거지가 와서 보니 대사가 눈 더미 속에 병으로 누워 있으며 말도 하지 못했다. 거지는 대사가 동상에 걸린 것을 알고는 눈을 치워버리고 오두막 주위의 짚더미로 불을 피워 녹여주고 쌀겨 죽을 끓여 먹였다. 그러자 대사는 온기가 회복됐다. 그렇지 않았더라면 노화상은 눈 속에서 동사하였을 것이다. 이것이 허운대사가 겪은 두 번째 고난이었다.

이 거지는 자기 성씨는 문(文)이요 이름은 길(吉)이며 오대산에서 왔다고 했다. 대사에게 권하기를, 길은 멀고 날씨는 추우니 삼보일배하지 말라고 했다. 그러자 대사가 말하기를 "이미 서원하였으니 몇 년 몇 개월이 걸리든 아무리 멀던 가깝던 따지지 않고 반드시 끝까지 삼보일배 하겠습니다." 하였다. 나중에 오대산에 도착하고서 비로소 알게 되었는데, 그 거지가 바로 문수보살의 화신으로 첫 번째로 대사의 마음을 시험해보고 그 고난에서 구해주었던 것이다.

셋째 고난 : 이질에 걸려 죽음을 기다리다

청나라 광서 10년(45세) 1월 2일, 대사가 홍복사(洪福寺)에서부터 다시 삼보일배를 시작하여 회경부(懷慶府)에 도착하였는데, 성내(城內) 소남해(小南海)에 들어가니 절간에서 유숙을 허락하지 않아 부득이 성 밖에서 노숙을 하였다.

이날 밤 복통이 극심하였지만 4일에도 일찍부터 삼보일배를 계속하여갔다. 그날 저녁 몸에 오한이 들었다. 5일에는 이질에 걸렸지만 매일 삼보일배를 계속해서 강행하였다.

13일, 황사령(黃沙嶺)에 도착하였다. 산꼭대기에 쓰러져 가는 사당이 하나 있는데 몸을 가릴 만 한 곳이 없었다. 여기에 이르자 더 이상은 움직일 수가 없어 쉬었다. 음식도 넘어가지 않고 밤낮으로 설사만 수십 차례나 했다. 움직일 힘조차 없고, 더구나 그곳을 지나가는 사람도 없어서 그저 눈을 감고 죽음만 기다릴 뿐이었다.

15일 깊은 밤, 서쪽 담장 아래서 어떤 사람이 불을 피우고 있는 게 보였다. 처음에는 그를 도적으로 의심하였는데 자세히 보니 문길이었다. 마음이 크게 기뻐서 "문선생!" 하고 부르니 문길이 불을 들고 와서 비추며 대사에게 말했다. "큰 사부님, 당신은 왜 아직도 여기에 계십니까?" 대사는 겪은 일들을 하나하나 그에게 들려주었다.

그날 저녁 문길은 허운대사 옆에 앉아 있었으며 물도 한 컵 가져다 먹여주었다. 16일에는 또 대사가 입고 있는 더러운 옷을 빨아 갈아입히고 약 한 컵을 주었다. 17일에는 병이 물러나고 쌀 겨죽을 두 그릇이나 먹었다. 그러자 땀이 크게 나면서 몸이 가뿐해졌고, 18일에는 병세가 적지 않게 가벼워졌다. 대사는 문길에게 감사하며 말했다. "두 번의 위험한 고비에 모두 선생이 구해주셔서 그 은혜가 이루다 말할 수 없습니다." 그러자 문길은 말했다. "이것은 하찮은 일이니 언급하실 필요 없습니다. 내가 보기에 당신이 작년 섣달부터 지금까지 삼보일배로 온 길이 많지 않은데 어느 해에 삼보일보를 다 마칠 수 있을지 모르겠군요. 더구나 당신은 몸도 좋지 않아서 계속 하기가 절대로 어려울 것 같으니 꼭 그러실 필요가 없습니다. 오대산에 참배하는 것도 그렇습니다."

대사가 대답했다. "당신의 고마운 뜻은 감사합니다만 저는 세상에 태어나서 모친을 뵙지 못했습니다. 모친은 저를 낳았기 때문에 돌아가셨습니다. 부친은 저를 아들 하나로 얻었지만 저는 결국 부친에게 등을 돌리고 집을 나왔습니다. 저 때문에 부친은 관직을 그만 두셨고 오래 사시지 못했습니다. 하늘같은 부모님의 은혜를 언제나 잊지 않고 마음에 둔지 이미 수십 년이 지났습니다. 이에 발원하기를, 오대산에 참배하여 보살님의 가피를 구하여 저의 부모님이 고통에서 벗어나 하루빨리 정토에 왕생하기를 원하기로 하였습니다. 어떤 어려움이 앞에 닥치더라도 성지(聖地)에 도달하지 못하면 죽더라도 물러나지 않겠습니다."

문길이 또 말하기를 "당신같이 효심이 대단한 사람도 드물 것입니다. 내가 오늘 오대산에 돌아가도 별로 바쁜 일도 없고 하니, 내가 당신을 대신해서 짐을 들어주며 동행하고 싶습니다. 당신은 삼보일배만 신경 쓰시면 피로도 많이 줄어들고 마음에도 다른 생각이 없을 겁니다."라고 하였다.

대사가 말했다. "만약 그렇게 해 주신다면 당신의 공덕은 한량이 없을 것입니다. 내가 오대산에 도착하거든 이번 삼보일배의 공덕을 그 절반은 부모님께 회향하여 하루 빨리 보리를 증득하시게 하고, 나머지 절반은 당신에게 드려서 나를 구해주신 은혜에 보답해도 되겠습니까?" 그러자 문길이 말했다. "별말씀을 다 하십니다. 당신은 부모님께 효도하려는 생각에서 하는 것이고 나는 그저 가는 길에 함께 가는 것뿐이니 감사를 표시할 필요는 없습니다." 문길이 나흘 동안 돌봐주자 병은 크게 나아졌다.

이것이 문수보살이 두 번째로 나타나서 대사의 마음을 시험해보고 고난에서 구해준 것이다.

넷째 고난 : 입에서 선혈이 멈추지 않고 흐르다

    청나라 광서 10년(1884년) 정월 19일, 허운대사는 병을 딛고 황사령의 쓰러져가는 사당에서 다시 삼보일배 행을 시작하였다. 가는 길 내내 짐을 메고 음식을 만드는 일은 모두 문길이 대신해 주니 대사는 망상도 단박에 사라졌다. 밖으로는 물질적인 성가심이 없고 안으로는 망념이 없으니 병은 하루하루 나아져 가고 몸은 날이 갈수록 강건해져 새벽부터 저녁까지 사오십 리를 삼보일배 해도 조금도 고통을 느끼지 않았다.

    3월 말 태곡현(太谷縣) 이상사(離相寺)에 도착했다. 지객승과 인사를 마친 후 그 지객승이 문길을 보고 대사에게 물었다. "이 분은 당신과 어떤 관계입니까?" 이에 대사는 사실대로 이야기 하였다. 그러자 지객승이 사나운 소리로 말했다. "절문 밖을 나서서 행각하면서 지금 시절을 모르는구면. 요 몇 년 동안 북쪽 지방은 기근이 들었는데 참배는 무슨 산 참배요? 또 무슨 고관대작이나 된다고 시중드는 사람이 필요해요? 복을 누리고 싶다면 절문 밖을 나설 필요가 어디 있겠소? 어느 절집이 속인을 유숙시키던가요?" 대사는 그 자리에서 꾸중을 듣고 감히 대답도 못했다. 그저 잘못을 인정하고는 떠나겠다고 할 수 밖에 없었다.

    그러자 지객승이 말했다. "어찌 이런 법이 있단 말이요! 당신 마음대로구면! 누가 당신더러 그러라 그랬소?" 대사는 그 말을 듣고 잘못되었음을 알고 돌려 말했다. "그러면 이 문 선생을 여관에 가서 머물게 하고 저는 이곳에서 신세를 좀 지면 어떻겠습니까?" 지객승은 그렇게는 된다고 했다. 그러자 문길이 말했다. "이곳에서 오대산까지는 멀지 않으므로 내가 먼저 돌아갈 테니 당신은 천천히 오십시오. 당신의 짐은 머지않아 어떤 사람이 대신하여 오대산으로 가지고 올라 올 것입니다." 대사는 애써 만류할 수 없었다.

문길이 간 후 지객승은 얼굴을 바꿔 기쁜 표정을 지으며 부드럽게 맞이하였다. 토방 아궁이에 가서 차를 끓이고 손수 국수까지 만들어 와 함께 앉았다. 대사는 그가 조금 전에는 거만하더니 이제는 공손해진 거동을 보고는 마음속으로 몹시 이상했다. 좌우에 사람이 없는 것을 살피고는 지객승에게 물었다. "이곳에 사는 대중들이 얼마나 됩니까?"

지객승이 대답했다. "나는 양자강 일대에서 여러 해를 지내다 여기 돌아와 주지로 있는데 여러 해 흉년이 들어 겨우 나 혼자만 머무르고 있습니다. 식량도 이것으로 바닥입니다. 그래서 조금 전 내 행동은 장난으로 그런 것이니 언짢게 여기지 마십시오."

그때 대사는 아주 난처하여 웃지도 울지도 못할 심정이었다. 억지로 국수 반 그릇을 먹고는 작별 인사를 했다. 그리고 곧바로 길거리의 여관으로 가서 문길을 두루 찾아보았으나 결국 찾지 못하였다. 때는 4월 18일 밤, 달은 낮처럼 밝았다. 대사는 문길을 쫓아가고 싶어 별이 총총한 밤에 태원부(太原府)를 향하여 삼보일배를 계속해갔다. 마음속은 불이 난 듯 초조했다.

다음날 머리에 열이 나고 입안 콧구멍으로 피가 멈추지 않고 흘렀다. 20일에 황토구(黃土溝) 백운사(白雲寺)에 도착했다. 지객승이 대사의 입에서 선혈이 흐르는 꼴을 보고는 유숙을 허락하지 않았다. 그래서 할 수 없이 절 밖에서 하룻밤을 보냈다. 21일 아침 태원성(太原城)으로 들어가 극락사에 도착했는데 욕만 실컷 얻어먹고 유숙하지 못했다.

22일 아침 태원성을 나와 삼보일배 하면서 가다가 북문 밖에서 우연히 젊은 승려를 만났는데, 이름이 문현(文賢)이라 했다. 그는 대사를 보고 가까이 다가와 인사하고는 짐을 받아 들고 열흘을 돌봐주며 쉬게 했다. 병이 점차 나아지고 몸이 회복되자 삼보일배를 계속했다. 이것이 대사가 겪은 네 번째 고난이었다.

다섯째 고난 : 실족으로 물에 빠지다

청나라 광서 18년(1892년)에서 20년(1894년)까지 허운대사는 구화산(九華山) 취봉(翠峰) 오두막에서 불경의 교리를 연구하였다. 광서 21년(1895년, 56세)에 양주(揚州) 고민사 주지승 월랑(月朗) 법사가 구화산에 와서 말하기를, 고민사에 주(朱)씨가 시주하는 법사(法事)로, 이전의 4주간 선칠법회를 이어 모두 12주간 열 예정이라며 대사께 참석하기를 바랐다. 대사가 승낙하고 하산하여 대통적항(大通荻港)에 이르러 강을 따라 걷다가 물이 불어나 강을 건너려고 하니 뱃사공이 뱃삯을 요구했다. 하지만 대사는 몸에 한 푼도 없었다. 그러자 뱃사공은 노를 던지고 가버렸다.

대사는 할 수 없이 걷고 또 걷다가 뜻밖에 발을 잘못 디뎌 물에 빠지고 말았다. 하루 밤낮을 물에 뜨다 가라앉다 하면서 채석기(采石磯) 부근까지 흘러갔다가 고기 잡는 사람의 그물에 걸려 올라왔다. 그는 보적사의 스님을 불러 확인하고 넘겨주었는데, 그 스님은 대사가 적산(赤山)에서 같이 지냈던 사람이었다. 그 스님은 대사를 보자마자 크게 놀라며 급히 사람들을 불러 절로 모시고 가 생명을 구해드렸다. 그 때가 6월 28일이었다. 이것이 대사가 겪은 다섯 번째 고난이었다.

여섯째 고난 : 갑자기 큰 병이 나다

청나라 광서 23년(1897년, 58세) 11월, 갑자기 큰 병이 나서 예불을 할 수 없게 되었다. 몸이 점점 무거워져 누워만 있을 뿐 앉을 수도 없고 약을 먹어도 차도가 없었다. 그 때 대중들은 모두 그가 낫지 않을 거라고 생각하여 그를 여의료(如意寮)로 옮겨 놓고, 아육왕사의 수좌 현친(顯親)법사와 감원 종량(宗亮)법사, 그리고 노(盧)씨 아가씨 등이 여러 방법으로 구해보려고 돈도 쓰고 힘을 써 보았지만 병은 여전히 차도가 없었다. 대사는 스스로 세상과의 인연이 다해가는 것으로 생각하고 그냥 내버려 두기로 하였다. 하지만 아직 연지(燃指)공양을 다 하지 못하여 마음이 조급했다.

며칠 지나 여덟 명의 사람들이 와서 17일이 연지공양 하는 날이라고 알려주자 대사는 꼭 참가시켜 달라고 간청하였다. 하지만 수좌승 등 모두가 생명이 위험할까 두려워 허락하지 않았다.

그러자 대사는 자기도 모르게 눈물을 샘물처럼 쏟으면서 말했다. "태어남과 죽음을 누가 피할 수 있겠는가? 내가 어머님의 은혜에 보답하고 싶어 연지공양을 발원했는데, 만약 병 때문에 중지한다면 살아도 무슨 이익이 있겠는가?"

감원인 종량법사는 그 당시 나이 겨우 21살이었는데 대사의 슬픈 목소리를 듣고 그 효심에 감복하여 자기도 모르게 눈물을 흘리며 말했다. "너무 걱정 마십시오. 이루도록 제가 당신을 도와 드리겠습니다. 내일 재(齋)는 제가 하겠습니다. 제가 먼저 준비를 해 놓으면 되겠지요?" 대사는 그에게 깊이 감사했다.

17일 아침, 종량법사는 그의 사제 종신(宗信)법사더러 대사의 연지를 도와 드리라 부탁하고, 몇몇 사람이 돌아가면서 대사를 부축하여 대전에 올라가 예불을 드리고 여러 가지 의식을 치루고 대중이 참회문을 읽었다. 대사는 일심으로 모친을 천도하기 위해서 염불했다. 처음에는 고통을 느꼈지만 계속할수록 마음이 점점 맑게 가라앉고 마침내는 지각(智覺)이 밝아졌다.

염불이 '법계장신아미타불(法界藏身阿彌陀佛)'이라는 구절에 이르자 전신의 팔만사천 개의 털구멍이 일제히 곤두섰는데, 그때 손가락은 이미 다 타버렸었다. 대사는 스스로 일어나서 예불을 드렸다. 부축하는 사람도 필요 없고 자기가 병이 있는 지도 몰랐다. 그래서 여러 사람 앞에 걸어 나아가 감사드리고 거처로 돌아갔다. 사람들은 모두 희유한 일이라고 경탄했다.

일곱째 고난 : 밧줄이 끊어져 강물에 빠져 떠내려가다

청나라 광서 28년(1902년, 63세), 대사가 아미산(峨嵋山)에 이르러 금정(金頂)에 올라가 불광(佛光)을 바라보니, 계족산의 불광처럼 밤에 수많은 밝은 등이 보이는 게 오대산에서 지혜등(智慧燈)에 예배하던 것과 다름없었다. 석와전(錫瓦殿)에 가서 진응(真應)노화상에게 인사를 드렸다.

진응노화상은 아미산의 영수(領袖)이며 종문(宗門)의 거장으로 당시 70여 세였다. 며칠을 같이 지내면서 흉금을 털어놓고 얘기를 나누니 아주 즐거웠다. 산을 내려와 세상지(洗象池)·대아사(大峨寺)·장로평(長老坪)·비로전(毗盧殿)·아미현(峨嵋縣)·협강현(峽江縣)을 따라 은촌(銀村)에 이르러 유사하(流沙河)를 건너려 하는데, 때마침 물이 너무 불어나 아침부터 정오까지 기다리자 배가 왔다. 대사는 계진(戒塵)법사에게 먼저 배를 타게 한 후 자신도 짐을 넘겨주고 막

배를 타려는 순간 갑자기 밧줄이 끊어져 버렸다. 물살은 매우 급하였고 대사는 오른 손으로 뱃머리를 잡았다. 그런데 배는 작고 사람은 많아 사람들이 조금만 한 쪽으로 치우지면 배가 뒤집어질 것 같았다. 대사는 감히 꼼짝도 못하고 물에 빠진 채 흘러 내려갔다. 저녁이 되어 배가 강기슭에 정박하자 사람들이 비로소 대사를 끌어 올렸다. 옷은 다 젖어 있고 두 발은 작은 돌에 여기저기 긁히고 찢어져 있었다.

이것이 대사가 겪은 일곱 번째 고난이었다.

여덟째 고난 : 복부가 해부될 위험을 만나다

청나라 광서 31년(1905년, 66세) 허운대사가 미얀마의 수도 앙광에 도착했다. 대금탑(大金塔)을 유람하고 여러 성지를 참관하고 말레이시아 빈랑섬을 경유하여 귀국을 하는데 배가 부두에 도차하자, 배안에 전염병으로 죽은 여객이 있었기 때문에 출입통제 깃발을 달고 배에 탄 사람들을 모두 멀리 떨어진 산 위에서 검사를 받게 한 후에야 육지에 오르도록 허가했다.

배에 탄 여객이 약 천여 명이나 되었는데 산에 올라가게 후 낮에는 햇볕을 쪼이고 밤에는 비를 맞도록 내버려두었다. 햇볕과 비를 피할 수 있는 곳이라곤 없었다. 매일 쌀 한 줌 정도와 무 두 개를 나누어 주고는 스스로 밥 해 먹으라 했다. 의사는 매일 두 번 와서 살펴보았다.

일주일이 지나자 사람들 절반이 떠나갔고 열흘이 지나자 사람들은 모두 가버리고 대사 혼자만 남았다. 그때 대사는 마음이 초조해지며 병은 더욱 심해졌다. 몰골은 처참하고 고통스러우며 점점 음식도 먹을 수 없었다. 18일째 의사가 와서 아무도 살지 않는 깨끗한 방으로 옮기게 하니 대사는 몹시 기뻤다. 잠시 후 어떤 노인 한 분이 순시를 하러 왔는데 대사가 그에게 본관을 물어보니 천주(泉州) 사람이었다. 그가 탄식하며 말하기를 "이 방은 곧 죽을 병자를 지내게 하여 복부를 해부할 준비를 하는 겁니다."라고 하였다.

대사가 극락사에 가야 한다고 말했다. 그러자 그 노인은 마음이 움직여 일러주길 "내가 약을 줄 테니 먹으시오."라고 하면서 신곡차(神油茶)를 한 사발 끓여 와서 이틀을 먹었더니 조금 좋아졌다. 노인이 또 말했다. "의사가 오면 내가 기침 소리를 낼 테니 빨리 일어나 정신을 차리고 의사가 약을 주더라도 먹지 마시오." 얼마 후 의사가 오더니 과연 말대로 약을 억지로 먹이니 먹지 않을 수 없었다. 의사가 가자 노인이 와서 약을 먹었는지 물어 보았다. 대사가 사실대로 알려주자 노인이 놀라면서 말했다. "이젠 살기 힘들게 되었구려! 내일 사람이 와서 배를 가를 것이오. 내가 약을 줄 테니 먹으시오. 부처님이 보우하시길 바랄 뿐이오."

그 다음날 아침에 노인이 또 와서 보니, 대사가 마당에 앉아 있는데 눈을 뜨고도 사람을 알아보지 못했다. 노인이 그를 안아 일으키니 바닥이 온통 피로 물들어 있었다. 노인이 다시 약을 가지고 와 먹이고 급히 옷을 갈아입힌 다음 바닥을 깨끗이 씻었다. 그리고 탄식하여 말하기를 "다른 사람들은 어제 그 약물을 먹으면 숨이 끊어지기를 기다리지 않고 배를 가르게 되는데, 당신은 죽지 않게 되는 것을 보니 부처님이 영험이 있군요. 9시에 의사가 당신 배를 가르러 올 테니 내가 기침 소리를 내면 정신이 있는 척 하십시오." 라고 일러 주었다. 9시가 되니 과연 의사가 왔다. 대사가 손짓하는 것을 보고는 웃으면서 돌아가 버렸다.

노인이 말했다. "그가 웃었으니 당신은 죽지 않겠소." 대사는 의사에게 돈을 좀 보내서 자신을 나가게 해달라고 노인에게 부탁하면서, 앙광에서 고(高) 거사가 자신에게 공양한 돈에서 40원을 의사에게 주고 20원을 노인에게 드려 보살펴 준 은혜에 감사하였다. 그러나 노인이 말하기를 "나는 당신의 돈을 받지 않겠소. 오늘 의사는 서양 사람이니 말을 꺼낼 수 없고, 내일은 이 고장 사람이니 얘기가 될 것이오." 이 날 밤 노인이 와서 이미 이야기가 잘되어 24원을 주었고 내일이면 나갈 수 있겠다고 알려 주었다.

다음날 아침 의사가 와서 진찰을 끝내고 배를 불러 바다를 건너게 하였다. 노인이 대사를 부축하여 배에 올라타게 하고 또 수레 하나를 불러 광복궁(廣福宮)까지 보내 주었다. 한바탕의 고난이 비로소 지나갔다.

아홉째 고난 : 온 몸이 고목처럼 굳어지다

청나라 광서 33년(1907년, 68세) 태국의 수도 방콕에서 9일 동안 선정에 들었다. 그런데 선정에서 나온 후 두 다리가 마비되었다. 처음에는 단지 행동할 때 불편할 뿐이었는데 나중에는 전신이 고목처럼 굳어서 젓가락을 집을 수 없어 밥을 먹여 주어야 했다. 신도들이 한의사와 양의사를 불러 진단하고 치료해드려 약도 먹고 침도 맞았지만 모두 효과가 없었다. 말도 못하고 보지도 못하지만 의사들은 속수무책이었다.

그러나 대사의 몸과 마음은 청정하면서 고통을 느끼지 않았다. 모든 일은 놓아버렸어도 한 가지 일만은 대사가 놓아버릴 수 없었다. 그게 무슨 일이었는가 하면, 불경을 구입하고 계족산의 전각을 건립하기 위해 받은 기부금의 환어음을 옷깃 속에 넣고 꿰매어 놓았는데 이 사실을 아무도 몰랐다.

대사는 입으로 말을 할 수도 없고 손으로 글씨를 쓸 수도 없으니 만일 죽게 되면 불에 타 없어져 버릴 것인데 이 인과응보를 어떻게 감당하겠는가? 여기까지 생각이 이르니 눈물이 흘러내려 묵묵히 가섭존자께 가피해주시기를 기도하였다.

그때 묘원(妙圓)스님이란 분이 계셨는데, 이전에 종남산에 같이 지냈던 분이었다. 그는 대사가 눈물을 흘리고 입이 미동하는 것을 보고 가까이 다가가 귀를 기울이고 들었다. 대사는 묘원스님더러 가섭존자에게 차를 올리고 기도를 해달라고 부탁했다. 그리고 그 차물을 마시니 마음이 시원하면서 곧 꿈에 들었다.

꿈에 가섭을 닮은 노승 한 분이 대사 옆에 앉아서 손으로 대사의 머리를 만지면서 말했다. "비구여! 승복과 발우와 계율이 몸을 떠나지 않았으니 그대는 걱정할 필요가 없느니라. 그저 승복과 발우만을 베개로 삼으면 좋아지리라." 대사는 듣고 나서 곧바로 스스로 승복과 발우를 베개로 하고 머리를 돌려보니 존자는 이미 보이지 않았다. 온 몸에 땀이 한 바탕 쏟아지더니 당장에 말할 수 없을 정도로 한없이 기쁘고 즐거웠다. 혀가 점점 풀리기에 묘원스님더러 의원에게 가서 약 처방을 구해달라고 했더니 단지 목즐야명사(木櫛夜明砂) 이미(二味) 처방만을 해주었다. 복용하고 나니 눈이 보이고 말도 할 수 있게 되었다. 다시 한 처방을 구하니 붉은 팥으로만 죽을 쑤어 먹고 다른 것들은 못 먹게 하였다.

이틀을 먹고 나니 머리를 조금씩 움직일 수 있게 되었고 다시 처방을 구하니 이번에도 역시 붉은 팥이었다. 이때부터 콩으로 식사를 계속하니 대소변이 시원하게 뚫려 나오는데 검은 옻칠처럼 더러웠다. 점점 아픔과 가려움을 알고 일어나서 걸을 수 있었다. 20여 일에 걸친 이번의 고난이 비로소 몸에서 빠져 나갔다.

열째 고난 : 가혹한 구타를 당해 거의 죽음에 이르다

노화상은 68세 되던 해(1907년)의 고난에서 벗어난 후부터 중화민국 39년(1951년) 111세까지의 기간 동안은, 불법을 넓히고 중생을 이롭게 하며 사찰을 건립하는 일 등을 하면서 평안하게 지나갔다.

불행하게도 1951년 봄 운문에서 전계 법회기간에 갑자기 100여 명이 나타났다. 그들은 온 절을 구석구석 수색 검사했다. 또 대사를 한 방에 감금시켜 놓은 채 음식을 끊어버리고 대소변도 나와서 볼 수 없게 하였다. 밤낮을 등잔 불 하나로 캄캄한 속에서 생활하니 마치 지옥에 앉아 있는 것 같았다.

사흘이 지나자 건장한 사내들 열 명이 방으로 들어와 대사에게 금은보화와 무기를 내 놓으라고 협박하였다. 대사가 없다고 말하자 마침내 모질게 때렸다. 처음에는 나무 몽둥이로 때리다가 나중에는 쇠몽둥이로 때리니 결국 머리와 얼굴에 피가 흐르고 갈비뼈가 부러졌다. 그들은 때리면서 심문하는데 대사는 가부좌를 틀고 이미 선정에 들어가 있었다. 쇠몽둥이와 나무 몽둥이가 번갈아 내려치니 퍽! 퍽! 소리가 났다.

이 날 연달아 매를 네 차례나 때리고는 바닥에 내동댕이쳐 버렸다. 그리고는 대사가 죽었을 거라고 생각하고 호각을 불고 가버렸다. 깊은 밤 시자가 대사를 부축하여 침상에 앉혔다.

하루가 지나자 그들은 대사가 아직 죽지 않았다는 말을 듣고는 다시 방으로 들어와 대사가 여전히 단정히 앉아 선정에 들어 있는 것을 보았다. 더욱 화가 난 그들은 대사를 바닥으로 끌어내려 큰 나무 몽둥이로 혹독하게 때렸다. 그들 10여 명이 구두 발로 차고 밟아 대사가 눈·코·입 등에서 피를 흘리며 바닥에 쓰러져있으니 모두 죽었음에 틀림없다고 여기고 호각을 불고 가버렸다.

시자가 다시 대사를 안아 침상에 앉혀 놓고 5일이 지나니 대사는 점점 부처님의 열반상처럼 길상와 자세로 누웠다. 그렇게 하루 낮과 밤이 지나도록 전혀 기척이 없었다. 시자가 등초를 가지고 콧구멍에 대어보아도 요동이 없었다. 다만 체온만은 여전히 그대로이고 얼굴도 살아있는 것 같았다. 하루가 지나자 비로소 작은 신음소리를 하므로 일으켜 앉혔다. 그리고 지금까지 선정에 들어있고 누어 잠잤던 시간을 말씀드렸다. 대사는 시자에게 자신의 신식(神識)이 도솔천에 올라가 노닐며 법문을 들었던 일을 말했다. 요 며칠이 지나면서 그들은 대사의 행동이 이상한 것을 보고 의심과 두려움이 점점 일어나 서로 쑥덕거리기 시작했다.

그들의 두목처럼 보이는 한 사람이 주위의 스님들에게 말했다. "저 늙은이는 왜 때려도 죽지 않지?" 스님이 대답하기를 "대사께서는 중생을 위하여 고통을 감수하고 당신들의 재난을 소멸시켜주기 위해서 때려도 죽지 않는 것입니다. 오래 후에 당신들은 자연히 알게 될 것이오."라고 하였다. 그 두목이 이 말을 듣고 매우 두려워하여 이로부터 다시는 감히 대사에게 손을 대지 못했다. 이것이 대사가 중생을 구제하는 시기에서 가장 큰 고난이었다.

저자 소개

원환선(袁煥仙)선생 (1887-1966), 중국 사천성 염정현(鹽亭縣) 사람이다. 1912년 사천법정학당을 졸업하고 월준현지사(越嶲縣知事), 20군감독과 군법처장 등 직을 역임했다.

1926년 40세 때 군벌할거와 세상의 혼란을 탄식하고 관직을 내던져버리고 불교경전 공부에 몰두했다. 특히 선종을 좋아해 여러 해 동안 행각 참방했는데, 소주(蘇州)의 도견(道堅)화상을 참방하여 그로부터 화두 하나를 간절하게 꾸준히 참구하라는 가르침을 받았다. 송나라 자명(慈明) 초원(楚圓) 선사 공안을 열람하고 곧 의정이 일어나 총림 노숙(老宿)들에게 두루 물었으나 해결할 수 없자 성도 시방당(十方堂)에서 분연히 엄관(掩關)하고는 덕산만참불답화(德山晚參不答話) 화두를 참구했다. 한 달이 넘자 모습은 말랐으나 정진을 쉬지 않았는데 어느 날 좌선 중에 문을 여는 소리를 듣고 홀연히 의단을 타파했다. 이로부터 기봉 변재가 걸림이 없었다. 이때가 1940년이었다.

1943년 도반들과 성도에 유마정사를 설립했다. 그의 문하에 성취한 제자들이 많았는데, 남회근은 그의 상수제자이다.

선생이 평소에 했던 강해와 문답을 문인들이 기록 편집하여 『유마정사총서(維摩精舍叢書)』로 출판하였다.

남회근(南懷瑾) 선생은 1918년 중국 절강성 온주(溫州)에서 태어났다. 어릴 적부터 서당식 교육을 받아 17세까지 사서오경 제자백가를 공부하였다. 절강성성립국술원에 입학하여 2년간 무술을 배웠고 문학·서예·의약·역학·천문학 등도 두루 익혔다. 1937년 국술원을 졸업하였다. 그후 중앙군관학교 교관직을 맡았으며, 금릉(金陵)대학 대학원에서 사회복지학을 연구하였다. 25세 때인 1942년에 스승인 원환선(袁煥仙) 선생이 사천성 성도(成都)에 창립한 유마정사(維摩精舍)에 합류하여 의발제자가 되었다. 1942년부터 1944년까지 3년간 사천성 아미산 중봉에 있는 대평사(大坪寺)에서 폐관 수행하며 대장경을 완독하였다. 28세 때인 1945년 티베트 밀교의 여러 종파의 고승들을 참방하고 밀교 상사로 인가 받았다. 그 후 운남(雲南)대학과 사천(四川)대학에서 한동안 강의하였다. 30세 때인 1947년 고향에 돌아가 『사고전서(四庫全書)』와 『고금도서집성(古今圖書集成)』 등을 읽었다. 1949년 봄에 대만으로 건너가 문화(文化)대학 보인(輔仁)대학 등 여러 대학과 사회단체에서 강의하며 수행과 저술에 몰두하였다. 또 노고문화사업공사(老古文化事業公司)라는 출판사를 설립하고 불교연구단체인 시방(十方)서원을 개설하였다.

2004년 대륙으로 이주한 선생은 중국의 강소성 오강(吳江)에 태호대학당(太湖大學堂)을 창건하여 교육문화 연구 등의 활동을 해오다 세연이 다하여 2012년 9월 29일 향년 95세로 세상을 떠났다. 다비 후 온전한 두개골과 혀 사리, 그리고 1백여 과의 사리자를 거두었다. 『논어별재』 등 저술이 60여종에 이른다. 좀 더 자세한 소개는 마하연 출판 『생과 사 그 비밀을 말한다』와 『중용강의』의 부록을 읽어보기 바란다.

번역자 송찬문(宋燦文)

1956년생으로 금융기관에서 20년 근무하였다. 대학에서 중어중문학을 전공했으며 1990년 대만담강대학 어학연수, 1991년 대만경제연구원에서 연구하였다. 1998년 이후 유불도 삼가 관련 서적들을 번역 중이다.

번역서로는 남회근 선생의 『논어강의』, 『생과 사 그 비밀을 말한다』, 『불교수행입문강의』, 『원각경 강의』 등이 있으며,

편역 저서로는 『21세기 2천자문』, 『삼자소학』, 『그림으로 배우는 한자 첫걸음』, 『나무아미타불이 팔만대장경이다』가 있다.

다음카페 홍남서원 (http://cafe.daum.net/youmawon)

e-mail : youmasong@naver.com

마하연의 책들

1. **나무아미타불이 팔만대장경이다** 송찬문 편역

참선법문과 염불법문은 어떻게 다른가? 나무아미타불의 심오한 의미는 무엇인가? 극락세계는 어떤 곳인가? 왜 염불법문이 뛰어난가? 등 염불법문의 기본교리를 이해하도록 이끌어 준다.

2. **생과 사 그 비밀을 말한다** 남회근 지음, 송찬문 번역

생사문제를 해설한 기록으로 사망에 대해서부터 얘기를 시작하여 사람의 출생을 설명한다. 인간의 정상적인 생명의 윤회환생 변화를 기준으로 말한 것으로, 불법의 원리에서 벗어나지 않지만 종교의식에 물들지 않고 순수하게 생명과학의 입장에서 한 상세한 설명이다. 진귀한 자료로서 자세하고 명확하여 독자의 마음속에 있는 적지 않은 미혹의 덩어리를 풀어준다.

3. **원각경 강의** 남회근 지음, 송찬문 번역

원각경은 인생의 고통과 번뇌를 철저히 해결해주는 경전으로서, 어떻게 수행하여 성불할 것인가를 가리켜 이끌어 주는 경전이다. 남회근 선생의 강해는 쉽고 평이하면서도 어떻게 견성할 것인가와 수행과정에서의 문제들을 분명히 가려 보여준다. 참선을 하려거나 불교를 연구하고자 하는 사람이 반드시 보아야 할 책이다.

4.. **논어 별재 (상, 하)** 남회근 지음, 송찬문 번역

논어로 논어를 풀이함으로써 지난 2천년 동안 잘못된 해석을 바로잡은 저자의 독창적인 견해가 담긴 대표작이다. 동서고금과 유불도 제자백가를 넘나들면서 흥미진진한 강해를 통해 고유문화의 정수를 보여주어 현대인들로 하여금 전통문화를 이해하게 하고 나아가 미래를 창조하게 하는 교량 역할을 한다.

5. **역사와 인생을 말한다** 남회근 지음, 송찬문 번역

논어별재(論語別裁), 맹자방통(孟子旁通), 노자타설(老子他說) 등 남회근 선생의 여러 저작들 가운데서 생동적이며 유머가 있고 뛰어난 부분들을 골라 엮은 책으로 역사와 인생을 담론하고 있다

6. **선(禪)과 생명의 인지 강의** 남회근 지음, 송찬문 번역

생명이란 무엇일까요? 당신의 생명은 무엇일까요? 선은 생명 가운데서 또 어떠할까요? 당신은 자신의 지성(知性)을 이해합니까? 당신은 자신의 생명을 장악할 수 있습니까? 범부를 초월하여 성인의 영역으로 들어가고 싶습니까? 그 가장 빠른 길은 무엇일까요? 등, 선과 생명과학과 인지과학에 대한 강의이다.

7. **선정과 지혜 수행입문** 원환선 남회근 합저, 송찬문 번역

원환선 선생과 그 문인인 남회근 선생이 지관수정(止觀修定)에 대하여 강의한 기록을 모아 놓은 책이다. 선 수행자나 정토 수행자에게 올바른 지견과 진정한 수행 방법을 보여 주는 것으로 초학자에게 가장 적합하다.

8. **입태경 현대적 해석** 남회근 지도, 이숙군 역저, 송찬문 번역

사람이 모태에 들어가기 전에 자기의 부모를 인식할까요? 모태에 있을 때 어떤 과정을 거칠까요? 모태에 있을 때 교육을 받아들일 수 있을까요? 모태

에 있을 때 심신은 어떻게 변화할까요? 이런 문제 등을 논술하고 있는 입태경은 인간 본위의 생명형성의 심신과학을 내포하고 있으며 범부를 뛰어넘어 성자가 되는 관건을 언급하고 있음에도 1천여 년 동안 마땅한 중시를 받지 못했습니다. 그래서 저자는 남회근 선생의 치밀한 지도 아래 입태경을 현대의학과 결합하는 동시에 전통 중의학 개념과도 일부 결합하여 풀이합니다. 태교부분에서는 3천여 년 전부터 현대까지를 말하면서 동서의학의 태교와 태양의 정화를 융합하고 있습니다. 그러므로 이 책은 부모 되는 사람은 읽지 않으면 안 되며 심신과학에 흥미가 있는 사람이라면 더더욱 읽어야 합니다.

9. **장자 강의(내편) (상, 하)** 남회근 강술, 송찬문 번역

장자 내7편에 대한 강해이다. 근대에 많은 학자들이 관련된 주해나 어역(語譯)이나 주석 같은 것들을 참고로 읽어보면 대부분은 문자적인 해석이거나 다른 사람의 주해를 모아 논 것일 뿐 일반 독자들의 입장에서 보면 사실 그 속으로부터 이익을 얻기가 어렵다. 남회근 선생은 청년 시기에 이미 제자백가의 학문을 두루 연구했고 30대에는 경전 도법(道法)에 깊이 들어가 여러 해에 걸쳐서 몸소 힘써 실제 수증하였다. 그러므로 그의 장자강해는 경사자집(經史子集)에서 노닐고 있다. 또 통속적인 말로써 깊은 내용을 쉽게 풀어내어 독자청중을 위하여 문을 열어주고 있다. 남선생의 강의가 따로 일가의 품격을 갖췄다고 일컫더라도 과분한 칭찬이 되지 않을 것 같다.

10. **능엄경 대의 풀이** 남회근 술저, 송찬문 번역

옛사람이 말하기를 "능엄경을 한 번 읽은 뒤로부터는 인간세상의 찌꺼기 책들을 보지 않는다" 고 했듯이, 이 경은 우주와 인생의 진리를 밝히는 기서(奇書)이며, 공(空)의 이치를 깨달아 들어가는 문이자, 단계적인 수행을 거쳐 최후에 부처의 과위에 이르기까지 거울로 삼아야 할 경전이다. 옛날부터 난해하기로 이름난 이 경전을 현대적 개념으로 대의만 풀이했다.

11. **유마경 강의 (상, 중, 하)** 남회근 강술, 송찬문 번역

어떤 사람은 말하기를, 유마경을 조금 읽고 이해하고 나면 마음의 크기가 자기도 모르는 사이에 확대되어서, 더 이상 우리들이 생활하는 이 사바세계에 국한하지 않고, 동경하는 정토세계에도 국한하지 않으며, 무한한 공간에까지 확대될 것이라고 합니다. 또 어떤 사람은 말하기를, 이 경전은 온갖 것을 포함하고 있어서 당신이 부처님을 배우면서 어떻게 해야 할지 모를 때에는 당신에게 줄 해답이 본 경전에 들어있으며, 당신이 사리(事理)를 이해하지 못할 때에는 당신에게 줄 해답도 본 경전에 들어있다고 합니다. 남회근 선생이 1981년에 시방서원에서 출가자와 불교도를 위주로 했던 강의로 수행방면에 중점을 두었기 때문에 일반적인 불경강해와는 다르다. 유마경은 현대인들에게 원전경문이 너무 예스러운데 남선생은 간단명료한 말로써 강해하였기에 독자들이 이해하기 쉽다.

12. 호흡법문 핵심 강의 남회근 강의, 유우홍 엮음, 송찬문 번역
    남회근 선생은 석가모니불이 전한 가장 빠른 수행의 양대 법문이 확실하고 명확함을 얻지 못한 것이 바로 수행자가 성공하기 어려웠던 주요 원인이라고 보고 최근 수년 동안 남선생님은 수업할 때 항상 '달마선경(達磨禪經)' 속의 16특승안나반나(特勝安那般那)법문의 해설과 관련시켰다. 이 책은 남회근 선생님의 각 책과 강의기록 속에 여기저기 흩어져 보이는 안나반나 수행법을 수집 정리하여 책으로 모아 엮어서 학습자가 수행 참고용으로 편리하도록 한 것이다.

13. 중용 강의 남회근 지음, 송찬문 번역
    자사(子思)가 『중용(中庸)』을 지은 것은 증자의 뒤를 이어서 「곤괘문언(坤卦文言)」과 『주역』「계사전(繫辭傳)」으로부터 발휘하여 지은 것입니다. 예컨대 『중용』이 무엇보다 먼저 제시한 '천명지위성(天命之謂性)'으로부터 '중화(中和)'까지는「곤괘문언」에서 온 것입니다. 이런 학술적 주장은 저의 전매특허입니다." 남회근 선생의 강해는 '경문으로써 경문을 주해하고[以經註經]', 더 나아가 '역사로써 경문을 증명하는[以史證經]' 방법으로 『중용』을 융회관통(融會貫通)하고 그 심오한 의미를 발명하여 보여주고 있다.

14. 도가 밀종과 동방신비학 남회근 지음, 송찬문 번역
    본서의 각 편은 비록 남선생님의 40여 년 전의 저술이지만, 오늘날 다시 읽어보면 그 문자가 간략하면서 내용이 풍부하고 조리가 분명하여서 사람들로 하여금 밀종과 각 방면에 대해서 마음이 확 트이는 느낌을 갖게 합니다. 문화를 배우고 밀법(密法)을 배우고 불법을 배우는 독자들에게 이 책은 아마 없어서는 안 될 것으로 여겨도 될 것입니다.

15. 중의학 이론과 도가 역경 남회근 지음, 송찬문 번역
    강의 내용은 중의학의 여러 문제들을 탐구 토론한다. 음양(陰陽)·오행간지(五行干支)·팔괘(八卦) 등은 본래 후인들이 중의학에다 끼워 넣은 것이니, 음

양의 보따리를 내버리고 구체적이며 이해하기 쉬운 방식으로 설명하여 중의학의 특수 기능을 발휘하자며, 적극적으로 제시하기를, "만약 사람마다 활자시(活子時)와 기경팔맥(奇經八脈)의 도리를 파악하여 일련의 새로운 침구(針灸)법칙을 연구해내고, 한 걸음 더 나아가 불교 유식학(唯識學) 중의 '의식(意識)' 연구와 배합할 수 있다면, 병 상태를 판단하고 치료하는 데 대해 진일보하는 돌파가 될 수 있다."고 한다. 모두 14강의 내용 중에서 학술 이론적 탐구 토론 분석이외에도 중의약의 실제 응용, 그리고 양생수양 방면에 대해서 발휘하고 실례를 해설하는 것도 많기에 내용이 극히 풍부하다. 수행자를 위한 의학 입문서이기도 하다.